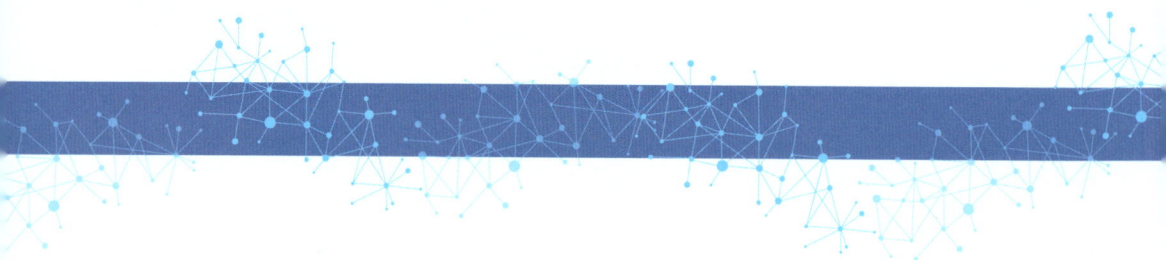

汽车大数据应用
研究报告

新能源汽车安全篇

APPLICATION RESEARCH REPORT BASED ON

AUTO BIG DATA

New Energy Vehicle Safety

国际欧亚科学院中国科学中心
中国汽车工程研究院股份有限公司
汽车大数据应用联合研究中心
主 编

社会科学文献出版社
SOCIAL SCIENCES ACADEMIC PRESS (CHINA)

编 | 委 | 会

顾 问

王秉刚　国家电动乘用车技术创新联盟 / 国家新能源汽车创新工程专家组

编委会主任

吴　锋　国际欧亚科学院中国科学中心 / 中国工程院

李　艳　国家市场监督管理总局质量发展局

编委会副主任

万鑫铭　中国汽车工程研究院股份有限公司

肖凌云　国家市场监督管理总局缺陷产品管理中心

沈　晞　前比亚迪股份有限公司

姜久春　欣旺达电子股份有限公司

编委会成员（以姓氏笔画为序）

任　毅　国家市场监督管理总局缺陷产品管理中心

刘　琳　奇瑞新能源汽车股份有限公司

李书恒　南京领行科技股份有限公司

李　阳　北京理工新源信息科技有限公司

李宗华　重庆长安新能源汽车科技有限公司

李　政　国家计算机网络与信息安全管理中心

杨世春　北京航空航天大学

吴高林　国网重庆市电力公司营销服务中心

汪　伟　中车时代电动汽车股份有限公司

张成林　重庆力帆乘用车有限公司

陆　滨　比亚迪汽车工业有限公司

夏顺礼　安徽江淮汽车集团股份有限公司

徐兴无　合肥国轩高科动力能源有限公司

黄沛丰　湖南大学

韩守亮　郑州宇通客车股份有限公司

韩雪冰　清华大学

潘博存　特来电新能源有限公司

戴大力　浙江合众新能源汽车有限公司

魏　凤　重庆中交通信信息技术有限公司

主　编　抄佩佩

副主编　张怒涛　王　澎　高金燕　蓝　茜

主要执笔人（以姓氏笔画为序）

方锦祥　华　旸　刘玉青　刘茂勇　刘　鹏　许辉勇

李　贝　李宗华　杨　勇　张成林　陆一凡　岳　刚

金　暐　赵亚涛　姜　研　夏顺礼　倪绍勇　徐婷婷

唐　宇　谢勇波　詹俊杰　鞠　强

主 编 单 位 介 绍

　　国际欧亚科学院中国科学中心，简称"欧亚科学院（中国）"，于1996年12月由国家科委批准由国际欧亚科学院内的中国院士组成。欧亚科学院（中国）的总部——国际欧亚科学院，是联合国教科文组织，是由世界各国著名科学家、技术专家、文化活动家组成的科学团体，其目标是通过联合各国科学家、艺术家的创新能力，探索在社会生活的社会经济、精神道德领域可持续发展的路径，解决由工业文明带来的全球问题。欧亚科学院（中国）则强调以国际欧亚科学院中国院士为纽带，围绕我国社会经济发展的需求，发挥自然科学、社会科学交叉融合以及科学、技术与工程有机结合的综合优势，促进社会经济和科技事业的发展，为提升我国创新能力作出应有的贡献。未来，欧亚科学院（中国）还将积极举办和参与更多高层次科技活动，在国内外开展多领域、跨学科、高水平、创新强的学术交流，充分发挥雄厚的院士专家智库引领作用，继续助力"一带一路"国家科技创新发展，为中华民族的伟大复兴贡献力量。

　　中国汽车工程研究院股份有限公司（以下简称"中国汽研"）始建于1965年3月，原名重庆重型汽车研究所，系国家一类科研院所，于2012年在上海证券交易所正式挂牌上市，是中国通用技术（集团）控股有限责任公司控股子公司。中国汽研拥有较强的汽车技术研发能力、一流的试验设备和较高的行业知名度，以建设成为我国汽车产业的科技创新平台和公共技术服务平台，发展成为国际一流、国内领先的汽车工程技术应用服务商和高科技产品集成供应商为目标，为我国汽车产业的持续健康发展发挥应有的技术支撑作用和科技引领作用。多年以来，中国汽研依托自身的技术优势与数据的沉淀，致力于汽车领域的大数据研究，创立了安全指数、智能指数、健康指数、驾乘指数、新能源评价规程、商用车评价规程、数据应用中心、新能源汽车数据西南中心等，形成了中国汽研独有的数据产品。

汽车大数据应用联合研究中心是由中国汽车工程研究院股份有限公司联合有关部委支撑机构、汽车制造商、零部件供应商、互联网应用服务商、大数据应用服务商、科研机构、相关社团组织、高校等自愿组成的全国性、联合性的研究平台。联合研究中心的主要成员单位为国家互联网应急救援中心、中交通信、北京理工大学、清华大学、北京航空航天大学、北京交通大学、比亚迪、长安新能源、北汽新能源、奇瑞新能源、江淮汽车、力帆乘用车、合众新能源、宇通客车、中车电动、普瑞赛思、宁德时代、国轩高科、特来电、星星充电、国网重庆、东风出行、T3出行、联通等。

序

2019 年 7 月习近平总书记为"世界新能源汽车大会"发来贺电指出："中国坚持走绿色、低碳、可持续发展道路，愿同国际社会一道，加速推进新能源汽车科技创新和相关产业发展，为建设清洁美丽世界、推动构建人类命运共同体作出更大贡献。"新能源汽车作为我国战略性新兴产业之一，政府高度重视其发展，先后出台多项保障激励政策，几乎覆盖了整个产业链条。随着产业的快速发展，近年来，新能源汽车自燃事故逐年增加，安全问题逐渐凸显，监管部门重视程度日益加强。工业和信息化部在《关于开展新能源汽车安全隐患排查工作的通知》中对车企提出若干要求，特别点名新能源汽车起火燃烧事故。国家市场监督管理总局办公厅在《关于进一步加强新能源汽车产品召回管理的通知》中要求生产者需逐一调查分析火灾等事故原因，若存在缺陷问题，应主动实施召回。

安全问题是新能源汽车产业发展面临的重要挑战。随着国家大数据战略的全面实施，汽车产业的数字化、智能化的趋势日益明显，利用大数据研究解决新能源汽车安全问题已成为重要途径。新能源汽车和大数据的深度融合必将加快汽车安全监管技术的变革，从而进一步推动我国新能源汽车行业高质量发展。

为助力实施国家大数据战略，推进汽车安全技术与各类数据资源融合，2019 年中国汽车工程研究院联合 20 余家业内相关机构、组织，共同组建全国性、联合性的研究平台——汽车大数据应用联合研究中心，以期成为汽车大数据及相关产业桥梁和纽带，打造良好数据生态，形成服务政府及行业的智囊和成果输出平台。

当前，汽车大数据应用联合研究中心聚焦于新能源汽车安全问题，在国家市场监督管理总局技术保障项目"数据驱动的新能源汽车事故调查技术与缺陷应急平台架构研究项目"（项目编号：2020YJ045）的支持下，在国际欧亚科学院中国科学中心相关院士专家的指导下，于2020年初启动了《汽车大数据应用研究报告：新能源汽车安全篇》编写工作，报告梳理了我国新能源汽车全产业链的安全现状，探索符合中国国情的解决方案，研判未来发展趋势，重点聚焦于利用大数据重新定义汽车安全监管。报告通过整合行业资源，集成专家意见，最终形成面向行业内外的专业研究报告，分别从电池安全、整车安全、充电安全、预警研究、测试评价以及综合应用多个方面，向行业分享了大数据赋能新能源汽车安全的前沿技术和最新趋势。

在报告的编撰过程中，国际欧亚科学院中国科学中心、国家市场监督管理局缺陷产品管理中心、中国汽车工程研究院股份有限公司、清华大学、比亚迪汽车工业有限公司、合肥国轩高科动力能源有限公司、安徽江淮汽车集团股份有限公司、郑州宇通客车股份有限公司、中车时代电动汽车股份有限公司、奇瑞新能源汽车股份有限公司、浙江合众新能源汽车有限公司、特来电新能源有限公司、国网重庆市电力公司营销服务中心、北京理工大学、北京理工新源信息科技有限公司、深圳普瑞赛思检测技术有限公司、欣旺达电子股份有限公司、北京交通大学国家能源主动配电网技术研发中心、北京航空航天大学、华南理工大学、湖南大学、国家计算机网络与信息安全管理中心、北京清华亚迅电子信息研究所、重庆中交通信信息技术有限公司、重庆市车联网工程技术研究中心、重庆长安新能源汽车科技有限公司、重庆力帆乘用车有限公司、南京领行科技股份有限公司（以报告目录为序）等相关单位的专家学者给予了大力支持和帮助。感谢他们为本课题研究和报告出版做出的巨大努力与贡献。希望这一集结行业力量产生的研究成果能够对提高我国新能源汽车安全运行水平、促进我国新能源汽车产业高质量发展起到助力作用。

王秉刚

目 录
CONTENTS

总报告 | 新能源汽车安全与大数据的技术
运用与展望

◎岳 刚 唐 琳 刘 洋*

* 岳刚，中国汽车工程研究院股份有限公司新能源汽车技术工程师，主要研究
方向为新能源汽车动力电池系统设计；唐琳，中国汽车工程研究院股份有限公司咨
询工程师，主要研究方向为新能源汽车大数据分析；刘洋，中国汽车工程研究院股
份有限公司高级咨询工程师，主要研究方向为新能源汽车产业研究。

摘　要： 中国培育和发展新能源汽车产业是应对能源安全和环境治理挑战的重要举措。近年来，随着新能源汽车产销量迅速增长，新能源汽车在使用、运营过程中的安全问题逐渐显露出来，在社会民众对新能源汽车的接受度方面形成了一定的负面影响。本文结合我国新能源汽车发展背景，基于新能源汽车大数据网络平台收集的安全事故案例，分析了近期新能源汽车起火的事故原因，系统地对提升新能源汽车电池安全设计方法和灭火措施进行了梳理，并介绍了大数据网络平台在提升动力锂电池安全设计水平、预防和协助消防救援方面的作用。最后对新能源汽车安全提升方式、大数据网络平台发展进行了总结和展望。

关键词： 新能源汽车　安全设计　大数据网络平台

一　引言

在全球气候变化和化石能源具有不可再生特征的大背景下，为探索道路交通可持续发展模式，各国车企均制定了新能源汽车发展战略，并相继出台了对传统燃油车替代的路线图，全世界对新能源汽车的关注和需求持续增长。但随着越来越多的新能源汽车在全球投入使用，新能源汽车交通事故也随之增加。由于动力锂电池在受到损伤后可能起火燃烧，并且其火灾存在有毒气体释放、事故灭火后复燃等特点，消费者对新能源汽车安全性持谨慎怀疑态度，给行业发展带来不利影响。传统汽车的安全风险也是在其上百年的发展过程中逐步被发现并解决的。因此，新能源汽车在发展中，也必然有类似的过程。新能源汽车要进行大面积普及，首先需要时间来缩小它与传统汽车安全性的差距，尤其是认识其核心部件如动力锂电池方面的风险特征。当前汽车领域新材料的运用、开发流程的完善、新能源汽车大数据网络的建立和不断更迭的网络分析技术正使新能源汽车的安全进化时间不断提前。

二　我国新能源汽车产业状况

（一）发展新能源汽车对改善国家能源结构与安全有着重要意义

《BP 世界能源统计年鉴》的数据显示，2018 年全球探明石油总量为 1729.7 亿桶，中国已探明石油储量仅有 25.9 亿桶，占总量的 1.5%（见表 1）。中国从 2011 年起大力支持汽车电动化开发，其目的在于改善能源结构，减少过度依赖一次能源，解决石油消耗引发的国家石油储备安全、环境污染、大量经济支出上的问题。在能源使用安全方面，2018 年中国已超过美国成为世界第一大原油进口国，中国大量原油需要进口，对外依存度高达 72%。在环境污染方面，2018 年全球二氧化碳排放量达到 331 亿吨，中国二氧化碳排放量接近 100 亿吨，其中交通领域二氧化碳排放量占 8% 以上。其次，燃油汽车在使用过程中会产生大量的细颗粒物（PM2.5），PM2.5 是环境的首要污染物，对居民身体健康危害极大。在经济方面，2019 年中国原油进口量达到 5.06 亿吨，在进口石油上花费超过 2000 亿美元。如果中国新能源汽车得到大规模推广，并在 2050 年达到约 3.5 亿辆，可替代车用燃油消费量约 2.5 亿吨，可节约现在石油进口消费一半的经济支出。

表 1 2018 年探明石油储量		单位：亿桶，%
国家	石油储量	占总量比例
加拿大	167.8	9.70
墨西哥	7.7	0.40
美国	61.2	3.50
委内瑞拉	303.3	17.50
俄罗斯	106.2	6.10
伊朗	155.6	9.00
伊拉克	147.2	8.50
科威特	101.5	5.90
卡塔尔	25.2	1.50
沙特阿拉伯	297.7	17.20
阿联酋	97.8	5.70
中国	25.9	1.50
利比亚	48.4	2.80
尼日利亚	37.5	2.20
其他国家	146.7	8.50
世界总量	1729.7	100

资料来源：《BP 世界能源统计年鉴》。

（二）中国成为全球备受关注的新能源汽车消费市场

多年来，我国从中央政府到地方政府制定了一系列扶持政策，支撑我国新能源汽车产业持续向上发展。据 EV sales 及公开数据整理，2013 年中国新能源汽车销量仅 1.8 万辆，到 2019 年增至 120.6 万辆，占全球新能源汽车销售市场的 54.6%（见图 1）。在新能源汽车全球销量前十大厂商中，中国自有品牌共五席，合计占据全球 31.7% 的市场份额。中国新能源汽车保有量已达到 381 万辆，保有总量超过美欧国家。

图 1　2013~2019 年新能源汽车销量

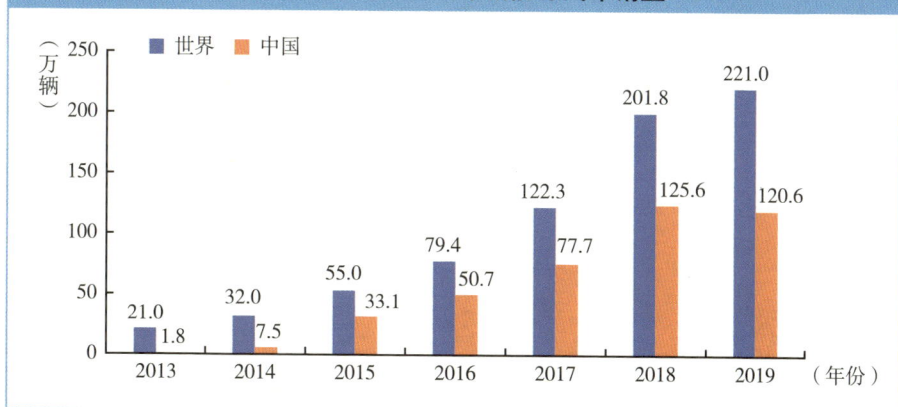

资料来源：据 EV sales 及公开数据整理。

如今全球知名车企已纷纷开始布局中国新能源汽车市场，从零部件到整车，再到产品营销、产品使用和售后服务，以及出行市场。如松下、LG、三星已先行在华进行了动力电池产业投资；特斯拉在上海建成生产规模 25 万辆纯电动整车工厂；宝马、大众汽车分别联合长城、江淮开发电动汽车，与宁德时代、国轩电池企业开展紧密合作，并加入充电和出行服务行业。

（三）面对竞争压力，国内企业需要提升产品质量和安全水平

首先以特斯拉为代表的国外先进新能源汽车制造企业进入中国，它们具有较强的创新能力，现在已经形成明显的竞争优势；随着整车进口关税下调、合资股比放开，我国新能源汽车企业面临的外部竞争压力越来越大。另外，近年来国内部分企业在追求车辆动力电池高能量密度时，忽略产品安全设计；因缺乏设计考虑带来的车辆起火事故不断上升（见图 2），给消费市场带来不利影响。面对当前困境，国内企业需要在把控产品质量安全、提升创新能力上下足功夫，一方面需要加大研发投入和攻关力度，在电池关键原材料、核心元器件、电控技术上有所突破，从根本上提高新能源汽车质量安全水平；另一方面需要充分利用车联网、人工智能、大数据、云计算等新一代技术工具，发展新能源汽车安全要素。

图 2　2015~2019 年媒体报道新能源汽车起火数量（不完全统计）

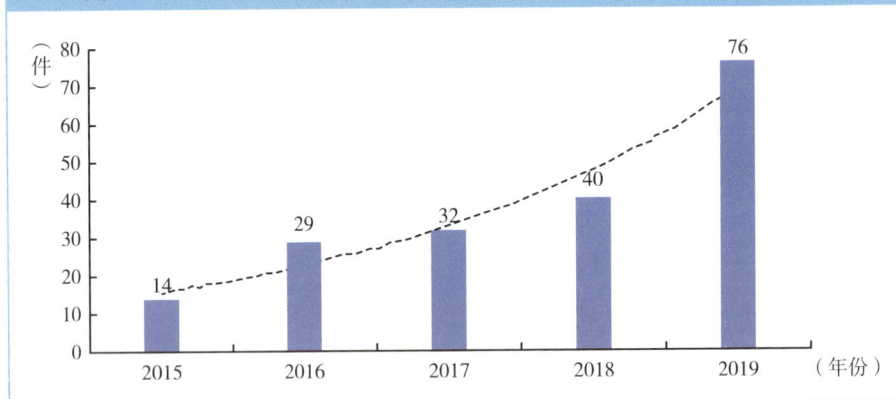

三　新能源汽车起火原因分析

新能源汽车燃烧事故与传统燃油汽车燃烧事故有明显差异。传统汽车燃烧事故通常是由车辆非正规改装、线路老化、纵火等造成的，而新能源汽车燃烧事故大多数是电池的热失控引发的，具有如下特征。

（1）燃烧事故发生场景多种多样，如车辆行驶、充电、停放、碰撞等情形下均有案例发生。

（2）电池热失控发生迅速且产生连锁反应，火势凶猛。

（3）常规灭火方式难以处理电池包燃烧。

（一）2019 年新能源汽车安全事故统计

2019 年国内外报道的新能源汽车起火事件多达 76 条（见表 2），《新能源汽车国家监管平台大数据安全监管成果报告》（2019 年 5 月至 8 月事故统计）显示，在现已查明的起火原因中，动力锂电池引发的起火事故占比 58%。

表2　2019年新能源汽车安全事故统计清单

序号	时间	地点	车辆类型	动力类型	事故状态
1	2019.1	邯郸	乘用车	混动	行驶自燃
2	2019.1	信阳	乘用车	纯电动	停放自燃
3	2019.2	美国佛罗里达州	乘用车	纯电动	碰撞自燃
4	2019.2	深圳	乘用车	—	行驶自燃
5	2019.3	广州	乘用车	纯电动	停放自燃
6	2019.3	长沙	乘用车	—	充电自燃
7	2019.3	上海	乘用车	纯电动	充电自燃
8	2019.3	广州	乘用车	纯电动	停放自燃
9	2019.3	深圳	客车	—	停放自燃
10	2019.3	深圳	物流车	—	充电自燃
11	2019.4	杭州	乘用车	—	充电自燃
12	2019.4	上海	乘用车	纯电动	停放自燃
13	2019.4	杭州	乘用车	纯电动	停放自燃
14	2019.4	杭州	乘用车	—	行驶自燃
15	2019.4	西安	乘用车	纯电动	碰撞自燃
16	2019.4	绥阳	乘用车	纯电动	行驶自燃
17	2019.4	湖北	乘用车	纯电动	停放自燃
18	2019.5	美国旧金山	乘用车	纯电动	充电自燃
19	2019.5	美国	乘用车	纯电动	停放自燃
20	2019.5	杭州	乘用车	纯电动	停放自燃
21	2019.5	宁波	乘用车	—	停放自燃
22	2019.5	香港	乘用车	纯电动	停放自燃
23	2019.5	上海	乘用车	纯电动	充电自燃
24	2019.5	上海	乘用车	纯电动	停放自燃
25	2019.5	成都	卡车	纯电动	停放自燃
26	2019.5	定州	乘用车	混动	行驶自燃
27	2019.6	宜春	乘用车	纯电动	行驶自燃
28	2019.6	比利时	乘用车	纯电动	充电自燃
29	2019.6	武汉	乘用车	纯电动	停放自燃
30	2019.6	重庆	乘用车	纯电动	充电自燃
31	2019.6	—	物流车	—	停放自燃
32	2019.6	重庆	乘用车	纯电动	充电自燃
33	2019.6	武汉	乘用车	纯电动	浸泡自燃

续表

序号	时间	地点	车辆类型	动力类型	事故状态
34	2019.6	西安	专用车	纯电动	停放自燃
35	2019.6	南昌	乘用车	—	充电自燃
36	2019.6	禄口	—	—	停放自燃
37	2019.6	临颍	—	—	行驶自燃
38	2019.6	石家庄	乘用车	纯电动	停放自燃
39	2019.6	重庆	—	—	停放自燃
40	2019.7	西安	物流车	—	行驶自燃
41	2019.7	盐城	乘用车	—	停放自燃
42	2019.7	武汉	乘用车	纯电动	充电自燃
43	2019.7	长沙县	乘用车	—	停放自燃
44	2019.7	成都	—	—	行驶自燃
45	2019.7	金华	乘用车	—	行驶自燃
46	2019.7	江西	—	—	停放自燃
47	2019.7	北京	乘用车	—	停放自燃
48	2019.7	西安	物流车	—	行驶自燃
49	2019.7	宜春	—	—	停放自燃
50	2019.7	德国	乘用车	纯电动	停放自燃
51	2019.8	宁波	乘用车	纯电动	停放自燃
52	2019.8	西安	物流车	—	行驶自燃
53	2019.8	遵义	乘用车	—	停放自燃
54	2019.8	杭州	乘用车	—	行驶自燃
55	2019.8	汨罗	—	—	停放自燃
56	2019.8	开封	—	—	停放自燃
57	2019.8	新宾	—	—	行驶自燃
58	2019.8	俄罗斯	乘用车	纯电动	碰撞自燃
59	2019.8	遵义	乘用车	纯电动	原因不明
60	2019.8	保定	乘用车	—	充电自燃
61	2019.8	南宁	乘用车	—	充电自燃
62	2019.8	西安	乘用车	—	充电自燃
63	2019.8	杭州	乘用车	—	进水
64	2019.9	—	乘用车	—	停放自燃
65	2019.9	洛阳	乘用车	—	行驶自燃
66	2019.9	温州	乘用车	纯电动	行驶自燃

续表

序号	时间	地点	车辆类型	动力类型	事故状态
67	2019.9	南京	物流车	纯电动	行驶自燃
68	2019.10	杭州	—	—	充电自燃
69	2019.10	杭州	乘用车	—	行驶自燃
70	2019.10	昆明	物流车	—	充电自燃
71	2019.10	哈尔滨	客车	—	行驶自燃
72	2019.11	绍兴	乘用车	纯电动	行驶自燃
73	2019.11	绍兴	物流车	纯电动	停放自燃
74	2019.11	郑州	乘用车	—	行驶自燃
75	2019.11	惠州	物流车	纯电动	充电自燃
76	2019.12	上海	乘用车	混动	行驶自燃

（二）事故场景分析

从事故场景统计来看，事故发生场景主要包括动力锂电池充电自燃、停放自燃、行驶自燃、碰撞自燃和浸泡自燃 5 种场景。根据近年来中国新能源汽车评价团队（CEVE）事故调查统计，停放自燃、行驶自燃和充电自燃所占的比例最高（见图 3）。调查中有部分车辆在无事故预兆下出现自燃事故，说明相关生产厂商在设计过程中缺乏车辆起火自燃失效模式的考虑。

图 3 近年新能源汽车起火事故场景分类占比

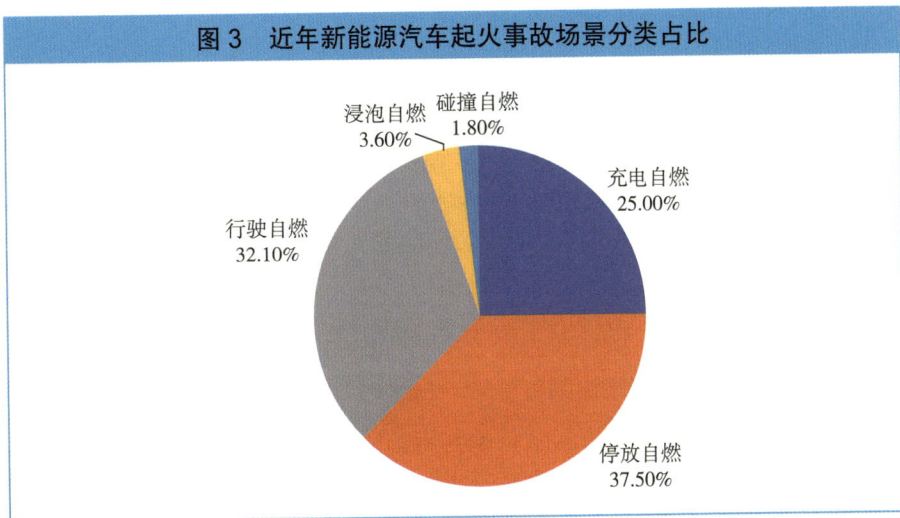

浸泡自燃 3.60%
碰撞自燃 1.80%
充电自燃 25.00%
行驶自燃 32.10%
停放自燃 37.50%

电池热失控是造成新能源汽车起火的主要原因，表 3 分析了各事故场景下动力锂电池热失控起火潜在过程。

表 3　电池起火潜在过程

事故场景	潜在起火过程
充电自燃	电池过充电，由于充电超过电池保护电压，造成析锂，过量的锂嵌入负极，在负极表面会生长锂枝晶，刺破隔膜造成内部短路，进而发生电池热失控
停放自燃	事故发生可能是电池自身制造质量问题引发或处于极端天气条件造成的，例如低温 / 高温或高湿度环境下车辆缺乏电池热管理设计，电池某一时刻处于超出安全范围的滥用状态，引发电池热失控
行驶自燃	发生深放电时，会导致正极的铜箔溶解，形成铜枝晶。铜枝晶经过生长一段时间后，铜离子在充放电过程中可能会穿透隔膜造成电池内部短路，引发电池热失控
碰撞自燃	发生碰撞导致汽车或电池包变形，电池模组或单体电池脱落，挤压或被刺穿等产生的摩擦热或造成电池内部材料短路燃烧起火。同时剧烈碰撞本身也可能产生火花，在电解液等可燃物质与氧气接触下极易燃烧
浸泡自燃	由于电池箱的密封性未能达到防水等级或箱体受撞击破损，当车辆涉水行驶、停放在积水地带，有水进入电池包造成短路，产生大量热量，最终导致电池起火燃烧

（三）动力锂电池热失控反应过程

新能源汽车动力锂电池电芯主要由电池外壳、正 / 负极、隔膜、电解液、正 / 负极极片构成。不同电池类型电池正极材料可分为钴酸锂（$LiCoO_2$）、锰酸锂（$LiMn_2O_4$）、镍钴锰酸锂（$LiNiMnCoO_2$ 或 NMC）、镍钴铝酸锂（$LiNiCoAlO_2$ 或称 NCA）、磷酸铁锂（$LiFePO_4$）和钛酸锂（$Li_4Ti_5O_{12}$）。负极材料目前主要是石墨类材料，包括人造石墨、天然石墨。电池隔离膜结构为微孔性及多孔性薄膜，材质以 PP、PE 为主。电解液则主要采用 LiPFs 的乙烯碳酸脂（EC）、丙烯碳酸脂（PC）和低粘度二乙基碳酸脂（DEC）等烷基碳酸脂搭配的混合溶剂体系，含有碳酸酯基成分的电解液具有闪点低、易挥发、高度易燃的特点。

电池热失控是指单体蓄电池放热连锁反应引起电池自温升速率急剧变化的过热、起火、爆炸现象。当锂电池内部或外部短路、电池过充、电池受热、外部机械故障等原因引起电池放热反应，如果产生的热量得不到有效释放，电池内的温度会持续升高，首先造成电芯负极 SEI 膜分解。负极 SEI 膜分解以后，裸露的负极材料于电解液中发生剧烈的还原分解，带来大量的可燃性气体和热量，进而正极材料发生分解反应。正极材料分解时会释放大量的热量，产生活性极高的氧原子，导致电解液直接氧化分解燃烧。

四　新能源汽车锂电池自燃起火的安全研究

为了预防和减少新能源汽车电池引起的燃烧事故，合理地设计流程、安全规范的要求是企业必须要具有的。通常在进行动力锂电池开发时，都会遵循可实践运用的开发流程和安全设计规范；车联网大数据分析技术的发展，也给汽车技术改进和安全运营提供了优化的可能。而在事故救援方面，具有新能源汽车监控与预警功能的大数据网络平台可以成为城市智慧消防体系的一部分，为事故救援赢得更多时间，挽救受灾人员的生命，减少财产损失。

（一）动力锂电池系统开发中的安全设计考虑

通常国内主流整车企业会运用到"V"字形流程进行整车和零部件开发。"V"字形流程的重要特点是：面向客户、效率高、质量预防意识强等，能帮助我们建立一套更可靠有效的、更具有可操作性的开发过程，保障产品性能质量与安全性。产品开发流程主要分为产品定义、产品开发和产品验证三个阶段。三个阶段的工作从产品定义到整车—系统—零部件目标分解，再从零部件—系统—整车目标逐一验证。图 4 展示了电池系统作为子系统的"V"字形开发流程。

在整个开发流程中，产品安全设计的意识始终贯穿其中。在概念设计阶段，整车和零部件安全目标来自法规标准、产品数据库案例、类似工程经验等。正式开发阶段，通常会运用到一些常规的分析方法来确定具体的安全设计目标和参数，如头脑风暴、故障分析法（FTA）、系统失效模式和后果分析（SFMEA）、设计失效模式和后果分析（DFMEA）、过程失效模式和后果分析

图 4 "V" 字形开发流程

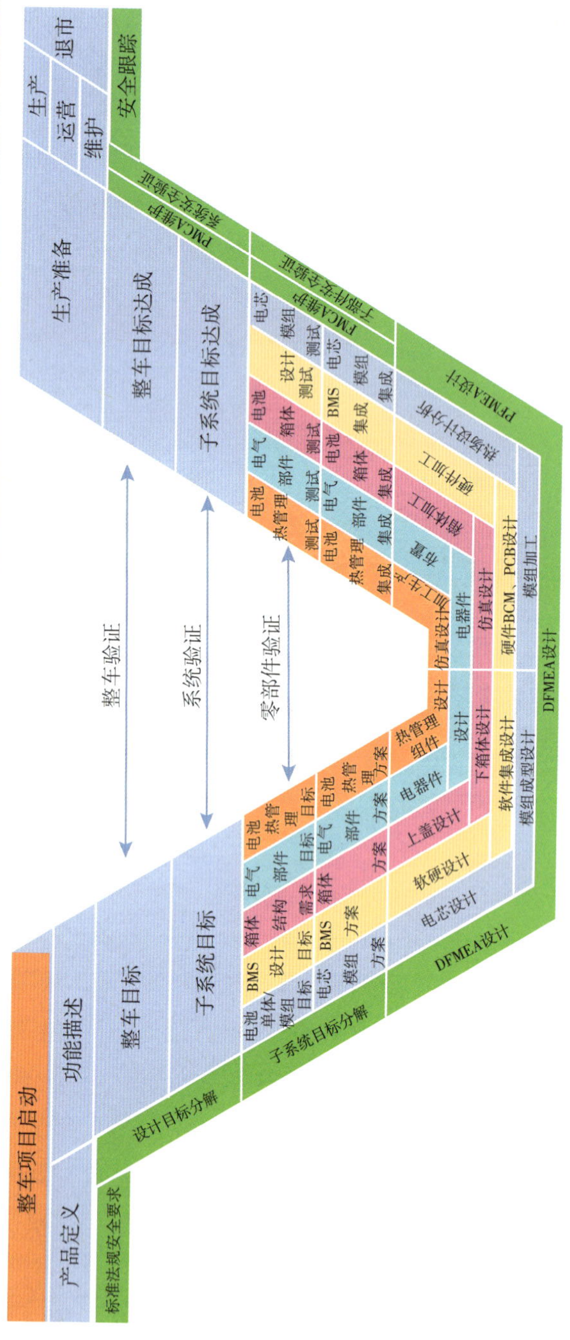

（PFMEA）、仿真分析等。产品安全性最后在验证试验阶段得到最终评价，开发者视结果进行产品性能优化调整或进行投产。

（二）动力锂电池安全设计要点概述

动力锂电池设计涉及电芯、箱体、电气部件、热管理、电池管理系统（BMS）及系统集成的开发，从安全设计角度可以分成机械防护安全、电气安全、功能安全和电化学安全这四个方面进行归纳（见图5）。

（1）机械防护安全设计的目的是防止电池包箱体和内部的结构件在各种机械载荷或外部破坏因素作用下发生重大变化，进而防止带电部件破损短路或电池单体受到挤压等情况造成的电池热失控事故。设计要点有：整车布置设计时，应结合整车碰撞安全设计一同考虑电池包有足够的离地间隙、碰撞间隙，避免高压接插件处于碰撞暴露状态，在电池包四周车身结构件设计吸能结构，可通过加装电池底部防护板、喷涂底盘装甲油漆等方式来减少底部球击/碎石冲击对电池包的危害；同时应考虑电池箱体结构强度和刚度、内部电池模组固定方式和强度、电池与整车连接强度；并进行相应的仿真测试。安全事故预防设计还包括箱体防水防尘、设置气压平衡/防爆阀、采用阻燃上盖材料、布置主动

图5　动力锂电池安全设计关注方向

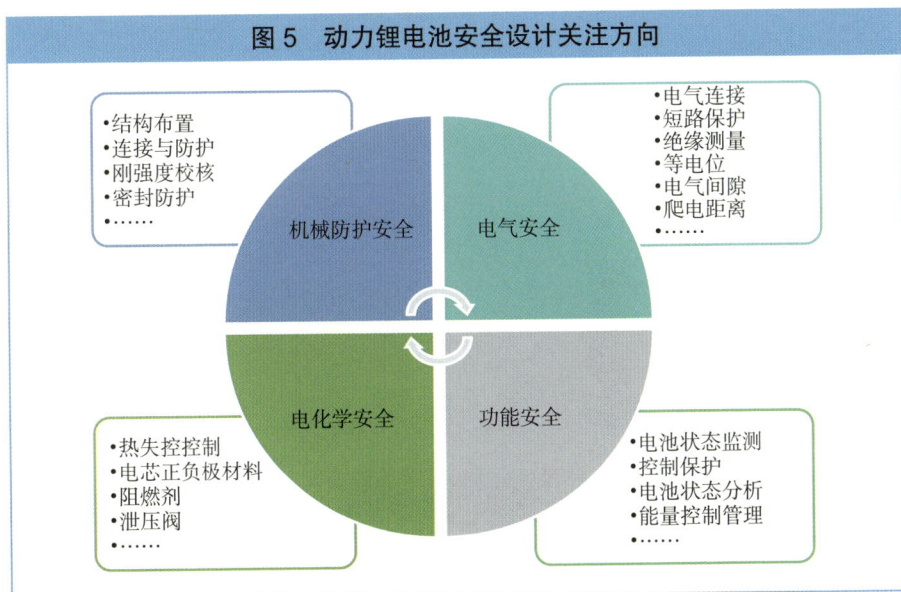

- 结构布置
- 连接与防护
- 刚强度校核
- 密封防护
- ……

机械防护安全

- 电气连接
- 短路保护
- 绝缘测量
- 等电位
- 电气间隙
- 爬电距离

电气安全

- 热失控控制
- 电芯正负极材料
- 阻燃剂
- 泄压阀

电化学安全

功能安全

- 电池状态监测
- 控制保护
- 电池状态分析
- 能量控制管理
- ……

灭火装置等方面。最终产品需要通过电池系统和整车级安全测试验证。

（2）电气安全设计是为了保护产品使用安全，维护人员安全，避免人员受到电伤害，从国标 GB 18384《新能源汽车安全要求》可知基本的设计要点有：一是直接接触防护，如绝缘设计、屏蔽防护（遮拦 / 外壳，IPXXB/IPXXD 等）；二是间接防护，包括等电位连接、电气隔离（电气间隙、爬电距离）等。此外电池系统中高压继电器、熔断器 / 安全开关、模组单体高压连接部件等应符合设计选型规范，考虑有一定熔断步骤和高压断开机制；从系统上对有必要的高压连接器的互锁（HVIL）、碰撞信号、高压继电器粘连信号、绝缘信号等进行监控。

（3）电池单体的安全性提升技术分为三个方向。一是通过电池单体材料技术的提升，包括通过热稳定的电极材料开发、阻燃电解液及添加剂开发和隔膜改性、正极温度系数元件开发等技术提高电池本身的安全性；二是对电池进行防护设计，如采用阻燃耐火材料、相变材料、防爆材料，设计泄压排烟通道等措施防止电池过热出现热失控连锁反应、火势蔓延、连锁爆炸等现象，减轻人员伤害，防止事故扩大；三是进行电池热管理系统设计，为单体电池创造舒适的运用环境，避免单体发生热失控事故。目前国内长安、吉利、上汽等新能源乘用车逐步开始采用水冷 / 热电池热管理系统，并关注空调热泵、正温度系数热敏材料（PTC）、快插水冷管路、导热等产品及计算流体力学（CFD）仿真和综合热管理台架的运用。

（4）电池系统功能安全主要是围绕电池管理系统（BMS）进行设计的。BMS功能安全设计主要目的是避免 BMS 系统电子 / 电气功能异常引发的危害而导致严重人身伤害事件（起火、爆炸、排气、电击）的风险。国内早期 BMS 产品考虑功能失效模式相对单一，主要实现电池的基本功能与安全保护。随着电池运行时间逐渐加长，电池老化、性能不一致性情况开始浮现，部分 BMS 厂家的能量管理算法未贴近电池实际状况，导致电池系统出现质量和安全问题。目前国内部分企业已经在防护电池过充、过放、温升保护、绝缘防护等安全控制方面做了积极探索和实际运用，随着国内外整车企业对功能安全要求加强和《电池管理系统功能安全要求与试验方法》推荐标准出台，越来越多的企业、科研机构会参与这方面的研究，推动国内新能源汽车电池管理系统向更加安全、可靠的方向发展。

（三）大数据运用提升动力锂电池安全性

汽车在驾驶过程中会产生海量运行数据，对这些数据进行采集、储存、分析、挖掘，成为当下新能源汽车行业一个研究方向。欧美国家对新能源汽车大数据运用案例以自分时租赁市场为主，对车辆进行了实时运行与安全监控；主要分析与预测车载电池组的状态参数，与用户共享停车位数量、充电桩数量、电池续驶里程等数据信息。我国于 2017 年根据工信部对新能源汽车安全生产和推广的相关规定，对新生产的全部新能源汽车安装车载终端，通过企业监测平台对整车及动力锂电池等关键系统运行状态和车辆安全事故进行监测。随着新能源汽车监控数据不断地累积，企业逐步将这些数据运用到研发领域和车辆安全预警研究方面。

1. 基于大数据输入进行迭代设计

随着新能源汽车运行时间的推移，相关监控数据不断被累积和归类，这些数据可成为产品迭代设计持续不断的输入信息源。

通常开发人员会在产品生产之前建立模型进行提前仿真测试。图 6 展示了 BMS 迭代开发案例，图中实车采集数据被汇集到大数据网络平台，大数据库里内建的管理与分析工具对大数据参数进行整理分析，提取有效的数据信息并结合相关分析模型进行参数校准和模型迭代优化。在测试与验证阶段调用虚拟模

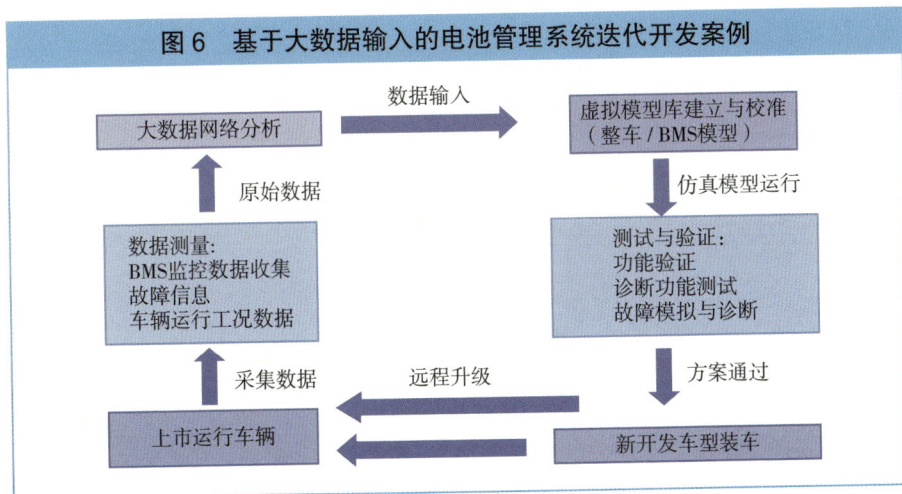

图 6 基于大数据输入的电池管理系统迭代开发案例

型库中的模型完成模型在软硬件在环测试等验证工作，最终实现产品在新项目运用。对已经上市销售的车辆，基于各种不断更新大数据分析的结果，软件工程师可以对不同产品软件系统进行优化，并通过 OTA 进行升级，实现对客户的精准服务，提升整车产品质量安全和用户体验感。

2. 基于大数据的电池系统故障诊断与预测运维平台建设

中国汽研数据中心在 2019 年 4 月建成重庆市新能源汽车预警监测平台。截至 2020 年 5 月，平台已接入 17 万余条实时车辆数据，实现了整车及电池系统的故障诊断、安全预警、企业数据运维管理等服务内容。

通常新能源汽车预警监测平台收集的数据存在重复、遗漏、噪点等问题。首先，数据中心运用数据信息开发数据预处理技术提高数据质量，包括去重与补漏、插值与平滑、异常点剔除、数据降维等。基于电池组结构和电池的不一致性，提取关键性电学和热学特征，如电压偏差、温度异常、SOC 下降、参数不一致性、相关系数、熵值等，并进行特征融合和特征降维。其次，数据中心开发数据驱动和基于模型的多故障诊断算法，实现电芯、传感器、电池连接、电池冷却系统等多种故障检测、故障分离甚至故障估计；并且利用大数据网络平台历史故障前或早期衰退信息等关键特征，建立大数据网络分析平台与多物理场耦合模型相结合的预测模型，以及运用机器学习算法弥补机理知识缺失的部分，用以实现对电池初始故障到完全失效的发展过程中的状态判断、运行状况预测以及剩余寿命预测。最后，数据中心通过大数据平台收集的电池运行信息、老化衰退信息和早期微弱故障信息，建立多源信息融合的电池运维信息分析体系，分析多故障耦合机制，依据故障诊断和故障预测判断的电池状态，对电池系统进行电池性能评估、故障相关性分析和危险性分析，做出基于规则的系统报警、容错控制、主动的视情维修计划等决策。数据中心通过建立多源信息融合的多层级电池运维管理体系，保证了电池系统安全、高效运行的性能。

（四）新能源汽车火灾事故灭火措施与大数据预警运用

对于新能源汽车着火的电池，普遍使用的灭火剂二氧化碳或干粉难以应对。这是由于电池热失控后有氧气从电池正极材料化学反应产生，形成自供氧。用此类灭火剂仅能暂时压制火焰，无法隔绝可燃气体和对电池组进行冷却，阻止其他电池受热复燃。因此救援时选用合适的灭火剂显得格外重要。本文总结了不同灭火剂对锂电池的灭火效果（见表4），具有高比热容和低粘度的水是较为常用的灭火剂。但是水的导电性会使其他完好电池发生短路，可能出现复燃。因此消防队常采用大量水灌入电池包内进行灭火，并反复对电池包进行冷却操作。

表4　不同灭火剂对锂电池灭火效果		
	种类	优劣特点
气态灭火剂	CO_2、IG-541、IG-100、HFC 等	其比热容较小，降温效果有限，灭火效果普遍较差
液态灭火剂	水、F-500、A-B-D 灭火剂、全氟己酮、水成膜泡沫灭火剂等	具有较大的比热容，能够达到降温隔氧的双重目的，并且可渗透到电池内部深层降温灭火
固态灭火剂	超细干粉、ABC 干粉（磷酸铵盐、氯化钠、硫酸铵）、气溶胶类灭火剂等	干粉类灭火剂的灭火原理是化学抑制和窒息灭火，灭火效果较差；气溶胶类灭火剂的主要作用是发生氧化还原反应产生大量的烟雾，达到窒息灭火的目的

另外锂电池燃烧时，会产生易燃/爆炸性气体和有毒烟雾，例如氢气、甲烷、一氧化碳和氟化氢等，可能会给相关人员带来危险。在新能源汽车停车场建设前应考虑（尤其是地下停车场或多层停车场），将充电站设置在入口、出口附近或其他通风良好的地方，最好有充足的用水来源，可以最大限度地减少火灾和有毒气体对人员带来的危害。本文总结了当前不同国家和地区新能源汽车消防操作规范，具体如下。

（1）识别车辆信息；消防救援中心从报警电话获取车牌信息，查询了解车辆及电池信息，选择灭火器材。

（2）根据情况确定消防计划。

（3）首先保护现场人员安全。

（4）火势控制，进行灭火；确保事故车辆断电，在充电场地应关闭充电设施。

（5）灭火后，保持车辆原地不动。

（6）现场清理。因为电池包存在复燃可能，建议火灾后采取防控措施。

按新能源汽车消防操作规范，当新能源汽车火灾事故发生时，事故救援部门收到报警电话信息，需要及时分析车辆状况，组织针对性救援。结合到新能源汽车大数据网络平台具有实时采集车辆数据和分析功能，可以实现车辆与平台、平台与救援单位的互联互通。未来大数据网络平台有希望成为消防救援体系中的一部分。

图7是由车辆感知和远程监控模块、通信网络、新能源汽车预警监测平台、应急救援平台和消防、医疗救援机构构成的城市智慧消防安全体系。平台有如下功能和特点。

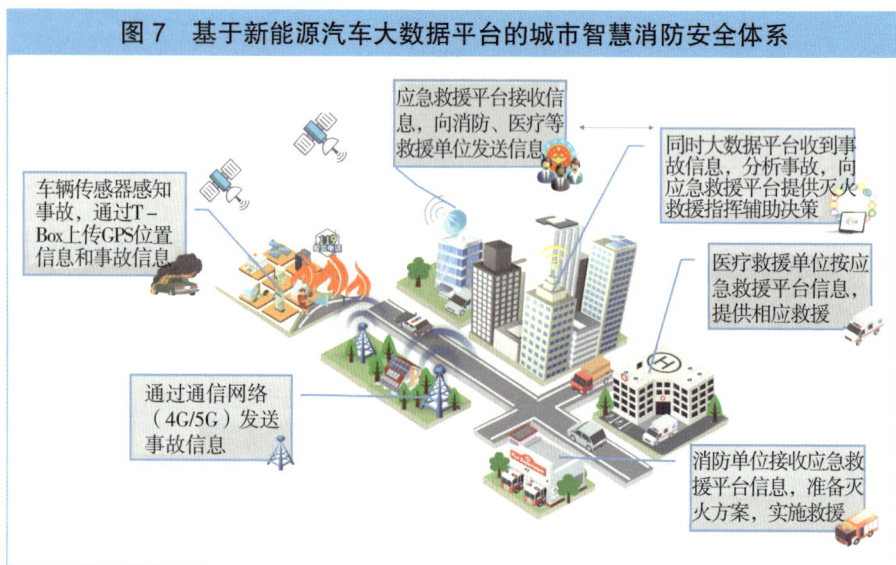

图7　基于新能源汽车大数据平台的城市智慧消防安全体系

（1）拥有及时的车辆事故感知和上报功能。当新能源汽车启动运行时，整车控制器会下达各系统自检命令，包括BMS在内的各级控制系统会通过传感器自动检查各个系统安全状态，一旦发现安全事故或隐患，整车控制器接收下级信息后通过远程监控系统（T-Box）上报相关车辆信息和告警信息。

（2）可进行车辆事故隐患排查和监管。新能源汽车预警监测平台通过车辆历史信息归类整理、故障信息建模进行危险性分析，可做出基于规则的安全隐患预警，为车辆所有者或车辆监管单位提供维护信息通知，同时为政府或行业监管部门提供车辆防火监督信息。

（3）提供灭火救援指挥辅助决策。新能源汽车预警监测平台能够与城市消防救援体系无缝对接，从事故车辆发出火灾危险故障信号开始，大数据网络平台立即向消防数据平台发出车辆位置信息、故障零部件（如电池）类型和实时状态信息，便于应急管理部门及时制定救援方案，进行救援。

（4）提供科学翔实的事故溯源信息。新能源汽车预警监测平台可提供车辆火灾发生前后指定时间范围内隐患数据、充电数据、报警数据、灭火救援报警数据，配合消防部门进行火灾现场调查，为火灾溯源与调查提供翔实的、科学的信息支撑。

（5）消防知识宣传平台。新能源汽车大数据预警分析平台通过建立平台网站、开发 App、开通微博与微信账号等手段，对车辆所属个人/单位进行社会化消防知识宣传，实现信息的双向与多向传播，提升消防知识的传播和互动能力；并通过大数据的汇集和第三方权威平台的支撑，实时收集公众热点话题，进行舆论引导，为大众提供贴近实际需要的汽车消防服务。

（6）新能源汽车资讯服务平台。新能源汽车预警监测平台结合车辆运行数据、维修记录、事故等信息可与保险公司开展车辆风险评估、费率计算、灾害理赔等服务，为二手车交易商及退役电池梯次利用和资源回收单位提供残余价值讯息，为新能源产业相关单位提供行业咨询服务。

五　总结与展望

新能源汽车产业在我国正在飞速发展，动力电池安全问题不可小觑。按新能源汽车技术路线图，锂离子电池在一段时间内仍然是最常见的能量存储装置。可以通过改良电池化学材料、采用新技术、优化产品设计使锂电池保持安全合适的电压和温度范围内。大数据监控与预警平台的出现，给新能源汽车使用者增添了安全信心，为产品开发者提供了产品改进的思路和方法。车联网和大数据、云计算是当前行业关注的焦点，被赋予了帮助汽车行业转型发展的希望。但实际上文中所涉及的新能源汽车大数据网络平台也面临一些实际问题困扰，我们对问题进行了下列讨论和建议，探索新能源大数据网络平台发展之路。

当前新能源汽车平台大数据存在模型和算法单一、计算精度不足的情况，这是由于上报数据稀疏、残缺，不支撑分析模型建立或运算。例如，现行《电动汽车远程服务与管理系统技术规范标准》规定的最低上报间隔为 30 秒，上报间隔时间较长，平台无法捕捉动力电池等零部件关键参数的迅速变化，影响了模型计算精度。为了有效实施新能源汽车安全管控，需制定专门的数据接入标准，通过数据全面反映动力锂电池安全特性。并且在新能源汽车补贴取消的情况下，需要有相应的政策法规保障车企继续向车辆安全监管平台传输数据。

在新能源汽车数据采集合法性上，当前对于信息安全收集方面没有立法保护，存在租赁、金融贷款车辆用户毁坏新能源汽车车载远程终端设备状况，仅仅以企业或者单位的管控力度较小。建议相关部门出台公共采集车辆信息标准法规，可将特殊新能源车辆装配远程装置的要求纳入交通管理法规，对个人或特定单位车辆的采集方式设置公共采集区域，定时、定内容地进行采集，建议建立新能源汽车定期检验、排查制度，增强车辆运行安全。

另外，行业现阶段需要增加基础设施和产业人员投入。基础设施和人员配备是大数据时代的海量数据汇集、传达、存储和应用的关键。我国新能源汽车领域数据网络平台基础设施建设主要为国家、地方、科研单位提供支撑，有待建设一条完整的产业链。产业链包括数据采集商、数据储存商、分析和挖掘商，以及应用企业等，其中企业往往只有应用能力，缺乏数据采集、存储、分析与挖掘大数据的能力。而数据采集、存储分析等前段服务商还处于行业探索阶段，基础设施不健全、缺乏技术人员是普遍问题，需要政府进行相关扶持。

新能源汽车大数据网络平台目前面对的客户群较为单一，产业融合是解决当前汽车产业发展困境的一条出路。与金融保险、政府、批发贸易、信息服务等各领域开展合作，挖掘商业模式将是平台持续发展的路径。

参考文献

［1］《BP 世界能源统计年鉴》.2019.

［2］杨德才.锂离子电池安全性——原理、设计与测试 [M]. 成都：电子科技大学出版社,2012.

［3］Rui Guo. Languang Lu. Minggao Ouyang & Xuning Feng. Mechanism of the entire overdischarge process and overdischarge-induced internal short circuit in lithium-ion batteries. Scientific Reports volume, 2016.

［4］冯旭宁. 车用锂离子动力电池热失控诱发与扩展机理、建模与防控 [D].清华大学,2016.

［5］高飞，刘皓，吴从荣，等.锂离子电池热安全防控技术的研究进展 [J]. 新能源进展，2020, 8(01):15-21.

［6］Peiyi Sun, Roeland Bisschop, Huichang Niu, Xinyan Huang. A review of battery fires in electric vehicles[J]. Springer US, 2020(prepublish).

电池安全篇 | 基于大数据的电池安全研究

◎陆一凡　潘　岳*

*陆一凡，清华大学电池安全实验室，主要研究方向为电池一致性、电池寿命；
潘岳，清华大学电池安全实验室，主要研究方向为电池热失控预警。

摘　要: 在电动汽车使用过程中,特别是随着电池寿命的衰减,电池组内单体间的不一致性会增加。动力电池成组后的单体不一致可能导致电池组提前失效,甚至引发安全问题。随着云端数据的广泛应用,电动汽车的数据能被监测,这些数据能用来评估电池组一致性、估计电池寿命并进行电池安全预警。本文以锂离子电池为研究对象,提出了一种基于云端充电数据的电池组一致性评价方法和一种基于云端充电数据的电池寿命估计方法。实验和测试结果表明:本文提出的这种电池组一致性评价方法既可以有效地区分不同电池组的一致性,又可以量化电池组一致性的程度;本文提出的这种电池寿命估计方法具有较好的容量预测精度,可以用于云端的容量估计和寿命预测。对于内短路这一导致热失控的共性诱因,本文提出了一种基于充电数据的电池内短路检测方法和一种全工况适用的内短路检测方法。实验结果表明:本文提出的内短路检测算法具有计算量小、数据存储量小的优点,并可以在内短路发展到末期之前将其有效地检测出来。

关键词: 锂离子电池　电池组一致性　电池寿命　内短路　云端大数据

一　电池安全研究概述

对于电动汽车来说，由于单个电池的电压和容量有限，因此需要构建由数百个单体电池并联或串联的电池组来满足电动汽车所需的功率和能量。然而，由于制造过程的不一致和使用环境的不一致，电池组单体间的不一致始终存在并且不可消除。电池组单体间的不一致将加快电池组寿命的衰减速度，降低电池包的性能和安全性。从电池组耐久性的角度，清华大学的卢兰光等人提出电池组中每一个单体容量的衰减都有可能导致电池组容量的衰减，这一现象归根结底是由电池单体的不一致引起的。因此，基于云端充电数据评价电池组一致性的方法是具有研究价值的。

动力电池材料、制造工艺以及使用环境中温度、湿度、使用强度、习惯等引发的电池的不一致性，从新能源车辆一开始使用，就会成为影响车辆续航里程，乃至使用寿命的主要影响因素。在动力电池的寿命衰减到一定程度时，其内部性能严重恶化，若没有及时发现，很有可能会酿成安全事故。因此，电池寿命的估计和预测对于电池安全研究具有很大的意义。

动力电池的安全性问题主要表现为以冒烟、起火、爆炸为特征的动力电池热失控。引发电池热失控的原因包括机械滥用、热滥用和电滥用，而由正负极部分在电池内部所形成的电池内短路，是三种滥用方式导致电池热失控的共性环节。对于由枝晶生长、生产缺陷或金属杂质等导致的自引发内短路而言，其在引发热失控前存在较长的发展演化过程，这为内短路的检测提供了可能。因此，如何在内短路引发热失控之前将内短路检测出来，是很有研究价值和工程意义的重要问题。

综上所述，电池的一致性、寿命和内短路都与电池安全息息相关，本文主要从这三个方面阐述我们在电池安全研究方面开展的工作。

二　一种基于云端充电数据的电池组一致性评价方法

（一）研究背景及意义

目前，评价电池组一致性的方法和体系还不够完善。同济大学的戴海峰等人提出基于荷电状态（State of Charge，SOC）和静态端电压的评价方法，可直接反映一组电池在静置条件下 SOC 状态的一致性。但这类评价方法需要知道电池组内各单体的准确 SOC 或开路电压（Open Circuit Voltage，OCV），这在实际使用中很难做到，并且所得的评价不能反映电池的动态差异，也不能反映参数的一致性，因此，这些评价方法仍存在一定的局限性。清华大学的郑岳久提出了"容量－电量"二维矢量图方法使得电池组容量及 SOC 的一致性变成线性问题，并可以图形化。清华大学的冯旭宁等人在"容量－电量"二维矢量图方法的基础上，提出了用几何面积来量化电池组一致性的程度。

目前基于一致性的电池组故障诊断方法研究较少，但由于单体出现故障时会产生与电池组内其他单体较大的差异，甚至引发安全问题，因此，基于云端充电数据评价电池组一致性的方法是具有研究价值的。

随着云端数据的广泛应用，电动汽车的数据能被检测，这些数据能用来评估电动汽车的安全性和电池组一致性。虽然电动汽车上的数据采样频率较高，但云端数据的记录频率较低。因此，只有云端的充电数据比较有意义并且适合用来评估电动汽车的电池组一致性。本文以锂离子电池为研究对象，提出了一种基于云端充电数据评价电池组一致性的方法。

（二）评价方法

电池组的一致性主要包括电压一致性、温度一致性、内阻一致性、容量一致性和 SOC 一致性。SOC 一致性可以由电量一致性来替代。评价电池组的一致性的这五个指标互相影响，共同决定着电池组的一致性，如果仅仅依靠某一方面或某几个方面来评价电池组的一致性情况，可能不够全面和准确。基于以上分析，我们提出了一种用五项指标综合评价电池组一致性的方法，如图 1 所示。首先，获取云端的充电数据，例如时间、电压、电流和温度等。计算用于评价电压一致性、温度一致性、内阻一致性、容量一致性和电量一致性五项指标的参数值。基于各项指标的参数值，根据设定的阈值，计算各项指标的未加权得分（0~100分），其次通过合理的加权方式计算各项指标加权后的得分（0~100 分）。最后，得出该电池组一致性的总分（0~100 分）。

图1 评价电池组一致性的流程

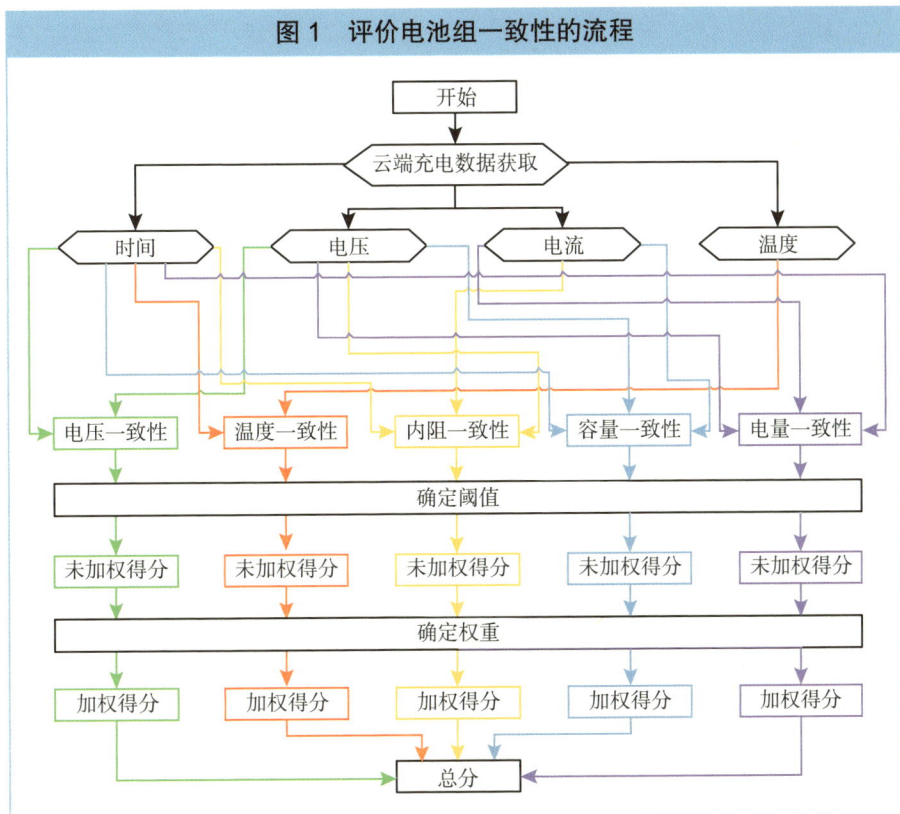

（三）实验

由于获取合适的云端充电数据并不简单，因此我们首先对三个电池组进行了实验。这三个电池组包括一个老化严重的锂离子电池组（Pack A）、一个新的电池组（Pack B）和一个老化程度较轻的电池组（Pack C）。充放电截止电压分别设置为4.15V和3.1V。每个电池组包含96个单体（串联）和18个温度传感器。

实验工况通过电脑进行设置。控制信号通过网线传给电池测试系统(Battery Test System, BTS)，BTS采集并监测整个实验进程。实验中的电流、单体电压，温度等实验数据通过数据采集仪获得并最终保存在电脑中。单体电压采集精度约为1mV，电流采集精度约为0.1%，温度采集精度约为0.1℃。实验的时间采样频率设置为1Hz。电池组被放置在温箱中，温度控制在25℃。

图2　电流、单体电压、SOC和温度

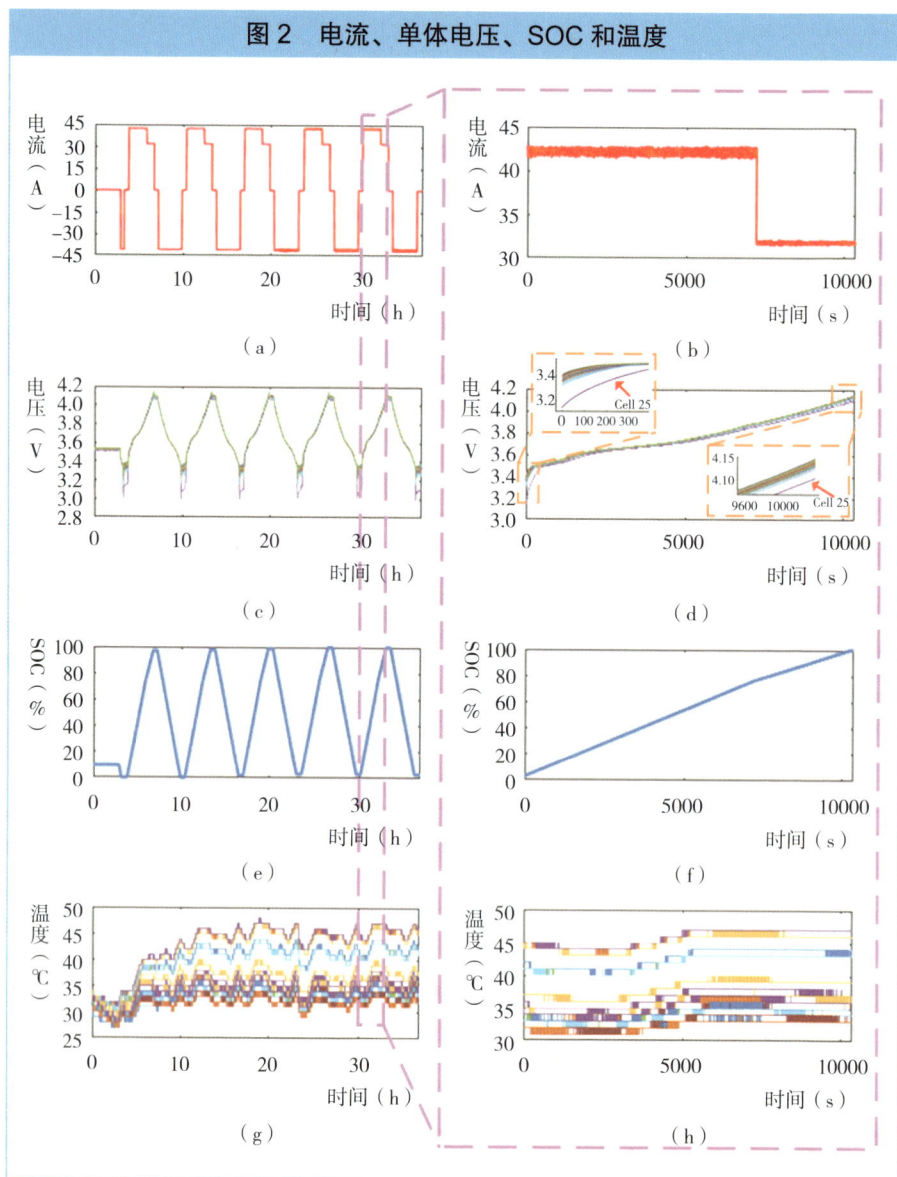

实验具体步骤如下。

①将电池组在25℃的温箱中静置3小时，使电池系统达到热稳定。

② 1/3C 恒流放电至放电截止电压。

③搁置30分钟。

④ 1/3C 恒流充电 2 小时。

⑤电流切换至 1/4C，继续恒流充电至充电截止电压。

⑥搁置 30 分钟。

⑦步骤②至步骤⑥循环 5 次。

图 2 描述了从实验中获取的时间、电流、电压和温度等数据。图 2(a)、(c)、(e) 和 (g) 描述了五次充放电循环过程中流过 Pack A 的总电流、96 个单体的电压、Pack A 的总 SOC 和 18 个温度传感器的温度；图 2 粉红色虚线框内的 (b)、(d)、(f) 和 (h) 描述的是五次充放电循环过程中最后一次充电的情况。

（四）结果

1. Pack A 各项指标的结果

基于实验获得的数据，计算电压极值、电压极差、温度极值和温度极差，结果如图 3 所示。进一步，计算每个单体的内阻、容量和电量，结果如图 4 所示。我们还对内阻、容量和电量结果进行了统计，其结果如图 5 所示。图 4(a)、图 5(a) 和图 5(b) 表明第 25 号单体的内阻在所有单体中处于一个平均水平，但是其容量却是所有单体中最大的。图 4(b) 和图 5(c) 显示第 25 号单体与其他单体严重偏离，并且它的电量是所有单体中最小的。这些结果共同表明了第 25 号单体与其他单体严重不一致，Pack A 的一致性较差。

根据在实验中获取的 Pack A 的数据，计算用于评价电池组一致性五项指标的参数值，结果如图 6 和图 7 所示。五次充电中的四项指标的参数值 δ_V、δ_R、δ_Q 和 δ_E 相对稳定，但是它们随着充电次数的增加而呈增加的趋势。σ_T 随着充电次数增加而明显增大，并且在第二次充电以后，σ_T 超过 0 分阈值，这表示 Pack A 的温度一致性较差。图 6 和图 7 表明 Pack A 的一致性随着充电次数的增加而逐渐变差。

2. 电池组一致性的综合评分

表 1 描述了三款电池组一致性的综合评分结果，Pack A 是一款老化严重的旧电池，它的各项指标得分都较低，其中温度一致性表现得最差，得了 0 分，电量一致性的得分也较低，低于 60 分，各项指标得分加权后的最后总分是三款

图 3　电压极值、电压极差、温度极值和温度极差

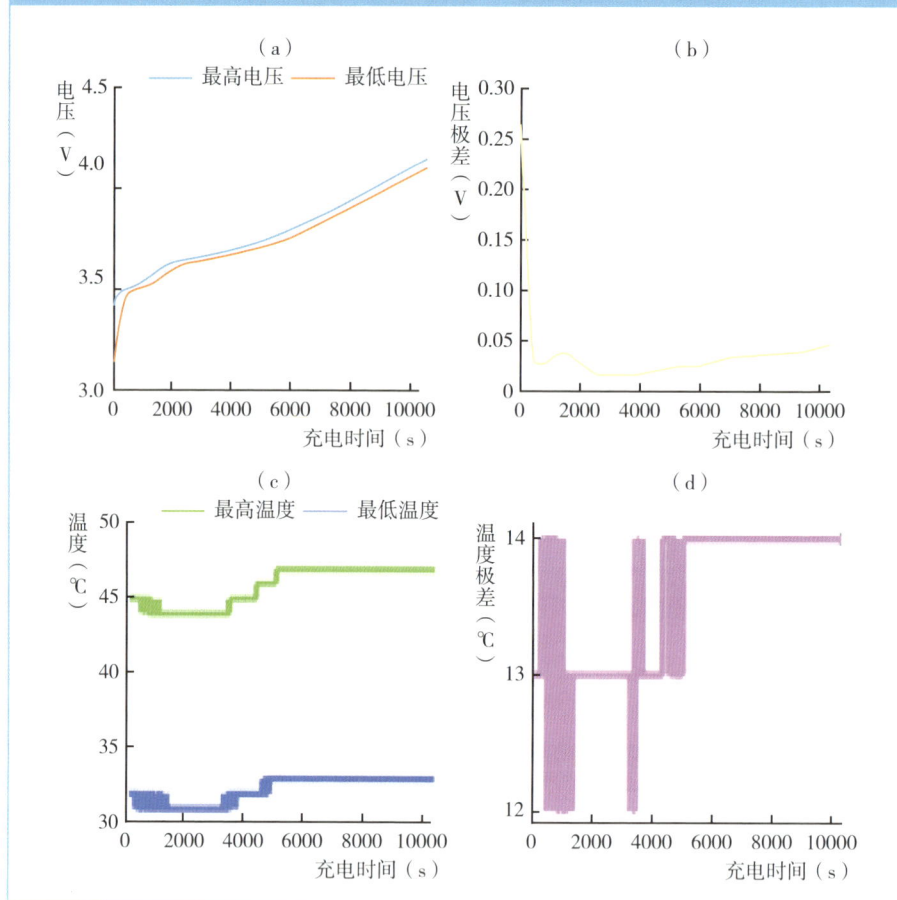

图 4　内阻、容量和电量

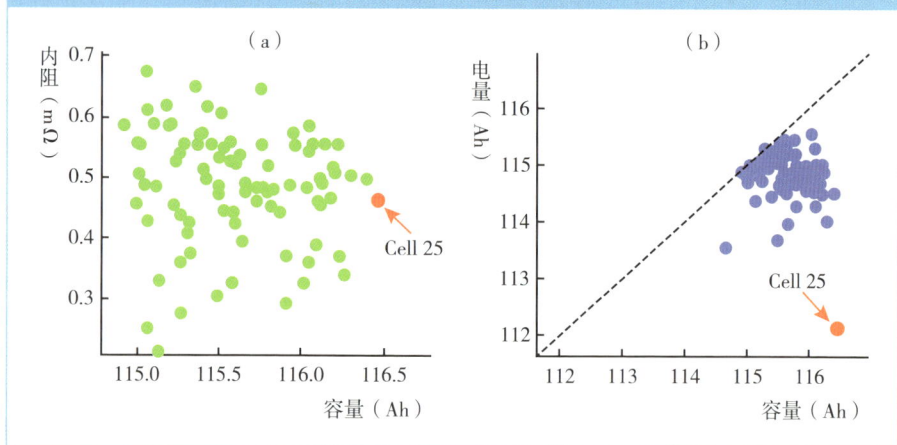

图5　内阻、容量和电量的统计结果

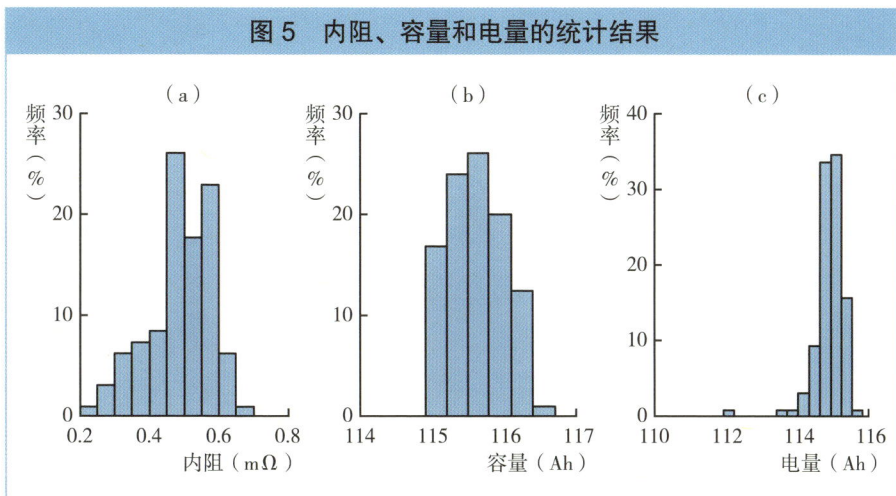

电池中最低的，仅仅为 60.72 分；Pack B 是一款新电池，它的各项指标得分都较高，各项指标得分都处于 90 分左右，最后的总分是三款电池中最高的，高达 92.06 分；Pack C 是一款老化程度较轻的电池，它的一致性总分为 76.67 分，介于 Pack A 和 Pack B 的得分。综上所述，本文提出的电池组一致性评价方法可以有效区分三款电池组的一致性，且量化电池组一致性的程度。

表1　Pack A、Pack B 和 Pack C 一致性的评分结果

指标名称	权重(%)	参数	Pack A 参数值	Pack A 单项得分（分）	Pack B 参数值	Pack B 单项得分（分）	Pack C 参数值	Pack C 单项得分（分）
电压一致性	22.86	δ_V	1.15%	73.20	0.53%	91.48	0.81%	84.14
温度一致性	12.42	σ_T	13.56℃	0	0.98℃	96.09	7.75℃	35.93
内阻一致性	17.74	δ_R	18.91%	79.75	7.71%	93.83	23.23%	72.83
容量一致性	9.99	δ_Q	0.33%	86.22	0.26%	88.68	0.51%	68.15
		φ_Q	1.33%		1.18%		2.43%	
电量一致性	36.99	δ_E	0.37%	57.37	0.22%	91.13	0.23%	89.87
		φ_E	2.95%		0.90%		1.06%	
总分（分）			60.72		92.06		76.67	

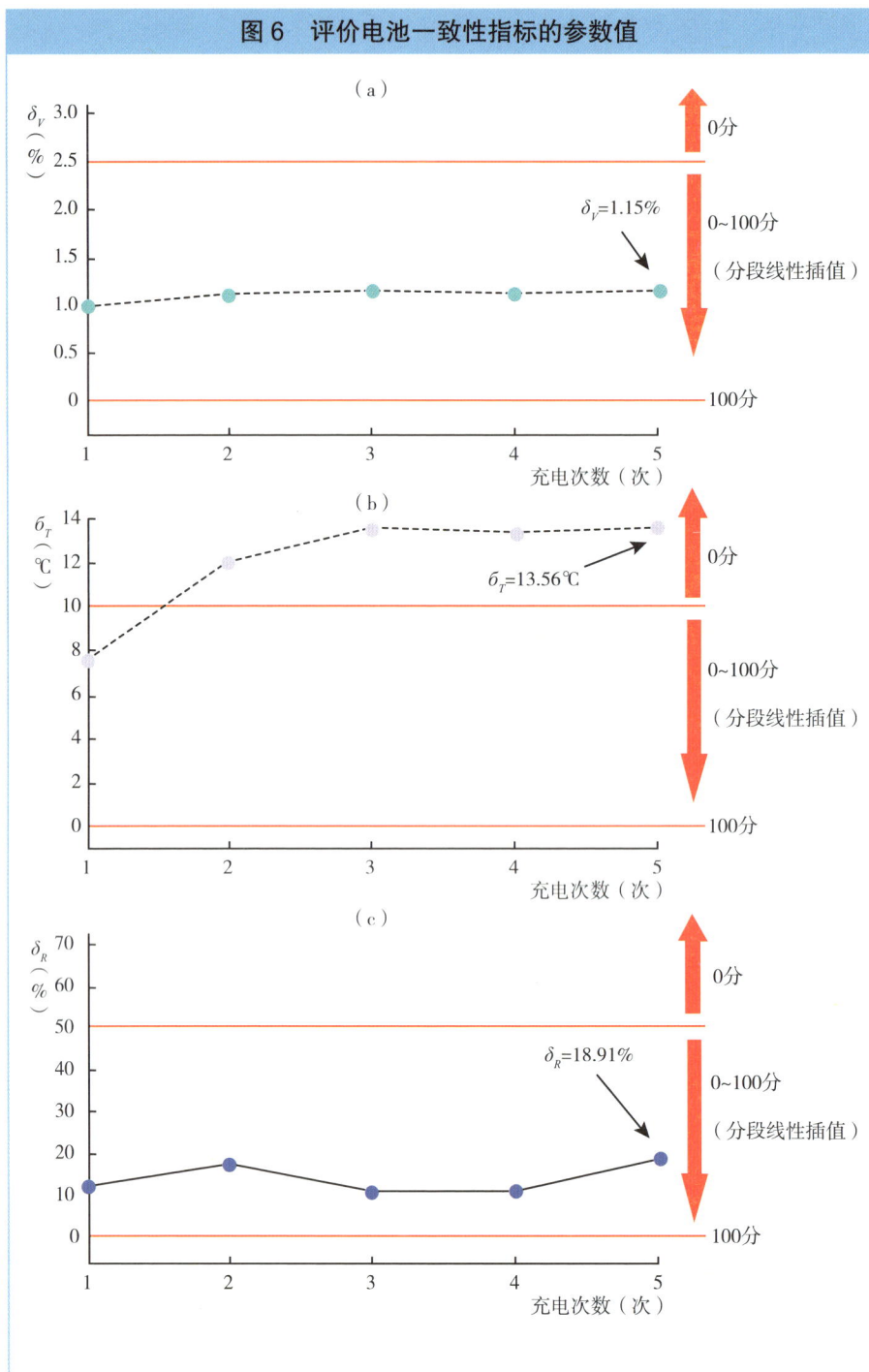

图6 评价电池一致性指标的参数值

注：(a) 评价电压一致性指标的参数 δ_V，(b) 评价温度一致性指标的参数 σ_T，(c) 评价内阻一致性指标的参数 δ_R。

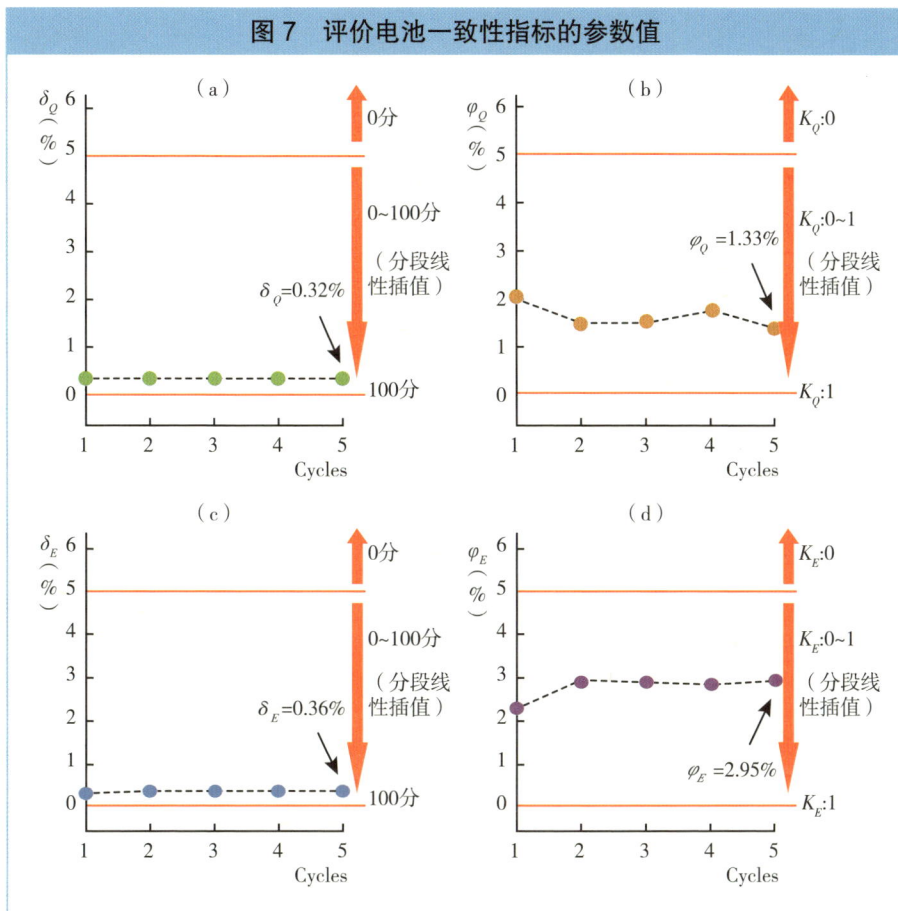

图 7　评价电池一致性指标的参数值

注：(a) 评价容量一致性指标的参数 δ_Q，(b) 评价容量一致性指标的参数 φ_Q，(c) 评价电量一致性指标的参数 δ_E，(d) 评价电量一致性指标的参数 φ_E。

三　一种基于云端充电数据的电池寿命估计方法

（一）研究背景及意义

清华大学的卢兰光等人在电动汽车锂离子电池管理系统的关键技术综述中提到，关于什么是 SOH（State of Health，健康状态）以及如何确定 SOH，业内尚无共识。SOH 是电池单元（或电池模块或电池系统）与理想状态相比的当前状态的品质因数。SOH 的单位是百分比,如:100%表示它是新电池。SOH 可以通过容量和内部电阻得出,也可以通过其他电池参数(例如,交流阻抗、自放电率和功率密度)得出。以容量为例,SOH 可以被定义为当前容量与制造商给出的额定容量之比。通常,如果电池当前容量比初始值小于 80%,这意味着 SOH 小于 80%,则 BMS 会提醒用户更换电池。电池的 SOH 降低主要是由电池老化和衰减引起的,即耐久性问题。这意味着随着电池的使用或存储,电池容量将减少并且内部电阻将增加,电池的 SOH 将减小。因此,实时准确的 SOH 估计对电动汽车动力锂电池的维护至关重要。

SOH 的估计包括电池内阻的估计和电池容量的估计。当前,用于 SOH 估计的通用方法是基于模型的预测以及区间校准。离线进行容量校准的理想方法是在电池完全充电或放电期间进行安时积分得到容量。但是,在实际应用中几乎没有机会对电池进行满充满放。因为具有恒定充电电流的局部充电曲线在电池充电策略中很常见,所以利用局部充电曲线估算电池的 SOH 更为实用。国外有学者提出了一种基于电池局部充电曲线的 SOH 估计算法,但必须保证局部充电曲线的初始 SOC 是固定的,以及必须保证将电池充电至 100% 的 SOC。固定的初始 SOC 和充电至 100% 的 SOC 在应用中都是不切实际的。

此外,电池的健康状态预测对于保障电动汽车运行的动力性、经济性和安全性也具有重要的意义。SOH 的预测可分为基于模型的预测和基于数据驱动的预测。基于模型的预测首先需要建立一个电池模型,常见的电池模型有等效电路模型、电化学模型、经验模型等,虽然基于电池模型的方法可以实现 SOH 的预测,但存在参数辨识复杂、计算量大等问题。数据驱动算法如神经网络、支持向量机、高斯回归等因无须充分了解电池内部复杂的反应机理被国内外学者广泛应用于 SOH 的预测中,但是这些数据驱动算法预测精度难以提高且模型泛化能力差。

本文以锂离子电池为研究对象,提出了一种基于云端充电数据的电动汽车电池寿命估计方法,利用本文的方法,可以通过电动汽车充电数据准确地估计和预测电池寿命。同时,本文方法给予动力电池预防性维护以及梯次利用时快速分选数据支持。

（二）估计原理

1. SOH 的定义

SOH，全称是 State of Health，表征电池容量、健康度、性能状态，是电池使用一段时间后性能参数与标称参数的比值，新出厂电池为 100%，完全报废为 0%。一般用 SOH 来定量描述电池寿命衰减程度。SOH 是电池从满充状态下以一定的倍率放电到截止电压所放出的容量与其所对应的标称容量（初始容量）的比值，即电池的健康状态（SOH）= 当前容量 / 初始容量。

电池的实际容量，取决于电池中活性物质的多少和活性物质的利用率，活性物质数量越多，活性物质利用率就越高，电池的容量也就越大，反之容量越小。锂离子电池虽然是一种能量存储和转换的设备，但它并不是可以无限使用的，即它的循环使用寿命是有限的，这是因为电池的性能会随着电池的使用而逐渐下降。在实际的使用过程中，随着电池逐渐老化，其寿命会发生衰减。

在实车上，车载硬件只能采集电池的电流、电压、温度等数据，而电池的当前容量为间接测量，无法直接获得，基于线上数据准确地估计电池寿命成为当前电池管理系统（Battery Management System, BMS）的难点和重点。具体来说，标准容量测试只适用于实验室标定电池容量，不适用于实车；复杂的 BMS 云端数据给模型和算法提出了更高的要求。

2. SOH 的估计原理

基于云端充电大数据的 SOH 估计方法主要分为四个步骤。首先，用安时积分估计容量；其次，采用具有模糊逻辑的卡尔曼滤波法对容量结果进行滤波；再次，根据温度修正 SOH 估计结果；最后，用阿伦尼乌斯模型对 SOH 结果进行拟合。

（三）结果

本文在以车辆历史充电数据段估计实时 SOH 的基础上，对未来车辆电池寿命进行了预测。本文采用的方法是以经验寿命模型——Arrhenius 模型对 SOH 结果进行拟合，以历史的 SOH 估计结果，预测到行驶里程为 12 万公里的 SOH。

为了达到较好的预测效果，选取处于长期营运状态的 21 辆车，有较多的充电数据，可以较好地进行电池寿命估计，这 21 辆车的 SOH 估计和预测结果如图 8 所示。各图的型式基本相同，纵坐标即为 SOH，横坐标为数据记录起始时刻的行驶里程，单位为万公里。考虑到数据记录起始时刻不同车辆均已经先后投入使用，因此对应零里程的 SOH 均不为 1。

棕色竖虚线所示为第一批数据约半年时间各车行驶里程，因其为营运车辆，多数车辆行驶里程在 2 万~6 万公里，且以 4 万公里居多。由前述估计方法对第一批半年数据进行温度修正后进行 SOH 估计，结果为蓝色点所示，可以看到电池 SOH 在这半年过程中有一定程度的衰减。对该半年数据结合 Arrhenius 模型进行拟合，得到红色的拟合和预测曲线。进一步提取第二批约半年数据与第一批数据相校验，其 SOH 估计结果如图中绿色点所示，可以看到在多数图中绿色

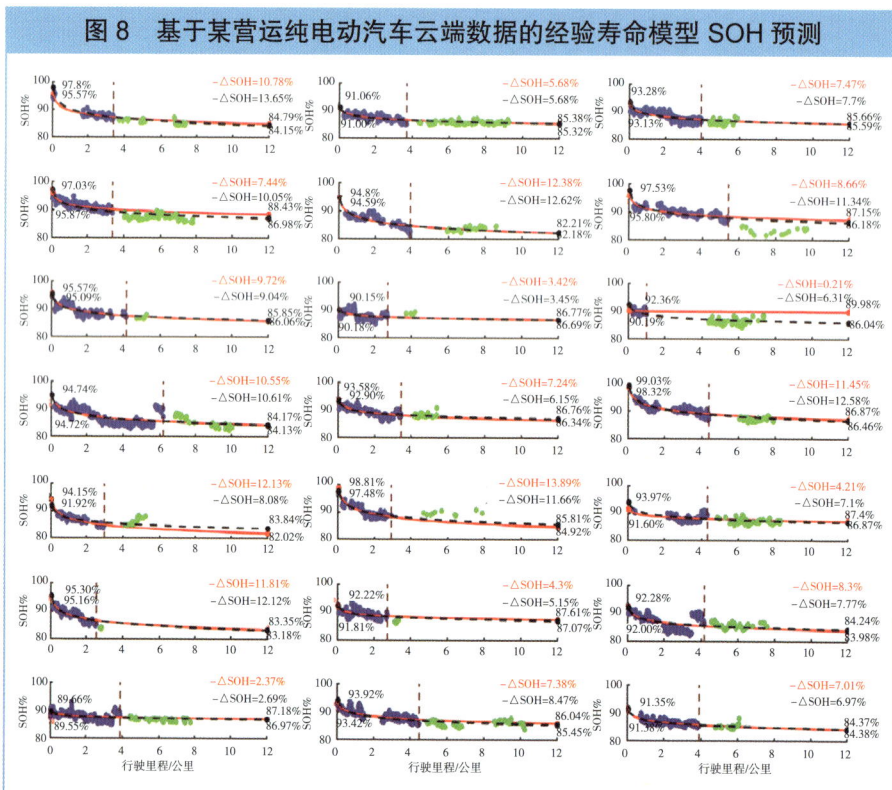

图 8　基于某营运纯电动汽车云端数据的经验寿命模型 SOH 预测

点与第一批数据拟合后的预测红色曲线非常接近，这表明方法本身具有可信性。联合第一批和第二批的数据进行拟合和预测的结果如图中黑色虚线所示，结果表明一年数据的预测和半年数据的预测结果基本一致。图中分别给出了各车在0公里和12万公里处半年数据的预测结果（红色数字）和一年数据的预测结果（黑色数字），可见各车在行驶到12万公里时SOH仍有约85%。

为了进一步验证方法的精度，在此21辆车中随机抽取4辆车进行容量测试。测试时间为获取第二批数据之后的某一个时间点，各车实际行驶里程如表2所示。图9给出了所抽取的4辆车的容量预测结果。

在图9的各图中，四辆车的容量估计在0公里和12万公里处半年数据的预测结果和一年数据的预测结果仍与图12类似，但纵坐标改为电池的容量。紫色五角星为测试车辆在对应里程处的实测容量。从预测结果上看，无论基于第一

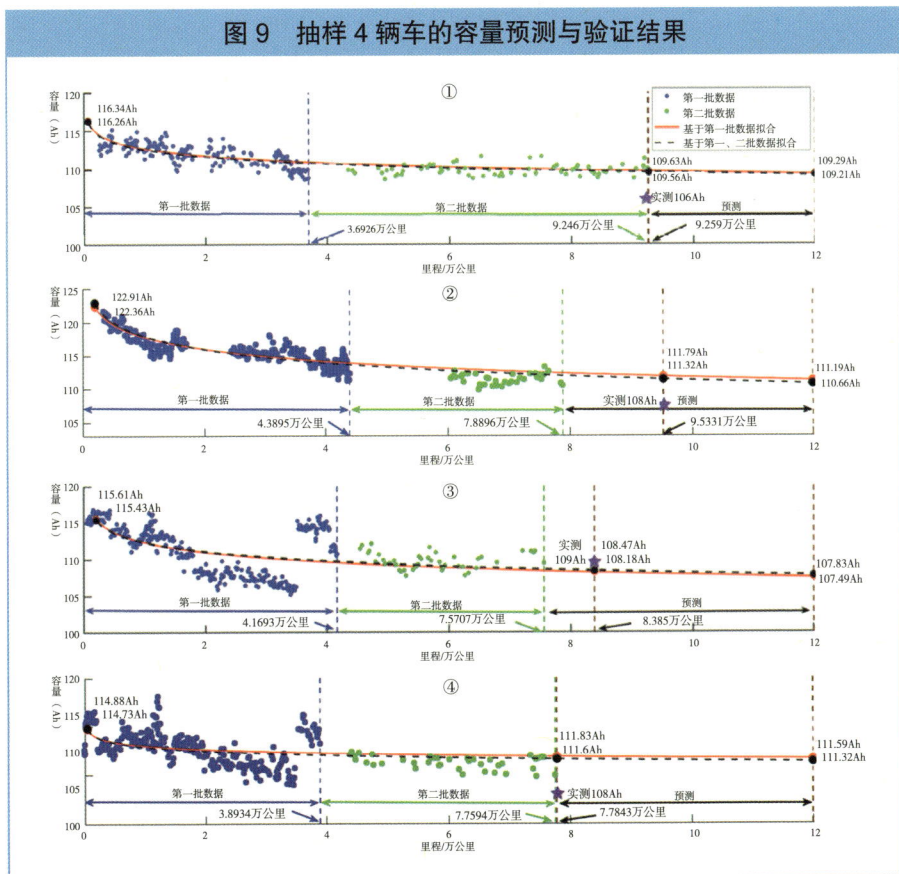

图9　抽样4辆车的容量预测与验证结果

批半年数据的预测结果还是基于两批数据的预测结果误差都小于4%，误差来源可能包括预测模型和容量估计方法本身的误差，但整体来看，提出的方法具有较好的容量预测精度，可以用于云端的容量估计和寿命预测（见表2）。

表2 抽样4辆车的容量预测与误差

车号	实际行驶里程（km）	实测容量（Ah）	基于第一批数据的预测容量（Ah）	误差（%）	基于两批数据的预测容量（Ah）	误差（%）
①	92590	106	109.63	3.42	109.56	3.36
②	95331	108	111.79	3.51	111.32	3.07
③	83850	109	108.18	0.75	108.47	0.49
④	77843	108	111.83	3.55	111.6	3.33

四 一种基于充电数据的电池内短路检测方法

（一）研究背景及意义

随着电动汽车销量和保有量的增长，以热失控为特征的锂离子电池安全性事故时有发生，且成为媒体宣传报道的焦点，这严重打击了公众接受和使用电动汽车的信心，阻碍了电动汽车的普及和进一步发展。导致电池热失控的因素包括机械滥用、热滥用和电滥用，而由正负极部分在电池内部所形成的电池内短路，是三种滥用方式导致电池热失控的共性环节。

由机械滥用、热滥用通过机械力、高温等外部作用导致的电池内短路，往往伴随着很显著的机械形变和温度升高等信号，较易于检测。而由电滥用或其他因素造成的电池析锂、枝晶生长，以及生产缺陷和金属杂质等，最终导致自引发内短路。Barnett等人的研究指出，内短路发展演化的时间尺度长达数百小时，初期现象不显著，但末期可导致电池热失控。在内短路的发展演化过程中，其等效短路电阻随着时间缓慢下降。随着内短路的阻值不断降低，其产热能力逐渐上升。

依据内短路的电特征和热特征，可以将内短路的发展演化过程划分为初期、

图 10　内短路发展演化三个阶段的电特征和温度特征

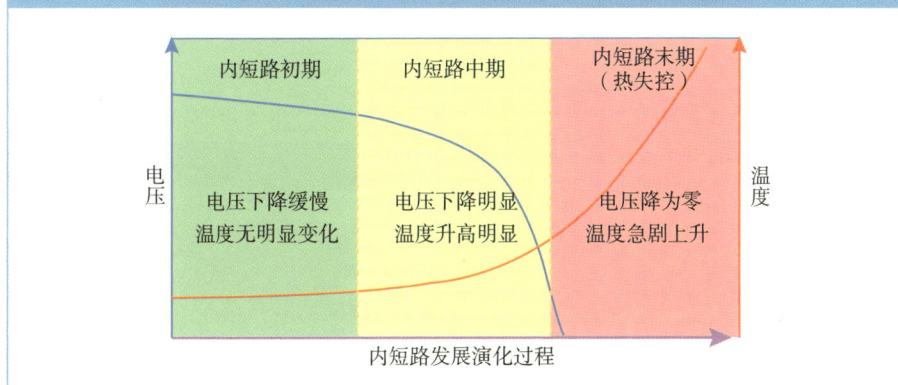

中期和末期三个阶段，如图 10 所示。在内短路初期阶段，内短路阻值很高，内短路放电引起电池电压缓慢下降。但是由于内短路初期阶段的放热功率很小，产生的热量几乎可以完全被电池通过散热散去，所以电池温度不会发生明显变化。随着内短路发展演化，内短路阻值逐渐降低，电池内短路进入中期阶段。在内短路中期阶段，由于内短路阻值较低，所以内短路放电电流较大，电池电压下降明显。同时由于内短路的产热功率较高，产生的热量不能及时被电池通过散热散走，电池温度明显升高。随着内短路产生的热量不断聚集，电池温度不断攀升，电池内短路进入末期阶段。在内短路末期，电池温度达到电池隔膜的失效温度，电池隔膜崩溃使电池的正负极之间发生大面积短路，电池的端电压突降为 0。同时高温会触发热失控连锁反应，在短时间内释放出大量的热，使电池发生热失控。内短路初期和中期最主要的区别是电池温度是否有明显变化，内短路中期与内短路末期最主要的区别是电池端电压是否发生突降。

虽然内短路末期具有明显的热电特征，较易识别，但是由于内短路末期会立即引发电池热失控，即便识别出内短路，也没有足够的时间裕度和安全裕度来采取应对措施。因此，如果能在内短路初期和中期将它检测出来，则可以采取各种应对措施来规避潜在的安全性事故。

为了解决内短路检测的问题，研究者们从不同的角度出发，提出了多种内短路识别方法，现有的内短路识别方法可以分为以下三类。①将实测的电压、温度数据与模型预测值比较，如 Asakura 等人提出了一种在恒流充电时通过比较电池实际电压变化和模型预测电压变化来识别内短路的方法。Ikeuchi 等人发明了一种通过比较电池模型得到的电池电量变化和安时积分得到的电池电量变化来识别内短路的方法。Asakura 等人发明了一种通过比较电池实际温度变化与模型预测温度变化来识别电池内短路的方法。②检测电池是否发生自放电，如 Sazhin 等人提出了一种通过检测电池自放电来检测初期内短路的识别方法。给待检测的电池并联一个恒压源，并将恒压源的电压设定为略低于待检测电池的电压，同时监测待检测电池与恒压源之间的电流。如果检测到电池与恒压源之间的电流方向发生改变，则认为存在内短路。Keates 等人提出了一种通过比较电池关断和再次连接时的电压来识别电池内短路的方法。③利用电池组中电池单体间的一致性，如 Hermann 等人提出，在电池组中，电池单体的电压等参数应当是一致的。如果某节电池的电压发生了不正常的下降而与其他电池不一致，则认为它发生了内短路。

上述方法多是以专利形式呈现，缺少必要的实验验证与方法实施细节，且部分方法只适用于电池单体，无法应用于车用电池模组，同时考虑到算法在充电桩端或充电大数据平台应用的可能性，清华大学团队提出了一种基于充电数据的电池内短路检测方法，该方法应用于清华 - 戴姆勒合作项目等多个项目中，经验证，算法可以有效地将初期内短路检测出来，并可较为准确地计算反映内短路严重程度的等效短路电阻值。

（二）检测方法

1. 剩余充电电量和内短路的关系

同一个电池组中的各节单体之间或多或少地会存在不一致性，图 11(a) 展示的是一个电池组中 8 节串联电池单体的容量差异，其中绿色虚线表示容量的不一致性，红色矩形表示初始电量的不一致性。各节电池是串联连接的，因此在理想情况下，由黄色矩形表示的电池充放电电量是相等的，当其中一节电池充满电时，BMS 为了防止过充会停止充电，此时其他电池尚未充满电。基于此，在电池组充电结束时，我们可以将电池的剩余充电电量（Remaining Charging Capacity, RCC）定义为各电池容量和电量之差，在图 11(a) 中表示为黄色矩形上方到绿色虚线间的区域。

对于正常的、没有发生内短路的电池组，由于充放电过程中各单体有着相

图 11　(a) 电池组中的 RCC 差异 (b) 内短路发生后 RCC 的变化

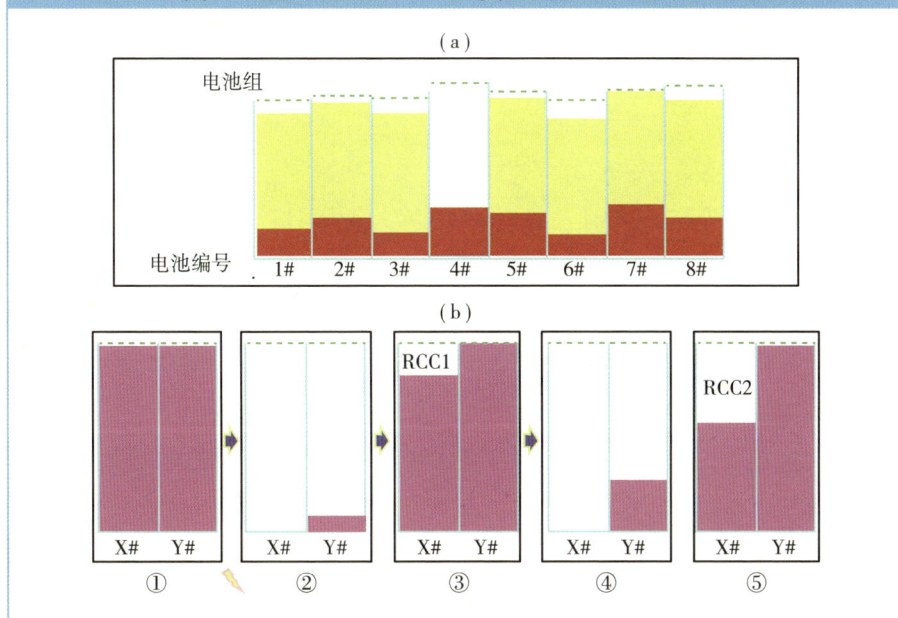

同的充放电电量，因此在每次充电结束时，各单体的 RCC 不发生变化。当内短路发生时，由于内短路电流的存在，内短路单体的电量会被消耗，每次充电后的 RCC 会增大。为了更清楚地解释，图 11(b) 分析了只有两节单体（X# 单体和 Y# 单体）串联的电池组，X# 单体在第一次充电结束后发生了内短路，如②所示，在放电时 X# 单体先放到截止电压，此时 Y# 单体还有部分电量未放出。在第二次充电时，如图③所示，Y# 单体会先充满，此时 X# 单体的 RCC 记为 RCC1。同理，当又一次放电到 X# 单体到达截止电压时，Y# 单体会有更多的电量未放出，如图④所示。因此当第三次充电结束时，X# 单体的 RCC 记为 RCC2，很明显的 RCC2 大于 RCC1。因此，对于内短路单体，在各次充电后，其 RCC 会逐渐增大，我们可以根据 RCC 的变化来进行内短路的检测，并且 RCC 变化量的大小可以直观反映内短路的严重程度。

2. 充电电压曲线相似性变换

RCC 表示的是电池模组在满充状态时各电池单体容量和电量之差，因此 RCC 是无法直接测量的，于是我们引入充电电压曲线相似性这个概念来计算 RCC。首先，对于同一个模组中的不同单体，如果它们的内阻、初始 SOC、容量是相等的，那么它们的充电电压曲线是重合的；如果它们的内阻、初始 SOC、容量是不相等的，那么它们的充电电压曲线是不重合的，但是可以通过平移和伸缩变换，将充电电压曲线变换到重合状态，这就是所谓的充电电压曲线相似性。对于充电电压曲线的相似性，我们有过详细的理论推导和实验验证，在这里就不赘述了，基于充电电压曲线相似性变换，我们可以计算每个单体的 RCC。

3. 剩余充电电量的计算与内短路的检测

利用充电电压曲线相似性计算 RCC 的方法如图 12 所示，单体 1~4 组成串联电池模组，其中单体 1 在充电过程中的 t_1 时刻达到充电截止电压，此时 BMS 为了避免过充将充电停止。将图中绿色实线所示的单体 1 的充电电压曲线作为其余单体充电电压曲线相似性变化的基准，以图中紫色线所示的单体 3 为例说明其 RCC 的计算过程：如果在 t_1 时刻后，单体 3 能够独自充电至满电，那么其充电曲线将会如图绿色虚线所示延长到 $t_1+\Delta t_3$，Δt_3 定义单体 3 的剩余充电时间（Remaining Charging Time, RCT），则根据充电电压曲线相似性原理，单体 3 的充电电压曲线可由单体 1 的充电电压曲线向右平移 Δt_3 得到，在实际使用中，我们可以将单体 3 的充电电压曲线向左平移至单体 1 的充电电压曲线得到 Δt_3。一种更简便的方法为，在单体 1 的充电电压曲线上找到与 t_1 时刻单体 3 的电压相等的电压点对应的时刻，这一时刻即为 $t_1-\Delta t_3$，进而我们可以计算单体 3 的

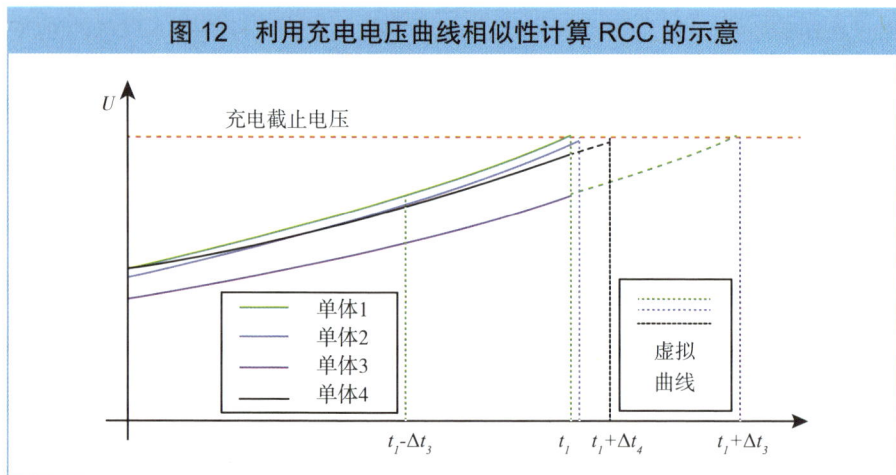

图 12　利用充电电压曲线相似性计算 RCC 的示意

RCC，如式 (1) 所示。

$$RCC = \int_{t_1 - \Delta t_3}^{t_1} I dt \tag{1}$$

进而，根据相邻两次的 RCC 结果可以计算内短路电流，如式 (2) 所示，式中 I_{ISC} 为内短路电流，RCC_n 为第 n 次充电时的 RCC，RCC_{n-1} 是第 n-1 次充电时的 RCC，t_n 为第 n 次充电截止时间，t_{n-1} 为第 n-1 次充电截止时间。

$$I_{ISC} = \frac{RCC_n - RCC_{n-1}}{t_n - t_{n-1}} \tag{2}$$

当计算得到的 I_{ISC} 大于阈值时，认为电池发生了内短路。可进一步计算内短路电池的等效短路电阻值，如式（3）所示，V_{avg} 为平均电压，R_{ISC} 为计算得到的内短路等效电阻值，R_{ISC} 越小则短路严重程度越高。

$$R_{ISC} = \frac{V_{avg}}{I_{ISC}} \tag{3}$$

可以看到，本算法的核心算法部分无须进行复杂的迭代计算，因而计算量很小。对于车用 BMS 而言，可以通过只记录充电末端的电压曲线有效地降低数据存储量，方便算法在 BMS 中实时计算。对于充电桩或充电大数据平台而言，在计算量充足的情况下，可以将曲线重构算法等更复杂的算法与本算法相结合，提高算法计算精度。

（三）实验

为了验证该内短路检测算法的有效性，我们设计并进行了一系列实验。如图 13(a) 所示，6 节单体电池串联组成了实验用电池模组，单体电池为额定容量 31Ah 的软包三元电池，电池模组与迪卡龙电池测试系统相连进行动态工况实验，数据采集器采集每节单体的电压，采样频率为 1Hz。设置 4 号单体为短路单体，在实验中为了保证内短路阻值定量可控，我们采用了内短路替代实验，即用定值外短路来模拟内短路的电特征，通过改变短路的阻值，可

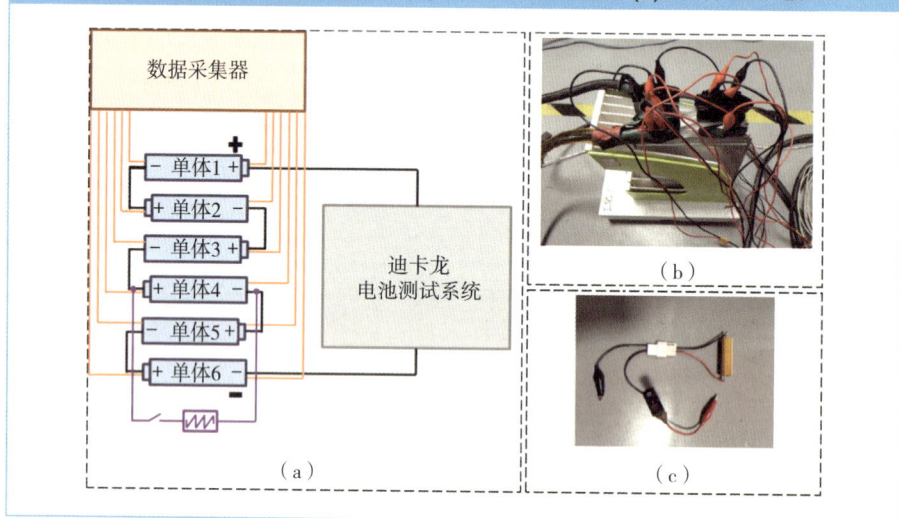

图 13 (a) 实验台架示意图 (b) 实验用电池模组 (c) 等效短路电阻

以模拟不同程度的短路。实验用电池模组如图 13(b) 所示，等效短路电阻如图 13(c) 所示，我们选用 10Ω、50Ω、100Ω 的短路电阻分别进行实验，根据清华大学团队的前期研究结果，使用内短路替代实验引发电池热失控的短路电阻阻值在毫欧量级，因此，本次三组实验都可以代表内短路初期的情况。

一个循环的实验工况如图 14 所示，实验从电池组满电状态运行 DST 工况至最低单体电压达到截止电压，搁置 10min 后 1C 恒流充电，充电至最高单体电压达到截止电压时转为搁置 10min。每组实验重复多个循环，在实验开始前，

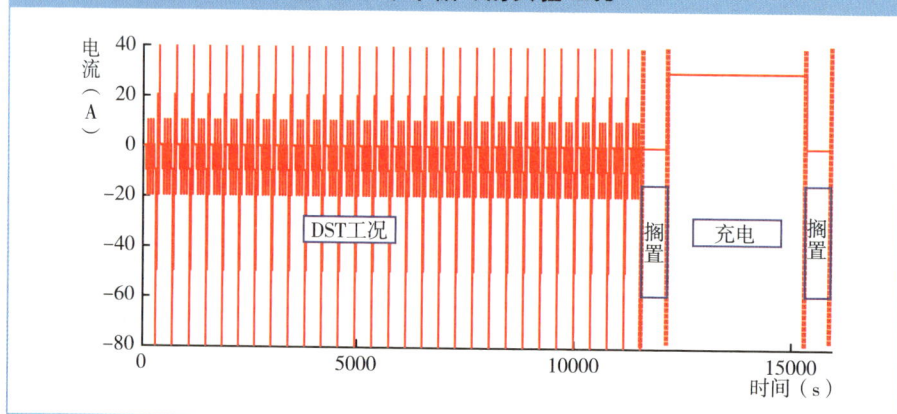

图 14 单个循环的实验工况

各单体均衡良好，在第一个循环开始时，闭合短路开关。

表 3 汇总了全部三组的实验设定。

表 3　三组实验设定

实验设定	实验 1	实验 2	实验 3
短路电阻值	10Ω	50Ω	100Ω
循环次数	3	9	12
短路电池编号	#4	#4	#4
短路触发时刻	0s	0s	0s

（四）结果

图 15 展示了实验 1 的各单体电压曲线，其中紫色的为发生短路的单体 4 的电压。将第一次充电末端电压曲线放大之后如图 15 右侧所示，可以看到在第一

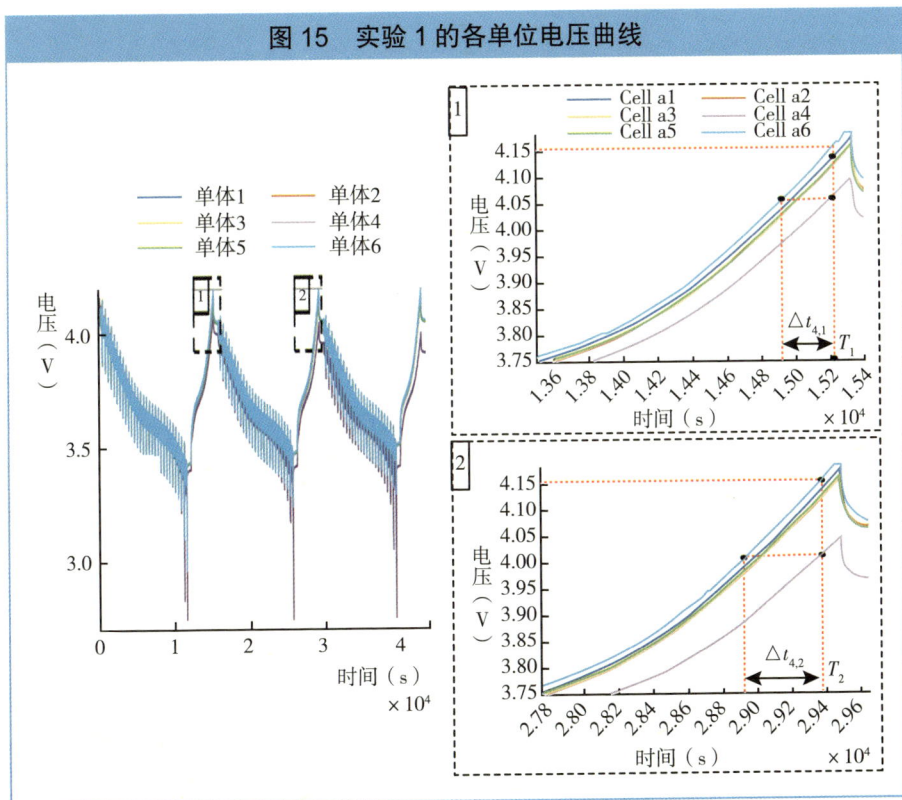

图 15　实验 1 的各单位电压曲线

次充电末端取最高电压达到 4.15V 为基准，对应的时刻为 T_1，将 T_1 时刻单体 4 的电压平移到基准电压曲线上，得到剩余充电时间 $\Delta t_{4,1}$，进而根据公式 (2) 可以计算出单体 4 在第一次充电结束时的剩余充电电量 $RCC_{4,1}$，同理，可以得到第二次充电结束时的剩余充电时间 $\Delta t_{4,2}$ 和 $RCC_{4,2}$。

图 16 展示了三组实验的算法运行结果，柱状图的高度代表 RCC_4 的大小，柱状图的个数与表 3 中实验工况的循环次数相对应，每幅图中标出了实际短路电阻的阻值 R_{ISC} 和计算得到的短路电阻阻值 R_{CAL}。可以看到，对于任意一次实验结果，随着循环次数（也即充电次数）的增加 RCC 依次增大，且 RCC 的增

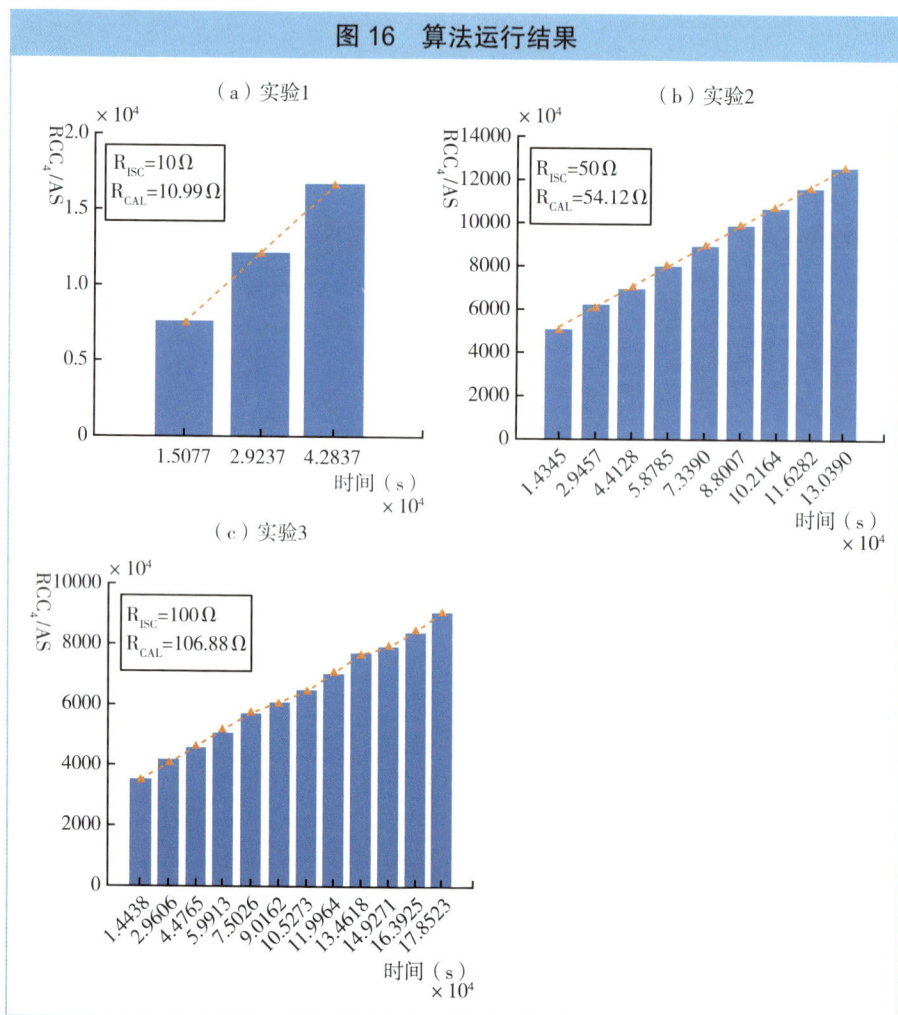

图 16　算法运行结果

长率几乎不变，事实上 RCC 的增长率即为短路电流的大小，因此，图中橙色虚线的斜率越大，则代表短路电流越大，短路电阻越小。纵向比较三次实验结果，可以看到随着短路电阻阻值的增大，相同充电次数下的柱状图的高度随之减小，这表明内短路耗散的电量随着短路阻值的增大而减小。进一步比较 R_{ISC} 和 R_{CAL} 可以看到 R_{CAL} 与 R_{ISC} 较为接近，计算的相对误差在 10% 以内。

　　综上所述，本节提出了一种基于充电数据的电池内短路检测算法，并对算法的有效性进行了实验验证。本节提出的算法只利用了电池的充电数据，算法核心部分计算量小，数据存储量小，适用于 BMS 实时计算或充电桩端及充电云平台计算。实验结果表明，对于处在初期阶段的内短路，算法可以将其有效地检测出来，并可以较为准确地计算反映内短路严重程度的短路电阻阻值。

五　一种全工况适用的电池内短路检测方法

（一）研究背景及意义

　　第四部分，我们提出了一种适用于充电状态的电池内短路检测算法，该算法利用充电数据表现出较好的检测效果，然而在实际使用中，车辆大部分时间运行在动态加减速等非充电状态，因此，开发一种全工况适用的电池内短路检测算法及其必要。另外，第四部分的算法只利用了内短路的电特征，即内短路会引起电池自放电，而没有利用内短路的热特征，即内短路会导致电池的温度升高。因此，如果能更充分地利用电压和温度信号开发内短路检测算法，则有望获得更好的检测结果。

　　基于此，清华大学团队提出了一种全工况适用的电池内短路检测方法，该方法基于电池模型将电池电压、温度信号转化为反映内短路状态的特征信号，基于电池组一致性将与电池组平均状态偏离较远的内短路故障状态检测出来，该方法应用于清华 -CATL 合作项目等多个项目中，经过大量的实验验证，算法可以在内短路导致热失控之前将其检测出来。

（二）检测方法

算法以电池组的电压、温度、电流为输入，以故障类型及其对应的故障位信号为输出，共包括 6 个步骤。

步骤 1 为数据采集，算法所需要的数据为电池组中各电压采集点的电压、各温度采集点的温度、电流。步骤 2 为数据预处理，计算得到反映电池组平均状态的平均电压 $\bar{V}$、平均温度 $\bar{T}$，以及反映电池组故障状态的最低电压 V_W、最高温度 T_W，如式（4）~（7）所示，式中 i_V 为最低电压单体的编号，i_T 为最高温度单体的编号。

$$\bar{V} = \frac{1}{N} \sum_{i=1}^{N} V_i \tag{4}$$

$$\bar{T} = \frac{1}{N} \sum_{i=1}^{N} T_i \tag{5}$$

$$\begin{cases} V_W = \min_i \{V_i\} \\ i_V = \mathrm{argmin}\{V_i\} \end{cases} \tag{6}$$

$$\begin{cases} T_W = \max_i \{T_i\} \\ i_T = \mathrm{argmax}\{T_i\} \end{cases} \tag{7}$$

步骤 3 为核心算法部分，一方面采用扩展卡尔曼滤波（Extended Kalman Filter, EKF）算法计算反映电池组平均 SOC 状态的 $\overline{SOC}$，计算反映电池组故障 SOC 状态的 SOC_W，详细的计算步骤如表 4 所示；另一方面采用递归最小二乘（Recursive Least Square, RLS）算法辨识反映电池组平均欧姆产热的参数 $\bar{R}_\Omega$，计算反映电池组故障产热的参数 $\bar{R}_{\Omega W}$，详细的计算步骤如表 5 所示。

表 4　基于 EKF 算法的 SOC 估计方法

描述	公式	说明
数据输入	$V_{\exp} = \begin{cases} \bar{V}, \ 用于计算 \overline{SOC} \\ V_W, \ 用于计算 SOC_W \end{cases}$	$\bar{V}$ 和 V_W 从步骤 2 获得
模型预测	$SOC_k^- = SOC_{k-1}^+ + \dfrac{\eta_C \cdot \Delta t_{k-1}}{Q_{st} \cdot 3600} I_{k-1}$ $V_{mdl,k} = OCV_{mdl,k} + I_k \cdot R_{0,k} - U_{1,k}$ $U_{1,k} = U_{1,k-1} \alpha_{k-1} - R_{1,k-1} I_{k-1} \cdot (1 - \alpha_{k-1})$	Δt_k 为采样时间间隔；Q_{st} 为电池容量；η_C 为库伦效率 $\alpha_k = \exp\left(-\dfrac{\Delta t_k}{R_{1,k} C_{1,k}}\right)$

续表

描述	公式	说明
误差计算	$E_k = V_{exp,k} - V_{mdl,k}$	
卡尔曼增益计算	$\Sigma_k^- = A_{k-1}\Sigma_{k-1}^+ A_{k-1}^T + \Sigma_w$ $L_k = \Sigma_k^- C_k^T / (C_k\Sigma_k^- C_k^T + \Sigma_v)$ $\Sigma_k^+ = (1 - L_k C_k)\cdot\Sigma_k^-$	$A_K=1$ Σ_v, Σ_w 为误差协方差 $C_k = \dfrac{\partial OCV}{\partial SOC_k}$
状态修正	$SOC_k^+ = SOC_k^- + L_k E_k$	
数据输出	$SOC = \begin{cases}\overline{SOC}, if\ V_{exp} = \bar{V} \\ SOC_w, if\ V_{exp} = V_W\end{cases}$	

表5　基于RLS算法的产热参数辨识方法

描述	公式	说明
数据输入	$T = \begin{cases}\bar{T},\ 用于计算\ \overline{R_\Omega} \\ T_w,\ 用于计算\ R_{\Omega,w}\end{cases}$	$\bar{T}$ 和 T_W 从步骤2获得
带遗忘因子的温度滤波	$y_{1,k}^0 = T_k - T_{\infty,k}$, $y_{2,k}^0 = T_k$ $y_{1,k}^F = \gamma y_{1,k-1}^F + y_{1,k}^0$, $y_{2,k}^F = \gamma y_{2,k-1}^F + y_{2,k}^0$	T_∞ 是环境温度，γ 是滤波的遗忘因子
电流滤波	$z_{1,k}^F = h\cdot A_s\cdot y_{1,k}^F$, $z_{2,k}^F = M\cdot C_P\cdot(y_{2,k}^F - y_{2,k-1}^F)/\Delta t_k$ $\varphi_k = I_k\cdot I_k$ $\Phi_k = \gamma\cdot\Phi_{k-1} + \varphi_k$	h 为对流换热系数，A_s 为对流换热面积，C_P 为热容，M 为质量
模型计算	$Z_k = z_{1,k}^F + z_{2,k}^F$	
误差计算	$\varepsilon_k = Z_k - \Theta_{k-1}^T\cdot\Phi_k$	
更新协方差矩阵	$P_k = \dfrac{1}{\beta}\left(P_{k-1} - \dfrac{P_{k-1}\Phi_k\Phi_k^T P_{k-1}}{\beta + \Phi_k^T P_{k-1}\Phi_k}\right)$	β 是RLS算法中的遗忘因子
参数辨识	$\Theta_k = \Theta_{k-1} + P_k\cdot\Phi_k\cdot\varepsilon_k$	
数据输出	$R_\Omega = \begin{cases}\overline{R_\Omega}, if\ T = \bar{T} \\ R_{\Omega,w}, if\ T = T_W\end{cases}$	

步骤4为一致性差异的计算，一致性差异计算的核心思想是计算反映电池组故障状态的参数和反映电池组平均状态的参数间的差异，对于电压、温度、

SOC 而言，其一致性差异 ΔV、ΔT、ΔSOC 的计算如式（8）~（10）所示，对于产热参数的一致性差异 ΔR_Ω，其计算公式如式（11）所示。

$$\Delta V = \bar{V} - V_w \tag{8}$$

$$\Delta T = \bar{T} - T_w \tag{9}$$

$$\Delta SOC = \overline{SOC} - SOC_w \tag{10}$$

$$\Delta R_\Omega = R_{\Omega,w} / \overline{R_\Omega} \tag{11}$$

步骤 5 为故障位的转化，将一致性差异这一连续信号与对应的阈值比较后，转换为反映故障程度的离散的故障位，各故障位的符号定义及其计算方式如表 6 所示。

表 6　故障位的含义及计算		
故障位符号	物理含义	计算方法
Ψ_1	代表电量异常消耗的程度	$\Psi_1 = \begin{cases} 0, & \Delta SOC \in [0, 5\%) \\ 1, & \Delta SOC \in [5\%, 10\%) \\ 2, & \Delta SOC \in [10\%, 15\%) \\ 3, & \Delta SOC \in [15\%, +\infty) \end{cases}$
Ψ_2	代表产热异常增加的程度	$\Psi_2 = \begin{cases} 0, & \Delta R_\Omega \in [0, 1.5) \\ 1, & \Delta R_\Omega \in [1.5, 1.8) \\ 2, & \Delta R_\Omega \in [1.8, 2.1) \\ 3, & \Delta R_\Omega \in [2.1, +\infty) \end{cases}$
Ψ_3	代表电压一致性差异异常的程度	$\Psi_3 = \begin{cases} 0, & \Delta V \in [0, 0.1) \\ 1, & \Delta V \in [0.1, +\infty) \end{cases}$
Ψ_4	代表温度一致性差异异常的程度	$\Psi_4 = \begin{cases} 0, & \Delta T \in [0, 10) \\ 1, & \Delta T \in [10, 20) \\ 2, & \Delta T \in [20, +\infty) \end{cases}$
Ψ_Σ	总故障位，用于内短路检测	$\Psi_\Sigma = \Psi_1 + \Psi_2 + \Psi_3 + \Psi_4$
Ψ_V	由电压信号计算得到的故障位	$\Psi_V = \Psi_1 + \Psi_3$
Ψ_T	由温度信号计算得到的故障位	$\Psi_T = \Psi_2 + \Psi_4$

步骤 6 为故障类型的判断，由表 6 可知，Ψ_Σ 为用于内短路故障判断的总故障位，Ψ_V 和 Ψ_T 为单独用电压或单独用温度信号计算得到的故障位，通过设定合理的阈值，当 Ψ_Σ（或者 $\Psi_V\Psi_T$）大于对应的阈值时，发出内短路故障的警报。

（三）实验

与第四部分类似的，我们进行了模组级别的内短路替代实验来验证算法的有效性，如图 17 所示。图 17(a) 为实验用模组示意图，图 17(b) 为对应的实物图，可以看到实验采用 6 节电池串联，每节电池布置有短路电阻，各短路电阻的通断分别由对应开关控制，电池模组与充放电机相连进行动态充放电工况。图 17(c) 展示了短路电阻的布置位置，短路电阻布置在每节单体方壳内两卷芯的中间，由开关控制短路电阻与正负极的通断。图 17(d)、(e) 展示了确定短路导致热失控边界的方法，即用充放电机直接给短路电阻供电，通过调整充放电电流的大小模拟不同的短路严重程度，从小到大调整电流直至找到引发电池热失控的电流大小，进而反推出对应的短路电阻大小。图 17(f) 为

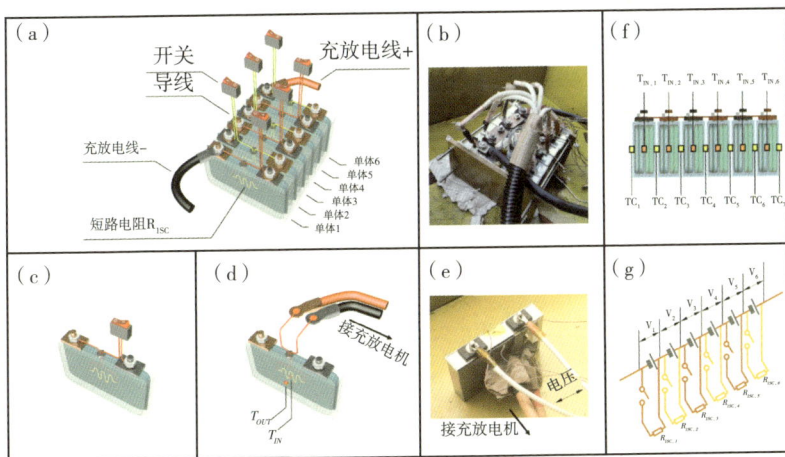

图 17　内短路替代实验

注：(a) 实验用模组示意图，(b) 实验用模组实物图，(c) 短路电阻及开关布置位置示意图，(d) 确定短路导致热失控边界实验示意图，(e) 确定短路导致热失控边界实验实物图，(f) 模组中温度点布置位置示意图，(g) 模组电路连接示意图。

温度采样点的布置位置，所有的温度采样点都布置在电池的中心位置，其中 $\{TC_1, TC_2, \cdots, TC_7\}$ 布置在电池大面中心测量电池表面温度，$\{T_{IN,1}, T_{IN,2}, \cdots, T_{IN,6}\}$ 布置在电池方壳内两卷芯中间测量电池内部温度。图 17(g) 展示了电池组的电路连接结构，分别测量各节单体的电压，各个单体是否发生短路是由对应的开关控制的。

我们共进行了 22 组实验来验证算法的有效性，实验设定如表 7 所示。其中电流工况选用了 FUDS(Federal Urban Driving Schedule) 工况，并选用了不同的峰值功率大小，如 600W、1200W、1800W。选用不同阻值的短路电阻进行实验，模拟不同严重程度的短路。实验开始前各单体均衡良好，实验开始一段时间后，在 t_{ISC} 时刻闭合短路开关，触发短路。

表 7 实验设定

实验编号	FUDS 峰值功率（W）	R_{ISC}（Ω）	t_{ISC}（s）	实验编号	FUDS 峰值功率（W）	R_{ISC}（Ω）	t_{ISC}（s）
0	1200	/	/	11	1200	1.1	30
1	1200	0.35	3600	12	1200	2.04	30
2	1200	0.53	3600	13	600	0.35	30
3	1200	0.57	3600	14	600	0.52	30
4	1200	0.81	3600	15	600	0.62	30
5	1200	1.03	3600	16	600	0.81	30
6	1200	2.04	3570	17	600	1	30
7	1200	0.4	30	18	600	2.4	30
8	1200	0.53	30	19	1800	0.57	30
9	1200	0.62	121	20	1800	0.76	30
10	1200	0.81	30	21	600	0.4	3600

（四）结果

1. 短路导致热失控的边界的确定

如前所述，我们设计并进行了确定短路导致热失控边界的实验，实验中，短路电阻阻值为 0.37Ω，充放电机电流为 11.7A，由式 (12) 可知，加热功率约为 50.65W。在真实的短路情况下，要实现同样大的加热功率，对应的短路电阻大小的计算如式 (13) 所示，可以得到短路可能导致热失控的边界为 0.35Ω。

$$P_{heat} = I_{heat}^2 \cdot R_{heat} = 11.7^2 \times 0.37 = 50.65\text{W} \qquad (12)$$

$$R_{ISC} = V_{\lim}^2 / P_{heat} = 4.2^2 / 50.65 = 0.35\Omega \qquad (13)$$

实验结果如图 18 所示，从图 18(c) 中可以看到，从开始加热到热失控发生经历了 2991s，这意味着对于 0.35Ω 的内短路，算法应该在热失控前，也应在短路发生后 2991s 内实现报警。从外部温度曲线上可以得到，热失控发生前外部温度最高为 117.7℃，假定环境温度为 25℃，则如果短路的产热功率与散热功率相等，电池实现热平衡，则电池是不会热失控的，由式 (14) 可以计算出这种情况下的短路电阻为 0.634Ω。

$$V_{\lim}^2 / R_{ISC} = hAs(T - T_\infty) \Rightarrow R_{ISC} = 0.634\Omega \qquad (14)$$

根据实验结果和理论计算值，假定内短路引发热失控的时间 t_{TR} 和短路电阻 R_{ISC} 间存在近似反比例函数的关系，则可最终得到短路导致热失控的边界条件，如式 (15) 所示。

图 18　确定短路导致热失控的边界的实验结果

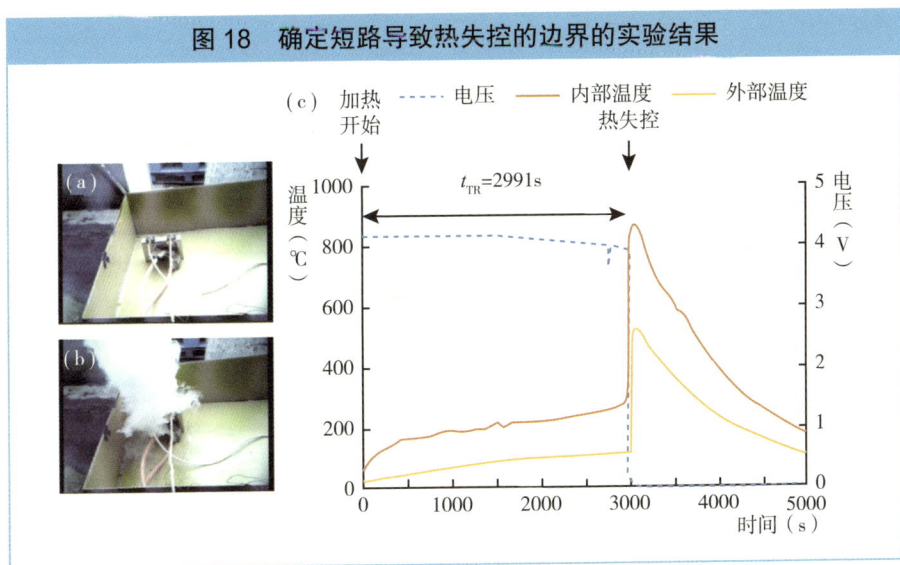

注 (a) 视频记录的热失控前的图像，(b) 视频记录的热失控发生的图像，(c) 实验的温度和电压曲线。

$$t_{TR} = \frac{1544.5}{0.634 - R_{ISC}} - 2436.1 \qquad (15)$$

2. 内短路检测算法的实验验证

以表 7 中的第 1 组实验为例展示算法的运行结果，如图 19 所示。图 19(a) 为各单体的电压曲线以及经过预处理后的电压曲线，其中红色的为 V_W 曲线，蓝色的为 $\overline{V}$ 曲线，可以看到，在内短路触发之后，两条曲线间的差异逐渐增大。图 19(b) 为 SOC 估计算法运行结果以及对应的故障位曲线，可以看到，在内短路触发之后，ΔSOC 逐渐增大，并在 $t_{lev,1}$=4131s、$t_{lev,2}$=4644s、$t_{lev,1}$=5154s 分别达到对应的 1、2、3 级故障位。图 19(c) 为各单体的温度曲线以及经过预处理后的温度曲线，温度采用每节单体两大面的平均温度作为输入，其中红色的为 $R_{\Omega,W}$ 曲线，蓝色的为 $\overline{R_\Omega}$ 曲线，可以看到，在内短路触发之后，两条曲线间的差异逐渐增大。图 19(d) 为 R_Ω 参数辨识算法运行结果以及对应的故障位曲线，可以看到，在内短路触发之后，ΔR_Ω 逐渐增大，并最终达到 1、2、3 级故障位。图 19(e) 为展示了第 1 组实验的各故障位结果，其中蓝色线为由电压信号计算得到的故障位 Ψ_V，红色线为由温度信号计算得到的故障位 Ψ_T，黑色线为总故障位 Ψ_Σ。内短路的报警条件为 i_V=i_T 且总故障位达到某一阈值，从图中可以看

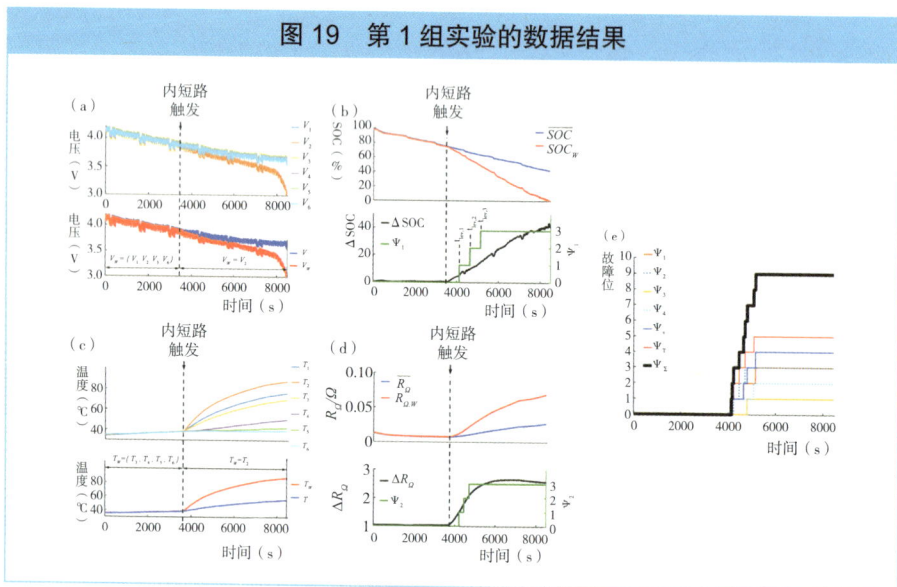

图 19　第 1 组实验的数据结果

注：(a) 各单体电压以及预处理后的电压曲线，(b) 算法运行得到的 SOC 以及 ΔSOC 曲线，(c) 各温度点温度以及预处理后的温度曲线，(d) 算法运行得到的 R_Ω 以及 ΔR_Ω 曲线，(e) 最终的故障位曲线。

到，阈值取为 5、6、7 时可以综合利用温度和电压信号。

图 20 汇总了表 7 中的第 1~21 组实验结果，图中横坐标为短路电阻值，纵坐标为时间。红色 "x" 标出了由实验结果得到的短路引发热失控的边界点，红色虚线为式 (15) 热失控发生时间与短路电阻的关系曲线，黄色区域为热失控发生区域。黄色和橙色三角分别为 SOC 故障位为 2 和 3 的点，蓝色圆点分别为 R_Ω 故障位为 2 和 3 的点，绿色圆点对应总故障位为 5、6、7 的点。绿色圆点经过曲线拟合可以得到三条绿色直线，分别代表了阈值取 5、6、7 时的报警时间 t_{DT} 和短路电阻 R_{ISC} 的关系，如式 (16) 所示。从图中可以看到，三条绿色直线没有穿过黄色区域，这意味着本算法能够在热失控之前将内短路检测出来，证明了算法的有效性。

图 20　各组实验结果汇总

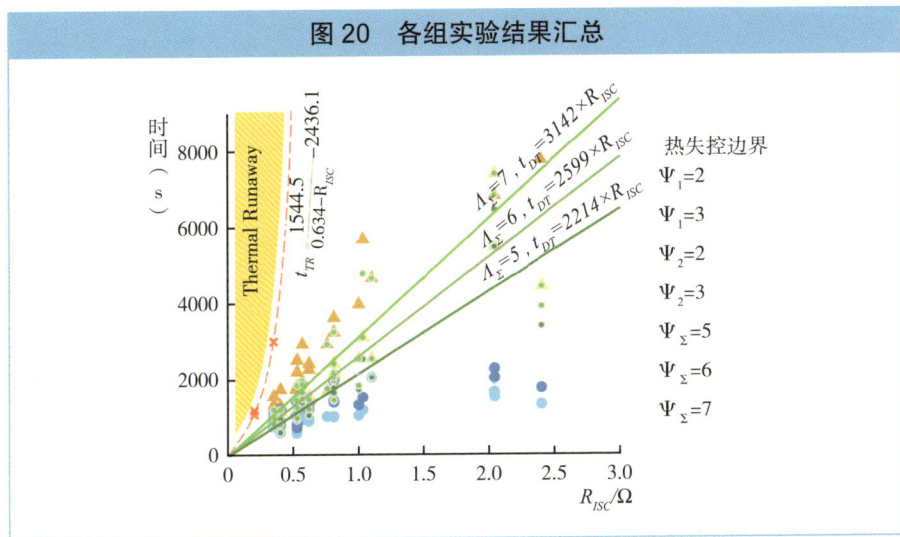

$$t_{DT} = \begin{cases} 2214 \times R_{ISC}, & (\text{阈值取 5}) \\ 2599 \times R_{ISC}, & (\text{阈值取 6}) \\ 3142 \times R_{ISC}, & (\text{阈值取 7}) \end{cases} \quad (16)$$

六　总结

本文首先提出了一种基于云端充电数据评价电池组一致性的方法。第一，获取云端的充电数据，例如时间、电压、电流和温度等数据。第二，计算用于评价电压一致性、温度一致性、内阻一致性、容量一致性和电量一致性五项指标的参数值。第三，基于各项指标的参数值，根据设定的阈值，计算各项指标的未加权得分，然后通过合理的加权方式计算各项指标加权后的得分。第四，得出该电池组一致性的总分。实验结果表明：此方法既可以有效区分不同电池组的一致性，又可以量化电池组一致性的程度。

其次，本文介绍了一种基于云端充电数据的电动汽车电池寿命估计方法。第一，用安时积分估计容量；第二，采用具有模糊逻辑的卡尔曼滤波法对容量结果进行滤波，从而减小容量估计误差；第三，根据温度修正 SOH 估计结果；第四，用阿伦尼乌斯模型对 SOH 结果进行拟合。结果表明：利用此方法，可以通过电动汽车充电数据准确地估计和预测电池寿命。同时，此方法给予动力电池预防性维护以及梯次利用时快速分选数据支持。

本文的后半部分针对锂离子电池的内短路检测问题，提出了两种检测方法，一种为基于充电数据的内短路检测方法，该方法计算量小，数据存储量小，仅利用充电时的电压数据，除可以应用于车载 BMS 之外，还可应用于充电桩或充电数据平台；另一种为全工况适用的内短路检测方法，该方法充分利用电池电压和温度信号，计算了反映内短路状态的特征参数，是一种全工况适用的算法。两种算法均经过模组级实验验证，证明了算法的有效性。

参考文献

［1］Zheng Y , Ouyang M , Lu L , et al. On-line equalization for lithium-ion battery packs based on charging cell voltages: Part 1. Equalization based on remaining charging capacity estimation[J]. Journal of Power Sources, 2014, 247(feb.1):676-686.

［2］Zhou L , Zheng Y , Ouyang M , et al. A study on parameter variation effects on battery packs for electric vehicles[J]. Journal of Power Sources, 2017, 364(oct.1):242-252.

［3］Lu L , Han X , Li J , et al. A review on the key issues for lithium-ion battery management in electric vehicles[J]. Journal of Power Sources, 2013, 226(MAR.15):272-288.

［4］Wang Y , Chen Z , Zhang C . On-line remaining energy prediction: A case study in embedded battery management system[J]. Applied Energy, 2017, 194.

［5］Feng X , Pan Y , He X , et al. Detecting the internal short circuit in large-format lithium-ion battery using model-based fault-diagnosis algorithm[J]. Journal of Energy Storage, 2018, 18(aug.):26-39.

［6］Schuster S F , Brand M J , Berg P , et al. Lithium-ion cell-to-cell variation during battery electric vehicle operation[J]. Journal of Power Sources, 2015, 297(nov.30):242-251.

［7］张燕梅. 基于不一致性的三元锂电池组寿命研究 [J]. 机电技术 , 2019, 000(001):45-48.

［8］王震坡 , 孙逢春 , 张承宁 . 电动汽车动力蓄电池组不一致性统计分析 [J]. 电源技术 , 2003, 27(5):438-441.

［9］戴海峰 , 王楠 , 魏学哲 , 等 . 车用动力锂离子电池单体不一致性问题研究综述 [J]. 汽车工程 , 2014, 36(2):181-188.

［10］单毅 . 锂离子电池一致性研究 [D]. 中国科学院研究生院 (上海微系统与信息技术研究所), 2008.

［11］李国欣 . 新型化学电源技术概论 [M]. 上海科学技术出版社 , 2007.

［12］郑岳久 . 车用锂离子动力电池组的一致性研究 [D]. 清华大学 , 2014.

［13］Feng X , Xu C , He X , et al. A graphical model for evaluating the status of series-connected lithium-ion battery pack[J]. International Journal of Energy Research, 2018, 43(10):749-766.

［14］Ouyang M , Zhang M , Feng X , et al. Internal short circuit detection for battery pack using equivalent parameter and consistency method[J]. Journal of Power Sources, 2015, 294(oct.30):272-283.

［15］卢兰光 , 李建秋 , 华剑锋 , 等 . 电动汽车锂离子电池管理系统的关键技术 [J]. 科技导报 , 2016, 34(06):39-51.

［16］Cheng Lin, Aihua Tang, Wenwei Wang. A Review of SOH Estimation Methods in Lithium-ion Batteries for Electric Vehicle Applications[J]. Energy Procedia, 2015, 75.

［17］靳立强 , 孙志祥 , 刘志茹 , 等 . 不同温度下锂电池剩余电量估算的仿真研究 [J]. 汽车工程 , 2019, 41(05):114-122+130.

［18］卢艳华 . 车用三元锂离子动力电池内阻特性分析 [J]. 电源技术 , 2017(5).

［19］梁奇 , 于春梅 , 王顺利 , 等 . 基于 PNGV 电路模型的航空钴酸锂电池内阻研究 [J]. 电源学报 , 2017, 015(002):153-158.

［20］王芳 , 孙智鹏 , 林春景 , 等 . 能量型磷酸铁锂动力电池直流内阻测试及分析 [J]. 重庆理工大学学报 : 自然科学版 , 2017, 31(08):44-50.

［21］Andre D , Appel C , Soczka-Guth T , et al. Advanced mathematical methods of SOC and SOH estimation for lithium-ion batteries[J]. Journal of Power Sources, 2013, 224(none):20-27.

［22］Haykin, Simon. Kalman filtering and neural networks[M]. John Wiley & Sons, Inc, 2001.

［23］ Malkhandi S . Fuzzy logic-based learning system and estimation of state-of-charge of lead-acid battery[J]. Engineering Applications of Artificial Intelligence, 2006, 19(5): 479-485.

［24］ Plett G L . Extended Kalman filtering for battery management systems of LiPB-based HEV battery packs Part 1. Background[J]. Journal of power sources, 2004, 134(2): 252-261.

［25］ Xuning F , Caihao W , Xiangming H , et al. Incremental Capacity Analysis on Commercial Lithium-Ion Batteries Using Support Vector Regression: A Parametric Study[J]. Energies, 2018, 11(9):2323.

［26］ 周頔，宋显华，卢文斌，等 . 基于日常片段充电数据的锂电池健康状态实时评估方法研究 [J]. 中国电机工程学报 , 2019, 39(01):107-113+327.

［27］ Zhou Y , Huang M . Lithium-ion batteries remaining useful life prediction based on a mixture of empirical mode decomposition and ARIMA model[J]. Microelectronics Reliability, 2016, 65(OCT.):265-273.

［28］ Barnett B. Technologies for detection and intervention of internal short circuits in Li-ion batteries[C]. 5th Annual Battery Safety, Washington D.C., USA, 2014.

［29］ Asakura J , Nakashima T , Nakatsuji T , et al. Battery Internal Short-Circuit Detecting Device and Method, Battery Pack, and Electronic Device System: United States, US20100201321A1, 2010.

［30］ Ikeuchi, Akira, et al. Circuit and Method for Determining Internal Short-Circuit, Battery Pack, and Portable Device: United States, US20140184235A1, 2014.

［31］ Asakura J , Nakashima T , Nakatsuji T , et al. Battery Internal Short-Circuit Detection Apparatus and Method, and Battery Pack: United States, US20100188050A1, 2010.

［32］ Sazhin S V , Dufek E J , Gering K L . Enhancing Li-Ion Battery Safety by Early Detection of Nascent Internal Shorts[J]. Journal of The Electrochemical Society, 2016.

［33］ Keates, Andrew W, et al. Short Circuit Detection for Batteries: United States, US7795843B2, 2010.

［34］ Hermann, Weston Arthur, and Scott Ira Kohn. Detection of Over-Current in a Battery Pack: United States, US20140088809A1, 2014.

［35］ Xiangdong K , Yuejiu Z , Minggao O , et al. Fault diagnosis and quantitative analysis of micro-short circuits for lithium-ion batteries in battery packs[J]. Journal of Power Sources, 2018, 395(AUG.15):358-368.

［36］ Zheng Y , Lu L , Han X , et al. LiFePO4 battery pack capacity estimation for electric vehicles based on charging cell voltage curve transformation[J]. Journal of Power Sources, 2013, 226(MAR.15):33-41.

电池安全篇 | 大数据在新能源汽车电池产业链安全中的应用研究

◎方锦祥 刘 瑾 陆 滨 肖富臣*

　　*方锦祥,比亚迪汽车工业有限公司汽车工程研究院,车联网系统架构主任,主要从事车联网整体架构研究及体系建设、整车信息安全设计等,侧重于传统汽车与 IT 技术融合领域研究;刘瑾,比亚迪汽车工业有限公司汽车工程研究院,车联网数据分析中级工程师,主要从事汽车大数据研究,侧重于大数据、数据分析、数据挖掘、人工智能等技术在汽车领域的应用;陆滨,比亚迪汽车工业有限公司汽车工程研究院,车联网安全初级工程师,主要从事汽车信息安全研究,侧重于汽车信息安全架构设计、汽车信息安全体系建设、整车信息安全设计等;肖富臣,比亚迪汽车工业有限公司汽车工程研究院,车联网数据监管初级工程师,主要从事汽车大数据研究,侧重于方案架构,产品业务规划、协调市场、开发、运维、管理等团队确立产品方案。

摘　要： 随着新能源汽车产业的高速增长，相关产业链的动态调整与转型升级也迫在眉睫，而新能源汽车电池作为汽车产品最重要的细分模块之一，其安全性同时也体现在电池产品整体特性以及以电池为中心向外辐射展开的各项关联业务。本文通过阐述新能源汽车及电池产业链、电池大数据分析案例和电池溯源项目，研究新能源汽车及其电池如何通过大数据整合利用，实现全产业链的升级和共赢。

关键词： 新能源汽车　大数据　电池　安全　产业链

一 前言

目前，中国已发展成为全世界最大的汽车市场。2018 年，中国汽车销量达到 2808.06 万辆。根据《节能与新能源汽车技术路线图》预测，2020 年汽车产销规模将达到 3000 万辆，2025 年将达到 3500 万辆。在新能源汽车方面，自 2015 年以来，我国新能源汽车销量复合增长率高达 103.68%，预计 2020 年保有量将达到 500 万辆。随着新能源汽车产业的高速增长，产业链的动态调整与转型升级也迫在眉睫，其中占据整车成本 30% 左右的动力电池产业脱颖而出，成为主导新能源汽车未来发展走向的重要一环，与其相关联的金属矿采选、冶炼以及新材料的研发应用也成为产业关注点。

新能源汽车在发展之初就遵循汽车网联化、智能化的发展理念，以互联网、大数据、云计算和人工智能等为代表的新技术，也以极高的效率被应用到新能源汽车的新车型上。这些新技术的应用，除了给广大消费者带来了便利，同时也给汽车企业提供了海量的车辆数据。如此大规模数据要求企业建立适用于万亿规模的大数据存储、分析模型，建设大数据分析能力，以助力对企业充分挖掘数据资产、优化企业产品、抢占未来汽车市场。

汽车行业内的大数据整合开发相对于传统方式具有一定差异，其优势在于大数据的联动具有强人的数据管理能力和逐步系统的重构功能，而这些优势的发挥依赖于汽车企业及其他合作主体创造共同的价值导向，通过积极的知识共享、利益共享、风险共担才能调动产业链的积极性。因此，在大数据背景下，大数据应用应覆盖产业链内各主体，从产品供应链、整车企业、客户等各方收集数据，关注海量数据之间的相关关系，最终识别产品全生命周期的价值提升，实现产业链上各主体间的利益共赢。

新能源汽车电池作为汽车产品的最重要的细分模块之一，其安全性同时也体现在电池产品整体特性以及以电池为中心向外辐射展开的各项关联业务上，本文将从新能源汽车产业链、电池相关大数据分析应用案例及动力蓄电池溯源项目介绍等几个方面展开分析论述。

二 新能源汽车"三电"体系及配套设施现状

传统汽车产业链包含汽车生产制造产业本身以及与其相关联的产业链上游原材料供应产业和下游的汽车服务产业，这些共同构成了汽车产业发展的内外部环境。由于本文主要研究新能源汽车产业链，因此本文围绕新能源汽车直接相关的产业链环节展开。

新能源汽车产业链在传统汽车产业链的基础上增加了电池行业以及电机、电控系统，也就是"三电"体系，并以此延伸至上游的锂、稀土等资源领域和下游的配套设施、运营及监管领域等。

（一）动力电池

电池是新能源汽车产业链中最重要的环节之一，目前中国动力电池以锂离子电池为主，车用动力电池主要有磷酸铁锂电池、三元材料电池、锰酸锂电池、钛酸锂电池等，其中以三元材料和磷酸铁锂作为电池正极是目前两大主流工艺，二者在乘用车领域装机量达到98%（见表1）。

表1 2017年中国新能源乘用车动力电池装机情况		单位：GW·h，%
电池类型	装载量	占比
三元材料	10.46	76.2
磷酸铁锂	2.99	21.8
其他	0.27	2.0

比亚迪推出的"刀片电池"虽然为磷酸铁锂电池，但是通过结构创新，在成组时可以跳过"模组"，大幅提高了体积利用率，最终达到在同样的空间内装入更多电芯的设计目标。相较传统的有模组电池包，"刀片电池"的体积利用率提升了50%以上，续航里程已经达到高能量三元锂电池的同等水平。

除了结构创新带来的续航里程提升，"刀片电池"强调的安全也是其最重要的特点之一，尤其是动力电池"热失控"的情况有效改善。在"针刺穿透测试"

中，通过用钢针将动力电池电芯刺穿，造成电芯内部的大面积短路来观察动力电池的状态变化，从比亚迪提供的"针刺测试"视频中，对比三元锂电池、传统磷酸铁锂电池和"刀片电池"三种电池的变化情况，可以看到"刀片电池"无明显异常，温度无明显提高。

（二）动力来源

工信部的《新能源汽车生产企业及产品准入管理规则》中，对于新能源汽车的定义是：新能源汽车是采用非常规的车用燃料作为动力来源（或使用常规的车用燃料、采用新型车载动力装置），综合车辆的动力控制和驱动方面的先进技术，形成的技术原理先进，具有新技术、新结构的汽车。无论纯电动车、混合电动车还是燃料电池电动车的技术发展，都需要电机电控系统技术的支撑。

目前主流的新能源乘用车驱动电机产品为永磁同步电机和交流异步电机，而中国驱动电机生产企业和电机控制器生产企业市场相对集中，比亚迪、北汽新能源、江铃新能源等 10 家企业所占市场份额超过 75%。

（三）配套措施

新能源汽车配套的基础设施建设和服务包括充电桩、电池更换等。

1. 充电设施

随着中国新能源汽车保有量的快速增长，中国充电基础设施的建设正在快速开展，但是对相关市场将形成有力拉动。根据我国相关部门对新能源汽车充电基础设施的发展的规划和预测，到 2020 年，我国将有 1.2 万个公共充电站，其中会有 480 万个充电桩为 500 万辆电动汽车提供充电服务。

2. 电池更换站

换电站为用户提供电池或者电池维护服务，由于专业化比较强，需要配备专业人士快速完成电池更换、充电及维护。

三　大数据对新能源汽车的影响

（一）新能源汽车大数据平台融合

未来大数据对于新能源汽车产业乃至整个汽车产业的改变是全面性的。车辆数据、用户操作行为、用户特征、消费习惯等数据会不断驱动新能源汽车在生产制造、持续运营、配套服务和报废回收等全产业链条各个环节持续产生数据，并且进行自身优化和迭代。

大数据平台是海量数据的收集和管理中心，实际上涵盖了企业大数据处理平台、生产信息平台、车载终端平台、信息交互平台、服务运营平台、支撑平台及支付平台等各类相关子平台，除了采集生产、车辆、车主、交通等各类数据，大数据整合应用必定是新能源汽车产业大数据发展的趋势。这要求大数据平台运营主体拥有强大的数据管理能力和逐步的系统重构功能，并且能够把数据整合应用在新能源汽车全产业链的各个主体上。

（二）生产制造环节

汽车大数据的应用在生产制造环节不断优化和完善汽车智能制造体系的建设。其核心内容即打造数据驱动的智能指导体系。以工业大数据为核心，企业将不再单纯生产产品，同时也产生数据；不再是通过传统的生产和销售产品变现价值，而是通过数据达到价值提升。企业通过获取产业数据、运营数据、供应链数据、市场数据等数据推动产品设计生产制造各环节的优化。

以新能源汽车动力电池为例，整车企业通过对收集到的车辆运行数据，包括电池使用状态、电池续航、报警、性能及充电行为等数据进行分析，构建动力电池的工况画像，有针对性地识别当前动力电池工艺的痛点和弱点，继而推动动力电池工艺的改进和升级。而新的动力电池投入又会产生新的极具分析价值的数据，进一步提升大数据分析的针对性和准确性。

（三）持续运营环节

传统汽车产业在销售阶段完成"一刀切"交易后，就无法创造太多的价值。而当前及未来的汽车价值链则延伸到以汽车智能出行服务为中心的持续运营阶段。这个阶段同时也是产生数据的核心阶段，包括上述的车辆运行数据及电池状态数据在内，汽车企业可以采集、整合、分析、处理车辆、用户、交通及其他相关数据，进行用户画像、设计交互、精准营销、智能服务等商业模式创新，使运营阶段的技术应用形成闭环。这种商业模式的创新不仅全面提升汽车产业原有价值，还将极大地扩展汽车产业价值链的覆盖面，为汽车产业发展提供全新的机会。

（四）配套服务环节

基于大数据的新能源汽车配套措施运营实质上是要打造互联网、车联网和充电网相互融合的综合性平台。这个平台除了需要具备海量数据的处理能力及大数据分析能力外，还应该利用智能充电桩和智能汽车作为入口，建立"充电云服务＋汽车云服务＋远程智能管理"的模式，对新能源汽车、充电设备、用户进行智能管理，借助海量信息基于大数据技术挖掘商业价值并产生收益。

（五）报废和回收环节

在报废和回收环节，本文主要关注新能源汽车的核心——动力蓄电池的溯源和回收，并将围绕大数据应用在动力蓄电池的生命周期管理进行展开，相关的内容会在"电池溯源及生命周期管理"中具体阐述。

四　大数据分析赋能新能源汽车安全案例介绍

随着大数据的应用逐渐得到各方的认可，及业务范围的扩充，各个企业及用户对数据需求也日渐增多，大数据应用已经成为时代的潮流，开始冲击所处的信息时代。数据爆炸式增长已经成为当前信息化时代的重要特征，掌握和利用大数据资源的能力正成为组织竞争力的战略制高点。

新能源汽车大数据是方方面面的，车的数据只是整个系统里面的一部分，比亚迪规划的各个系统目前主要是基于公司内部的设计、生产、运行、售后、舆情全生命周期的数据。通过数据仓库的扩充，大数据的分析场景更加清晰。

传统造车没有数据，更多围绕车本身，比如造型、动力、结构的变化，从而进行多元化的设计，新能源汽车的网联功能和车载应用功能普及后，延伸了原有的车辆数据边界并且产生了大量数据，同时数据的类型以及应用越来越多样化：通过前期的市场调研可以细分市场群体，精准定位市场；根据网络舆情设计配置和改款车型功能等。在新能源汽车生命周期的每个环节都把大数据接入数据仓库中，包含运行数据、OTA 数据、多媒体日志数据、网络舆情数据、400 客服数据、售后数据等。

伴随数据的主流使用，现如今，企业与用户对数据本身的安全关注度也逐渐增加，而针对企业，如何将数据融入产业链也成为一个核心问题，即数据给谁用，给哪里用，是否有用。本文主要从充电行为分析与报警预警分析进行介绍。

（一）报警预警

1. 问题引入

报警的展示，主要来源于车辆驾驶与非驾驶期间，对自身设备发生的异常和问题给予实时有效的反馈，从而最大化保障用户与企业的自身利益。虽然国内主流企业均有安全监管能力，并自建企业平台进行车辆监控并且具备车辆故障实时监测的功能，但是在故障报警及预警方面企业多数采取屏蔽手段，无法真正实现故障预警。如果真有这样的情况存在，新能源汽车地方监管平台的实际意义可能不会实现。无论是为了短期新能源汽车安全性监管、预防骗补，还是长期智慧交通构建，新能源汽车政府监管平台都有一定的宏观意义。随着国家 2017 年推出 GB ／ T 32960.3-2016《电动汽车远程服务与管理系统技术规范 第 3 部分：通信协议及数据格式》，国家针对数据的规范及报警要求给予了明确规定，为建立一套新能源汽车数据采集及报警上报的统一方法奠定了坚实的基础。

2. 模型建立

随着车辆的实用及普及，企业及用户对于车辆的安全要求也在日渐增加，对于报警信息的提示及核心算法的建立，其目的就是将车辆不安全因素及时反馈告知用户，核心目的即保障用户的安全和权益，针对车辆异常情况能及时做出相应的处理措施，基于此目的引申出报警及预警两个方向的分支。

报警信息，即针对当前正在发生的车辆异常给予实时反馈，并通过预定措施对车辆异常进行修复或消除，但报警信息要求的实时性比较高，故而需要将异常检测和识别的核心算法植入车内，从而及时获取报警的具体内容，这意味着仅仅是远程监控并不能达到最好效果，而需要引入企业的路试、性能分析及数据分析等技术小组，通过高频率数据来记录分析车辆在不同工况下的处理机制。

预警信息，通过现有车辆大数据进行一定范围的不同数据模型的训练，以发现车辆在某些特定指标处于异常时，未来可能会出现车辆异常或故障的关联性，从而实现对未来可能发生的报警给予提前预警并采取缓解措施，以降低严重或较大的车辆异常发生并报警的概率。但目前由于车辆状态数据采集方案的特殊性（需要的硬件及软件技术导致需要投入的成本相对较高，且短时间不能得到良好收益），在实现效果上远不及高频率小数据带来的直观，汽车企业普遍会更关注诸如车辆报警方向，而在预警分析方向的投入相对较小，加之大数据分析人员多半对业务的理解相对较弱，致使大数据与小数据（高频数据）难以有效融合。

因此对于现有汽车大数据与高频率小数据的应用，首要的不是融合两者，而是找出它们的不同点，并且通过了解两者的不同点来规避存在的不足，扬长避短，专项发展，再进行有效的融合。结合实际应用经验可以总结出以下几点。

（1）大数据关注相关性，而小数据重因果

大数据更多地关注是什么而不关心为什么；尽管大数据依然可以回答因果问题，但因果关系主要来自研究者的理论和假设而非统计或数据。大数据分析更关注数据多维度的相关性测量和多视角的商业应用价值。因为大数据的样本量很大，追求的是多样性，往往是通过对不同维度的相关性数据进行挖掘分析，发现那些不能靠直觉发现的信息和知识，有时候这些数据得出来的结论甚至是违背直觉和不可理解的。而小数据则需要有明确的假设或者因果推导，才能得出结论。传统的小数据重实证研究，强调在理论的前提下建立假设，收集数据，证伪理论的适用性，采用随机抽样的定量调查问卷获取数据，验证假设。这是一种自上而下的决策和思维过程。

（2）大数据重预测，小数据重解释

网络每天产生的大数据可以在一定规则开放性下，通过应用程序接口（API）和爬虫技术采集，汽车厂商也可以通过车载终端拿到实时上传的整车运行数据，一些商业机构和政府组织也向社会研究机构提供各种海量数据源，特别是政府开始提供权威开放数据源。大数据往往带有时间标签和不同属性，基于全量采集的数据使其本身更具预测性。新能源汽车厂商通过采集车辆电池的运行数据和使用环境数据，期望预测电池的使用寿命。自动驾驶通过对摄像头、雷达及成千上万行人过马路的数据分析，期望预测横穿马路的行人顺利通过马路的概率及汽车需要的应对措施。开放、公开易获得数据源是大数据时代的基本特征和产生社会影响的本质。

（3）大数据重全体，小数据重抽样

大数据是自动化采集、存储的数据，在软硬件满足的条件下可以分析海量数据。随着存储和软硬件的经济性和分析工具的高性能，海量数据的处理能力得到提升，数据挖掘算法不断改进和丰富，特别是统计分析和机器学习的神经网络建模技术不断发展，全体数据是大数据分析的基石，抽样并非必要的手段和方法。

大数据具有边生产边应用、边应用边生产、实时在线和离线分析相结合的特点，往往更关注数据从总体上感知社会，通过大数据的在线可视化技术呈现大规模数据的流动模式，为大数据时代背景下的智慧城市、智能交通、舆情研究、谣言传播提供了数据基础。大数据同时关注对个体的数据挖掘，个性化推荐、精准营销、传播路径分析等应用领域都具有大数据特点。小数据往往采用显著性检验，统计显著性受到样本代表性和样本量的影响，对数据来源的真实性、无偏性和代表性格外重视。尽管大数据不一定能满足全体数据要求，理论上讲再大的局部也没有随机抽样更具代表性，但机器学习算法所带来的个性化推荐技术、非线性建模、空间地理分析、实时在线的数据可视化分析手段都应成为认识世界、感知社会的重要手段和目的。

通过如上比对分析，可以深刻感知大数据与小数据的本质区别，针对报警与预警的实质性要点应该理解为：大数据分析是要将异常情况扼杀在萌芽中，而小数据主要是将异常情况更多更及时地体现。

3. 实际应用

目前新能源汽车企业不仅承担着汽车制造商的角色，同时也在向低碳出行服务供应商进行转变，为了实现这个转变，要求汽车企业在车联网应用上建立了明确的战略规划。实际上很多汽车企业的第一阶段的云服务功能都已经实现，此阶段车辆具备基础的网络服务，在车载功能方面引入与云端的交互，从而实现车载功能的极大丰富和增强。当前正在经历的阶段被称为云计算阶段，车辆不再处于各自孤立的状态，从单纯作为终端消费网络服务转变为数据的输出源，结合云计算和大数据技术，为各个车辆提供更有针对性的服务和安全保障。而针对第三个阶段，即智能网联阶段，则需要对车端、网络及服务云端进行进一步的解构和规划。

对于车端，需要在设计阶段对于整车所有的车载模块（实际数据产出的源头）及模块数据信号有极其清晰明确的规划，该定义应围绕后续一系列的云端服务要求进行规划。车载模块需要具备的特点应该是基于互联网的开发的、可扩展的支持模组。而模块数据信号也具备开放的特点，可以进行接口定义。这样规划的目的是建立一套从网络到车端底层的垂直数据通道，使其更有效、直接接入网络。这样的规划同时也有益于汽车企业及开发者构筑更加灵活的基于数据定义的车辆。

网络端的构筑主要就是两个方面——车内网和车际网。车内网主要是构建以太网，以太网能符合线下车联网的特质，同时满足新一代汽车对于车内网络通信的性能要求。车际网随着车载网联终端的技术发展，其性能和功能边界也在不断演化，从最初的基本网联能力到能够无缝关联云－端的高性能综合信息交互系统。下一阶段的网络信息交互系统则会进化成生态车机，就是深度结合车辆车载模块及云端信息互联平台，形成一个真正的生态车机。

目前很多新能源汽车企业已经构筑了自己的企业云平台，包括第三方的车联网服务平台，通过自己的业务中心以及能力开放平台，将会让更多的用户实现他所想要定义的功能。结合汽车大数据，云平台将会精准地构建出汽车画像和用户画像，车载模块喜好以及多样的车辆数据信息则会让已有的画像更加精准。基于云计算和大数据技术，云端对海量数据的深度融合和再应用，可以为用户打造独一无二的、基于用户车辆定义的产品。

　　通过端、网、云三方面的打造,将会构建出互联互通的平台,让万物实现互联。前面所做的工作其实一直是在改造各个汽车自身的车,让它具备互联的特性。但是针对车企同时也希望车联网化不是一个企业的行为因为有更多的平台需要接入进来,这些平台接入应包含新能源汽车产业链的每一个环节,最终建立一个统一的智能网联汽车生态圈。

　　除了汽车企业及相关服务企业在车联网大数据云端的规划建设外,国家层面的大数据平台也随着技术发展逐步推进:2011 年,新能源汽车监控系统开始建设并在 2012 年北京质量监督检察月开始对接新能源汽车企业的车辆数据;2013 年,该新能源汽车监控平台进行了平台架构上的调整,使用了更为先进的分布式架构;2014 年,上海市的新能源汽车数据平台也开始对接汽车企业数据。

　　2019 年末,北京理工大学向各个车企发出邀请,一同参与电池预警工作,主要为解决新能源汽车针对车辆安全下的电池性能预警给出相关模型预估,以提升新能源汽车动力电池的可靠性,在不影响车辆运营的情况下,大幅度减少电池异常造成企业及用户损失的风险。在新能源汽车车端改造升级以及监控平台建设的同时,比亚迪电池事业群也针对车辆电池报警功能成立研究分析小组,进一步深入研究 BMS,以求将报警功能做到最好,针对 BMS 相关信息,本文会在充电分析中再给予部分介绍。

4. 结论叙述

　　本节从汽车数据最早的应用之一——车辆报警信息的应用情况引入,并且从车辆报警和预警功能和异同中提炼出了车辆大数据和小数据的应用问题,并且总结了车辆大数据和小数据应用的几项异同以及基于各自优劣势的数据融合应用方案。随即阐述了新能源汽车企业在构建大数据时代下的车联网服务新形态,并从云、管、端三方面提出了规划建议。最终回归到行业乃至国家监管平台的建设上。

(二)充电行为分析

1. 问题引入

新能源汽车的安全性问题,一直是监管部门、汽车行业及社会各界关注的重点问题之一。对于监管部门而言，人民群众的生命财产安全是第一位的，新能源汽车电池安全及充电安全必须满足这个要求；对于汽车行业而言，车辆电池管理系统和"三电"系统的技术革新，充电技术和效率的优化与充电安全之间的权衡尤为重要；而对于用户而言，车辆续航里程和充电效率直接关联到他们在车辆的选择上。将多方考虑归结在一起，本文提出了以充电行为分析为切入点，以提供汽车产业在新能源汽车及其配套措施建设方面更加清晰的建议。

2. 实际应用

随着"三电"技术的发展，新能源汽车企业的选择也增加了，部分企业选择从外部引入"三电"技术，以至于原有的内部的研发体系必须处于和外部供应商体系竞争的状态。然而部分产品需要汽车企业深度参与开发的情况依然存在，其原因是这些产品的需求根据车辆的具体情况而产生异化，这点并无法从行业中找到通用的替代品。其中一个需求异化的原因可以从汽车大数据在新能源研发体系中的深度应用中体现，主要是实践工作中提炼出来的技术方面的问题。

汽车企业从早期就已进行用户驾驶习惯分析，通过建立用户画像以指导车辆开发和优化方向。前期在 SOC、电压、电流、油门等方面做了很多定义，让它能够符合大数据分析的基础要求。相对的部分数据在进行软件定义的时候并不符合大数据分析的要求，比如门开关的相关数据，通过软件定义输入的改进，增加门开关使用次数统计的数据记录，从而为大数据分析建立基础。这样的软件定义工作并非一蹴而就的，需要汽车企业的大数据业务逐渐积累和优化，以此最终建立满足汽车大数据实际需求，也极大地丰富了大数据分析的应用场景，如 SOC 的状态，电流的温度、深度等数据及一系列相关的分析场景。

以充电桩分布信息为例，通过整车的充电状态反推 GPS 信息，从而得出充电桩位置分布情况，这个数据比较简单，初步分析似乎并没有什么作用，但是在实际应用中，给充电的测试帮助很大。因为每个车型充电电压不一样。在上市之前需要做大量的充电测试，这就涉及大量的充电桩测试，在不同的城市就可以通过这个充电桩分布情况数据规划充电测试。再如充电时长和耗电量分布的分析，基于充电时长和耗电量分布数据可以做到充电系统零部件耐久时间的分析和可靠性的分析，而分析结果也表明充电时长大部分是在 6 个小时，3~8 个小时占绝大多数。

充电难一直是行业探讨的问题，通过对比新能源汽车企业内的车主和外部车主的充电情况，发现大部分汽车企业内车主充电率很高，有近 90%。原因是新能源汽车企业会在公司范围内安装大量充电桩，企业内车主可以选择在公司给车辆充电而不是在家里或其他充电场所，因此充电率很高，同时 22 点以后充非常多，7 点以后比较少。目前部分早期小区存在扩容难的问题，因为安装车辆充电桩可能会影响小区电容容量，由于 22 点以后大部分家庭已经把用电设备关闭了，由此提出假设，是不是分时充电就可以实施了？相关假设如果能加以深入讨论和应用，就是大数据应用的积极案例。

在对智能充电分析、寿命评估和使用可靠性的评估后，可以发现对于电动车，没有启动时，很少存在深度放电和充电的情况，相对较多的都是浅放浅充。从分析结果可以得到，相对环境温度较低时，充电次数就会增加；电池寿命衰减比较厉害的话，充电次数也会增加；如果车辆存在异常导致电池深度放电，充电次数也是增加的。

为了避免新能源汽车电池组由制造工艺、工作条件和电池老化等造成的电池不平衡，汽车企业会设计电池均衡策略优化电池组的管理。比亚迪针对均衡方式过程的简要介绍如下：插枪充电，在充电结束的时候，暂时不断电，而是让均衡系统充分均衡至仪表盘全黑，完成后正常用车。正常用车时，将电量用到较低情况（推荐 20% 以下 10% 以上）。这样就完成了一个比较完整的循环，所涉及的均衡的时间都是有效的均衡，剩下的就是积累足够的时间。比如部分车辆，累计均衡时间超过约 200 小时才可以达到一个比较完善的效果。

以上谈到的均衡事宜，主要都是建立在电芯没其他异常问题的情况下。如果某个电芯有问题，导致实际容量降低或者其他异常情况，那么均衡系统就难以发挥其原本设计期望的效果，针对这个情况会引出下一个问题，即如何判断电芯问题？均衡问题导致的电压不一致，比如 1% 的时候最低电压电芯和 100% 时最低电压电芯为同一个，而电芯问题导致的是 1% 的时候最低电压电芯在 100% 的时候反而电压较高甚至最高，如果对应的电池组是这样的情况，那么只能考虑换掉对应有问题的电芯。

针对一些充电问题同时还发现了一些现象，面对充电量不足与纯电续航里程不足的问题时，如果是因为电池组均衡有问题或某个电芯有问题，则解决方法首先应该判断是哪种情况，再选取后续的处理方式。

车辆充电电量跃升，即电池组在充电时在某个百分比（比如 95%），跳过中间正常百分比数值直接达到 100%，可能原因是系统对于电池组容量的标记大于实际上电池组的容量，因此在充电到这个百分比的时候，其实已经有电芯的电压达到终止充电的对应电压，导致车辆停止充电，并且显示此时电量已经充满。

电池在低电量时电量下降比较快：因为磷酸铁锂电池对应的放电特征，在中间很长的时间电压变化很小，系统只能估测对应的剩余电量。而当电芯剩余电量达到 10% 时，电压会突然下降。部分电池管理系统会在有电芯达到此电压时，重新预估电池剩余的电量，如果此时剩余电量显示为 40%，而系统重新估测后认为只有 10%，那么，系统会提高仪表显示的电量下降速度，造成的结果就是原来 1% 可以跑 1000 米，而此时只能跑 500 米左右。

这样的应用案例在充电行为之外的用户行为分析也是有所体现的，例如，通过对空调温度分布的分析，发现绝大部分车主温度设定是 22~27 度。通过这些数据的比例可以看出整个空调系统在夏天的工作能力是否满足用户需求，进而对整个空调的设计开发进行优化提升。

又如基于制动系统数据的分析可以发现，车辆制动深度在 50% 以下比例接近 99%，而 88% 的车主制动深度在 30%~35%，即绝大多数的刹车情况都是可控的轻度刹车，而紧急刹车占比则非常少。

3. 特点信息说明

在充电行为分析中的实际执行过程中出现了对应数据的建模数据分析人员普遍对业务内容的了解程度不及产品部门人员，而产品部门人员无法像数据分析人员一样从大数据的角度理解和分析业务内的问题，这是所有大数据分析都会碰到的情况，这种情况导致企业出现大数据不知道该分析哪些内容，该将内容提供至哪些人员，而对于产品部门也不知道该如何利用大数据进行分析，该怎么分析。比亚迪的大数据业务部门，在将大数据业务及技术进行推广介绍的同时，与各个部门进行业务对接，让更多业务部门了解并应用大数据，通过实际解决业务部门的问题，来建立在业务部门通过大数据分析解决问题的观念。通过已经完成的分析进行汇总建模，优化建模和分析方案，以做到统一建模、统一提供，结合正向反馈实现大数据分析优化的正向循环。大数据分析广泛应用于现有场景，需要数据、业务、技术三方合作，在设计、开发及售后环节分阶段来给予逐步落实，需要循序渐进，只有做好一项会引入第二项，理论与现实的融合才是大数据应有价值，当然也不能说做到了完美，但通过现有的模型得出了一些心得。

（三）国内电池管理系统 BMS 的困境

新能源汽车的发展道路其实并不是一帆风顺的，过去这几年，伴随着新能源汽车的大量推广使用，新能源汽车领域也出现了不少不良新闻：虚假续航里程、自燃等，而对于产生这些问题的原因，主要是没有使用电池管理系统或使用劣质的不成熟的电池管理系统。科技部、财政部、工信部和国家发改委等四部委，已经联合发布了新能源汽车示范推广"安全令"（即《关于加强节能与新能源汽车示范推广安全管理工作的函》），强调"对投入示范运行的插电式混合动力汽车、纯电动汽车要全部安装车辆运行技术状态实时监控系统（简称BMS），特别是装载动力电池和燃料电池的电动汽车"。

但是并非安装了电池管理系统就代表没有任何问题，例如：在精度、安全、放电、寿命能力等方面，单体电池可以充放电 1000 次，成电池组后可能只有600 次，若搭载上不理想的 BMS，无法实时精准地监控对应电池的充放电状况，极易造成电池芯局部功耗过大，产生局部热量，且信息无法传递至驾驶员，这样也极易导致电池自燃发生。

然而也有不少的专业人员认为，安装好的 BMS 能够有效提高电池的利用率，防止电池出现过充电和过放电，并且延长电池的使用寿命，监控电池组及各电池单芯的运行状态，有效预防电池组自燃，如遇紧急情况提前给司机提供突发事件预警，为保障安全赢得时间。

（四）新能源汽车和电池管理系统的未来

中国新能源汽车产业发展始于 21 世纪初，直至今日，也不过十余年，但由于对于环保和可再生能源的渴求，新能源汽车发展逐渐迎来了春天，随之也越来越受到用户关注，在相当长的一段时间内，新能源汽车都会与传统燃油汽车争夺市场，而且由于社会发展的需要，这种市场份额的侵占是可以预期的。但是在展望新能源汽车快速发展的同时，新能源汽车企业也必须清楚地认识到，技术的发展才是行业发展的基础，而高效、稳定、可靠的产品就是技术最好的体现。随着新能源汽车产业的蓬勃发展，各家汽车企业都在电动汽车充电领域发力，相信充电难题会很快得到解决，或者比汽油车还要方便。当然国内有关新能源汽车行业的舆论也层出不穷，电动车自燃事件和虚假续航里程，都暴露出国内目前新能源电池管理系统的设计、检测、生产的标准的不完善。技术参数及标准缺失，也没有权威机构对厂家生产的 BMS 进行检测，这是目前国内 BMS 市场的困局，导致 BMS 产品的参差不齐，难以大面积推广。同时，目前国内很多汽车厂商认为只要各个单体电池芯能链接上，就能保证车辆运行安全。

对于未来，通过新能源的发展，不仅可以减少对自然的污染，起到环境保护的作用，同时也更方便了人们的出行。但为了保障"绿色出行"，国家与各个车企也需要更加紧密的合作，拒绝闭门造车，跟紧行业大潮，利用大数据的优势做出更懂用户的车、更懂用户的物联网。

五　电池溯源及生命周期管理

（一）问题的提出

目前，中国已经成为世界上最大的新能源汽车动力蓄电池生产和消费国，同时随着第一代新能源汽车电池寿命将至，新能源汽车电池产业回收及报废阶段的管理受到极大的重视。考虑到我国的新能源车产量，电池寿命及车辆运行工况等因素，预计 2020 年动力蓄电池退役量将达到约 25GWh（约 20 万吨）；至 2025 年，累计退役量将达到约 116GWh（约 78 万吨），其中磷酸铁锂电池占比 44%，三元电池占比 50%。对此，动力蓄电池回收再利用的市场可达 136 亿元，2023 年将超过 300 亿元。

（二）电池溯源项目目标及影响

政府部门高度重视新能源汽车动力蓄电池的回收利用问题，2018 年 2 月，工信部等七部门联合发布了《新能源汽车动力蓄电池回收利用暂行办法》，7 月工信部更是提出了《新能源汽车动力蓄电池回收利用溯源管理暂行规定》，规定要求各个责任主体上传电池溯源信息。

结合有关规定,整个回收再利用市场需要对动力蓄电池的生产、使用、维修、更换等过程进行管理,也就是对动力蓄电池的整个生命周期进行有效溯源,需要各方提供数据支撑及分析。基于国家政策要求与国标编码的电池清单,结合整车企业内部数据、整车上传数据、销售及售后环节等分析数据,对动力蓄电池全生命周期所涉及的各个环节,包括生产、销售、维修、回收、退役、更换进行管理追溯,实现各个环节电池信息的管理,最终确保动力蓄电池产品来源可查、去向可追、节点可控。

(三)结合运行数据的电池溯源管控

为应对动力蓄电池回收利用的管理压力和响应政府部门对各责任方的要求,用于动力蓄电池溯源管理的国家平台——新能源汽车国家监测与动力蓄电池回收利用溯源管理平台建设完成。该平台的投入使用,有助于动力蓄电池全生命周期的管理追溯,实现动力蓄电池产品来源可查、去向可追、节点可控。

整车企业作为动力蓄电池溯源管理的核心环节,是打通电池生产企业与下游使用环境的关键。从大数据角度来看,整车企业除了有生产、装配、销售、

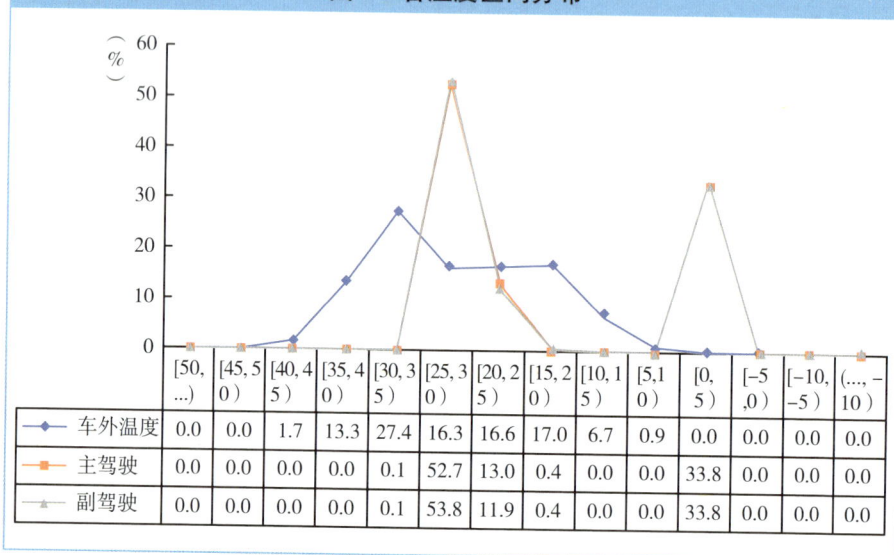

图1　各温度区间分布

	[50,...)	[45,50)	[40,45)	[35,40)	[30,35)	[25,30)	[20,25)	[15,20)	[10,15)	[5,10)	[0,5)	[-5,0)	[-10,-5)	(...,-10)
车外温度	0.0	0.0	1.7	13.3	27.4	16.3	16.6	17.0	6.7	0.9	0.0	0.0	0.0	0.0
主驾驶	0.0	0.0	0.0	0.0	0.1	52.7	13.0	0.4	0.0	0.0	33.8	0.0	0.0	0.0
副驾驶	0.0	0.0	0.0	0.0	0.1	53.8	11.9	0.4	0.0	0.0	33.8	0.0	0.0	0.0

维修等基于整车的信息外，还有车辆上传的运行大数据，这些大数据代表了车辆的使用环境和驾驶员的操作习惯，也直接体现了动力蓄电池的实际使用环境和工作情况。通过结合车辆上传的车辆状态数据，包括车辆内外部使用环境温度、单节电池最低和最高温度、充电时长、起始充电 SOC 等数据，以及动力蓄电池维修方面的信息进行数学建模及监督训练，形成了针对动力蓄电池的健康度的算法，可以有效管控动力蓄电池的使用及工作情况，确保动力蓄电池的全生命周期管理。

六　结论

新能源汽车发展初期正好是中国互联网蓬勃向上的时期，并且随着基础通信手段的极大提升，新能源汽车能够与车联网、云计算、工业大数据等技术迅速结合，继而对新能源汽车产业链产生巨大影响。汽车大数据对新能源汽车产业链的影响是全面的，包括上游的材料、研发，中游的制造，下游的销售、服务和监管等各个环节，都将迎来全新机遇。

大数据时代下的汽车大数据分析由于其行业特点的影响，以新能源汽车电池安全为中心，衍生出差异化的数据特点，如车辆大数据和高频率小数据；分析角度，针对车辆电池状态的分析，针对用户行为的分析，以及车联网生态的构建规划，云、管、端角度。对于汽车大数据以及传统大数据分析业务而言都是新的挑战。其中基于大数据的车联网生态构建更是全汽车产业链及相关组成部分共同协力才能完成的巨大任务。细化到电池安全领域，整车企业基于新能源汽车运营大数据的分析，为动力蓄电池的研发、生产、运营和回收提供了全新的切入点，通过电池报警、性能及充电行为的大数据分析，为电池研发提供重要参考信息。对于新能源汽车行业必须面对的电池回收利用及电池溯源管理的现实问题，通过大数据平台和数据监管平台的有效结合，把动力蓄电池产业链的各个责任主体关联起来，形成电池全生命流程跟踪管理的完整链条。整车企业作为该链条中最重要的核心环节之一，结合车辆状态数据及动力蓄电池维修信息进行建模分析及监督训练，形成动力蓄电池健康度算法并有效管控电池使用和工作状态。

新能源汽车及其电池的数据整合利用，必定是新能源汽车产业在当前趋势下必须考虑和钻研的，有效利用大数据实现全产业链共赢互利，是促进新能源汽车产业再次高速发展的关键命题。

参考文献

［1］王文斌. 汽车企业的大数据分析模型研究与实现 [J]. 信息与电脑 (理论版), 2019(14):149-151.

［2］陈云香, 孙华平, 张茜, 刘宏笪. 价值链曲线视角下中国新能源汽车电池产业转型升级策略研究 [J]. 经济研究参考 , 2019(09):46-51.

［3］马建, 刘晓东, 陈轶嵩等. 中国新能源汽车产业与技术发展现状及对策 [J]. 中国公路学报 , 2018,31(08):1-19.

［4］中华人民共和国工业和信息化部. 新能源汽车生产企业及产品准入管理规划 [Z]. 2009-6-17.

［5］贡俊, 张舟云. 车用驱动电机产业发展动态 [R]. 北京 : 中国汽车技术研究中心 . 2017.

［6］马亚蕾. 浅谈大数据在新能源汽车领域的应用 [J]. 计算机产品与流通 , 2019(11):145.

［7］王攀, 李龙辉, 徐树杰. 中国新能源汽车动力蓄电池回收利用产业发展探究 [J]. 时代汽车 , 2019(21):36-37.

电池安全篇 | 大数据时代的电池安全生产
——基于工业互联网的新实践

◎刘玉青 孙 安 张 峥*

＊刘玉青，合肥国轩高科动力能源有限公司，副教授，博士，主要研究方向为
工业互联网、动力电池智能制造；孙安，合肥国轩高科动力能源有限公司，主要研
究方向为工业智能制造大数据分析；张峥，合肥国轩高科动力能源有限公司，博
士，主要研究方向为锂离子电池检测与机理。

摘　要： 工业互联网是中央政治局定义的七大新型基础设施建设之一，也是动力电池行业迫切需要建设的重要内容，工信部、国家发改委的相关文件均对动力电池行业的智能制造与追溯管理提出了明确要求。本文主要论述工业互联网平台在新能源汽车动力电池安全生产管控中的实际应用，同时对动力电池关键生产过程对产品一致性的影响进行分析，针对动力电池生产中工业互联网数据采集问题与难点分别进行论述，制定了动力电池生产大数据分析平台架构与指标，新能源汽车电池大数据分析平台技术架构与分析指标，同时基于图数据库对动力电池生产过程中的PFMEA知识图谱与安全管控方法进行深入推理。

关键词： 动力电池　新能源汽车　工业互联网　大数据智能制造

一　前言

中国已经成为全球最大的电动汽车市场，2019 年新能源车销量达到 120.6 万辆。但与此同时，由于配套的新能源汽车电池厂家制造能力参差不齐，各种质量安全事故时有发生，引发了大量媒体与群众关注，因此国内动力电池厂家制造能力、制造质量亟须大幅度提升。为了提高国内动力电池制造综合工程能力，工信部批准国轩高科建设"新能源汽车锂动力电池智能工厂"示范项目。

工业互联网是满足工业智能化发展的关键网络基础设施，是中央政治局定义的七大新型基础设施建设之一，是新一代信息技术与现代工业全方位深度融合所形成的新兴业态与应用模式，是新一代网络信息技术与制造业深度融合的产物，是实现产业数字化、网络化、智能化发展的重要基础设施。工业互联网通过人、机、物的全面互联，全要素、全产业链、全价值链的全面链接，推动形成全新的工业生产制造和服务体系，成为工业经济转型升级的关键依托、重要途径、全新生态。鉴于此，针对新能源汽车动力电池产业特点，本文主要从动力电池安全生产管控方面论述工业互联网平台与大数据应用。

提高动力电池智能化水平不仅是动力电池企业自身的需求，同样是国家政策的要求。工信部《新能源汽车生产企业及产品准入管理规定》要求："新能源汽车生产企业应实施计算机信息化管理，至少应建立产品可追溯性信息管理系统，应对发动机、车载能源系统 / 燃料电池系统、储氢系统、驱动电机、整车控制器等关键零部件总成，以及整车配置、出厂检测数据等进行可追溯性信息管理。对于发动机、车载能源系统 / 燃料电池系统、储氢系统、驱动电机、整车控制器等关键部件，应建立易见的、不可更换的、唯一性标识，并建立可以支持产品追溯的信息数据库。"工信部《锂离子电池行业规范条件 (2018 年本)》也要求"鼓励企业推动生产设备联网与数据采集，积极建设企业资源计划 (ERP)、制造执行系统 (MES)、供应商关系管理 (SRM)、仓库管理系统 (WMS)等信息化系统，推动企业数字化建设"。国家发改委《汽车产业投资管理规定》对新建车用动力电池单体 / 系统企业投资项目明确要求："拟建设的设施具有较高智能化水平，在厂房布置、生产线设计、智能装备投入、数字化信息管理及生产环境控制、过程控制等方面能够满足智能制造的要求。"

早在工业互联网平台概念尚未兴起，对生产的信息化管理还处在 MES 概念阶段时，锂电生产领域 MES 就成为 MES 行业公认最难做的 MES 之一，因为锂电行业的生产过程是物理加工过程与化学反应过程相互交错进行的，且二者相互影响。从工信部公布的五种智能制造新模式而言，锂电行业包含流程性和离散型两个智能制造模式，而且从流程性到离散型是随着各工序进行渐变的。动力电池生产节拍快、数据量大，每天单条产线生产电芯上万只。

针对如何利用工业互联网平台与大数据进行安全生产管控，本文提出了新能源汽车电池一致性与安全生产过程影响因素，分析了新能源汽车电池生产工业互联网数据采集问题与难点，设计了新能源汽车电池大数据分析平台技术架构与分析指标，并基于图数据库进行了 PFMEA 知识图谱与安全管控方法推理。

二　新能源汽车电池一致性与安全生产过程影响因素与数据采集

（一）新能源汽车电池生产过程关键质量特征 (CTQ)

新能源汽车的电池包是由多个单体电池通过串并联组合而成的，而串并联过程中的单体电池一致性直接影响到串并联后的总体性能与安全特性。锂离子电池一致性是反映成组的单体电池初期性能特征的指标，包含且不限于容量、阻抗、功率特性、电气特性、电气连接、温度特性、衰变速度等。而在电池运行过程中，以上任一特征参数的不一致都直接影响使用过程中产品特性的差异。

因生产原材料及其制造工艺流程的差别，即使同一型号规格单体电池产品本征也会存在性能参数上的差别，而这些初始参数不一致会在随后使用过程中随着充放电循环逐渐放大叠加，电池包内的使用环境 (如散热情况、电流等) 对于各单体电池也不尽相同。直接导致单体电池的荷电状态 (SOC)、内阻、容量、电压产生更大的差异，更为重要的是这些差别影响会加速部分电池性能衰减甚至失效。

按时间顺序来说，通常从制造工艺流程中和电池组装车使用中两个方面去分析电池组中单体电池一致性。首先在单体电池的生产过程中，生产材料的材质不均匀及其制造工艺过程中的差别，会使电池极片厚度、孔隙率、电池注液量、结构件装配等都存在微小差别，从而产生电化学反应和电气连接的不一致；电池组装车使用后，电池组中各个电池的散热情况、温度、应力状态、自放电程度及充放电过程等均存在不一致。因此说，制造工艺流程和电池组装车使用过程中的上述不一致性均会影响电池的性能。

电池一致性的机理非常复杂且难以控制，其中既涉及设计和生产工艺的问题，也涉及配组过程的问题。在实际生产过程中，哪怕通过统计过程控制 (SPC) 等过程控制措施对合浆、涂布、辊压、分切等工艺严格管控，也仅是缩小产品批次之间的标准差，并不能完全消除电池的不一致；在电池使用过程中，充放电过程是电池材料热力学和离子扩散动力学的综合反映，生产过程中的工艺本身和充电过程中电流、温度、充电方法及其一些不确定因素的影响，使得各个单体电池的电压不一致。

（二）新能源汽车电池生产工业互联网数据采集问题与难点

电池生产工艺的各工序之间具有较强的耦合性，涉及众多工艺参数调整和控制策略优化。而这些工艺参数调整优化的灵敏度，在很大程度上依赖于工业互联网数据采集的准确度。一条电芯产线上传的数据采集点可达上万个，从上万个数据采集点里要分辨出哪些数据比较关键，并对采集得到的数据进行统计加工才能得到几百个可追溯的关键质量特性 (CTQ)，而这些 CTQ 之间的关联性和逻辑关系也较为复杂，如：最重要的 CTQ 需要进行 SPC 电子看板报警显示；有相关性的 CTQ 排列在一起以有效地发现产品质量原因及展示其分析过程。

工业互联网平台需要清晰绘制出每个生产环节最需要的几个关键性指标，并将这些指标标注在看板上，并尽可能显示出这些关键因子的分布、变化规律、相互关系，设置不同的预警机制和预警值。建立动力电池生产大数据平台，对生产过程数据全面采集，可以整合生产信息链，消除信息孤岛。在此基础上进行信息的挖掘、分析，为持续地提升产品品质、改进工艺提供数据支撑，形成工艺改进和制造闭环，并针对电芯生产中出现的质量和性能问题提供专门分析，如一致性和能量密度的专门分析能帮助工艺和管理人员及时发现问题，找出原因，进而改进生产工艺。

信息技术与工业技术的融合造就了工业互联网中的通信协议，通过信息物理系统 (CPS) 实现产品全生命周期中各制造单元间相互独立的自动交换信息、触发动作和实现控制。目前工业互联网的通信协议众多，各有优势，各工业企业与设备厂家急需一种通用版的标准通信协议。通用版标准工业通信协议中，最具代表性的是 OPC UA 协议 (OPC 统一架构)，通过一个完整的、安全和可靠的跨平台架构，实现对 PLC 数据点表的面向对象建模，获取实时和历史数据。

本工业互联网平台基于 OPC UA 和 MQTT 协议的实现实时数据和过程数据采集。MQTT(消息队列遥测传输) 是一个基于客户端 - 服务器的消息发布 / 订阅传输协议，本工业互联网平台将其用于云边协同数据传输。现场的采集终端采集数据之后，通过 OPC UA 协议上传给工业互联网平台边缘库，而边缘端则通过 MQTT 协议上传到工业互联网平台云端，做到实时、安全、跨网络，保证了数据通信的稳定可靠。

三　新能源汽车电池大数据分析平台技术架构与功能实现

（一）新能源汽车电池大数据平台搭建技术框架

新能源汽车电池大数据平台采用微服务架构风格搭建。微服务是一种架构风格，区别于传统单体服务，本身不需要单独过程功能或资源，其基本思想是基于业务领域的组件方式来创建应用。微服务可以将应用的各子模块单独部署，对不同的模块进行不同的管理操作，不同的模块生成小型服务，每个功能元素最后都成为一个可独立替换、独立升级的功能单元，各个小型服务之间通过 Http 协议进行通信。每一个微服务专注于单一功能，并通过定义良好的接口清晰表述服务边界。由于体积小、复杂度低，每个微服务可由一个小规模开发团队完全掌控，易于保持高可维护性和开发效率。这种微服务风格松散耦合起来的整体系统，比传统的单体服务功能更加强大，单体应用是把所有的应用模块都写在一个应用中，导致项目越写越大，模块之间的耦合度也会越来越高。在将应用分解的同时，规避了原本复杂度无止境的源代码逻辑积累。

本文工业互联网大数据技术平台应用的微服务开发底层框架是 Spring Boot 与 Spring Cloud。Spring Boot 是一个简化 Spring 开发的框架，用来监护 Spring 应用开发，"just run" 就能创建一个独立的产品级应用，在使用 Spring Boot 时只需要配置相应的 Spring Boot 就可以用所有的 Spring 组件。Spring Cloud 是一套完整的微服务解决方案，是一系列框架的有序集合，它利用 Spring Boot 的开发便利性简化了分布式系统的开发，比如服务发现、服务网关、服务路由、链路追踪等。

在数据库的选型中，一般业务采用关系数据库 MySQL，业务缓存与常用数据加载在内存数据库 Redis，物联网中实时采集的数据存储在时序数据库 InfluxDB，通过实时库高性能地处理实时过程数据，有效地减轻整个系统负荷。历史冷数据以文件形式存储在分布式数据库 MongoDB，知识图谱的关系结构存储在图数据库 Neo4J。为了关联知识图谱节点与工业互联网平台数据之间的关系，方便应用大数据进行逻辑推理与知识图谱演绎，本项目引入了大数据引擎。大数据引擎中数据集成采用消息队列 Kafka 与数据 ETL（抽取、转换、加载）工具 Ketlle，数据存储采用分布式数据库 Hbase，数据资源管理采用 Zookeeper 与 Yarn，数据运算引擎采用实时运算 Spark 与离线计算 MapReduce 相结合的方式。

基于微服务开发的底层框架，在系统架构的模型层上，一般统计性工作采用 Spark R 进行统计分析，让精通统计学与 R 语言的人可直接利用 Spark 高效计算引擎而不必学习其他函数工具包；同时使用 Spark 的图计算工具包 GraphX 进行知识图谱的图计算，贝叶斯概率网络推理等深度学习则利用 Spark MLlib 或 Python 专用程序包，对自然语言的理解上则使用开源的 NLP 语言 PaddleNLP。

结合应用上述工具，本文工业互联网平台的主要技术架构如图 1 所示。

基于对自身实际需求的深入分析，对比同行的先进经验，国轩对自身的工业互联网平台项目进行了百亿级工业互联网数据平台的架构设计，充分考虑了当前主流工业互联网公司技术架构与消费互联网公司开发模式。本工业互联网平台的技术架构设计上，存在以下优势。

1. 独立部署

由于微服务具备独立的运行进程，所以每个微服务也可以独立部署。当某个微服务发生变更时无须编译、部署整个应用。由微服务组成的应用相当于具备一系列可并行的发布流程，使得发布更加高效便捷，同时降低服务器硬件不一致造成的风险。

2. 技术选型灵活

在微服务架构下，技术选型是去中心化的。每个微服务开发团队可根据自身服务的需求、技术栈的学习积累，自由选择最适合和最熟悉的技术栈。由于

汽车大数据应用研究报告
—— 新能源汽车安全篇

图 1 工业互联网平台技术架构

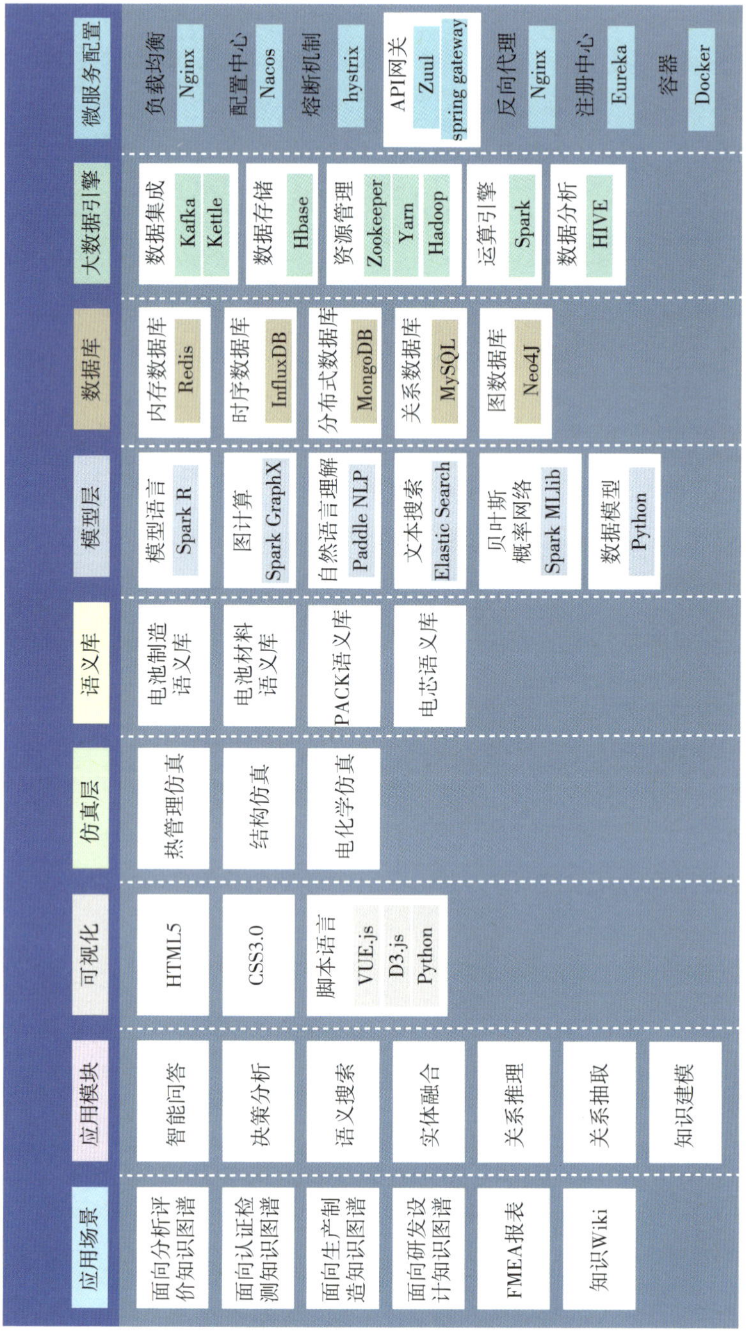

应用场景	应用模块	可视化	仿真层	语义库	模型层	数据库	大数据引擎	微服务配置
面向分析评价知识图谱	智能问答	HTML5	热管理仿真	电池制造语义库	模型语言 Spark R	内存数据库 Redis	数据集成 Kafka Kettle	负载均衡 Nginx
面向认证检测知识图谱	决策分析	CSS3.0	结构仿真	电池材料语义库	图计算 Spark GraphX	时序数据库 InfluxDB	数据存储 Hbase	配置中心 Nacos
面向生产制造知识图谱	语义搜索	脚本语言 VUE.js D3.js Python	电化学仿真	PACK语义库	自然语言理解 Paddle NLP	分布式数据库 MongoDB	资源管理 Zookeeper Yarn Hadoop	熔断机制 hystrix
面向研发设计知识图谱	实体融合			电芯语义库	文本搜索 Elastic Search	关系数据库 MySQL	运算引擎 Spark	API网关 Zuul spring gateway
FMEA报表	关系推理				贝叶斯概率网络 Spark MLlib	图数据库 Neo4J	数据分析 HIVE	反向代理 Nginx
知识Wiki	关系抽取				数据模型 Python			注册中心 Eureka
	知识建模							容器 Docker

每个微服务相对简单且接口固定，需要对技术栈进行升级时的风险就较低，甚至在技术栈完全更新后重构一个微服务也较为便捷。

3. 容错

当某一组件发生故障时，传统单体服务架构下故障很有可能在整个单体服务内扩散，造成全局性的不可用。在微服务架构下，工业互联网具备微服务故障会通过熔断等机制被隔离在单个服务中。其他服务可通过重试、平稳退化等机制实现应用层面的容错。

4. 扩展

单块架构应用也可以实现横向扩展，就是将整个应用完整地复制到不同的节点。当应用的不同组件在扩展需求上存在差异时，微服务架构便体现出其灵活性，因为每个服务可以根据实际需求独立进行扩展。

5. 查询快速

通过 Redis 的高频数据处理、MySQL 的热数据处理、MongoDB 的冷数据处理相结合，配合大数据分析的 Spark、时序数据高压缩存储的 InfluxDB，实现了对亿万级数据的秒级响应速度，并支持灵活快速扩张。

6. 算法实现灵活

通过 R 语言程序包、MLlib 程序包、Python 程序包、图计算工具包 GraphX、自然语言包 PaddleNLP 的集成，精通统计学与计算理论的人可直接利用 Spark 高效计算引擎进行深度学习，可高度自定义各种逻辑算法。

（二）六西格玛算法嵌入下的各生产工序过程管控

新能源汽车动力电池作为汽车行业的一部分，非常强调 16949 质量管理体系。工业互联网平台利用数据采集设备自动进行数据采集，实时传输到计算控制中心进行数据分析。工业互联网平台可以实现无纸化 SPC，避免了过去复杂计算与烦琐打点描图工作，让 SPC 控制图的绘制非常方便简单，有利于数据的保存和 SPC 的推广，对于数据的调用和及时性也比传统的纸上作业有很大的改善。

本工业互联网平台系统通过嵌入六西格玛算法的方式进行大数据分析，将相应的六西格玛算法开发为公司最重要的工业 App。操作人员不需要再记忆数据类型、假设检验、控制图等统计学方法知识。系统自动根据所采集的 CTQ 数据类型，选择最合适的数据清洗、分析过程，在生产看板上显示出最合适的控制图类型，残差分析、检出力、显著性水平等解读分析过程也自动处理，并在自动监控过程中自动对失控状态进行预警。当前国轩的工业互联网平台 1.0 主要实现统计过程控制 (SPC)，下一步计划实现的工业互联网平台 2.0 实现统计过程诊断 (SPD)。首先通过上线工业互联网平台 1.0 达到统计过程控制的效果，在上线运行一段时间积累了一定数据的基础上，可以进一步探究各 CTQ 之间的相互影响机理及关联模型，对生产过程中的每个工序进行监控与诊断。

本电池工业互联网平台通过云边协同的架构设计，在边缘端加入六西格玛 SPC 方法进行统计过程控制，在云端建立人工智能大数据学习算法与调优模型，从而缩短诊断时间、迅速采取纠正措施、减少生产物耗损失、降低成本、保证产品质量。

电池的各生产工序之间耦合性强，而且涉及众多工艺参数的调整以及控制策略的优化。在动力锂电池生产过程中，影响电池质量性能最关键的是合浆、涂布以及辊压三道工序，比如搅拌时间及转数、涂布速度、辊压力量等将直接影响电芯的寿命和容量。由于篇幅限制，下面仅以这三道工序为例对电池生产过程管控进行阐述。

（1）合浆工序主要用来生产正负极电池浆料。电池浆料要求分散均匀，如果浆料分散不均，有严重的团聚现象，电池的电化学性能受到影响。浆料的粘度、固含量、粒度等是给后续涂布工序输入的关键工艺参数。以往根据人工经验来确定主辅料加料时间和数量，人工检验各个合浆阶段的浆料粘度来判断浆料质量，给合浆工序质量带来重大的不确定性。通过在边缘节点实时采集和分析浆料的粘度，同时根据多批料搅拌过程的过程数据、品质数据的收集，通过短期学习优化搅拌模型，从而优化浆料的搅拌时间和主辅料配比数量，大幅提升合浆工序的一致性。

（2）涂布工序是继合浆完成后的下一道工序，此工序主要目的是将检测合格的浆料均匀地涂覆在正 / 负极集流体上。涂布工序一方面需保证正负极浆料能够稳定粘结涂覆在流动基材上，另一方面需保证涂层厚度均匀、收卷整齐。在实际生产过程中，上道工序的产出物(浆料)的品质存在波动，涂布工序需针对不同品质的浆料灵活调整控制策略。在边缘侧，根据厚度、温度、速度等参数的实时反馈，建立涂布工序的短期优化模型对生产工艺参数进行调整，保证本工序的输出物的质量达到标准。

（3）极片在涂布、干燥完成后，活性物质与集流体的剥离强度很低，此时需要对其进行辊压，增强活性物质与箔材的粘接强度，以防在电解液浸泡或电池使用过程中剥落，同时也可以适当纠正因涂布面密度波动导致极片厚薄不一致的问题。辊压工序的生产过程管控涉及厚度控制(涂层密度)、温度控制、水分控制、张力控制、自动纠偏控制等。利用检测设备，比如激光测厚仪，实时反馈涂布基材各个位置的厚度，在边缘侧进行反馈计算，并将厚度数据实时上传至工业互联网平台云端。

综上所述，上述三道工序在边缘节点通过短期学习建立各自简易的优化控制模型，实时调整工艺参数。各个工序计算处理的结果数据及过程数据均会上传至工业互联网平台云端，云端基于长期的、海量的数据进行模型训练，以及各种模型之间的协同训练(如压下模型与张力控制相关，而张力参数既关系到厚度的精度，也关系到纠偏控制)，并且通过长期自学积累，建立更优模型下发至边缘侧对模型进行更新升级。由此可见上述边云协同解决方案显著而有效地提升了批量生产电池质量的一致性。

锂离子电池生产过程其实是通过设备和物理手段的一致性控制，实现产品电化学性能的一致性。但实际上，哪怕各工序的外观、形貌、重量、水分含量等宏观可测量属性控制很一致，实际材料的空隙率、活性物质分布等微观形貌也可能存在差别。而六西格玛的大量算法可以把每个工序的微观化学反应当作黑箱，从宏观的可测量属性入手进行问题推理。如果有了工业互联网平台，就能从生产过程数据的细微变化中记录和寻找规律，把六西格玛调优运算算法嵌入工业互联网平台中，既避免了数据导入导出，还可以实现实时运算。

（三）大数据与人工智能算法的锂电工业互联网应用

"经验"这种宝贵的公司财富，如果只存在于老员工的脑子里，和各个员工的个人配备电脑里，很容易流失。大数据驱动的方式，在于发现传统机理方法无法挖掘的模型，而这不依赖于人的经验和大量的积累。无论早期验证还是数字孪生对于工艺的智能挖掘，形成新的制程工艺决策支持，这些都是代替了"人的经验"和隐性知识的功能。

现有很多锂电企业在生产过程中已经收集了海量数据，但是这些数据几乎是"躺在服务器里睡觉"，很多时候还是靠人工、靠电子报告做分析报告，这种原始记录方式的效率非常低下。新能源汽车电池生产工业互联网数据平台需要利用其具有高效性、时效性特点，首先对企业内所有设备进行联网，并对来料、订单及其生产计划进行跟踪，从真正意义上实现质量管控，除此之外，工业互联网数据平台核心关键是最大限度利用企业数据，对制造业生产、设备、质量等进行大数据建模和主题分析，让数据本身成为企业内部指导制造工艺、成本控制等的管理与决策的依据，从而发挥企业数据资产价值。

传统的锂电生产通常是基于多孔电极理论等已知的机理建模，并经过大量的测试验证，具有一定的成熟性，但是由于多孔电极理论对复杂电化学机理做了非常多的简单化处理，其仍然有大数据挖掘的潜力空间。在锂电大数据应用中，包括质量优化、参数寻优、作业调度都是可以利用人工智能 (AI) 的场景。主要实现的功能包括以下几个。

1. 质量缺陷检验

比方说可以通过视觉的缺陷检测来寻找质量改善的空间，通过神经网络算法实现 CCD 的云化部署与学习，可以实现对质量相关性分析来对影响质量的关键因素进行"发现"并对其进行有效调节、控制，或者根据模型实施更为节省成本的控制策略。

2. 参数优化

制造业无论是流程还是离散，其本质都是对材料进行各种化学与物理的反应，这个难点在于各种材料所具有的物理化学特性，这些在生产产品中与工艺流程、控制参数会形成无数种组合，传统上建模本身也是一个难题。本工业互联网平台通过不断应用六西格玛工业 App 中的实验设计 (DOE) 与田口方法，可以实现更为有效的控制工艺、在线过程控制和优化，达到提高产品稳定性与良品率的目的。

3. 智能物流控制

通过为移动机器人 (AGV) 等提供快速的定位与指引，实现物流的优化部署与智能搬运，并提供下一次物流布局优化的仿真模拟。

（四）新能源汽车电池生产工业互联网的系统功能与实现效果

工业互联网平台主要可以完成如下功能。

1. 工单计划

生产管理部从 ERP 接收计划，把计划转成工单，工单匹配上工艺后进行发布。工单会在每天生产前发布到产线和库房。工单计划功能取代纸质工单的传递。

2. 生产执行

车间操作人员登录系统开班，激活待执行的计划，在各个工序作业站进行生产操作。典型的作业站包括合浆、涂布、激光切极耳、卷绕等。每个作业站基本功能包括开班检、上下料、过程记录、操作指导等，在关键岗位通过设备之间的互锁实现防呆和防错。所有岗位实现运行记录电子化。

3. 设备参数控制

工业互联网平台不仅能从设备上传数据，还能把参数设定和控制信号下达到设备的控制系统，从而实现防错、防呆和柔性生产。

4. 全生产过程追踪

在整个生产过程中追踪到单件次，实现电芯生产以及电池组装全流程物料、生产、质量等信息追踪。实现从原料到成品，从成品到原料的双向追踪。对于售后问题追溯构建起有力的支撑，提升故障快速响应能力及其总结分析问题能力。

5. 物料管理

系统实现了从浆料、极片卷，到卷芯、电芯、模组、电池包，所有在制品的单件次物料管理，并通过物料或载具上的二维码实现准确识别。对于辅料则实现了大批次管理，并通过二维码识别。

6. 质量管控

线上判定的 NG 品（不合格品）将自动从合格产品数据库中剔除，需要返回线上重新处理的不合格品会由工业互联网平台根据质量问题断点跳到指定的工序并进行集中处置。

7. 生产追溯

生产和品控人员可以方便地查看物料谱系图 / 树，可以实现前向追溯和后向追溯，可以查看某个批次所有加工工序，以及各工序的全部关键控制点。

通过上述功能，可以实现对生产过程进行严格管控，实现投料和操作的防错和防呆，实现关键工艺控制点的监控和预警，及时对质量异常采取应对措施。同时系统对不良品处置进行管控，防止不良品的继续流转，并提供多维度、多功能的质量分析。通过工业互联网平台对设备的反控 (连锁控制)，实现了合浆投料、激光切上料以及卷绕上料的防呆和防错；提供近 100 种质量和过程分析报表，帮助品控人员有效提高了一次通过率和一致性，据统计，一次通过率提高了 5%，直通率提高了 3%；实现了各工序 (电芯共计约 20 道工序) 准确的生产统计。

四 基于图数据库的潜在失效模式及影响分析 (PFMEA) 知识图谱与安全管控推理

（一）知识图谱介绍与主要技术

在大数据分析得出的知识表达上，本文所采用的工业互联网平台通过知识图谱进行知识的直观表达与展示。所谓知识图谱，就是用节点和关系所组成的图谱，为真实世界的各个场景直观地建模。本文通过知识图谱进行知识表达，是因为知识图谱中关系的表达能力强，传统数据库通常通过表格、字段等方式进行读取，而关系的层级及表达方式多种多样，且基于图论和概率图模型可以处理复杂多样的关联分析，计算超过百万潜在的实体的属性分布，可实现秒级返回结果，并且可以利用交互式机器学习技术，支持根据推理、纠错、标注等交互动作的学习功能，真正实现人机互动的实时响应。

在知识图谱建设过程中，涉及的主要技术包括如下几个。

1. 知识建模

知识建模，即为知识和数据进行抽象建模。通过属性来描述不同数据源中节点的性质与状态，利用关系来描述已抽象建模成节点的各数据间的关联关系，通过节点链接方式来表述节点间的关联存储。

2. 知识融合

从不同的数据源把不同结构的数据提取知识之后，需要进一步将所有知识融合成统一的知识图谱。知识融合主要分为数据模式层融合和数据层融合，用的技术如下。数据模式层融合：概念合并、概念上下位关系合并、概念的属性定义合并；数据层融合：节点合并、节点属性融合、冲突检测与解决。

3. 知识存储

图谱的数据存储既需要完成基本的数据存储，同时也要能支持上层的知识推理、知识快速查询、图实时计算等应用。图数据库以图论为理论基础，图论中图的基本元素是节点和边，在图数据库中对应的就是节点和关系。用节点和关系所组成的图，为真实世界直观地建模，支持百亿量级甚至千亿量级规模的巨型图的高效关系运算和复杂关系分析。与传统的关系型数据库相比，图数据库更擅长建立复杂的关系网络。本工业互联网平台采用图数据库 Neo4J 将原本没有联系的数据连通，将离散的数据整合在一起，从而为决策支持提供更加形象直观的参考。

4. 知识计算

知识计算主要是建立在知识图谱中知识和数据的基础上，通过知识图谱的相应规则引擎，发现其中显式的或隐含的知识、模式或规则等。本工业互联网平台主要是采用 Python 与 Spark R 语言程序包进行工业互联网平台的知识计算功能。

5. 可视化技术

主要是用 D3.js 和 ECharts。D3.js 是一个用动态图形显示数据的 JavaScript 库，一个数据可视化工具。ECharts 提供大量常用的数据可视化图表，创建了坐标系、图例、提示、工具箱等基础组件，并在此基础上构建出各种大数据分析呈现图表，同时支持任意维度的堆积和多图表混合展现。

（二）基于知识图谱的新能源汽车电池安全生产管控方法推理

工业互联网平台不是单个的 IT 系统应用，其通过工业 App 对 ERP(企业资源计划)、CRM(客户关系管理系统)、SRM(供应商管理系统)、PLM(产品生命周期管理系统)、LIMS(实验室信息管理系统)等单个 IT 系统进行了整合，更注重不同 IT 系统的交互性建设。单个 IT 系统如果不跟其他系统互联互通，就会成为"信息孤岛"，当各个系统在图纸、物料编码、库存信息、员工绩效信息、项目研发进度、实验进度、验证报告、FMEA、控制计划等方面强制关联起来的时候，就能够实现资源的充分利用。例如上一次实验结果的 DFMEA(设计失效模式分析)未能提交，就不能在研发计划中申请新的试验，将 DFMEA 事项与样品试验申请进行强关联，因为申请下一次实验的原因肯定是上一次的实验失效，失效必须写 DFMEA。如实现失效必须写 DFMEA(设计失效模式分析)，若没有写则不能申请同一研发计划的新实验，以此实现 DFMEA 与试验申请强关联。

PLM 系统的 BOM(物料清单)与 FMEA 软件、LIMS 系统关联起来后，才可以彻底实现产品设计、失效分析、验证、改进的闭环。在 PLM 的 BOM 图纸设计中引用其他项目的物料时，系统能够自动把其他项目物料的 FMEA 给引用过来；如果新设计一种物料就必须要写一个新的 FMEA 分析(可以借鉴相似物料的 FMEA 分析)。将 BOM 中不同物料和结构设计的 FMEA 综合起来，可以由系统汇总得出该项目新的 FMEA，并且根据自己项目的 FMEA 进入 LIMS 系统中进行重点 DV 和 PV 验证，再将 LIMS 验证结果反馈修订到项目 FMEA 中，根据最新 FMEA 自动导出控制计划的很多字段，最后重新生成以后新项目设计可参看的 FMEA 库，同时把 CRM 和售后远程监控中的失效也关联到 FMEA 中。

在新能源汽车电池的安全生产过程中，通过工业互联网平台进行质量追溯管理非常重要。从质量追溯登录界面中查找到对应工业互联网平台生产过程参数、ERP 订单信息、SRM 来料检验信息、PLM 设计及工艺变更信息、LIMS 产品验证报告，可直接追溯到某个生产环节、某个检验员或某个采购员，所有这些研发及生产过程的过程参数、操作人员、批准人员都能够精准查找。在对供应商进行产品故障索赔时也可做到有据可查。

LIMS 系统可以把做设计验证 (DV)、制造验证 (PV) 时的检验环境参数全部记录下来，否则后面检验不能实现重复性和再现性。并且可以将实验室检测结果直接与 SRM、MES、ERP 来料信息相关联，结合 FMEA 库撰写、售后故障分析、MES 产品过程记录的信息，实现对产品 DV、PV 的检验报告、检验人、检验过程参数全追溯和立体失效分析。

电芯 FMEA 与 PACK 的 FMEA 编写方式存在一定差异。PACK 的各种物料之间只存在物理接触。因此 PACK 的 FMEA 可以从 BOM 中的不同物料构成入手进行分析，每种物料都对应着不同的 FMEA，将 BOM 中不同物料的 FMEA 综合起来，再加上结构组装上的 FMEA，基本上就是整个产品的 FMEA，而电气、结构、热管理等不同子系统中对应着各专业科室，各专业科室可以单独完成各自专业领域的 FMEA 待最后综合起来。而电芯的 FMEA 则不同，只有 4 大主材、4 大辅材，这 8 种物料本身的失效是电芯失效的很小一部分，更多的是因为工艺上的细微差别，引起了各种材料间非预期的副反应，因此很难基于 BOM 本身推理出整个电芯的 FMEA。集成化的 FMEA 库软件，不仅具有 FMEA 库可以与 BOM 无差别集成的优势，还可以实现因素影响关系矩阵、图形化展示、标准化 FMEA 报表三种表现表达方式的灵活转换。

五　小结

动力电池作为新能源汽车核心部件，是决定新能源汽车发展的关键因素。制造水平是动力电池的核心能力之一，关系到动力电池产品的安全性、一致性和可靠性，因此动力电池实施工业互联网是动力电池提升发展水平的必由之路。本文提出的动力电池行业的工业数据分析流程与方法论，对动力电池产业利用大数据如何进行生产管控、数据采集、数据分析、知识积累等方面提出了具体的实现方法与效果，尤其是结合了全生产过程的六西格玛算法 App 与人工智能算法，可在本行业或相关行业中进行借鉴应用。

参考文献

［1］工业和信息化部，2017 年智能制造试点示范项目要素条件 [R].2017.

［2］工业互联网产业联盟，工业互联网平台白皮书 (2019) [R]. 2019.

［3］工业互联网产业联盟，工业互联网成熟度评估白皮书 (1.0 版) [R]. 2017.

［4］德国机械及制造商协会，Industrie 4.0 Readiness[R].2015.

［5］德国国家科学与工程学院，Industrie 4.0 Maturity Index[R].2017.

［6］中国工业技术软件化产业联盟，工业互联网 APP 发展白皮书 [R].2018.

［7］工业互联网产业联盟，工业互联网体系架构 (版本 2.0)[R].2020.

电池安全篇 | 基于高比能 21700 圆形电芯的
电池系统安全研究

◎夏顺礼 * 张欢欢 秦李伟 徐爱琴 刘舒龙 张宝鑫

* 夏顺礼，正高级工程师，安徽江淮汽车集团股份有限公司新能源乘用车公司总经理，安徽省新能源汽车技术创新中心主任，合肥工业大学兼职教授。

摘　要: 热失控安全是当下高比能电池及长里程电动车产业化必须解决的核心命题。历经十年,江淮汽车基于小容量圆形电芯,研究了热失控发生机理,从电池系统安全设计与验证角度论述热失控防护方案与五层次验证方案,目标实现一颗电芯定向爆喷,模组不发生热扩散,电池包及整车不失火,形成了简称"蜂窝电池"的系统解决方案。基于市场应用的车辆安全大数据分析及典型案例,实证了"蜂窝电池"热失控防护技术的有效性。

关键词: 高比能圆形 21700 电芯　热失控　蜂窝电池　五层次验证方案

一　概述

（一）引言

锂离子电池相对于其他类型电池，具有能量高、体积小、重量轻等优点，成为纯电动汽车较为理想的能量来源，随着长续航里程需求的不断增加，高比能三元电池成为电动车首选，其产业化最大技术难点就是电池包热失控安全性，而个别电池因制造缺陷和滥用而发热百分百避免不太可能，电芯爆炸后对所在模组邻域电池产生热辐射和二次外短路进而导致模组甚至电池包发生热失控，因此电池热失控安全是影响电动车产业成熟的最大难题。

1990 年，SONY 公司发明了 18650 电池，经过多年的经验累积，松下公司将 18650 电池在消费类产品所积累的先进技术极好地应用于车载电池邻域，实践在 Tesla 车型上。为了进一步提升能量密度，2017 年，特斯拉宣布与松下联合开发的新型 21700 电池开始量产，容量提升了 35%，能量密度提升了 20%，系统成本和重量下降了 10%，基本满足车规级动力电池的要求。

21700 圆形电池具备三大核心优势，第一，布置灵活，可以充分利用不规则的电池包空间，布置最大能量；第二，传热面积大，能够快速响应外部的环境温度变化；第三，安全性高，单个电芯的能量释放相对于大电芯更易实现防护。

（二）课题研究的背景和意义

新能源汽车作为全球汽车行业转型的重点方向，2030 年预计全球销量突破 2000 万辆，国内销量突破 1500 万辆。

习近平总书记提出，发展新能源汽车是我国由汽车大国变成汽车强国的必由之路，经过 10 余年的发展，当下其产业化推广在技术上面临的最大问题是电池安全问题。在新能源电动车产业化发展的近几年，国内外新能源汽车所使用的电芯能量密度大幅提升，安全风险也随之增大。行业内不时发生新能源电动车自燃事件，且呈现逐年增长趋势；而且市场实践证明，整车续驶里程要达到

500公里以上，完全可以消除里程焦虑。因此，高安全性和高比能电池包技术突破是新能源汽车规模化应用的必然要求，研究意义重大。

（三）国内外研究现状

目前国内新能源电动车应用方形、圆形、软包等类型电芯，其中方形电芯占主要部分。如吉利帝豪EV450、北汽EV500、广汽、上汽采用方形电芯，单个电芯容量102Ah，系统能量密度142Wh/kg，热失控安全问题能基本满足人员逃生的要求。

国外新能源汽车电芯技术路线较多，特斯拉Model 3应用了250Wh/kg左右的21700圆柱电芯，电池包能量密度达到160Wh/kg；新款LEAF应用能量密度为224Wh/kg的软包电芯，电池包能量密度可达150Wh/kg，电池热失控安全在研究与开发中。近期美国DOE认证机构公布了LEAF电池包正在进行热失控相关的验证，从报告中可以读出，用于电芯加热的加热膜功率10W/m^2，在120VAC条件下，功率达240 W。单个电芯大约在31分钟时发生热失控，热失控过程中最大的温度在加热膜处，达290℃。简易模组热失控大约在试验开始后的7分钟左右发生，在没有发生热失控之前，四个电芯之间的温差不超过5℃，在发生热失控后，模组内的温度最高达721℃。多串模组热失控大约在7.5分钟发生，在没有发生热失控前，相邻电芯间的温差为11℃，整个试验过程中，最大的温度为853℃。在整车热失控试验中，第一个触发模组的电芯大约在开始加热后6分55秒时发生，车底盘有烟冒出，有电池爆炸声响，该模组内的其他3个电芯在90秒内均发生了热失控。第23分钟时，喷出电池包箱体外的气体被点燃，出现明火。第28分钟时，乘员舱发现明火。

（四）新能源电动车电池滥用情况

近年来，国内纯电动车在市场中的占有率日益增加，锂离子电池因为高能量密度、高功率密度、长循环寿命和环境友好性被广泛应用在纯电动车的能量系统。即使锂离子电池在制造装配过程中质量可控，但用户在实际使用过程中，难以避免出现机械滥用、电气滥用、热滥用等情况，电池包被滥用有可能引发电芯热失控，进而发生热扩散，因此，电动车自燃事故的本质是电池热失控安全，下面介绍几种常见的电池滥用情况。

1. 机械滥用

车辆发生碰撞，电池受到挤压或穿刺是机械滥用的典型情况。电池结构受损可能导致电池隔膜破裂，隔膜破裂后电池发生内部短路（ISC），造成易燃电解质泄漏可能引发燃烧。电池挤压安全性需要从材料级、电芯级、模组级、电池包级、整车级进行全面研究。

2. 电气滥用

（1）外部短路

当存在压差的两个电极在外部用导体接通时，外部短路就发生了。电动车碰撞、浸水、维护期间的电击可能会引发电池包的外部短路，外部短路导致电池温度过高，进而引起电池包热失控。

（2）过充电

过充电引起的热失控比其他滥用条件更苛刻，因为过量的能量被充入电池中。电池管理系统（BMS）充电电压截止功能失效是过度充电滥用的常见原因，在电池包内电压最高的电芯首先过充，然后其他电芯依次跟随其后。过充电过程中会因欧姆热产生热量和负极析锂。前者使电芯温度和内压急剧增加，存在爆炸、燃烧等隐患；后者析出的锂会直接跟电解液发生剧烈反应，引发大幅温升，直接诱发热失控。

3. 热滥用

局部过热是发生在电池包中典型的热滥用情况。热滥用很少独立存在，往往是从机械滥用和电气滥用发展而来，并且是最终直接触发热失控的一环。除了机械 / 电气滥用导致的过热之外，高压连接松动也会引起局部过热。热滥用是当前被模拟最多的情形，利用设备加热电芯，观察其在受热过程中的反应。

（五）电池热失控安全验证方法

上述滥用情况导致的电芯热失控最终可能导致整车热失控，直接危及用户的生命和财产安全。因此，在纯电动车开发过程中，电池热失控安全要充分验证，热失控安全试验方法的选择很重要。

行业内常见的五种热失控触发方法，包括外加热法、针刺法、过充法、内置记忆合金法及内置相变材料法。此外还有自加热法、枝晶生长法等其他触发方法。

1. 外加热法

电池隔膜由 PP/PE/PP 三层隔膜组成，其中 PP 熔点为 165 ℃，PE 熔点为 135 ℃。将电阻丝缠绕在锂离子电池表面进行加热，产生热量可使隔膜发生变形收缩，正负极接触，形成内短路，从而引发热失控。

2. 针刺法

将一定规格的钢针以一定的速度刺入电池后，钢针作为金属导体连接正负极，发生内短路，短路位置产生大量热量，引发电池热失控。

3. 过充法

电池在严重过充电时，正极材料严重脱锂，促使正极材料直接与电解液反应释放出氧气和反应热，使电池电压和温度在短时间内快速上升。若此时电池继续过充，当达到一定电压时，电解液发生剧烈的氧化分解反应放出大量反应热，引发电池热失控。

4. 内置记忆合金法

将特制的记忆合金内置在电芯里，达到一定的温度，记忆合金发生形变，刺破隔膜，形成电池内短路产生大量热量，引发电池热失控。

5. 内置相变材料法

将电池隔膜特殊处理，在特定位置剪破后涂覆相变材料，确保电池在常温下处于正常状态。在一定温度下，相变材料熔化，形成内短路，产生大量热量，引发电池热失控。

评价电池热失控安全触发方法通常基于可触发性、与真实情况相似性、试验可操作性、试验可重复性、试验可控性等原则，综合考虑试验成本、试验过程复杂度等其他要求。在实践中，外加热法、针刺法具有可操作性高、可触发率高、试验成本相对较低等优点，被广泛使用；而过充法、内置记忆合金法和内置相变材料法由于试验准备过程烦琐、试验成本高、试验成功率低，一般是在实验室研究中使用，对于电池内短路类型等基础性研究具有指导意义。

企业在电池热失控安全试验触发方法上，基本上都是选择外加热法或针刺法。对于不同类型的电芯，使用不同的触发方法。对于方形电池而言，其卷芯呈方形或长方形，不适合用外加热法触发热失控，一般使用针刺法触发热失控；而对于圆柱形电池，其卷芯在圆周各方向状态相同，一般采用外加热法触发热失控。

（六）研究内容与目标

1. 高比能电芯

对标国际标杆电芯，采用高镍正极材料，优化正极材料中 Ni、Co、Al 元素含量，提高正极克容量；同步优化负极硅炭含量；优化电解液配方，通过导电和成膜等各种添加剂改善电芯动力学性能；采用高强度壳体，改善抗热缩性，满足电池安全需求；开发高安全、高比能、长寿命、轻量化的电芯产品。

2. 轻量化高强度高安全电池包

研究电芯热失控导致模组电池热扩散的触发机理，发现通过热隔绝与电隔离的方式可以阻断热扩散。

开发应用铝制下壳体，通过铸造铝与挤出铝组合拼焊成型；开发应用真空导入工艺上壳体，通过减薄壁厚、减小拔模角等方案实现轻量化设计；开发应用轻量化模组部件，采用轻质塑料粒子、高强度钣金件优化减薄轻量化技术。开展整包结构辅助有限元仿真，模拟挤压、模态、振动等不同工况，确保电池包满足 GB《电动汽车用动力蓄电池安全要求》对电池包机械环境性能的要求。

3. 高效热管理系统

开发应用高效液冷热管理系统，提升电芯和热管理系统热交换效率，实现电池包大倍率放电温升小、温度均匀的目标。开发液冷系统专用部件，包括水加热器、电池冷却器、液冷管、快插管路等关键部件，目标是实现一般工况电池包最高温度控制在35℃以内，温差3℃，极端工况控制在45℃以内，温差小于等于5℃。

4. 热失控安全验证

开发应用五层次高比能动力电池热失控安全开发试验方法，如图1所示。

电芯层次，加热触发电芯爆喷，连续通过100次试验，确保电芯实现能量定向释放。

模组层次，加热触发模组内任一电芯至爆喷，模组无短路、不起火、不爆炸，连续通过100次试验确认模组结构设计满足热失控安全要求。

简易电池包层次，将电池模组放置于电池包内，加热触发电池包该模组内任一电芯至爆喷，确保所有模组不发生外短路、不起火、不爆炸，连续通过100次试验确认模组在电池包内的布置满足热失控安全要求。

电池包层次，电池包内所有部件按生产状态装配，触发电池包内任一电芯至爆喷，确保模组无短路，电池包不起火、不爆炸，连续通过10次试验。

整车层次，加热触发整车电池包内任一电芯至爆喷，确保整车不起火、不爆炸，且可及时上传电芯爆喷信号至远程监控系统，确保故障电芯能被及时识别、维修处理。

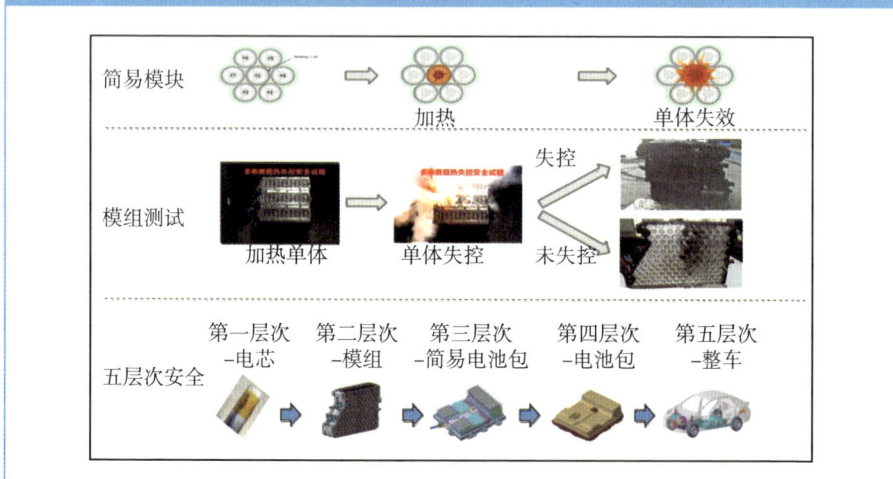

图1 五层次高比能动力电池热失控安全开发试验方法

二　电池热失控安全机理

（一）内短路概率

从概率角度看，锂离子电池存在一定内部短路失效概率，因内短路引发的热失控是锂离子电池主要的安全问题。对于纯电动汽车，电池包包含 n 个电芯。以江淮某款电动车为例，n=3822，大数据统计 21700 电芯的内短路故障率 p 为 0.1ppm 左右，当新能源电动车数量达到 10000 辆时，计算电池内短路，表明故障率大约为 10000 辆产品中有 3 辆存在安全隐患，因此高性能电动车要实现大规模市场化，必须要解决单个电芯爆炸后电池包不会发生热失控而起火问题。

（二）热失控安全原理

当电池发生滥用或内短路过程中出现的热聚集以及由热聚集导致的内部可燃物燃烧产热是导致恶劣安全事故的根源，电池发生内短路可以通过如下形式释放能量：①化学热能热释放；②可燃物燃烧热；③材料相变过程中的熵变产物；④过流产热（内阻）。当一颗电芯内短路失效，内部可燃物在出现燃烧时累积的燃烧热如果不能够有效地释放，就会发生爆炸，当一颗电芯爆

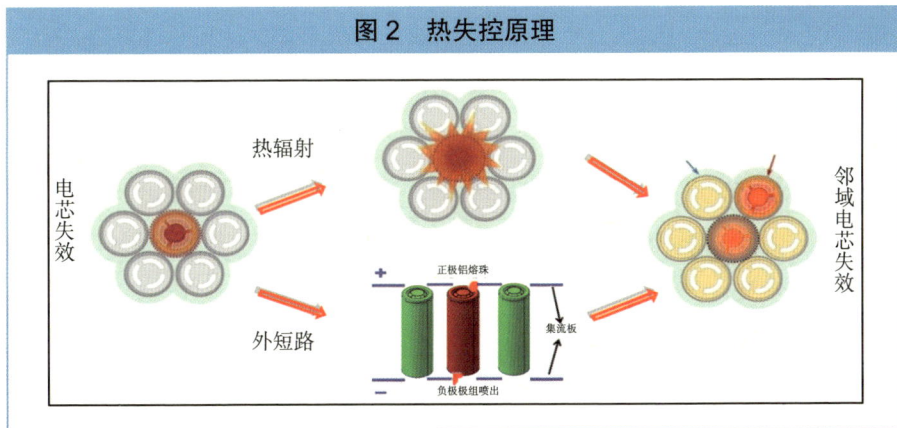

图 2　热失控原理

炸后对所在模组邻域电池产生热辐射和二次外短路进而导致模组甚至电池包发生热失控。

（三）电池热失控特征温度研究

基于电芯 ARC 试验结果，本研究提出电池热失控过程的四个特征温度，自生热的起始温度 T_1、热失控的触发温度 T_2、热失控的最高温度 T_3 及平衡温度 T_4，如图 3 所示。

图 3　电芯典型 ARC 曲线

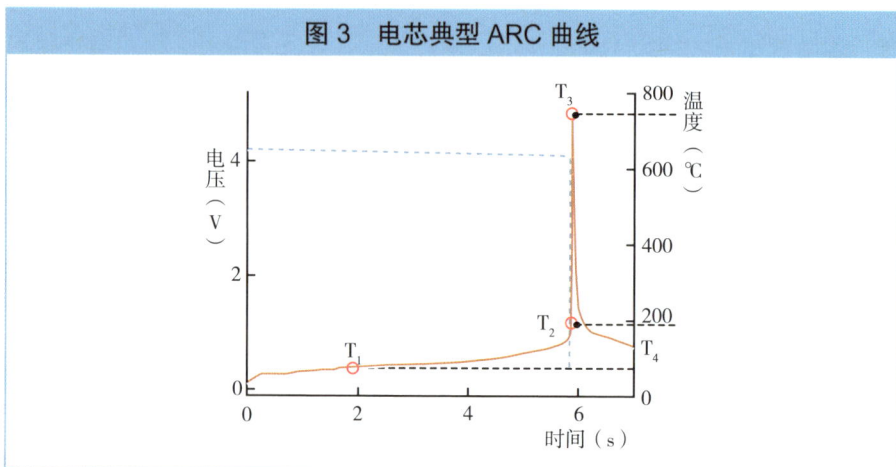

电芯局部温度达到副反应起始温度 T_1 后，发生放热较为缓慢的副反应，此过程主要包括 SEI 膜的分解等内部化学反应，会产生大量的热量，若此时反应释放的能量没有及时散发，会引起电芯温度进一步升高，当电芯温度达到热失控触发温度 T_2 时会引起更加剧烈的化学反应，以 21700 圆柱电芯为例，剧烈反应后电芯释放温度的速率高达 1000℃/s，此时很难通过散热抑制电池温升，最终到达热失控最高温度 T_3，随后热量迅速释放，到达 T_4 后该电芯温度趋于稳定。

三　电池系统安全设计

本研究以不失火为目标，建立五层次电池热失控安全开发流程。

第一层次为电芯，联合电芯供应商设计电芯壳体材质、厚度、正负极防爆压力、壳体生产的拉伸工艺控制等技术方案，实现电芯爆喷只向两端定向爆破，杜绝侧面爆破和壳体出现局部熔洞。

第二层次为模组，通过模组电隔离与热隔绝方案实现单个电芯爆喷后能量释放受控。

第三层次为简易电池包，通过模组间防护、整包排气路径设计，实现相邻模组间安全隔离。

第四层次为电池包，通过车身一体化高强度电池壳体及底部防护设计，确保整车在极端工况下，电池包结构安全可靠。

第五层次为整车，通过整车一体化热管理系统设计、整车控制系统设计，实时监测电池包安全状态。电芯爆喷后可立即开启冷却系统，降低电池包温度，同时向远程监控系统上报电池故障，不引发整车失火，确保车辆和人员的绝对安全，且不影响车辆正常行驶。

（一）电芯安全设计

为了实现电芯高比能高安全性能目标，对电芯内部和外部安全结构关键参数和体系进行优化设计与验证，在保证电芯高比能的同时，实现定向爆破的安全性能。

高比能：电芯外部去顶盖，内部去中心钢针，采用 NCA 三元高镍正极体系，增大正极浆料涂敷量实现电芯高能量密度。NCA 是包含镍、钴、铝三种元

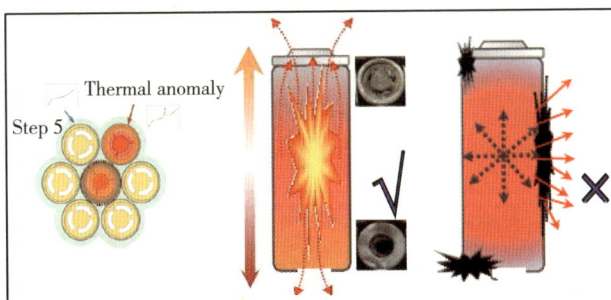

图 4　电芯定向爆破示意

素的三元材料，和 811 类似都属于高镍材料，NCA 和 811 区别就在于 A 和 M。A 代表铝，M 代表锰。铝在化学材料里，特别是高镍化学体系里，是作为安全稳定性必需的一个元素。锰的稳定性较差，尤其是在高温下，热稳定性更差。

高安全性，通过优化电芯壳体材质及厚度、盖帽结构、正负极 Vent 刻痕开启阈值以及隔膜材质设计实现。

①采用材质硬度优化后的进口成品 Vent 刻痕模具，提高刻痕线以及刻痕梯形高度的精度；利用塑性、抗拉性能更佳的 SPCC 钢材实现钢壳的硬度。

②壳体厚度提升 30%，降低壳体发生撕裂、熔洞的概率。

③盖帽结构由圆形向三角形和无顶盖方向优化，增大电芯爆喷时排气通道，减小排气不均匀造成辊槽、壳体发生熔洞可能性。

④通过优化正负极 Vent 刻痕深度和直径，调整盖帽内部 CID 结构，适应性调整负极安全阀爆破阈值、正极 Vent 开启压力值，最终实现电池内短路后定向爆喷，完全杜绝壳体出现撕裂、熔洞的失效模式，确保电芯失效后释放的热量不集中对邻域电池产生剧烈热辐射至热失控。

⑤采用表面添加复合材料陶瓷涂层提升隔膜的亲液及耐高温性能，利用其固有的高温微孔自闭保护作用，实现对电池的安全保护，降低电池短路发生爆炸的概率。

（二）电池模组安全设计

本文聚焦电隔离与热隔绝开展电池模组安全设计。

电池模组具有电芯定位结构、防火墙结构、液冷扁管限位、集流板绝缘、正负极柔性可熔断连接、跨串安全防护结构等设计，即"蜂窝电池"安全设计。

模组内电芯表面温度可以达到 800~1000℃，温升速率接近 1000℃/s，因此需要将爆喷的热量尽快散发，才能保证模组的热失控安全性能。在单个电芯爆炸过程中，应用高耐温塑料，确保模组主体结构稳定性。在模组正负极侧设计定向排气通道，实现电芯爆炸后，高温气体及时被定向疏散。通过液冷扁管热传递和空气间隙的热阻隔，有效降低爆炸电芯对邻域电芯的热辐射。

模组内电芯发生爆喷时，熔化的集流板可能会导致电芯正极盖帽和负极钢壳搭接，引发同串短路或跨串短路。正极熔珠和喷出极组堆积在正负极集流板

图 5　电池模组安全设计方案

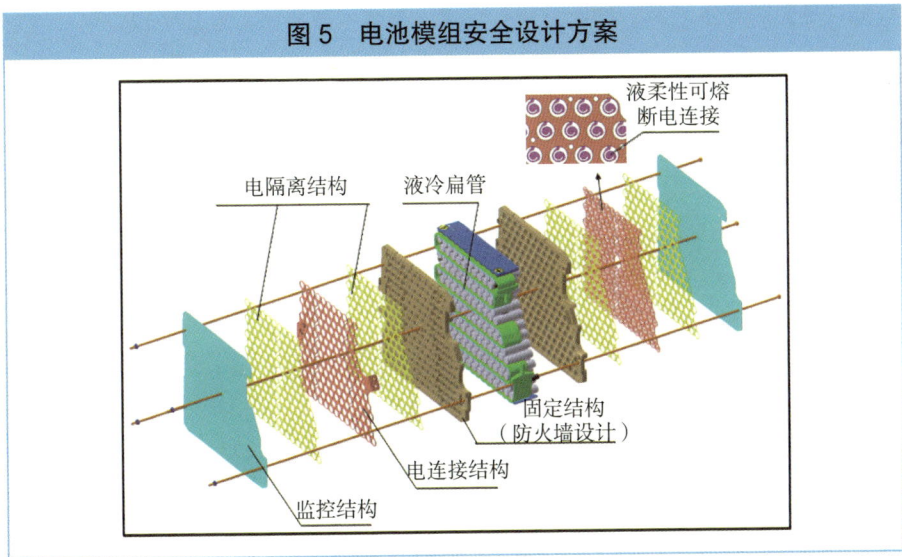

是模组二次外短路的主要原因，通过优化正极耳材质、调整负极耳形状、跨片区的爬电距离和集流板绝缘设计，防止模组二次短路。

（三）电池热管理设计

热管理系统作为电池热失控安全的重要组成部分，分为智能温控中心和电池包热管理系统两个部分。根据工作原理，电池热管理系统包含以下主要部件。

智能温控中心：主要由水壶、换热器、水泵与五通换向阀、水加热器总成、温度传感器组成，可实现电池冷却、加热和系统流量分配等功能。

电池包冷却管路：系统中为冷却液流动提供导向作用的管路结构。

电池模组：主要的热防护和传热结构。通过电池模组的外延包覆结构进行热传导，液冷管布置于电芯之间，采用灌封胶或导热垫进行间隙填充，保证良好的热传导性能，保证热失控电芯局部温度可以被抑制，防止热失控电芯的热能量的蔓延。

冷却液：系统中的传热介质，通过液冷管对电芯进行加热与冷却。

当电池包发生热失控时，智能温控中心调节水泵转速，加快电池包内冷却液循环，将电芯爆喷产生的热量带出"蜂窝电池"。同时加大 chiller 热交换能力，启动压缩机和整车散热器同时制冷，提供大量的冷量对通过冷却管路导出"蜂窝电池"的冷却液进行降温，实现热管理系统对热失控安全起到快速散热作用。

（四）电池管理系统设计

1. 电池热失控安全检测

一般地，电芯发生热失控时，电池模组电压、温度以及电池包内部的气体、压力、烟雾信号等发生变化。可以通过检测温度、气体、压力、烟雾等参数变化判断电池热失控状态。

对于电压，大量数据表明，电芯热失控对于电池模组的电压影响有限，因此不能依靠电池模组电压变化准确地进行热失控的判定。理论上可以通过检测每一节电芯的温度进行热失控的检测，鉴于工程应用实际，电池包内部包含几千颗电芯，不可能在每一节电芯上布置温度传感器，因此也无法对所有电芯进行状态检测。

压力，可以通过压力传感器检测电池包内压力变化，由于 21700 电芯能量较小，且电池包空间较大，电芯发生爆喷时，电池包压力变化较小，因此压力传感器无法满足小圆柱电芯的热失控检测。

烟雾，可以通过烟雾传感器检测电池包内粉尘颗粒浓度，其原理与 PM2.5 检测原理一样，通过检测粉尘颗粒的浓度来实现热失控的检测。

通过分析热失控后的气体成分，三元电池热失控气体主要由 CO_2、H_2、CO 和 CH_4 组成，可以通过检测 CO 或 CH_4 气体的浓度，鉴于 CO 占比更高，优先选择 CO 气体传感器，进行测试。试验结果表明，气体传感器在电芯爆喷后，具有一定的滞后性，需要对传感器的布置位置进行布局，尽量布置在电池包的中间位置，以获得最佳检测时效。

以上检测手段均存在一定的局限性，江淮探索开发监控板方案检测电池热失控信号。监控板主要由两部分构成：锡丝、云母片。锡丝熔点低且柔软，在高温或机械冲击下易断开；云母片具有较高的绝缘性能和耐热性能，可确保模组之间的热隔离和电隔离。锡丝依照电芯排布进行布置，确保每一颗电芯正负上方均有锡丝经过。每个模组监控板实行串联，与 LBC 检测端口连接。

图 6 监控板组成

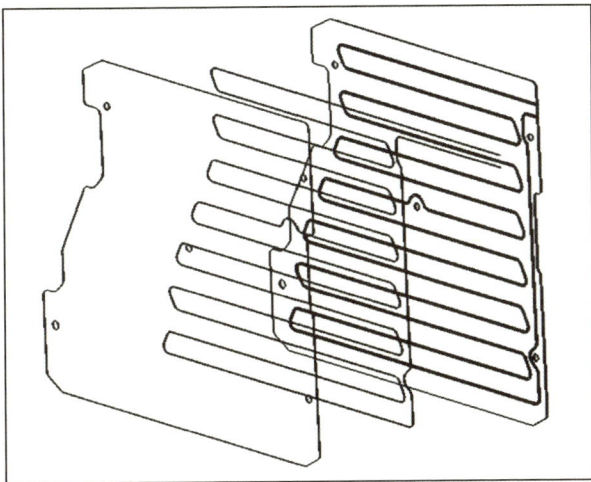

2. 安全故障诊断

LBC 检测电池包监控板回路，由于锡丝的内阻较大，所有模组监控板串联在一起后，阻值达到 120Ω 左右，电池模组间一个监控板发生断路，该阻值就会远大于 120Ω。当监控板回路正常时，检测电压为 0V 左右，当监控板发生断路时，检测到电压为 5V。LBC 则通过检测电压判定电池包内电芯是否发生热失控。

为确保整车在放电、充电、静置等状态下均可及时检测到电芯热失控故障，优化 LBC 硬件电路设计，可实现 24 小时热失控检测。当电芯发生热失控时，产生的高温气体和喷出物将锡丝熔断，监控回路发生断路，LBC 输出 12V 硬件信号，唤醒整车控制器，整车上电，LBC 开始工作，基于监控板回路的断开状态判定电池包内电芯是否发生了热失控，上报电池热失控故障。

（五）电池包安全设计

电池模组与上壳体之间保证充足的排气间隙，通过模组顶部的 EPDM 垫片，确保电池上壳体装配后，模组 z 向排气路径通畅。电池上壳体安装呼吸阀，实现电池包内外部压力平衡。

开发高强度电池壳体，应用经典结构——纵横梁设计，桁架结构承载电池包，实现电池包壳体与车身结构一体化；应用 DP780 双相钢、DC54 深冲钢、AL6061 型材，实现电池壳体减重 30%。确保整车碰撞过程，电池包主体结构不变形。

在电池包前部位置，设计防托底防撞梁，采用 AL6063 材质，T6 处理，可以实现底部磨损后防撞梁、防锈性能不下降。防止在整车极端使用工况下，路障与电池包直接接触，避免电池包因底部穿刺造成模组结构失效。

（六）整车安全防护设计

为防止电芯热失控造成整包失火的严重后果，整车通过开启热管理系统对电池包热失控进行防护，具体流程如图 7 所示。当整车控制器 VCU 收到 LBC 上报的电芯热失控故障，启动水泵、空调压缩机、热交换器等部件。水泵带动冷却液循环，当冷却液流经发生爆喷电芯周边的液冷扁管，带走电芯爆喷产生的热量，此时冷却液温度升高；当冷却液流经热交换器时，空调压缩机冷媒通过换热器对冷却液进行散热，如此循环，将电池包的内部热量带走，避免引发整包热失控。

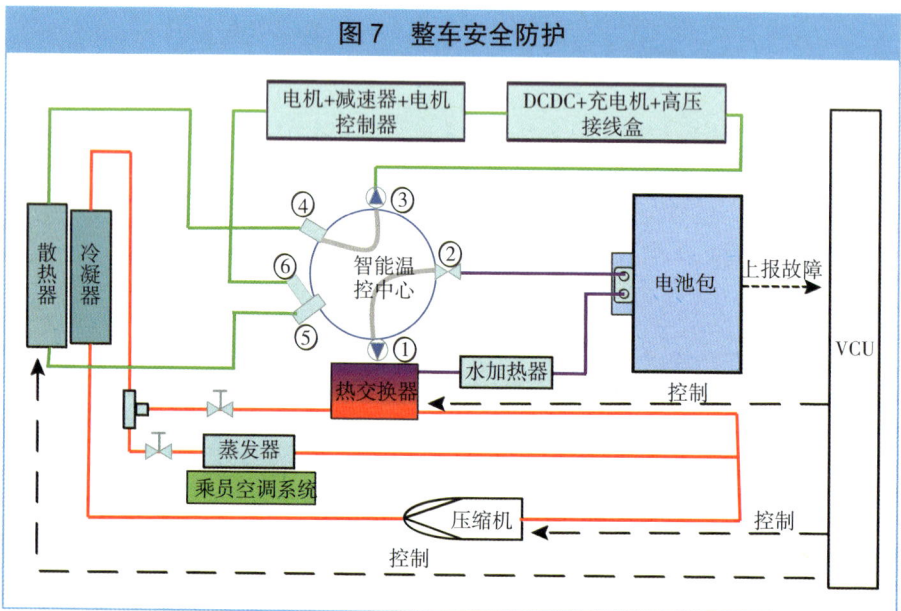

图 7　整车安全防护

四　电池包仿真与试验验证

（一）电池包仿真

1. 电池包机械强度仿真

（1）建立 3D 模型

根据整车总布置给定的空间，绘制电池包内部主要结构部件、铝壳体及模组 3D 数据。

在钢铁下壳体模型的基础上，通过铝合金来替代钢铁材料，为满足 GB/T31467.3-2015 国家标准要求，部分位置需要增加料厚及结构优化。

（2）建立有限元模型

将 CATIA 三维 CAD 模型导入 Hypermesh 中，导入初始模型，在进行有限元分析计算时，采取消除错位和小孔、压缩相邻曲面之间的边界、清除不必要的细节特征等方法，有效优化网格质量，提高精度。

定义材料属性，在模态、静力学分析时，均采用线弹性材料模型，材料属性如表 1 所示。

表 1　材料属性

零件	材料类型	弹性模量 E（GPa）	泊松比（Mpa）	密度（kg/m³）
模组	混合	70	0.3	3000
下壳体	六系铝材	70	0.3	2700

划分网格的过程中随时检查单元质量、模型的连续性及重复的单元，防止后续的分析过程中因单元质量问题导致求解困难。检查单元质量时重点关注单元的长宽比、夹角、长度和重复单元。有限元模型共计 60 万网格且质量良好。

（3）边界条件

参考 GB/T 31467.3 中振动试验与挤压试验参数进行仿真。

（4）结果分析

模态表示的是物体所固有的振动特性，在每一模态中物体都会有其特定的振型、阻尼比以及固有频率。通过模态分析可以帮助研究人员确定结构的固有频率和振型并预测不同载荷下的振动形式，以防止结构设计开发后产生共振或以特定的频率进行振动。

由于模态是研究物体的固有特性，不会受外界载荷所干扰，并且物体在进行模态分析时的加载速度较慢，所产生的振动幅度小，因此，外界载荷与阻尼对系统的振动特性影响可以忽略不计，由此可将动力学通用方程式简化为无阻尼自由振动方程式，即

$$[M]\{x`\}+[K]\{x\}=0 \tag{1}$$

式（1）中：$[M]$ 表示质量矩阵；$[K]$ 表示刚度矩阵；$\{x`\}$ 表示速度矩阵；$\{x\}$ 表示位移矩阵。

通常将结构的弹性无阻尼自由振动用若干个简谐运动叠加的方式来代替，其位移函数用正弦函数来表示，即

$$\{x\}=\{A\}\sin(wt) \tag{2}$$

式（2）中：$\{A\}$ 表示振幅列向量矩阵；w 表示固有频率；t 表示时间。

将式（2）代入式（1）中得：

$$\{[K]-w2[M]\}\{A\}=\{0\} \tag{3}$$

在无阻尼自由振动系统中，结构振幅 $\{A\}$ 不会同时全为零，故依据代数理论可得出无阻尼自由振动频率方程：

$$|[K]-w2[M]|=0 \tag{4}$$

其中，wi 表示为振动系统中第 i 阶模态的固有频率，仿真结果如表 2 所示。

	表 2　模态仿真结果		单位：Hz
模态阶次	频率	模态阶次	频率
1	57.971	11	628.35
2	106.63	12	632.48
3	140.44	13	690.92
4	151.23	14	692.55
5	162.33	15	769.29
6	179.21	16	862.83
7	353.03	17	867.54
8	375.64	18	878.53
9	507.78	19	910.22
10	512.20	20	916.94

　　根据相关研究数据，电动车在各种路面上的激振频率在 5~30Hz 范围。通过模态分析结果可知，电池包的一阶模态为 57.971Hz，远远大于 30Hz，因此，在电动车行驶过程中电池包始终保持良好的平稳性。

　　为保证电池包正常工作，通过仿真的方法检验电池包是否满足国标挤压性能要求。对电池包的抗挤压特性进行合理地评估可以减少设计周期，降低风险。

　　通过电池下壳体在 200KN 挤压下变形情况来表示，当位移数值较大时，说明电池包受挤压风险程度较高。

　　挤压仿真结果如表 3 所示。

	表 3　挤压仿真结果	单位：mm
方向	部件	位移
X 轴	圈梁	0.6539
	底板	0.4885
Y 轴	圈梁	0.8919
	底板	0.0285

由仿真结果可知，X 轴挤压最大位移为 0.6539mm，Y 轴挤压最大位移为 0.8919mm，根据设计预留空间及相关标准，X、Y 方向的位移处于安全范围内。

2. 电池热管理性能仿真

采用 1C 放电工况模拟，确认电池包热性能极限温升与温差，可以较为直观地评价电池包的温升。

①建立液冷板仿真模型并简化处理，进行网格划分。

②根据热管理控制策略，设定入口速度及相关参数。

仿真边界条件：环境温度 25℃，冷却液进口温度 25℃，冷却液系统流量为 12L/min。

③利用 ANSYS Fluent 软件对电池包进行仿真，得到电池包温升以及温度场分布情况。

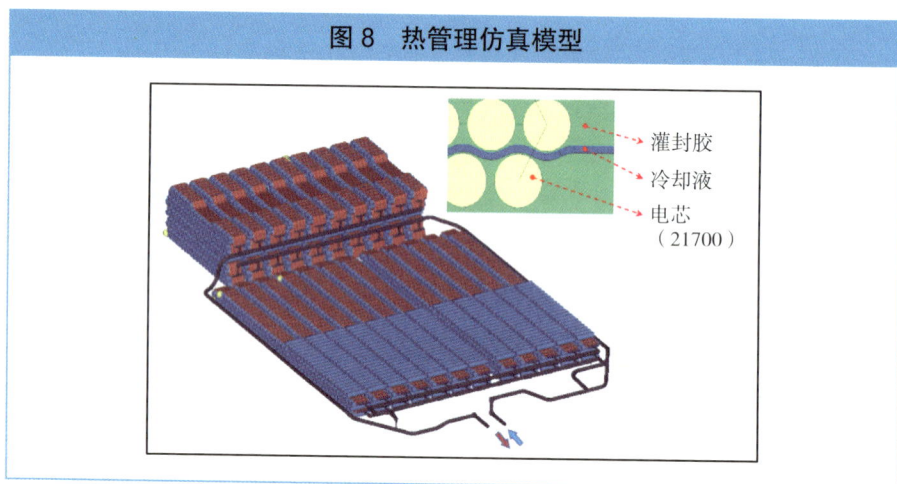

图 8　热管理仿真模型

表 4　电芯参数

电芯类型（Ah）	1C 放电绝热温升（℃）	电芯发热功率（W）	电芯重量（g）
圆柱 21700 4.8	43.8	0.87	74

表 5　物性参数

项目	密度（kg/cm³）	比热容（J/kg·K）	导热系数（W/m·K）
21700 电芯	2850	1143	轴向：5；径向：1
空气	1.225	1006	0.026
硅胶垫	1200	920	1
ABS	1050	1470	0.138
扁管	2700	903	273
硅胶	1030	1500	0.15

④结论：电池包系统最高温升 16.9℃，电池包温差 5℃。

3. 电池热失控安全仿真

以单个模组为模型，分析"体积 / 截面积"不同的情况下，单个电芯热失控对其邻域电芯温升的影响。判断"体积 / 截面积"是不是影响电芯爆喷后引发模组热失控的主要因素。图 9 分别对应的是 35P 和 42P 模型。

图 9　35P 模组与 42P 模组对比

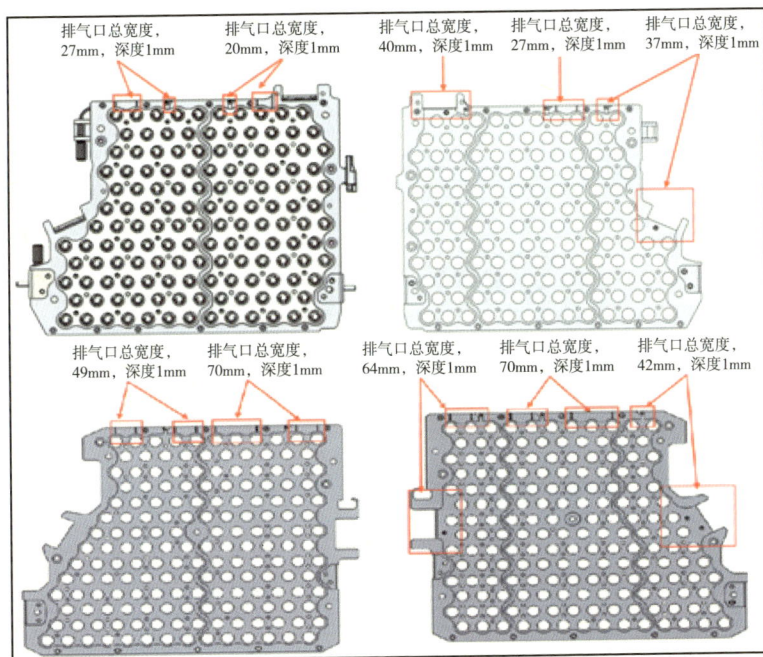

（1）根据 3D 模型分别计算两种模组的"体积 / 截面积"，定义为 η

其中 35P 模组包含 5 个电连接片区，经计算得 $\eta1=2545$，$\eta2=3445$，$\eta3=563$，$\eta4=2554$，$\eta5=605$；其中 42P 模组包含 5 个电连接片区，经计算得 $\eta1=1685$，$\eta2=1183$，$\eta3=553$，$\eta4=1196$，$\eta5=828$。

（2）通过仿真计算温度分布

电芯爆喷后，邻域电芯温度变化如图 10、图 11 所示。

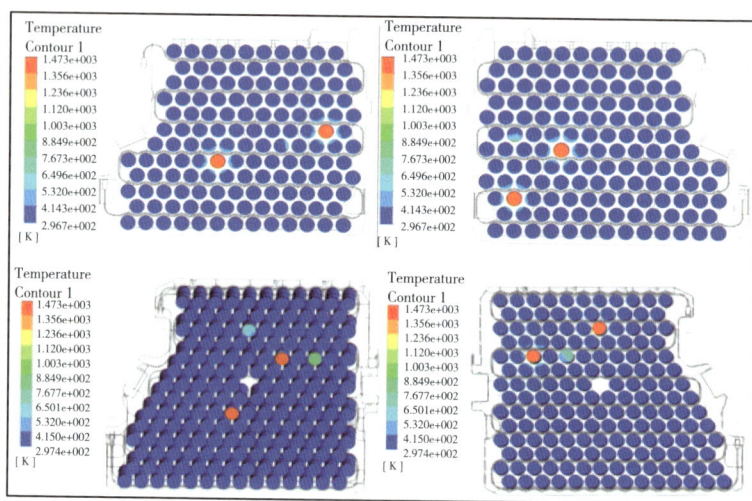

图 10　35P 和 42P 模组爆喷电芯位置

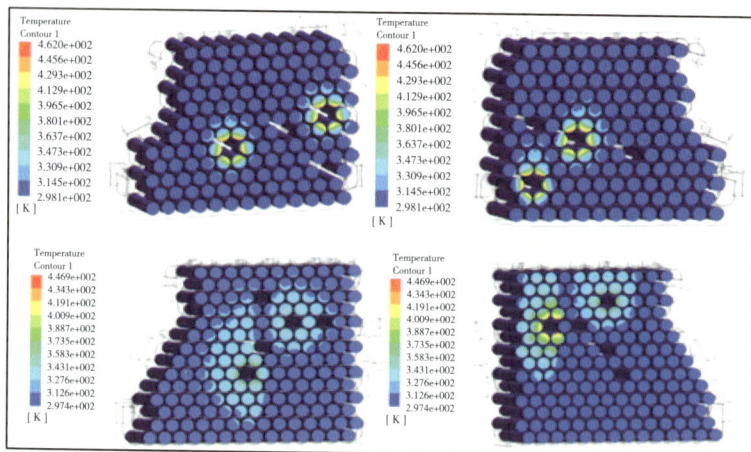

图 11　35P 和 42P 模组邻域电芯温度变化

（3）结论

35P 和 42P "体积 / 截面积" 不同，导致周围电芯温升不同，35P 电芯温升 164℃，42P 电芯温升 152℃，35P 热失控时周围电芯温升 164℃大于 42P 电芯温升 152℃，但 35P 和 42P 温升数据相差并不大。

可判断 "体积 / 截面积" 不是影响电芯二次失控的主要因素。

（二）电池包性能验证

基于江淮某一款新能源电动车，开展机械强度、热管理性能及热失控安全性能验证（见表 6）。

表6　电池包基本参数

序号	项目	电池包信息
1	电芯类型	三元 21700
2	电池包成组方式	39P98S
3	电池包能量（kWh）	64
4	热管理方式	液冷
5	NEDC 工况续驶里程（km）	530
6	电池包 IP 防护等级	IP68

1. 电池包机械强度验证

试验对象：电池包 2 个。

试验项目：①挤压试验；②随机振动试验。

本文的试验方法参照 GB《电动汽车用动力蓄电池安全要求》报批稿试验方法。

挤压板形式：半径 75mm 半圆柱体，半圆柱体长度大于测试对象高度，但不超过 1m；挤压方向：x 方向或者 y 方向（汽车行驶方向为 x 轴，垂直 x 轴的水平方向为 y 轴）；挤压力达到 200kN 或者变形程度达到挤压方向整体尺寸的 30% 时停止挤压；保持 10min，观察 1h（见表 7）。

表7　振动试验基本参数

随机振动	有效值 0.57G/Z 向，0.33G/Y 向，0.31G/X 向；每个方向 12h，共 36h
定频振动	24Hz，三个方向各 1h，共 3h

试验结果：

①在挤压试验测试过程中，铝壳体入侵量由 0mm 逐渐增加至 4mm，电池包最小监控单元无电压锐变（电压差的绝对值不大于 0.15V），试验结束后电池包保持连接可靠、结构完好，电池包无泄漏、外壳破裂、着火或爆炸等现象。试验后的直流电阻值不小于 100Ω/V。

②在振动试验测试过程中，电池包最小监控单元无电压锐变（电压差的绝对值不大于 0.15V），试验结束后电池包保持连接可靠、结构完好，电池包无泄漏、外壳破裂、着火或爆炸等现象。试验后的直流电阻值不小于 100Ω/V。

2. 电池包热管理性能验证

试验对象：整车。

试验条件：环境仓设置温度 25 ± 2℃，电池起始温度为 25℃；设置水温 25℃，流速 12L/min；全程开启液冷系统，直至测试结束。放电策略曲线如表 8 所示。

表 8　放电策略

放电倍率	放电电流（A）	截止电压（V）	SOC
1C	188	2.5	0~100%

试验结果如图 12 所示。

图 12　放电试验温度曲线

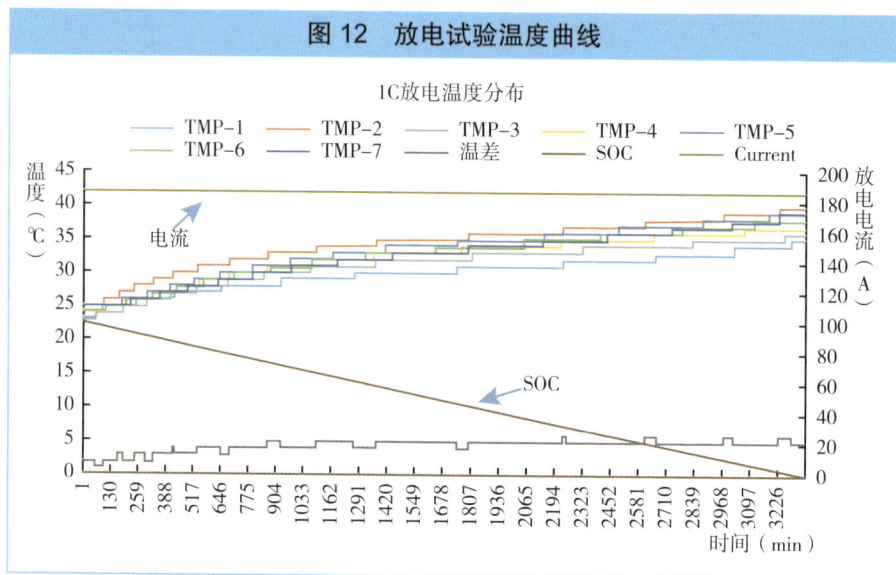

电池起始温度 23~26℃，SOC：100%，放电结束温度 46/42.3℃，放电过程最大温差 5℃。

放电末期时（SOC 0%），随着电池包内阻和放电电流增大，电池包发热温差变大。

放电结束后电池包温度温降速率 0.6℃/min，系统降温效果明显。

试验结论：放电工况最大温差 5℃，最高温度 42.3℃，最大温升 17.5℃。电池包温度实验数据与仿真数据较为吻合。整车最高车速（1C）放电工况，可以抑制电池温度在 45℃以内。

3. 热失控安全验证

当电池包内部有电芯发生内短路时可能引发电池包热失控，本文从电芯、模组、简易电池包、电池包及整车五个级别开展热失控安全试验。实现单只电芯爆炸后电池包不发生热失控，整车不失火。

（1）试验条件

①试验对象：21700-4.8Ah 电芯 100 只，电池模组 42 个，简易电池包 1 个［包括模组一 16 个（M1）、模组二 26 个（M2）］，电池包 1 个，整车 1 辆。

②试验温度：环境温度 25~30℃。

③试验设备：电阻丝、直流电源（39/45V）、多路温度巡检仪、温度传感器、防爆箱、液冷循环机等。

表 9　试验统计			
试验对象	样品数	样品状态	试验次数（次）
电芯（只）	100	21700-4.8Ah	100
电池模组（个）	42	模组一	48
		模组二	52
简易电池包（个）	1	模组一	48
		模组二	52
电池包（个）	1	模组一	1
		模组二	1
整车（辆）	1	模组一	1
		模组二	1

（2）试验准备及试验方法

①试验准备

——电芯，首先将电芯充满电，去除表面绝缘皮，将高温胶带均匀地缠绕在电芯表面，将直径 0.25mm、一定阻值的镍镉电阻丝均匀紧密地缠绕在电芯中部 1/3 处，将温度传感器紧密贴合在电芯表面。

——电池模组，将加热电芯布置在模组中，要求加热电芯不得受挤压损伤，加热电阻丝和温度传感器功能正常，在加热电芯邻域的 6 颗电芯表面紧密贴合温度传感器，要求邻域电芯温度传感器放置在距离加热电芯最远的一侧。

——简易电池包

按照图 13 选择试验电芯。

按照电池包成组结构进行装配，但高压不连接，将充满电的试验模组依照序号放置在对应位置。

按要求装配固定电池包上壳体。

——电池包

试验电芯的选择及温度传感器与上述一致。

按照电池包成组结构进行装配，将 4 个试验模组依照序号放置在对应位置，将电池包充至满电后静置 30min。

按要求装配固定电池包上壳体。

图 13　模组一（M1）及模组二（M2）示意

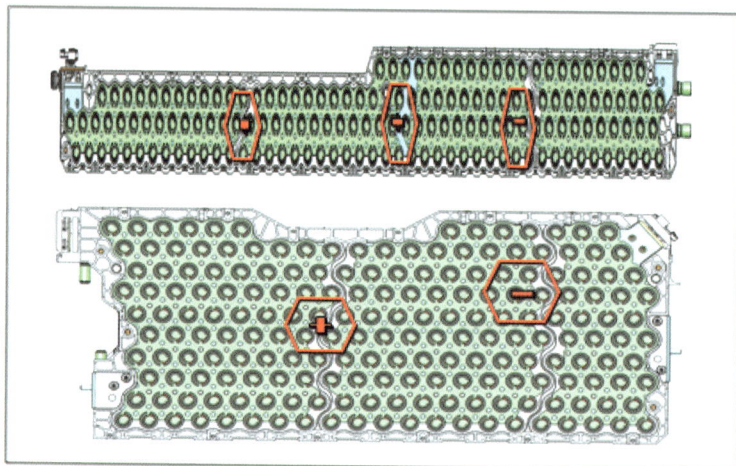

图 14　试验电池包

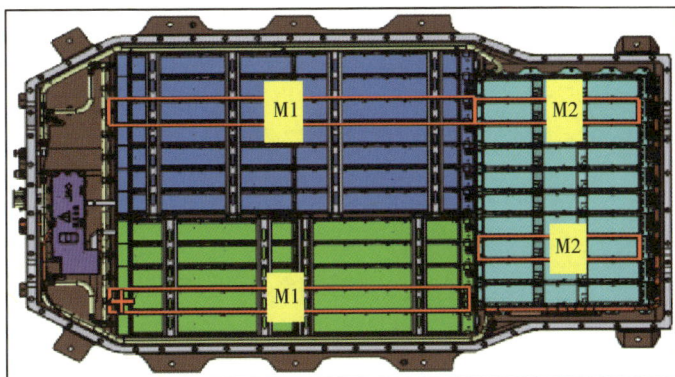

——整车热失控安全试验准备

电池包按照上述要求准备，布置两个试验模组 M1 和 M2。

参照实车状态安装空调、水泵、VCU、T-BOX、整车仪表、高低压线束等部件，确保整车所有功能正常。

②试验方法

——电芯热失控试验，将加热电阻丝连接到稳压直流电源，温度传感器连接到多路温度巡检仪，打开稳压直流电源持续加热电芯，通过温度巡检仪记录加热温度，当听到电芯爆炸声音或加热温度迅速升到 500℃以上，立刻停止加热，记录爆炸瞬间电芯温度、热失控最高温度及最后平衡温度。

——模组热失控触发试验，将两个相同结构的模组与试验模组用拉杆固定，确保试验模组状态与其在电池包中固定状态相同。

图 15　试验模组示意

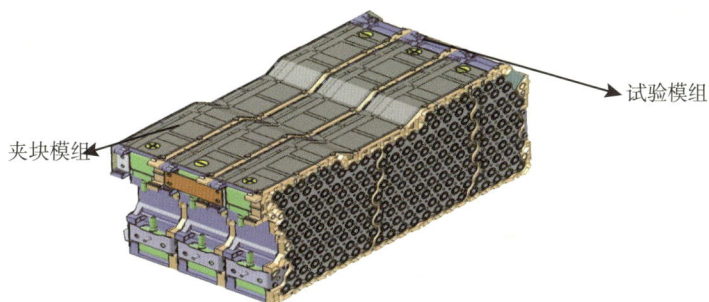

将加热电阻丝连接到稳压直流电源，温度传感器连接到多路温度巡检仪，用以记录试验过程电芯温度变化。

打开稳压直流电源持续加热电芯，通过温度巡检仪观察加热电芯温度，当听到爆炸声音或加热电芯温度迅速升到500℃以上，立刻停止加热，记录爆炸瞬间温度、试验模组电压，同时开启液冷系统，对电池模组进行降温。若扩散，立刻用消防水对失控电池模组进行灭火。

——简易电池包热失控试验

按照模组热失控触发试验方法对简易电池包中试验模组进行点爆，每次点爆后开启液冷进行降温，观察邻域电芯温度、点爆电芯所在模组的电压变化，以及电池包是否发生起火、爆炸。

待温度恢复至常温时进行点爆下一颗电芯，试验过程做好安全防护措施，摄像机全程录像记录，试验过程中若发生起火燃烧爆炸等，立刻用消防水对电池包进行灭火。

——电池包热失控触发试验

按照模组热失控触发试验方法对电池包中两个模组进行点爆，每次点爆后开启液冷进行降温，观察邻域电芯温度、点爆电芯所在模组的电压变化，以及电池包是否发生起火、爆炸。

待温度恢复至常温时点爆下一颗电芯，试验过程做好安全防护措施，摄像机全程录像记录，试验过程中若发生起火燃烧爆炸等，立刻用消防水对电池包进行灭火。

——整车热失控试验

试验前再次确认整车状态，确保VCU、空调、水泵、仪表等能正常工作，然后将整车下电。

打开稳压直流电源持续加热电芯，通过温度巡检仪观察，当听到加热电芯爆喷声音或温度从180℃左右迅速升到500℃时，立刻断开加热电源，观察记录失效电芯所在模组温度、电压。

观察整车仪表是否及时提示安全语、电池故障灯是否点亮，远程监控系统是否报出单体爆喷故障码，空调和水泵是否及时开启工作。

试验过程中若加热电芯邻域有两颗以上电芯温度超过120℃或模组持续外短路，电压降至4V以下，立即停止试验，尽可能将电池包从整车上拆下，继续观

图 16　整车热失控试验

察电池温度是否上升，若发生起火爆炸，立即用消防水扑灭，确保试验人员安全。

　　在点爆第二只电芯前，应待电池包内部状态稳定再继续开展加热法触发热失控试验验证。

　　（3）试验结果

　　①电芯

　　累计开展 100 次电芯爆炸验证，从试验后电芯外观分析，壳体均未出现熔洞、撕裂等异常现象，正负极均开启，满足电芯失效一致性要求。

图 17　试验前后电芯状态

　　试验电芯初始温度为 20℃ 左右，随着直流电源持续加热，电芯内部发生 SEI 膜分解等化学反应温度持续升高至 T_1，当温度达到热失控触发温度 T_2 时会引起更加剧烈的化学反应，温度迅速升高至 600~800℃，电芯发生热失控，随着热量被释放，到达 T_4 后该电芯温度趋于稳定，具体如图 18 所示。

图 18　试验过程数据分析

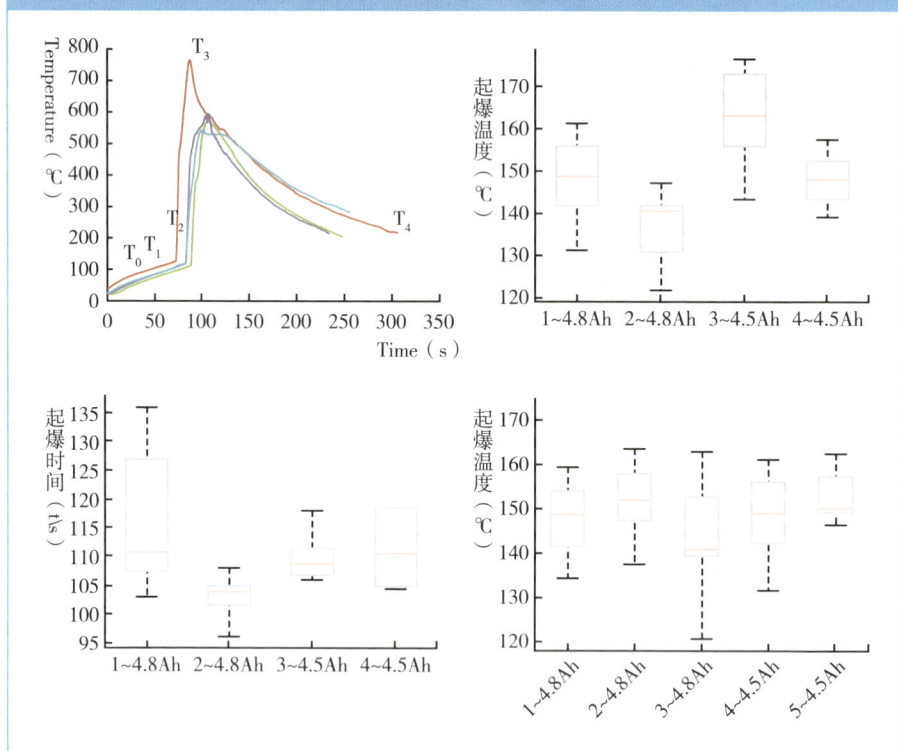

表 10　特征温度

电池热失控特征温度	T_1	T_2	T_3	T_4
含义	自产热温度	起爆温度	最高温度	平衡温度
原理	SEI 膜分解温度	由正极释氧、负极析锂及隔膜崩溃引起	整个反应的最高温度	热量快速释放后趋于稳定的温度

②电池模组

累计完成 100 次电池模组热失控试验验证，分析试验后的模组一和模组二加热电芯正负极，防爆阀开启，模组未出现跨串短路或热扩散的现象，满足热失控安全开发要求。

模组爆炸电芯对应监控板位置测阻值远大于120Ω，说明监控板内锡丝熔断，发生断路；加热电芯正负极侧监控板上黑色喷出物分散均匀，说明加热电芯在模组中爆炸后能够实现定向爆炸，热气流均匀分散，避免发生热扩散。

如图 19 所示，爆炸电芯周边邻域电芯温度不超过 90℃，电压正常。

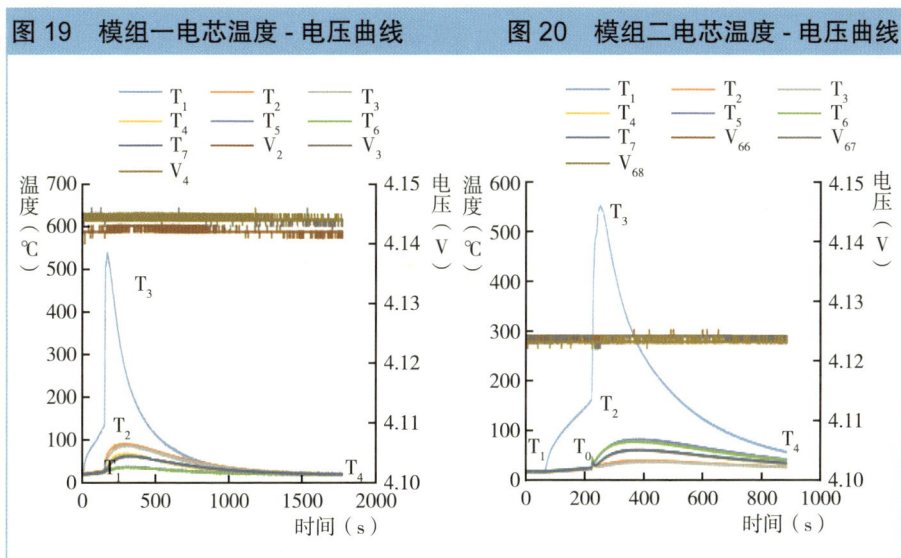

图 19　模组一电芯温度 - 电压曲线　　　图 20　模组二电芯温度 - 电压曲线

③简易电池包

简易电池包内累计开展 100 次模组一和模组二试验验证，分析试验后的模组一和模组二，加热电芯，防爆阀开启，模组未出现跨串短路或热扩散的现象，电池包未起火，试验通过。

取 100 次点爆试验中 4 次过程数据，加热试验模组的电芯，受加热电芯温度持续升高，随着直流电源持续加热，当听到爆炸声音时停止加热，电芯发生热失控，温度迅速升高至 600~800℃，其他邻域电芯温度不超过 90℃，电压正常。

④电池包

按一定次序和时间间隔加热电池包内试验模组的电芯，监控试验模组电压

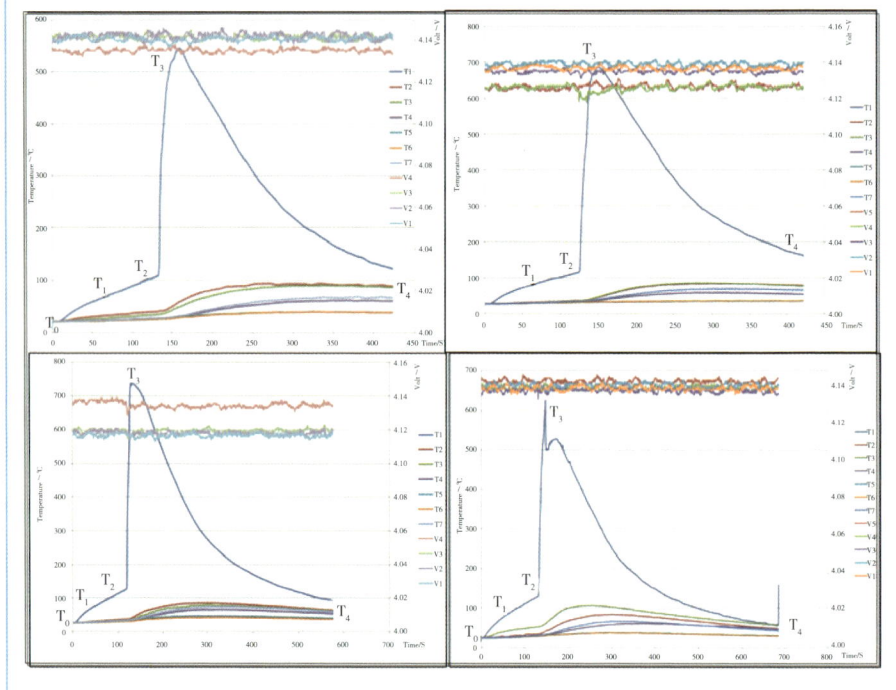

图 21　模组内电芯温度 - 电压曲线

和温度，数据表明电芯加热至爆喷，模组无二次短路发生；无起火、无爆炸，电池包未出现失控。

⑤整车

整车，点爆一颗电芯后，整车上报电芯爆喷故障码至远程，电池故障灯点亮，空调及水泵启动进行降温，整车未失火，1h 后从整车上拆下电池包，电池包未起火爆炸。打开电池包上盖，观察模组无外短路、无热失控，云母片结构正常，被加热电芯负极开启，壳体无撕裂及熔洞。

（三）总结

电池包结构强度验证与热管理仿真结果一致，满足安全开发要求。

电池热失控安全验证通过电芯、模组、简易电池包、电池包及整车五层次热失控安全验证，验证加热法触发电芯内短路至爆炸的有效性，验证了实现点爆一颗电芯，模组无热扩散，电池包不发生热失控，整车不失火。

电芯，通过连续 100 次电芯爆炸一致性验证，电芯发生热失控，随着热量被释放，电芯温度趋于稳定，点爆后的电芯正负极均开启，壳体均未出现熔洞、撕裂及炸膛等异常情况。

模组及简易电池包，连续通过 100 次模组热失控安全验证，加热电芯发生热失控，温度迅速升高至 600~800℃，其他邻域电芯温度不超过 90℃，电压正常，防爆阀开启，模组未出现热扩散的现象，试验通过。

电池包，连续两次点爆电池包中电芯，模组无二次短路发生，电池包无起火、无爆炸，未出现失控。

整车，通过点爆一颗电芯，整车 VCU 上报电芯爆喷故障码，液冷启动进行降温，整个模组不发生热扩散，电池包安全，整车未发生起火、爆炸。

五　大数据分析及市场应用案例

（一）大数据分析市场车辆电池安全情况

对全系列市场运行车辆电池潜在安全故障分析显示，2020 年累计监控 6 例电芯爆喷故障车辆，及时处理失效电芯继续使用带来的安全问题，利用实车进一步验证了"蜂窝电池"热失控安全技术可有效解决电池热失控安全难题。

（二）案例分析

6 例电芯爆喷车辆信息如表 11 所示。

表 11　车辆信息汇总

案例序号	时间	地点	车辆状态	SOC（%）	里程（km）	故障码	事故原因
1	2018.07	合肥	静置	88	12	XX	电芯爆喷
2	2019.04	合肥	静置	88	25.4	XX	电芯爆喷

续表

案例序号	时间	地点	车辆状态	SOC（%）	里程（km）	故障码	事故原因
3	2019.06	合肥	静置	100	99.9	XX	电芯爆喷
4	2019.07	南宁	慢充	100	86.9	XX	电芯爆喷
5	2019.09	合肥	快充	94	18万	XX	电芯爆喷
6	2020.01	合肥	静置	99	21万	XX	电芯爆喷

案例一：2018年7月17日，一辆里程12km的电动车，在88% SOC时，VCU上报电芯爆喷故障码，实时监测出1颗电芯（位于46串）发生爆喷，车辆未发生起火，实车验证了电池包的安全防护技术。

（1）远程数据分析

分析远程数据，车辆在2018年7月17日17:37:58开始报电芯爆喷故障，为cell 46#，相邻模组电压正常。起爆前SOC为91%，电压为4.06V，温感温度为34~36℃，电流为0A，热管理处于放电状态，电芯爆喷后46#模块电压下降至3.46V，电池包压差达到60mv。

图22　监控数据分析

SOC94%	SOC91%	SOC88%上报故障	KEY ON	上报故障
放电冷却	静置	静置	无数据	电芯爆喷
2018/7/17 17：15：00 Vmax=4.069V （13#） Vmin=4.059 （82#） 1km	2018/7/17 17：16：00 Vmax=4.068V （13#） Vmin=4.059 （82#） 1km	2018/7/17 17：37：00 无数据	2018/7/17 17：38：00 Vmax=4.048V （13#） Vmin=3.469 （46#） 1km	2018/7/17 17：38：30 Vmax=4.137V （13#） Vmin=4.117 （46#） 1km

（2）电池包拆解

打开电池包上盖，将失效模组拆下进行分析，46#模组一颗电芯发生爆喷，模组未发生外短路，失效电芯周围其他电芯电压正常。爆喷电芯正极盖帽基本完好，负极安全阀开启，模组正负极侧有明显黑色喷出物。

图 23　故障电池包及失效模组状态

图 24　失效电芯状态

案例二：2019 年 4 月 26 日一辆 SOC 88% 的电动车，于 0：06 报电芯爆喷故障，上报故障，实时监测出 1 颗电芯（位于 26 串）发生爆喷，电压明显偏低，行驶里程 25.4km，车辆未发生起火。

（1）远程数据分析

爆喷前每一电池包电池模块电压在 4.057~4.067V，一致性较好，2019 年 4 月 26 日 0：06 远程上报故障，26# 模块电压突然降低，此时电池包压差增大至 46mv。

（2）电池包拆解

爆喷电芯底部安全阀未开启，正极顶盖未飞出，壳体无熔洞、无撕裂现象，周边电芯电压正常。设计重量 71g，爆喷后残余重量 46.7g，并能明显观察到 ABS 板有受热且电芯正极侧对应位置有大量黑色喷出物。爆喷电芯在水冷管上有残留热缩套，说明液冷及时开启，壳体温度相比于热失控测试电芯更低。

案例三：2019 年 6 月 23 日，一辆行驶 99.9km 的电动车，在 100%SOC 时，实时监测出 1 颗电芯（位于 54 串）发生爆喷，车辆未发生起火。

（1）远程数据分析

在 2019 年 6 月 23 日 17：26：09 之前，电芯并无内短路压降现象。一小时之内，54# 电压从 4.134V 降低到 4.111V，推测从内短路到爆喷的时间尺度在半小时左右。

爆喷电芯壳体完好，底阀正常打开，顶盖盖帽未飞出，壳体无熔洞、无撕裂现象，满足热失控安全开发要求。爆喷电芯所处模组位于中部模组边缘处，模组正负极对应位置能明显观察到有黑色喷出物，周边电芯 Fuse-Link 熔断，能够明显观察到 ABS 板有一定程度受热，且失效位置对应监控板内部阻值远大于 120Ω。

案例四：2019 年 7 月 6 日，一辆行驶 86.9km 的电动车，在慢充至 100%SOC 时，实时监测出 1 颗电芯（位于 57 串）发生爆喷，车辆未发生起火、爆炸，实证了电池包的安全防护技术。

（1）远程数据分析

爆喷前最后一次采集到数据时间为 2019 年 7 月 5 日 11：23：06，电池包压差 23mv，爆喷时间为 2019 年 7 月 7 日 02：32：08，电芯爆喷 57# 电压明显

图 25　失效模组及爆喷电芯状态

下降。电池包温感温度未发现有明显的异常。

（2）电池包拆解

拆解电池包，失效模组无外短，爆喷电芯壳体无熔洞、无撕裂现象，周边有电芯 Fuse-Link 熔断，电压正常。爆喷电芯壳体保持完好，负极安全阀未开启，正极盖帽完好，能明显观察到模组正极对应位置有较多黑色喷出物，负极侧基本完好。

案例五：该车为 2017 年 9 月下线，电芯爆喷时累计行驶里程为 183115.8km。分析原因：电芯爆喷前车辆正在进行快充，随后 M08-33# 有电芯爆喷，并报电芯爆喷故障码，快充停止，液冷启动，车辆未发生起火。

（1）远程数据分析

快充结束静置 1h 后，电池包压差约 15mV，2019 年 9 月 7 日，33 串模组中一颗失效后，压差增大至 50mV。

（2）电池包拆解

失效电芯正极侧 ABS 板受损严重，正极开启，极耳熔断，负极侧相对完好，底部安全阀未开启，极耳未熔断；失效模组对应位置能明显观察到黑色喷出物，监控板正极侧同样有喷出物质，且相对均匀分散，表明电芯爆喷后热气流能够向四周均匀释放，电芯失效原因可能是内部靠近正极端的卷芯异常后发生短路引起。

案例六：该车为 2017 年 9 月下线，单体爆喷时累计行驶里程为 212104km。分析原因：2020 年 1 月 17 日 17：18：58 M11-42 串单体失效后，42 串电压出现下降，可能是失效电芯周围电芯受热引起的轻微短路，同时周围电芯部分极耳熔断，放电时压差增大，随后电压恢复。

（1）远程数据分析

单体失效前的快充阶段，电芯最大压差约 50mV，随着单体电芯电压增加，压差逐渐变小；快充结束后，压差逐渐降低；电芯失效后，冷却系统放电和电芯受热轻微短路引起压差增大。快充结束后静止状态 1h24min，报出故障码，随后液冷启动。

（2）电池包拆解

失效电芯正极侧 ABS 板受损，正极开启，负极侧相对完好，底部安全阀未开启，极耳未熔断；失效模组对应位置能明显观察到黑色喷出物。

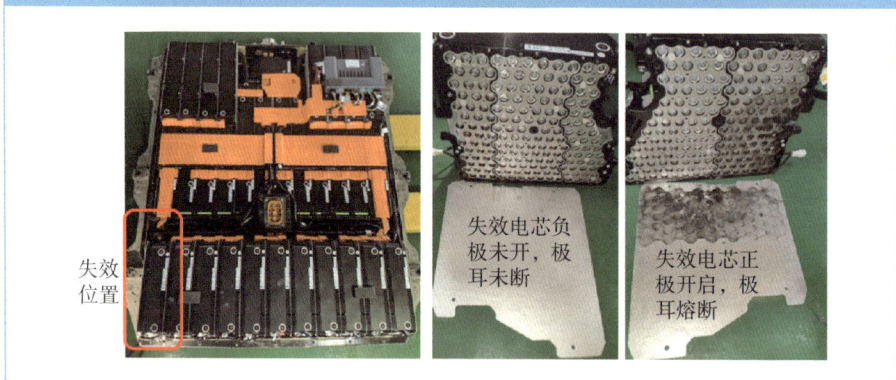

图 26　失效模组状态

失效位置

失效电芯负极未开，极耳未断

失效电芯正极开启，极耳熔断

（三）结论

通过 6 例市场实车案例验证电池包安全可靠性，在市场运行中，出现电芯失效后，电池管理系统能准确识别失效电芯位置，并上报电芯爆喷故障码至监控后台及时提示预警，通过电隔离与热防护技术的模组未扩散，同时整车热管理启动，电池包安全可靠，整车未发生起火、爆炸，验证了五层次热失控安全开发的安全可靠性。通过热失控试验模拟实际电芯失效，验证了整车电池包的热失控安全性。

结果表明如下两点。

（1）电池管理系统能准确及时地识别失效电芯位置，并上报电芯爆喷故障码，整车控制器及时开启冷却系统。

（2）整车在发生电芯失效爆炸时，电池包不会发生失控，不起火，不爆炸。

六　总结

目前，高比能电芯爆炸是必然存在的，通过深刻分析高比能电池热失控安全的发生机理，当一颗电芯爆炸后对所在模组邻域电池产生热辐射和二次外短路，进而导致模组甚至电池包发生起火。与大多数企业研究的允许电池爆炸起火后给予人员逃生时间的设计思路不同，江淮汽车研究了车规级的"蜂窝电池"安全技术，实现了一个电芯爆炸，电池包不起火，且车辆运行不受影响。研究突破高比能三元电芯定向爆炸技术、电隔离与热隔绝的电池成组防护技术、液冷电池模组与诊断技术，并在江淮汽车多个电动车车型上应用，得到了实证。

通过优化电芯壳体厚度、负极安全阀结构与爆破阈值，隔膜增加陶瓷涂覆，实现电池内短路后定向爆破，完全杜绝壳体中部炸开的失效模式，确保电芯失效后释放的热量不集中对区域电池产生剧烈热辐射至热失控。通过液冷扁路热传递和空气间隙的热阻隔，有效降低热失控单体对周边电芯的热辐射，模组设计大量排气通道，及时疏散高温能量，避免电芯爆喷后高温气体的淤积，从而实现邻域模组不发生热失控。通过优化正极耳材质、调整负极耳形状、增加跨片区灌胶层、跨片区的爬电距离和集流板绝缘喷涂等设计，实现电池模组电隔离，防止模组二次短路。

通过电池包结构强度仿真及验证，电池包刚度和挤压强度可以保障整车在碰撞中对电池包的安全防护，高效智能电池热管理可保障电池工作在舒适的25~35℃，且在监控到电芯热失控故障时开启液冷降温，电池管理系统可准确识别失效电芯位置，并上报电芯爆喷故障码至监控后台及时提示维修。同时经过几千次电池爆炸试验开发，总结安全开发试验方法，解决能量密度超过230Wh/kg的高比能电芯爆喷后，电池模组、电池包和整车均不起火、不爆炸的产业化难题。

截至目前，江淮新能源累计使用 21700 电芯近 7000 万颗，爆喷 6 颗，整个模组未扩散，电池包安全，整车未发生爆炸起火，实车验证了经过十年积累的"蜂窝电池"安全技术成熟及五层次热失控安全开发方法的有效性。

参考文献

［1］Zhang Xiongwen. Thermal analysis of a cylindricallithium-ion battery[J]. Electrochimica Acta, 2011,56(3): 1246–1255.

［2］Feng X , Ouyang M , Liu X , et al. Thermal runaway mechanism of lithium ion battery for electric vehicles: A review[J]. Energy Storage Materials, 2017: 246-267.

［3］J.B. Goodenough, Energy storage materials: a perspective[J]. Energy Storage Mater, 2015: 158–161.

［4］Wilke S , Schweitzer B , Khateeb S , et al. Preventing thermal runaway propagation in lithium ion battery packs using a phase change composite material: An experimental study[J]. Journal of power sources, 2017, 340(FEB.1):51-59.

［5］F.Larsson, P.Andersson, B.Mellander. Lithium-ion battery aspects on fires in electrified vehicles on the basis of experimental abuse tests[J]. Batteries, 2016.

［6］E. Cabrera-Castillo, F. Niedermeier, A. Jossen. Calculation of the state of safety (SOS) for lithium ion batteries[J]. Journal of Power Sources. 2016: 509–520.

［7］Guerfi A , Dontigny M , Charest P , et al. Improved electrolytes for Li-ion batteries: Mixtures of ionic liquid and organic electrolyte with enhanced safety and electrochemical performance[J]. Journal of Power Sources, 2010, 195(3):845-852.

［8］A. Lewandowski, A.S. Mocek. Ionic liquids as electrolytes for Li-ion batteries-an overview of electrochemical studies[J]. Journal of Power Sources, 2009: 601–609.

［9］Mandal B K , Padhi A K , Shi Z , et al. New low temperature electrolytes with thermal runaway inhibition for lithium-ion rechargeable batteries[J]. Journal of Power Sources, 2006, 162(1):690-695.

［10］Vollmer J M , Curtiss L A , Vissers D R , et al. Reduction Mechanisms of Ethylene, Propylene, and Vinylethylene Carbonates[J]. Journal of the Electrochemical Society, 2004, 151(1):A178-A183.

［11］A.M. Haregewoin, A.S. Wotango, B.J. Hwang, Electrolyte additives for lithium ion battery electrodes: progress and perspectives[J]. Energy Environ. Sci, 2016, (9):1955.

［12］M. Baginska, B.J. Blaiszik, R.J. Merriman, N.R. Sottos, J.S. Moore, S.R. White. Automatic shutdown of lithium-ion batteries using thermoresponsive microspheres[J]. Adv. Energy Mater. 2012, 2: 583–590.

［13］C.J. Orendorff. The role of separators in lithium-ion cell safety[J]. Electrochem. Soc. Interface, 2012, 21(2): 61–65.

［14］赵飞 . 对锂电池安全问题的风险管理 [D]. 上海：华东理工大学 , 2012.

［15］吴凯，张耀，曾毓群，等 . 锂离子电池安全性能研究 [J]. 化学进展 , 2011, 3(23): 401-409.

［16］夏兰，李素丽，艾新平，等 . 锂离子电池的安全性技术 [J]. 化学进展 , 2011, 3(23): 328-335.

［17］张磊 . 锂离子电池安全性影响因素研究 [D]. 秦皇岛：燕山大学 , 2012.

［18］胡广侠，解晶莹 . 影响锂离子电池安全性的因素 [J]. 电化学 , 2002, 8(3): 245-250.

［19］陈玉红，唐致远，卢星河，等 . 锂离子电池爆炸机理研究 [J]. 化学进展 , 2006,6（18）:823-831.

［20］冯详明，郑金云，李荣富，等 . 锂离子电池安全 [J]. 电源技术 , 2009(1): 7-9.

［21］王青松，孙金华，何理 . 锂离子电池安全性特点及热模型研究 [J]. 中国安全生产技术 , 2005, 6(1): 19-21.

［22］王松蕊，付亚娟，卢立丽，等 . 锂离子电池温度变化热模拟研究 [J]. 电源技术 , 2010, 034(001):41-44,91.

整车安全篇 | 新能源客车产品安全与大数据
应用

◎赵亚涛　刘朝辉　孙艳艳　张云明　王亚松

盛　桥　李　龙　刘亚勋*

　　*赵亚涛，郑州宇通客车股份有限公司，电控系统工程师，主要研究方向为新
能源客车监控与大数据分析应用；刘朝辉，郑州宇通客车股份有限公司，新能源安
全属性首席工程师，主要研究方向为新能源车安全技术；孙艳艳，郑州宇通客车股
份有限公司，能源系统工程师，主要研究方向为动力电池技术；张云明，郑州宇通
客车股份有限公司，新能源动力系统应用工程师，主要研究方向为新能源客车动力
系统应用及维修；王亚松，郑州宇通客车股份有限公司，电控零部件工程师，主要
研究方向为新能源客车监控与大数据分析应用；盛桥，郑州宇通客车股份有限公
司，新能源动力系统应用工程师，主要研究方向为新能源客车动力系统应用及维
修；李龙，郑州宇通客车股份有限公司，能源系统工程师，主要研究方向为新能源
客车车载能源系统开发及应用；刘亚勋，郑州宇通客车股份有限公司，新能源动力
系统应用技术工程师，主要研究方向为新能源车辆安全技术。

摘　要: 在人工智能和大数据不断发展的背景下,宇通客车高度关注数据的价值,以企业价值链和客户价值链为主线,对数据智能运算与深入挖掘,提前发现潜在故障及早处理,避免出现大的安全性或者其他问题,围绕客车的全生命周期价值体系开展大数据的创新应用实践。针对新能源客车安全方面的问题,从整车层面综合考虑 3S 安全设计。通过大数据提升新能源客车的产品竞争力,为客户提供经济、舒适、安全可靠的优秀产品。

关键词: 新能源客车　大数据分析平台　结构安全　安全设计　故障预警

一　新能源客车大数据平台开发与应用

（一）平台概述

1. 新能源客车大数据平台简介

基于新能源客车全生命周期监测的需求，建立基于规模化应用的新能源客车大数据分析平台（见图1），采用先进的运算架构，基于 B/S 模式，结合行业先进技术，从安全、节能和寿命等角度实现对新能源客车全生命周期内运行状态信息的有效管理。基于大数据与数据挖掘技术，快速实现运营车辆位置和运行状态参数的大数据监控与分析。

平台数据采集基于宇通自主研发的新能源车载终端，根据 J1939 标准诊断协议和宇通自制新能源客车诊断协议，基于无线通信技术和 CAN 通信技术，实现新能源客车运行状态参数的实时采集；基于并行编程模型及高效分布式计算技术，研发基于大数据的新能源客车大数据分析平台，平台支持 10GBps 以上量级的数据流实时索引，秒级完成数据分析。

平台数据存储基于宇通大数据平台，对采集的新能源客车运行状态信息数

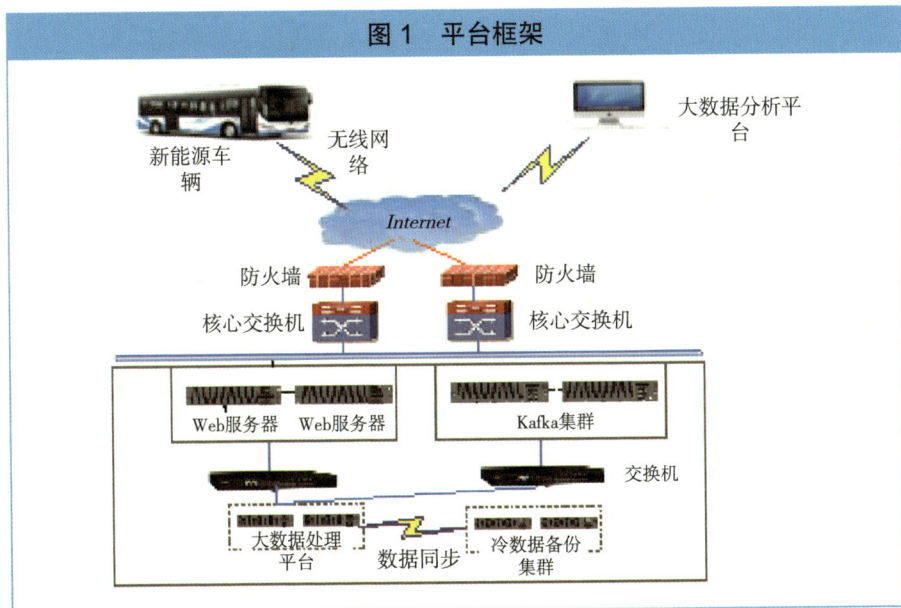

图 1　平台框架

据进行分类入库，同时保证数据存储的完整性、可靠性。为实现大规模运营数据的有效利用、信息挖掘，在数据库建立的基础上，采用先进的运算架构，合理规划平台功能，为数据分析算法的实现提供可靠的平台支持，保证较高的运算效率。

2. 平台特点

平台采用高性能 MPP，具有强大的并行计算能力，实现海量数据秒级响应，支持异构数据源分析。自助式分析可视化快速构建报表，多维可视化数据探索，自助式报表分析。支持企业各种系统和类型的数据，支持全量离线、增量实时和准实时数据接入。支持分布式文件系统 (HDFS) 和分布式数据库 (HBase)。简化大数据技术应用场景，为用户屏蔽技术困难。轻松实现企业数据仓库。支持实时流式计算 (Sparkstreaming)、离线计算 (Spark)、内存计算 (SparkSQL) 和交互式查询 (Greenplum)。

3. 平台设计原则

采用目前比较热门的分布式技术和流式计算解决大数据量、高吞吐、低延迟、多种结构数据与非结构数据的存储和处理问题。平台在构架设计上充分考虑到平台的整体发展需求，统一规划、统一布局、统一设计。根据平台规划和业务需求，新能源客车大数据分析平台的整体方案设计遵循以下原则。

（1）平台的总体设计充分参照国际上的规范、标准，支持国内外目前流行的主流网络体系结构和网络运行系统，采用国际上成熟的模式。同时，根据行业具体需求探索并制定符合行业发展需求的相关标准及规范。

（2）平台具有高度的安全性，重要部件具有备份措施，在一个设备出现故障不可用时，其他设备能承担起其业务量，从而保证整个平台的正常运行。

（3）平台投入使用后，将面临业务流量不断增长的压力。平台能满足资源的横向扩展和纵向扩展的需要，并能在逐渐增加平台资源的情况下不断增强相应的处理能力。

（4）方案是基于多业务模式和规则设计的平台，在业务模式上，平台自带通用业务模式的模型，在此平台上可以扩展出若干种行业应用，如果有特殊的业务模型，可以在平台上增加新的模型，并配置出新的应用产品。为了保证平台在将来能够得到充分的利用，投资不被浪费，平台具有充分、灵活的适应能力和可扩展能力，便于平台将来的扩容与升级，并充分考虑接口的标准化。

（5）平台能够满足 7×24 小时不间断地运行，因为平台服务停止即意味着客户的服务质量下降、服务声誉下降和经济损失。所以，平台在设计上保证了高可用性，防止单点故障。同时本平台具备完整的统计、分析和预警等功能，对车载终端及硬件服务器具备监控预警功能，并有一套完善的故障处理机制。

（6）平台采用并行多进程、多线程的处理技术，解决多用户、多并发请求的处理问题，使得平台在处理每次呼叫的各个环节，都能够充分利用平台资源，从而加快处理速度，极大地提高平台的吞吐量。

（二）平台构成

新能源客车大数据分析平台由车载终端和远程分析平台构成。车载终端基于无线通信技术实现与远程分析平台的远程通信，采用 TCP/IP 协议，保证数据传输的稳定与可靠；远程分析平台采用 B/S 模式进行开发，提供面向 Web 及其他客户端的服务。平台采用卫星定位技术、无线通信技术、地理信息技术和云计算及数据挖掘技术，实现对车辆地理位置和运行状态各项参数的监控与分析。包括用户充电行为、用户行车状态、电池环境适应性、动力电池故障诊断等情况，促进新能源客车各零部件系统研发设计优化，提前进行故障排除，预防重大故障发生，降低故障发生率。

1. 车载终端组成及工作原理

车载终端主要包括外围采集电路、MCU 处理器、SOC 处理器（通信模组）、存储模块等，监控终端作为远程分析平台的数据通道，采集新能源车辆低压CAN 网络数据实时存储至终端内部存储模块，并通过无线通信网络上传至大数据分析平台。

车载终端的 GNSS 模块和 CAN 数据采集模块，完成车辆定位信息和 CAN数据的获取，通过数据处理模块实现数据报文的校验，由无线通信模块发送到数据中心。数据中心完成对接收报文的校验、解析及存储，并通过数据访问模块上传至远程分析平台，实现车辆信息的采集。宇通客车大数据分析平台工作原理，如图 2 所示。

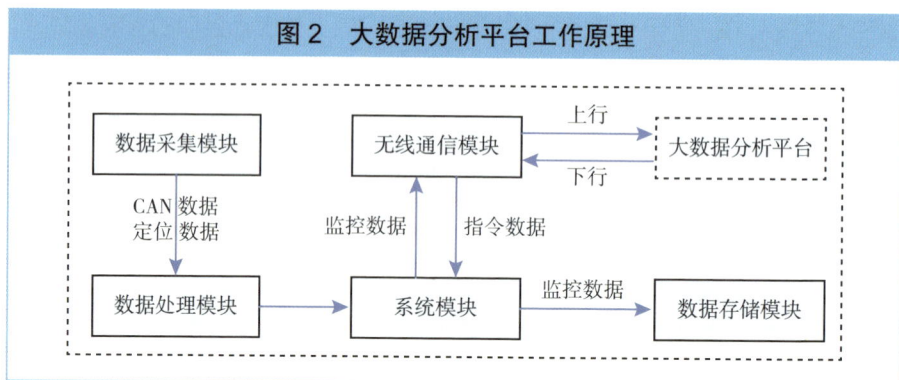

图 2　大数据分析平台工作原理

车载终端采集内容包含动力电池电压、电流、SOC、温度等信号。涵盖国标 GB/T32960.3 要求的 62 项数据。实时数据的采集方式包括周期采集和变位采集两种，周期量以不高于 20 秒周期采集；开关量状态变化采集。

车载终端按照固定周期实时采集车辆数据，对采集到的内容进行本地存储。存储介质容量满足至少 7 天的实时数据存储，当车载终端内部存储介质存储满时，具备内部存储数据的自动循环覆盖功能。

车载监控终端通过了 GB/T 32960 标准认证，在功能和性能上都符合 GB/T 32960 相关要求。

2. 远程分析平台总体设计

（1）逻辑框架

应用服务层通过 Rest 接口向开发平台和应用层提供服务，通过 Rest 方式调用共享业务平台的接口。共享业务层通过 Rest 接口向应用服务层提供服务，通过 Rest 方式调用大数据服务接口和 Paas 平台提供的接口。共享业务层以 Rest 接口的方式通过开放平台对外开放服务。数据处理层实时和离线处理通过 flume 拉取 Paas 平台推送的数据。使用 spark 做数据 ETL 加工处理，以及数据挖掘。数据处理分层如图 4 所示。

平台使用 flume 拉取上报后解析的数据，使用 Kafka 与上、下游数据对接，使用 Redis 作为计算缓存，同时支持不同的数据类型及数据格式。将采集的数据根据数据类型及使用场景存放在不同类型的数据库，通过实时数据库（Redis）、关系型数据库（MySQL、Greenplum）、非关系型数据库和半结构化数据库

图 3　逻辑分层图

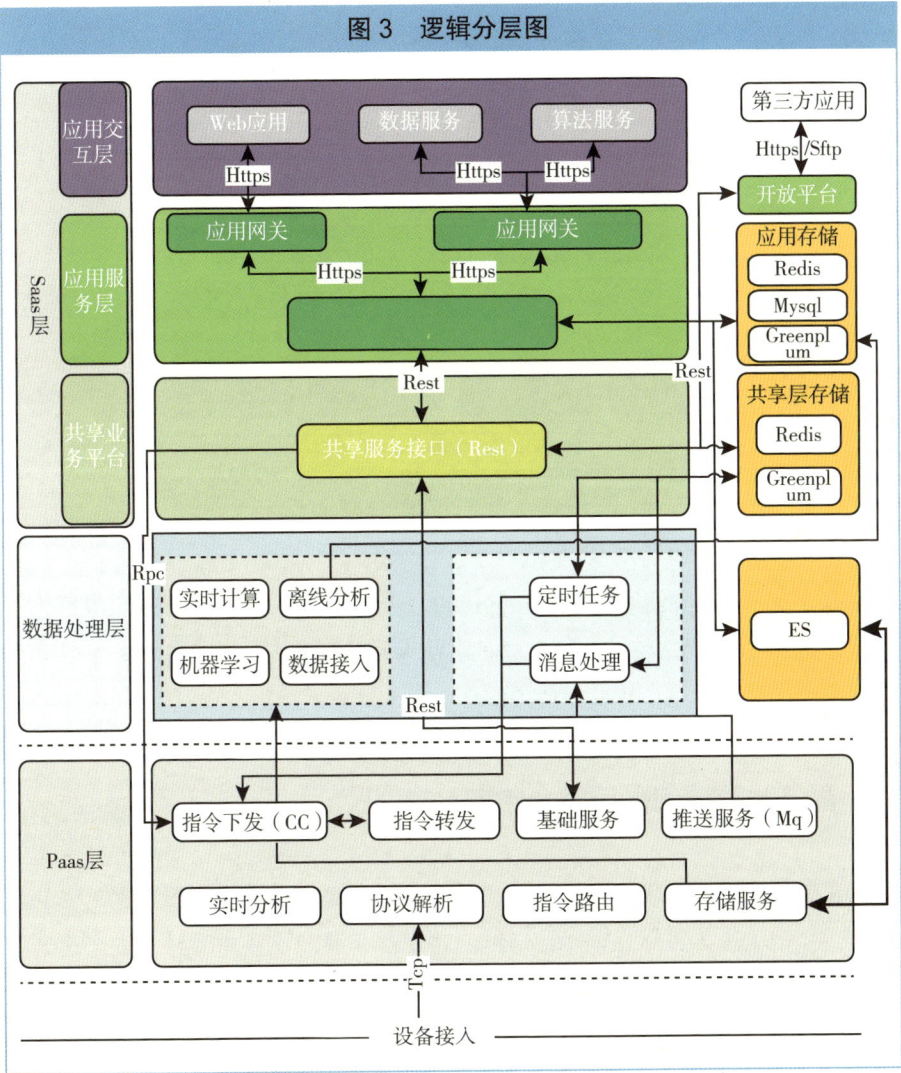

（Spark）、历史数据存储库（HDFS）等多种异构数据库完成复杂数据处理。数据计算层包括实时处理和离线分析，进行平台业务的实时处理和定时处理；离线分析业务使用 Spark、机器学习等做数据特征提取及故障、寿命预测。应用服务层基于 JDBC、WebService 等技术，建立丰富的访问数据、算法、服务接口。

（2）平台性能指标

在千兆局域网环境下，99% 以上接口的调用时间小于 20ms。对于一般的业务处理模块，平台 98% 的事务处理可以在 1s 内完成，特别复杂的事务或报表

图4　数据处理分层示意

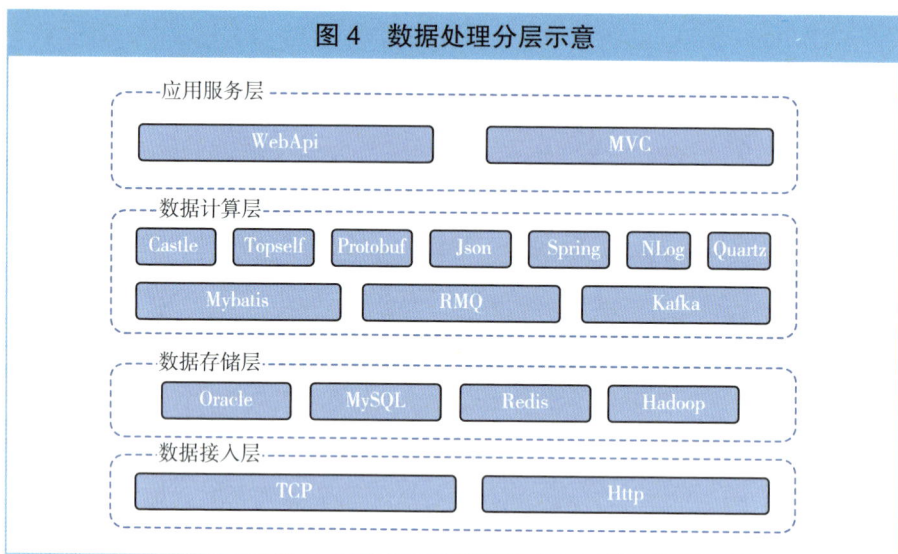

类型的功能平台在 8s 内完成。支持 1000 个用户并发访问，页面响应时间小于 3s。可支撑 20 万台车辆并发接入的扩展能力和数据量存储。服务器配置按照平台管理安全基线执行；数据库加入堡垒机安全策略。

二　基于大数据的高压安全监控

客车安全作为现代客车技术研究的重点方向之一，在全世界范围内受到广泛关注。相比于传统燃油客车，新能源客车由于装载高压电系统，安全设计具有特殊性。

新能源客车的安全需要充分利用新能源客车大数据分析平台数据，对新能源车故障信息进行提前识别及预警，保障在新能源车辆出现故障报警时能够及时发现，并依据故障分级处置原则及时进行处理，有效降低车辆安全风险。

（一）高压零部件安全的大数据应用

1. 电池系统安全监控

通过监控动力电池热失控预警温度，达到提前预知电池热失控安全隐患的目的；通过监控动力电池单体过充、过放电压，并将报警信息展示于宇通大数据监控平台和手机客户端提醒用户。

通过对运营过程中动力电池数据的实时采集、分析，呈现整车电池高温频次、单体高温频次、低温时间占比等电池状态信息，并以图表、告警形式进行展示，提前分析，有效减少了安全隐患。

依托电池系统大数据监测情况，同时结合市场事故反馈，对电池结构设计进行完善，采用双重防护结构，防护等级设计达到 IP68+IP69（国内）/IP6K9K（海外），实现防尘、防浸泡、防高温高压喷水的效果。箱体 MSD、连接器底座单侧达到 IP68，与电池箱体构成多重防护系统，整体提升电池安全性。

2. 电机系统安全监控

通过对运营过程中电机的工作状态和电机温度的实时采集、分析，运用大数据技术，展示电机温度并筛选超出阈值的车辆，对电机的电角度、转矩偏差进行在线监测，实现车辆仪表和远程监控的实时告警，对新能源客车电机系统进行全方面监控，提升整车安全性。

依托电机大数据监测及市场实际反馈，对驱动电机结构进行优化，通过关键部位的动静态密封设计优化、防泥沙输出法兰结构设计使其防护等级达到IP68，同时对电机采用抗凝露结构，着重进行透气阀选型、抗凝露材料选型、薄壁件结构优化，避免水蒸气在电机内部遇冷凝露造成绝缘失效问题，以增强电机对高湿低温环境和暴雨环境的适应能力。

（二）防火安全的大数据应用

动力电池箱火情预警，采用集成式火灾探测系统，在电池箱体内集成温度、气体、烟雾探测器，采集的信号通过 CAN 总线实现预警。在故障早期，触发报警后，BMS 根据危险类型和程度，降低电池输出功率或停车，实现电池系统的安全预警功能，并依据故障情况进行智能识别自动灭火，如图 5 所示。

为确保车辆在停运、电源关闭状态下对动力电池及整车高压电部分实时监控，开发动力电池 24 小时监控系统。在车辆停放状态下，电池管理系统具备自动唤醒和休眠功能，实现电池系统状态 24 小时监控，并有相应预警功能，提前发现问题，并通过后台通知维修人员解决，全面提升新能源客车安全性，如图 6 所示。

图 5 动力电池箱集成式火灾探测系统示意

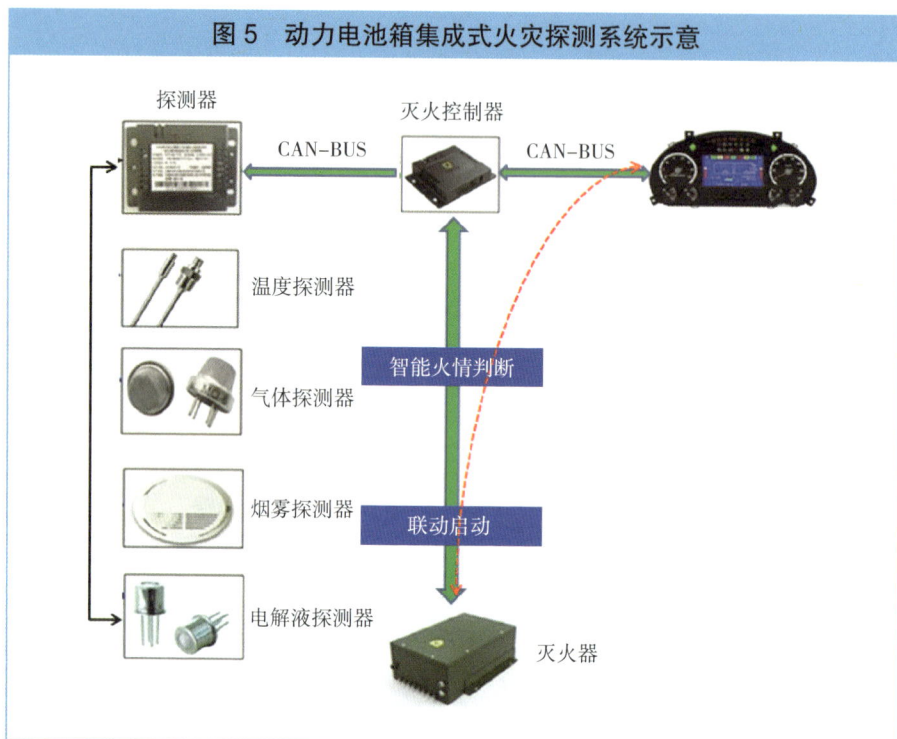

图 6 宇通动力电池 24 小时监控系统

在依托大数据对防火安全进行预警的同时，从车辆结构设计方面对防火安全进行双重防护。针对新能源车辆高压特点，在电池舱体防火安全方面可在电池舱内壁增加防火隔热材料，在电池与乘客舱之间形成空间和热量隔离，如图7 所示。

图7　动力电池舱体铺设阻燃隔热材料

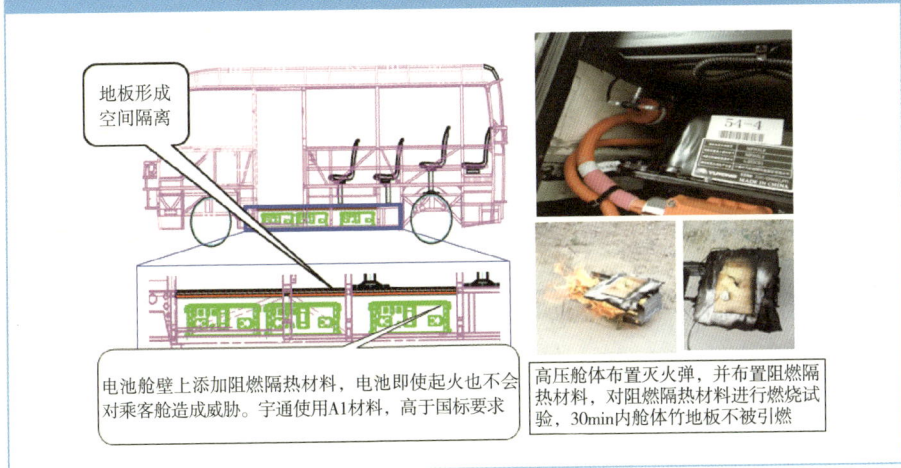

地板形成空间隔离

电池舱壁上添加阻燃隔热材料，电池即使起火也不会对乘客舱造成威胁。宇通使用A1材料，高于国标要求

高压舱体布置灭火弹，并布置阻燃隔热材料，对阻燃隔热材料进行燃烧试验，30min内舱体竹地板不被引燃

（三）防触电安全的大数据应用

通过绝缘电阻监控系统提供实时远程监控，发现绝缘电阻低于阈值时，高压电路自动断开。绝缘损耗和电路的断开，通过声、光报警信号装置提示驾驶员，如图8所示。

图8　绝缘电阻检测系统示意

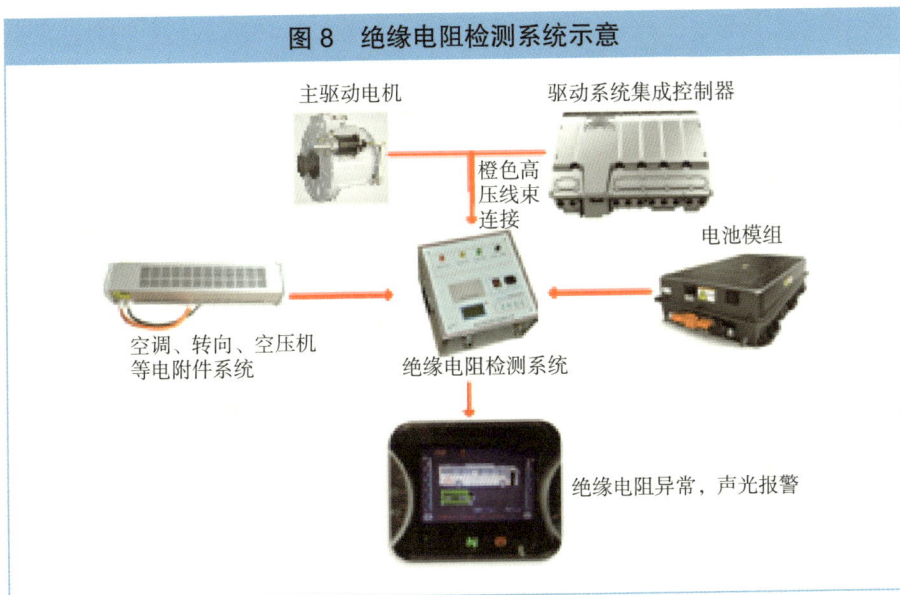

主驱动电机

驱动系统集成控制器

橙色高压线束连接

电池模组

空调、转向、空压机等电附件系统

绝缘电阻检测系统

绝缘电阻异常，声光报警

针对绝缘电阻进行实时远程监控的同时，在设计结构上防止人员直接接触。行业内均要求高压电系统无裸露的导线、接线端、连接单元，并通过绝缘或使用盖、防护栏、金属网等防止直接接触，直接接触防护结构在不使用工具或无意识的情况下不被打开。

（四）防碰撞安全的大数据应用

通过对市场近两年新能源客车交通事故的分析，发生在起步阶段的事故占50%左右，说明起步阶段司机的操作是发生碰撞事故的主要因素，针对此情况，开发不规范驾驶监控平台，对驾驶员的驾驶行为进行监控。

司机不规范驾驶平台的数据来源于宇通新能源客车大数据分析平台，市场车辆与平台实现动态交互，将车辆运营的各参数信息（包含电池、电机、各翘板开关、刹车、油门、挡位等参数）通过新能源车载终端发送至大数据云平台存储。

通过采集到的数据进行分析预警，找到异常较多的客户，组织人员进行有针对性的培训，及时纠正驾驶员行为，提前预防碰撞事故发生，如图9所示。

图9　不规范驾驶监控

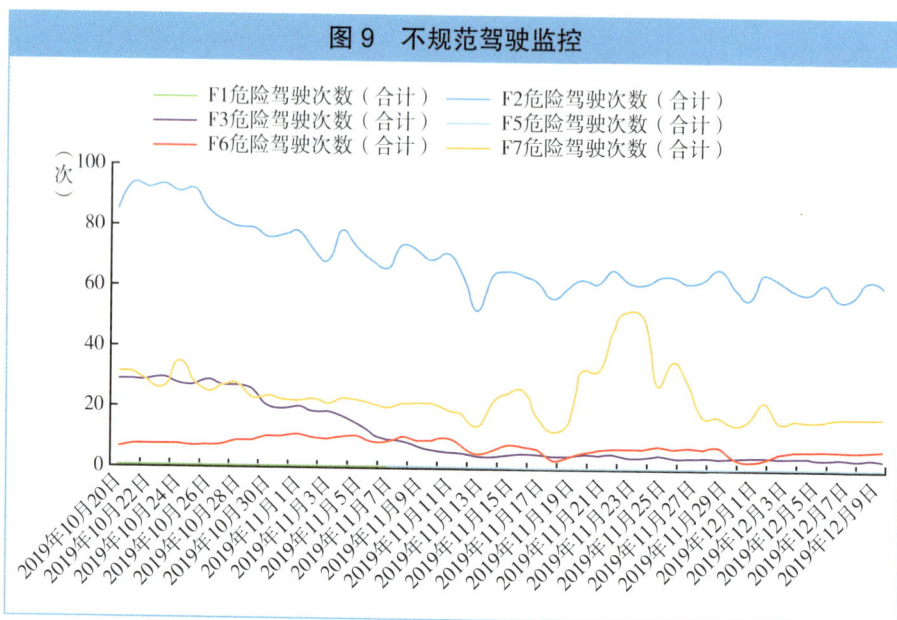

图例：
- F1危险驾驶次数（合计）
- F2危险驾驶次数（合计）
- F3危险驾驶次数（合计）
- F5危险驾驶次数（合计）
- F6危险驾驶次数（合计）
- F7危险驾驶次数（合计）

在通过大数据平台对驾驶员的不规范操导致的交通事故进行预防的同时，对市场上各类交通事故情况进行分析，在车架结构上进行进一步完善，达到双保护目的，预防不出事故，出事故后最大限度保证车上人员及高压零部件安全。

（1）为降低车辆正面刚性碰撞，减少人员伤害，采用碰撞能量管理方法将客车前段分为吸能区、刚性区和变形区，通过碰撞力传递路径优化、碰撞吸能器、司机座椅后移结构、转向系统防护结构等提升正面碰撞防护能力，如图10所示。

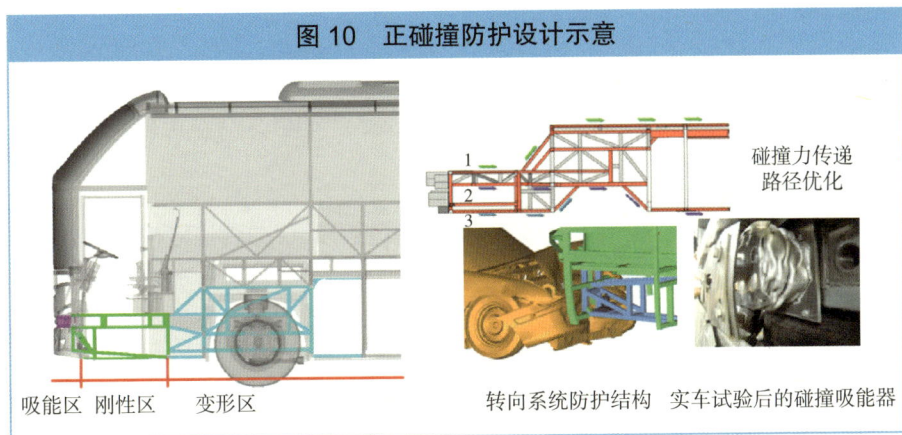

图 10 正碰撞防护设计示意

（2）侧面动力电池舱采用超高强度防撞梁结构，确保按照《电动客车安全要求》附录 B 进行碰撞试验（950 kg 小车以 50 km/h 速度侧面碰撞）后满足 GB/T 31498 中 4.2 ~ 4.4 的要求，如图 11 所示。

（3）为保证车辆发生侧翻时乘客的生存空间，车身采用具有贯通式立柱和

图 11 侧面碰撞防护及模拟试验

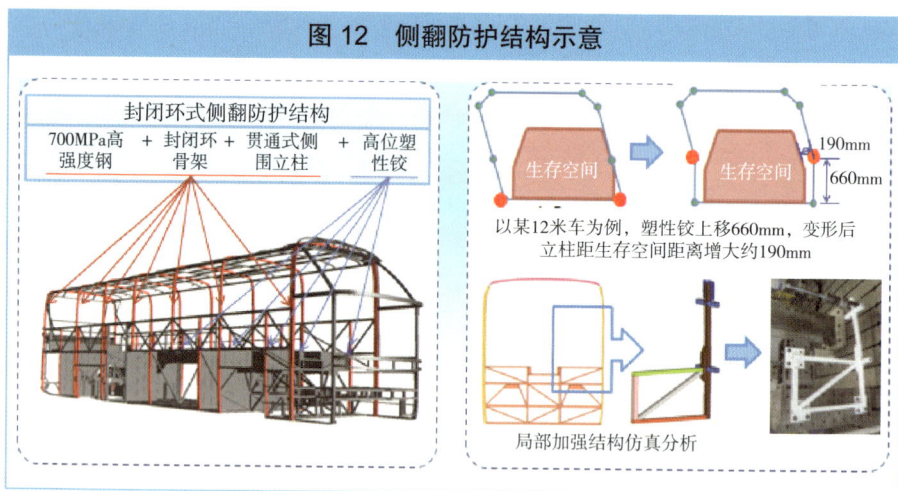

图 12　侧翻防护结构示意

高位塑性铰的封闭环式侧翻防护结构如图 12 所示，提升侧翻事故发生时客车车身横向结构安全性。

（4）整车后碰撞防护结构依据合理设计吸能及车架力传递结构的方法，通过吸能区缓冲、吸收碰撞能量，车架传递结构传递和分散碰撞力，确保高压零部件不被挤压、侵入。

（五）充电安全的大数据应用

通过新能源客车大数据分析平台，同时收集 2019 年市场上新能源汽车着火数据（不完全统计），车辆在充电过程发生着火事故数量占事故总量的 20% 左右，可以看出充电过程对于新能源车的安全防护很重要，鉴于此，建立宇通充电安全监控系统，对新能源车辆充电过程进行全方位监测。基于充电机工单管理系统，通过充电机在线故障诊断和安全预测，从过温、过流、漏电、绝缘、避雷、过载等几个方面对充电过程进行安全保护，满足充电机长期可靠、安全的运行，不影响正常运营的需求，如图 13 所示。

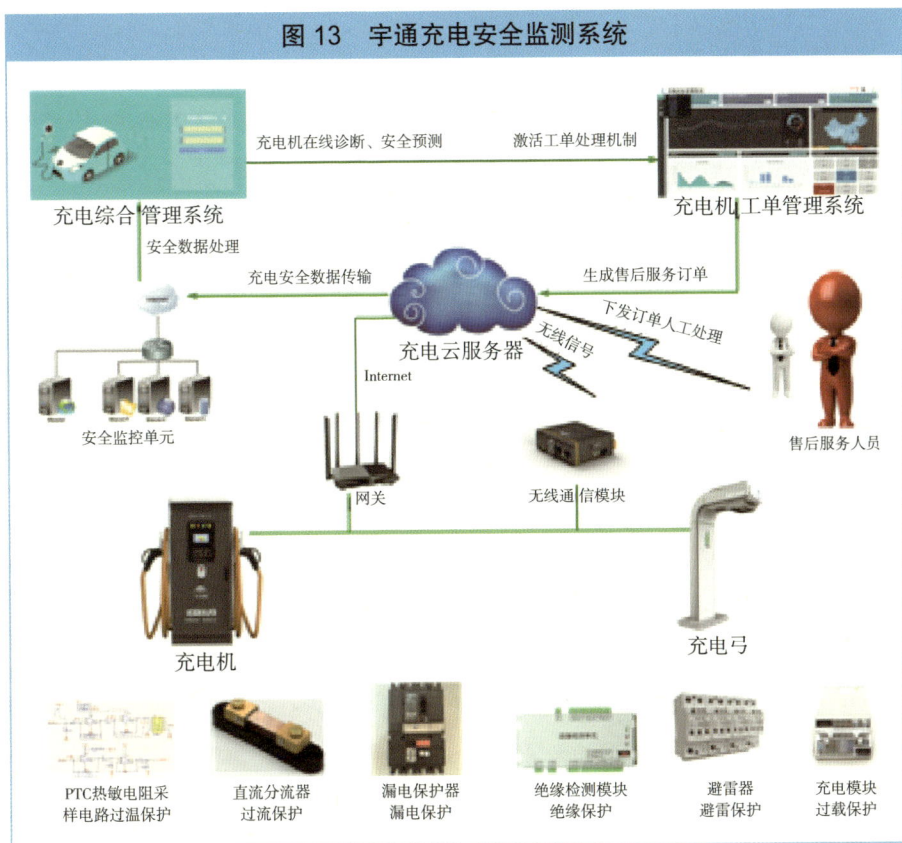

图 13 宇通充电安全监测系统

三 基于大数据的新能源客车数据分析、维护维保

(一)基于大数据的车辆状态可视化分析

新能源车辆在运营过程中产生了海量的运营数据,对这些数据信息深度地挖掘和分析,将会给车辆企业、使用客户带来不可估量的价值。在当前的新能源市场中,各企业及客户也在运用不同的方式对运营大数据进行挖掘、分析和利用。

新能源客车基于车载终端采集整车运营数据,并将数据上传到大数据平台,通过平台对数据进行汇聚、整合、计算、管理等,形成可视化的图形或表格,供我们做实际的应用分析。

1. 车辆实时数据挖掘

车载终端采集整车信息上传到大数据平台，同时也在车端内部存储，车端存储的数据具有和整车 CAN 总线相同的采集周期，车端数据更连续详尽，具有更高的分析价值。

在车载终端在线的情况下，选择目标车辆及所需数据的时间段，通过监控平台给车载终端下发数据提取指令，按照既定的通信模式，将本地存储的目标数据上传到数据监控平台，最后通过数据监控平台将车端目标数据进行下载，即完成车端数据挖掘提取。

2. 车辆状态可视化分析

利用宇通新能源客车大数据分析平台远程提取的车辆监控设备内存储的车端数据，可以详细完整地对车辆状态做针对性分析，如在某个时刻，根据车辆实时的车速、挡位、加速踏板开度、制动踏板开度、电机扭矩等信息，可以准确判断车辆状态是否异常，车辆此时实际运行状态等，做到车辆历史运营状态的真实还原分析。

通过对大数据平台数据挖掘与车辆状态数据的分析，能够获取车辆及各零部件的真实运行情况，可以为车辆故障诊断、司机驾驶行为分析、车辆能耗分析等提供便利条件，为产品后期优化、安全管理提供强有力的数据支撑。

（二）基于大数据平台的预防性维修

依托大数据平台的新能源客车预防性维修，目的是降低车辆部件失效的概率和防止性能退化。基于车辆大数据信息进行可靠的对比、分析及诊断，确定车辆需要进行预防性维修的部件类型、间隔时间和维修工作的维修级别，并通过对车辆的维护保养、远程故障诊断和主动式维修（拆卸维修和定时更换）以防止车辆故障发生，确保以最少的维修资源消耗保持车辆最优的安全性和可靠性水平。

1. 车辆故障远程诊断

新能源客车上的各类型传感器，用于测量车辆运行数据，包括动力电池、电机信息、车辆速度信息、GIS 信息等，这些数据实时被各主控模块存储和交互，并用于各部件状态分析和诊断。

故障预警是利用车辆监控的大数据平台，通过实时对车辆新能源数据包含整车控制器信息、动力电池信息、电机控制器信息、电附件信息等进行数据分析与判断，结合正常数据预定值对比，筛选出车辆可能会产生故障的部件，通过数据平台实现故障诊断功能。常用预警包括电池 SOC 电量预警、电池单体一致性预警、电机及控制器过温预警等。

随着新能源车辆传感器监测优化及智能分析算法的应用，可建立动力电池、电机和电机控制器等主要新能源部件的寿命预测模型，实现动力电池衰减监测、驱动电机轴承维保的实时监控和预警。

故障预警通过对新能源车辆信息进行提前识别及预警，保障新能源车辆在出现异常状态时能够及早发现、及早处理，降低车辆安全运营风险；方便对相关异常部件进行主动维修，把故障率降到最低，减少维修成本；故障预警也为售后维修人员或者用户提供车辆运行状况评估和车辆维修的依据。

故障远程诊断是当车辆出现故障时，通过对整车运行数据信息的实时监测、分析、判断，远程准确地诊断整车故障信息，主控器自动分析出故障部位及发生故障的原因，完成故障定位，并给出相应的处理措施。同时根据故障部位及故障类型，实行等级划分，并将历史故障信息实时保存，方便整车维修调试和后期售后服务。

严重故障通过大数据平台及时推送至售后服务一体化平台，报警给售后服务人员，确保车辆故障及时有效处理，提高故障处理效率。

通过新能源客车大数据分析平台远程故障诊断，方便客户提前实施维修计划排定，提升维修效率和质量；同时通过对车辆维修信息、物料更换信息等数据统计分析，确定车辆故障多发的部位和故障周期，有针对性地主动预防维修和更换，降低车辆返修率及异常材料消耗，并为车辆配件的库存、采购提供合理参考，提高配件管理工作效率，降低配件管理成本。

同时车辆的故障远程诊断、维护保养、维修等数据信息化可用于完善新能源车辆的 LCC（全生命周期成本）信息管理，便于从"采、管、用、养、修"全方位为用户提供更专业的数据服务，促进新能源汽车优化升级，从而达到提高产品质量、优化车辆经济性、安全性的双重目标，如图 14 所示。

图 14	车辆故障远程诊断
数据采集	利用传感器采集新能源系统工况下的相关参数信息，净采集数据进行有效信息转换以及传输至模块
信息处理	模块接受来自传感器的信号和数据信息，各模块将数据信息处理成后续部件可接受识别的有效形式
监测分析	接受来自各模块的数据，评估被监测模块的健康状态，产生故障诊断记录并确定故障发生的可能性。故障诊断应基于各种健康状态历史数据、工作状态以及维修历史数据等
故障预警故障诊断	综合利用前述各部分的数据信息，评估和预测被监测模块未来的健康状态，并做出判断，提供建议或决策拟采取的相应措施，适宜时机进行预防性维修，严重故障通过大数据平台推送闭环处理
信息储存及应用	故障信息、维修信息上传大数据平台后储存记录并分类统计，应用于指导车辆零部件的采购和库存管理

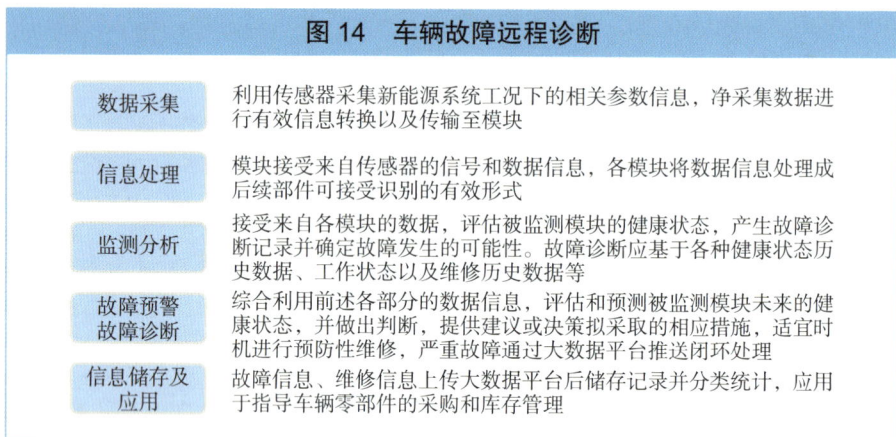

2. 车辆故障推送应用

故障推送功能是基于新能源客车大数据分析平台，通过对新能源客车的动力电池、电机、充电机、电附件等新能源相关零部件故障信息的提前识别及分析，在出现车辆故障时及时将故障报警并通过数据平台推送给市场维修人员处理，确保新能源车辆在出现车辆故障时能够闭环处理，降低了车辆运营安全风险。

车辆故障诊断推送应用，能够根据故障严重程度进行分级，遵循相应的故障推送机制和处理要求，保证严重故障实时预警推送，重要故障当日预警推送。故障推送并生成售后服务跟踪处理单后，市场服务人员按故障处理时间要求完成原因分析和故障处理，并定期上报处理结果，实现车辆故障处理的闭环管理，保证运营车辆的安全性和可靠性，如图 15 所示。

图 15　车辆故障推送应用

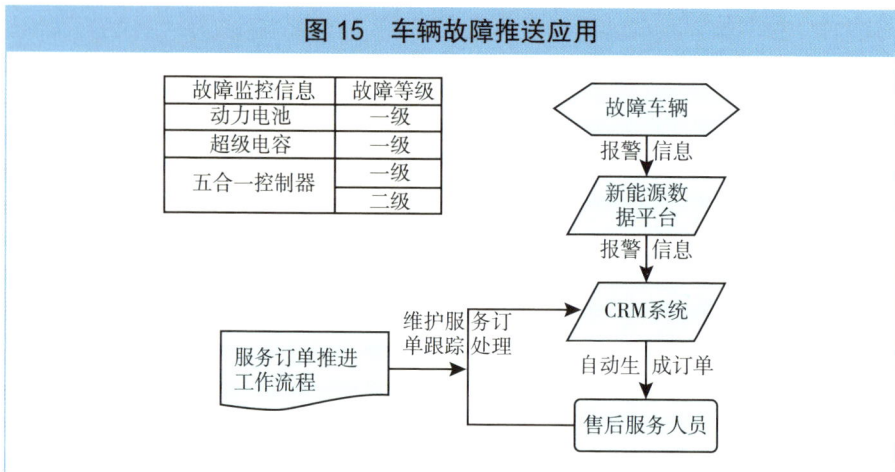

（三）基于大数据的车辆能耗分析

车辆能耗分析对整车企业、运营企业都有着重要意义，整车企业通过深入挖掘每一个零部件的能耗流向（见表1），科学分析影响能耗的因素，制定有针对性的降能耗措施，提高车辆经济性，提升产品竞争力；对运营企业来说，能耗的降低，相当于运营成本的降低，提升车辆运营的经济效益。

表 1 零部件电耗			
大数据能耗信息获取			网络获取
总里程 (km)	空压机单次累计电量	主电机命令油门开度	最高温度
单次里程 (km)	空压机总累计电量	制动踏板开度	最低温度
单次充电电量	空调（乘客区）单次累计电量	加速踏板开度	风力
DCDC 单次累计电量	空调（乘客区）总累计电量	车速 (km/h)	风向
DCDC 总累计电量	空调（司机区）总累计电量	前门信号	雨晴
主电机单次累计电量	转向单次累计电量	中门信号	
主电机总累计电量	转向总累计电量	后门信号	
反向总累计电量	除霜单次累计电量	手刹状态	
正向总累计电量	除霜总累计电量	制动状态	
电加热单次累计电量	隔离 DCDC 单次放电电量		
电加热总累计电量	隔离 DCDC 正向总累计电量		

通过能耗大数据的分析统计，可分类别获取到不同地区不同时间单台或若干台车辆能耗数据，对数据进行对比分析，得到能耗随时间变化的趋势图，可判断不同季节车辆的能耗变化规律；也可通过能耗随地区变化的趋势图，揭示车辆行驶在不同区域时的能耗变化情况；能耗趋势图为整车企业提供了能耗变化的对比规律，能够为提高汽车性能提供数据参考，并且直观地反映车辆在不同季节、不同区域、不同路况下能耗整体水平。

车辆能耗分析时需综合考虑司机驾驶习惯、环境温度、平均车速、实际道路工况、载客量等多种因素的综合影响，具体分析车辆在实际运营中的能耗水平，并根据影响能耗的因素，可有针对性地提出能耗优化方案。

图 16 为中原地区 12 米纯电动公交月平均能耗与月平均气温对比，冬、夏季月最高能耗比平均能耗增加 22.62%、10.95%，环境温度过高和过低都会导致车辆能耗的增加。

图 16　月平均能耗与月平均气温对比

（四）驾驶行为分析

驾驶行为分析通过大数据平台，从运行轨迹、平均车速、加速踏板开度、制度踏板开度等信息建立数据分析模型，深入剖析车辆运行状态，进行用户驾驶行为分析。从不同角度反映驾驶行为存在的风险和安全问题，有利于提高车辆运行的安全性、舒适性和经济性。

驾驶行为模型数据流如图 17 所示，在模型构建中，选用了泊松回归模型和广义加性模型这两个监督学习模型，模型的参数（指标的权重）并不需要根据人为的主观经验去标定而出，而是让机器根据数据的特征自己学习表达出来，最终通过驾驶行为应用分析，对司机驾驶安全及能耗优化进行评判和

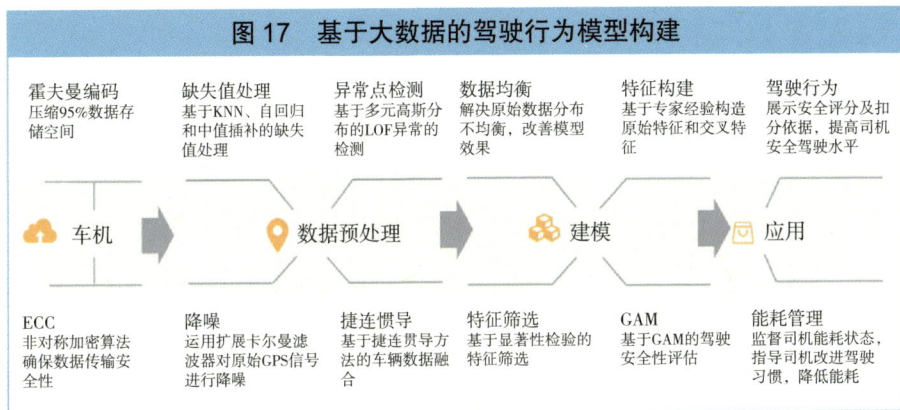

图 17　基于大数据的驾驶行为模型构建

指导。

　　通过大数据平台的驾驶行为分析可以识别出具有危险驾驶的行为，以及此危险驾驶行为的次数、频率、类型等，通过云平台数据挖掘出具有危险驾驶行为的用户，同时定期生成一份危险驾驶的行为报告，帮助用户更好地了解自己的驾驶习惯，减少危险驾驶行为。

　　驾驶行为分析能够提高用户对于安全驾驶的重视程度，以司机的驾驶行为与能耗及安全驾驶之间的相关关系为应用基础，建立司机安全驾驶评价体系，可为车辆安全运营、车辆节能、节支提供服务。良好的驾驶行为也使电池状态、电机效率的工作点位于其高效工作区，并能够充分利用车辆性能和能量回馈的潜力，提高车载能量源综合利用率。

　　华南地区某公交公司客户反馈一台车辆能耗偏高，选取同线路、同时间段的车辆，通过后台监控数据，从影响能耗的各个方面进行全面分析，最终分析出驾驶习惯的差异导致的能耗异常，见图18、图19所示，能耗偏高车辆的加速踏板变化幅度明显高于能耗正常车辆。司机驾驶行为是车辆能耗关键影响因素，实际车辆运营中测试验证不同驾驶水平的驾驶员在相同使用条件下的能耗差异可达 8%~15%。

图 18　司机驾驶时加速踏板开度

能耗较高车辆

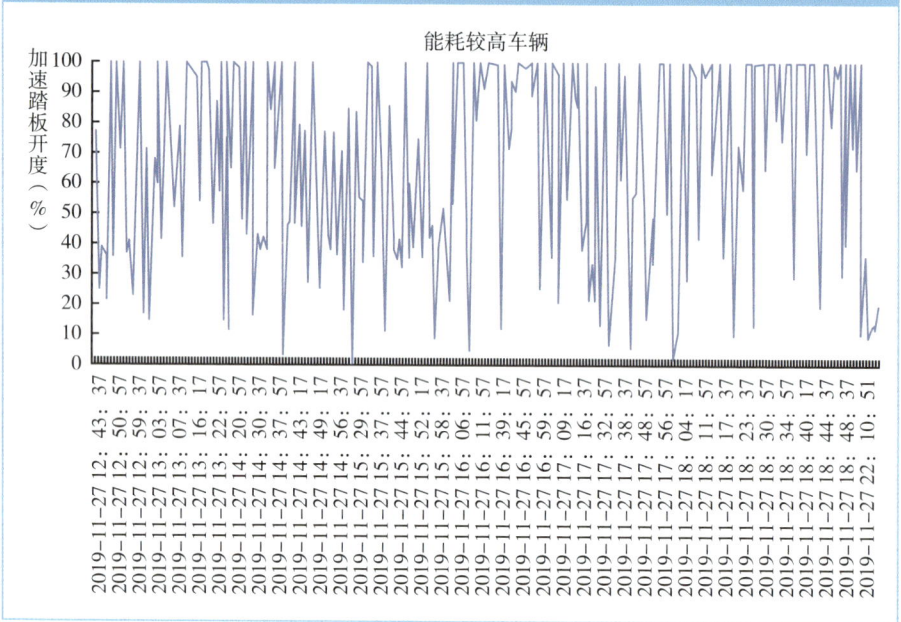

图 19　司机驾驶时加速踏板开度

能耗较低车辆

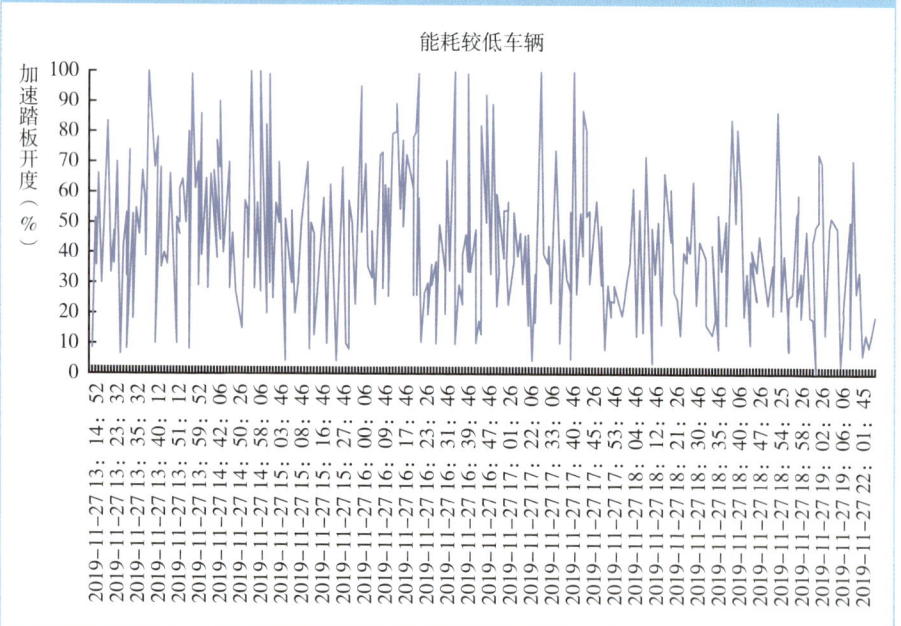

四　基于大数据的动力电池应用分析

（一）用户使用维度分析

动力电池作为纯电动车辆驱动力能量源，用户使用油门开度、运营里程、充电时机及充电功率与动力电池的充放电倍率、日循环次数、电池温度变化及储存温度直接相关。在纯电动公交的使用过程中，相同的线路，用户的操作习惯不同，油门踏板的变化频率不同，能耗可能会相差30%以上；不同的充电方式，可能导致电池的等效温度提升10℃以上，对电池应用寿命的影响可能是达到数万公里级别，所以基于新能源客车大数据分析平台用户维度的分析可以了解用户维度与电池的衰减之间的关系特性，通过用户使用行为及充电行为优化，能延长新能源车辆动力电池使用寿命，进而增加车辆全生命周期运营里程。

1. 用户使用习惯分析

用户使用习惯的差异对车辆最显著的影响就是能耗，踏板开度、车速、加速度等是描述用户使用习惯的重要指标。同一车型同一地区由于驾驶习惯的差异及运行工况差异，车辆能耗也差异很大，如图20所示，从1770台研究对象来看，不同线路差异加大，且同一线路整体百公里能耗分布较为分散。

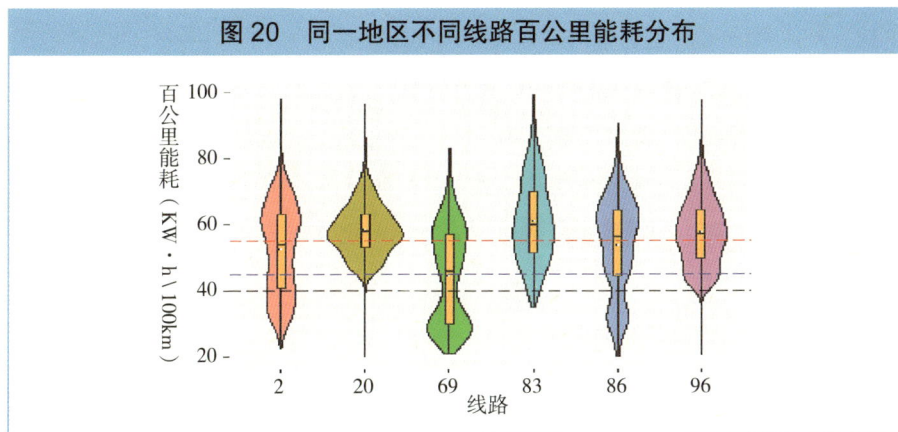

图20　同一地区不同线路百公里能耗分布

针对两种主要车型 96 路车进行分析，平均百公里电耗结果也较为分散，对其中 4 台图中标记车辆进行了不同维度的驾驶行为分析，结果如图 21 所示，结果显示能耗（百公里电耗）与驾驶水平（驾驶稳定性、加速稳定性、减速稳定性）基本呈正相关关系，其中与驾驶行为中的加速稳定性表现最为一致。不良的驾驶行为习惯会导致整车能耗增加，减少加速与减速操作力度，提高驾驶稳定性，可以有效降低百公里能耗，整车能耗降低，在相同的运营载荷情况下，动力电池使用负荷会降低。

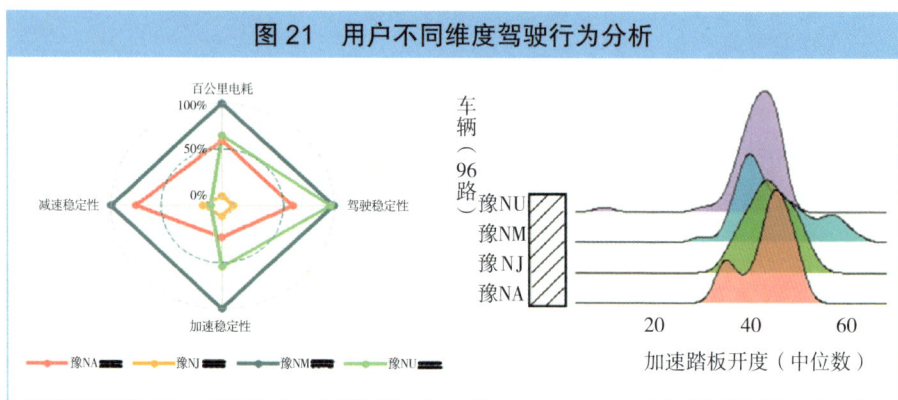

图 21　用户不同维度驾驶行为分析

2. 用户充电行为分析

充电行为与用户运营线路、运营里程、充电桩与车辆数量配比等因素相关，基于云平台监控大数据对用户充电行为进行统计分析，结果（见图 22）显示75.26% 的用户日充电 1 次，23% 的用户日充电 2 次，说明大部分用户选择车辆电量可以满足一天的运营需求。起始充电 SOC 集中在 30%~50%，单次充电时长在 1.5 小时左右，车辆标配为 1C 充电，充电起始 30%~50%，充电时间超过1 小时，说明充电桩大部分不满足 1C 倍率充电的功率需求，但小倍率充电有利于延长电池使用寿命。充电时间以白天为主，晚上集中在 23 点左右，该充电时间不利于电池散热，根据分析结果可以有针对性地进行充电行为规范性提醒。

（二）产品配置维度分析

从用户使用角度出发，车辆续航里程及充电需求与车辆配置电量直接相关，

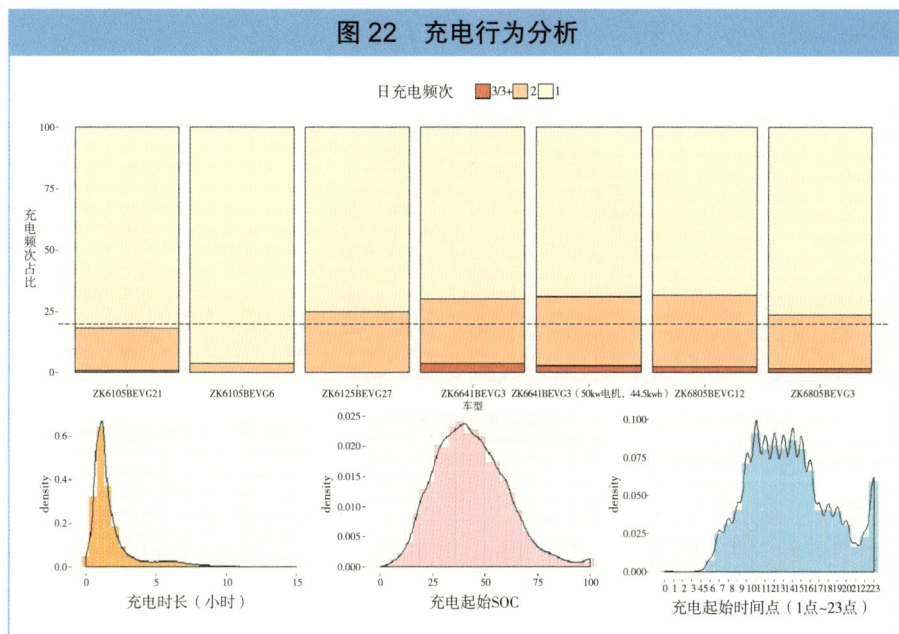

图22　充电行为分析

纯电动运营车辆使用比较理想的情况是一天充一次电能够满足一天的运营需求，而电量配置相对运营里程较低的车辆，用户需要多次充电才能满足使用要求，这种情况电池容量衰减风险高，对长期低电量配置且充电次数多和电池健康度低的车辆，识别为电池容量衰减风险高。对该类车辆进行重点分析，识别出因人过度使用导致的电池衰减严重车辆，提前预防。

针对宇通某市场车辆，经对监控后台有效数据运营情况进行分析，如图23所示，80%以上车辆可以满足用户每天的运营需求，但仍有部分用户受限于电量需要多次充电，存在里程焦虑问题，通过大数据的提前识别有助于对新产品设计匹配及销售过程进行合理指导。

（三）电池应用维度分析

1.电池温度分析

车辆运行环境、运营强度对应着电池循环次数、电池温度的变化，运营强度越大，对于自然冷却电池系统则电池温度会越高。通过宇通新能源客车大数

图 23　不同电量配置下电池风险分析

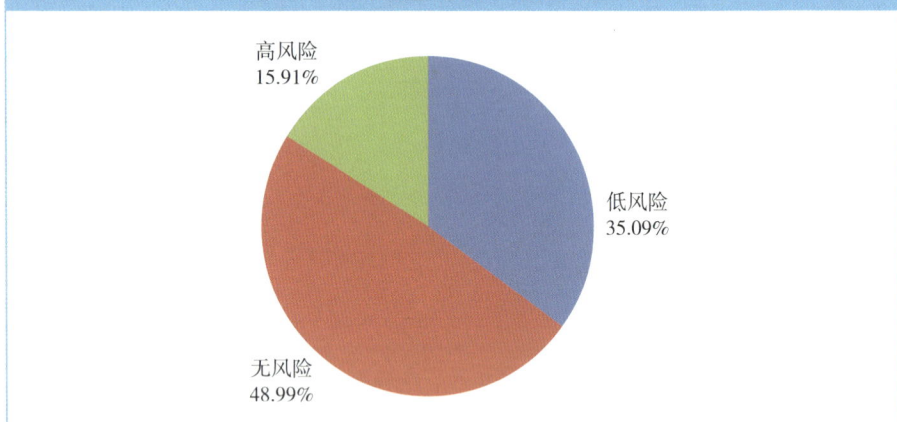

据分析平台对用户运行里程进行循环次数转化，并对动力电池温度数据进行监控和实时记录，可有效分析电池的温度与日运营循环数之间的关系，根据规律找出保证电池寿命最合适的运营强度。

以某景区车辆为例进行说明，电池系统最高温集中在 40~45℃，部分车辆最高温度甚至达到 60℃（见图 24a），电池系统最高温度与日运营循环次数强相关，当日循环次数增加，电池最高温度呈线性增加（见图 24b），且在该市场运营工况下，当日循环次数大于 1 之后，电池最高温度平均已达到 45℃以上，电池寿命衰减风险较大。

图 24　电池系统最高温度及与日运营循环次数关系

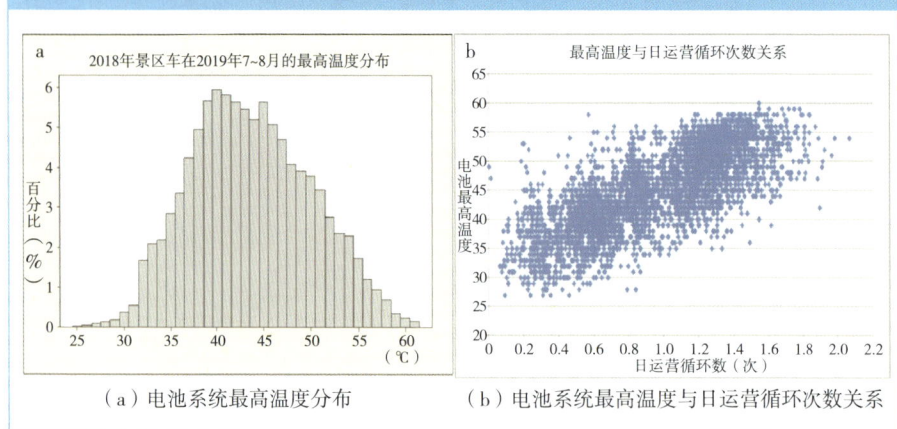

（a）电池系统最高温度分布　　　　（b）电池系统最高温度与日运营循环次数关系

2. 电池热管理效果分析

动力电池的使用过程本质上是化学反应的过程，其性能与寿命均与电池温度相关，所以动力电池的热管理非常重要。动力电池系统的热管理市场上主要有风冷、自然冷却、液冷等方式，其中液冷电池系统增加了由冷却液、水泵、空调系统（空调压缩机、冷凝器、换热器）等组成的一套强制冷却系统，将电源系统中多余热量通过冷却液带走从而实现电池降温，进而保证电池在合适的温度范围内工作。通过大数据分析，可对比各类热管理方式的优劣势。以宇通东部某市场为例，分析市场自然冷却和液冷热管理方式的效果。

通过宇通新能源客车大数据分析平台电池系统最高温差分布分析，客车用动力电池为分布式布置，不同的布置位置受周围环境影响，电池系统温差会加大，如图 25 所示，对东部某地区自然冷却配置车辆与同电量液冷配置车辆进行对比，自然冷却车辆温差主要分布在 0~15℃，液冷分布在 0~10℃，结果显示液冷电池受周边环境影响明显变小，这也证明了液冷电池系统完全隔离式设计有助于这个系统的温差一致性。

图 25　温差分布分析

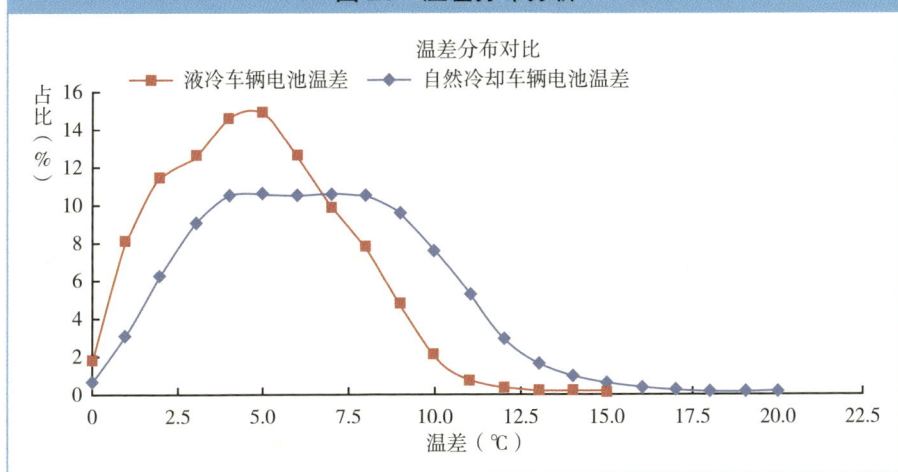

通过宇通新能源客车大数据分析平台最高温度分布分析，如图 26 所示，自然冷却配置车辆与液冷配置车辆对比，自然冷却车辆最高温度主要分布在 25~55℃，液冷分布在 25~45℃，且大部分控制在 40℃之内，液冷强制冷却的系统效果也是非常显著的，电池系统最高温度得到了非常好的控制。

图 26　最高温度分布分析

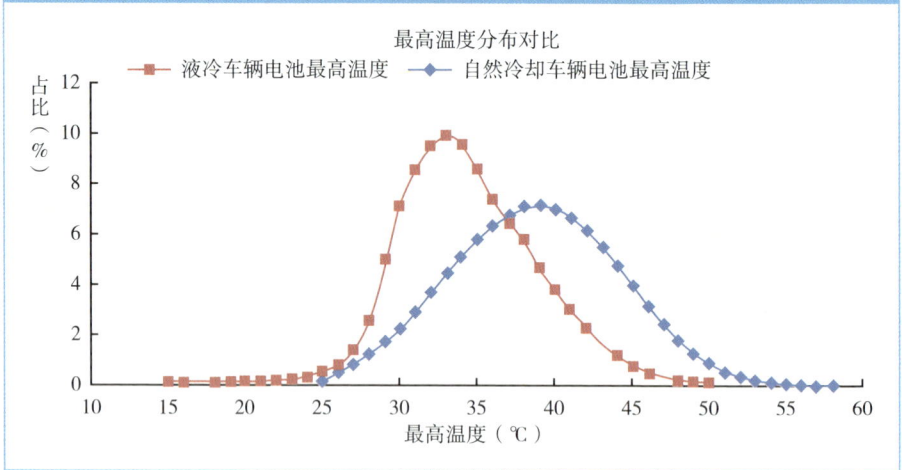

通过对宇通新能源客车大数据分析平台充电时间对比分析，电池处于理想工作温度时电池充电时间仅受充电桩功率大小影响，但当电池温度高时，为保证电池使用寿命通常会采用降低电池充电功率以降低电池温度。如图 27 所示，统计起始充电 SOC 为 45%~50% 的数据，从统计分析来看，自然冷却配置车辆与液冷配置车辆对比，液冷车辆比自然冷却车辆充电时间短 1~2 小时。这个结果也说明市场上部分车辆充电时间是受到电池温度的影响，充电时间有所延长，液冷系统的推广是有必要的。

图 27　充电时间分布分析

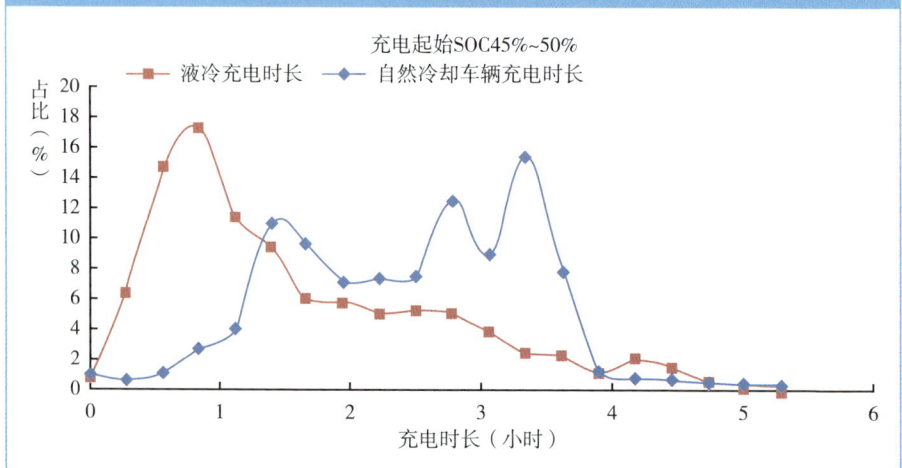

（四）电池故障预警

BMS 报警故障并不能准确地反映出电池系统的故障原因及失效点，对电池系统的安全及可靠性风险的指向性不明确，需要耗费较多时间进行人工排查分析，不能准确地进行维护处理。另外，BMS 故障报警功能主要针对单一数据超出阈值的状态进行识别，缺少对数据劣化趋势的监控，对电池系统的安全可靠性风险的监控不全面，基于这些原因，为确保动力电池产品安全，需要进行动力电池的故障预警研究。

目前针对动力电池安全性故障预警系统的研究主要分为两大方向：一是研究电池热失控发生和蔓延过程的机理，根据热失控发生前期电信号和热信号特征，开发热失控检测算法，在电池冒烟着火前进行预警，触发安全防控装置，减少安全事故造成的损失；二是利用大数据分析手段对云平台电池系统数据进行智能运算与深入挖掘，在故障发生前及早识别电池安全可靠性风险，降低电池事故发生率。

在动力电池安全问题中以电池热失控最难预警，引发动力电池热失控的诱因众多，热失控发生的周期及特征与电池系统结构、电芯内材料结构及组成均有着密切的关系，因此难以进行准确预警。在进行安全预警前需要对产品特性进行深入研究，以磷酸铁锂电池为例，对其热失控特征温度进行分析实验（见图 28），不同温度点对应着热失控的不同阶段，通过对参数进行关联性分析、

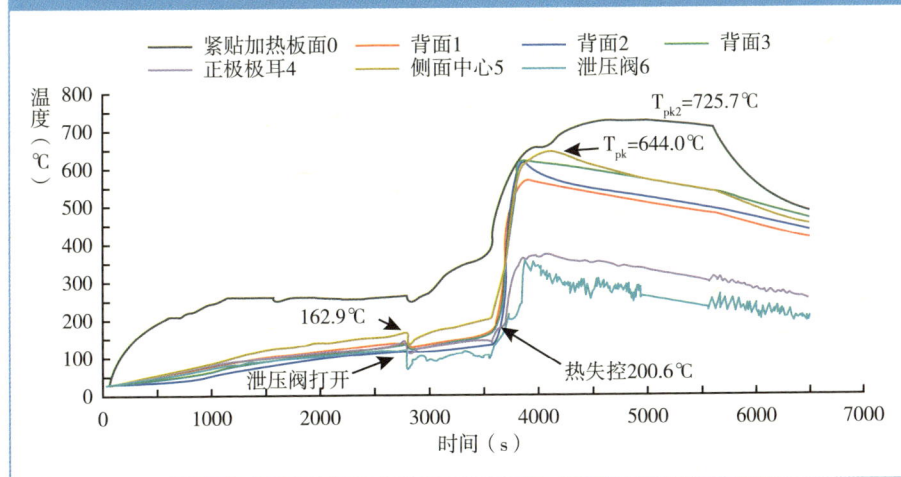

图 28　100%SOC 的磷酸铁锂电池热失控实现过程中的温度变化

展开预警模型研究，逐步实现电池热失控问题的预警及防控。

　　动力电池故障预警系统开发基本流程如图 29 所示。首先，对电池系统在应用过程中的故障表现进行深入的数据挖掘及关联性分析，根据电池数据的变化率、数据间的关联性建立二级算法，例如温升速率算法、充高放低算法、SOH 在线算法等，拓宽电池系统异常状态识别参数的全面性。其次，利用大数据的优势，对故障发生前历史状态至异常状态间的关联数据的劣化趋势进行分析，制定合适的预警判定逻辑，建立相应的电池故障预警模型。之后，采用故障预警模型对市场运营车辆进行排查，对问题车辆的故障发生情况进行验证，从而指导预警模型的优化，通过多次迭代使预警模型达到可应用的精度、准确度及覆盖率。最终，通过界面开发及软件设计实现故障预警模型的推广应用。

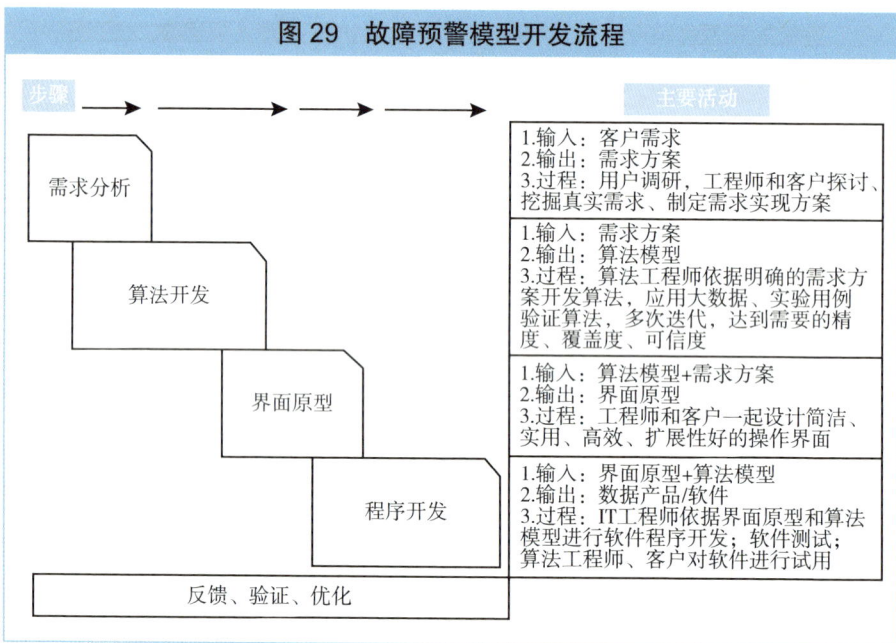

图 29　故障预警模型开发流程

1. 电池一致性故障预警

　　针对电池一致性问题，故障预警系统能够根据实时采集到的单体电压进行统计分析，识别出电压状态异常的单体，还可以跟踪单体电压的变化趋势，识别出劣化趋势异常的单体，从而排查出具有一致性问题单体。一致性故障的预警分为两个阶段，第一阶段是针对现有车辆的一致性问题诊断，根据单体电芯的一致性差异程度和整体电压状态进行分类处理。第二阶段是针对一致性问题电芯的劣化趋势和影响因素进行分析，在电芯一致性问题报警前进行预判，并根据一致性问题原因提供电池系统优化建议，提高电池的安全可靠性。图30展示的为不同车辆电池系统不一致性表现，对于其中一致性较为离散车辆则需要结合大数据进行深入原因分析，制定相应的应对策略。

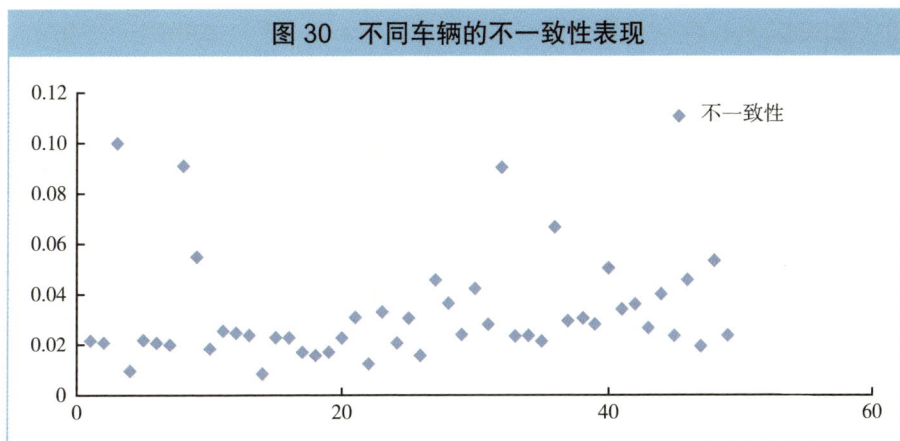

图30　不同车辆的不一致性表现

2. 电池温度异常故障预警

温度是影响电池使用寿命的重要因素，同时也是反映电池健康状态的重要指标。温度异常从数据表现来看可以分为温升速率异常、温度跳变以及频繁过温等，对应于电池系统的失效模式，可进行加热系统异常预警、采样异常预警以及冷却系统异常预警等模型的开发。针对温度异常数据的筛选，需要先依靠大数据分析电池正常运营状态下各项参数指标与运营工况间的关系，同时参考电池实验测试结果获取电池的本征参数，建立故障预警模型，再利用大数据对预警模型进行反复迭代和优化，从而实现对车辆正常状态和异常状态的准确分析，保证预警模型的准确率。

以温升异常为例说明，通过实验室测试结果和市场运营表现建立电池充电过程中的温升速率预警阈值，市场车辆若温升速率过高则可能出现加热膜故障或加热继电器故障，对故障车辆的数据表现进行分析，通过大数据反复迭代提高预警模型对正常车辆和故障车辆的区分度，进而提高加热系统异常预警模型的准确度。图31是正常车辆和加热异常车辆的温升速率表现，通过温升异常预测预警模型可以快速定位问题车辆，提前解决问题，避免出现安全性问题。

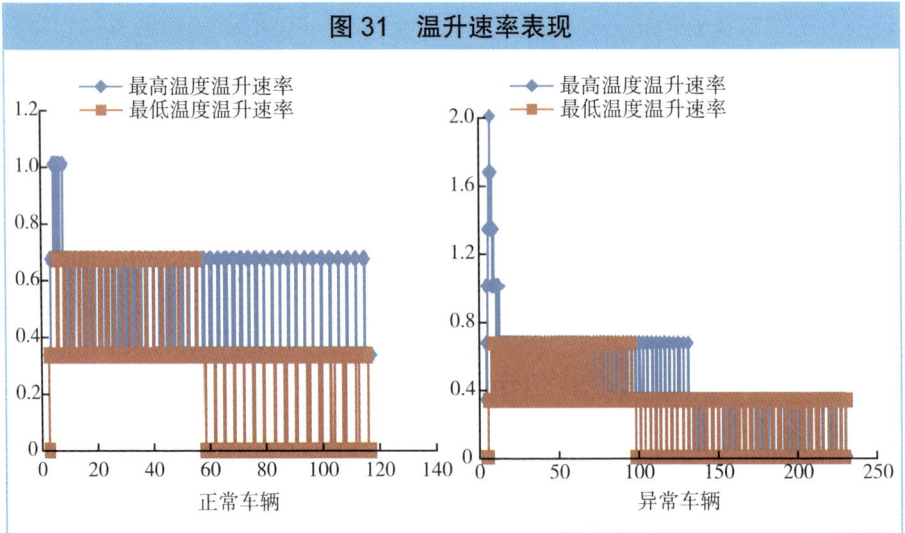

图31 温升速率表现

3.电池绝缘故障预警

绝缘故障是影响电池安全的重要隐患，同时也是电池故障中触发频率较高的故障之一。但高压系统的绝缘受外界影响较大，通常会出现偶发性故障或者不真实性故障。电池系统的绝缘故障预警则是基于大数据的故障分析与智能识别。对电池的绝缘故障进行预警需要分为两个步骤，故障原因分类树的建立和提前预警。绝缘预警解决方案的数据基础非常丰富，含有多个数字变量的来源，因此可以形成丰富的数据形态，便于建立原因分类树。这为详细的原因识别提供了基础。结合车辆电池状态信息，可以统计不同状态下的故障状态占比，有效地解决了市场绝缘问题查找不清、人为主观判断容易导致错误的问题。将拥有相同数据形态的车辆归为一类，综合不同信息源，确定绝缘问题的成因，使解决方案无遗漏、原因归属客观清晰。此外，进一步分析绝缘阻值分布的历史变化，识别绝缘恶化的趋近，也可实现绝缘故障报警前的预警。

五　结语

新能源车与大数据的融合已成为大势所趋，基于大数据的新能源汽车将是我国汽车产业转型的战略重点方向。通过建立宇通大数据云控平台，综合人、车、路、环境协同的交通信息源，开展大数据挖掘，提炼有用信息，为新能源客车安全运营、维修维保及关键零部件技术研究提供数据支撑，为行业相关政策法规及战略规划的制定提供必要的参考和借鉴。相信随着新能源车辆的发展趋势，电动化、智能化、网联化会进一步融合，大数据的监控功能会更加细化和全面，届时大数据在新能源车辆产品安全方面的应用会进一步得到强化。

参考文献

［1］赵亚涛，王亚松，徐阳，等 . 新能源客车安全监控管理系统 [J]. 工程技术 (文摘版)，2016: 00186-00186.

［2］曹瑞中，周时国，张益鹰 . 一种车载电池箱的灭火系统和一种车载电池箱 [P].CN205569556U, 2016-09-14.

［3］王江锋，高峰，王建 . 一种新型车辆智能避撞预警模型设计 [J]. 北京航空航天大学学报，2007(11):1325-1328.

［4］孙明英，司俊德，李建平，崔崇祯，申非涛 . 一种驾驶员安全结构及使用该结构的车辆 [P]. CN206255089U, 2017-06-16.

［5］GB/T 31498-2015, 电动汽车碰撞后安全要求 [S].

［6］佘承其，张照生，刘鹏，孙逢春 . 大数据分析技术在新能源汽车行业的应用综述——基于新能源汽车运行大数据 [J]. DOI:10.3901/JME.2019.20.003.

［7］GB/T 18344-2016，汽车维护、检测、诊断技术规范 [S].

整车安全篇 | **新能源电动客车安全辅助驾驶技术以及在大数据领域的探索**

◎汪　伟*

* 汪伟，中车时代电动汽车股份有限公司，高级工程师，主要研究方向为新能源客车智能控制、大数据分析。

摘 要： 新能源汽车的安全运行，是新能源汽车产业发展的重要任务，也是事关新能源汽车产业发展全局的生命线。本文从安全辅助驾驶技术和大数据安全技术的角度出发，分析了中车时代电动汽车股份有限公司现有的研究内容和研究方法，列举了部分研究成果和应用情况。最后，对当前新能源汽车安全领域存在的问题和发展前景进行了总结和展望。

关键词： 新能源汽车　安全辅助驾驶技术　大数据安全技术

一 引言

（一）新能源汽车驾驶安全辅助驾驶系统概述和发展现状

1. 安全辅助驾驶系统概述

车辆安全辅助驾驶系统是指利用传感器系统感知到的道路交通环境信息和车体运行信息，进行决策规划，给驾驶员提出驾驶建议或部分代替驾驶员进行车辆控制操作。它不要求控制汽车进行完全的自动驾驶，而是在驾驶员无法做出正确反应的紧急状态下，或者是在交通状况较为简单的条件下，代替驾驶员驾驶汽车，从而直接保证车辆行驶的主动安全性，并减轻驾驶员的操作负担，提高车辆的乘坐舒适性，这一类系统由于引入道路交通信息，具有一定的决策控制能力，因而能够弥补驾驶员决策和操作能力的不足，直接改善了车辆的行驶性能。

2. 安全辅助驾驶系统的发展现状

近年来，为了迎合智能交通和无人驾驶的浪潮，车载智能化相关技术的研究得到了大力支持，其中最典型的就是对安全辅助驾驶系统的研究，世界各国都投入大量的财力和人力，尤其是美国、日本、欧盟等国家和地区率先取得一定的研究成果。2017年5月，日本政府发布"官民ITS行动/路线计划"（Public-Private ITS Initiative/Roadmaps），提出自动驾驶推进时间表：2020年前后，实现相当于L2、L3级别的自动驾驶以及在特定区域内L4级别的自动驾驶出行服务；到2025年在高速公路实现相当于L4级别的自动驾驶。2017年6月，德国颁布了全球首个关于自动驾驶的相关法律《道路交通法修订案》，允许自动驾驶系统在特定条件下代替人类驾驶汽车，极大地推动了自动驾驶技术在德国道路测试的进展。为此，德国率先开放了A9高速公路的部分路段进行自动驾驶技术测试。另外，德国还发布了全球首个针对自动驾驶的道德标准，为自动驾驶系统设计、伦理道德研究提供有力的支撑。2018年10月，美国最新发布《准备迎接未来的交通：自动驾驶汽车3.0》，指出美国交通部将努力消除阻碍自动驾驶汽车发展的政策法规，支持将自动驾驶车辆纳入整个运输系统。

2020 年 2 月，由国家发改委组织牵头的《智能汽车发展战略》提到，到 2025 年，中国标准智能汽车的技术创新、产业生态、基础设施、法规标准、产品监管和网络安全体系基本形成。实现有条件自动驾驶汽车达到规模化生产，实现高度自动驾驶的智能汽车在特定环境下市场化应用。安全辅助驾驶系统作为智能驾驶汽车一个重要组成部分，近几年在国内得到了大力发展，尤其是在自主前摄像头和毫米波雷达方面，目前在市场推广比较成熟的摄像头厂家有上海智驾、魔视科技、海康威视等，摄像头性能能媲美进口的 MobileEye 品牌摄像头；毫米波雷达方面，目前核心技术依然被国外所掌握，国内有大量创业团队开始攻克此核心技术，比如长沙莫之比智能科技有限公司、浙江杭州智波科技等企业在 24G 和 77G 雷达方面均推出了量产产品，在不远的将来，市场上将可以看到国产雷达的大批量应用。智能摄像头和毫米波雷达的产业发展促进了汽车安全辅助系统的发展，目前各大主机厂都在这方面投入大量人力和物力进行研究和应用；尤其是在乘用车领域，大量车辆标配了 L2 级别的安全辅助驾驶系统，商用车目前处于推广阶段，可以预测 2020 年会井喷式爆发。

（二）大数据安全技术的发展和现状

大数据平台及技术在新能源汽车行业应用较为普遍，各主机厂建立大数据监管平台，用于实现对车辆运行数据的实时监控与存储，平台提供的分析功能能够挖掘海量数据的内在规律，帮助分析用户行为、完善产品质量与功能。

由于电子电气器件的大量使用，新能源汽车相对传统车辆，在可靠性、安全性方面仍存在一定的差距，使用大数据技术开展车辆部件的状态分析与安全预警已成为热门应用。公开资料表明，大数据安全技术已经在电池不一致性分析及故障诊断、电池热失控预警以及电池健康状态估计等领域得到了应用与推广。电池的不一致性是指同一规格、同一型号的电池，其电压、内阻、容量等方面参数的差别，电池不一致性是影响电池系统性能的主要因素，也是诱发电池故障的重要原因。车用锂电池具有高比能量，车辆碰撞或电池过充后，容易引发电池热失控、起火爆炸等严重事故，电池热失控预警也是大数据安全技术的重点研究领域。电池作为新能源汽车的能量来源，准确评估其使用寿命，合理计划更换时间，有利于提高新能源公交车辆的运营趟次与维保效率，提升车辆使用的可靠性。

大数据技术为新能源汽车的海量数据分析提供了平台支撑，可以利用各类统计、机器学习等方法灵活开展新能源汽车的安全预警研究；目前，相关技术路线尚未形成统一标准。

故障预测与健康管理（Prognostic and Health Management，PHM）技术是利用大量状态监测数据和信息，借助各种故障模型和人工智能算法，监测、诊断、预测和管理设备健康状态的技术。PHM技术已广泛应用于航空航天飞行器、舰船、装甲车辆以及工业大型机电设备等复杂系统，基于大数据平台开展新能源汽车的PHM研究是应对关键部件状态分析与安全预警需求的较好途径。PHM可用于故障预测的方法有很多，具体来说可以分为基于传统可靠性的预测方法、基于数据驱动的预测方法、基于统计的预测方法和基于失效物理的预测方法。基于传统可靠性的预测方法主要可分为基于故障树分析和基于寿命分布模型两种；基于数据驱动的预测方法不需要建立物理模型，无须假设参数和经验性估计，但是需要大量准确的历史数据进行学习，如神经网络、卡尔曼滤波器等；基于统计的预测方法通过观察到的统计数据建立所需的概率密度函数，能够给出预测结果的置信区间，主要包括贝叶斯网络、隐马尔可夫和隐半马尔可夫模型、回归分析方法（线性、逻辑、高斯）、时间序列方法等；基于失效物理的预测方法是利用装备寿命周期的载荷和故障的失效机理来评估装备的可靠性以及预测故障。

二 新能源汽车安全辅助驾驶技术

（一）安全辅助驾驶系统组成

中车时代电动汽车的安全辅助驾驶技术是基于机器视觉和雷达等环境感知设备，主要包括信息采集单元、电子控制单元和人机交互单元。

（1）信息采集单元：主要利用毫米波雷达采集的前向车辆或障碍物的车距、车速和方位角信息，利用视觉传感器采集前向车辆或者障碍物的图像信息，利用自身车速、加速度传感器采集本车速度、加速度等信息。

（2）电子控制单元：主要对前向车辆或障碍物的图像信息和车距、车速等信息进行融合，确定障碍物的类型和距离，结合本车行驶状态信息，采用一定的决策算法，评估是否存在潜在的碰撞风险，若存在，则人机交互单元发出预警指令并产生制动力。

（3）人机交互单元：主要接收由电子控制单元传来的指令，根据预警程度或级别的定义，进行相应预警信息的发布，如在仪表盘或抬头显示区域显示预警信息或闪烁预警图标、发出报警声音和收紧安全带等，提醒驾驶员采取措施进行规避。驾驶员收到预警信息后对本车采取制动行为，若碰撞风险小时，则碰撞报警取消。

（二）危险驾驶预警技术

1.危险驾驶预警功能

硬件上包含环境感知设备（摄像头、雷达等）、ADAS 域控制器和执行机构（仪表、蜂鸣器、方向盘等）；功能上包含行人碰撞预警、车辆碰撞预警和车道偏离预警功能。

行人碰撞预警：通过摄像头和雷达检测车辆前方的行人和骑行者，判断本车与其之间的相对运动，当存在潜在碰撞危险时对驾驶者进行预警，以便驾驶员有足够的时间反应。

车辆碰撞预警：系统通过摄像头和雷达实时监测前方路况车辆情况，保障驾驶安全，培养文明驾驶习惯，该系统完整实现了四项预警功能——预碰撞报警（距离靠近预警）、碰撞报警、溜车预警、前车起步预警。

图 1　车辆碰撞预警示意

车道偏离预警：系统依靠摄像头的视觉信息实时监控本车行驶路线与相邻车道线的空间位置情况，当车辆处于高速行驶（比如：> 60km/h）时功能激活，当发现本车行驶路线即将偏离本车道且车主未有主动变道操作时，及时给出预警提示，帮助驾驶员及时纠正方向盘状态，提高驾驶安全性。

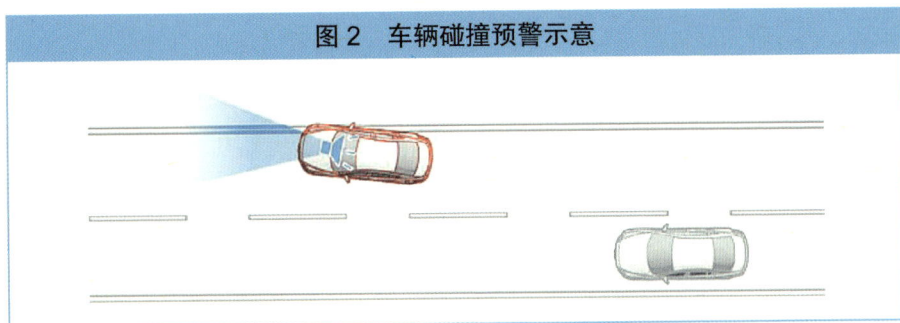

图2　车辆碰撞预警示意

2. 危险驾驶预警模型

危险驾驶预警模型结构如图3所示。

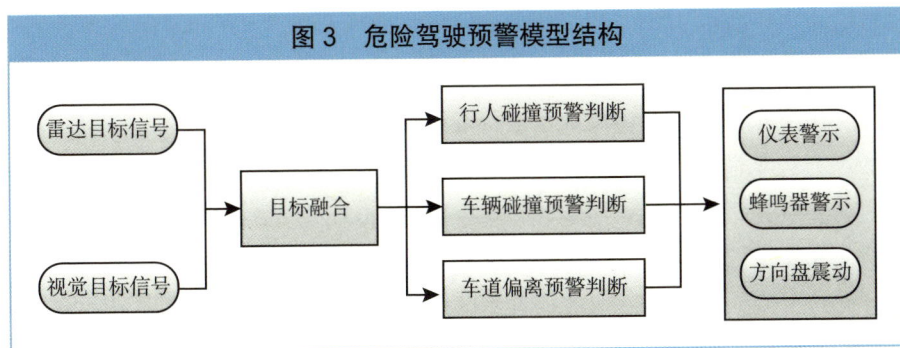

图3　危险驾驶预警模型结构

（三）碰撞缓解预警技术

当驾驶员疏忽或操作不当，存在车辆和前方障碍物发生碰撞的危险时，碰撞缓解功能通过控制制动系统以减少碰撞危害，并兼顾车内站立乘客的安全。

1. 碰撞缓解预警技术基本组成和技术要求

CMBS（Collision Mitigation Brake System），即碰撞缓解制动系统，是一

种预测碰撞、主动预防的安全技术系统，属于先进驾驶辅助系统（Advanced Driver Assistance System，ADAS）的范畴。碰撞缓解系统通过毫米波雷达、单目/双目摄像头等传感器来探测前方目标信息，并根据前方目标信息（如目标车速、相对距离等）实时计算碰撞危险程度。当系统计算的碰撞危险程度达到临界报警点时，表明存在与前方目标碰撞的可能性，系统首先会通过声音、图像等方式向驾驶员发出预警，提醒驾驶员做出避撞操作，同时整车会有轻微制动给整车降速；如果驾驶员没有对预警做出正确反应，系统会在保证乘客安全的情况下计算减速度并下发到执行模块进行制动。

技术要求如下。

（1）在自动制动开始前 0.8~1.4s 应有图像或声音、震动模式预警，预警阶段的速度下降不应超过 10km/h。

（2）预警后，应进入自动制动阶段，为保障车内乘客安全，制动减速度在 1~2.5m/s²。车辆静止目标碰撞时的速度不应小于 10km/h。自动制动阶段不应在碰撞时间小于或等于 3s 前开始。

2. 碰撞预警模型

碰撞预警模型主要分为安全车距预警模型和碰撞时间避撞模型两部分。

安全车距预警模型：通过分析前方路面状况和前方障碍物信息进行跟踪，如果前方有车辆或行人被识别出来，则对前方车距进行测量，同时利用相对速度进行估计，根据安全距离模型判断是否有碰撞风险，根据预警规则及时给予驾驶员预警。

碰撞时间避撞模型：根据安全距离模型实时计算可允许电制动和减速度，当达到临界值，驾驶员没有反应时，则开始自动制动（见图 4）。

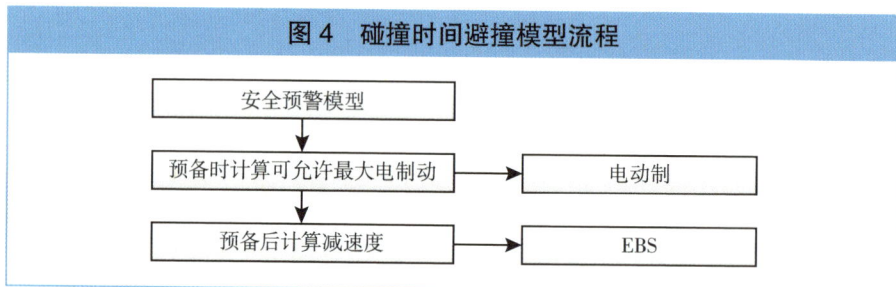

图 4　碰撞时间避撞模型流程

（四）紧急制动技术

自动紧急制动系统是利用车载感知设备自动探测目标车辆或障碍物，检测潜在的前向碰撞危险，发出信号提醒驾驶员，并激活本车制动系统，通过降速或转向以避免碰撞。

1. 安全距离模型简述

建立安全距离模型主要是为了获得预警过程的阈值。常见的安全距离模型算法主要分为两种：一种是基于碰撞时间的行驶安全判断逻辑算法；另一种是基于距离的行驶安全判断逻辑算法。其中，基于碰撞时间的 FCW 算法主要计算从此刻起，两车若发生碰撞所花费的时间，将其与设定的安全时间阈值进行比较，若小于安全时间，则采取预警或制动措施；反之继续行驶，该算法的时间阈值固定，距离阈值根据车速而实时调整，但是由于车辆发生碰撞的时间是基于车速和车距的，而两车的车速很难保证稳定，故算法应用较少。基于距离的 FCW 算法主要是比较两车的实际距离与根据模型计算的安全距离，安全距离通常以车辆当前车速的基础进行确定，一般应大于或等于本车能够在碰撞之前刹车且不发生碰撞的距离，该算法运用较为成熟。

目前经典的安全距离模型主要有马自达模型、本田模型以及伯克利模型，均为基于距离的 FCW 算法。后续很多模型都是在经典模型的基础上进行改良的。

2. 自动紧急制动系统的实现

在目前应用中，搭载有前向碰撞预警系统的车型较多，提高了行车的安全性与舒适性。

对于自动紧急制动系统的起源，本田的自动紧急制动系统已经在新雅阁、思域、锋范、UR-V、新 CR-V 等大部分车型配置中装配，并将系统定义为一种预测碰撞、主动预防的安全技术系统。可以实现对前方障碍物的检测。工作室主要通过雷达监测出障碍物的位置及速度，通过单目照相机判断此障碍物的大小和形状，当与前方障碍物可能发生碰撞危险时，系统通过警示音和仪表盘显示提醒驾驶员采取规避措施。当与前方障碍物更加接近时，系统实施轻微制动，以体感行驶再次提醒驾驶员对车辆进行操作。当车辆进一步接近时，系统会实施强力制动，以辅助驾驶规避碰撞及减轻伤害。

在国产品牌中，自动紧急制动系统开始逐渐应用。吉利汽车将其称为城市预警碰撞安全系统，目前已经在帝豪 GL、帝豪 GS、博越、博瑞等部分车型配置中搭载。该系统主要通过前保险杠下方的中距离毫米波雷达扫描前方路面。在前方刹车或减速而驾驶员并未及时做出反应的情况下，系统会主动提醒驾驶员刹车或自动进行刹车以避免碰撞发生。同时，刹车过程中系统会监测刹车力和前车距离的关系，在刹车不足的情况下进行辅助刹车，最大限度地避免碰撞发生。

三　新能源汽车大数据安全技术

（一）云计算平台架构

新能源汽车大数据平台由远程监控终端、大数据存储平台、大数据分析与展示平台三部分组成。受监控的每一辆电动汽车上均安装有监控终端，车载终端通过 CAN 总线获取电动汽车定位信息、车速、里程、踏板深度、总电压、总电流、单体电压、温度、SOC、电耗等数据，并读取终端 RTC 的时间信息，通过 AES128 加密算法对数据进行组包，一方面通过监控终端存储设备 (EMMC 存储) 将原始 CAN 数据和组包后的数据保存在终端上，另一方面通过 3G/4G 无线通信网络发送至大数据云平台。在远端的大数据处理平台负责处理车载终端上传的海量车辆信息，对数据进行"过滤清洗"，并打上特征标签；大数据分析与展示平台负责对数据进行可视化处理、预测分析、结果展示。

平台物理结构图如图 5 所示。

（二）基于高斯模型的电池健康预测研究

动力电池的性能与寿命，直接影响了新能源车辆的行驶品质与使用成本，甚至影响行车安全。在现有技术水平下，新能源汽车的动力电池必须使用大量单体

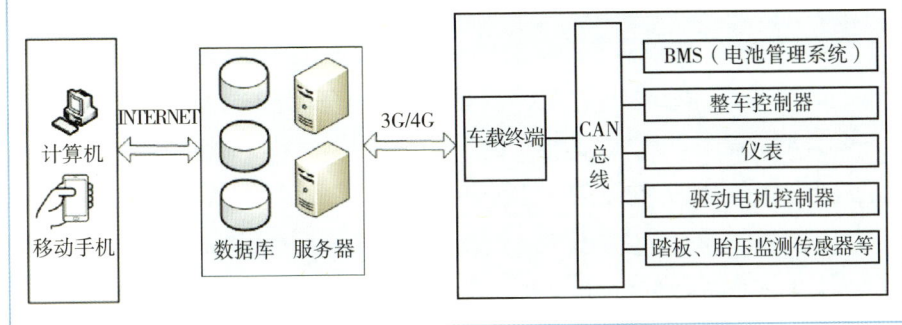

图5 云计算平台架构

进行串并联才能满足功率与电量的需求。动力电池的性能与寿命往往由表现最差的单体所决定，因此电池单体的不一致性对汽车的使用起到了重要的影响。

1. 电池健康因子

电池不一致性可通过公式（1）定义的不一致程度进行表示，采用数据驱动的方式，建立不一致程度随时间变化的退化模型，从而预测出单体不一致性发展趋势与未来取值。

$$\varepsilon_i = |\frac{v_i - \bar{v}}{\bar{v}}| \tag{1}$$

考虑到电池不一致性衰减过程缓慢，短时间内的单体不一致性程度可视为不变，以该时间段内的不一致程度均值逼近真实的健康因子。同时，荷电状态与电池不一致性存在非线性关系，对等荷电状态下的单体进行一致性分析，有利于降低模型参数维度，简化计算。

健康因子定义如下：在当前放电工况下，假定荷电状态第 n 个等间隔分段 $[soc_n, soc_{n+1}]$ 内，共接收到电池有效数据 M_n，则该窗口内编号为 i 的单体的健康因子为：

$$HI_i = \sum_{i=1}^{M_n} \varepsilon_i / M_n \tag{2}$$

2. 高斯过程回归

电池健康因子的预测需要解决小样本与模型快速迭代问题。高斯过程回归（Gaussian Process Regression, GPR）是基于贝叶斯理论和统计学习理论发展起来的一种全新机器学习方法，适用于处理高维度、小样本和非线路等复杂回归问题，在电池故障预测、健康管理等领域已经使用。

高斯过程是随机变量的集合，且其中的任意有限维变量组合都服从联合高斯分布。高斯分布的性质由均值和方差确定：

$$\begin{cases} m(x) = E[f(x)] \\ k(x,x') = E\{[f(x) - m(x)][f(x') - m(x')]\} \end{cases} \tag{3}$$

式中，x，$x' \in R^d$ 为任意随机变量，$m(x)$ 可简化为 0。

对于回归问题，考虑如下模型：

$$y = f(x) + \varepsilon \tag{4}$$

x 为输入向量，f 为函数值，y 为受加性噪声污染的观测值，$\varepsilon \sim N(0, \delta^2_n)$。可以得到观测值 y 的先验分布为：

$$y \sim N[0, k(X,X) + \delta^2_n I_n] \tag{5}$$

以及观测值 y 和预测值 f_* 的联合先验分布为：

$$\begin{bmatrix} y \\ f_* \end{bmatrix} \sim N\left\{0, \begin{bmatrix} K(X,X) + \delta^2_n I_n & K(X,x_*) \\ K(x_*,X) & k(x_*,x_*) \end{bmatrix}\right\} \tag{6}$$

其中，$K(X,X) = K_n = (K_{ij})$ 为 $n \times n$ 阶对称正定的协方差矩阵，矩阵元素 $K_{ij} = k(x_i, x_j)$ 用来度量 x_i 和 x_j 之间的相关性；$K(X, x_*) = K(x_*, X)^T$ 为测试点 x_* 与训练集的输入 X 之间的 $n \times 1$ 阶协方差矩阵；$k(x_*, x_*)$ 为测试点 x_* 自身的协方差；I_n 为 n 维单位矩阵。

由此可计算出预测值 f_* 的后验分布为：

$$f_* \mid X,y,x_* \sim N[\overline{f_*},\mathrm{cov}(f_*)]$$
$$\overline{f_*} = K(x_*,X)\,[K(X,X)+\delta_n^2 I_n]^{-1}y \qquad (7)$$
$$\mathrm{cov}(f_*) = k(x_*,x_*) - K(x_*,X)\,[K(X,X)+\delta_n^2 I_n]^{-1}K(X,x_*)$$

此时，$\overline{f_*}$、$cov\,(f_*)$ 即为测试点 x_* 对应预测值 f_* 的均值和方差。

根据电池荷电状态与单体电压数据，获得健康因子序列。对于每个单体，用其健康因子序列，训练高斯过程回归模型，得到该单体健康因子的最优预测模型。用最新的健康因子序列预测下一个放电工况下该单体健康因子的取值。通过对预测值进行大小判断，可以推断出下个放电工况该单体是否出现不一致性故障。

为解决预测模型快速迭代问题，健康因子的高斯过程回归模型基于滑窗进行训练与预测。滑窗大小通过放电工况数量进行衡量，每个放电工况又包含若干个健康因子，以该放电工况下包含的荷电状态分段数量确定［见式（2）］。

滑窗大小等于训练样本和测试样本包含的放电工况之和。训练样本完成若干个高斯过程回归模型的训练，每个高斯过程回归模型仅预测荷电状态一个分段的健康因子，因此，高斯回归模型数量与预测工况的荷电状态分段数量相同。在实际预测时，依次完成对荷电状态各个分段的健康因子预测，再对预测值进行拼接获得整个放电工况的预测值。测试样本用于评价预测的结果，滑窗内所有高斯过程回归模型共完成一次预测结果所包含的工况数量，即为测试样本数量。

滑窗内的训练、测试任务完成后，测试样本作为新的训练样本加入，总的训练样本数量不变，采用队列方式先进先出；后续同等数量工况的健康因子序列作为新的测试样本。新的训练样本和测试样本共同组成新的滑窗。

基于高斯过程回归的健康因子序列预测框架如图 6 所示。

3. 模型验证

本文以某主机厂车联网平台提供的某型号动力电池（以下简称样本电池）的使用数据为研究对象，进行电池不一致性预警研究，验证预警算法的合理性。

图6 高斯回归预测框架

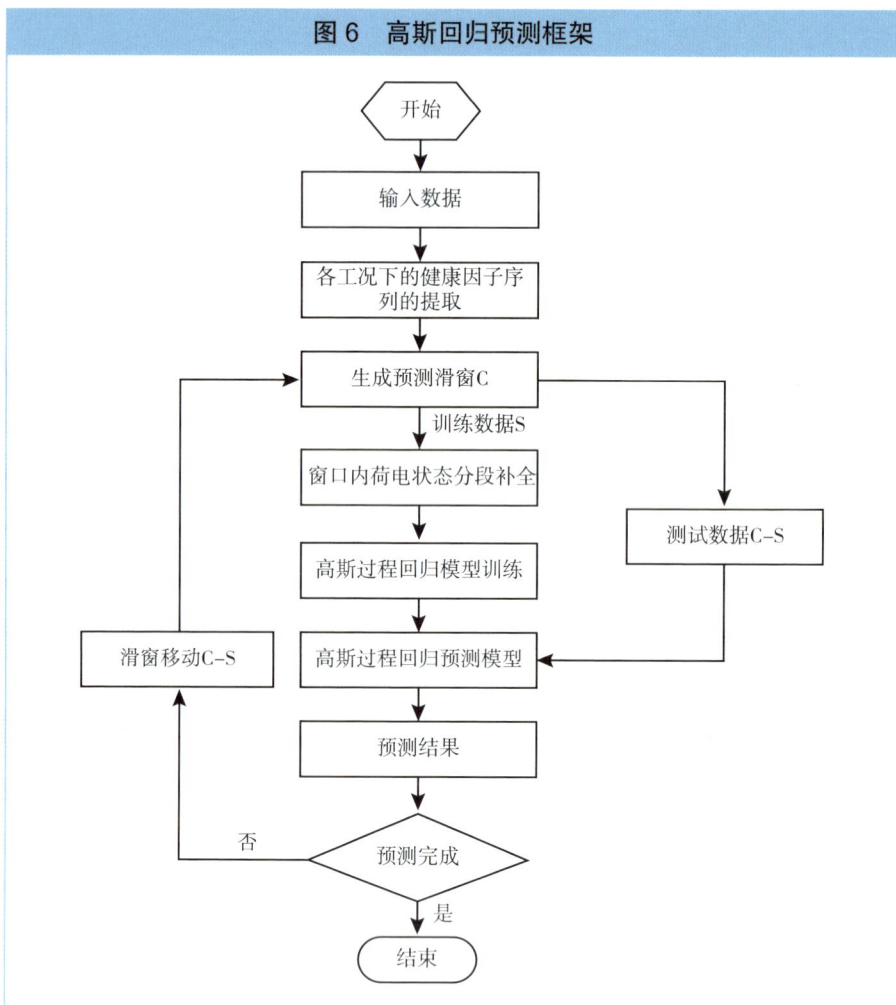

表1 电池组参数　　单位：个，V

单体数量	额定电压	充电截止电压	放电截止电压
360	3.2	3.65	2.5

样本电池数据转换得到工况99组。采用滑窗的方式进行高斯过程回归预测。设置滑窗大小 C，滑窗内前 $C-1$ 组工况用于训练，最后1组工况用于测试。预测完成后，前移1组工况，形成新的滑窗。如此，直至测试完所有

工况数据。

考核算法的指标包括准确性和计算时间，依次对训练样本大小进行取值，通过训练获得高斯过程回归模型，给出模型的准确性和计算时间指标，从中选出最佳的滑窗大小。计算时间基于相同硬件平台得出，为单个训练＋预测过程的平均执行时间。

依次选择训练样本数量为 5、10、15、20、40，训练高斯过程回归预测模型。考虑到训练集数量不同，预测的结果数量也不同。为统一评价训练样本数量对预测结果的影响。从预测的第 41 组工况数据开始，统计各个工况下预测值、测试值的平均绝对误差 MSE 和均方根误差 RMSE，结果如表 2 所示。

表 2 不同训练集数量下的健康因子预测偏差

训练集数量	MAE 最小值	MAE 最大值	RMSE 最小值	RMSE 最大值	计算时间
5	0.000131	0.001484	0.000151	0.001520	0.1731s
10	0.000115	0.001112	0.000136	0.001163	0.1769s
15	0.000112	0.001128	0.000143	0.001193	0.1913s
20	0.000115	0.001097	0.000134	0.001164	0.2012s
40	0.000155	0.000915	0.000168	0.000963	0.2926s

训练样本的工况数量选择为 10 时，利用 MAE、RMSE 评价的预测效果均较佳，且模型训练、预测耗时较少，方便大量车辆的在线预警。

基于训练样本数量 10 进行健康因子预测，得到健康因子预测的整体准确性为 85.77%。目前，各电池厂家普遍定义不一致性报警阈值为额定电压的 10%，即 0.3V。以样本电池额定电压 3.2V 为例，健康因子预测模型 85.77% 的准确性将导致预测的电压偏差约 0.04V，不影响使用。图 7 为健康因子 6 个工况的预测结果，蓝线是健康因子实际值，绿线是健康因子预测值，最大预测偏差约 0.5×10^{-3}，预测效果较好。

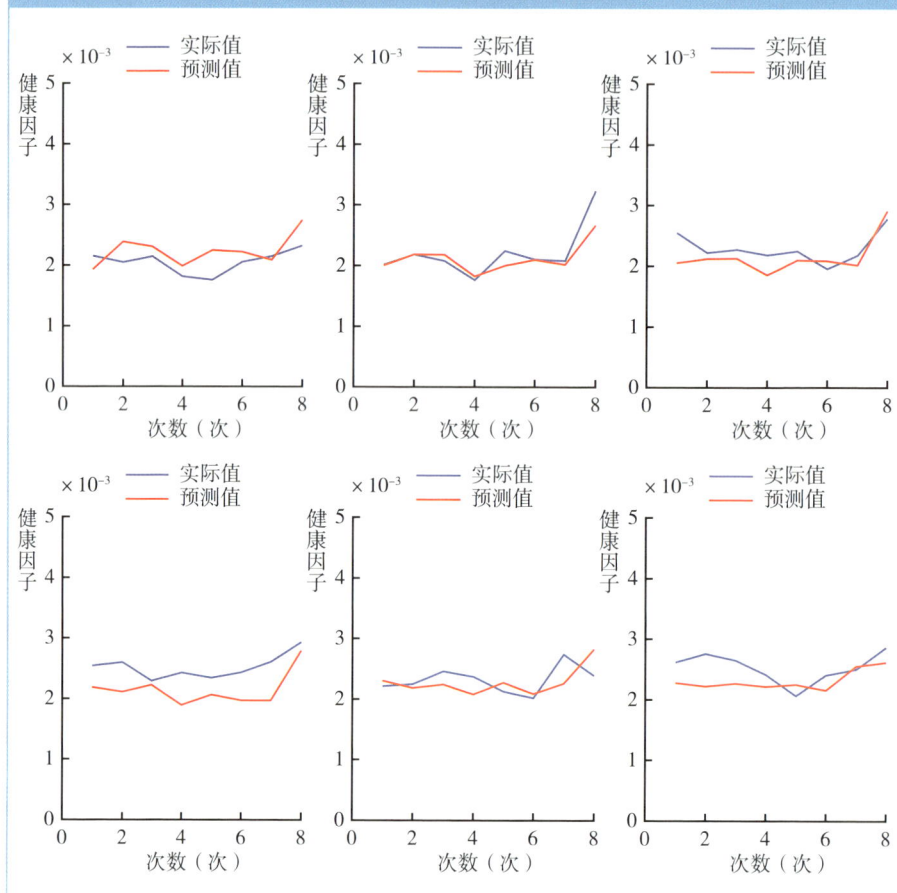

图 7　健康因子预测值与实际值对比

四　新能源汽车边缘计算技术

新能源汽车车载系统的电气化、数据化产生了大量原始数据，车企通过车辆网联，构建了远程监控云平台。为提升产品质量、减少车辆制造成本和维护成本，基于车辆数据，运用大数据技术实现车辆设计优化、预测性维护是车企大数据应用研究的热点之一。商用车制造企业具有接近数据源头、深谙数据内涵和掌握大量车辆全生命周期数据的优势，但也存在互联网技术和大数据技术的应用不够深入的短板。同时，车辆个性化需求带来数据多样化、数据质量差的问题，以及远程监控平台数据频率低等问题，为商用车制造企业大数据应用带来了困难。

使用车载终端作为大数据应用的边缘计算节点，将数据算法部署在车载终端运行，可减少数据传输时延和数据量，保障数据应用的实时性、安全性、鲁棒性。

（一）数据应用总体设计

新能源汽车具有存量不大但配置多样的特点，凸显个性化，另外，各部件采用单片机控制系统，计算、存储资源紧缺，难以进行功能扩展，整车系统采用分布式结构，各部件高度自治，难以全局统筹处理数据。因此，基于各车载部件进行边缘计算难以实现。车载终端能够汇总整车数据，携带嵌入式操作系统，具有充足的存储、计算资源，适合边缘计算部署。基于车载终端边缘计算的数据应用框架，由车辆及系统、车载终端、云平台构成。车辆及系统由各部件及其传感器构成，用于采集实时数据并传输给终端；车载终端汇聚车辆各部件数据并按相关法规要求上传原始数据，终端内部使用高频原始数据获取大数据算法所需的特征数据以及各数据应用的产生的结果数据，并将之上传至云平台；云平台接受车载终端的标准化数据，用于存储、展示和计算，云平台中使用车辆全生命周期原始数据和特征数据进行算法模型探索和训练，将优化的模型、参数通过空中下载技术（Over The Air, OTA）部署到车载终端运行。

（二）车载终端边缘计算设计

在车载终端部署边缘计算，需要在车载终端开发设计各类数据应用，包括用于计算特征数据和大数据算法在边缘端执行的数据应用等，另外需要对车载终端中的数据应用进行维护、升级、优化等。

1. 数据应用设计

车载终端采用 Linux 操作系统，其资源和对外接口通过 socket 形式提供给应用层，开发接口满足多个应用的复用并保持独立。图 8 所示为数据应用软件设计框架，数据应用基于开发接口包括 CAN 接口、无线通信接口、GPIO 接口、数据库接口、GPS 接口等，以大数据算法为核心采用多线程编程，独立而协同完成实时数据采集、历史储存、进程间通信和无线数据发送等功能，构建大数

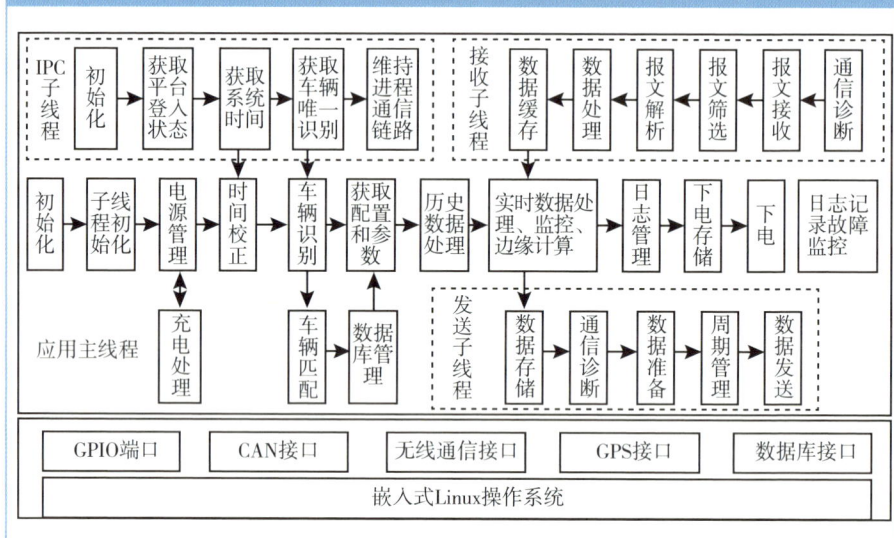

图 8　数据应用软件设计框架

据算法在边缘端的可持续运行。

2. 数据应用 OTA 设计

在平台进行的大数据模型设计、训练和优化生成的模型算法和配置参数，需定时部署到车载终端的边缘计算平台中，采用 OTA 来部署、升级、优化模型参数。

OTA 功能设计框架如图 9 所示，将大数据训练出来的模型和参数打包成升级文件传入 FTP 服务器，通过加密处理和数字签名，生成升级包文件，升级包文件中包含了模型 / 算法及参数，FTP 对升级包进行版本管理保证升级范围和

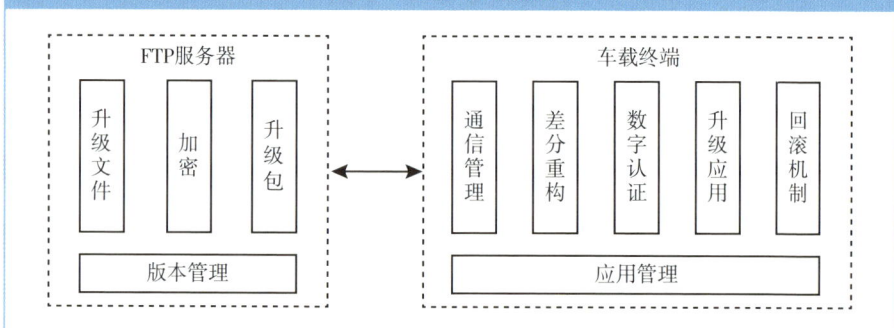

图 9　OTA 功能框架

可追溯性。升级信息和升级安全会话信息通过另一路进行传输，终端通过升级会话后，主动从 FTP 服务器中获取升级包，并下载至本地，其中通信管理用于与 FTP 服务器会话并支持断点续传，升级包下载至本地后通过差分重构和数字认证，确保升级文件的安全和完整，之后进行升级操作，升级采用切换分区的方式，若升级失败进行原版本的回滚。

（三）应用示例

本节介绍边缘计算的应用示例，包括能耗统计和电池不一致故障预警。

1. 能耗统计

整车及各部件能耗数据用于评价各部件在整车运行中的经济性，是选型设计、优化控制策略的重要特征参数。能耗统计涉及原始传感器数据及中间状态数据达数十项，考虑车辆以万计的基数，若采用 ms 级的原始数据周期上次，每年将产生数十 TB 的数据量，这对于传输流量和云平台服务器的储存消耗较大，因此云平台通常以秒级采集数据，一方面能满足平台对实时数据的基本需求，另一方面减少云平台储存、流量资源消耗。但统计数据以积分形式计算能耗，对于电流、电压等高实变数据存在累计误差。

本文在车载终端部署能耗统计数据应用，以 ms 级周期从整车 CAN 网络中采集原始数据，以递推方式积分各部件能耗值，并将统计的各部件能耗数据发送至云平台，并将驾驶员关注的能耗数据在车载显示设备中显示，实时可查，消除驾驶员的里程焦虑。图 10 展示了某车同一时间端内平台和边缘计算平台的能耗统计数据，数据长度约 10 天，平台统计的累计误差最大达 10.3%，减少流量约 1140MB。

2. 电池不一致故障预警

新能源车中装载大量的动力电池用于车辆驱动，电池不一致可能导致电池单体的过充过放，导致续驶里程减少甚至出现起火、爆炸等安全事故。云平台使用电池历史数据建立电池不一致预警模型，并部署在车载终端对电池不一致性进行实时预警，提前进行状态维护，有助于保障车辆安全，减少维修成本。

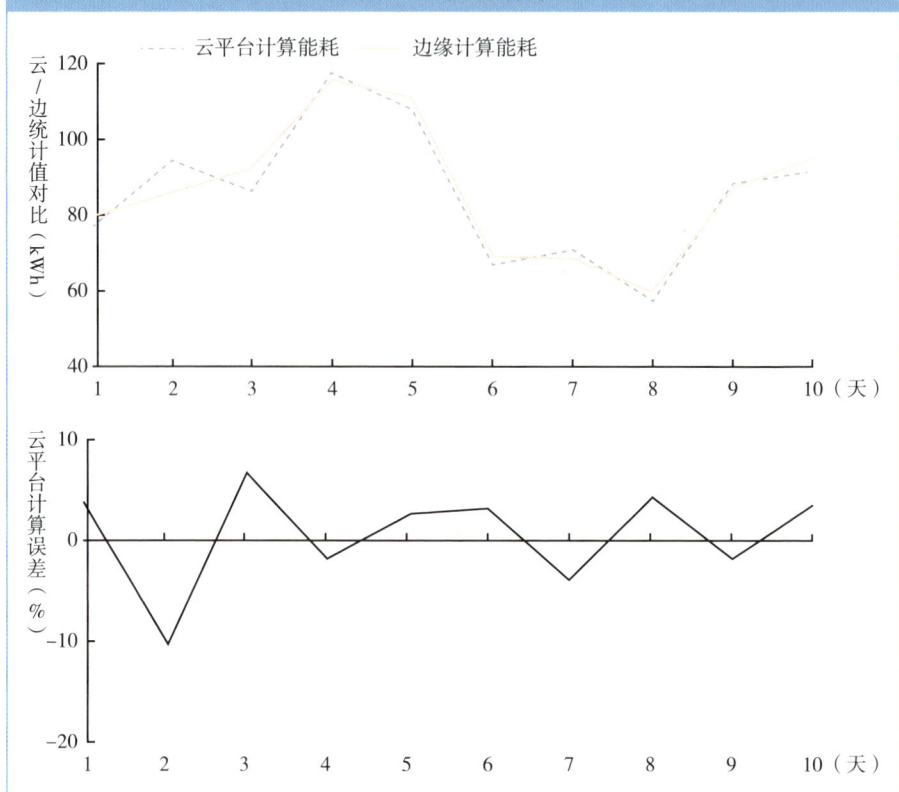

图 10　能耗统计

定义电池单体的不一致性程度为

$$\varepsilon = | \frac{x_i - \bar{x}}{\bar{x}} | \qquad (8)$$

其中 ε 为不均衡度，x_i 为第 i 个单体 / 探针的电压 / 温度，$\bar{x}$ 为所有单体 / 探针的电压 / 温度均值。

电池不一致应用在车载终端边缘计算中，不断计算各电池的不一致性程度并储存，最终计算出某一段时间内的平均不一致性程度和历史不一致值，输入云平台训练获得的模型中，获取未来数小时内的各电池单体不一致性程度，对不一致程度严重的车辆进行预警，提前介入维修，保障安全。

图 11 为车载终端计算的某车最不一致的 10 单体及其预警的不一致性程度，最不均衡单体的电压与平均电压的平均偏差约 0.1V，不一致性程度较小。

图 11 电池不一致统计值

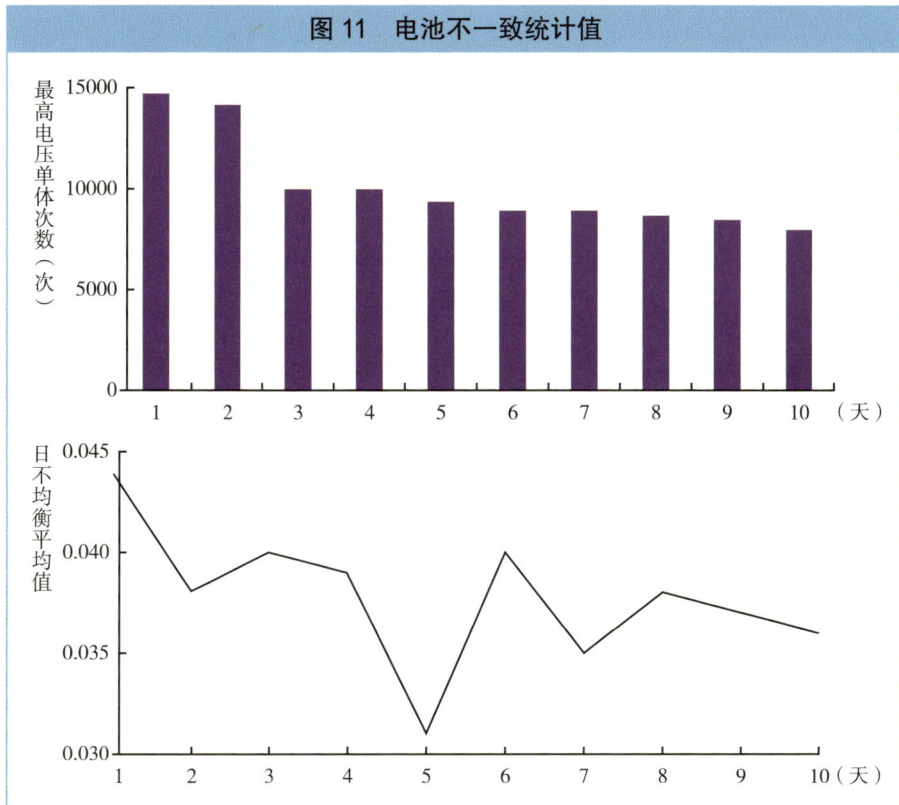

五 当前存在的问题和展望

新能源汽车的安全辅助驾驶技术以及基于大数据的车辆安全技术已经成为一种发展趋势，也是我们国家汽车行业转型升级、交通强国建设的重点战略方向。当前的新能源汽车安全及大数据应用方面还存在许多关键问题亟待解决。

当前，新能源汽车的大数据应用还停留在展示层面，相关研究也大多是基于实验室环境，与汽车实际运行工况存在较大差别，导致这些研究成果难以在实际中应用，因此，深入结合车辆实际运行工况，分析现实环境中的影响参数，构建具备工程应用价值的计算模型，是当前研究成果落地实施的关键。

参考文献

［1］赵福全，刘宗巍，郝瀚，史天泽. 汽车产业变革的特征、趋势与机遇 [J]. 汽车安全与节能学报，2018,9(3):233-249.

［2］张本宏，王新. 基于 B/S 架构的汽车远程诊断系统 [J]. 合肥工业大学学报（自然科学版），2018, 41(5):577-581.

［3］胡瑶. 基于 CAN/GPRS 技术的电动汽车远程监控系统研究 [D]. 武汉：武汉理工大学，2012.

［4］吕群芳，王亚晶. 车载智能终端与车联网信息平台的设计开发 [J]. 数字技术与应用，2019, 37(10):167-171.

［5］马逸然，王蔚. 基于车载终端的电动汽车运营监控系统设计 [J]. 山东电力技术，2018, 45:16-21.

［6］苏涛. 电动汽车车载终端系统设计 [J]. 自动化与仪表，2018, 33(5): 88-105.

［7］刘顺平，潘圣临，胡志刚，于荣枫，张世伟. 大数据平台下的新能源汽车动力系统选型参考 [J]. 新能源汽车，2019, 10:27-35.

［8］张瑜，车晓波，王勇，于良杰. 新能源车辆远程监控系统优化设计 [J]. 现代电子技术，2019, 42(3):96-100.

［9］杨小娟，阳冬波，贾红，巩建强. 新能源汽车可靠性大数据分析技术研究 [J]. 公路交通科技，2017, 34:123-127.

［10］谷晓会，章国安. 移动边缘计算在车载网中的应用综述 [J/OL]. 计算机应用研究 .https://doi.org/10.19734/j.issn.1001-3695.2019.01.0001.

［11］李然，武俊峰，王海英. 电动公交客车 CAN 总线网络通信结构的设计 [J]. 哈尔滨理工大学学报，2012, 17(1):69-73.

［12］Ling L , Chao S , Yong-Bo X , et al. A research on cell inconsistency prediction of power battery using Gaussian process regression[C]// The Second International Conference on Image, Video Processing and Artificial Intelligence. 2019.

整车安全篇 | 新能源整车及零部件安全、车辆数据分析研究与安全测试规范的迭代
——侧重大数据在新能源乘用车产品安全性设计上提升的运用

◎倪绍勇　沙文瀚　刘　琳 *

　　* 倪绍勇，奇瑞新能源汽车股份有限公司研究院院长，正高级工程师；沙文瀚，奇瑞新能汽车股份有限公司电控及架构部和电驱及电器部部长，正高级工程师，东南大学博士研究生，主要从事新能源汽车电驱动系统和电控系统研发工作；刘琳，奇瑞新能源汽车股份有限公司电驱及电器部电器经理，高级工程师，东南大学博士研究生，主要从事新能源汽车电器系统工作。

摘　要: 目前,基于车联网技术的新能源整车数据传输到云平台后,仅依赖有限的人力和传统的统计方法难以对海量、实时、格式繁杂的数据进行有效分析和处理。本文借助大数据分析工具和方法,实现数据的监控与挖掘,并衍生出对优化用户体验和转变商业模式具有重要价值的数据。本文围绕车辆的账户体系、状态数据、驾驶行为、用户习惯、交通天气等大数据信息,从规范信息收集、挖掘数据价值、创新分析方法、拓展应用领域四个方面,全面阐述新能源汽车大数据分析的技术手段和应用价值,尤其是在汽车安全方面发挥的重要作用。

关键词: 新能源汽车　大数据　汽车安全　行为分析　故障诊断

一　前言

随着信息时代的来临，大数据吸引了社会各界越来越多的关注，预计 2020 年我国数据总量约占全球数据总量的 21%。大数据是指无法在一定时间范围内用常规软件工具进行捕捉、管理和处理的数据集合，是需要新处理模式才能具有更强的决策力、洞察发现力和流程优化能力的海量、高增长率和多样化的信息资产。大数据作为时下最流行的词，开始向各行各业渗透辐射，特别是颠覆了传统行业的管理和运营思维。大数据在汽车行业释放的巨大商业价值吸引着诸多汽车行业人士的兴趣和关注。探讨和学习如何借助大数据为汽车行业经营管理服务也是当今汽车行业面临的挑战。

国家层面的战略规划凸显了云平台和大数据的重要性，预计未来 10 年内汽车产业将真正进入大数据时代。2018 年 1 月，国家发改委公布的《智能汽车创新发展战略 (征求意见稿)》中明确提出"建设国家智能汽车大数据云控基础平台"，要求建设的大数据平台需支撑智能网联汽车的运行、安全、管理等。2018 年 12 月，工信部印发的《车联网 (智能网联汽车) 产业发展行动计划》指出要推动建设成互联互通、数据共享、商业化机制的"大数据及云平台"，最终实现智能网联汽车"人 - 车 - 路 - 云"高度协同的目标。

用户在使用车辆过程中产生的大量整车数据及驾驶数据可上传至智能网联汽车的云平台。上述数据可为云平台预测用户行为演化趋势、提升服务水平提供思路和参考，且针对汽车产品的维修保养、故障保险、功能改进及工程改良等相关的设计开发与使用流程都具备一定的潜在价值。2018 年，针对出租车司机驾驶数据进行的大数据分析表明频繁变道行驶对收益呈现负相关影响，其分析结果可实时调整出租车运营模式。康军等利用大数据对车辆日常运行中产生的大量行驶数据进行分析，对车辆状态进行安全预警与监管，并介绍监控平台的架构和功能。张坤等对电动汽车售后服务站维修大数据进行详细分析，得出电池、电驱、电控及其他系统的故障分布规律。杨波通过大数据分析精准定位目标客户群体及其需求，为客户提供更高水平的个性化服务。侯庆坤借用大数据平台充分分析市场信息帮助企业在生产方式和服务模式上做出最佳决策。2020 年，付建秋等对汽车生产企业的质量中台进行大数据分析，便于将质量管理中各分项进行整合，以实现质量管理的信息化和中台化。刘木林等依据对电动汽车动力电池包试验数据进行大数据分析的结果提供一套全面完整的热失控预警系统和热失控应对措施。董学锋收集乘用车整备质量、油箱容积、燃油消耗量数据并进行大数据分析的结果为供油系统设计和新能源乘用车续航里程对标燃油车提供参考依据。

本文对预设数据项进行收集并利用大数据进行分析，其分析结果为整车开发工作提供全面指导，以提升汽车的性能、安全、体验感及品牌效应。比如，由大量日常驾驶数据所反映分析出来的用户习惯和功能需求，车企可精准定制个性化服务以满足客户需求，并借用 OTA 升级功能持续迭代功能以及时满足客户定制化功能需求。新能源汽车较传统燃油车控制系统更加复杂，对车辆的智能化诊断是未来趋势。借用大数据对车辆采集数据进行智能分析，可在车辆全生命周期内实时监控车辆状态，一旦发现车辆存在故障风险可提前处置，极大地提升了车辆的安全性。

二　汽车大数据信息收集

作为物联网分支在汽车领域的发展，车联网是以车辆为信息感知对象，借助新一代信息通信技术，实现车与车、人、路、服务平台之间的网络连接。基于车联网的大数据分析，可提升车辆整体的智能驾驶水平，为用户提供安全、舒适、智能、高效的驾驶感受与交通服务，同时提高交通运行效率，提升社会交通服务的智能化水平，而数据采集为大数据分析之基石。

（一）车辆常规驾驶数据的收集

为保障新能源汽车的安全，监控车辆的运行状态，规范统一新能源电动车的行业标准，工信部相继下发《工业和信息化部关于进一步做好新能源汽车推广应用安全监管工作的通知》和《新能源汽车生产企业及产品准入管理规定》指导文件，并在 2016 年底颁布国标 GB/T 32960《电动汽车远程服务与管理系统技术规范》。

如图 1 所示，新能源汽车常规驾驶数据可从以下几个方面进行收集。

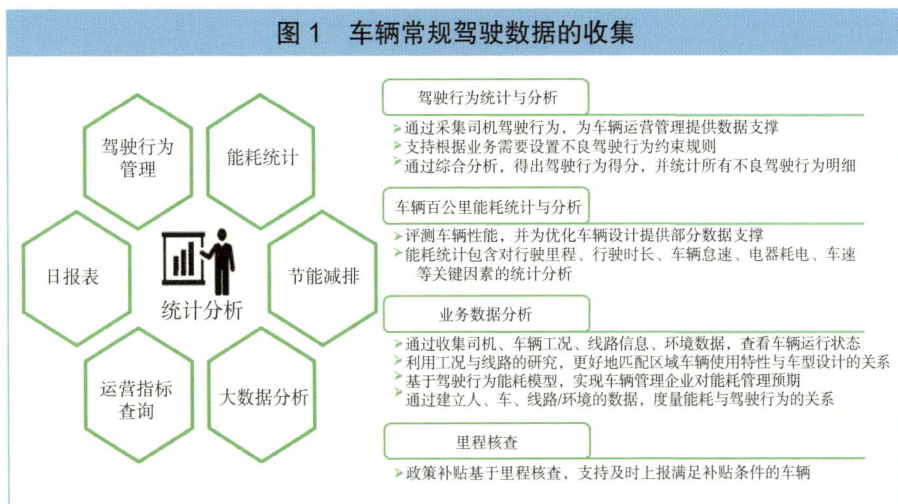

图 1　车辆常规驾驶数据的收集

（1）根据国标 GB/T 32960《电动汽车远程服务与管理系统技术规范》要求，需要一套远程监控系统实现数据采集、传送、保存、分析等功能，系统运行架构见图 2。新能源汽车内部安装的远程监控模块除了采集并上传 GB/T 32960《电动汽车远程服务与管理系统技术规范》规定的车辆行驶速度、车辆挡位、电池参数等信息外，还上传车厂自定义的方向盘转角信号，用户的驾驶行为及操作习惯等相关数据。车载终端采集数据后，通过移动通信网络按照指定的频次上传到监控平台，由监控平台对数据进行解析和存储。

（2）采集整车安全数据。监控平台对整车安全数据进行监控和分析，如车辆的运行状态，动力电池的温度、电压等，实时监控此关键参数，启动车辆的安全监管，当车辆出现异常时，及时通知车主维修和保养。

（3）采集用户行为数据。用户行为数据又分为用户的驾驶习惯数据和行为爱好数据。①驾驶习惯数据，主要采集用户驾驶时，是否有急加速、急减速、急转向等；行驶路径是走高速多，还是山路多，监控平台采集这些数据，为用户进行驾驶行为评分，提醒用户后期驾驶注意安全，并对用户的出行及时推送行驶路线。②行为爱好数据，此数据主要采集用户的业余爱好数据，如用户平时是听收音机多还是听音乐多，若是听音乐，听什么样的音乐等，监控平台采集这些数据后进行分析，系统根据用户的爱好，自动更新该用户的行为爱好数据库，实施推送功能。

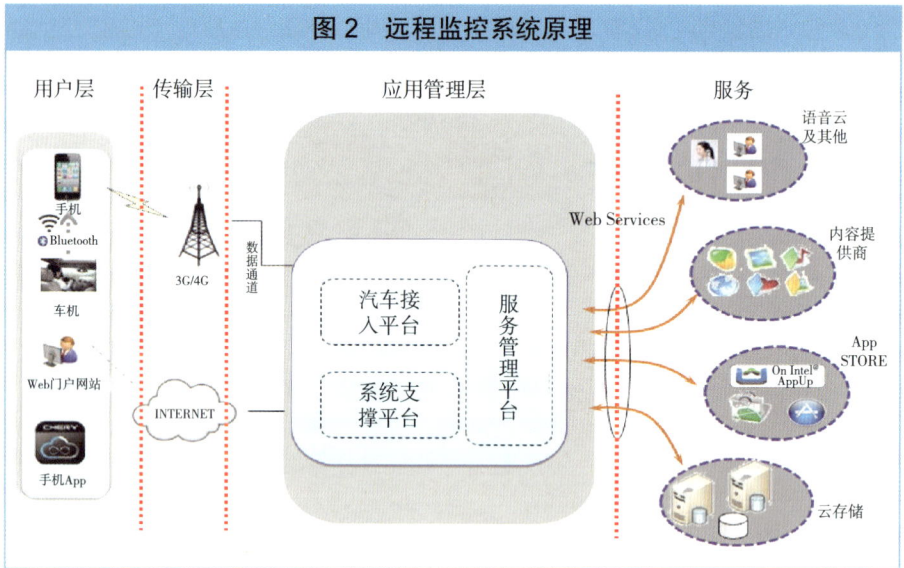

图 2　远程监控系统原理

（二）厂家自定义的额外驾驶数据收集

为了更好地满足客户的共性需求和私人订制的需求，在更加深入地了解不同客户群体和个体、满足国标 GB/T 32960 的基础上，车企需定义额外收集的数据集群。比如，驾驶员账户信息、驾驶习惯、天气路况判定、车辆防盗和安全事故管理、功能使用习惯偏好、远程功能使用偏好。

1. 驾驶员账户信息

收集驾驶员的账户信息，作为数据分类的基础。车辆以自动人脸识别、指纹识别或驾驶员主动输入等方式区分驾驶员，设定不同账户，后续的所有数据按驾驶员账户分类后进行分析和评估。

2. 驾驶习惯

在区分驾驶员账户的基础上，采集相应数据判断不同驾驶员的驾驶习惯，适应性更改不同的控制状态，以更好地满足不同的用户。如采集车辆驾驶模式（SPORT/ECO/NORMAL/ 长航 / 雪地等）、能量回收等级、动力系统模式（四驱、两驱、增程、混动等）等信息。

3. 天气路况判定

根据不同车辆在同一位置的打滑或抱死状态、车速、坡度等，结合地图反馈的路况，综合判定实时路况，提高路况的识别度和真实度。根据各个 GPS 位置、车辆阳光传感器、雨刮、外温传感器、雾灯、位置灯、大灯等信息，结合天气预报分析更具体区域的实时天气状态，提醒用户雨天、雾天、雪天。采集数据包括驱动防滑系统控制状态、ABS 状态、拖滞力控制系统工作状态等数据。

4. 车辆防盗和安全事故管理

车辆下电静止时加速度过大，则判定为车身异常抖动。在车身异常抖动、车身防盗触发或启动防盗触发等状态下，车辆从休眠中唤醒，平台及时采集车辆 360 摄像头、室内摄像头及其他头像设备的数据。采集数据包括加速度传感器加速度值、车身防盗状态、启动防盗状态、360 摄像头图像信息等。

5. 功能使用习惯偏好

空调系统功能、音响娱乐功能、底盘和车身安全等具有硬件按钮开关和大屏的软开关两种控制方式，在区分账户的基础上，采集各项功能的开关和使用状态，了解不同地区、不同驾驶员习惯和偏好的第一手数据，优化后续功能设计。采集数据包括空调状态、鼓风机模式、鼓风机风量档位和转速等数据。

6. 远程功能使用偏好

远程功能包括远程空调、远程开闭锁、远程设防、远程充电、远程寻车、远程升降窗、智能补电、远程座椅加热等，采集控制人位置、车辆位置以及相关信息判定各功能的使用场景和使用状态等。自定义采集信息包括远程空调工作状态、远程开闭锁状态、远程设防状态等。

（三）车辆常规报警信息收集

关于新能源车辆安全监控，国标 GB/T 32960 中定义了 19 项通用报警，并将报警等级按照规则分为 3 级、2 级、1 级。企业可自定义其他报警项上报国家及地方监控平台。

1. 3 级报警

需要立即停车请求救援的报警项定义为 3 级报警，报警项有绝缘报警和动力电池过充报警。车辆触发 3 级报警后，车载远程监控模块按 1 秒 / 条频率上报实时数据持续 30s，且以 1 秒 / 条频率补发报警前 30s 数据，保证报警的前后数据。

若车辆放电回路严重漏电或绝缘阻值小于 170 千欧且维持 7 秒，则触发 3 级报警，整车切断高压回路，远程监控模块按预设频率上报该报警至企业平台后，由企业平台将报警信息弹窗提醒工作人员，并通知联通 400 服务确认实车情况，为用户提供援助。

2. 2 级报警

影响车辆性能或限制行驶的报警项定义为 2 级报警，共 13 项，报警项有动力蓄电池包欠压报警、单体蓄电池欠压报警、动力蓄电池包过压报警和单体蓄电池过压报警等。

整车 KL15 有效时，环路互锁电压小于 1V 且持续时间 300~400ms，则触发环路互锁报警，整车切断高压回路。

电池高温报警阈值受电池的材料、性能、容量等因素影响，若某电池在放电模式下，当单体最高温度 ≥58℃ 且持续 2s，则触发电池高温报警，整车限制功率，远程监控模块上传报警至监控平台；若某电池在充电模式下，当单体最高温度 ≥55℃ 且持续 2s，则整车切断高压回路。

若整车 | 总电流 | < 5A，静态压差 ≥200mV 且持续 1s 或 | 总电流 | > 20A，动态压差 ≥550mV 且持续 3s，则触发动力蓄电池一致性差报警，整车限功率。

3. 1 级报警

暂不影响车辆正常行驶报警项定义为 1 级报警，共 4 项报警，包括 SOC 低报警、DC-DC 温度报警、SOC 过高报警和 SOC 跳变报警。

4. 报警信息的收集

车辆报警信息的收集主要分为四个部分：报警系统数据要求和机制、故障预警系统模型对数据的应用、报警信息数据应用规则详细示例、厂家自定义的额外报警和诊断信息收集。

（1）报警系统数据要求和机制

模型的数据项和要求均来源于《电动汽车远程服务与管理系统技术规范 第3部分：通信协议及数据格式》(GB/T 32960.3-2016)，如图3所示，对参数大小阈值、参数变化率的阈值和模型的预警方式均提出要求。

图3　模型的数据项和要求示例

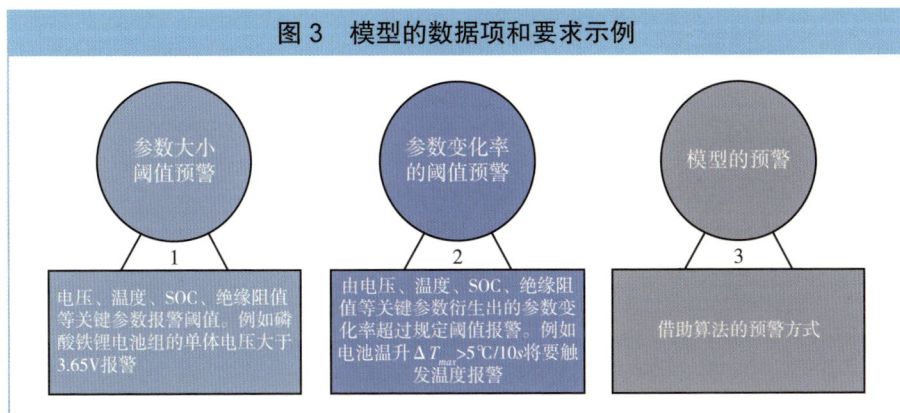

参数大小阈值预警

电压、温度、SOC、绝缘阻值等关键参数报警阈值。例如磷酸铁锂电池组的单体电压大于3.65V报警

参数变化率的阈值预警

由电压、温度、SOC、绝缘阻值等关键参数衍生出的参数变化率超过规定阈值报警。例如电池温升 ΔT_{max} >5℃/10s将要触发温度报警

模型的预警

借助算法的预警方式

（2）故障预警系统模型对数据的应用

数据输入项：时间、单体电压、单体探针温度、最高温度、最低温度、总电压、总电流、里程、SOC；经过模型分析输出数据项：异常系数值、潜在异常单体编号、IC峰值。

（3）报警信息数据应用规则详细示例

温度差异预警、电池高温预警、车载储能装置类型过压预警、车载储能装置类型欠压预警、SOC低预警、单体电池过压预警、单体电池欠压预警、SOC过高预警、SOC跳变预警、电池单体一致性差预警、绝缘预警、DC-DC状态预警、驱动电机控制器温度预警、驱动电机温度预警和车载储能装置类型过充预警应用规则如表1所示。

表 1　报警项应用规则

预警项	应用规则
温度差异预警	电池单体温度最高值 – 电池单体温度最低值 >5℃
电池高温预警	40℃ ≤ 单体电池温度最高温度 <45℃
车载储能装置类型过压预警	总电压 >465V
车载储能装置类型欠压预警	总电压 <300V
SOC 低预警	SOC<30%
单体电池过压预警	电池单体电压最高值 >4.4mV
单体电池欠压预警	电池单体电压最低值 <2mV
SOC 过高预警	SOC>100%
SOC 跳变预警	当前帧 SOC – 上一帧 SOC ≥ 10%
电池单体一致性差预警	电池单体电压最高值 - 电池单体电压最低值 ≥ 10mV
绝缘预警	绝缘电阻 ≤ 100kΩ
DC-DC 状态预警	DC-DC 状态 = 254℃
驱动电机控制器温度预警	驱动电机控制器温度 ≥ 210℃
驱动电机温度预警	驱动电机温度 ≥ 210℃
车载储能装置类型过充预警	SOC ≥ 101%

（4）厂家自定义的额外报警和诊断信息收集

自定义收集的报警和诊断信息，为用户提示和报警、优化售后服务、统计不同地区不同人群的车辆使用状态和车辆质量状态等。自定义采集信息包括蓄电池电压、坡度、纵向加速度、横向加速度等。

三　汽车大数据常规应用

本部分从车辆安全性故障的主动联系、车辆事故主动救援和车辆常规故障售后关怀三个方面阐述汽车大数据常规应用。

（一）车辆安全性故障的主动联系

远程监控平台建立车辆数据安全预警系统，对远程监控模块上传的数据，进行日分析、周分析、月分析，并形成车辆安全报表，并根据 GB/T 32960 中定义的和公司自定义的报警项和报警等级，对报表中出现的车辆异常数据进行不同方式的处理，处理方式如表 2 所示。

表 2　报警处理方式

分类	故障描述	处理方式
等级低	不影响正常行驶，不影响客户使用	车辆进站维修或保养时，服务站系统可以看到此故障，进行问题排查和维修处理
等级中	不影响正常行驶，影响客户使用	车辆进站维修或保养时，服务站系统可以看到此故障，进行问题排查和维修处理
等级较高	影响车辆性能，限制行驶	短信通知车主，让其进站维修
等级高	产生事故或生命安全	短信通知车主，必要时电话联系车主，让其靠边停车，并等待救援

（二）车辆事故主动救援

1. 主动救援触发条件

①安全气囊模块检测车辆发生碰撞后发送硬线信号或 CAN 报文救援信号给远程监控模块。

②车主主动开启救援开关（大屏内置软开关或顶灯物理开关）后通过串口通信或 CAN 总线发送救援信号至远程监控模块。

2. 主动救援报警及处理

①远程监控模块接收到救援信号后由 4G 无线通信按 1 条 /s 上传救援报警信号和车辆实时数据至 TSP 平台。

② TSP 平台按 1 条 /s 存储远程监控模块上传数据，并发送救援报警信号、车主信息、车辆状态和车辆位置等给 400 客服。

③ 400 客服主动电话联系车主进行救援确认；若车主确认需要救援或与车主失联，则通知待救援车辆位置最近售后服务站派工作人员去指点位置救援车主并上报处理结果给 TSP 平台。特别地，在确认车主处于危险时，立即电话报警和联系医院；若车主确认救援报警误报或服务站工作人员现场确认救援报警

误报，则服务站结束救援并上传 TSP 平台处理结果。

3. 主动救援工作流程

当主动救援触发条件满足后，远程监控模块通过无线通信对平台进行救援预警，平台通知 400 客服进行救援确认，主动救援工作流程如图 4 所示。

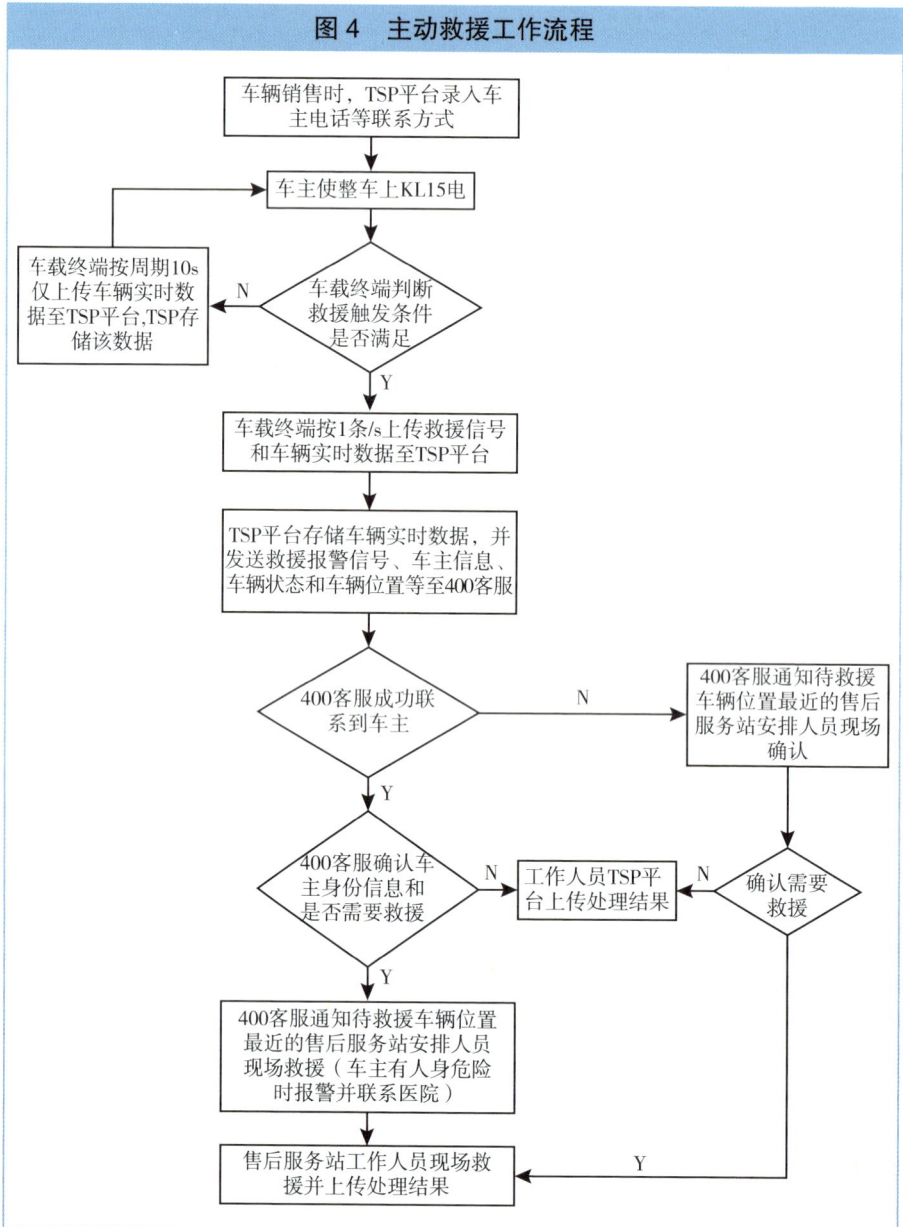

图 4　主动救援工作流程

（三）车辆常规故障售后关怀

监控平台对采集的数据进行后台分析，若判断车辆出现故障或存在故障风险时，以短信、电话或邮件等方式告知客户当前存在的故障和可能造成的影响，对于软件可以解决的问题，可从后台推送更新控制软件进行远程升级；对于硬件问题，主动提出保养、返厂维修或换件等建议。示例如下。

（1）对于不同季节的温度情况设定最优的胎压范围，当客户胎压处于最优范围之外（并不一定是胎压故障），主动告知客户当前车辆实际胎压，并告知最优胎压范围，建议自行打气或放气；若客户没有条件自己打气，可以根据客户车辆的 GPS 位置，主动推送附近的 4S 店或维修服务点，建议客户前往。

（2）当车辆启动校验失败或车身防盗触发时，主动告知客户车辆启动校验失败或车身防盗触发的状态，提醒客户存在安全隐患，并提供车辆当前位置，客户可在 App 上禁止车辆启动。

（3）当车辆持续没有启动超过若干天且蓄电池电压低于安全阈值时，对不具备智能补电功能车辆，需主动提示客户启动车辆，以保证车辆蓄电池的健康状态，否则可能无法启动；对具备智能补电功能车辆，主动进行补电，并告知车辆补电的状态，让客户知晓功能的有效，让客户感受到贴心和安全。

（4）当车辆启动过程中蓄电池电压低于合理阈值时，通过数据分析可能的原因，主动告知客户故障状态，提出进站维修的建议，服务站根据大数据分析结果可以直接检查保险、检查蓄电池健康度或检查 DCDC，提高故障解决的效率。

（5）当坡度传感器故障导致坡道辅助等功能失效时，及时告知客户当前状态，提出进站维护等建议措施，防止客户将车停在坡道上，起步时发生意料之外的车辆溜坡，甚至引发安全事故。

（6）当冷却水泵、冷却风扇发生故障时，告知客户可能发生动力系统过温、限功率行驶等情况，提示有可能的安全风险，并在维修前暂时避免剧烈驾驶、超车或上高速等。

（7）当发生压缩机故障、PTC 故障或热泵故障时，主动告知客户发生的问题，避免到夏季炎热或冬季寒冷需要使用空调时，才发现空调无法工作。

四　大数据分析运用

新一代的汽车消费者主要群体为"80后"和"90后"，与前代消费者不同，他们的成长伴随着信息科技的巨大飞跃，从互联网到物联网。智能手机、智能家居、智能穿戴、智能汽车等智能产品不断涌现，人类开启了智慧生活的全新时代。因此，为满足当前主流市场及主流用户需求，汽车厂家及时打破传统汽车座舱信息设计的惯性思维，使汽车成为物联网中的一部分，具有重要的战略意义。

（一）结合用户的操作习惯分析，改善开关的布局、分类（软开关/硬开关）以及交互流程

1. 传统开关布局弊端

传统开关主要弊端为按键实体化和功能碎片化，如下所示。

①按键实体化，人与车之间的对话通过点、按、旋钮式的实体按键操作，导致车与人之间车机显示输出分区分散。

②功能碎片化，不同车厂的功能与按键分布不同，用户通常需要学习时间，碎片化的功能分布和复杂的操作环境，导致用户的注意力被分散，降低了驾驶体验。

2. 未来开关布局方向

未来开关布局主要方向为按键虚拟集成和功能集成化，如下所示。

①按键虚拟集成，利用近似于智能手机的虚拟键盘，集成软开关面板，同时加入手势识别、语言控制等其他交互式输入方式，满足不同的输入需求。

②功能集成化，开发仪表、音响、空调、HUD等功能的交互显示系统，理想中的交互方式，非某一种交互方式，而是达到多种交互方式的融合，贴近用户驾驶习惯，确保在大量复杂多变的信息承载中，用户想看到的信息放在最佳位置，提升行车体验与行车安全。

（二）结合用户的驾驶习惯分析，改善整车的标定，提升安全性，降低油耗

（1）车辆以自动人脸识别、指纹识别或驾驶员主动输入等方式区分驾驶员，设定不同账户，根据不同账户驾驶时的数据判断客户习惯和偏好，使用不同的功能参数；

（2）判断不同账户用户驱动驾驶风格，区分为经济驱动、标准驱动、运动驱动三种驱动驾驶风格，根据不同车速定义不同油门开度阈值。区分方式如下。

①满足下列条件则归为经济驱动风格：驾驶员在不同车速下控制最大油门开度偏小、油门变大速度慢、ECO 模式为车辆常用模式、两驱动力为车辆常用动力模式。

②满足下列条件则归为标准驱动风格：驾驶员在不同车速下控制最大油门开度中等、油门变大速度中等、NORMAL 模式为车辆常用模式、两驱或四驱的动力模式均经常使用。

③满足下列条件则归为运动驱动风格：驾驶员在不同车速下控制最大油门开度偏大、油门变大速度快、SPORT 模式为车辆常用模式、四驱动力模式为常用动力模式。

（3）根据不同驱动驾驶风格的用户，选择不同的油门 map、不同的驱动扭矩变化速度梯度和不同的峰值驱动扭矩，从经济型到运动型，驱动扭矩变化速度梯度和峰值驱动扭矩逐渐增大。将符合客户偏好的油门标定数据推送给用户，用户可以选择远程刷新匹配自己驱动驾驶风格的功能参数。

（4）判断不同账户用户制动风格，区分为经济制动、标准制动、运动制动三种制动风格，在用户制动状态下，根据路面坡度定义不同的减速度阈值，区分方式如下。

①满足下列条件的用户考虑归为经济制动风格：驾驶员制动时的实际减速度偏小、制动开度偏小、ECO 模式为车辆常用模式、两驱动力为车辆常用动力模式。

②满足下列条件的用户考虑归为标准制动风格：驾驶员制动时的实际减速度中等、制动开度中等、NORMAL 模式为车辆常用模式、两驱或四驱的动力模

式均经常使用。

③满足下列条件的用户考虑归为运动制动风格：驾驶员制动时的实际减速度大、制动开度大、SPORT 模式为车辆常用模式、四驱动力模式为常用动力模式。

（5）根据不同制动驾驶风格的用户，在满足制动安全和法规的前提下，选择不同的制动力曲线，不同制动力开度对应不同的总制动力。对于滑行电制动力，从经济型到运动型，最大电制动力和电制动力变化速度梯度逐渐增大。将符合客户偏好的制动标定数据推送给用户，用户可以选择远程刷新匹配自己制动风格的功能参数。

（6）对于经济型驱动或制动的用户，在四驱模式下，控制前后电机扭矩分配时以经济性为主要目标，控制前后电机的总驱动和总发电效率最高；对于标准型驱动或制动的用户，在四驱模式下，控制前后电机扭矩分配时以经济性和动力性均衡为主要目标，控制前后电机的总驱动和总发电效率较高，动力性一般或较好；对于运动型驱动或制动的用户，在四驱模式下，控制前后电机扭矩分配时以动力性能强为主要目标，驱动时以最佳驱动力曲线为控制目标，制动时以最佳制动力曲线为目标，充分发挥驱动和制动性能。

（三）结合故障严重度的大数据分析，提前处置

针对整车严重度较高的故障，可通过大数据分析提前进行处置，提升车辆的安全性。比如，大数据分析车辆潜在发生涉及安全故障的电驱动系统、电池故障、制动故障等时，可通过及时告知客户或后台预警等方式提前处置，提高车辆的安全性。

（四）结合常规故障的大数据分析，提升产品质量，将故障消灭在萌芽阶段

以电驱动系统故障为例，根据故障危害程度可将电驱动系统故障等级分为致命故障、严重故障、一般故障、轻微故障共 4 个级别。对电驱动系统的运行状态进行监控，可保障车辆的驾驶安全性，避免人员受伤，故障特性描述见表 3。

故障等级	故障类型	故障特性
一级	致命故障	（1）危及人身安全 （2）影响行车安全 （3）对周围环境造成严重危害 （1）造成车辆在故障发生地不能行使 （2）主要零部件功能失效 （3）引起整车其他相关主要零部件严重损坏
二级	严重故障	（1）造成车辆不能正常行驶，但可以从发生故障地点移动到路边，等待救援 （2）性能发生较明显的衰退
三级	一般故障	（1）非主要零部件故障，可以从发生故障地点非正常开到停车场 （2）非主要零部件故障，能用易损备件和随车工具在短时间内排除
四级	轻微故障	（1）不需更换零部件，车辆仍能正常运行 （2）不需更换零部件，可用随车工具在短时间内排除

表 3　驱动电机系统的故障分类

故障诊断和故障预测是两个不同的阶段，故障诊断是在故障发生后实行的一系列措施，找出故障位置、排查故障原因以及解决故障问题。而故障预测是基于故障发生前的历史数据提前预测将要发生的故障时间或故障位置。依据历史数据对故障进行预测，制定相应的策略，降低故障发生的严重度，使其工作在合理的范围内。

根据故障定义和故障检测机制，电机控制系统可以实时采集电机的电压、电流、转速、转矩及温度等数据对电机当前的工作状态进行评估，预测电机接下来的工作状态，在发生严重故障前给出故障警告，降低故障等级，提高安全性。

针对整车的实际应用和控制策略将电驱动系统故障分为 3 个等级。

（1）对于电机控制器禁止输出的定义为一级故障，故障项包括相电流过流故障、直流母线过流故障、逆变器故障等。

（2）对于电机控制器停止输出的故障定义为二级故障，故障项有直流母线欠压故障、CAN 通信故障、电机模式故障。

（3）对于电机控制器降功率的故障定义为三级故障，故障项包括电机温度过温警告、IGBT 温度过温警告、A 相电流过流警告等。

其中，上述三级故障是对部分一级故障进行预测，在发生严重故障之前降低电驱动系统的输出功率，避免发生严重故障，降低对整车的影响。

（五）账户体系等和微信、多媒体系统、4GWiFi 之类的通用账户体系绑定

汽车厂家通过开发第三方的用户账号管理车机版 App，内含如车机微信、车机 QQ 音乐、在线导航、在线音乐等 App，实现手机与车机账号的互通。针对未来出行场景，车、家、手机将实现自动关联、智能规划，其主要内容如下。

1. 用户车辆登录

利用手机授权确认用户身份，关联用户常用手机软件。通过常用路线导入、个人社交软件绑定、车辆设置参数调节等个性化设置，实现人车结合。

2. 用户车辆驾驶

利用第三方音乐软件听歌、K 歌，满足驾驶娱乐体验。通过车载通信、位置分享、社交、车队管理、随车分享周边趣味照片，实现车车结合。

3. 用户回家判断

回家途中，根据用户具体需求或智能判断，实现开启空调，加热饮用水，控制灯光窗帘等智能家居服务，实现车家结合。

4. 用户在线服务

用户通过手机关联车辆登录账户，一方面，实现停车收费，充电提醒，智能推荐附近充电桩，违章查询，维修等智能生活服务。另一方面，实现车辆状态（门锁状态、窗户状态、行驶里程、行驶路线、胎压、电量及续航里程等信息）了解、空调制热或制冷开启等远程功能。

（六）大数据智能分析为人、车、出行等多维度优化支持

基于车联网的大数据智能分析可以从人、车、出行等多个维度做出优化支持，主要支持主体为车厂、车主、汽车产业链和具体应用场景。

1. 大数据对车厂

基于大数据分析可以解决车厂传统业务中靠人力和经验无法真正解决的痛点问题，以实际数据来验证、评价、预测相关业务的正确性，更全面地为车厂创造更多的价值。从经济性、环境适用性、可靠性、安全性等方面挖掘数据价值，从而向车厂研发部、质量部提供业务决策依据。

2. 大数据对车主

车主画像，基于数据采集及收集，通过人与地理位置的结合、变化、频次等状态，实现人群标签划分、线下场景捕捉，提供精准的用户画像，帮助企业深入洞察用户，提升运营效率，实现精准营销以及业务创新。

3. 大数据对汽车产业链

随着车联大数据分析平台人、车实际数据整合与规模不断扩大，可根据不同行业客户的特点（如保险公司、运营车队、新能源车租赁公司、二手车评估平台等），提供定制化的大数据发布服务（脱敏数据、分析结果数据、分析报告等），充分体现"自有数据运营"的价值。

4. 大数据的具体应用场景

基于大数据分析可实现多数据整合、收集海量数据和数据再次加工，如下所示。

①多数据源整合，数据来自多个不同的业务系统，需要对接各种数据源并整合成统一数据仓库。

②收集海量数据，积累的数据越来越多，数据体量越来越大，对数据分析的精度就会越来越高。

③数据再次加工，获取到海量源数据后，需要再对数据进行清洗、删减、计算等再次加工操作。

（七）大数据分析支撑的安全测试规范及迭代

通过监控平台对远程监控模块上传的车辆数据进行大数据分析的结果可支撑完善车辆安全测试规范并持续迭代更新。

1. 安全测试规范

在车辆验证阶段，车辆搭载的远程监控模块实时采集并上传预设数据项至监控平台，监控平台对该数据进行大数据分析，且该分析结果可反向指导完善整车标定测试用例，不断使整车安全测试规范更加规范化、统一化、标准化。比如，车辆的低温动力性必须满足日常加速使用需求，环境温度过低导致单体电池温度过低时，可通过大数据分析结果实时调整相关动态参数使电池的允许放电电流能力达到最佳状态，不仅满足整车动力性能需求，而且也保护电池性能不被消减。

2. 迭代过程

安全测试规范可依据大数据分析结果借用远程 OTA 升级功能不断完成迭代。当监控平台通过大数据分析给出车辆建设性指导建议时，特别是完善车辆整体性能或通过统计分析车主使用习惯为车主定制个性化服务时，车企可通过远程 OTA 升级功能对整车相关 ECU 软件进行远程升级，不仅能够实现客户精准服务，还能提升整车性能、质量、口碑等。

以提升客户体验感为例，如图 5 所示，根据大数据分析出车主喜欢的风格，对车辆相关 ECU 软件进行有针对性地开发，并有计划地对指定车辆远程定向 OTA 升级进行修复。其升级流程如下。

①将自身的固件版本信息通过 POST 上传至车联网平台，获取 Update.zip 的地址。

②车辆上线后，可在车联网平台获取到 Update.zip 的地址后，通过 GET 获取带有更新包 Md5 信息的 XML 文件。

③车辆获取更新包地址后，先比对版本号，如果版本号更新，再对比一下

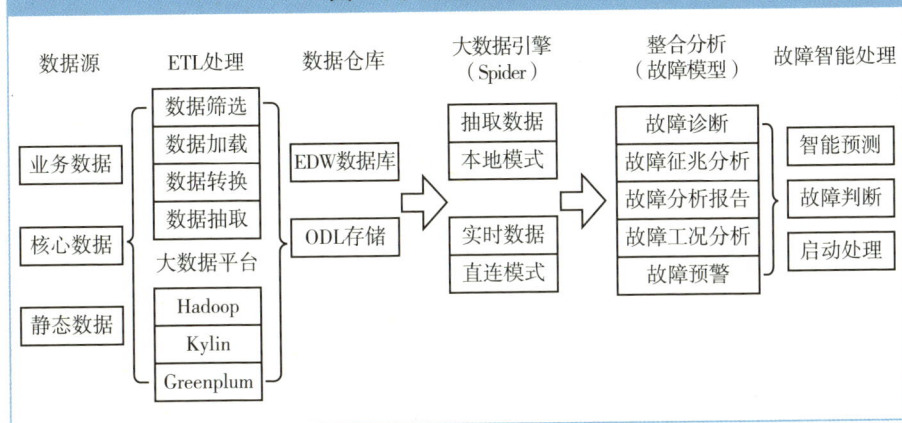

图 5　大数据分析架构

MD5, 如果 MD5 值不一致，则删除当前更新包，重新下载。

④ OTA 更新包下载完成之后，验证包的完整性和复制 SD 卡中的固件到 Cache 中。

上述车联网数据库结构设计包括车辆基本信息（整车物料号、车架号、车牌号等）、车主信息（手机号、用户名、地址等）、实时数据（采集时间、动力蓄电池包总数、温度探针总数等）、终端升级信息（升级版本、升级说明、升级文件地址等）、车辆远程诊断信息。

其中，远程诊断信息包括 BMS 模块诊断数据流表（电池平均温度、Link 电压、母线电流等）、VCU 模块诊断数据流表（车速、DCDC 负载、小电池电压等）、BMS 诊断模块版本信息表（零件号、软件版本号、硬件版本号等）、RVM 诊断模块版本信息表（温度值、系统供应商、boot 软件版本号等）、车辆远程诊断历史记录表（BMS 诊断结果、VCU 诊断结果、RVM 诊断结果等）和模块诊断版本信息（VCU Bootloader 版本号、VCU 软件版本号、VCU 控制器序列号等）。

五　总结与展望

依靠大数据强大的分析能力，可预测用户的行为趋势，车企可根据用户驾车习惯精准推荐合适的服务产品，为车企销售开启全新的零售模式。智能网联汽车就是将汽车与各种别的物体相连接，使汽车和别的物体之间形成信息交换，并且可以将汽车接入互联网，通过信息的交换和互联网，可使汽车实现多种功能。比如，在线多媒体娱乐功能，在线实时导航系统，智能导航系统，远程车况检测与故障预警，主动救援等。

车企依据大数据分析结果可在车辆生产验证阶段或量产后借用 OTA 升级功能不断提升车辆性能，特别是，通过大数据进行数据收集、抽取和分析，在现有故障码诊断的基础上，集成人工诊断经验，将原本工程师人工分析的过程，通过数据库和软件变为自动执行以实现故障智能诊断。比如，通过某故障码是动力电池连接松动故障，然后根据各电池单体电压波动情况，软件自动确认发生故障的单体是哪几个，整个诊断过程无须工程师人工分析。对于新发现的故障，可以进行定义，利用数据挖掘的方法完善故障定义和诊断方法，然后再将成熟的定义和方法集成到该功能中，实现一个不断完善的故障智能诊断系统。

参考文献

［1］梅宏.大数据：发展现状与未来趋势［N］.中国信息化周报，2020(007)．

［2］张莉曼，张向先，吴雅威，等.基于小数据的社交类学术 App 用户动态画像模型构建研究［J］.图书情报工作，2020(5):50-59．

［3］康军，温兴超，段宗涛，唐蕾.基于大规模 GPS 轨迹数据的出租车换道行为研究［J］.计算机系统应用，2018(12): 251-256．

［4］佘承其，张照生，刘鹏，孙逢春.大数据分析技术在新能源汽车行业的应用综述——基于新能源汽车运行大数据［J］.机械工程学报，2019(20): 3-16．

［5］张坤，魏东坡，尹文荣，何运丽，韩馥灿.基于大数据的纯电动汽车系统故障规律研究［J］.济宁学院学报，2019(05): 12-16．

［6］杨波.用大数据定位目标客群［N］.中国城乡金融报，2019(A06)．

［7］侯庆坤.大数据在汽车行业的运用及影响分析［J］.现代商业，2019(03): 42-43．

［8］付建秋，宋建懿，朱永辉.汽车制造企业质量中台研究［J］.科技创新与应用，2020(03): 59-60．

［9］刘木林，卜凡涛，林辉，孙洋.电动汽车动力电池热失控过程分析及预警机制设计［J］.汽车实用技术，2020(05): 15-17．

［10］董学锋.基于大数据的乘用车油耗与续驶里程研究［J］.汽车文摘，2020(04): 1-．

整车安全篇 | **大数据在新能源汽车状态健康诊断中的运用研究**

◎刘茂勇　戴大力　张　祺 *

　　* 刘茂勇，浙江合众新能源汽车有限公司云平台开发部总监，主要研究方向为车联网整体业务规划和技术架构；戴大力，浙江合众新能源汽车有限公司 CTO，主要研究方向为新能源汽车工程开发与制造、运行服务；张祺，浙江合众新能源汽车有限公司合众新能源汽车智能座舱研究院院长，主要研究方向为新能源汽车智能化板块的设计开发和运营。

摘 要： 随着 5G 网络投入运行及相关基础设施不断完善，国家 11 部委联合发布《智能汽车创新发展战略》，新能源汽车面临新的发展机遇，同时在安全性上面临诸多新的挑战。本文立足于新能源汽车车辆运行数据的健康诊断，深入探讨大数据及人工智能技术在提升汽车安全设计上的应用，呼吁全行业及产业链深入合作，资源共享，共建规范，推动行业协同发展。

关键词： 车辆安全 智能诊断 大数据 车辆健康

一　引言

（一）研究背景

2019 年人工智能在边缘计算层与工业物联网相结合，成就人工智能工业落地元年。大数据与人工智能技术在未来 2~5 年会对汽车产业产生显著的影响。车联网是汽车、电子、信息通信、道路交通运输等行业深度融合的新型产业，是物联网技术在交通系统领域的典型应用，车联网是人工智能与制造业的完美结合，推动了汽车行业新能源化、智能化、网联化、共享化发展。车联网产业给中国经济和社会发展带来了重要影响。我国《〈中国制造 2025〉重点领域技术路线图》预测指出，到 2025 年，信息化、智能化的汽车可提升 80% 交通效率，减少 90% 交通事故，减少 90% 交通事故死亡人数，减少 25% 以上道路交通 CO_2 排放及能源消耗。基础设施建设方面，我国在 5G 移动通信技术上具备领先优势，北斗卫星导航系统可面向全国提供高精度时空服务，为车联网产业快速发展提供了有力保障。基于"雷达、摄像头和车载高性能处理器"的自主式自动驾驶技术与基于"北斗导航 +5G 通信 + 云计算 + 人工智能"网联式自动驾驶技术道路是相互补充的关系。车联网信息安全需求与传统信息系统网络安全的核心不同，安全级别要求更高，一旦出现安全事件，危害程度比其他信息互联网更大。这就要求全产业链高度重视信息安全、数据安全、产品安全，将安全性放在重要位置。

（二）国内外研究现状

智能网联是汽车行业发展的大趋势，未来几年内，汽车智能化程度会进一步提升。对汽车生产企业而言，在提供更有科技感的智能驾驶体验功能的同时，也要做好汽车会出现电子产品类故障的预防准备。

《21 世纪经济报道》记者查阅相关资料发现，汽车类似的"偶发性故障"时有发生，有些能查明原因，有些则成为未解之谜。《汽车维修技师》杂志曾于 2019 年刊载过一个奥迪 A3 偶发性熄火及停车后无法启动的案例。

针对车辆运行健康安全管理，特斯拉、上海汽车、威马等公司都做了很多尝试。如何利用大数据技术，助力车辆健康安全管理是汽车行业面临的亟须解决的问题。

（三）研究目的及意义

1. 提前发现质量问题

通过车辆状态健康诊断提前发现质量问题，打通客服中心，实时报警，通知客服人员进行相应的处理，通知工程研发部门实时进行质量问题原因分析，发现问题、分析问题、解决问题，并对用户给予关怀。

2. 提前制订纠正措施计划

车辆状态健康诊断是确定汽车质量和整体健康状况。针对车辆健康状况和诊断数据做出的分析能够以不同的方式为驾驶员和汽车生态系统参与者提供帮助。该方案有助于降低车辆的运行成本、缩短对问题的反映时间、减少事故责任和罚款并提升客户体验。此外，该解决方案还有助于针对召回、软件更新、延期服务和服务推广等事宜设计相关活动。

总之在保证数据安全性、提升产品安全性、应用数据提升驾驶体验方面积极探索，安全永远是重中之重。

二 大数据健康诊断在新能源乘用车领域的应用现状

（一）车辆健康诊断现状分析

随着用户对汽车体验要求的提高，汽车电控系统变得越来越复杂，从而来实现更多的智能化功能。为了保证整车下线出厂质量要求，提高售后服务水平，无缝衔接的诊断系统开发在整车开发中的重要度日益凸显。完备的诊断测试系统，不仅能简化零部件供应商的诊断测试工作，更能大大减少 OEM 厂商的诊断测试工作量，也便于对控制器供应商进行系统管理，保证诊断数据的完备性和可靠性。

当前的车辆诊断仍旧存在滞后性、延迟性、误判高、无法及时定位解决问题等。传统的通过致电客服或直接开车到 4S 店排查的方法存在严重的滞后性，与当今信息技术高速发展的大背景不符。且车辆诊断状态不清晰，难以进行明晰界定，数据源也多种多样，不集中，相对而言比较分散。因此，各大整车厂都在尝试构建一套基于车联网上报数据，通过大数据分析与预测，进行车辆状态监控和上报的平台系统。

合众汽车系统化分析梳理了车辆诊断数据来源，对车辆状态健康诊断奠定了数据基础。

表 1　车辆诊断数据来源

类型	涉及 ECU	功能描述	应用场景	适用对象
DTC 故障诊断	整车 ECU	主动上报：每天第一次整车冷启动时，TBOX 主动诊断整车 ECU，上报 DTC 信息给云平台 请求上报：云平台实时查询某个 ECU 的 DTC 信息，TBOX 将对应的 ECU DTC 信息上传	相当于云端"诊断仪"，可日常监控车辆整体故障信息	维修人员、工程研发人员、售后人员
整车数据	整车 ECU	主动上报：TBOX 以 1 次 / 秒的频率采集车辆数据（包括国标数据、企标扩展数据、整车信息、报警信息等），每隔 1 分钟将采集到的车辆数据上传至云平台	支持合众云平台大数据分析；分析整车问题故障信息，快速判断问题	平台运维人员、售后人员、国标申报
CAN 数据	整车 ECU	主动上报：TBOX 监听到故障报警 CAN 报文时，主动上报给云平台，采集时间为事件发生前 10 分钟至发生后 10 分钟 请求上报：云平台主动下发整车 CAN 报文上传的请求，TBOX 将指定时间的 CAN 报文采集并上传	车辆 ECU 发生故障时，利用云端的 CAN 报文数据远程诊断和分析问题原因	研发人员
网络链路	TBOX	请求上报：云平台主动发起 4G 网络通信链路诊断，TBOX 实时监听网络链路并上报结果	快速定位车辆网络通信问题	平台运维人员、TBOX 工程师
诊断日志	座舱 ECU	请求上报：云平台主动发起某个座舱 ECU 的日志数据上传请求，对应 ECU 收到请求后打印和上报日志	开发者利用云端日志数据，远程诊断和分析座舱 ECU 软件问题	工程研发人员

（二）车辆状态健康诊断应用分析

1. 大数据在开发与服务领域的应用

汽车的智能互联系统整合了汽车上的车机、仪表和行车记录仪等多种车载终端设备，以及手机、智能手环、智能手表、智能眼镜等智能设备，实现智能设备(App)、PC(Web)、智能互联平台(TSP)进行交互通信，把用户、车、车厂、4S店、整车厂等相关各方通过互联网联合成一个整体。图1说明了客户驾驶动力性需求

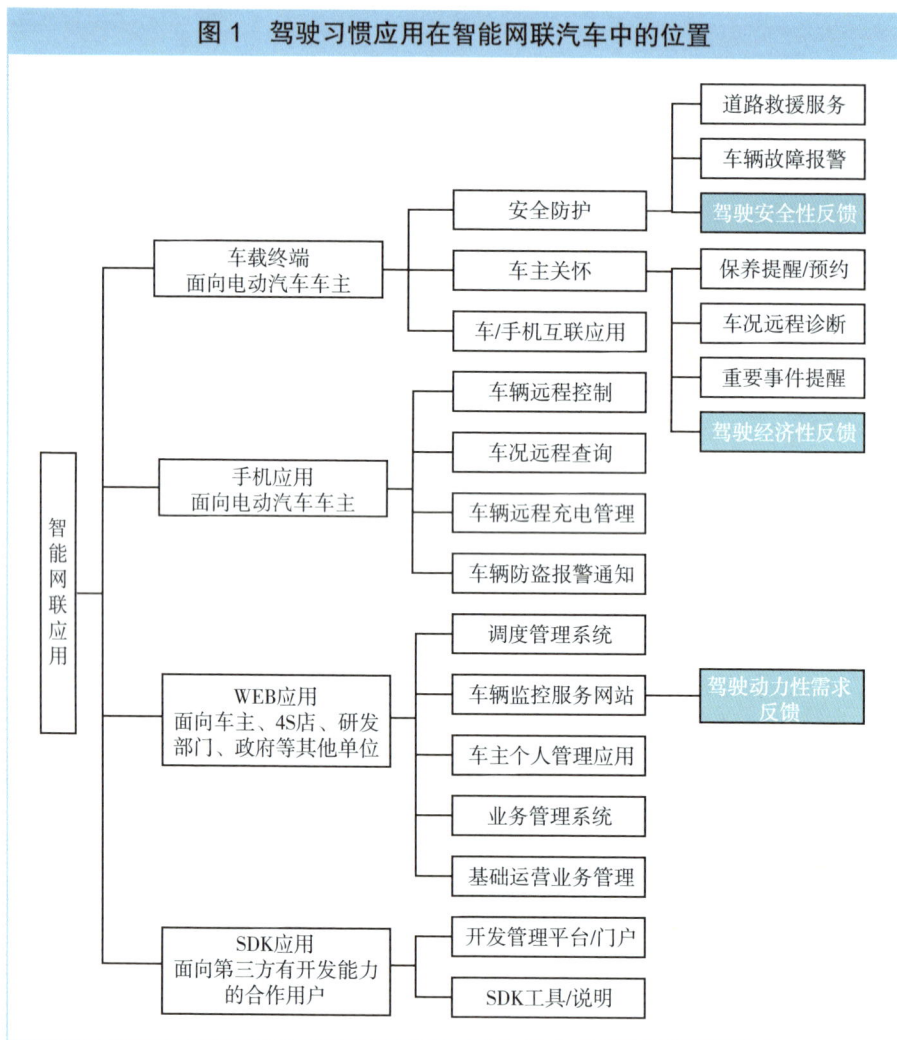

图1　驾驶习惯应用在智能网联汽车中的位置

反馈、驾驶经济性反馈、驾驶安全性反馈的应用在智能网联汽车中的位置。

以合众汽车 EP10 车型为研究平台，基于该硬件平台，通过后台自动收集汽车方向盘转角、车速、加速踏板、车距雷达等传感器数据，研究客户驾驶习惯评价算法。从用户的驾驶动力性、驾驶经济性、驾驶安全性三个维度研究驾驶员的驾驶习惯。

驾驶动力性是指驾驶员在出行工况下，对动力加速度、最高车速、平均车速等动力性指标的需求。驾驶经济性是指驾驶员在行驶的过程中，某一时刻或某一时间段出行所消耗的能量，通常用百公里耗电量描述。驾驶安全性是指驾驶员驾驶习惯安全指数，从纵向操作安全性与横向操作安全性两个维度研究，纵向操作安全性是指驾驶员急加速急减速、跟车距离等安全性指标；横向操作安全性是指驾驶员的变道操作安全性、转弯操作安全性的评价指标。

研究驾驶员驾驶习惯，对驾驶员、整车开发人员、未来整车动力系统定制化方案、相关大数据应用商等，都具有重要的意义。驾驶员驾驶习惯评价算法开发的意义：首先，有助于提高汽车的智能化水平，车更"懂"用户，可以向用户反馈其驾驶习惯，提高用户出行的安全性、经济性、舒适性；其次，有助于汽车开发人员针对特定的用户给出科学合理的定制化方案，以优化用户的出行体验；最后，驾驶习惯所收集的数据进入大数据平台，与区块链、信用、保险业等周边领域对接，驾驶习惯数据作为一种数矿，有各类商用价值。

2. 大数据在车辆状态健康诊断的应用

充分利用车联网数据，构建一套智能化、信息化、指标化的车辆状态健康诊断系统，使汽车制造商可以提高质量管控、售后、研发、维修等各个环节的效率和针对性、时效性。对于车主而言，及时发现车辆潜在的问题，防患于未然，减少因为突发状况对车主行程造成的负面影响。因此，车辆健康诊断应用分析系统意义重大，是车联网在安全方面的有效尝试。

合众汽车利用大数据技术，通过分析售后人员的日常工作流程，用信息化的手段完善车辆诊断的工作流程。从远程监控、在线诊断、在线分析平台等几个维度，综合完成对车辆问题的诊断流程的建立。从数据的采集、传输、应用和销毁等全生命周期的过程特点出发，自下而上建立采集层、通信层、平台层和应用层四个层级。

3. 大数据在人车交互中的应用

合众汽车 EP30 车型配置了实体化的小 U 机器人，可以实现与车主的简单对话和消息提醒。结合当前人机交互 (Human Computer Interaction, HCI)、社会化机器人 (Social Robotics) 和 AI 技术的前沿研究，致力于打造更智能、更有个性、更类人的交互机器人"小 U"。核心设计理念是基于 AI 拟人化（Anthropomorphism）的理论赋予 AI 更多人的特性和能力，让小 U "Think like a human; Act like a human"。其中，运用语音识别 (Voice Recognition)、视觉识别 (Visual Recognition)、强化学习 (reinforced learning) 等技术让小 U 增强对各种情境和用户情绪、用户行为及其意图的学习和理解，从而达到让用户感觉到小 U 像朋友一样能随机应变，快速地响应用户的内在需求，实现以下功能。一是，小 U 可以像人一样与用户及其他载客打招呼，与人聊天，并给人带来关怀。二是，与传统的基于命令型或者任务特定型的 AI 不同，小 U 更通人性，它可以感受用户的情绪波动、学习用户说话的风格特点，从而可以采用用户更熟悉的方式来与其交流。三是，小 U 也兼顾了各种助手类的工作，可为用户提供备忘提醒、天气预报和餐厅推荐等专业服务。

小 U 和用户的交流可以结合长期对用户性格的学习以及对用户当前情绪的综合判断而调整其情绪反应和表达。一方面，运用视觉识别技术对用户人脸数据进行分析，判断其性格属于五大人格特性的哪种类型。此外，小 U 也可结合用户平时说话语调、语气、用词等语音识别来确认用户性格的判断。在不断学习用户人格的过程中，小 U 可根据用户的个性特点而做出人性化表达。面对外向热情的用户展现情感丰富的一面。面对亲和的用户表达出善解人意的一面。

另一方面，小 U 也会不断地察言观色，根据人脸的表情变化、说话语气等方式来推测用户当前的情绪。综合用户性格特点和情绪状态，小 U 再决定聊天的话题、语气或者播放音乐类型等。例如，当用户情绪比平常低落很多，小 U 会尝试通过播放舒缓的音乐、讲笑话等方式来缓解气氛和振奋用户情绪，从而安抚车主达到安全驾驶的目的。

小 U 可通过学习用户的语言风格和用词从而让其表达方式与用户更相似，进而拉近用户和小 U 之间的距离。已有研究表明，人更愿意与跟自己拥有相似价值观和交流习惯的对象交流，也对他们有更高评价。为了提升用户对小 U 的

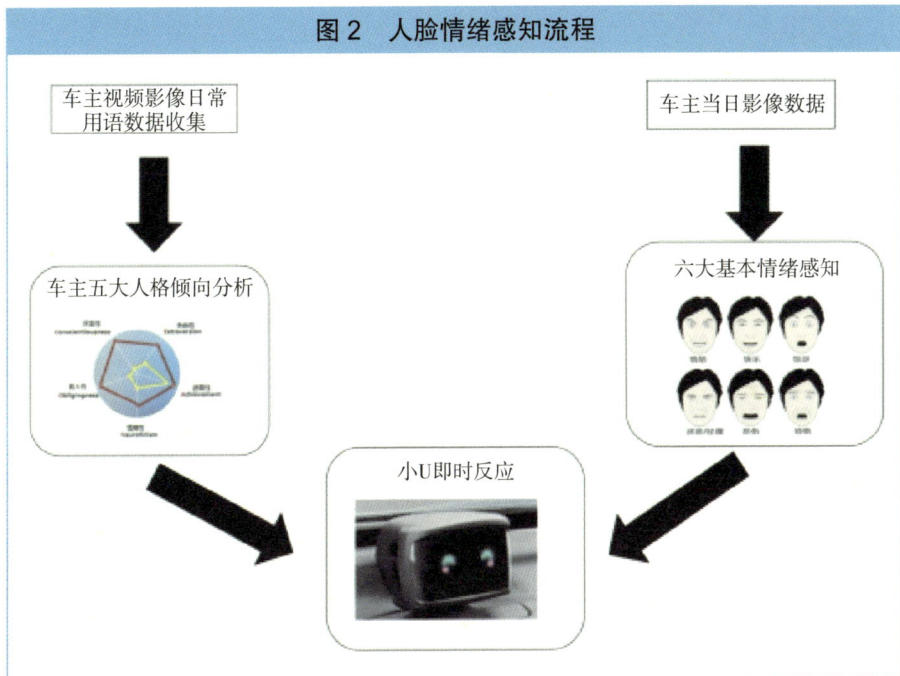

图 2　人脸情绪感知流程

熟悉感和好感度，将运用语音识别和多种自然语言处理技术来让小 U 智能地自动根据对用户自身语言风格和用词学习来形成小 U 自己特定的语言风格。

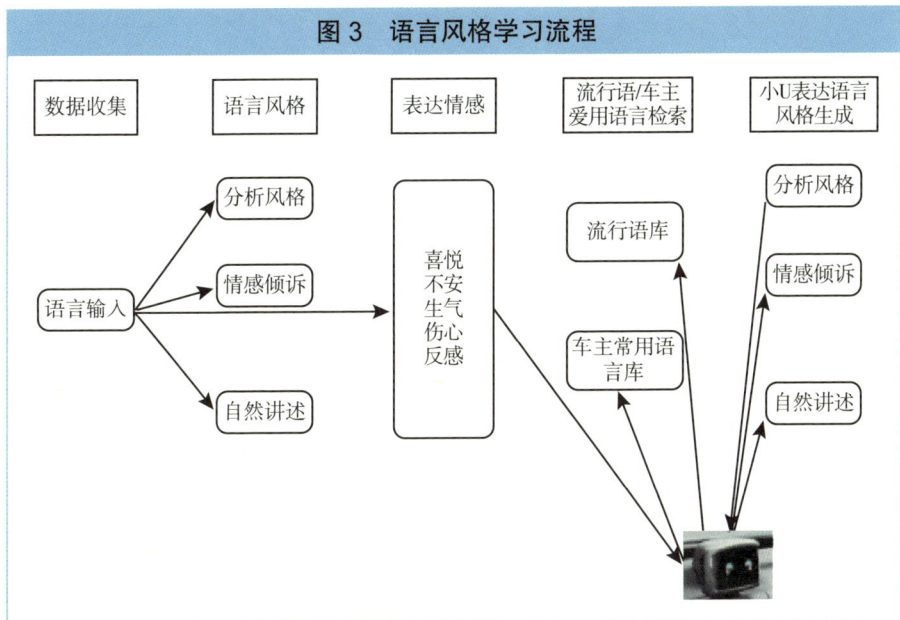

图 3　语言风格学习流程

  首先，用户可给小 U 默认设置一种语言风格。此后，小 U 将在日常与用户交流中不断地根据用户语言习惯进行语言分类分析并不断学习了解用户更偏好于哪种语言风格，然后调整其今后与用户交流的语言风格。

  其次，小 U 会不断学习用户的日常用词和网络热词并将它们运用到与用户的交流中。通过使用用户熟悉的词语来与其交流可以让用户更能感受到小 U 的拟人化、智能化和定制化的特点。小 U 的语料库来自当前网络流行语料库和用户经常使用的词语等多个语言库。在小 U 充分学习用户的用词和情绪之后，每当小 U 接收到用户带有强烈情感色彩的话语时会自动进行情感鉴定并调整其和车主聊天的语气、内容和方式。

  在提醒功能方面，构建了一套场景引擎，当触发引擎时，自动发送指令到小 U，给用户提醒。

  当上报数据经过分析匹配规则触发规则引擎时，会进行任务触发，从而下达到终端和小 U 机器人，进行语音提醒。例如，通过用户的常驻点，分析出用户家庭与公司所在地，当工作日用户开启车辆时，根据时间、地理位置及时间的综合判断，得出此刻满足通勤的场景。继而进行任务触发，对电量进行提前测算，告知用户电量充足或提醒用户充电。同时，提前在地图中根据常规路线进行导航测算，判断是否拥堵，告知用户采取常规路线或告知备选路线。

  以上是合众汽车关于大数据在智能终端上进行的创新性的尝试而收获的成果。

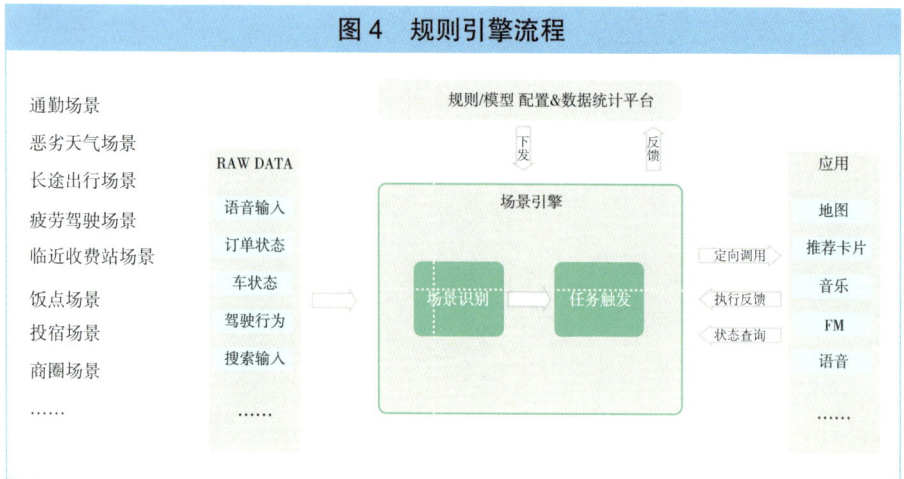

图 4　规则引擎流程

三　大数据车辆状态诊断平台架构研究

（一）大数据车辆状态诊断需求分析

随着 5G 和基建设施的完善，以及各种零部件的智能升级，如今车辆数据采集通道丰富，数据样本数量增加，整个产业链的各个环节信息化程度都在不断提高，可以说可用数据在数据量、数据质量、数据及时性、覆盖度等各个方面都有了较大的提升。各大主机厂也纷纷建造自己的 TSP 平台，集中存储、处理、分析、应用各类车辆数据，来分析用户驾驶行为、预测用户行驶轨迹、监控车辆的健康状态，以期达到对车和人的全面信息的搜集应用。在这样的背景下，可以利用大数据技术实现车辆状态的健康诊断。

具体而言，车辆健康诊断的需求主要来自两个场景。一是主机厂内部的应用，主要集中在售后部门。售后的需求又分售后自身需求及下发到 4S 店等经销商和客服手中的需求。我们集中把这类需求叫作 B 端需求。二是来自车主自身的需求。驾驶人排除个别比较了解车辆零部件及原理的专业人士，普通驾驶者都对复杂的车机系统一无所知，当车辆隐约发生异常的时候，自己无法做到提前预判，因此在车辆发生报警提示或预警提示时，驾驶者会陷入恐慌和无助，对驾驶者而言，这极大地提高了驾驶者的风险系数。即使是拨打客服电话或开车到 4S 店进行检修，也往往无法及时确定车辆问题，往往要耗费数日才能确定问题并修复车辆，这个时间极大地影响了驾驶者的体验，甚至影响日常生活。所以，对于驾驶者而言，智能化、及时性的车辆检修服务至关重要。健康诊断做得好的车辆，对于消费者而言，具有更高的附加价值，因此更容易获得消费者的青睐。

合众汽车综合利用多种内部数据，通过主动上报和请求上报两种形式，获得 DTC 故障诊断、车辆行驶数据、整车 CAN 报文、网络链路、日志数据等，以及通过对外部数据的采集和补充，获取维修保险数据、地理位置数据、地图数据、天气数据及实时交通数据、充电服务数据等。利用大数据分析和建模技术，对车辆健康进行多维度建模，构建一套完善的指标分析系统，表征车辆健康。

综上所述，车辆状态健康诊断的实现技术发展迅速，也越来越得到各整车厂的重视。

（二）大数据车辆状态健康诊断平台架构

合众汽车构建了自己的一套 TSP 平台，TSP 平台通过接收来自每台车辆 T-BOX 传来的各类 ECU 上报数据及诸如天气等各类外部数据，具备完善的数据同步、ETL、存储、分析等基本大数据能力，且可以对数据进行建模或算法，从而实现预测功能。整体架构如图 5 所示。

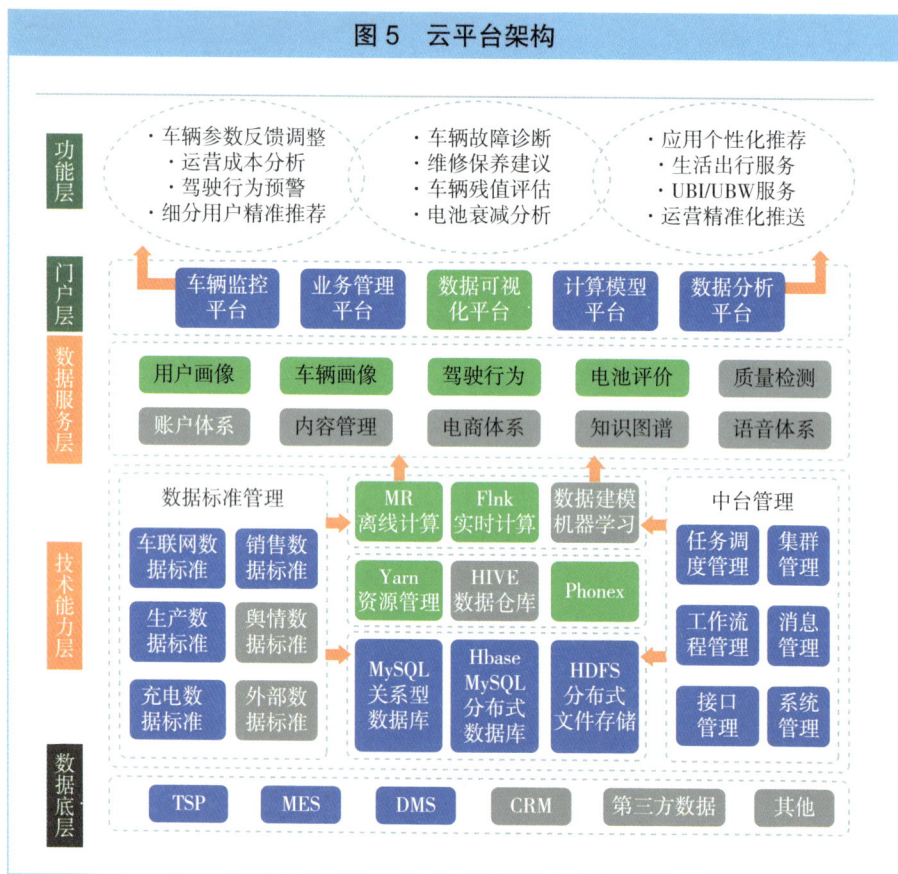

图 5　云平台架构

车辆状态健康诊断平台主要分为四层，分别为采集层、传输层、平台层和应用层（见图 6）。

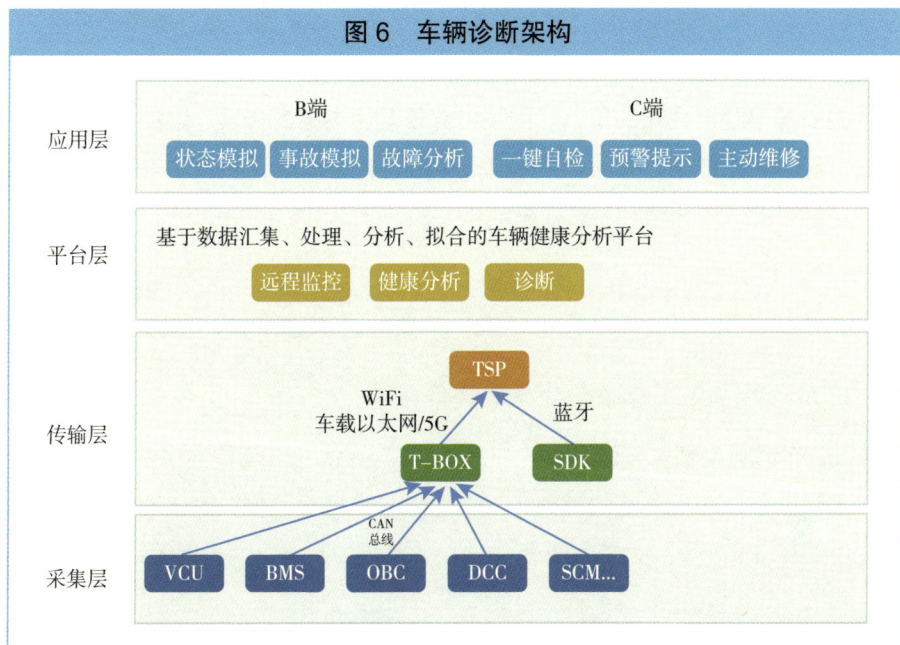

图 6 车辆诊断架构

其中，B 端应用中的状态模拟和事故模拟是合众汽车大数据车辆健康诊断平台的亮点之处。状态模拟是指，对每一辆车都构建了一个 3D 的模拟车辆状态，售后或质量人员可以根据车辆唯一的 VIN 码有针对性地对某些车辆进行状态查询，平台页面会提供一个 3D 360 度的环视页面，并提供各个零部件的筛选器，使用者可以筛选具体的零部件来查看具体问题。比如，当选择 BMS 时，可以显示电池的剩余 SOC、消耗 SOC、剩余电量等数据。如果任何零部件有任何问题，会直接亮红点显示，提示用户进一步查询具体零部件问题。

事故模拟是在状态模拟的基础上，综合车辆内部的 360 度环视摄像头的车载数据，真实还原车辆事故发生时的内外部情况，进行场景还原。可以方便售后对异常情况进行集中查看，当样本量足够多的时候，可以再对样本进行分析，比如可以采用深度学习的方式，对每次事故的特征进行提取，并进一步学习，从而提取出事故发生的特点或规律，在下次 OTA 迭代时，将问题进行修复，提高车辆的稳定性和安全性。

另外，在车辆预警部分，利用大数据，可以对售后人员人工判断异常的知识进行机器学习，将人工操作的方法转化为代码可识别的方案。具体操作流程如下。

售后从云平台获取明细数据→数据分析，产出趋势图→趋势图具备规律性，在规律之外的异常点即为异常可能→机器学习趋势图，预测下一步的点落在趋势图的哪里→给出合理的置信区间度，置信区间内的为合理，置信区间外的为异常可能→对机器学习算法进行编译，以程序的形式利用机器学习的思路跑数据，并封装接口→异常时报警推送。

（三）大数据车辆状态健康诊断评价体系

1. 大数据在开发与服务领域的评价体系

用户的驾驶习惯主要体现在三个方面：驾驶动力性、驾驶经济性与驾驶安全性。本文抛开驾驶员所在的城市、工况、天气等情况，仅针对驾驶员的驾驶习惯，围绕驾驶员与车辆数据构造算法结构。以用户为中心的用例图如图 7 所示。

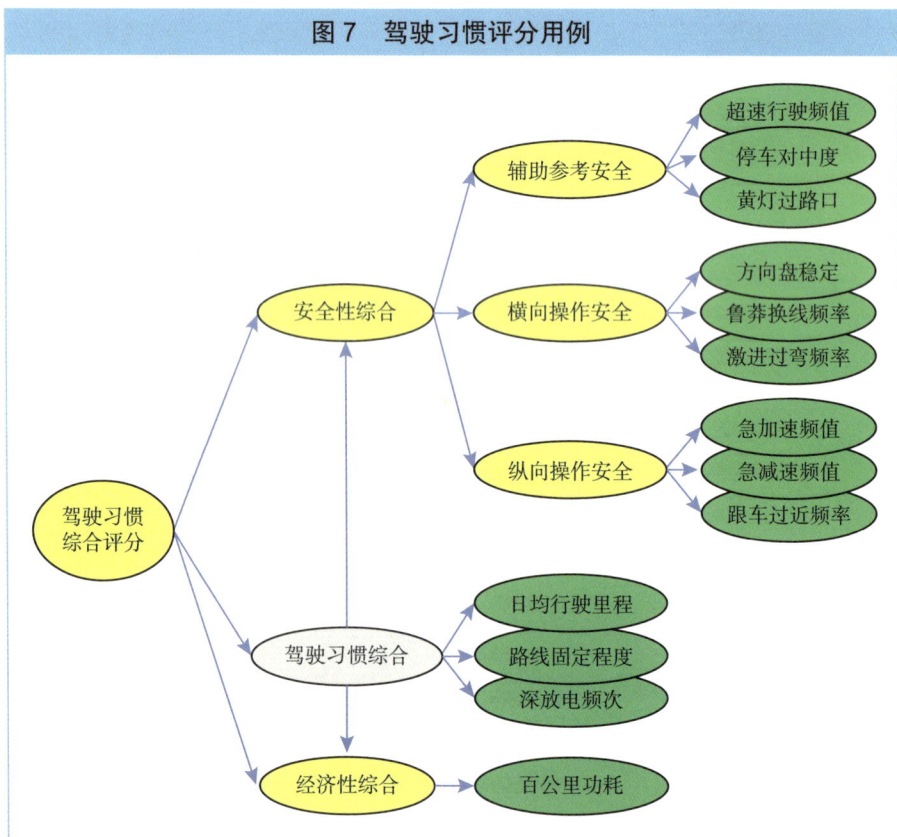

图 7　驾驶习惯评分用例

该架构将围绕汽车用户，将驾驶习惯综合评价结果以驾驶习惯综合报告的形式展现给用户。图中黄色用例为功能分类，绿色用例为底层算法支撑数值。

下面，本文将重点选取其中的几个指标作为示例，展示合众是如何利用数据构建算法评分的。

（1）驾驶动力性评分算法

车辆的动力性一定要满足用户的基本需求，方能称得上是一辆完备的车辆。我们会从最高车速、速度不为 0 的平均车速、全程平均车速、整车峰值功率、全程整车平均功率、行车占比、启停周期等几个维度综合对动力性进行加权计算。

其中，启停周期算法如下。将汽车起步到停止作为一个循环，通过如下处理则可以绘制出如图 8 所示的启停循环工况。下列程序巧妙地利用过零突变点对启停循环进行辨识，在后续启停循环能耗判断中依然有参考意义。

```
ki = find(v==0); % 找到车速为 0 的点
kj = find(v~=0); % 找到车速不为 0 的点
ix = ki[diff(ki)>1]; % 跳跃的点即为间断点
jx = [kj(diff(kj)>1)+1;kj(end)+1]; % 跳跃的点即为间断点
[i0,~] = size(ix);
hold on
for i = 1:i0
    tempt=t[ix(i):jx(i)]-t[ix(i)];
    tempv = v[ix(i):jx(i)];
```

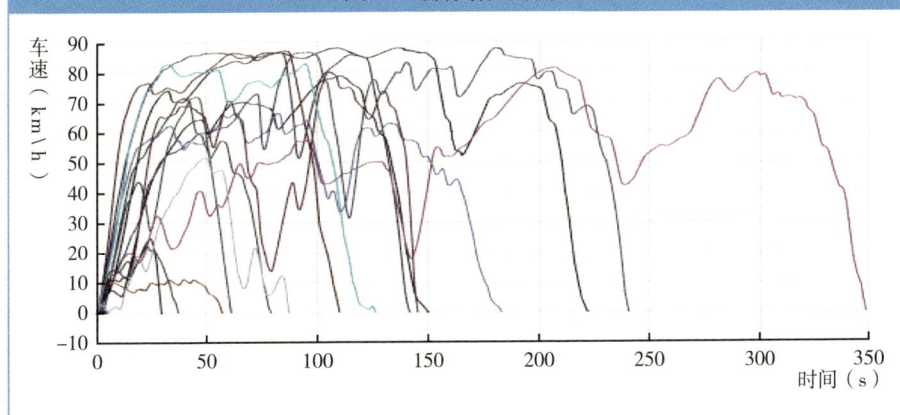

图 8 启停循环特性

```
plot(tempt,tempv,'color',[rand,rand,rand]*i/i0);
end
xlabel('时间 /s');
ylabel('车速 /km/h');
```

对每个启停循环周期的时长进行分析，可得启停分布如图 9 所示。

图 9　启停循环周期分布

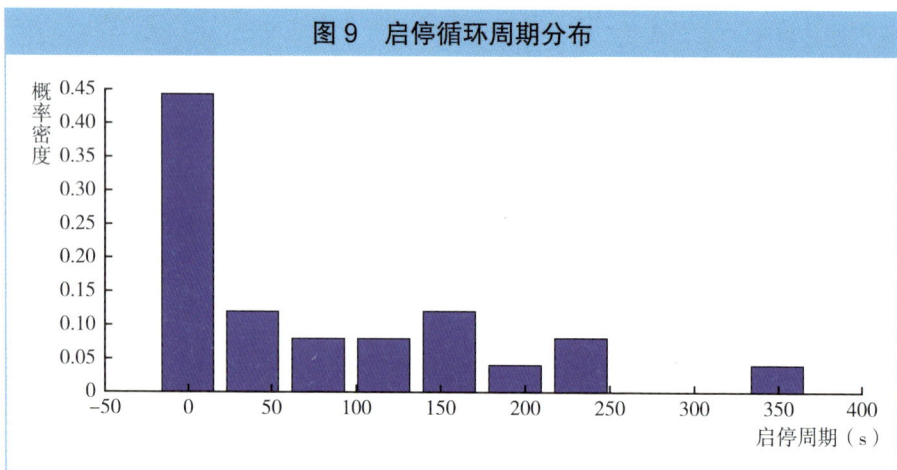

平均启停周期 $\overline{T}$ 为各个启停时间的平均值，计算公式如下：

$$\overline{T} = \frac{\sum_{i=1}^{n} T_i}{n} \tag{1}$$

计算得出，该客户平均启停周期为 $\overline{T}$=81.97s；越小说明路况越拥堵，或驾驶员驾驶习惯偏向保守。

（2）驾驶安全性评分算法

将驾驶安全性进行分类，可分为纵向操作安全性、横向操作安全性、辅助判断安全性。

纵向操作安全性主要收集的数据是车速以及车前雷达、车后雷达。

绘制汽车的 v-a 曲线图，将高于某一区域的情况列入急加速急减速判定中。该阈值对于不同的区域、不同的驾驶员可能均有差异。

$$\begin{cases} a_{\max} \geq -0.016v+2.5，急加速区域 \\ a_{\min} \leq -0.016v-2.5，急加速区域 \end{cases}$$

横向操作安全性是指车辆在行驶过程中与横向操作相关的习惯引起的安全性评价。

辅助判断安全性是指根据其他传感器捕捉到的驾驶人数据所做的判断。如根据摄像头捕捉到的用户表情，判断用户疲劳驾驶程度。这部分与用户的车机使用有交叉体现。在此不再赘述。

2. 大数据在健康诊断中的评价体系

结合新能源乘用车特征建立车辆健康诊断评价体系，一方面可以提高整车厂售后服务体系中的主动维修能力，另一方面可以提高车主对车辆真实健康状态的认知。

车辆健康诊断评价体系包含评价对象、数据来源、评价规则、状态复位方案等。其中车辆健康诊断评价对象包括如下内容。

（1）易损易耗件状态

对整车易损易耗零部件（制动液、冷却液、空调滤芯、刹车盘、刹车片、雨刮、轮胎、电池等）状态的评估和打分，主要包括保养的历史数据、维修数据、车辆实时上报数据综合评估。

（2）ECU软件状态

ECU软件升级：根据车辆上报的各ECU实际软件版本信息以及主机厂各ECU标准软件版本信息，评价车辆ECU软件升级状态分数。

（3）充放电习惯

快充次数、低电量行驶数据，车辆闲置、激烈驾驶、浅循环用电等习惯对电池寿命有重大影响，根据车辆上报的电池数据进行打分，综合上述充放电习惯评估车辆健康状态和打分，是车辆健康状态的关键指标。

（4）故障诊断

发生故障的报警数据实时性强，结合报警指标进行DTC故障采集，进行整体分析，通过报警等级和故障等级进行综合评估和打分，是车辆健康状态的关键指标。

（5）动力电池状态

动力电池状态包括动力电池的循环充电次数、最高单体压差、低温启动的次数，电池的 SOH 值评估是动力电池状态的关键指标，通过车辆实时上报的数据，根据动力电池的健康状态规则打分，对车辆健康状态进行综合评估。

（6）碰撞事件状态

安全气囊状态：根据车辆实时上报的采集数据，判定安全气囊状态，评价一段周期内安全气囊状态分数。

车辆诊断评价体系中的评价数据来源、评价规则、状态复位方案如图 10 所示。

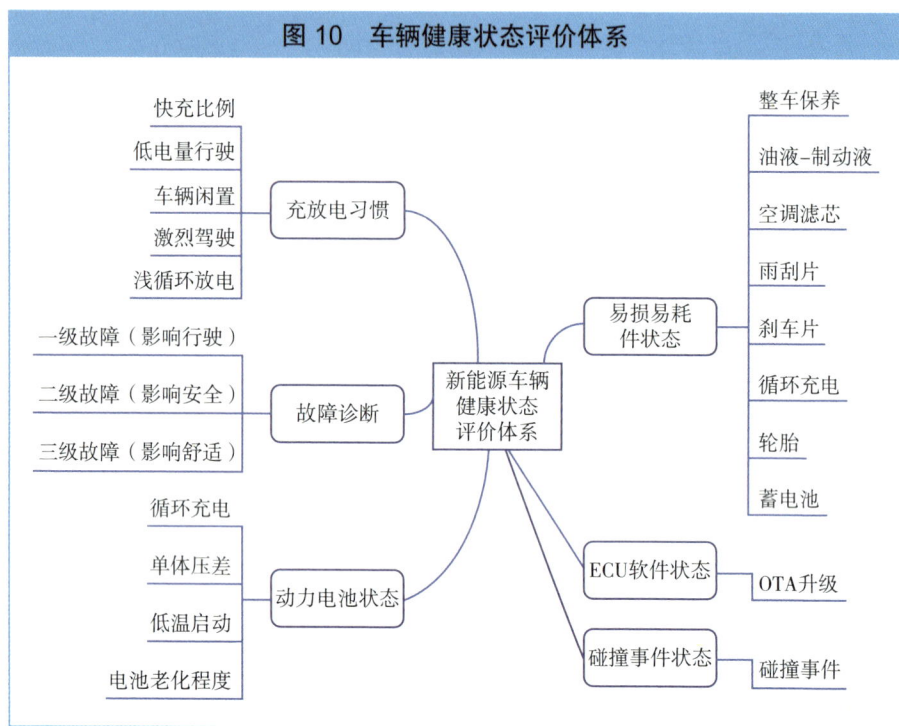

图 10　车辆健康状态评价体系

3. 大数据在车辆使用中的评价体系

综合利用车辆行驶数据、摄像头捕捉到的人脸画面数据，结合时间、车内外温度等数据，合众建立了一套小 U 指数来表征驾驶者的驾驶习惯。

通过奔波指数、安逸指数、欢乐指数、夜生活指数、恋家指数、娱乐指数等几个维度，综合分析驾驶者的驾驶行为数据和大屏操控数据，从行程复杂度、行程时间长短、是否容易堵车、是否存在急加速急减速以及比较周末及工作日的行程区别等几个维度综合衡量用户驾驶习惯（见图 11）。

图 11　小 U 指数流程

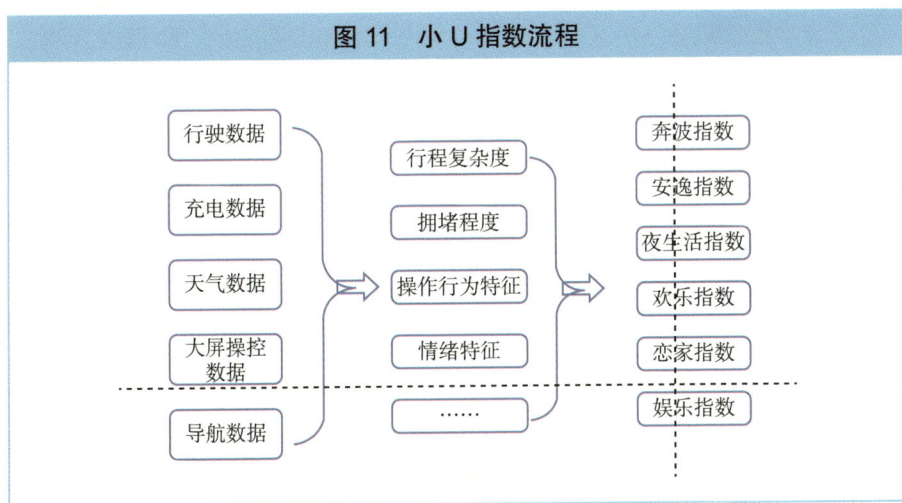

四　大数据在车辆状态健康诊断中的应用建议

（一）整车厂研发数据标准和规范

完善技术标准、推动认证认可。建立健全智能网联汽车健康诊断标准体系、数据上报标准体系、数据规范，推进测试能力建设。修订完善车辆安全技术标准，增加车联网安全技术所需的条件，逐步将具备车辆健康诊断功能列入车辆准入的条件之一。由于各整车厂在数据标准上各不相同，很难在整个行业内共同推进行程通用的诊断研发标准与规范，因此建议各汽车厂商，可以统一数据上报规范，如在数据上报频率、采集频率，数据字段以及上报周期等方面做到一致性，方便共同建立统一的行业标准。借助大数据、机器学习、人工智能等技术，构建车辆健康诊断体系，实现车辆安全检测的智能化、自动化。建立统一的全行业产品监管体系，建立健康诊断的测试规范，完善公共道路测试评价规范，加速构建健康诊断的测试评价体系和安全认证规范。

（二）诊断多维度数据和业务融合

建立全产业链、多层次的纵深的安全防御体系。需要从智能汽车、智能汽车大数据运控安全信息平台、通信环境和道路基础设施来构架车联网信息安全的防护体系。构建覆盖产品设计、研发、测试、发布、运维、报废等全生命周期的，涵盖智能网联汽车、移动智能终端、车联网服务平台以及多种类型网络通信的多级、多域的防护体系，综合运用安全分级、访问控制、加密技术、入侵检测等技术，实现安全防护技术全覆盖。积极开展车联网安全试点示范工作。遴选车联网安全技术领先的企业和典型的安全防护解决方案进行示范推广，进一步促进安全新技术、防护新方案成果转化和市场普及，推动车联网安全产业的快速发展。

（三）整车厂维保供应链协同和调度

通过对整车厂售后服务体系的大数据研究，可以改善售后服务中普遍存在的问题：备件库存浪费、维修点分布不均。同时可实现供应链协同，降低售后服务成本，节约资源，降低加盟门槛。

图 12　售后体系流程

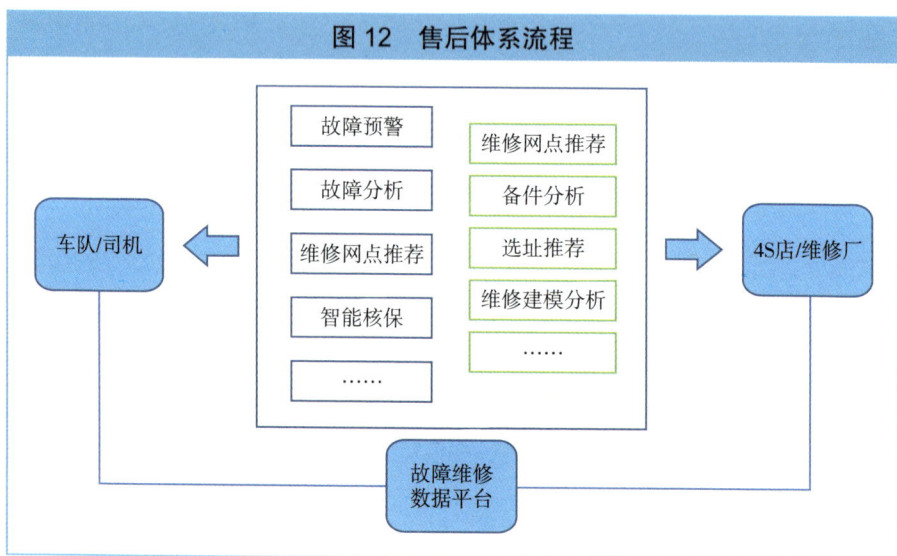

通过健康诊断实时监控车辆零部件的损坏率，动态调整零部件库存储备，有效地备货，缩短零部件库存周转周期，大大降低售后库存成本。并根据车辆诊断数据收集分析，辅助提升车辆品质及维修保养服务质量。

通过售后维修和故障数据反馈，可以反哺大数据车辆健康诊断，多样本分析，对数据指标矫正不断优化、迭代，打造软件的故障诊断能力以及升级迭代能力形成一个完整闭环。

综上所述，本文主要研究了大数据在新能源汽车健康诊断安全设计的分析、应用、技术架构、评价体系，其中对合众新能源汽车的工程研发质量的提升有较大的作用，对售后处理车辆故障包括发现问题、解决问题提供很好的手段。当前我们还处在不断的建设阶段，其中有很多不规范和不足也在不断改进和完善。本文也提到大数据在新能源汽车的车辆健康诊断的行业应用建议，将更好地推动汽车行业车辆安全发展，减少车辆安全事故。

参考文献

[1] GBT 32960.1-2016. 电动汽车远程服务与管理系统技术规范 [S].
[2] GB/T 18384.3-2015. 电动汽车 安全要求 [S].

充电安全篇 | 新能源电动汽车充电安全分析
报告

◎鞠　强*

＊鞠强，特来电新能源有限公司首席科学家，主要研究方向为基于汽车充电网的大数据分析。

摘　要: 基于对新能源电动汽车充电技术和充电安全的深入研究,并结合云计算、大数据以及人工智能的技术优势,特来电在充电设施层和充电网大数据层建立了保护电池汽车充电安全的两层安全防护技术。通过两层安全防护技术的运行,积累了大量的充电安全相关的实际运行数据。在此基础上,本文从充电安全相关的变化趋势、故障分析、防护分析等方面进行了总结,希望对进一步提升新能源电动汽车的充电安全提供一定的参考。

关键词: 电动汽车　充电安全　充电故障　安全防护

一　充电安全变化趋势

（一）主动防护整体趋势

从特来电监控的数据看，充电安全防护的比例逐年降低，2019 年特来电主动防护比例为 0.248%（见图 1）。从整体趋势看，车辆的安全趋势平稳，根据车辆健康度变化趋势分析，随着时间的增加车辆故障比例会增加，因此，2019年整体趋势平稳的原因不排除新车逐步增加、老车逐步下线以及新车电池 BMS 系统质量逐步提高等因素。

图 1　充电安全防护趋势

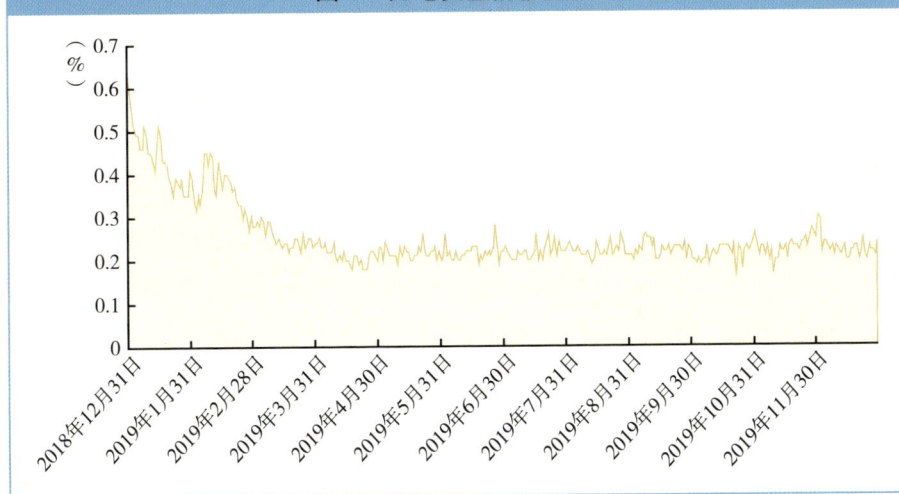

2019 年的整体防护趋势呈现比较平稳的状态，防护比例的影响因素较多，经过数据深入分析，本文发现了部分特征。2019 年部分早期运行的新能源车，防护比例会有所提升，而新生产的车在电池等技术上都有了较大的提升，因此防护比例会低一些。

（二）车辆健康度变化趋势

基于系统中的车辆，本文进行了车龄故障比例的分析，总体趋势故障比例与车龄呈线性趋势。针对车龄分析得出，车龄越高，故障比例会越高（见图2）。

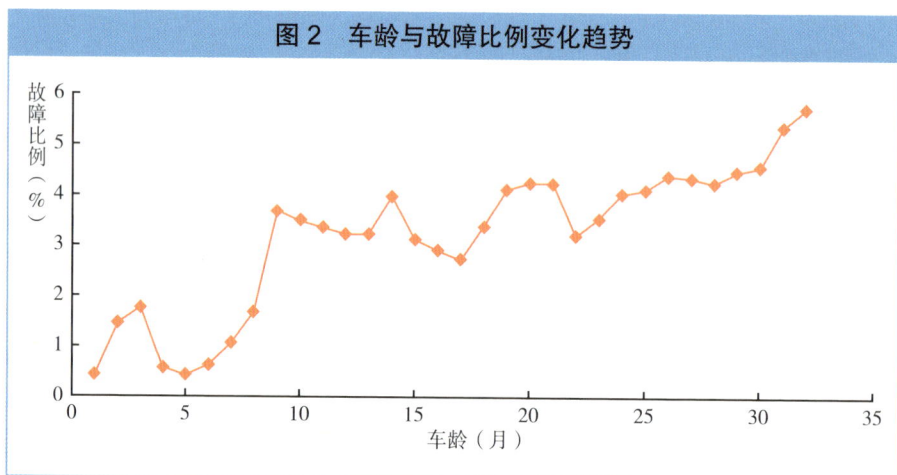

图 2　车龄与故障比例变化趋势

二　充电故障 / 隐患分析

基于 2019 年的充电业务数据，本文对所有异常充电的原因进行深入分析。其中充电故障结束原因主要为"车辆达到单体电压目标值终止（SOC<90%）"和"车辆电池达到目标 SOC 终止 (SOC<90%)"。这两个充电异常终止原因的比例占到了整体异常结束原因的 28.32%，反映出电池的均衡性问题的比例较高。另外，排在第二和第三的终止原因为车辆电压异常终止和 BMS 通信超时终止，也反映出在车辆电压和通信方面异常订单较多（见图 3）。

图3　2019年充电故障订单占比

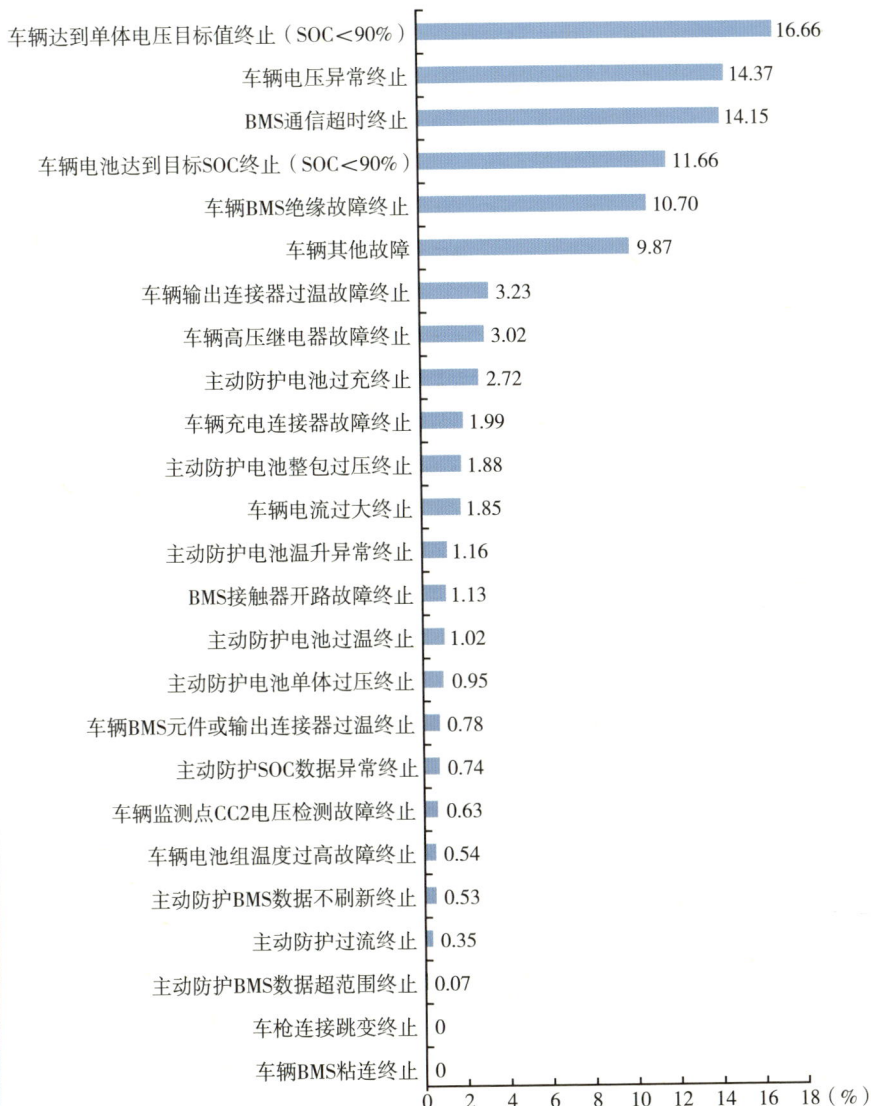

故障类型	占比(%)
车辆达到单体电压目标值终止（SOC<90%）	16.66
车辆电压异常终止	14.37
BMS通信超时终止	14.15
车辆电池达到目标SOC终止（SOC<90%）	11.66
车辆BMS绝缘故障终止	10.70
车辆其他故障	9.87
车辆输出连接器过温故障终止	3.23
车辆高压继电器故障终止	3.02
主动防护电池过充终止	2.72
车辆充电连接器故障终止	1.99
主动防护电池整包过压终止	1.88
车辆电流过大终止	1.85
主动防护电池温升异常终止	1.16
BMS接触器开路故障终止	1.13
主动防护电池过温终止	1.02
主动防护电池单体过压终止	0.95
车辆BMS元件或输出连接器过温终止	0.78
主动防护SOC数据异常终止	0.74
车辆监测点CC2电压检测故障终止	0.63
车辆电池组温度过高故障终止	0.54
主动防护BMS数据不刷新终止	0.53
主动防护过流终止	0.35
主动防护BMS数据超范围终止	0.07
车枪连接跳变终止	0
车辆BMS粘连终止	0

为了进一步对充电故障进行分析，本文按照汽车大类、城市、运营类型、电池类型等多维度进行了充电异常的分析。

（一）汽车大类

针对总体占比比较高的原因，按照对应原因对不同的汽车大类占比进行了分析，通过以下的数据分析可以看到，商用货车在车辆达到单体电压目标值终止、BMS 通信超时终止、BMS 绝缘故障方面占比要高于乘用车和商用客车。

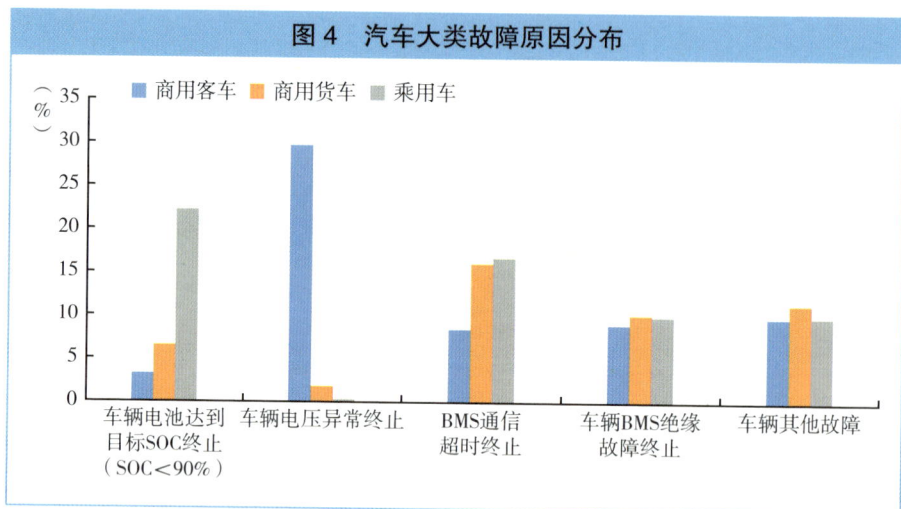

图 4　汽车大类故障原因分布

1. 乘用车

乘用车充电过程中异常主要体现在电池均衡性和 BMS 通信超时终止。

图 5　2019 年乘用车故障原因分布

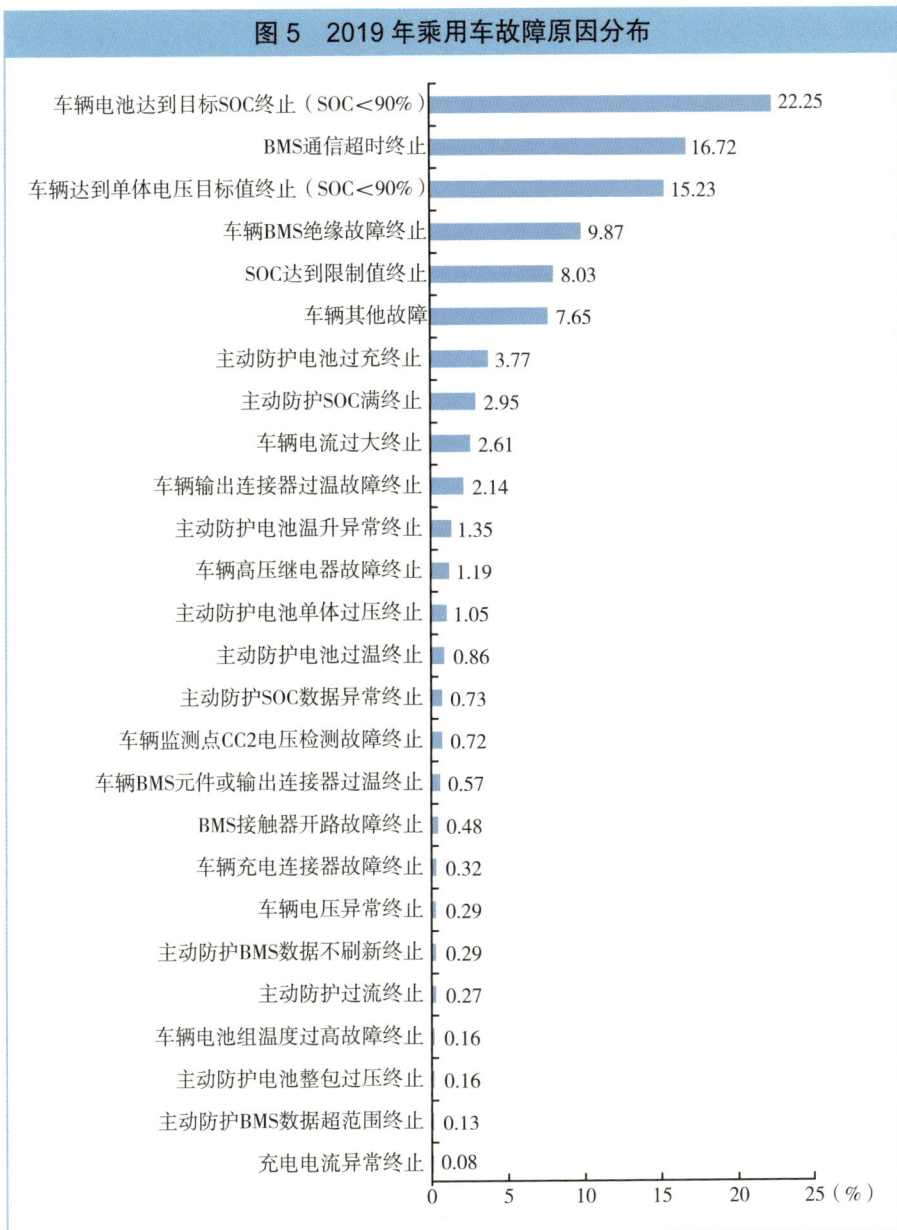

故障原因	百分比(%)
车辆电池达到目标SOC终止（SOC<90%）	22.25
BMS通信超时终止	16.72
车辆达到单体电压目标值终止（SOC<90%）	15.23
车辆BMS绝缘故障终止	9.87
SOC达到限制值终止	8.03
车辆其他故障	7.65
主动防护电池过充终止	3.77
主动防护SOC满终止	2.95
车辆电流过大终止	2.61
车辆输出连接器过温故障终止	2.14
主动防护电池温升异常终止	1.35
车辆高压继电器故障终止	1.19
主动防护电池单体过压终止	1.05
主动防护电池过温终止	0.86
主动防护SOC数据异常终止	0.73
车辆监测点CC2电压检测故障终止	0.72
车辆BMS元件或输出连接器过温终止	0.57
BMS接触器开路故障终止	0.48
车辆充电连接器故障终止	0.32
车辆电压异常终止	0.29
主动防护BMS数据不刷新终止	0.29
主动防护过流终止	0.27
车辆电池组温度过高故障终止	0.16
主动防护电池整包过压终止	0.16
主动防护BMS数据超范围终止	0.13
充电电流异常终止	0.08

2. 商用货车

商用货车充电过程中异常主要体现在电池均衡性、BMS 通信超时终止以及车辆其他故障上。

图6　2019 年商用货车故障分布

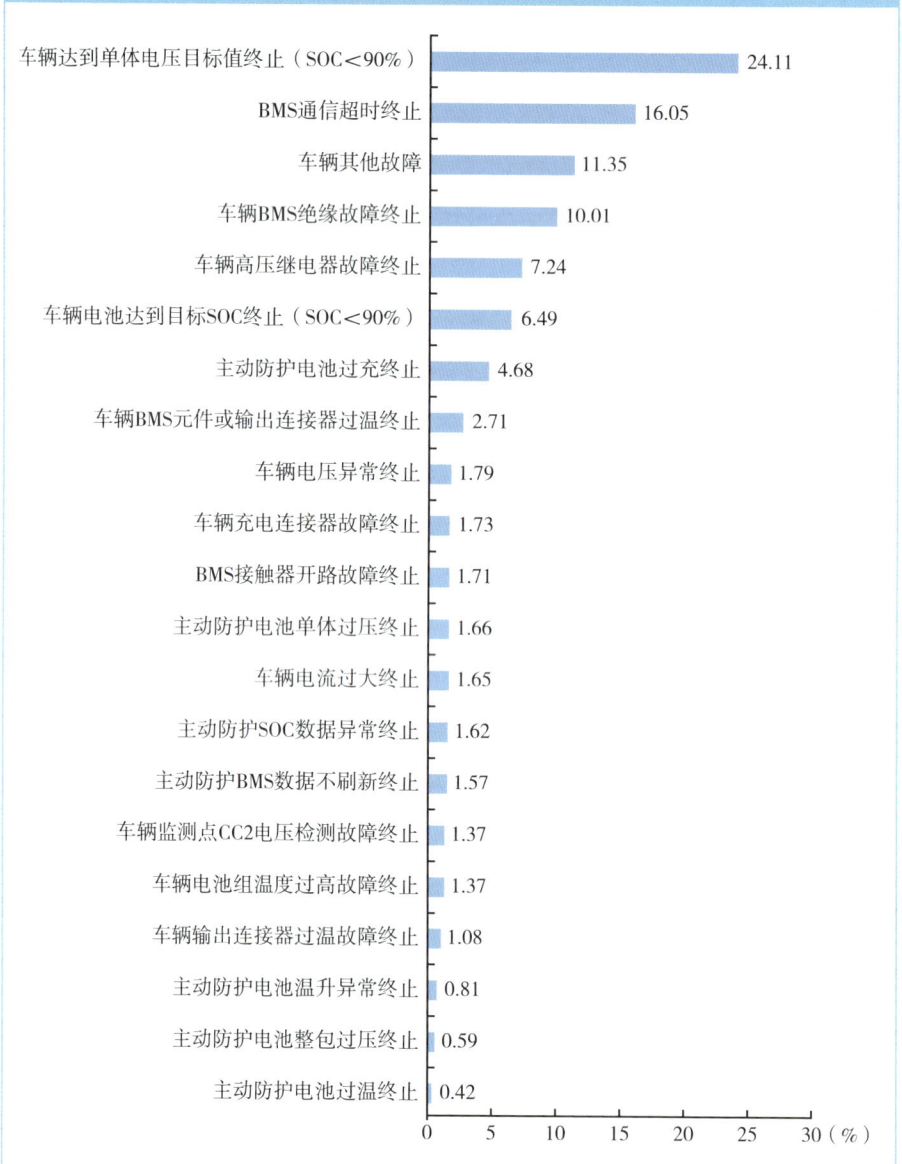

故障类型	占比(%)
车辆达到单体电压目标值终止（SOC<90%）	24.11
BMS通信超时终止	16.05
车辆其他故障	11.35
车辆BMS绝缘故障终止	10.01
车辆高压继电器故障终止	7.24
车辆电池达到目标SOC终止（SOC<90%）	6.49
主动防护电池过充终止	4.68
车辆BMS元件或输出连接器过温终止	2.71
车辆电压异常终止	1.79
车辆充电连接器故障终止	1.73
BMS接触器开路故障终止	1.71
主动防护电池单体过压终止	1.66
车辆电流过大终止	1.65
主动防护SOC数据异常终止	1.62
主动防护BMS数据不刷新终止	1.57
车辆监测点CC2电压检测故障终止	1.37
车辆电池组温度过高故障终止	1.37
车辆输出连接器过温故障终止	1.08
主动防护电池温升异常终止	0.81
主动防护电池整包过压终止	0.59
主动防护电池过温终止	0.42

3. 商用客车

商用客车充电过程中异常主要体现在车辆电压异常、电池均衡性、BMS 通信超时终止以及车辆其他故障上。

图 7　2019 年商用客车故障分布

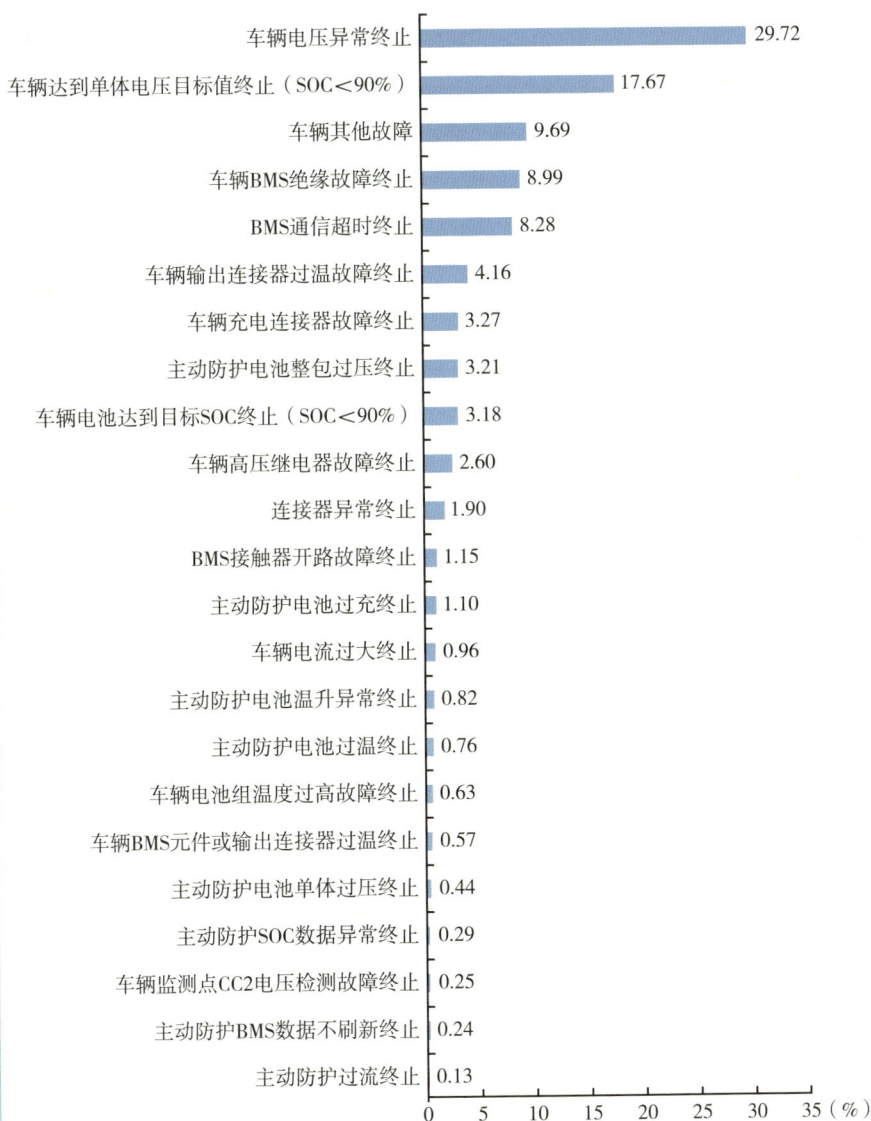

故障类型	百分比（%）
车辆电压异常终止	29.72
车辆达到单体电压目标值终止（SOC<90%）	17.67
车辆其他故障	9.69
车辆BMS绝缘故障终止	8.99
BMS通信超时终止	8.28
车辆输出连接器过温故障终止	4.16
车辆充电连接器故障终止	3.27
主动防护电池整包过压终止	3.21
车辆电池达到目标SOC终止（SOC<90%）	3.18
车辆高压继电器故障终止	2.60
连接器异常终止	1.90
BMS接触器开路故障终止	1.15
主动防护电池过充终止	1.10
车辆电流过大终止	0.96
主动防护电池温升异常终止	0.82
主动防护电池过温终止	0.76
车辆电池组温度过高故障终止	0.63
车辆BMS元件或输出连接器过温终止	0.57
主动防护电池单体过压终止	0.44
主动防护SOC数据异常终止	0.29
车辆监测点CC2电压检测故障终止	0.25
主动防护BMS数据不刷新终止	0.24
主动防护过流终止	0.13

（二）城市

考虑温度、湿度以及新能源电动汽车的用户数据量，选取了中国 10 个城市进行城市级别的故障原因分析。

图8　10个城市故障分布

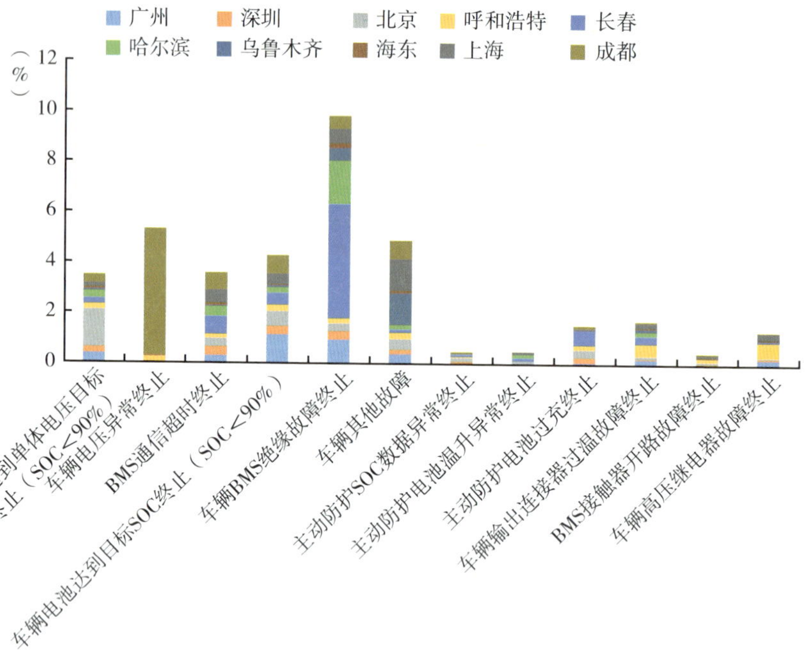

1. 北京市

北京 2019 年充电异常原因主要表现在单体均衡性。

2. 上海市

上海 2019 年故障原因主要表现在车辆其他故障、车辆 BMS 绝缘故障和 BMS 通信超时终止。

3. 广州市

广州 2019 年故障原因主要表现在车辆电池达到目标 SOC 终止（SOC<90%）、车辆 BMS 绝缘故障终止。

4. 深圳市

深圳 2019 年故障原因主要表现在电池不均衡性和车辆 BMS 通信超时终止。

5. 呼和浩特市

呼和浩特 2019 年故障原因主要表现在车辆高压继电器故障终止和车辆输出连接器过温故障终止。

（三）运营类型

按照运营类型，针对 2019 年故障数据进行了分析，每类故障在每个行业的故障比例如图 9 所示。其中针对运营的不同行业，本文对充电行为进行了分析。

1. 公交

公交行业 2019 年充电故障主要集中在车辆电压异常终止和车辆达到单体电压目标值终止。

2. 分时租赁

分时租赁行业 2019 年充电故障主要集中在车辆电池达到目标 SOC 中止（SOC<90%）和车辆达到单体电压目标值终止。

图9　2019年充电故障（运营类型分布）

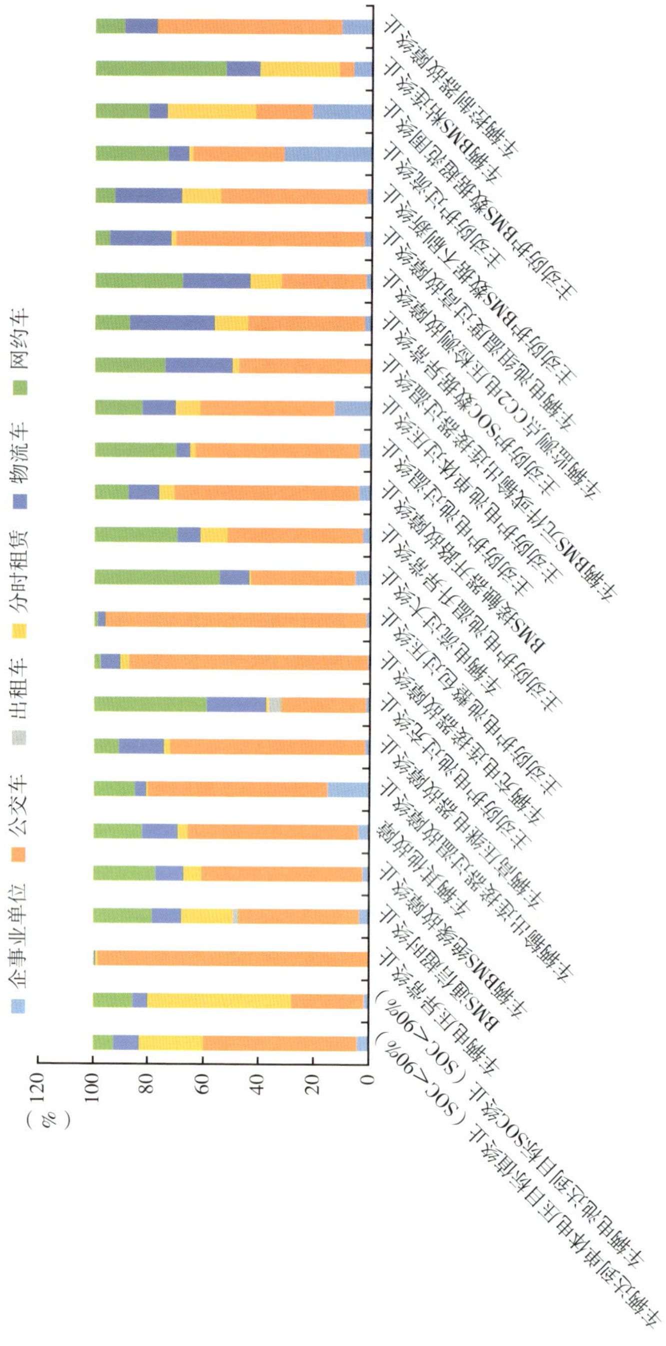

3. 物流车

物流行业 2019 年充电故障主要集中在车辆达到单体电压目标值终止和 BMS 通讯超时中止。

4. 个人用户

个人用户 2019 年充电故障主要集中在 BMS 通信超时终止和车辆电池达到目标 SOC 值终止（SOC<90%）。

5. 网约车

网约车用户 2019 年充电故障主要集中在 BMS 通信超时终止和车辆电池达到目标 SOC 值终止（SOC<90%）。

6. 企事业单位

企事业单位 2019 年充电故障主要集中在车辆电池达到目标 SOC 终止（SOC<90%）和车辆输出连接器过温故障终止。

（四）电池类型

针对 2019 年车辆在充电过程中明确传递电池类型的订单进行了分析，可以看出充电过程传递车辆电池类型的三元材料占比较大，如图 10 所示。

1. 三元材料

三元材料电池故障中主要为车辆达到单体电压目标值终止和车辆电池达到目标 SOC 终止（SOC<90%）两个原因，如图 11 所示。

2. 磷酸铁锂

磷酸铁锂故障中主要为车辆 BMS 元件或输出连接器过温终止和车辆电池达到目标 SOC 终止（SOC<90%）两个原因，如图 12 所示。

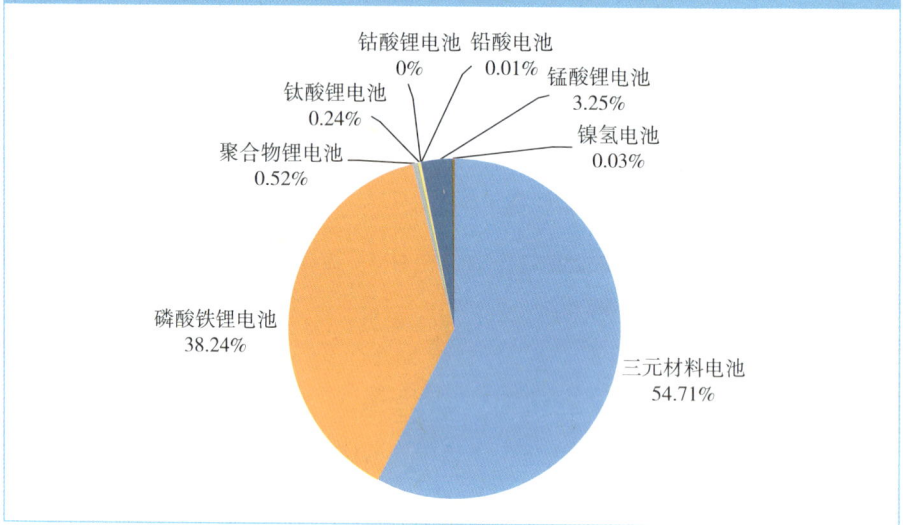

图 10　2019 年充电过程传递电池类型订单占比

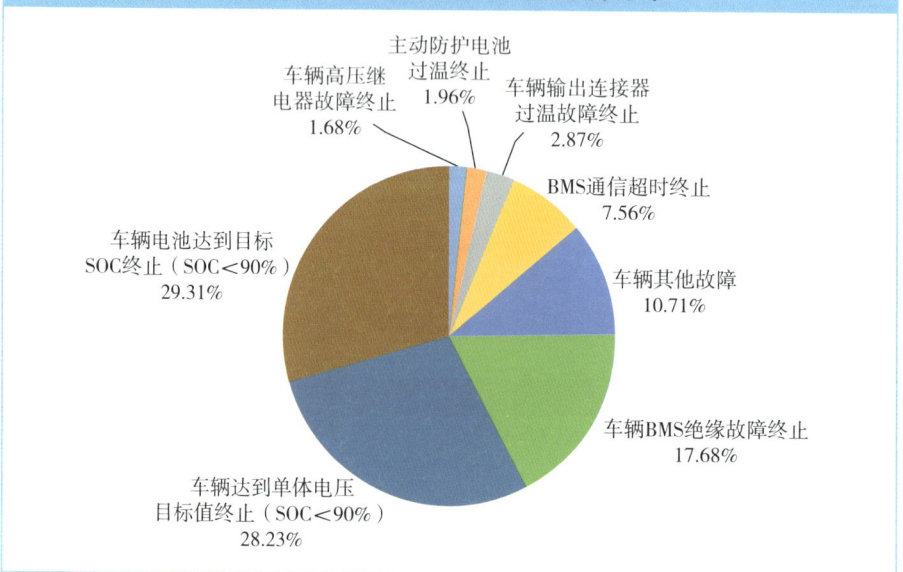

图 11　2019 年三元材料电池故障分布

图 12　2019 年磷酸铁锂故障分布

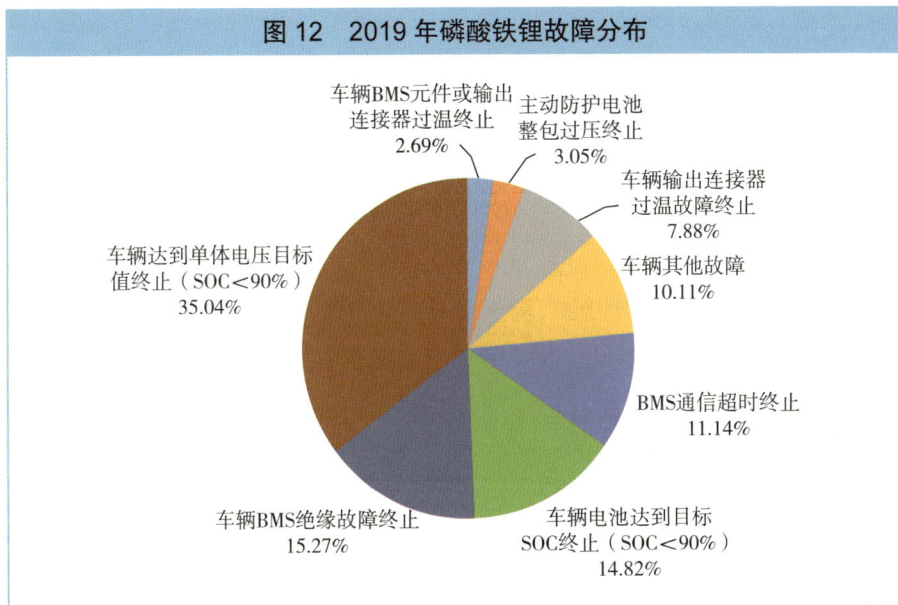

3. 锰酸锂

锰酸锂电池故障中车辆达到单体电压目标值终止占比较高，达到 47.98%。

图 13　2019 年锰酸锂故障分布

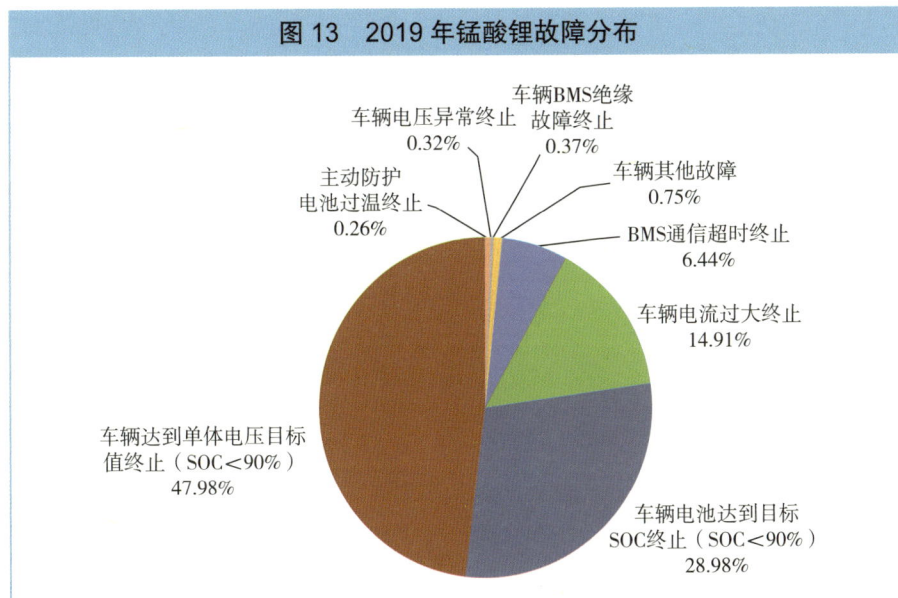

4. 钛酸锂

图 14　2019 年钛酸锂故障分布

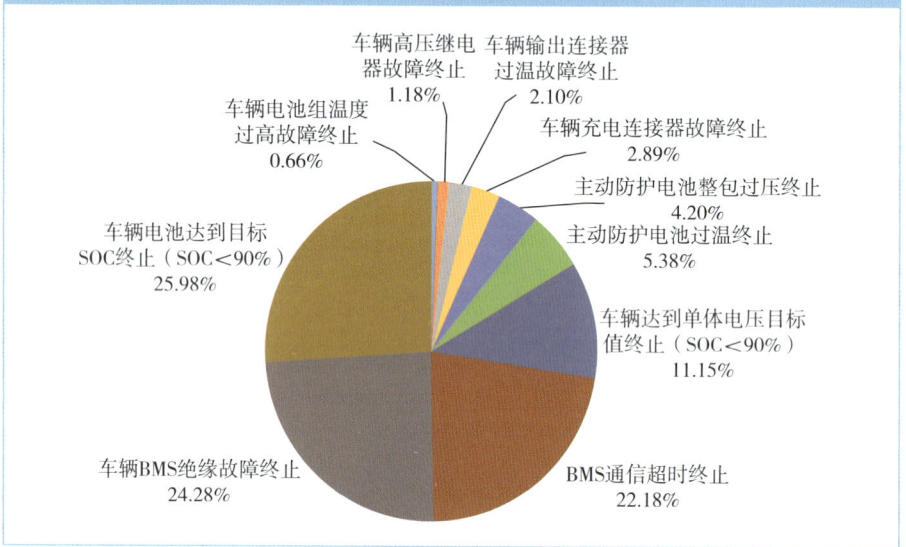

图 14　2019 年钛酸锂故障分布

车辆高压继电器故障终止 1.18%
车辆输出连接器过温故障终止 2.10%
车辆电池组温度过高故障终止 0.66%
车辆充电连接器故障终止 2.89%
主动防护电池整包过压终止 4.20%
主动防护电池过温终止 5.38%
车辆达到单体电压目标值终止（SOC<90%）11.15%
车辆电池达到目标SOC终止（SOC<90%）25.98%
BMS通信超时终止 22.18%
车辆BMS绝缘故障终止 24.28%

（五）重点异常分析（电池过温）

充电过程中电池温度过高报警，比例最高月份为 2019 年 8 月，达到 0.14%。

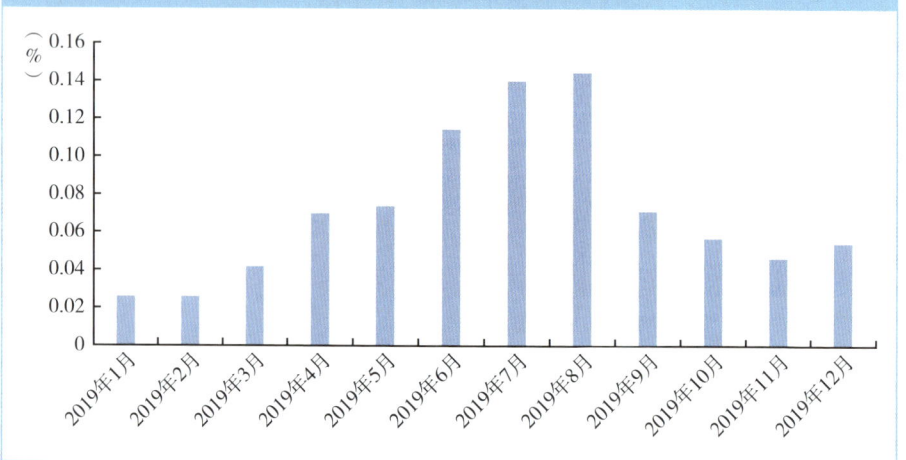

图 15　2019 年温度过高故障月份分布

通过对 2019 年充电过程中的温度过高故障分析，可以发现在 2019 年的 6 月、7 月、8 月三个月份的占比较高。进一步和 2019 年行业内曝光的电动汽车事故发生的时间进行比较发现，两者存在一定的时间吻合性。可以看到 2019 年电动汽车事故在 6 月、7 月、8 月的比例也较高。

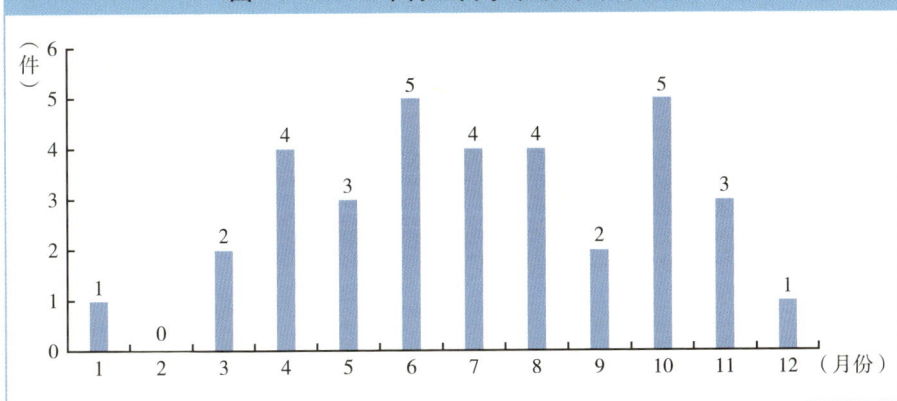

图 16　2019 年行业内事故统计（部分）

按照车辆运营类型看，温度异常比例较高的为物流车、公交车、网约车。

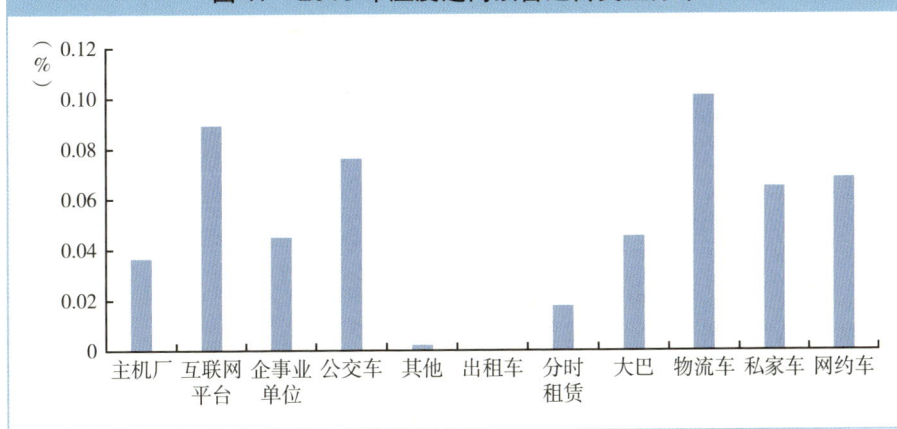

图 17　2019 年温度过高预警运营类型分布

按照车型分析，商用客车温度报警比例最高，占总报警数据的 49.81%。

图 18　2019 年温度过高预警车辆类型分布

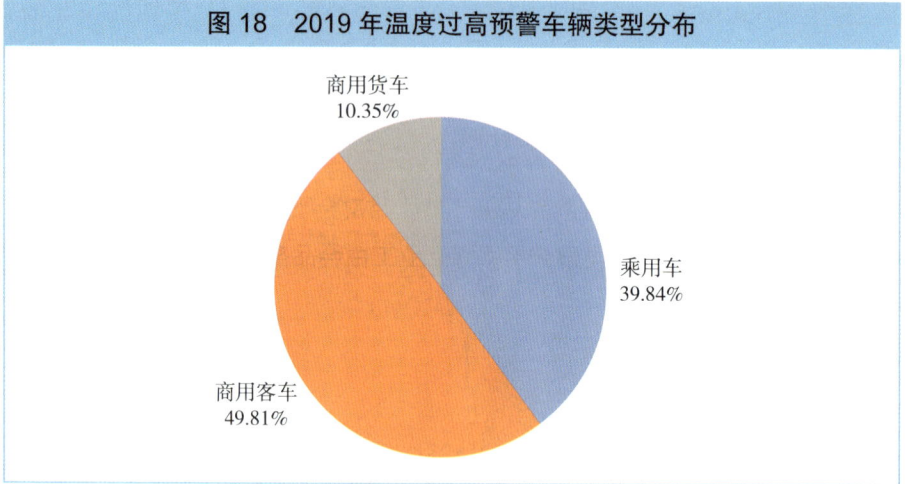

三　充电行为分析

　　从特来电大数据平台统计的数据来看，全国充电电量主要集中在珠三角、长三角以及中西部三个区域，其中北京以乘用车为主；四川、湖北、广东、山东、福建、河南、江苏、黑龙江的电量流向以公交车等专用车辆为主、以乘用小客车为辅；山西的电量流向以出租车为主、以乘用小客车为辅；电动公交、物流车、出租车、网约车等运营车辆的电量带动效果明显。

（一）充电时段分析

　　基于 2019 年样本数据统计，各个行业在不同的时间点启动充电的分布次数如图 19 所示，可以看出 40% 的公交车选择了在 16~23 点启动充电。0~4 点占比较高的为分时租赁、出租车、网约车、互联网平台。从数据特征分析，不同用途车辆的充电用户（公交、物流、网约、出租等）都存在强烈的"0"点效应，大量集聚在 0 点前后开启充电。

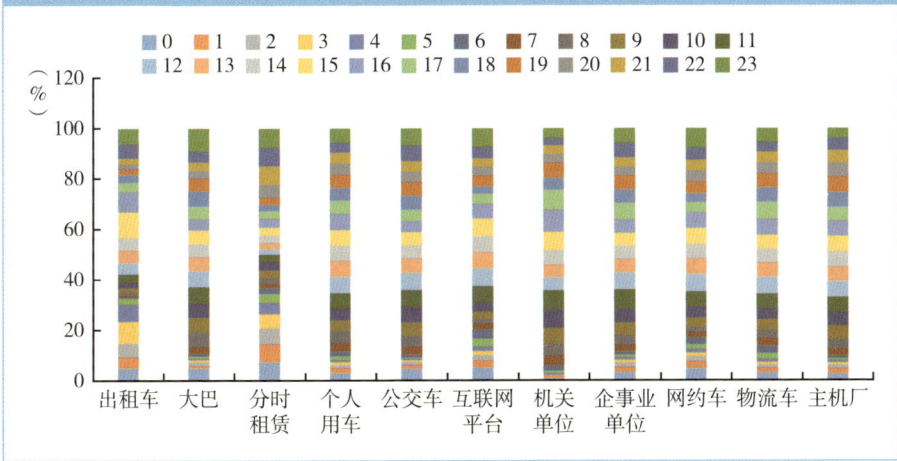

图 19　2019 年充电开始时间（行业分布）

（二）起始 SOC 分布

以 2019 年的数据为样本分析，充电开始时的 SOC 呈现近似"正态分布"特征，不同用途、不同城市起始 SOC 会稍有差异，其中全国不同用途车辆起始 SOC 分布如图 20 所示。

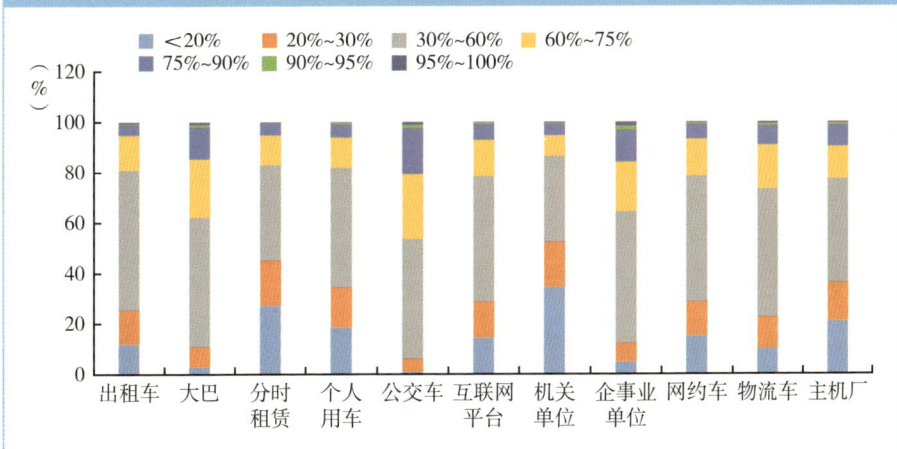

图 20　2019 年充电开始 SOC 分布（行业分布）

（三）结束 SOC 分布

以 2019 年数据为样本，分析了不同行业用户结束时 SOC 的范围，通过图 21 可以看出公交车 68% 选择了在 SOC 为 95% 以上时结束充电，个人用户有 30% 的选择在 SOC 为 75%~95% 时结束充电。

图 21 为分行业的明细数据。

图 21　2019 年行业用户结束 SOC 分布

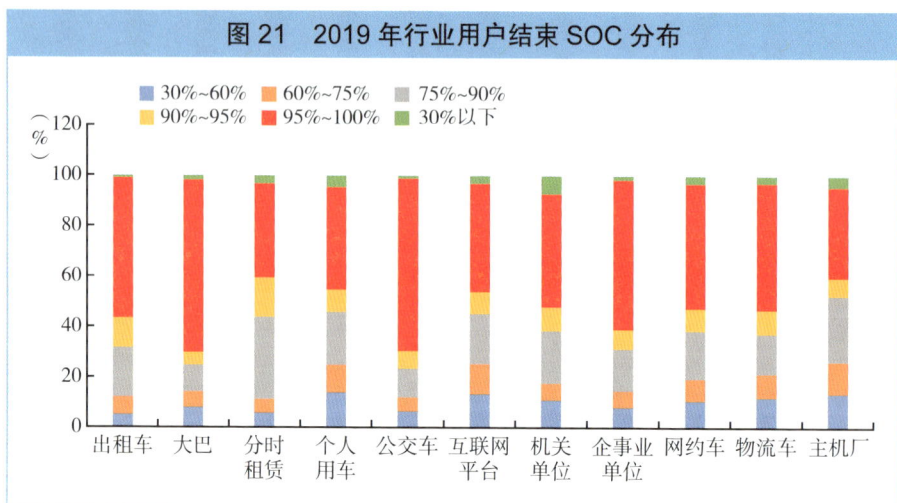

（四）ΔSOC

以 2019 年样本数据为基础，分析了 2019 年行业用户每次充电的 ΔSOC 的分布。从图 22 可以看出公交车用户接近 50% 的用户选择每次充电的 ΔSOC 为 30%~80%。50% 的个人用户选择了一次充电的 ΔSOC 在 50% 以内。

（五）快慢充比例

以 2019 年数据为样本，不同用途车辆快慢充分布有所不同，公交车、物流车绝大部分使用快充，比例达到 95% 以上，个人用车慢充占比 24%，网约车慢充占比 15%，分时租赁慢充占比 17%，企事业单位慢充占比 12%。

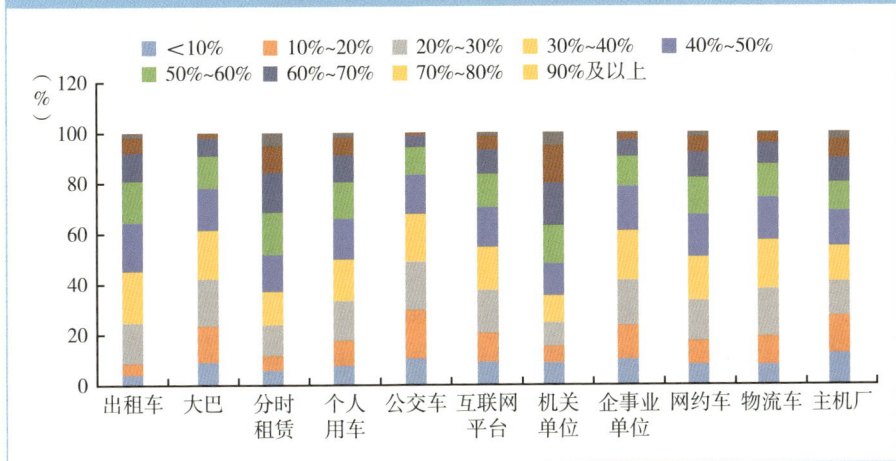

图22　2019 年充电 △Soc 行业分布

四　充电防护分析

（一）主动防护方法介绍

截至 2019 年 12 月，我国新能源汽车保有量已突破 380 万辆。近年来，新能源汽车起火安全事故大幅增加，据不完全统计，2018~2019 年发生电动汽车起火事故近 200 起，对新能源汽车行业的健康发展造成了较大的负面影响，对人民财产安全造成了严重损失。而在所有的电动汽车起火事故里面，排除行驶过程中碰撞发生的事故外，约 70% 的事故出现在充电的过程中和刚充满电一个小时内。因此，在充电过程中，通过充电设施以及存储车辆历史充电大数据的云平台对车辆充电过程进行实时的预警和防护，对提高电动汽车充电的安全性、减少起火事故是非常重要的。

充电设施作为电动汽车动力电池能量的提供者，在整个充电过程中扮演了非常关键的角色，把动力电池作为一个整体，结合充电过程中充电桩与 BMS 的数据交互，通过对充电技术的研究，优化充电方案和安全防护技术，使电动汽车电池充电变得更加安全和可靠；同时，电动汽车动力电池的特性会因寿命增加、使用习惯和使用环境的不同等因素的影响有巨大的差异，如何通过对每一辆车充电历史的大数据分析，形成该车专有的动态充电安全策略是一个值得研究的课题。

特来电于 2014 年推出的群管群控充电系统，实现了充电设施集中管理，通过云平台技术，实现了充电设施的统一管理和集中调度，实现了充电桩到充电网的进化；2015 年特来电推出的主动防护和柔性充电，通过在充电设施中增加安全防护的设计，使得电池安全和电池寿命大大增加；2016 年，特来电发布云平台 3.0，构建了生态体系中互联互通的大数据平台，基于对车辆数据、道路数据、环境感知数据、电池数据、充电数据等海量信息的处理、分析、挖掘，汽车服务商或车企可获得车主的车况、驾驶行为、里程等用车数据，从而提供精细化管理和服务；2018 年，特来电提出了面向新能源汽车安全的充电网两层防护技术，该技术涉及电力电子控制技术、充电设施与电池 BMS 的交互技术、电池安全技术、大数据收集平台和大数据分析技术。充电设施层面，一方面，能够把所有和充电安全相关的信息量以合适的传输速率及频度汇总到平台，另一方面，要能够接受平台下发的充电安全策略并执行该策略；平台层面能够及时处理充电网海量的充电数据。

特来电面向新能源汽车充电安全的充电网两层防护技术，分别从充电设施层和大数据层两个层面研究针对电动汽车充电安全的防护技术；充电设施层主要实现当次充电的安全防护，分别从电池基本安全限值及 BMS 安全冗余的角度研究更加安全的充电策略，比如单体电压、SOC（电池荷电状态，即剩余电量）、总包电压、温度及充电量等方面；大数据层面，主要实现对每一辆车充电历史大数据的分析，通过对同类车型的历史数据的横向对比和该车辆历史数据的纵

图 23 两层安全防护示意

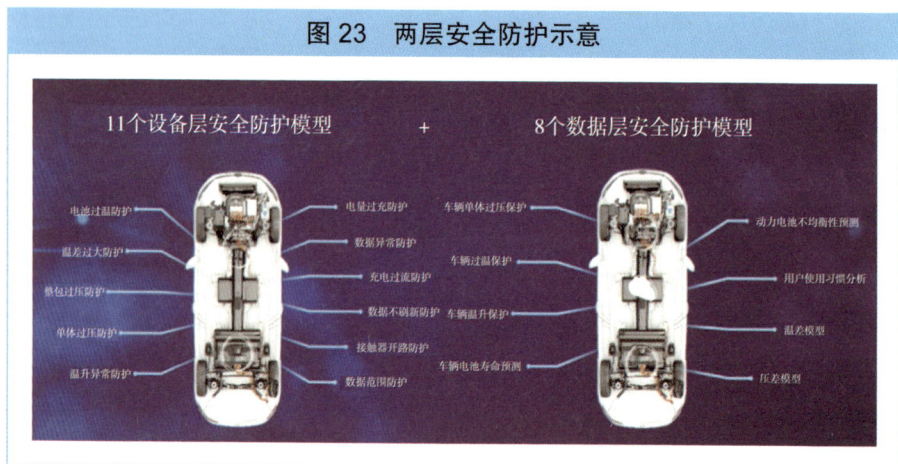

向对比，实现对特定车辆保护阈值、充电调整策略的精准分析。分析结果一方面，作为修正参数作用于当次充电，对充电设施层的主动防护安全策略进行动态修正，另一方面，进一步定位到风险车辆，向主机厂提供风险车辆预警。

通过两层安全防护技术，基于充电网的智能充电系统可以实现对每次充电的多维度的安全防护，同时结合历史大数据，可以实现对每一辆车更加精准的动态安全防护。

（二）主动防护数据展示

1. 2019 年主动防护结果统计

2019 年 1 月 1 日至 12 月 31 日，特来电平台的主动防护数据统计如图 24 所示。

图 24　主动防护分布

防护项	比例（%）
主动防护电池整包过压终止	0.05
主动防护电池温升异常终止	0.04
主动防护电池过充终止	0.04
主动防护单体过压终止	0.03
主动防护SOC数据异常终止	0.02
主动防护BMS数据不刷新中心	0.02
主动防护电池过温终止	0.01

主动防护比例为 0.248%，其中占比最高的防护项为电池整包过压终止。该防护项的触发跟车辆整包电压设计的上限明显相关，即当部分车辆传输给充电设备的整包电压上限值较低时，随着电池在使用过程中逐渐衰减、内阻增大等，整包过压终止的比例即会明显增高。

2. 按车型划分

从主动防护按车型的分布情况来看，商用货车的主动防护比例最高，为

0.54%，是平均值的 2 倍多，乘用车的防护比例最低，商用客车的防护比例接近平均值，同时，有部分车辆车型大类暂时未能确认，防护比例约为 0.36%。商用货车的主动防护比例最高，这与货车 BMS 管理水平、搭载的动力电池质量、整车设计等密切相关，是符合正常规律的。

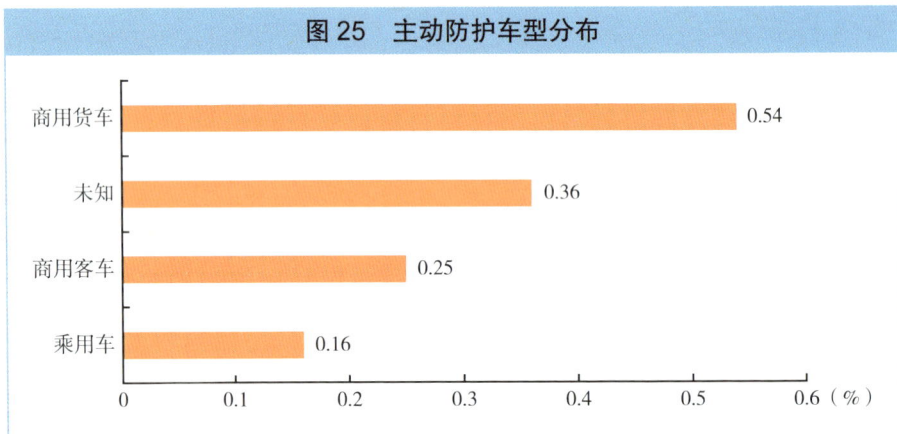

图 25　主动防护车型分布

（三）充电防护案例

通过两层安全防护、大数据、人工智能技术对充电车辆按照不同的维度对安全防护指标进行了深入的分析，发现发生故障的车辆，在不均衡性、最高温度、最大温差、最高温速、SOC 速率、单体最低压差等数据上有一定的规律体现。相关的案例信息整理如下。

1. 不均衡性

通过持续对车辆进行分析，发现当车辆不均衡性出现问题时，车辆在 SOC 较低（小于 0.9）时，BMS 上报车辆达到单体目标值终止和车辆达到目标 SOC 终止的比例较高。以下是针对系统中的一辆车在不均衡性方面的一个分析结果。

如图 26 所示，电池充满电后 SOC 不足 30%，2019 年 8 月 20 日经过程序校正后短期内电池得到改善，但因电池已严重老化衰减，10 天内指标很快降到 50%，10 月 19 日车辆更换了电池彻底解决问题。

图 26　车辆不均衡性变化趋势

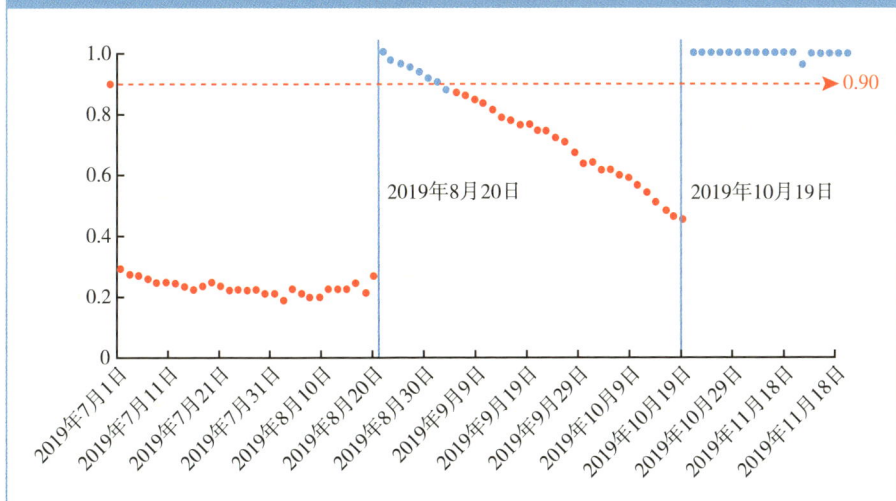

2. 最高温度

通过对相同区域同车型的车辆长时间的跟踪分析，当车辆发生故障时，可能会导致充电过程的电池最高温度发生数据偏离的现象。图 27 是跟踪记录的一

图 27　车辆最高温度变化趋势

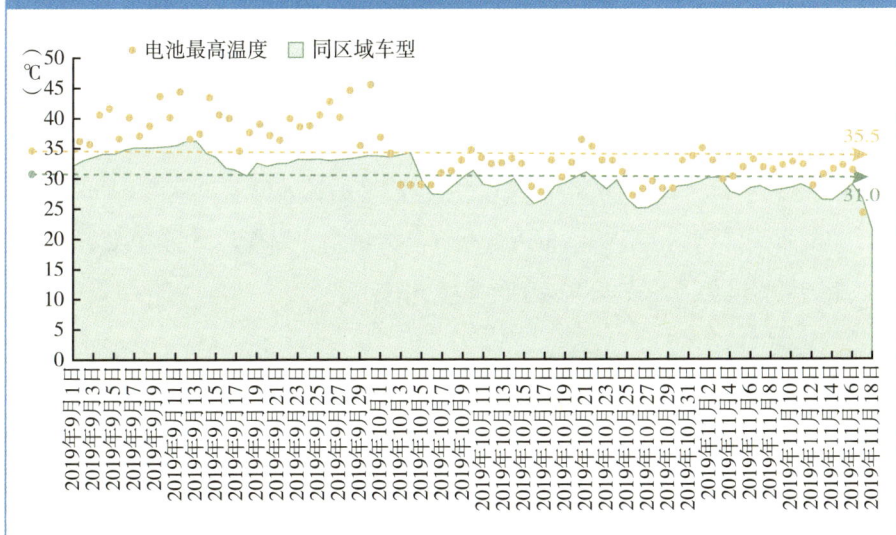

辆发生故障的车辆的最高温度数据。

如图 27 所示，2019 年 9 月 1 日后，车辆的最高温度与同区域同车型充电订单的最高温度数据相比，偏离度和偏离比例都增加，后经查确认为车辆问题，该车辆在 2019 年 10 月 1 日维修后，充电过程最高温度得到改善。

3. 最大温差

通过对相同区域同车型的车辆长时间的跟踪分析，当车辆发生故障时，可能会导致充电过程的最大温差发生数据偏离的现象。图 28 是跟踪记录的一辆发生故障的车辆的最大温差数据。

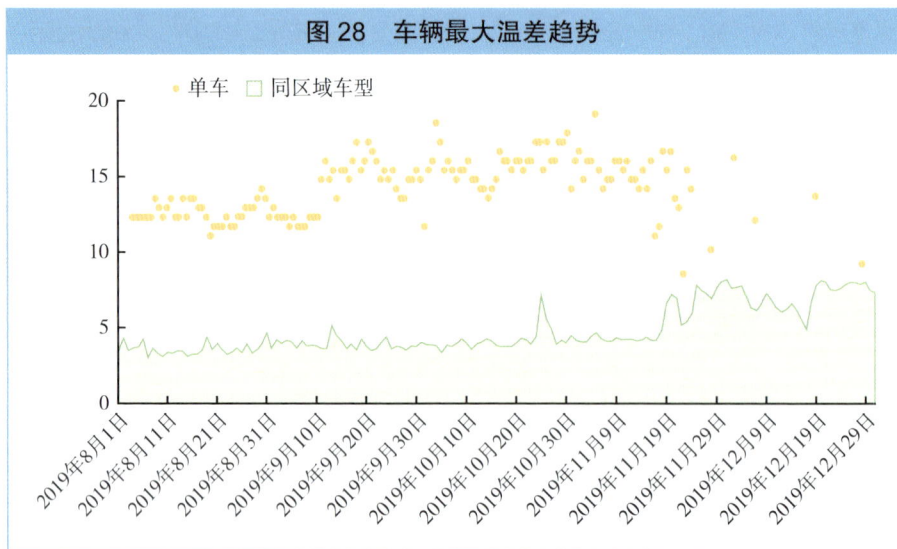

图 28 车辆最大温差趋势

如图 28 所示，2019 年 8 月 6 日之后，车辆的最大温差与同区域同车型充电订单的最高温差数据相比，偏离度和偏离比例都在增加，后经确认为车辆问题，车辆维修之后，最大温差数据恢复正常。

4. 最高温速

通过对相同区域同车型的车辆长时间的跟踪分析，当车辆发生故障时，可能会导致充电过程的温速（充电过程中当前时间和上一分钟的电池最高温度的差）发生数据偏离的现象。图 29 是跟踪记录的一辆发生故障的车辆的最高温速数据。

图 29　车辆最大温速变化趋势

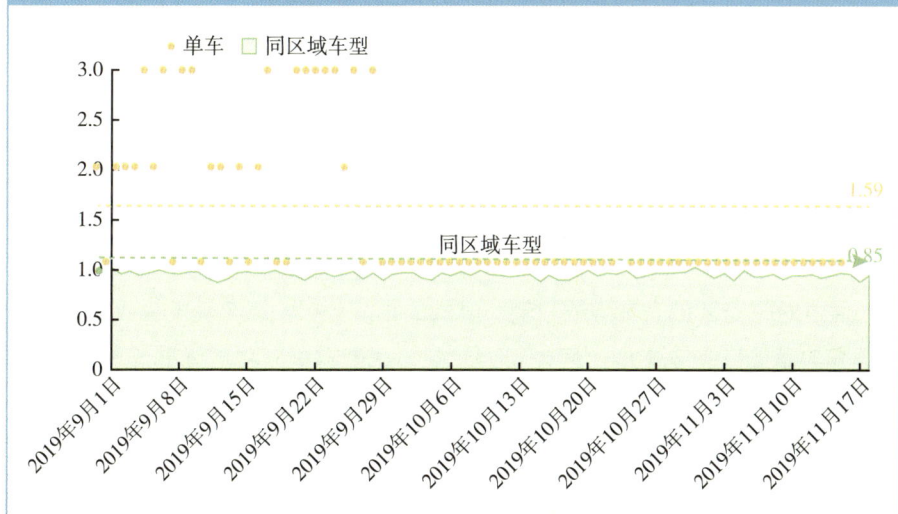

如图 29 所示，2019 年 9 月 1 日之后，车辆充电过程的温速与同区域同车型充电订单的温速相比，偏离度和偏离比例都增加，后经确认为车辆问题，车辆维修之后，温速数据恢复正常。

5. SOC 速率

通过对相同区域同车型的车辆长时间的跟踪分析，当车辆发生故障时，

图 30　车辆 SOC 速率变化趋势

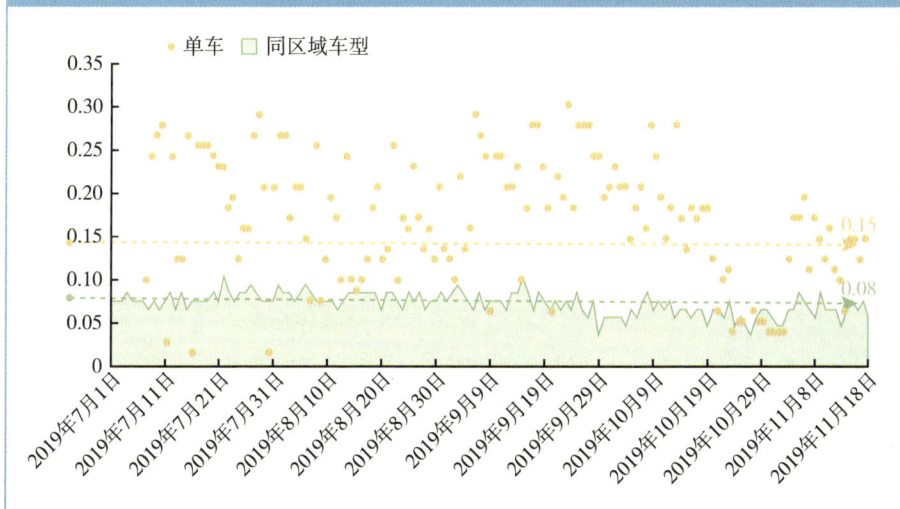

可能会导致 SOC 速率（充电过程中当前分钟和上一分钟的 SOC 的差）发生数据偏离的现象。图 30 是跟踪记录的一辆发生故障的车辆的 SOC 速率。

如图 30 所示，2019 年 7 月 1 日之后，车辆充电过程的 SOC 速率与同区域同车型充电订单的平均速率相比，偏离度和偏离比例都在增加，后经确认为车辆问题，车辆维修之后，SOC 速率恢复正常。

6. 单体最大压差

通过对相同区域同车型的车辆长时间的跟踪分析，当车辆发生故障时，可能会导致单体压差（充电过程中同一时刻单体最高电压和单体最低电压的差）的最大值发生数据偏离的现象。图 31 是跟踪记录的一辆发生故障的车辆的单体压差数据。

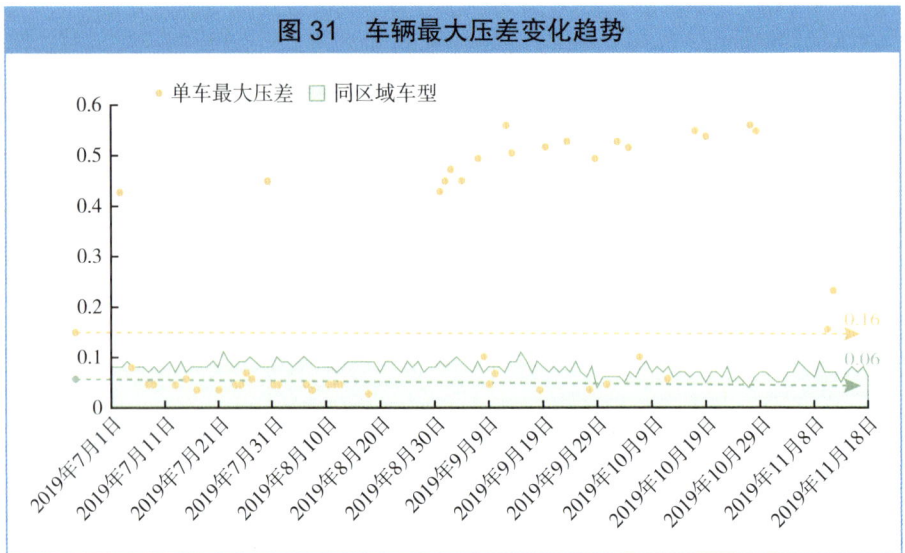

图 31　车辆最大压差变化趋势

如图 31 所示，2019 年 8 月 29 日之后，车辆充电过程的单体最大压差与同区域同车型的单体最大压差相比，偏离度和偏离比例都在增加，后经过确认为车辆问题，车辆维修之后，2019 年 10 月 25 日之后单体最大压差恢复正常。

五　充电过程数据传递情况

（一）必选项

车辆在进行充电时，按照 GB27930 要求，有些参数是必须传递的，针对 2019 年的充电车辆充电数据进行统计，必选参数传递的比例大部分小于 80%。

图 32　充电过程中必选参数按照车型分布情况

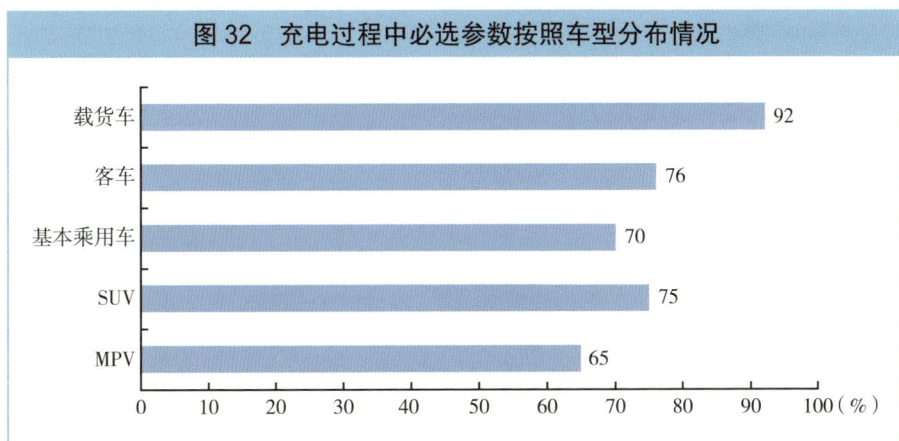

车型	比例
载货车	92
客车	76
基本乘用车	70
SUV	75
MPV	65

（二）可选项

2019 版充电安全指南中提到为了充电安全进一步提升，建议车辆在充电过程中，传递车辆的 VIN。但通过对 2019 年车辆充电数据进行分析，目前传递车辆 VIN 的车型比例很低，其中乘用车传递 VIN 的比例仅占 40%。

（三）BMS 数据常见问题

基于采集的充电大数据，本文整理了目前车辆在充电过程中按照 GB27930 传递时几类常见的问题（见表 1）。

表 1   BMS 数据常见问题

类型	详细描述
数据缺失	GB 中规定了参数为必选项，但是有些未传递，如电池类型
数据传递错误	数据逻辑错误 电池额定容量和标称能量数据传递错误
数据不准确	电池充电次数数据不正确 充电过程中的需求电压大于配置阶段的最高允许充电电压 电池单体最高允许电压数据传输错误，如磷酸铁锂电池单体最高允许电压传 4.0 充电过程中电池单体最高电压瞬间超过最高允许电压未保护 电池温度数据呈锯齿状剧烈波动 BMS 需求电压数据不正确、过大等

六   充电安全建议

（一）对政策层面的建议

国家层面尽快发布关于充电安全控制的强制标准，包含充电设施的防触电、消防技术，通过充电对动力电池风险的监控技术。

各级地方政府组织建立充电安全控制的地方标准。

重点管控居民小区等人员密集场所的充电消防问题、加油加气站等爆炸性危险区域的充电消防问题，对充电站的政府监管分重点分级管理。

引导充电技术与消防物联网技术的融合。

引导充电技术与电网削峰填谷技术的融合。

建立充电设备产品的强制认证机制。

鼓励新能源汽车的各产业链联合开发安全保护技术。

（二）对企业层面的建议

车企：各主机厂应在基本的 BMS 保护功能的基础上，完善增加更多的保护条件，有针对性地分地域、分时间进行电池保护，而不仅是全国范围内设置一个很保守的固定限值。各主机厂应给电池企业和充电企业开放更多的数据，由上下游产业链共同监控保护电池安全。主机厂应提高售后人员的技术能力，动力电池不同于传统车辆发动机，检测技术更复杂，故障更难发现，应积极应对用户提出的异常排查需求，不能因售后能力有限掩盖了电池故障。

充电设备制造企业：充电设备严格按照国标要求制造，设置对动力电池的保护功能，提高产品本质安全设计，做好售后保障工作。

充电运营企业：充电运营企业应依法依规建立一套完整的充电站安全管理体系，包含场站建设施工安全、运营工作人员培训、劳防配给、充电设备设施检查、事故应急组织，控制充电安全风险，降低事故损失。

车辆运营企业：不管公交还是网约车、物流车运营公司，都应建立电动汽车的安全管理和应急机制，对车辆进行定期检查，尤其是对车辆电池进行检测，确保安全运行。同时，要积极与有能力进行电池安全监控的企业合作，实时对动力电池性能安全进行监控，发现异常应主动积极地联系车辆售后服务排除故障。

加快研发动力电池检测装备，可以对车辆进行更为准确的电池安全性寿命等检测，提升电动汽车充放电的安全性。

（三）对消费层面的建议

各研究机构应积极研究用户充电行为模型，行业应加大安全充电宣传力度。

消费者应通过正确的充电、放电行为，保障电池安全运行，延长电池寿命。

电动汽车用户应多了解电动汽车的正确使用方法，从车企了解电池性能，从充电运营商了解正确充电方法，在遇到电池故障和事故时能够正确处理，减少人身伤亡和财产损失。

电动汽车用户应多用交流慢充设备充电，这有利于电池健康，同时充电和放电不宜太深，不要等到放电到电量很低才充电，建议有条件的话随用随充。

电动汽车用户应爱护充电设备公共基础设施，不故意损毁充电设备，保护其他电动汽车用户的合法使用权。

参考文献

［1］GB/T 27930-2015.电动汽车非车载传导式充电机与电池管理系统之间的通信协议 [S].
2015.

［2］中汽协，中国汽车动力电池产业创新联盟 .《电动汽车安全指南》, [EB/OL].

［3］何志静 , 刘卯 . 电动汽车充电安全分析与解决方案研究 [J]. 山东工业技术 , 2017(13).

充电安全篇 | **基于大数据的电动汽车充电设施安全性能评估及优化布局**

◎ 徐婷婷　胡　文　李　智　朱　彬　龙　羿

汪会财　孙正凯 *

* 徐婷婷，国网重庆市电力公司营销服务中心，主要研究方向为电力系统分析和电动汽车大数据分析；胡文、李智、朱彬、龙羿、汪会财、孙正凯，国网重庆市电力公司营销服务中心。

摘 要： 随着电动汽车的广泛推广，充电设施建设被纳入"新基建"重要战略部署，大规模充电设施的并网，将对原有配网的拓扑结构、电能质量造成冲击，本文研究了电动汽车并网对配网的影响，提出了保障电网和充电设施安全运行的措施，并基于大数据，对充电设施充电量、故障率、使用率、在线率、电能质量进行分析，对充电设施进行综合性能评估，辅助充电设施规划，以保证重庆市充电设施的合理布局和电动汽车的充电安全。

关键词： 电动汽车 充电设施 安全性能评估 优化布局

一　引言

近年来，伴随着国家政策对于新能源汽车产业扶持力度的加大以及环保意识的增强，消费者对于新能源汽车的接受程度越来越高，在汽车消费市场整体表现低迷的大环境下，新能源汽车行业依然呈现高速发展的态势。电动汽车作为我国战略性新兴产业，经过近 10 年的努力，已经取得了重大突破。截至 2019 年底，全国新能源汽车保有量达 381 万辆，占汽车总量的 1.46%，与 2018 年底相比，增加 120 万辆，增长 46.05%。其中，纯电动汽车保有量 310 万辆，占新能源汽车总量的 81.19%。新能源汽车增量连续两年超过 100 万辆，呈快速增长趋势。综上来看，新能源汽车占据市场的速度有目共睹，在 2019 年大力提倡节能环保的作用下，新能源汽车得到了企业与消费者的欣然接受与大力支持。

对于电动汽车产业的推广而言，汽车充电站的建设非常关键，而在拓宽电力市场需求的基础上，确保供给网络的完善与能源的高效性是电动汽车广泛推广的必要条件，具有一定的社会与经济效益。电动汽车充电设施是指为电动汽车供应电能的各类充电以及换电设备，完善的充电设施体系对于保障电动汽车普及具有重要意义。加快充电设施规划建设是落实国家新能源汽车产业发展战略的现实需要，也是促进低碳经济发展、便于出行、完善城市基础设施的有效措施。

充电设施作为电动汽车普及的重要保障，也得到快速发展，截至 2019 年 12 月，全国公共充电桩和私人充电桩总计保有量为 121.9 万个，同比增长 50.8%。我国充电设施建设在政策体系、充电网络、发展路线、设备成熟度、标准体系、产业生态等方面都取得了重大成绩。从 2014 年起，国家相继出台"加快充电设施建设"的指导意见及发展指南，并出台了金融保险、财政补贴、建设运营管理等各项政策，建立起完备的电动汽车充电设施政策体系。在京津冀、长三角、珠三角、京广高速、京沪高速等地区已经形成充电服务网络，建成了世界上充电设施数量最多、辐射面积最大、服务车辆最多的充电设施网络。充电设施的技术路线逐渐摆脱了慢充、快充、换电等不同技术路线的摇摆，《电动汽车充电基础设施发展指南（2015-2020 年）》指出，要加快建设适度超前、布局合理、功能完善的充电基础设施体系，明确了充电设施技术发展路线。充电设备成熟度进一步提升，品质进一步加强，充电成功率已由 2017 年的 91% 增长至 2019 年的 98%，充电兼容性获得突破性进展。截至目前，发布有效充电设施标准 63 项，在编计划项目 63 项，充电基础设施的设计、施工安装、运行维护、通信协议等充电设施标准体系初步建成；与此同时，在推动中国充电技术标准国际化方面，中国先后在直流充电、充电漫游、换电等领域取得突破，"中国声音"已经成为国际标准中的重要一方。电力、汽车、石油、房地产、互联网等行业都在积极开拓充电设施市场，我国初步形成了"互联网＋充电"的产业生态，充电与汽车销售、金融保险、出行服务更加紧密，形成了最具活力的充电设施产业生态。

重庆市是全国最大的汽车生产基地，重庆市将新能源汽车产业列为十大战略性新兴产业，积极推进汽车产业转型升级，出台了《重庆市加快电动汽车充电基础设施建设实施方案（2015-2020 年）》《重庆市支持新能源汽车推广应用政策措施（2018-2022 年）》，并出台了相关的财政补贴、建设运营管理等政策，有力地支撑了充电设施的建设和发展。目前在渝充电设施运营商达到 60 余家，合计建桩 1.4 万余个，国网重庆电力公司（以下简称重庆公司）、特来电、环球车享、万马万邦四家单位市场占比超过 80%，重庆公司占约 13%。

截至 2019 年底，重庆公司累计建成 85 个高速公路充电站，服务区覆盖率超过 70%，初步形成重庆"一环十射"高速公路充电网络。累计投运 323 个城市站，合计 1603 个充电桩，重庆地区车桩比达到 3.3:1，高于全国平均水平。专用充电市场方面，累计运营武隆电动公交充电站等 12 个专用充电站；与重庆出租车协会签订协议，为首批 200 辆电动出租车提供定制化充电服务，奠定了双方下一步合作的基础。完成重庆恒大 29 个小区报装批复和能源控制器采购，实现首个有序充电试点小区"恒大名都"的设备安装、调试。创新建立设备"三检测"机制（到货入网检测、电能质量检测、定期运行检测），完成充电站视频全监控，实现站点消防"无死角"、设备运行"零污染"；强化充电设备运行管理，实现车联网平台 24 小时监控，现场运维属地化管理；1～10 月累计充电量 1244 万千瓦时，同比增长 107%；充电桩低电量治理率超过 90%。试点车联网"绿电"交易成效明显，经政府许可，引进市外低价电，引导电动汽车错峰充电，重庆电动汽车公司作为唯一的聚合商，聚合 15 家充电运营商，累计交易"绿电"电量 685.66 万千瓦时，峰段充电量环比下降 48%，谷段充电量环比增加30%，"移峰填谷"效果显著。

重庆公司依托车联网平台，升级推广"渝e行"及"车桩监测平台"，实施"绿电"交易，试点电动汽车新技术应用，扎实推进"电动汽车服务综合示范"项目。该项目于年中入选国网泛在电力物联网最佳实践案例，先后在互联网大会等4次世界级展会上进行展示，引起广泛关注，获得一致好评。一是大力拓展电动汽车出行服务。加快推动"渝e行"融入国网"e约车"，通过接口实现平台间"业务共融、数据共享"。"滴滴""曹操"等网约车业务有序接入，在分时租赁基础上，推广公务和私人网约出行模式，持续提升用户量和订单数。二是持续深化"车桩监测平台"应用。市政府发文明确平台作为市级电动汽车补贴发放唯一依据，接入电动汽车46005辆充电桩14708个，首次获取社会运营商56万条充电交易数据资产，实现对全市90%以上的车桩信息监管和大数据分析，有效支撑"车桩路网人"数据整合和业务贯通。基于平台功能，主动研发公众App，充分挖掘商业价值，内测版将于11月上线。三是深入开展充电新技术研究。结合柔性矩阵式技术，实现电动汽车自动、均衡充电。研制架空轨道式移动充电系统，为用户提供灵活便捷的充电服务。

作为电动汽车运行的能量补给，充电系统是电动汽车运行的基础支撑系统，也是其实现商业与产业化的重要环节。为了更好地推动电动汽车产业的发展，需要对电动汽车充电设施进行全面细致的规划。

二　电动车大规模充电对电网的安全经济性研究

（一）电网的安全经济性研究

1. 电动汽车对电力系统经济运行的影响

统计发现，重庆新能源汽车的充电高峰出现在中午12点至次日凌晨时段，低谷在上午时段。而配网的负荷高峰出现中午11点、下午6~9点，低谷出现在凌晨；重庆市电动汽车日充电量约为3000千瓦时。电动汽车的随机充电行为将会加大配网负荷峰谷差，同时电动汽车充电功率波动较大，为电力系统负荷预测带来挑战，电动汽车的高功率特性和低电量对电力系统经济运行带来了挑战。因此，必须研究电动汽车的有序充电模式，将电动汽车作为可控负荷，进行合理有序充电。

2. 电动汽车对电网建设和改造的影响

电动汽车作为充电负荷入网充电，尤其是在用电高峰时期，电能需求量明显加大，将可能改变配电网的负荷结构和特性。而传统输配电网准则可能面临容量不足、技术落后等现状，无法适用于大规模电动汽车接入的情景。为改变这种不适现状，一方面需要投入大量资金，完善电网配套基础设施建设，另一方面需要将电动汽车充电行为进行综合考虑，合理建设充电设施，避免"大马拉小车"现象。

中国的汽车产业正处于快速发展时期，保守估计，到2030年全国汽车保有量将达到2亿辆，其中新能源汽车将占到总量的20%。以上海市为例，根据相关模型测算，假设上海市纯电动汽车和插电式混合动力汽车在2030年总量达到35万辆，市场渗透率在15%左右，将最大增加电网负荷4502MW，所需配套基础设施投资225亿元。用于充电站的专用变压器即为此类基础设施投资中的一部分，变压器在传输电能的过程中，其变压器综合功率损耗与其传输功率的百分比为功率损耗率 $\Delta P\%$，它与变压器负载率 β 呈二次曲线关系，如图1所示。

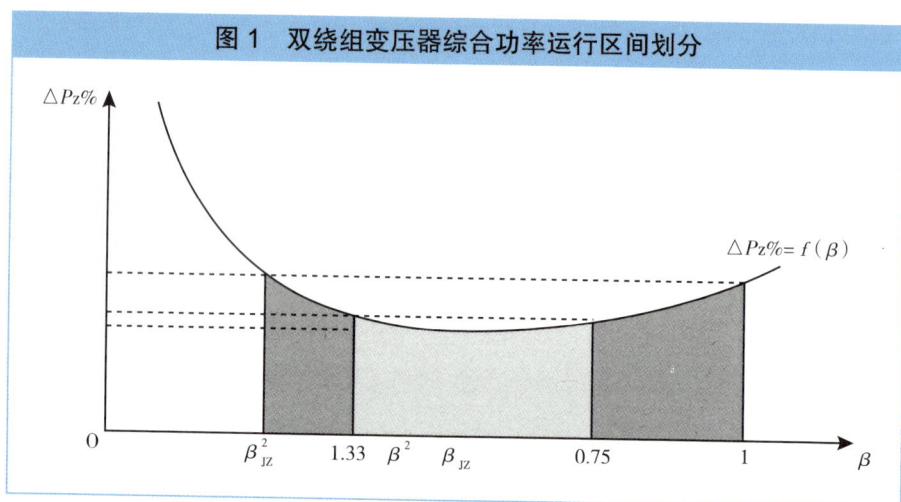

图 1　双绕组变压器综合功率运行区间划分

图1中，β_{JZ} 为变压器综合功率经济负载系数，可通过变压器的技术参数计算，根据GB/T13464.92《工矿企业电力变压器经济运行导则》和GB/T13464.2008《电力变压器经济运行》有关原则，以综合功率经济运行为例，变压器运行区间有如下划分。①经济运行区（可运行区），$\beta_{JZ}^2 \leqslant \beta \leqslant 1$。在此区

间变压器损耗率低于其在额定负载的损耗率。②最佳经济运行区（优选运行范围），$1.33\beta^2_{JZ} \leq \beta \leq 0.75$。变压器运行在此区间时效率更高。③最劣运行区（"大马拉小车"运行范围），$0<\beta<\beta^2_{JZ}$。在此区间变压器损耗较高，效率较低。因此为了保证电动汽车充电效率，同时减小充电站变压器损耗，可考虑进行充电站改造。

重庆作为山地城市，其大部分为由沟、涧、坡、梁、崀纵横交错构成的复杂地形，地势表现为山地和丘陵，自然现状为山高、谷深、石头多、坡陡、土薄、水流急，荒山荒坡水土流失、泥石流、滑坡严重，建设充电设施具有相当大的难度，例如，位于武陵山脉的武隆区，平地资源极为有限，电力通道狭窄，配网增容难，充电设施建设周期长，运输费用高，选址难，因此，必须考虑电动汽车与电网的互动，实现电动汽车的智能接入，减少电动汽车接入造成的负荷冲击。

（1）重庆市配电网现状

截至 2017 年底，重庆电网全市共有 10 千伏公用线路 6192 条，线路总长 99392.66 公里，10 千伏公用线路平均长度 16 公里。10 千伏公用配变 133914 台，容量 34700.735 兆伏安，配变平均容量 259 千伏安 / 台。其运行年限在 5 年内的有 75619 台，占比 56.47%，运行年限在 6~10 年的有 16592 台，占比 12.39%，运行年限在 11~20 年的有 38515 台，占比 28.76%，运行年限在 20~30 年的有 2636 台，占比 1.97%，运行年限在 30 年以上的有 552 台，占比 0.41%。10 千伏配变整体运行良好，健康水平良好。根据配变的资产归属、小区建成日期将小区分为高压自管小区、老旧小区、普通居民小区三类，其中高压自管小区配变为用户自有，老旧小区建成日期较早（2003 年之前）、用电负荷普遍较高、停车位较少，普通居民小区是指在 2003 年以后建成的居民小区。

总体来看，老旧小区平均负载率普遍偏高，64.55% 的老旧小区负载率区间为 60%~80%，还有 12.03% 的老旧小区负载率区间为 80%~100%；普通小区平均负载率较低，52.40% 的小区负载率区间为 60%~80%，只有 6.48% 小区的负载率区间为 80%~100%，还有 24.53% 的小区负载率区间为 40%~60%；高压自管小区的平均负载率也很高，61.48% 的小区负载率区间为 60%~80%，21.82% 的小区负载率区间为 80%~100%。

（2）重庆市私人新能源汽车保有量预测

截至 2017 年底，重庆市累计推广各类电动汽车 1.82 万辆，其中私人电动乘用车 0.4 万辆，约占全部电动汽车保有量的 22%。

根据重庆市新能源汽车推广应用办法，到 2020 年，全市累计推广应用新能源汽车 10 万辆，那么私人电动乘用车为 2.2 万辆。

（3）重庆市充电设施现状

结合调研结果，重庆市居民小区充电桩交流桩占比约为 85%，直流桩为 15%。

（4）居民充电桩同时率测算

算例样本为重庆市市区局辖区内 38 户居民充电桩，均为交流充电桩，采集一周内用电数据，38 户充电桩一周用电量如图 2 所示，一周充电功率如图 3 所示，周总充电功率如图 4 所示。

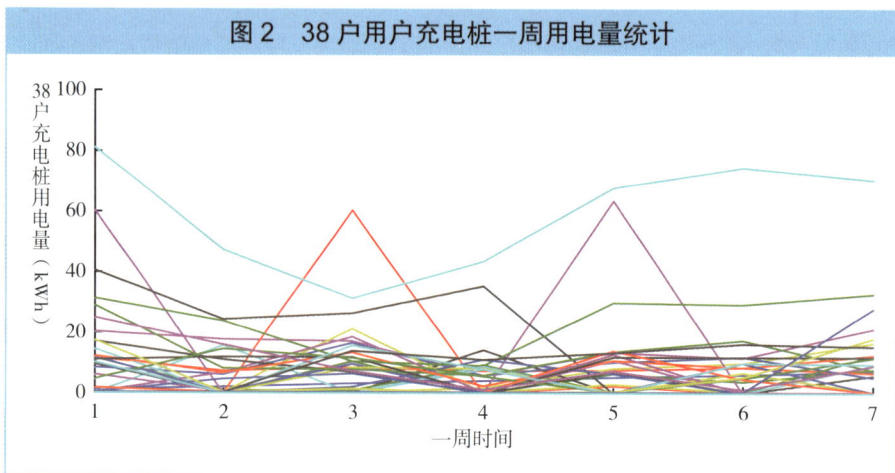

图 2　38 户用户充电桩一周用电量统计

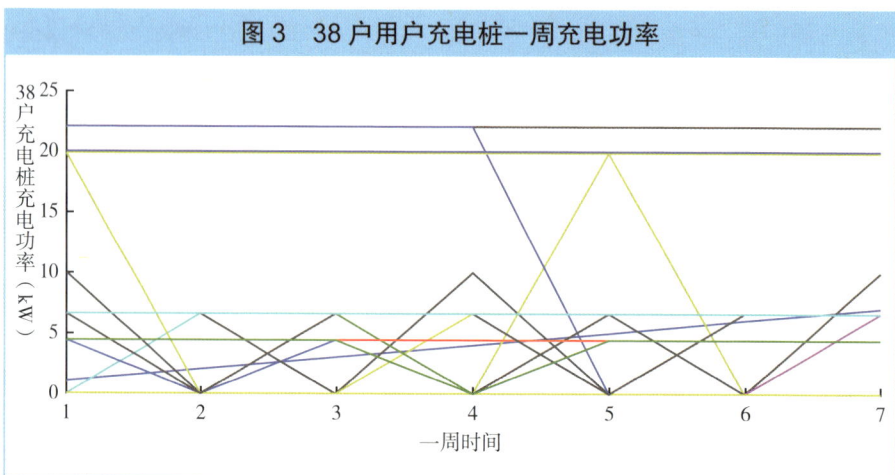

图 3　38 户用户充电桩一周充电功率

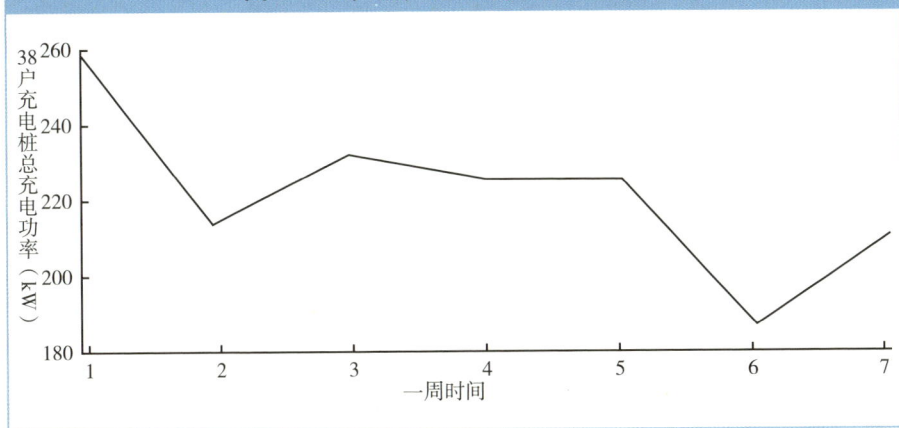

图 4　38 户用户充电桩周总充电功率

每日同时率 = 每日充电功率 / 总功率需求

每周同时率 = 周充电功率最大值 / 周总功率需求

因此同时率如表 1 所示。

表 1　同时率计算结果

时间	累计充电功率（kW）	每日同时率
周一	260.00	0.78
周二	213.60	0.648
周三	232.20	0.70
周四	225.60	0.68
周五	225.40	0.68
周六	186.80	0.56
周日	211.00	0.63

注：周同时率 =260/333.4=0.78。

（5）电动汽车影响预测分析

按照统计数据私人充电桩 85% 为交流充电桩、15% 为直流充电桩，其中交流充电桩为 7kW，直流充电桩为 30kW，因此 2020 年将新增居民小区负荷 328900kW，取同时率为 0.78，那么将对 4260 个小区台变平均增加约 61kW 的负荷，因此将使 2746 个居民小区公变负载率超过 83%，使 391 个居民小区公变超负荷，其中高压自管小区配变 115 个，老旧小区配变 74 个，普通居民小区配变 202 个。

（二）充电设施检测基本内容

为了保证电动汽车充电的安全稳定，电网公司开展了充电设施的入网及周期性检测，检测包含了一般检查、安全性测试等 7 项内容。

1. 一般检查

一般检查主要包括外观检查、基本构成检查、电缆管理及储存检查、标志标识检查等，本站的检测结果均符合国家标准。

2. 安全性测试

安全性测试主要包括绝缘电阻、接地要求、急停功能、车辆接头锁止功能、开门保护、电击防护等。绝缘电阻测试对样品的输入回路对地、输出回路对地、输入回路对输出回路进行了测试，测试结果均大于 10 MΩ，满足 Q/GDW 11784-2017 第 5.5.3 条的要求。接地要求测试结果显示充电设备内任意应该接地的点至总接地之间的电阻均小于 0.1 Ω，满足 Q/GDW 11784-2017 第 5.5.1 条的要求。急停功能、车辆接头锁止功能、开门保护、电击防护等项目的测试结果均满足相应的标准要求。

3. 功能测试

对样品的显示功能、输入功能、充电功能、通信功能进行了测试，测试结果均符合 Q/GDW 11784-2017 的要求。

4. 直流充电输出性能试验

对样品的低压辅助电源的电压稳定度、输出电压误差、输出电流误差、限压特性、限流特性、效率特性、功率因素进行了测试，部分充电桩在最低电压 200V、最高电压 750V 的输出电压误差超过标准要求的 0.5%，其他测试结果均符合 Q/GDW 11784-2017 的要求。

5. 计量误差测试

对样品的工作误差、示值误差、付费金额误差、时钟误差进行了测试，测试结果均符合 JJG 1149-2018 的要求。

6. 互操作性测试

开展了连接确认、正常充电结束、绝缘故障、通信中断、车辆接口断开等互操作性测试。连接确认测试结果符合 Q/GDW 11784-2017 的要求。

正常充电结束测试，主动中止、被动中止充电时，充电机在充电电流小于等于 5A 时，接触器 K1 和 K2 泄放电路、K3 和 K4 动作正常；输出电流停止速率是低于 100A/s，不符合 GB/T 34657.1-2017 中 6.3.5.4 的规定；泄放过程、通信状态、解锁状态符合标准要求。

在车辆接口断开测试中，充电机发送中止充电报文中的结束充电原因不符合实际动作情况；其他测试项目符合标准要求。

7. 一致性测试

开展了低压辅助上电阶段、充电握手阶段、充电参数配置阶段、充电阶段、充电结束阶段的通信协议一致性检测，测试结果均符合标准要求。

三 基于大数据的充电设施性能评估

（一）充电设施充电量热力分析

1. 重庆市不同时段充电量分布状况

全市充电设施充电量在 12：00~13：00 时段和 00：00~01：00 时段出现高峰，在 08：00~09：00 时段和 18：00~19：00 时段出现低谷，与居民用电情况相比，呈现相似规律，不同时段充电量分布状况如表 2 所示。

全天时段	充电量	占比
表2 充电量按时段分布		单位：kWh，%
00：00~01：00	1909657.26	16.8
02：00~03：00	1453509.66	12.8
04：00~05：00	792868.68	7.0
06：00~07：00	500028.96	4.4
08：00~09：00	423298.44	3.7
10：00~11：00	850374.30	7.5
12：00~13：00	1250832.54	11.0
14：00~15：00	1177850.52	10.4
16：00~17：00	984906.60	8.7
18：00~19：00	584924.04	5.1
20：00~21：00	721403.34	6.3
22：00~23：00	713766.54	6.3
合计	11363420.88	100.0

2. 重庆市各充电运营商充电量分布

从运营商维度来看，重庆特来电、两江特来电、重庆万马等企业提供的充电量排名靠前，前10家运营商合计占全市充电总量的70.1%，其余的运营商合计占比为29.9%，集中度高。

3. 重庆市各区域充电量分布

全市充电电量分布不均衡，主要集中在渝北、南岸、九龙坡、江北、沙坪坝等区域。2019年渝北区充电量占比18.2%，南岸区充电量占比7.8%，九龙坡区充电量占比7.2%，江北区充电量占比6.1%，沙坪坝区充电量占比6.4%，巴南区充电量占比6.5%。

（二）充电设施故障率分析

从全年的数据来看，冠昂科技运营商的充电设施故障率最低，其次是友蓉利和国家电网运营商，分别为 0.0%、0.2%、0.5%。从区域维度来看，故障率较低的区域有大渡口区、江北区、北碚区和渝北区。

（三）充电设施使用率分析

充电设施整体使用率为 6.8%，各运营商之间充电设施使用率分布不均衡，使用率较高的有百源欣联科技、重庆万马、友蓉利，使用率垫底的有国翰能源、重庆特来电，最高和最低相差 15.2 个百分点。从区域维度看，主城区和周边区域充电设施平均使用率分别为 6.68% 和 7.2%，各区域使用率分布均衡，使用率较高的区域有大渡口、九龙坡区、南岸区，使用率垫底的区域有渝中区、巴南区、沙坪坝区，最高和最低相差 6.7 个百分点。

（四）充电设施在线率分析

各运营商充电桩在线总体情况良好，整体平均在线率达到 90.3%，高于平均水平的运营商有重庆特来电、两江特来电、国宏特来电等，在线率排名靠后的有星充新能源、国翰能源、冠昂科技。各区域的充电桩在线总体情况良好，高于平均在线率的区域有北碚区、渝北区、江北区和九龙坡区。

（五）充电设施电能质量分析

随着大规模电动汽车的投运，电动汽车充电需求日益增大，由于快充直流桩充电功率较高，同时含有大量电力电子器件，因此在电能质量方面的影响，主要体现在电压越限和谐波污染。

电动汽车作为一种电力负荷，其充电行为受用户出行规律影响较大，在电动汽车随机充电的情况下，大规模电动汽车在同一时刻接入配网同一节点时，将可能导致该节点电压下降，我国规定 35kV 及以上用户供电电压正、负偏差绝对值之和不超过额定电压的 10%，10kV 及以下三相供电电压允许偏差为额定电压的 ±7%，220V 单相供电电压允许偏差为额定电压的 -7%~7%。电动汽车充电站，无论采用直流充电能源供给模式还是交流充电能源供给模式，充电机都是通过降压变压器从 0.4 kV 三相交流电源获得能量，因此它属于电网的非线性负荷。

国内外对电动汽车充电机的谐波污染、谐波检车和治理措施展开了大量研究工作，文献对电动汽充电谐波特性进行了研究，表明电动汽车作为电力系统的非线性负荷，主要对电网产生 6k+1 次谐波，其中 5 次和 7 次含有量较大，在 Matlab 中进行了验证，并基于仿真数据提出了充电站谐波工程算法。文献采用某厂家生产的电动汽车直流充电桩谐波监测数据，对直流充电桩接入电网后产生的谐波进行了分析。针对不同的公共连接点最小短路容量和供电容量，研究了允许接入电网的最大直流充电桩数量，为电动汽车充电桩规模的合理配置提供了相应的理论依据。

1. 单桩电能质量分析

本部分将详细描述对重庆某充电站中 60kW 直流分体式充电桩进行充电测试，电动汽车直流侧功率和充电电流分别如图 5、图 6 所示。

图 5　电动汽车充电直流侧功率

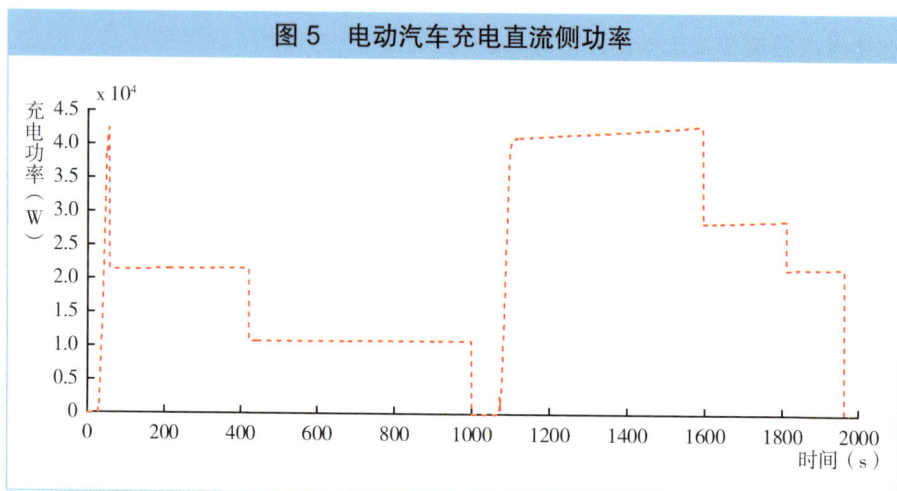

图 6 电动汽车充电电流

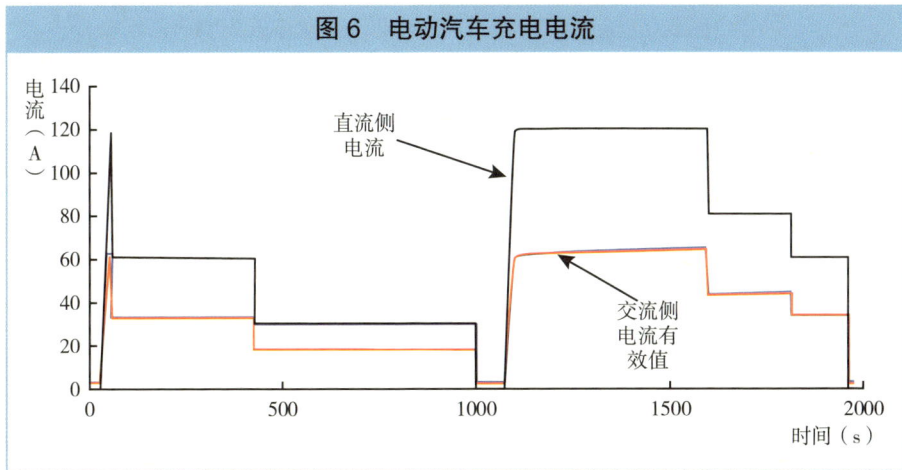

图 7~图 9 分别为充电机 A 相、B 相、C 相电流的各次谐波含有量比较图，由以上图可以得出充电机在充电时，5 次谐波最高，奇次谐波含有量远远高于偶次谐波含有量，且奇次谐波含有量与充电功率呈反比，偶次谐波含有量与充电功率的关系不明显。

2. 充电站电能质量分析

本次试验测试充电站在充电状态的电能质量指标，包括电压偏差、频率偏

图 7 充电机交流侧 A 相电流各次谐波含有量

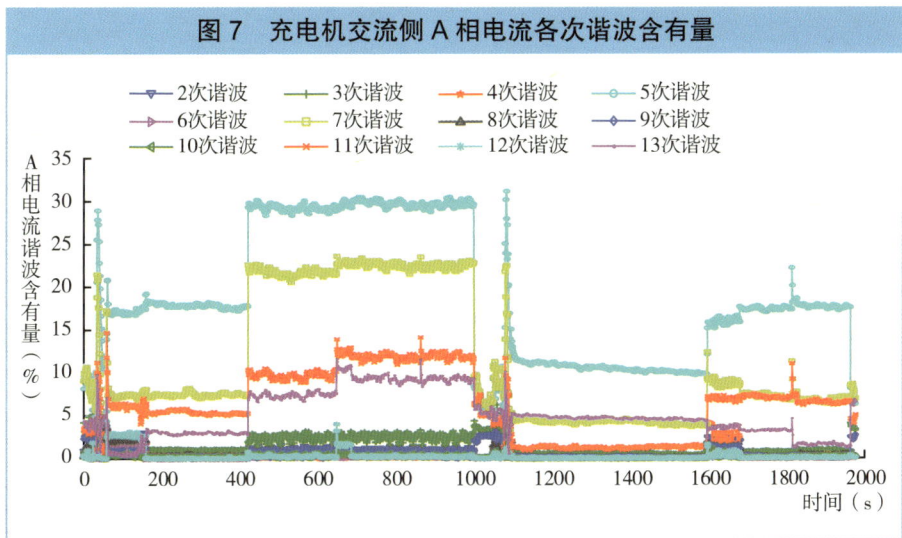

图 8　充电机交流侧 B 相电流各次谐波含有量

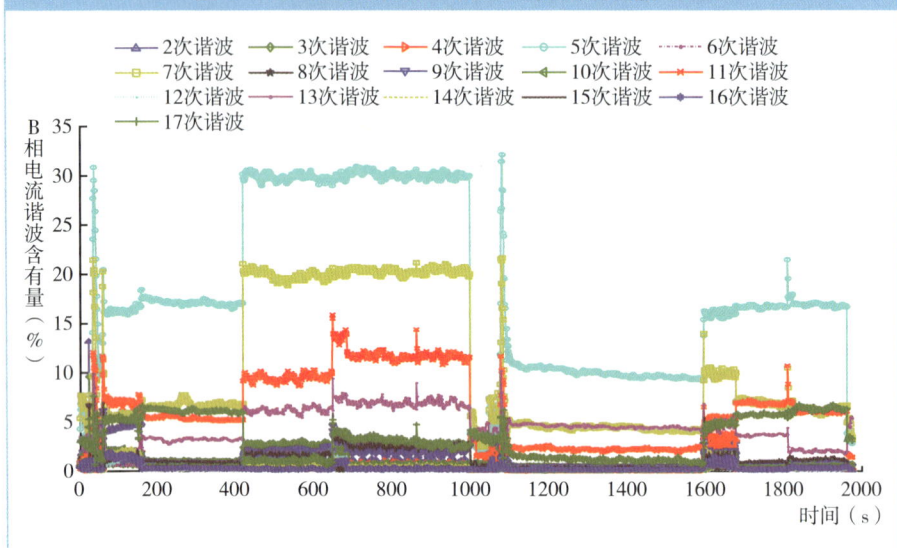

图 9　充电机交流侧 C 相电流各次谐波含有量

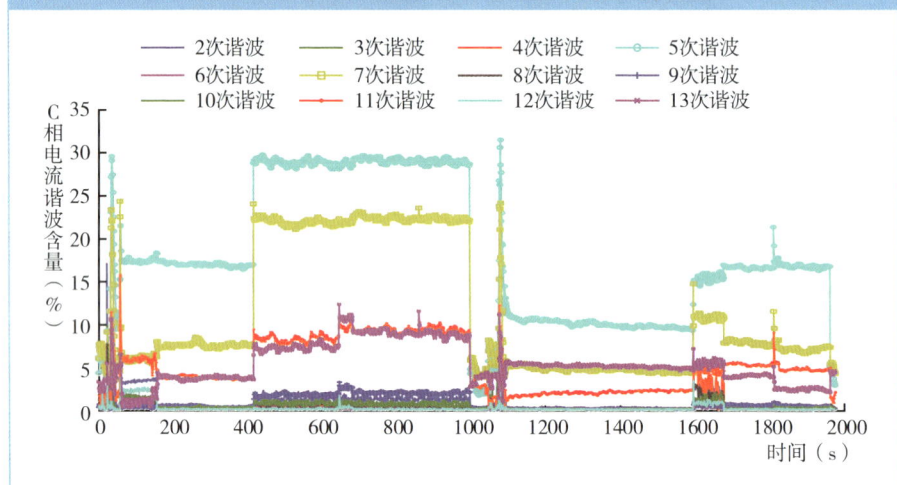

差、长时闪变、电压不平衡度、电压总谐波畸变率、2~50 次电压和电流谐波含有率等。

同时，所采用的监测设备和测量方法应分别符合《电能质量监测设备通用要求》（GB/T19862-2005）和 IEC61000-4-30:2003 的规定。

本次分析评估的电能质量相关指标趋势图时间为 2019 年 9 月 17 日

10：53：00~15：51：00，主要针对所监测线路的电压偏差、频率偏差、长时闪变、电压不平衡度、电压总谐波畸变率、谐波电流含量进行指标分析，具体情况如下。

（1）电压偏差

A、B、C 三相电压上偏差 95% 值分别为 4.9738%、1.477%、2.3953%，而 A、B、C 三相电压下偏差 95% 值均几乎为 0，因此所有测量值均低于国标规定值 7%，符合国标要求。

（2）频率偏差

频率最大值为 50.06Hz，平均值为 49.99Hz，最小值为 49.94Hz，95% 偏差值为 ±0.04Hz，满足 ±2.00 限值要求。

（3）长时闪变

A 相长时闪变最大值为 0.16，平均值为 0.15，最小值为 0.15，95% 偏差值为 0.16；B 相长时闪变最大值为 0.17，平均值为 0.16，最小值为 0.16，95% 偏差值为 0.17；C 相长时闪变最大值为 0.16，平均值为 0.16，最小值为 0.16，95% 偏差值为 0.16。因此，其 95% 值均满足限值 1 的要求。

（4）电压不平衡度

三相电压不平衡度最大值为 0.20，平均值为 0.13，最小值为 0.07，95% 偏差值为 0.17。因此，其 95% 值均满足限值 2 的要求。

（5）电压总谐波畸变率

A、B、C 三相电压 2~50 次谐波电压含有率（95% 值）曲线如图 10 所示。其中，A 相电压总谐波畸变率最大值为 5.00%，平均值为 4.81%，最小值为

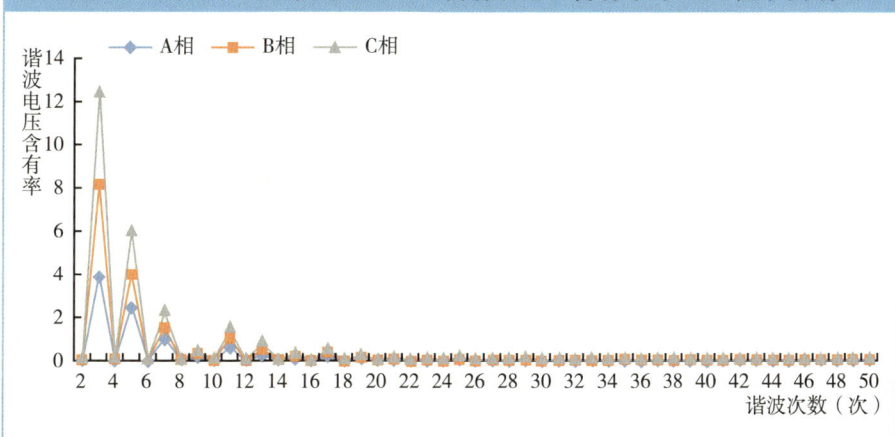

图 10　A、B、C 三相电压 2~50 次谐波电压含有率（95% 值）曲线

4.69%，95% 偏差值为 4.90%；B 相电压总谐波畸变率最大值为 4.57%，平均值为 4.41%，最小值为 4.31%，95% 偏差值为 4.48%；C 相电压总谐波畸变率最大值为 4.97%，平均值为 4.75%，最小值为 4.65%，95% 偏差值为 4.81%。因此，其 95% 值均略高于限值 4% 的要求。

（6）谐波电流含量

A、B、C 三相电流 2~50 次谐波电流含有率（95% 值）曲线如图 11 所示。其中，唯有 C 相 11 次谐波含量的 95% 值高于国标要求的 2.01%，其余 95% 值均满足对应的限值要求。

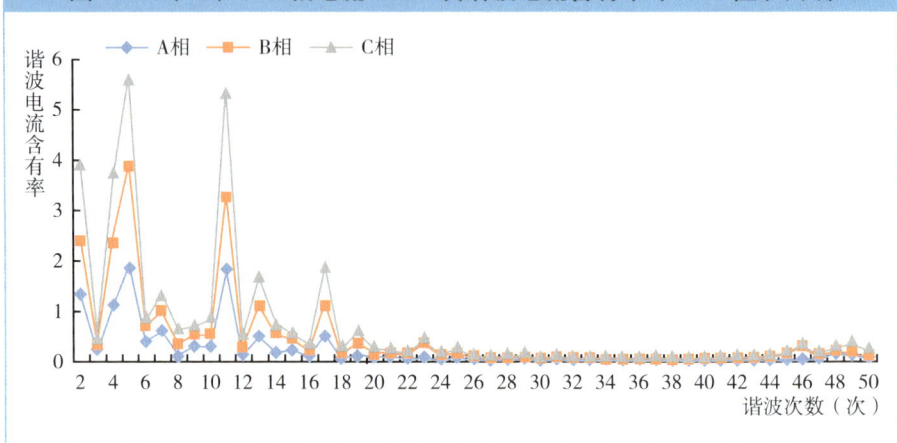

图 11　A、B、C 三相电流 2~50 次谐波电流含有率（95% 值）曲线

本次监测点的电压偏差、频率、电压不平衡度完全符合现有国标要求，电压总谐波畸变率及个别谐波电压和电流不符合国标要求，根据现场负荷情况分析，其原因在于背景谐波引入导致其值稍微高于限值。综上，针对该充电站电能质量分析结果可知，现有国标对电能质量的指标要求仍适用于规范大功率充电设施，因此将其相关电能质量指标要求编入国网企标《电动汽车大功率非车载充电系统通用要求》中。

四　充电设施优化布局

电动汽车充电设施，能够为电动汽车提供方便和快捷的充电服务，保障电动汽车有足够的续航里程来满足用户的出行需求，缓解电动汽车用户的"里程焦虑"，是电动汽车产业中极其重要的公共基础设施。而电动汽车充电设施的覆盖范围不够大、服务效率不够高、规划理论不够完善等现状，也限制了电动汽车渗透率的进一步提高。因此，合理规划电动汽车充电设施就成为电动汽车普及的一个必要条件。在车桩两方面大数据分析的基础上，通过大数据分析算法对数据中隐含模式及规律进行充分挖掘，将所挖掘的知识应用到充电站规划指导中，可以对已有充电桩的运行情况和服务范围充电需求进行科学评价，并基于此对不同区域充电站做出规划推荐决策。

根据站端及车端统计数据，进一步进行推理分析在上述电量需求、车辆驻留地、用电潮汐等结果基础上，推理各充电站在可变交通流量环境下对服务范围内电动汽车充电满意度评判，结合排队论等相关方法对充电站运行情况进行建模分析。在分析结果的基础上，将多维度结果信息进行综合决策分析，引入专家知识及模糊推理系统，得出规划推荐建设区域（如新增、迁移等）得分矩阵，最终实现充电站规划区域决策支持。

（一）基于重力空间互动模型的电动汽车流量分析

在建设电动汽车充电站之前，首先需要预测电动汽车充电负荷，才能合理地对充电站的数量、位置和容量等参数进行最优规划。电动汽车快速充电负荷主要受到电动汽车快速充电概率 p_{fch} 和电动汽车数量 N^{PEV} 两个变量影响。

其中，在一天中电动汽车快速充电的概率变化可由图 12 获得；而在考虑电动汽车充电站所服务的电动汽车数量时，N^{PEV} 就不再是一个代表地理区域电动汽车保有量的固定数值，而是一个与该充电站所在交通区域的电动汽车流量大小有关的一个变量。因此，对交通网络中的电动汽车流量分析，就成为电动汽车充电站优化规划的一个必要步骤。

在交通领域的研究中，有很多针对交通流量的分析模型，本文将采用重力空间互动模型来对交通网络中的电动汽车流量进行定量分析。

1. 重力空间互动模型

重力空间互动模型（Gravity Spatial Interaction Model），是由美国学者 Kingsley Haynes 等人最初于 1984 年提出的一种定量描述人群、货物、车辆或者

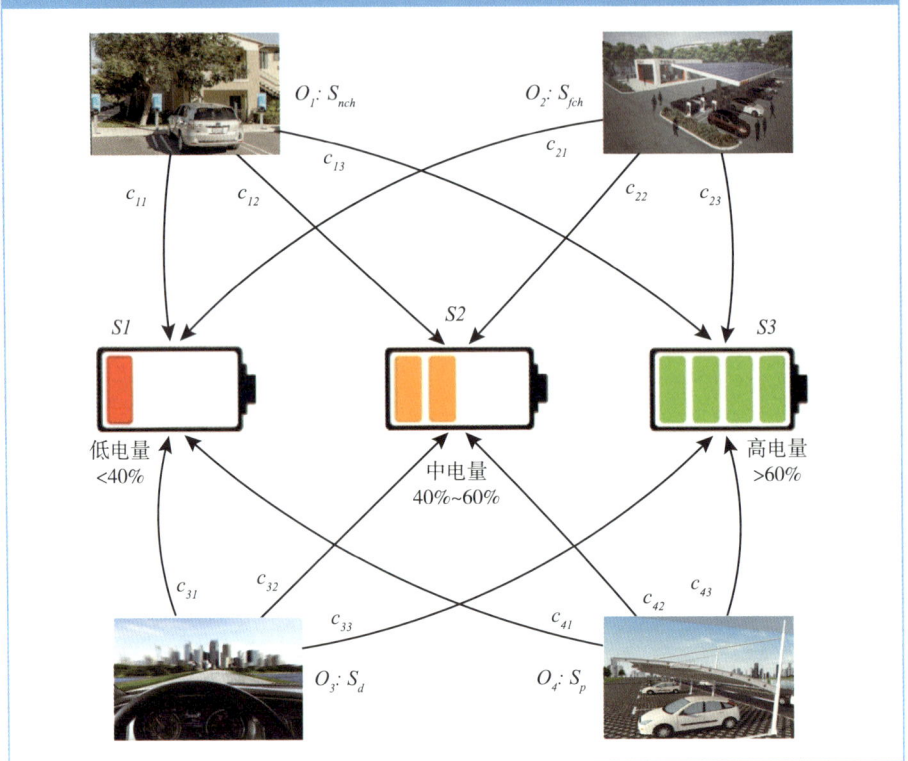

图 12　考虑电池电量的电动汽车隐马尔可夫模型

数据等研究对象在不同的地点之间的交通流量的模型。

在此模型提出之前，人们往往利用"起点 – 终点矩阵"（Origin-Destination Matrix，或空间互动矩阵）的形式来表示每两个地点之间的空间互动，也即流量情况。以 3 个地点为例，其起点 – 终点矩阵如表 3 所示，其中，每一个起点 i 与终点 j 之间都有一个值 F_{ij} 来表达两地之间的流量；第 i 行的元素之和即代表了从起点 i 出发的所有流量，同理，第 j 列的元素之和即代表了终点 j 获得的所有流量；在一个与外界没有流量交换的封闭系统中，所有出发的流量之和等于所有到达的流量之和。如果所研究的系统不是特别大，则确实可以利用这种矩阵的形式将每一个起点 – 终点对的流量直接表示出来。然而，矩阵中流量数据的获取一般是通过实际调查获得，这往往需要极其高昂的人力、物力与时间成本，若所研究的系统特别复杂，则所消耗的成本将呈指数性增加。另外，在实际应用中，交通流量会随时间发生变化，也有可能随时会有新的地点加入系统中，这也导致了起点－终点矩阵的应用受到极大的制约。因此，需要一种更便捷、实用以及精确的流量描述模型，而重力空间互动模型也就应运而生了。

表3　起点－终点矩阵

起点－终点对		终点 j			
		地点 1	地点 2	地点 3	总计
起点 i	地点 1	F_{11}	F_{12}	F_{13}	F_{1j}
	地点 2	F_{21}	F_{22}	F_{23}	F_{2j}
	地点 3	F_{31}	F_{32}	F_{33}	F_{3j}
	总计	F_{i1}	F_{i2}	F_{i3}	F

如图 13 所示，重力空间互动模型理论认为每一个地点都有一个繁忙指数 W，用来表示该地点的交通繁忙情况。繁忙指数 W 大，则代表了该地点会发出

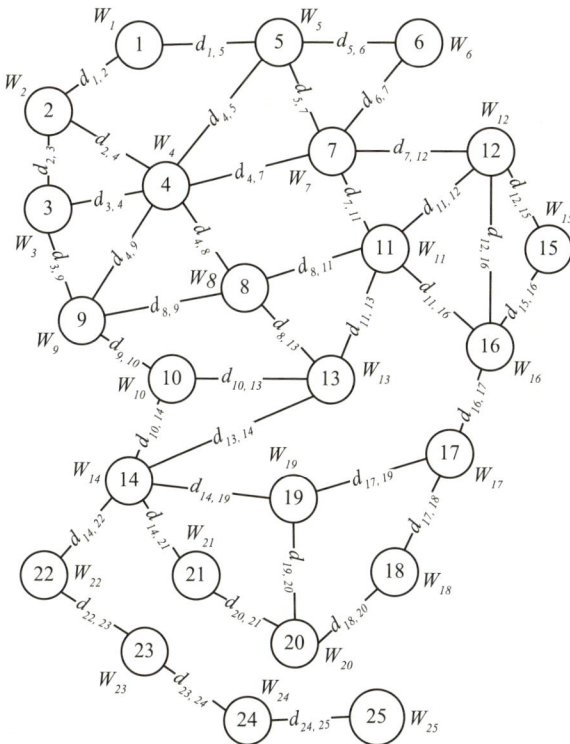

图 13　典型交通网络

或接收更多的交通流量。基于此假设，地点 i 和地点 j 之间的交通流量 F_{ij} 就可以由式（1）计算得到。

$$F_{ij} = k \frac{W_i W_j}{d_{ij}}, \forall i,j \in T, i \neq j \qquad (1)$$

其中，W_i 和 W_j 分别是 i、j 两地的繁忙指数；d_{ij} 是 i 与 j 之间的交通距离；T 是交通网络中包含了所有地点的集合；k 是一个与交通发生率相关的比例常数，当以年作为单位计算时，k 的值就要比以周为单位计算时的 k 值要大。之所以该模型叫作重力空间互动模型，正是因为式（1）的形式与牛顿的万有引力定律相似。

根据式（1），重力空间互动模型就将难以获得且极其复杂的起点 – 终点矩阵简化成了易于获得的每个地点的繁忙指数和距离，从而就可以方便快捷地计算任意两地之间的交通流量。在获取了所有存在的起点 – 终点对的交通流量后，其对应的两地之间运输物的数量 N_{ij} 就可以由式（2）计算，其中，N 是整个系统中的运输物（比如人、货物、车辆、数据等）的总量。

$$N_{ij} = N \times \frac{F_{ij}}{\sum_{i \neq j} F_{ij}}, \forall i,j \in T, i \neq j \qquad (2)$$

2. 电动汽车流量分析模型

由上述重力空间互动模型的理论，即可推广至对电动汽车的流量分析。仍然假设所研究区域的交通网络如图 13 所示，可得 i、j 两节点之间的电动汽车流量可由式（3）计算。

$$F_{ij} = \frac{W_i W_j}{1.5 d_{ij}}, \forall i,j \in T, i \neq j \qquad (3)$$

同理，i、j 两节点之间的电动汽车数量 N_{ij}^{PEV} 可由式（4）计算，其中，N^{PEV} 即为所研究的整个交通网络中的电动汽车保有量。

$$N_{ij}^{PEV} = N^{PEV} \times \frac{F_{ij}}{\sum_{i \neq j} F_{ij}}, \forall i,j \in T, i \neq j \qquad (4)$$

由于在实际情况中，电动汽车都是均匀、线性地分布在每条交通道路上的，因此电动汽车到交通节点的距离计算问题就变成一个在每条道路上的积分。在本节中，为了计算的简便性，假设在原交通网络线路中每隔单位距离就插入一个附加节点，在每条道路上的电动汽车都均匀分布在每一个原交通节点或附加节点上。因此，含有电动汽车的节点 l 的总数量 n_L 即为原交通网络节点的数量 N_T 加上附加节点的数量。在原交通节点 i 上的电动汽车数量 N_i^{PEV} 和在附加节点 k 上的电动汽车数量 N_k^{PEV} 可由式（5）和（6）分别计算。

$$N_i^{PEV} = \frac{1}{2} \sum_j \frac{N_{ij}^{PEV}}{d_{ij}}, j \in \Omega_i \qquad (5)$$

$$N_k^{PEV} = \frac{N_{ij}^{PEV}}{d_{ij}}, k \in \Omega_{ij} \qquad (6)$$

其中，Ω_i 是与原交通节点 i 直接相连的所有原交通节点的集合；Ω_{ij} 是原交通节点 i 与 j 之间道路上的所有附加节点的集合。

同时，假设所有的原交通节点均为电动汽车充电站的候选建设位置，则该交通网络中的所有电动汽车前往其最近的充电站进行充电的行驶距离之和 D 即可由式（7）表示，这可以看作是电动汽车充电系统的快速充电行驶成本，需要在规划时考虑，并尽可能地使其最小。

$$D = \sum_{l=1}^{n_L} N_l^{PEV} d_l^{\min}, l = 1, 2, \cdots, n_L \qquad (7)$$

其中，N_l^{PEV} 是节点 l（包含了原交通网络节点和附加节点）的电动汽车数量，可根据节点的类型，由式（6）和式（7）计算得到；$d_l^{\min}$ 是节点 l 与其最近的一个充电站的距离，可由弗洛伊德算法或者迪杰斯特拉算法等最短路径算法求得。

需要注意的是，在规划电动汽车充电站时，必须保证电动汽车无论处于交通网络中的任何位置，当其拥有了快速充电需求，即当时的电池电量不足 20% 的情况下，都能够有一个距离其足够近的充电站使该电动汽车可以利用剩余电量行驶至最近的充电站进行充电。因此，如式（8）所示的约束条件必须满足。

$$d_l^{\min} \leq dis_{\min}, \forall\, l = 1, 2, \cdots, n_L \qquad\qquad (8)$$

其中，$dis_{\min}$ 即为在规划时预先设置的电动汽车最低剩余电量所能行驶的距离。这个距离不能太大，否则电动汽车充电站系统将会变得分散，电动汽车用户在剩余电量还很多的时候就会产生"里程焦虑"，从而开始寻找充电站。这将对电动汽车充电的便捷性产生严重影响。

因此，式（8）也决定了该交通网络中所需要建设的电动汽车充电站的最少数量 n_{CS}，以及可以选择的一些位置。

（二）基于排队论的电动汽车充电站模型

不难发现，电动汽车在充电站中进行充电的过程类似于商店结账、轮船进港、病人就诊等场景，即所有电动汽车本着先到先得的原则，由快速充电桩依次进行服务，当所有的充电桩都在工作时，新到来的电动汽车则排队等待。因此，本节采用了排队论来描述电动汽车充电站的运行状态。

1. 排队论

排队论（Queuing Theory）又称随机服务系统理论，主要研究服务系统中排队现象的随机规律。排队论最初起源于 20 世纪初的电话通信技术，丹麦工程师埃尔朗为了研究人们打电话需要等待的时间，在 1909 年首次提出了该理论，并在之后总结出了埃尔朗损失率公式。1953 年，英国数学家大卫·肯达尔系统地研究了排队论，并将马尔可夫链理论引入对排队论的研究中，首次提出了排队系统具有三个组成部分，即输入过程、排队规则、服务机构。随后，排队论逐渐成为运筹学中的重要分支。时至今日，排队论已经广泛应用于交通运输、信息通信、计算机网络等众多领域。

由肯达尔提出的理论奠定了排队论的理论基础。其中，输入过程指的是顾客到达服务系统的规律，可以用前后两个相邻的顾客相继到达的时间间隔或一定时间内顾客到达的总数量来描述，一般分为确定型和随机型两种类型。比如，在生产线上加工的零件按规定的时间间隔依次到达加工地点、定期运行的火车和航班等，都属于确定型输入；而随机型的输入则意味着顾客的到达是随机的，需要根据历史数据和经验判断顾客到达的规律符合哪种统计分布。一般情况下，由于每个顾客的到达都是互相独立的，可以认为在一定的时间内到达的顾客数量服从泊松分布（Poisson distribution），即在时间 t 内到达 n 个顾客的概率 $P_n(t)$ 可由式（9）表示，其中，λ 是一个大于零的常数，代表了单位时间顾客到达数的期望，称为到达率。

$$P_n(t) = \frac{e^{-\lambda t}(\lambda t)^n}{n!}, n = 0,1,2,\cdots \tag{9}$$

排队规则即为顾客排队等待服务的规则，分为等待制、损失制和混合制三种类别。当顾客到达时，若所有服务机构已经占满，则允许顾客排队等待，并按照先到先服务（最常见）、后到先服务（如加工钢板总是先从上面取来加工）、随机服务（随机选取等候的顾客进行服务，如接听热线电话）或者优先服务（如加急电报、急诊病人等）等次序对队伍中的等待顾客依次进行服务；当所有服务机构被占满时不允许顾客排队等待，则顾客自动离开的规则即为损失制；而在等待制中，认为等待的队伍长度是没有限制的，但服务机构的等候队伍长度有限或者顾客的等候时间有限时，超出限制的顾客将自动离开，即为混合制。

服务机构可以是一个或多个服务台，多个服务台可以是平行排列的（如火车票售票窗口、超市收银员等），也可以是串联排列的（如生产流水线的加工工作台）。服务的时间一般也可以分为确定型和随机型两种。确定型例如投币式自动洗衣机、自动洗车装置等；而随机型服务时间则服从一定的概率分布。当顾客的到达服从泊松分布时，每个顾客的服务时间 v 即为相邻两个顾客的到达时间间隔，它们也是相互独立的，且均服从如式（10）所示的负指数分布（Negative exponential distribution），其中，μ 称为服务机构的平均服务率，即单位之间内被服务完的顾客数，则一个顾客的平均服务时间即为 v 的期望值 $E(V)=1/\mu$。

$$v = \begin{cases} 1-e^{-\mu t}, & t \geq 0 \\ 0, & t < 0 \end{cases} \tag{10}$$

因此，前后两个相邻的顾客相继到达的时间间隔服从负指数分布与一定时间内顾客到达的总数量服从泊松分布是等价的，且服务时间 V 也具有无记忆性。

肯达尔还根据以上三个要素的不同，提出了排队模型的分类方法，即目前最常用的肯达尔记号 X/Y/Z/A/B/C。其中，X 是顾客相继到达服务机构的时间间隔的分布；Y 是服务机构服务时间的分布；Z 是服务机构中并行的服务台数量；A 是排队系统的容量；B 是排队系统的顾客输入数量；C 是排队系统的排队规则。而不同的分布也利用了不同的符号表示，例如，M：负指数分布，D：确定型分布，E_k：k 阶埃尔朗分布，G：一般随机分布，GI：一般相互独立分布等。由此，就可以用肯达尔记号表示不同类别的排队模型了，例如，$M/M/S/N/\infty/FCFS$ 排队模型就表示顾客到达时间间隔和服务时间均服从负指数分布、S 个服务台、系统至多容纳 N 个顾客、潜在的顾客数量无限、按照先到先服务规则（First Come First Served）进行服务的排队系统。一般情况下，排队系统的顾客输入数量默认无限，且系统的排队规则都默认是先到先服务，因此，该记号也可以简化成 $M/M/S/N$。

在研究实际问题时，首先就要判断它属于哪一种类别的排队模型。比较常见的排队模型有：标准单服务台模型 $M/M/1$、系统容量有限的单服务台模型 $M/M/1/N$、顾客源有限的单服务台模型 $M/M/1/\infty/m$、标准多服务台模型 $M/M/S$、系统容量有限的多服务台模型 $M/M/S/N$、顾客源有限的多服务台模型 $M/M/S/\infty/m$ 等。然后依据不同的模型，计算排队系统的运行指标，从而了解该排队系统的运行状态，评估系统的服务效率与服务质量，进而针对不足之处对系统进行进一步的优化改进。常用的排队系统运行指标有：系统服务强度 ρ（即衡量系统的服务能力）、系统空闲概率 P_0（即系统中没有顾客的概率）、队伍长度 L_s（即系统中的顾客总数，包括正在服务和正在排队的顾客）、排队长度 L_q（即系统中正在排队等待的顾客总数）、逗留时间 W_s（即顾客在系统中的平均停留时间，包括等待时间和服务时间）、等待时间 W_q（即顾客在系统中的平均等待时间）等。

2. 电动汽车充电站排队模型

如图 14 所示，电动汽车充电站是一个典型的系统容量有限的多服务台排队模型 $M/M/S/N$，即含有 S 个相互独立工作的充电桩和 w 个等候位置，一共可以容纳 $N=s+w$ 辆电动汽车；单位时间内的电动汽车到达数量服从到达率为 λ 的泊

图 14　电动汽车充电站的 $M/M/S/N$ 排队模型

电动汽车快速充电站的 $M/M/s/N$ 排队模型

s：充电桩数量
w：等待位置数量

电动汽车到达

电动汽车等待位置

λ：电动汽车到达率
μ：充电桩服务率

\#1
\#2
\#s
μ

电动汽车离开

充电桩

先到先服务规则

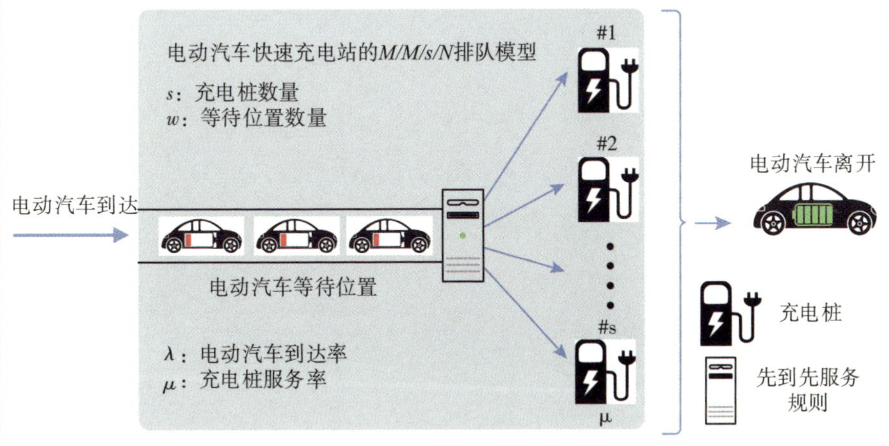

松分布；单位时间内充电桩可以服务的电动汽车数量服从服务率为 μ 的负指数分布，即电动汽车的平均充电时间为 $1/\mu$；所有电动汽车按照先到先服务的规则进行充电；当所有的充电桩都在工作时，新到来的电动汽车进入等候位置进行排队等待；当所有等候位置也被占满时，新到来的电动汽车将自动离开该充电站。

基于上述电动汽车充电站的运行模式，可以利用如图 15 所示的马尔可夫链来描述电动汽车充电站的状态变化，其中，0，1，k，…，N 分别代表了电动汽车充电站中有 k 辆电动汽车的状态。其中，当充电站中的电动汽车总数量 k 小于 N 时，每以 λ 的到达率到来一辆电动汽车，充电站中的电动汽车数量就加 1；当充电站中的电动汽车总数量 k 小于 s 时，共有 k 个充电桩正在进行服务，全部完成后充电站中的电动汽车数量就减 k；而当充电站中的电动汽车总数量 k 大于 s 时，所有充电桩都在进行服务，全部完成后充电站中的电动汽车数量就减 s。因此，电动汽车充电站将根据电动汽车的到达情况和充电桩的服务情况，在

图 15　电动汽车充电站的马尔可夫链

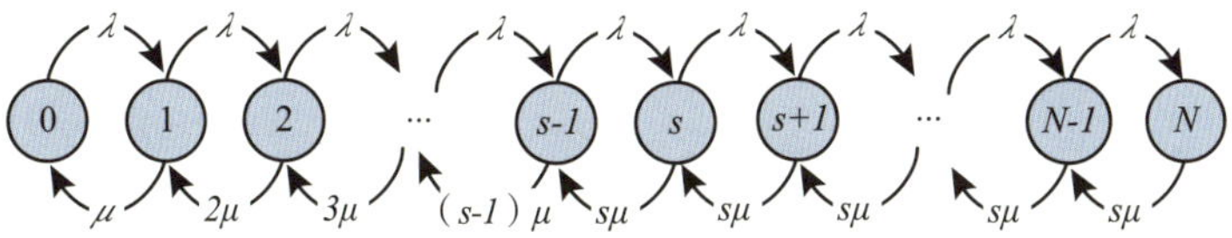

这 $N+1$ 个状态之间反复转换。

依据图 15 所示的电动汽车充电站的马尔可夫链可知，充电站的系统状态平衡方程可由式（11）所示的差分方程表述。

$$\begin{cases} \mu P_1 = \lambda P_0 \\ (k+1)\mu P_{k+1} + \lambda P_{k-1} = (\lambda + k\mu)P_k, (1 \leqslant k \leqslant s) \\ s\mu P_{k+1} + \lambda P_{k-1} = (\lambda + s\mu)P_k, (s < k < N) \\ \lambda P_{k-1} = s\mu P_N \end{cases} \tag{11}$$

其中，P_k 代表了电动汽车充电站中有 k 辆电动汽车的概率，且 P_k 满足式（12），即所有状态的概率之和为 1。

$$\sum_{k=0}^{N} P_k = 1 \tag{12}$$

由式（11）可知，当电动汽车充电站中有 k 辆电动汽车时，若 $0<k<s$，则充电站的总服务率为 $k\mu$；若 $s \leqslant k \leqslant N$，则充电站的总服务率为 $s\mu$。如式（13）定义电动汽车充电站的服务强度 ρ，则 ρ 即为单位时间内到达电动汽车的平均数与能被服务的电动汽车的平均数之比，是衡量电动汽车充电站服务能力的重要指标。若 $\rho>1$，则说明到来的电动汽车数量将多于充电完成的电动汽车，充电站中的排队长度将会无限增加，系统并不能最终平衡在稳定状态。因此，我们只讨论 $\rho \leqslant 1$ 的情况。

$$\rho = \frac{\lambda}{s\mu} \tag{13}$$

由式（11）表述的递推关系和式（12）可以求得，当系统稳定时，电动汽车充电站的空闲概率 P_0 可由式（14）表示；

$$P_0 = \begin{cases} \left\{ \sum_{k=0}^{s-1} \frac{1}{k!}(s\rho)^k + \frac{s^s}{s!}\left[\frac{\rho(\rho^s - \rho^N)}{1-\rho}\right] \right\}^{-1}, \rho \neq 1 \\ \sum_{k=0}^{s-1} \frac{1}{k!}s^k + \frac{s^s}{s!}(w+1), \rho = 1 \end{cases} \tag{14}$$

电动汽车充电站有 k 辆电动汽车的概率 P_k 可由式（15）表示。

$$P_k = \begin{cases} \dfrac{1}{k!}(^s\rho)kP_0, & k \leqslant s \\ \dfrac{s^s}{s!}\rho^k P_0, & k > s \end{cases} \tag{15}$$

根据式（13）~（15），就可以计算出该电动汽车充电站的其他运行指标如下。

充电站中正在进行充电的电动汽车数量，也即正在工作的充电桩数量 B 可由式（16）计算。

$$B = s\rho(1 - P_N) \tag{16}$$

其中，P_N 为电动汽车充电站达到容量上限的概率，也即电动汽车充电站的满员损失率，则被因满员而被拒绝的电动汽车数量 R 可由式（17）计算。

$$R = \lambda P_N \tag{17}$$

排队长度 L_q 和队伍长度 L_s 可分别由式（18）和式（19）计算；

$$L_q = \sum_{k=s+1}^{N}(k - s)P_k \tag{18}$$

$$L_s = L_q + B \tag{19}$$

等待时间 W_q 和逗留时间 W_s 可分别由式（20）和式（21）计算。

$$W_q = \frac{L_q}{\lambda(1 - P_N)} \tag{20}$$

$$W_s = W_q + \frac{1}{\mu} \tag{21}$$

以上四个公式（18）~（21）也被称为系统容量有限的多服务台排队模型 *M/M/S/N* 的李特（Little）公式，描述了该电动汽车充电站的运行状态与服务质量，具有重要的意义。

同时，电动汽车充电站中空闲的充电桩数量 ID_s 和空闲的等待位置数量 ID_w 可分别由式（22）和式（23）计算。

$$ID_s = s - B, k \leqslant s \qquad (22)$$

$$ID_w = w - L_q, s \leqslant k \leqslant N \qquad (23)$$

综上所述，即为电动汽车充电站的 *M/M/S/N* 排队模型。

3. 充电站规划推荐模型

在上述对站端及车端数据分析结果的基础上，考虑交通流量对于电动汽车的到达率变化的影响，依据电动汽车到达率及电站运行情况得出电站服务排队概率分布，计算充电桩空置率及占用率等情况；并综合利用上述电量需求、车辆驻留地、用电潮汐等分析结果，对此多维度信息进行综合决策分析，实现充电站规划区域决策支持。对各个站运行服务情况及其覆盖区域车流量等多方面因素综合推断时，引入专家知识及模糊推理系统，通过模糊逻辑推理最终得出规划推荐建设区域（如新增、迁移等）得分矩阵。

模糊逻辑系统是模拟大脑左半球逻辑思维形式和模糊逻辑推理功能的一种符号计算模型。"它通过'若 – 则（IF-THEN）'等规则形式表现人的经验、知识，在符号水平上实现智能地分析输入输出内在的因果关系。"这种符号的最基本形式就是描述模糊概念的模糊集合。模糊集合、模糊关系和模糊推理构成模糊控制的数学基础。模糊控制是一种不依赖被控对象的精确数学模型（依赖于被控对象输入与输出的因果关系，依赖于对象的模糊语言模型）的非线性的智能控制。模糊控制系统可以处理不精确或模糊的信息。

模糊化是使用隶属函数将清晰输入或实际输入映射到模糊输入的过程。一般用到的输入隶属函数形式为三角锯齿线型或高斯曲线型，输入隶属函数将环境输入（通常先将输入量归一化到适用于隶属函数的某个值），则为隶属函数中的每个模糊集合产生一定程度的隶属度。该值通常由符号 μ 指定。例如对于原始输入 A 和 B，分布具有模糊粗糙集 $\{NB,NS,Z,PS,PB\}$ 和 $\{L,M,H\}$，则经过隶属度函数模糊化后得到隶属度向量分别为 $V_A^{\%}=[m_{NB},m_{NS},m_Z,m_{PS},m_{PB}]$ 和 $V_B^{\%}=[m_L,m_M,m_H]$。每个输入都要对应一个隶属函数，对于多输入模糊推理系统，各输入隶属函数可以是相同的形式，也可以是不同的形式，合适的输入隶属函数将极大地提高模糊控制系统的性能。

一旦为特定输入确定了每个模糊集合的隶属度，就将它们呈现给推理机。推理机接收这些模糊集合隶属关系后，确定应该使用哪些推理规则来评估输出集的隶属度。推理规则是一组形如"若 - 则"语句的语言，通常基于人类专家知识。这些规则很容易解释，因为它们与自然人类语言非常相似。模糊推理系统的有效性与设计时用到的知识呈正比。当所有输入的隶属度值不为 0 时，这些与输入集关联的推理规则将被选择。一旦发现了这个规则 $R^{\%}(V_A^{\%},V_B^{\%})$（以及满足这些标准的其他任何一个），推理机根据隶属函数的输入值，可以计算出输出隶属函数的输出度，如公式（24）所示

$$
\begin{aligned}
\mu_{\tilde{R}\langle\tilde{V}_A,\tilde{V}_B\rangle} &= \mu_{\tilde{V}_A}\circ\mu_{\tilde{V}_B} \\
&= [m_{NB},m_{NS},m_Z,m_{PS},m_{PB}]\circ[m_L,m_M,m_H] \\
&= \begin{bmatrix} m_{NB}\wedge m_L & \cdots & m_{PB}\wedge m_L \\ \vdots & \ddots & \vdots \\ m_{NB}\wedge m_H & \cdots & m_{NB}\wedge m_H \end{bmatrix}_{3\times5}
\end{aligned} \tag{24}
$$

在推理机确定了各输出模糊集的隶属度后，解模糊化过程将这些值转换为输出调度信号。这完全类似模糊化，但是一个相反的过程。通常会有多个规则被推理机选中（因此输出对应多个隶属度），总的输出值由各个输出集依隶属度加权的质心确定，如公式 (25)。最后通过尺度变换返回到真实世界输出的水平，如公式 (26)。

$$
z_o = \sum_{i\in\tilde{R}}\mu_i\cdot z_i(\mu_i)\Big/\sum_{i\in\tilde{R}}\mu_i \tag{25}
$$

$$
u = \frac{u_{\min}+u_{\max}}{2} + \frac{u_{\max}-u_{\min}}{z_{\max}-z_{\min}}\cdot\left(z_o - \frac{z_{\min}+z_{\max}}{2}\right) \tag{26}
$$

　　在依据上述分析所界定的充电站不同服务区域，对每个区域中的充电站进行规划推荐，考虑购电成本、排队惩罚成本、拒绝惩罚成本、闲置设备惩罚成本、充电距离成本等诸多因素，对此多维指标进行综合决策分析，引入专家知识及模糊推理系统，如图 16 所示，得出推荐建设区域规划策略（如新增、迁移等）及其得分矩阵。

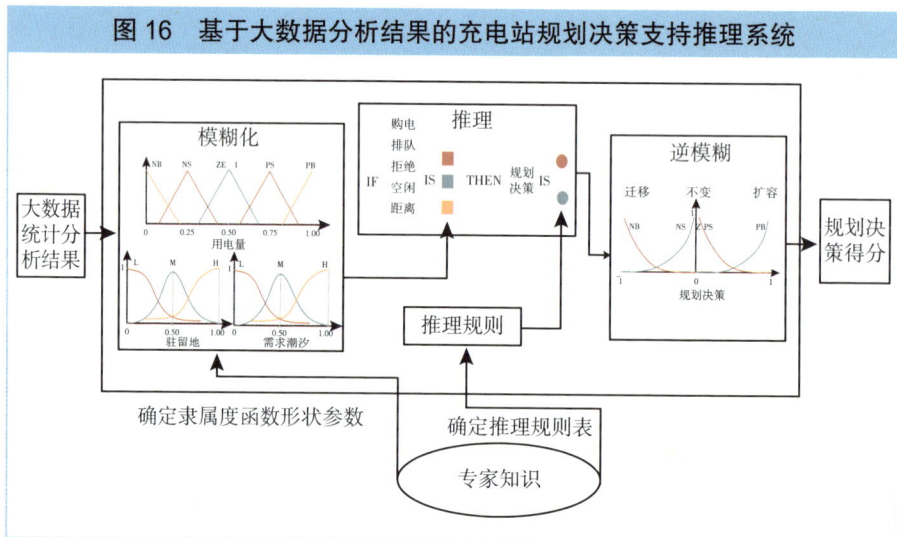

图 16　基于大数据分析结果的充电站规划决策支持推理系统

4. 算例仿真结果

　　对各充电站一定时间范围内运行数据进行统计分析，包括对占用率、供电波动、参与率等指标综合分析，给出各个充电站建设规划推荐，其中 1 表示扩建，0 表示不变，-1 表示迁移。以 20 天统计数据分析，给出的综合决策结果，如图 17 所示。

　　根据决策数据对充电站进行规划推荐，在嵌入地图的画布上，根据不同电站位置绘制"矩形"散点图，图的颜色为三种，依次表示扩建、不变、迁移，如图 18 所示。

　　通过绘制重庆市充电设施充电热力图，可见，重庆市当前充电设施充电量较低，充电设施利用率较低。需要扩建的充电站仅在江北区有需求，其他地区充电热力值均较低。

图 17 充电站规划决策输出结果数据结构

Index	STATIONID	desion	STATIONNAME	ADDRESS	STATIONLNG	STATIONLAT
0	31374493212256	0	中百仓储充...	重庆市渝北...	106.589186	29.641175
1	709357816258	1	涪陵新城区...	重庆市涪陵...	107.401280	29.708935
2	208551282238	1	老车站慢充...	车站停车场	106.699585	29.610407
3	31374493213290	0	秀山万方充...	重庆市秀山...	109.014757	28.443312
4	MA5YXP1G257	0	巾彩桩园酉...	重庆市酉阳...	108.639985	28.661110
5	208551282246	1	江东充电站	江东充电站	106.416565	29.423810
6	MA5U99RX9190	1	重庆宗友汽...	重庆市渝北...	106.594025	29.679946
7	MA5YXP1G267	0	巾彩桩黔江...	重庆市黔江...	108.800811	29.486603
8	208551282247	1	火车南站充...	涪陵火车南站	107.417790	29.651447
9	31374493213291	0	奥蓝酒店充...	重庆市渝北...	106.624418	29.706264
10	208551282248	1	鹅颈关公交...	鹅颈关公交...	107.412445	29.703535
11	31374493213334	0	秀山万方集...	重庆市秀山...	109.000904	28.451794
12	208551282249	1	涪陵香江豪...	香江豪庭首...	107.406250	29.717232
13	31374493320549	0	重庆棕榈泉...	重庆市两江...	106.540652	29.633173

Format | Resize | ☑ Background color | ☑ Column min/max | Save and Close

图 18 充电区域得分矩阵散点示意

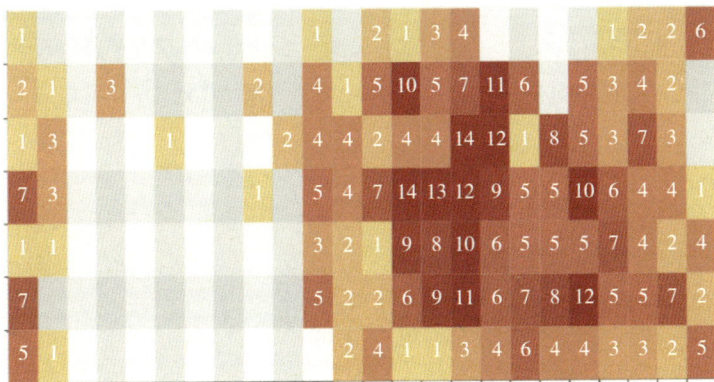

五 小结

随着电动汽车的大规模应用，在新基建背景下，充电设施建设进程加快，充电设施的并网，将对原有配网的拓扑结构、电能质量造成冲击，本文基于大数据，对充电设施充电量、故障率、使用率、在线率进行分析，辅助优化充电设施建设规划，并建立充电设施检测体系，保证了重庆市充电设施的合理布局和电动汽车的充电安全。

参考文献

［1］孙晓菲 . 电动汽车规模化发展对电网企业运营的影响研究 [D]. 华北电力大学 , 2013.

［2］刘洪序 . 中国新能源汽车出口研究 [D]. 天津商业大学 , 2019.

［3］落文斌 . 双级式光伏并网发电系统的研究与应用 [D]. 东北石油大学 , 2018.

［4］李景涛 . 基于供电可靠性的石家庄分区配电网规划经济性研究 [D]. 华北电力大学 , 2018.

［5］张纯永 . 基于规模化电动汽车充电的谐波问题研究 [D]. 华中科技大学 , 2014.

［6］黄梅，黄少芳 . 电动汽车充电站谐波的工程计算方法 [J]. 电网技术 , 2008(20):20-23.

［7］韩锦瑞 . 广东电网公司应对电动汽车发展的规划建设策略研究 [D]. 华北电力大学 , 2013.

［8］李士书 . 基于排队论的电动汽车电池消耗量建模与仿真 [D]. 北京交通大学 , 2013.

［9］李仕鹏 . 基于排队论的汽车共享优化设计 [D]. 杭州电子科技大学 , 2013.

［10］孙朝阳 . 两阶段随机排队论应用于区域电力能源系统规划 [D]. 华北电力大学 (北京), 2016.

预警安全篇 | 新能源汽车安全预警模型研究

◎刘 鹏 李 阳 李 达 吴志强*

　　*刘鹏，工学博士，北京理工大学机械与车辆学院副教授、硕士生导师，主要研究方向为新能源汽车大数据分析与应用、动力电池故障诊断及预警、动力电池性能分析与衰退评价等；李阳，北京理工新源信息科技有限公司，副总经理，高级工程师，主要研究方向为新能源汽车大数据；李达，北京理工大学机械与车辆学院、北京市电动车辆协同创新中心，主要研究方向为动力电池安全预警；吴志强，北京理工大学机械与车辆学院、北京市电动车辆协同创新中心，主要研究方向为动力电池安全预警。

摘　要： 动力电池的安全预警对于保证电动汽车正常运行是至关重要的。为实现新能源汽车实时安全预警和潜在故障诊断，本文以电动汽车动力电池系统海量实车数据为研究对象，统计分析全国新能源车辆安全事故情况，研究故障树分析方法，并从时间维度、电池单体维度与短时瞬变性维度建立了基于熵值、角度方差、密度聚类的安全预警模型，同时建立了基于值 - 率 - 模多维度的安全预警机制。最后对典型事故案例的数据进行分析。

关键词： 新能源汽车　动力电池　故障诊断　安全预警热失控

一　引言

为了应对石油枯竭和环境污染的问题，全球正在积极开发电动汽车并在全球范围内逐步部署。电池系统在确定电动汽车的驾驶性能和成本效益方面起着至关重要的作用。锂离子电池以其高比能量和功率、无记忆效应和长使用寿命的优势而在电动汽车中占主导地位。由于复杂的工作条件和其他原因，动力电池作为电动汽车的关键组件，是电动汽车故障的主要来源之一，其性能对电动汽车的安全性具有至关重要的影响。此外，缺乏解决电池安全问题的方法和技术，阻碍了电动汽车电池应用的发展。诸如过压和欠压之类的电压故障会导致严重的内部故障，包括内部短路、过充电、热失控等，因此，进行准确的故障诊断对于电动汽车的高效运行至关重要。

国内外学者已经提出了许多估计故障的方法，主要基于过程参数估计、状态估计、经验知识和其他方法。Sun 等人描述了一种诊断由内部短路、内部短路打开或电池反向引起的铅酸蓄电池组退化的方法。通过观察充电和放电曲线的变化来确定电池组的潜在故障。Liu 等人提出了一种有效的基于模型的串联电池组传感器故障检测和隔离（FDI）方案。拟议的方案包括两部分：在线监测和离线估计。然后应用自适应扩展卡尔曼滤波器（AEKF）算法生成通过统计推断方法评估的残差。基于残差响应的故障隔离策略可以隔离发生的故障。Chen 等人通过实验研究了锂离子电池的外部短路（ESC）故障特征，并提出了一种基于两层模型的 ESC 故障诊断算法。Kim 等人采用简单的 RC 模型进行锂电池建模，以描述电池的充电和放电特性。使用双滑动模式观察器评估健康状态（SOH）和充电状态（SOC），并通过环境测试验证了其性能。Kim 等人利用内部短路响应模型分析了多组电池，提出了一种用于锂离子电池系统的故障安全设计方法，以将有缺陷的电池定位在模块中。Chen 等人设计了 Luenberger 观测器以产生故障隔离残差并定位特定的故障源，他们利用学习观测器（LO）来重建故障。然后提出了一种基于观测器的综合设计，可以同时隔离和估计电池故障。Huang 等人通过等效电路和电池剩余容量测试方法介绍了电池的基本特性。他们开发了一种在线电池监视方法，以检测电池组和电池，从而可以预测电池和系统的性能。Chen 等人提出了一种多尺度双 H 无限滤波器（HIF）方法来实时估计电池 SOC 和容量。与单 / 多尺度双卡尔曼滤波器相比，这种多尺度双 HIF 方法在使用 $LiMn_2O_4$（LMO）电池的实验数据时具有更好的鲁棒性和更高的估计精度。最后，采用电池在环方法来验证 SOC 估计的稳定性和准确性。Ta 等人采用了无味卡尔曼滤波器（UFK）的方法来实时估计 SOC。然而，由于该方法仅在实验室中经过验证，因此无法在电动汽车的实际操作中验证这些方法的准确性。

近年来，数据挖掘、机器学习和人工智能方法已应用于故障检测。Panchal 等人收集了不同模式和不同温度下的实际驾驶循环数据，以显示容量衰减的程度，但本文着重分析电池的退化情况，并未确切说明如何找到异常电池。Yang 等人使用动态主成分分析（DPCA）来减少自相关对变量的影响并确定特征空间，以解决故障识别问题。通过互相关分析，为多 SVM 模型开发了 24 个支持向量机（SVM）分类器。然后，运用 Dempster-Shafer 理论监测水质并实现故障诊断。但是，由于电池的性能不同于水的性能，因此无法直接使用该方法。考虑到电池故障诊断的特点，Liu 设计了一个开放的知识库，以克服传统故障诊断系统适应性差的缺点。他的方法有效地实现了推理机和知识库之间的独立性，但是知识库信息的丰富程度是确定系统功能和层次的关键。Ta 等人利用相关向量机（RVM）处理了小样本数据，其参数通过粒子群优化（PSO）算法和差分进化（DE）算法相结合进行了优化。然而，为 RVM 选择内核功能非常困难，并且需要大量的样本进行训练。Ni 等人提出了一种使用电池管理系统（BMS）数据（例如电流、电压和温度）来跟踪 SOH 的数据驱动方法，该数据在四个环境温度（10℃、25℃、45℃、60℃）和随时间变化的温度（4525℃和6025℃）。但是，此方法需要许多不同的参数，例如电压、电流。Sun 等人开发了一种基于样本熵（SampEn）的健康辅助诊断方法，该方法通过在电池上施加特定的放电脉冲并计算电池电流和电压的 SampEn，从而对电池进行定性分析，该方法相对易于实现，但只能定性分析电池的健康状况，而不能准确地提供容量估算。Widodo 等人利用机器学习方法，即支持向量机（SVM）和 RVM 来预测训练后的电池 SOH。他们将放电电压的 SampEn 特性和估算的 SOH 分别视为数据输入和目标矢量。最后，通过实验，RVM 优于基于 SVM 的电池运行状况预测。尽管可以估计容量值，但是电压采样周期长，计算量大并且成本高。

综上，目前大多数对动力电池故障诊断方面的研究主要基于实验室数据与方法，而实车运行工况受到外部环境、驾驶行为、电池成组等多方面因素的影响，导致这些方法很难应用于实际汽车，本文建立了新能源汽车故障分类及故障树，并提出故障诊断模型，实现电动汽车安全预警。

二　新能源汽车运行与事故概况

（一）动力电池故障等级划分

动力电池是新能源汽车故障发生率最高的部件，GB/T 32960.3-2016 将动力电池故障等级划分为三级，其中 1 级故障报警指代不影响车辆正常行驶的故障；2 级故障报警指代影响车辆性能，需驾驶员限制行驶的故障；3 级故障报警为最高级别故障，指代驾驶员应立即停车处理或请求救援的故障。关于动力电池故障分类的具体内容如表 1 所示。

表 1　动力电池故障分类情况

故障等级	故障特性描述	影响	故障相关报警	响应时间	处理时间
1 级	影响电池组寿命和性能，不影响车辆正常行驶的故障	低	车载储能装置类型欠压报警（03）、SOC 低报警（04）、单体电池欠压报警（06）、SOC 跳变（08）、可充电储能系统不匹配报警（09）、电池单体一致性差（10）	≤ 6 小时	≤ 3 天
2 级	影响电池组寿命、性能和安全，影响驾驶员驾驶	中	车载储能装置类型过压报警（02）、DC\DC 温度报警（12）、DC\DC 状态报警（14）、高压互锁状态报警（16）、温度差异报警（00）、电流过大、欠压报警	≤ 3 小时	≤ 2 天
3 级	有较大的安全风险，技术性能不符合安全标准要求，可能引起电池热失控	高	电池高温报警（01）、单体电池过压报警（05）、SOC 过高报警（07）、绝缘报警（11）、车载储能装置类型过充（18）、电池温升过快报警	≤ 1 小时	≤ 1 天

（二）全国新能源车辆安全事故情况统计分析

近期，有关新能源汽车热失控事故的报道越来越多，社会公众也更加关注新能源汽车安全事故的情况。目前，新能源汽车保有量 381 万辆，国家平台接入量 312 万辆。截至 2020 年 3 月，根据公安部交管局公布的全国事故车辆数据，接入国家平台的事故车辆数占比达到 70.9%，其中国家平台在事故发生前 10 天内进行了预警提醒的事故车辆数占比达到 62.9%，由此可见国家平台实现了事故车辆的可发现、可预判、可处置的全方位安全监管体系。基于国家平台的事故数据，对全国新能源车辆的安全事故情况进行统计分析。

将国家平台 2019 年 7 月至 2020 年 2 月的故障报警数据进行统计分析，得到每个月三级故障报警的占比情况，如图 1 所示。由图可知三级故障的占比情况与正常统计规律存在一定的偏差。同时可以发现每个月的 3 级故障占比较小，而且随着时间的推移总体呈现下降的趋势。2 级故障却随着时间的推移占比情况呈现上升的趋势。

对 2018 年 7 月至 2019 年 10 月每个月新能源车辆的平均故障率进行统计，结果如图 2 所示。由图可知 2019 年较 2018 年故障率降低 7.7%，新能源车辆质量有较大改善。这也是得益于动力电池安全管理技术以及动力电池材料技术的发展。

对事故车辆类型、事故车辆动力电池类型、已查明着火原因以及已查明着火时的状态进行统计，结果如图 3 所示。由图 3 可知，乘用车在事故车辆类型统计中占比较高，达到 56.9%，其次是专用车；三元锂离子电池在事故车辆动力电池类型统计中占比最高，达到 88.89%；另外，电池问题仍然是着火事故的主要原因，充电过程、充满电后静置状态是着火事故的主要构成部分。由此可见，提高动力电池自身安全性以及解决充电相关安全性问题对提高新能源车辆的安全性尤为重要。

对新能源汽车不同 SOC 区间的事故数占比进行统计分析，结果如图 4 所示。由图 4 可知新能源汽车安全事故大多发生在高 SOC 状态；其中，SOC 在 85% 以上的事故占比达到 57%；SOC 为 100% 的占比为 14%，充电状态与非充电状

图 1　三级故障报警占比情况

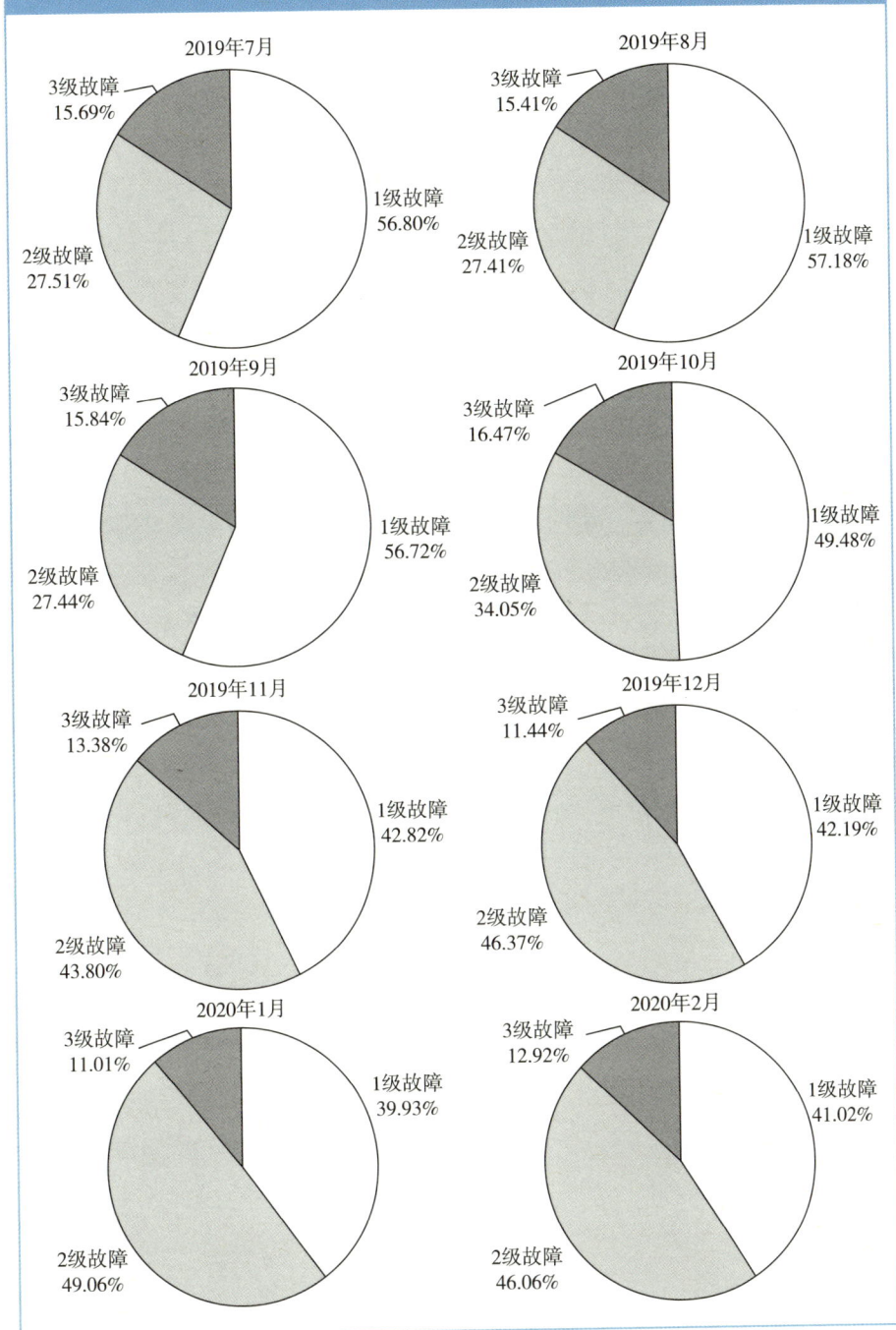

2019年7月
3级故障 15.69%
1级故障 56.80%
2级故障 27.51%

2019年8月
3级故障 15.41%
1级故障 57.18%
2级故障 27.41%

2019年9月
3级故障 15.84%
1级故障 56.72%
2级故障 27.44%

2019年10月
3级故障 16.47%
1级故障 49.48%
2级故障 34.05%

2019年11月
3级故障 13.38%
1级故障 42.82%
2级故障 43.80%

2019年12月
3级故障 11.44%
1级故障 42.19%
2级故障 46.37%

2020年1月
3级故障 11.01%
1级故障 39.93%
2级故障 49.06%

2020年2月
3级故障 12.92%
1级故障 41.02%
2级故障 46.06%

图2 新能源车辆月均故障率统计情况

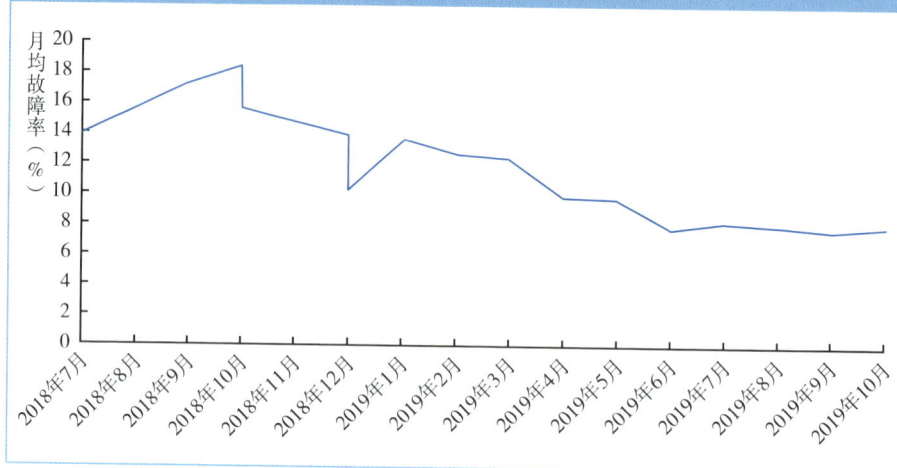

图3 事故统计相关情况

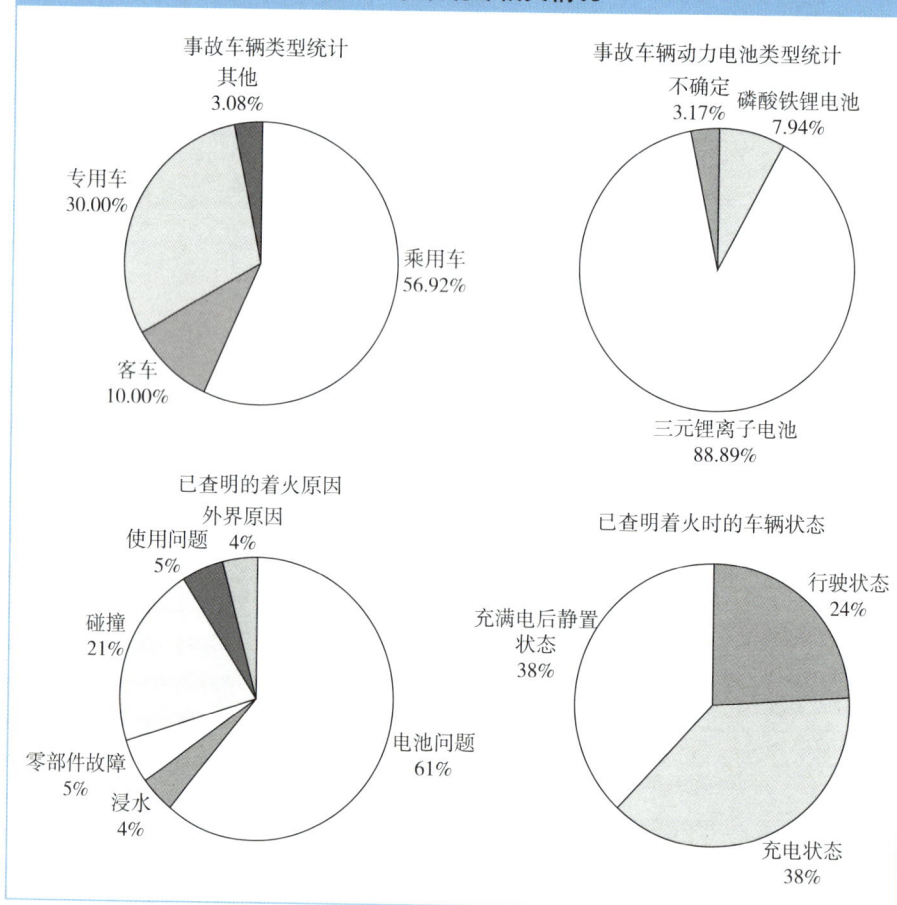

事故车辆类型统计

其他 3.08%
专用车 30.00%
乘用车 56.92%
客车 10.00%

事故车辆动力电池类型统计

不确定 3.17%
磷酸铁锂电池 7.94%
三元锂离子电池 88.89%

已查明的着火原因

外界原因 4%
使用问题 5%
碰撞 21%
零部件故障 5%
浸水 4%
电池问题 61%

已查明着火时的车辆状态

行驶状态 24%
充满电后静置状态 38%
充电状态 38%

图 4 不同 SOC 区间的事故数占比情况

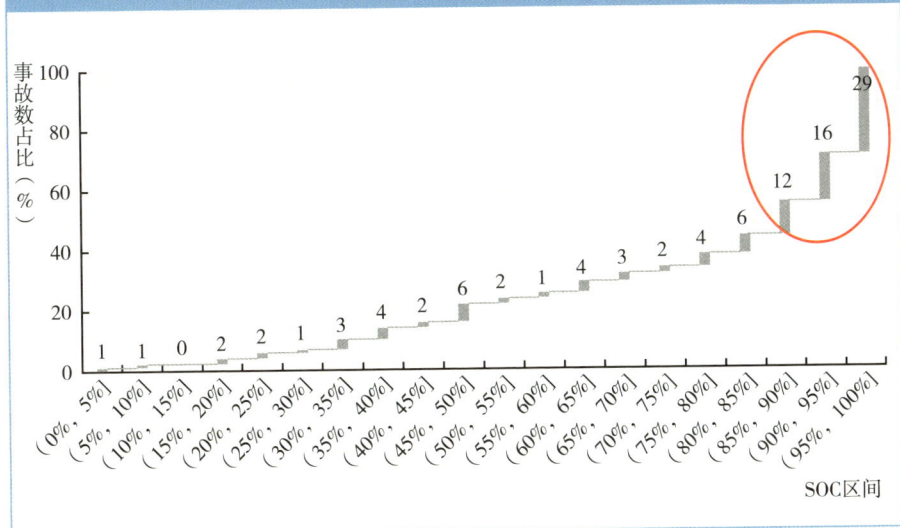

态（静置或运行）各占 50%。

　　总体而言，我国汽车燃烧事故率每年约 3.16/ 万，而新能源汽车事故率约为 0.918/ 万，相比传统燃油车辆，事故发生率处在较低水平。同时，随着全球能源的逐渐枯竭，新能源车辆的发展趋势无法阻挡，高性能、高安全性的动力电池、合理的动力电池系统安全管理策略以及完善的新能源汽车安全监管体系是提高新能源汽车安全性和促进新能源汽车推广应用的重要途径。

三 安全风险预警与诊断方案

（一）新能源汽车安全全过程监管

　　新能源汽车安全全过程监管主要包括事前安全预警、事中安全报警以及事后事故分析三个过程，从而构建多角度、全方位、全周期的新能源汽车安全风险预警与诊断体系具有重要意义。

　　事前安全预警对整个安全监管过程尤为重要，主要包括车辆应用特征和安全性的关联性分析与预警以及电池本体数据技术分析与预警两个方面。

　　基于车辆应用特征和安全性分析，进行车辆长期聚集预警。根据全国车辆

安全事故情况分析，新能源汽车安全事故大多发生在高 SOC 状态，其中，SOC
在 85% 以上的事故占比达到 57%。结合动力电池高电量、长时间静置风险高的
特点，有必要对全国各省市长期高电量（SOC 为 90% 以上）聚集停放地点进行
风险提示。

基于电池本体数据技术分析，进行批量电池风险预警来关注事故发生率较
高的动力电池同时进行相关风险预警。同时通过对事故车辆全生命周期数据分
析，初步认定涉事车辆动力电池一致性差，明显超出正常范围，达到 3 级国标
报警阈值，存在较高的热失控风险。因此，在监管过程中将重点关注应用该批
次电池的相关车辆并进行风险提示和实时风险预警。

（二）实车运行故障树构建

1. 故障树分析法

故障树分析法（Fault Tree Analysis，简称 FTA），是一种通过对可能造成系
统故障的各种因素（包括硬件、软件、环境、人为因素等）进行分析，画出逻
辑框图（即故障树），从而确定系统故障原因的各种可能组合方式及其发生概率
的方法。

2. 单体欠压报警故障树

单体欠压报警故障树如图 5 所示，其中包括一个子故障树，即单体电压为
0 故障树（见图 6）。单体电压为 0 故障树又包括 CAN 通信故障树和单体电池
内部短路故障树两个子故障树（见图 7、图 8）。单体电池欠压报警时，有以下
两种情况。一是单体电池过放电，主要原因包括放电时间过长以及放电保护电
路失效。二是单体电压为 0。单体电压为 0 时包括两种情况：信号故障，电池
发生了短路。信号故障可能的原因有 CAN 通信故障、信号电连接器故障以及单
体电压测量故障。CAN 是电池管理系统与整车控制器进行数据交换的唯一方式，
CAN 线路如果受到信号干扰或者短路、断路便会传输错误的信号。信号电连接
器将动力电池箱内所有信号与外界交换，受到振动冲击时可能受到损坏，使信
号传输通道被切断。单体电压测量故障的原因可能是采样芯片或者隔离芯片发
生故障，造成电压测量不准。

图 5　单体欠压报警故障树

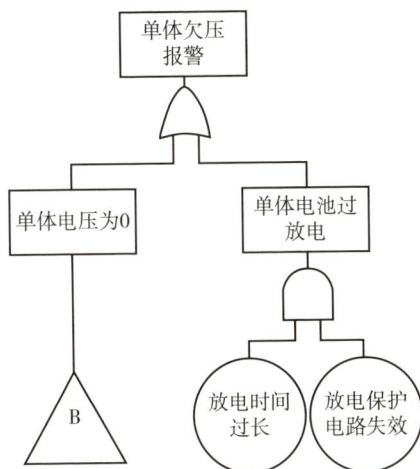

图 6　单体电压为 0 故障树

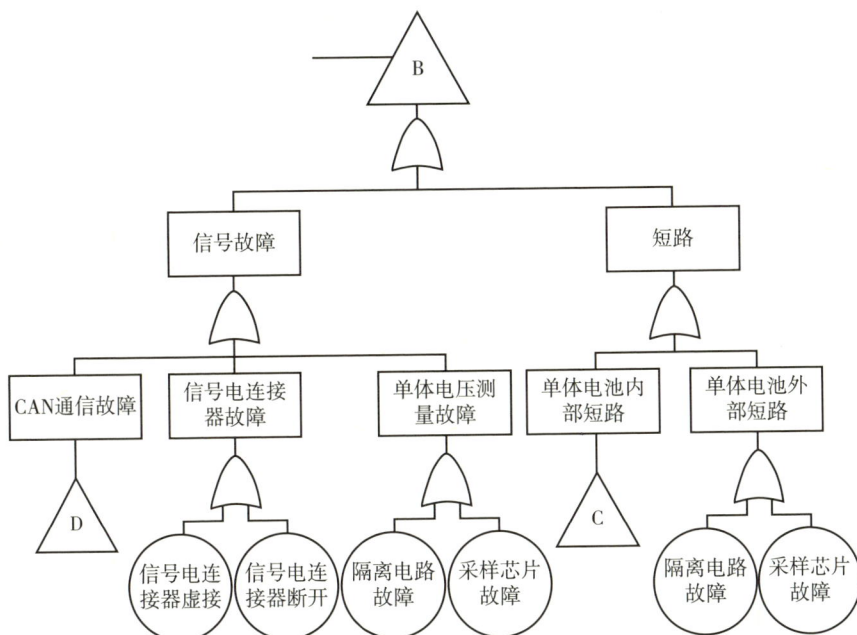

图 7　CAN 通信故障树

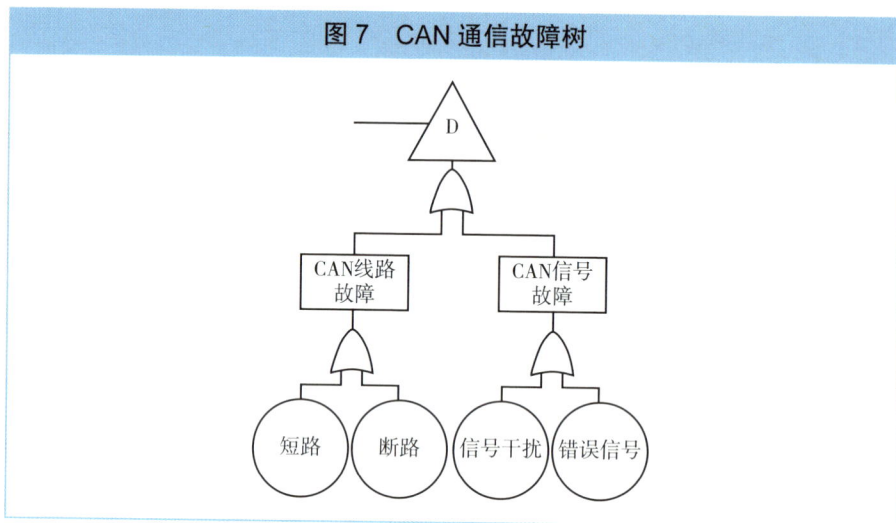

3. 电池高温报警故障树

电池高温报警故障树如图 9 所示。电池对温度很敏感,高温下,电池的循环寿命、放电容量会严重衰退。此外,高温还容易引发一系列电池内部反应,产生大量的热,形成热反应 - 温升正反馈循环,容易引起电池的热失控。所以现在动力电池箱内都配备温度传感器,时刻监控电池温度,且配备电池冷却系统防止电池过热。

四　基于大数据的安全预警方法

（一）电池故障与外在特性表征关系

电池发生故障时,电压、温度等外在特征参数会发生异常。电池故障主要分为如下几类。

1. 过充电

当电池过充电时,电池电压随极化增大而迅速上升,会引起正极活性物质结构的不可逆变化及电解液分解,产生大量气体和热量,使温度和内压急剧上升。

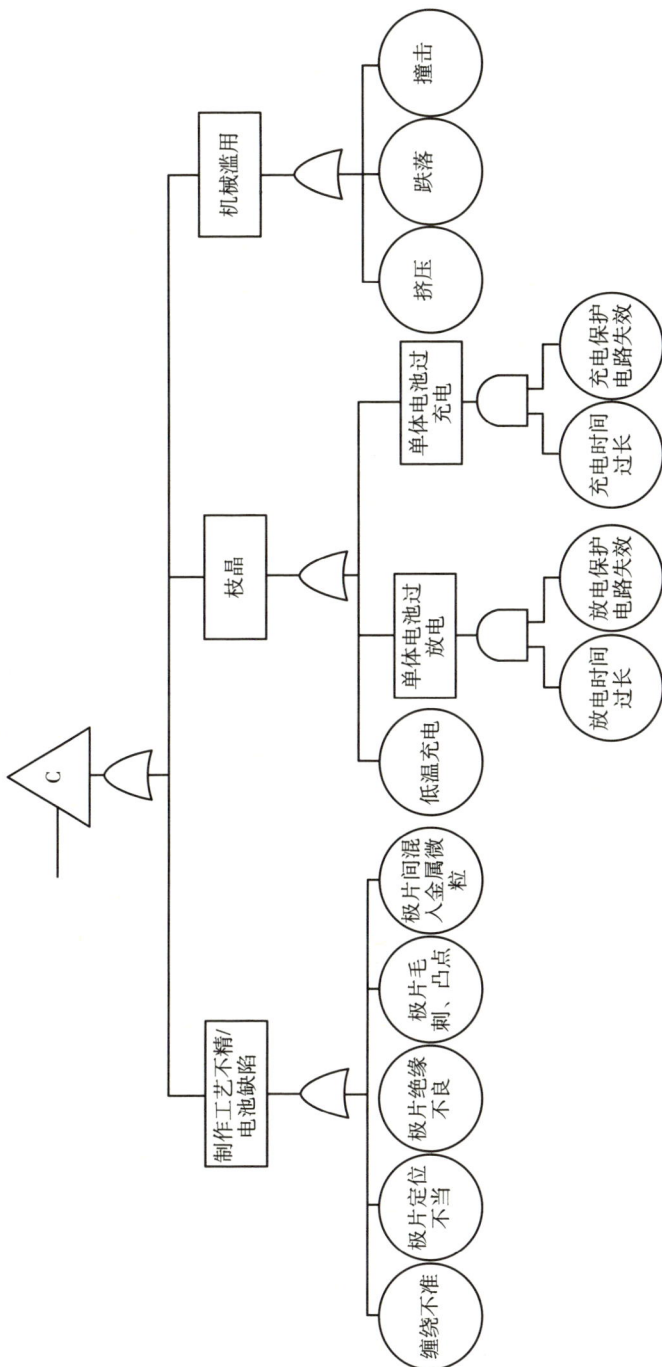

图 8 单体电池内部短路故障树

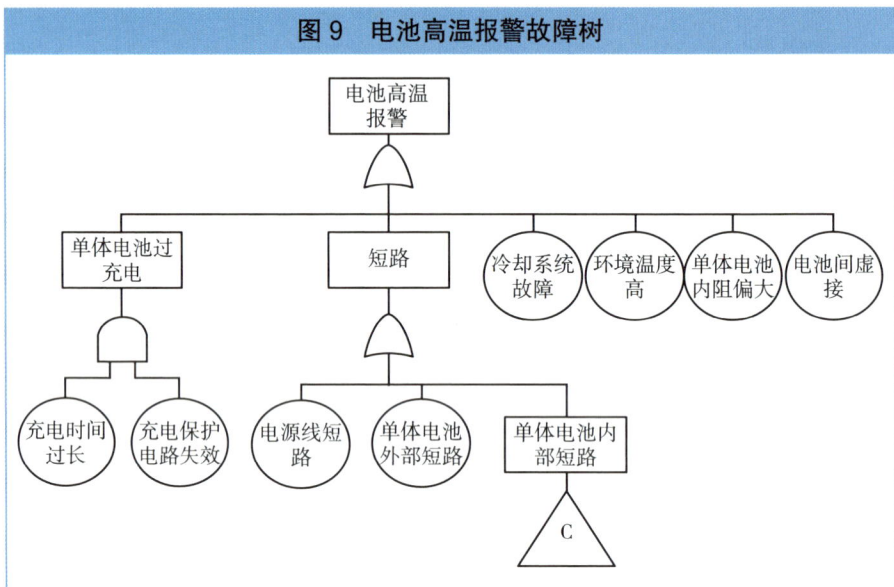

图 9　电池高温报警故障树

电压上升到一定数值后稳定一段时间，接近一定时间时电池电压快速上升，当上升至一定限度时，电池盖帽拉断，电压跌至 0V（恒压失效）。

2. 泡水

动力电池包经过长时间泡水，在动力电池包内某一片区域内，电压会有所下降，电池箱或插件进水可能触发绝缘故障。

3. 过放电

电池放完内部存储的能量，电压达到一定值后，继续放电会造成过放电，特别是大电流过放电和反复过放电会对电池造成巨大影响，一般正负极活性物质可逆性受到破坏，电解液分解，负极锂沉积，电阻增大，容量明显衰减。

过放电可能导致漏液、零电压以及负电压，是损害电池的一大重要原因。

4. 针刺、短路

随着针插入电池内，电池内部会形成了一个短路点，随后电芯内的两片电极之间的距离开始增加，表明此时由短路造成电池内部开始产气。由于短路的大电流，会将钢针尖端融化，使得电池的内短路断开，两片电极之间的距离下降，电极层间距恢复到初始的大小。

电池外部电压变化先是从 4.2V 降到 3.6V，然后又回升到 3.8V，并稳定在 3.8V，这说明针刺过程中首先是发生短路，但是随后短路点又发生了断开，表明此时钢针已经被部分熔化。若初期电池短路点并没有被完全切断，温度会持续攀升，加速电解液气化，气体推动极片向钢针移动，造成两次热失控。

5. 漏液

电池漏液的原因有：外力损伤；碰撞、安装不规范造成密封结构被破坏；制造原因，如焊接缺陷、封合胶量不足造成密封性能不好等。

电池单体漏液后整个电池包的绝缘失效，单点绝缘失效问题不大，如果有两点或以上绝缘失效会发生外短路。从实际应用情况来看，软包和塑壳电芯相比金属壳单体更容易发生漏液情况导致绝缘失效。漏液也可能导致绝缘故障。充电时单体电压迅速至满电截止电压跳枪；踩油门时，单体电压比其他串下降迅速；踩刹车时，单体电压比其他串上升迅速。故障原因可能是个别单体电芯漏液。

（二）电池故障诊断和预警模型

1. 基于熵权重法异常单体的诊断评估

（1）熵权重法理论

权重对于一个评价系统具有举足轻重的意义。某一指标的权重是指该指标在整体评价中的相对重要程度。在评价过程中，将评价对象重要程度的定量分配比例，对各评价因子在总体评价中的作用进行区别对待。事实上，没有重点的评价就不算是客观的评价。熵值权重法的流程具体见图 10。

每个时刻指标下的各单体的差异可以用权重 w 表示，时刻指标下概率值差别越大，对评价的意义越大。假设每个时刻指标下单体电池电压具有完美的一致性，那么对区分电池单体的评价是没有任何意义的。基于差异系数在整个时刻指标体系的占比，可以计算每个时刻指标对应下的贡献率。利用每个电池单体的综合得分 s 与所有单体得分均值 $\bar{s}$ 作差得到 Δs，来表示该电池单体远离大多数单体的程度，通过差值过大侧面反映电池单体的异常。

图 10　熵值权重法的流程

预处理后的数据源 → 形成单体电压的矩阵 → 每个时刻的概率分布 → 计算每个时刻指标熵值

异常单体的定位 ← 每个单体评估得分 ← 每个时刻指标的贡献率 ← 每个时刻指标的贡献率

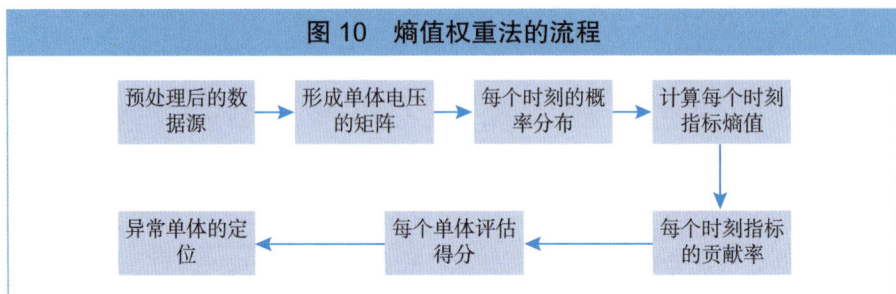

$$\Delta s = \left| s_i - \bar{s} \right| \tag{1}$$

（2）熵权重法在动力电池诊断中的应用

选取车辆 1 和车辆 2 进行研究，电池数据的采集频率是 0.1Hz。车辆 1 选取的时间段是 12 月 30 日，电池组由 252 块电池单体组成，车辆 2 选取的时间段为 5 月 9 日，该车都处于实时运行状态，相关信息见表 2 和表 3。进行数据源缺失值处理，可得第一阶段数据，从而得到车辆 1、车辆 2 的电压曲线图（见图 11）和电流、里程、SOC 随时间的变化曲线（见图 12）。结合图 11 和图 12 可以看出，在恒流充电阶段，电压随着时间的增加缓慢上升，最终 SOC 达到 100% 的状态。然而随着车辆进入运行状态，SOC 开始降低，电流发生急剧的变动，电压也表现出剧烈变化，说明车辆在运行中加速减速状态比较频繁。

表 2　车辆 2 相关信息　　　　　　　　　　　　　　　　单位：km

车辆类别	公交客车
总行驶里程	72108.0

表 3　车辆 1 相关信息　　　　　　　　　　　　　　　　单位：km

车辆类别	公交客车
总行驶里程	136369

图 11 车辆 1 和车辆 2 单体电池随时间变化的电压曲线

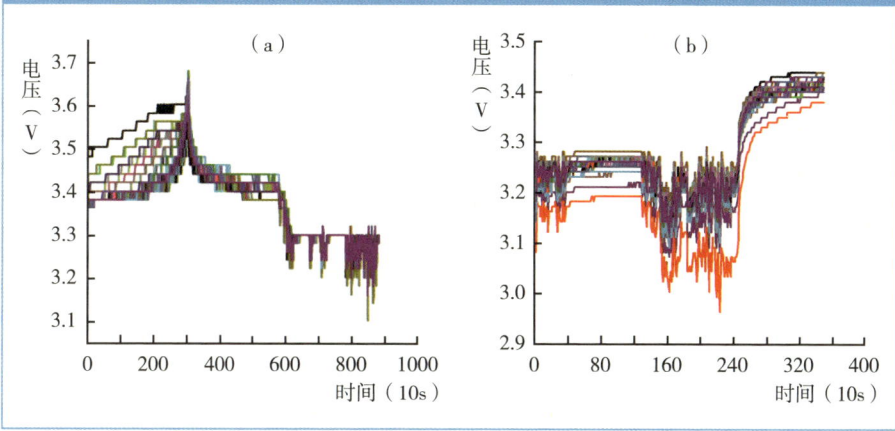

图 12 电流、SOC、里程随时间变化的曲线

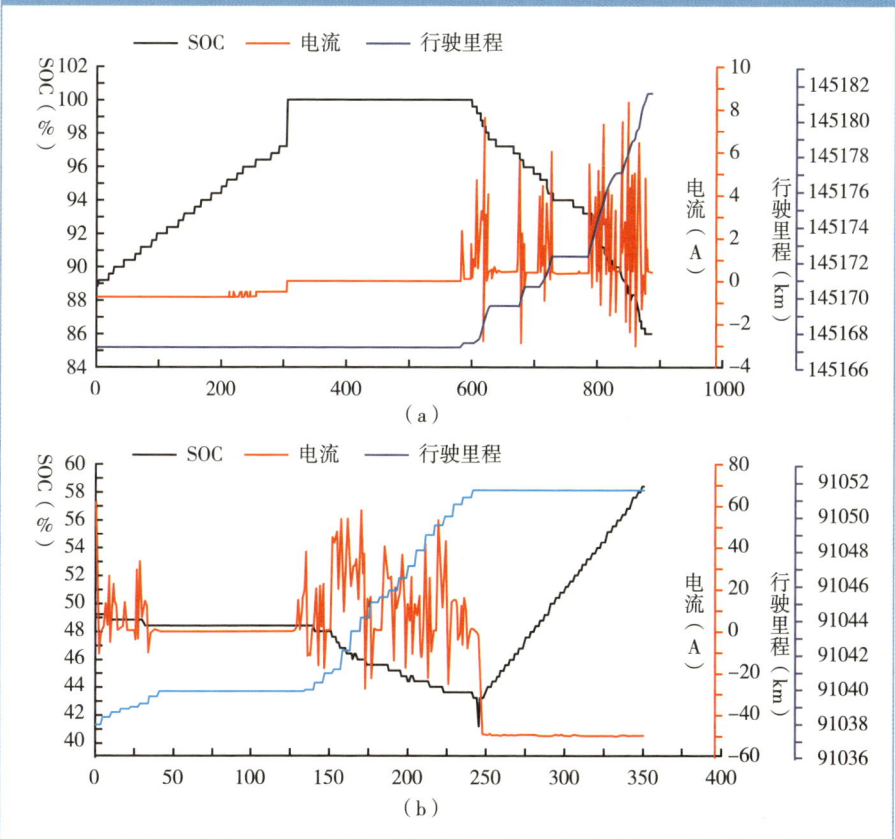

　　在选取的时间段内，车辆 1 有明显的过压预警，因为设置的阈值电池是 3.6V，有过半数的单体电池电压在 3.65V 以上。初步分析，过压报警是由偶然因素产生且处于充电末端，报警在极短时间内消失，有一定过充现象。根据熵权重法，计算车辆 1 在各个时刻指标下的贡献分布曲线（见图 13）。从图 13 中可以看出，在电池充电阶段，急加速急减速等工况下，各个时刻指标所占的贡献率也会发生显著的变化。在同一时刻指标下，电池单体所占的权重是统一数据，并且贡献率大的值也反映了电池单体的混乱程度大，而贡献度为 0 时表明单体电压数据集中。同时通过该方法最终获得单体电池的综合得分见图 14，从中可以看出电池 47 号、56 号、37 号、52 号、18 号有明显的异常。车辆 1 的 ΔS 从大到小的排列具体见表 4，可知电池 47 号、56 号、37 号、52 号、18 号明显大于其他单体电池。

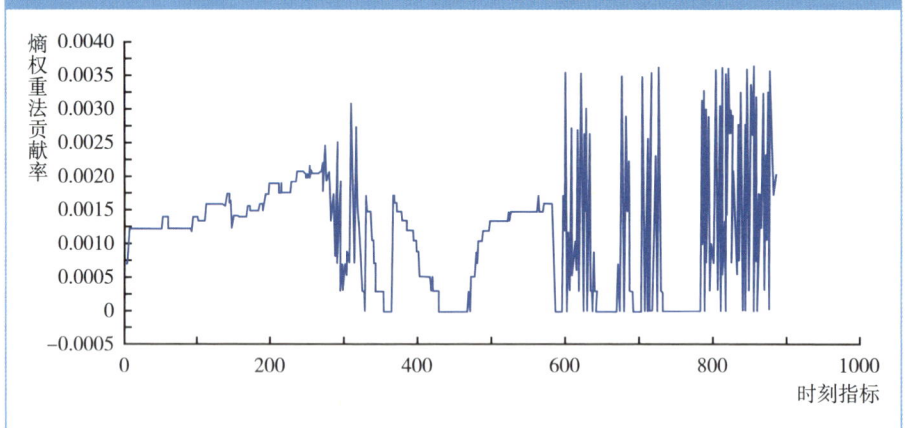

图 13　车辆 1 各时刻指标下的贡献率分布曲线

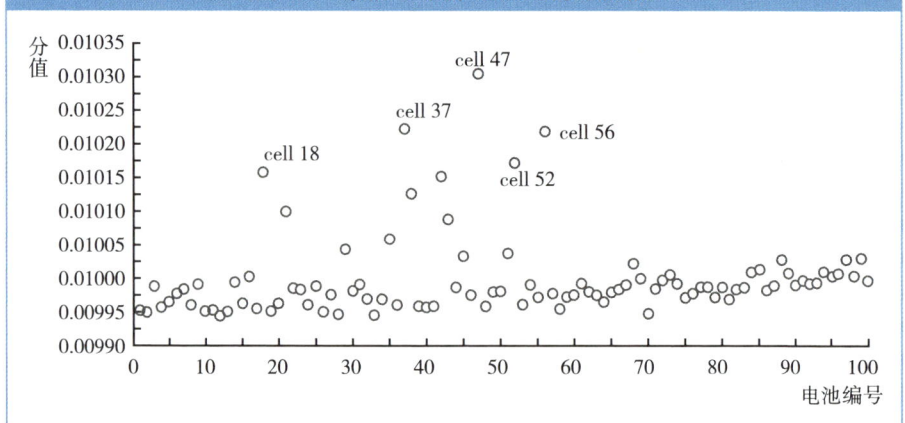

图 14　车辆 1 单体电池的得分散点

表 4　车辆 1 的情况

单体电池编号	ΔS
47	0.00030
56	0.00022
37	0.00022
52	0.00017
18	0.00016

　　为了验证车辆 1 的 47 号单体电池是否一直表现出异常性，利用平台获取车辆 1 在 10 月 12 日的数据源，采用频率同样是 0.1Hz。整理可得电压，电流、SOC、里程随时间的变化曲线见图 15。并且将第一阶段电压数据代入熵值权重

图 15　电压，电流、SOC、里程随时间的变化曲线

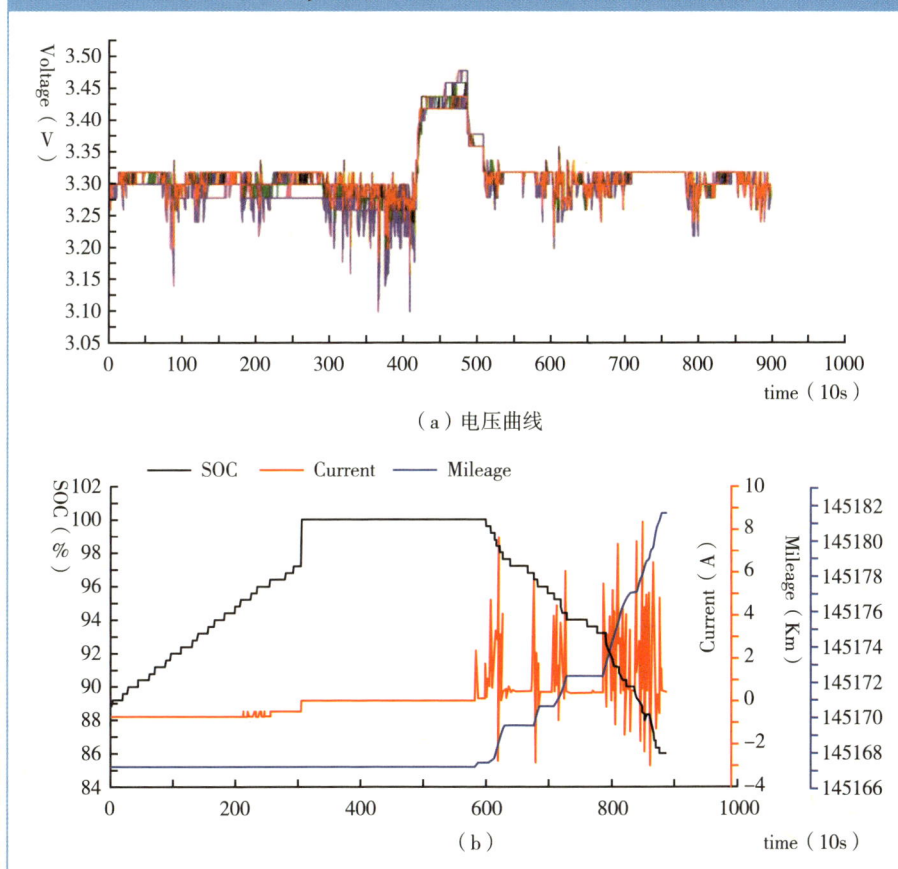

（a）电压曲线

（b）

法可得各个单体的在该时间段的评价分数（见图16）。比较图15和图16，会发现车辆1在12月30日的单体得分比较接近。

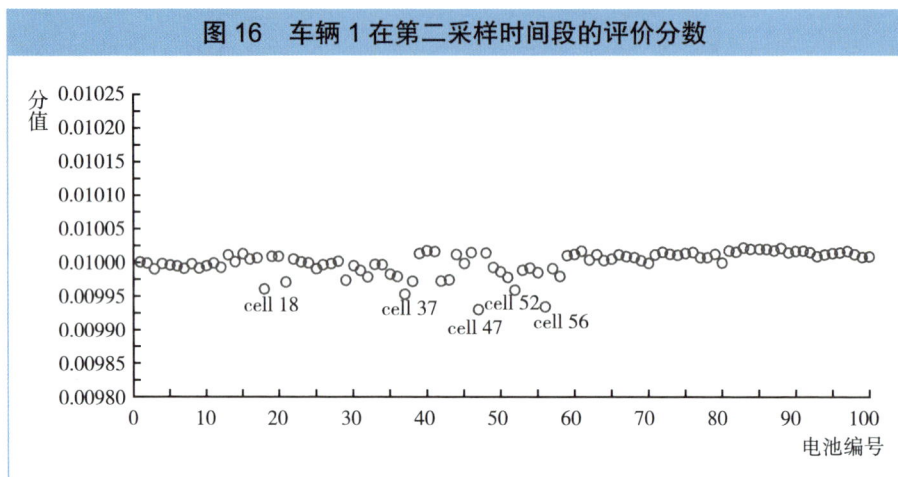

图16　车辆1在第二采样时间段的评价分数

对车辆1在两个时间段的 ΔS 进行对比，具体如表5所示。从中可以看出车辆1的47号单体在12月30日的 ΔS 最大偏差较大，表明随着时间的增加，车辆1的47号单体出现性能下滑的情况。

表5　车辆1在两个时间段的对比

日期	电池序号	ΔS
12 月 30 日	47	0.00030
10 月 12 日	47	0.00007

2. 基于动态电压偏离率法的异常单体诊断评估

将偏离率定义为该时刻的各电池单体电压与其整体移动平均数偏离程度的指标。其中整体移动平均数是指某一时段内电池组的整体电压水平。用偏离率来反映电池单体在该时刻偏离整体的多少，同时可以用动态迭代的偏离率来反映电池单体的电压走势。应用偏离率概念得到10分钟偏离率公式为：

$$Y = \frac{U - \bar{U}}{\bar{U}} \times 100\%$$

(2)

其中，Y表示10分钟偏离率，U表示第10分钟第 i 编号的单体电压数据，$\bar{U}$表示前10分钟全部单体电压的平均值。

表6　车辆3的车辆信息

电池类型	磷酸铁锂
车辆类别	电动出租车
里程	192916.0 公里

表7　预处理后的单体电压数据　　　　单位：V

时间	单体电池 1	单体电池 2	单体电池 3	……	单体电池 102
2016-05-08 16：00：07	3.35	3.35	3.35	*	3.35
2016-05-08 16：00：17	3.35	3.35	3.35	*	3.35
2016-05-08 16：00：27	3.35	3.35	3.35	*	3.35
2016-05-08 16：00：37	3.35	3.35	3.35	*	3.35
……					
2016-05-08 17：59：17	3.6	3.63	3.62	*	3.56
2016-05-08 17：59：27	3.58	3.61	3.6	*	3.55

选取第一阶段数据中的充电阶段的电压数据，绘制的时间序列电压图如图17所示，直观地发现单体电池的电压走势比较缓慢且一致。也就是说，单纯从电压曲线来看，很难发现某块电池的异常性。然而计算该时间序列下的10分钟

图 17　在充电阶段各单体随时间的电压变化曲线

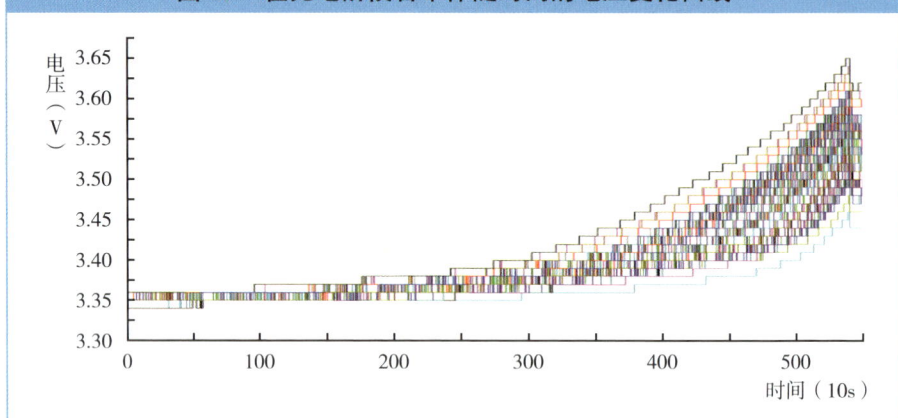

偏离率的标准差值见图 18，会发现 93 号、4 号、82 号的偏离率标准差明显高于其他值，说明单体之间内在存在一定的细微差别，但不足以通过电压曲线直观发现，需要借助动态偏离率方法。

　　将车辆 3 的预处理后的第一阶段数据全部代入，得到电压曲线图（见图 19），按照动态偏离率的算法流程可得到 10 分钟动态偏离率的曲线图（见图 20）。从图 20 可以看出，初始阶段偏离率是 0 值，因为起始 60 个点作为最初的基准数据，默认计算的偏差率是显示的空值。并且，从图 20 可以看出，单体电池 22 号的偏离率（负值）明显低于其他单体的偏离率，在第 550 时刻点以后有

图 18　车辆 3 前 550 时刻点的 10 分钟偏离率标准差离散点

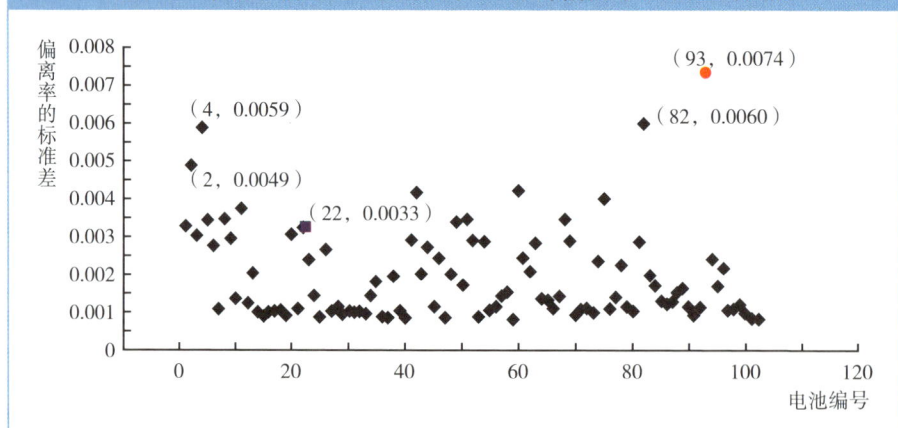

图 19　各单体随时间的电压变化曲线

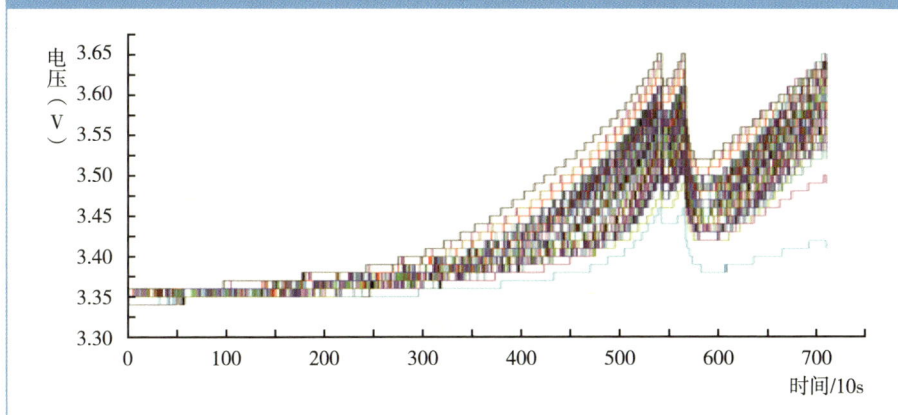

图 20　车辆 3 的各电池单体偏离率随时刻点的动态变化

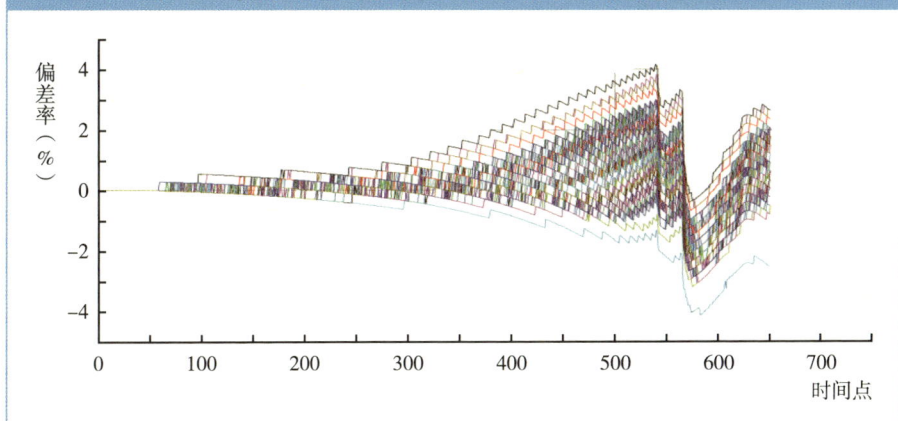

脱离其他单体的明显倾向，正好与图 19 电压曲线反映的趋势线具有相似性，表明电池 22 号有一定的异常性。

计算该时间段内的标准差值时，图 21 此时显示单体电池 93 号偏离率波动最大，达到 0.0121，是观察到的 22 号单体偏离率标准差值 1.17 倍。通过观察 4 号和 82 号单体的偏差率标准差，可知 4 号和 82 号单体偏离率波动程度相当。

通过比较图 18 和图 21 可知，能够发现 93 号单体电池 10 分钟偏离率的标准差是 22 号电池的 2.2 倍，远远高出加入后 500 时刻点的计算结果比值 1.17 倍的近 2 倍，说明 93 号单体电池依然是性能较差的单体。同时也能够得到 22 号

图 21　车辆 3 全部时刻的 10 分钟偏离率标准差离散点

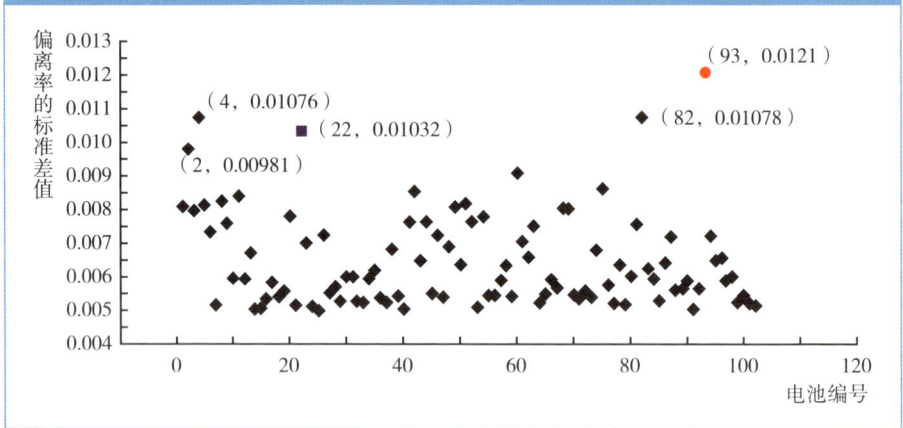

单体电池在不同时间段内偏离率标准差数据值发生了显著的改变。由此表明通过该动态偏离率的方法能对出现变化异常的单体进行预警，同时能实时准确定位异常单体所在的位置。

3. 基于 DBSCAN 的动力电池潜在故障诊断

（1）基于 DBSCAN 的动力电池潜在故障诊断模型

电池系统故障诊断和预测对于确保电动汽车的安全运行至关重要。本节提出了一种基于 DBSCAN 聚类的锂离子电池系统潜在故障诊断方法。首先根据电池电压提取二维故障特征，使用 DBSCAN 聚类来诊断潜在故障电池单体，并提出了定期风险评估策略来评估电池单体的故障风险。该方法可以在热失控发生前几天准确定位电池组中潜在热失控单体的位置。

（2）DBSCAN 动力电池诊断模型在动力电池诊断中的应用

车辆的数据周期为 2 月 16 日至 3 月 19 日。车辆电池组的聚类结果和故障频率如图 22 所示。车辆的热失控单体 68 具有最高的故障频率 0.785。使用这种方法，可以在热失控之前及时准确地诊断出故障电池。其他正常电池的故障频率为 0。结果表明，该诊断方法可以精确地诊断潜在故障单体。

4. 基于多层次筛选算法的电压离群点检测模型建立

动力电池电压离群点检测首先需要建立适用于单体电池端电压数据结构

图 22　DBSCAN 聚类结果与各单体故障频率

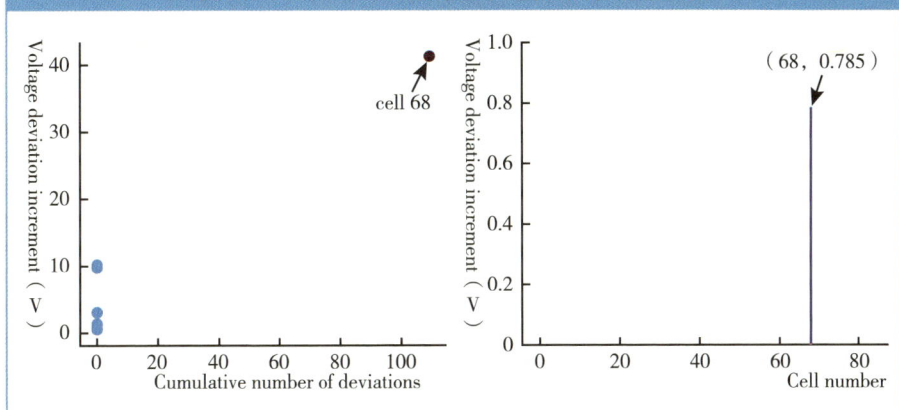

与特点的离群点检测数学模型。在本节中建立离群点数学模型主要分为三部分：①搜索集群中心点；②确定检测阈值；③离群点识别和标记。其中搜索中心点运用多层次筛选算法；故障检测阈值设为 3σ；离群点标记运用扩展矩阵记录。

（1）3σ 多层次筛选算法

3σ 多层次筛选算法（3σ Multi-level Screening Strategy）主要用来计算集群的中心点，进而由中心点和阈值范围，对离群点进行判定。计算集群中心点位置的算法一般为均值法和中位数法。而在海量动力电池单体电压数据处理过程中，由于存在数据溢出等不可控数据故障，数据往往存在数值错误，这样在计算中心值时，中心值与理想中心值会有较大差值。如图 23 所示，C0 为根据原始数据计算得到的 3σ 阈值范围中心，从图中我们可以明显看出 C0 的位置被 P2、P3、P4 这三个离群点影响，使得圆心偏向离群点方向，同时原本应该在 3σ 圆内的点 P1 被误判为离群点。因此，C0 作为数据集中心会导致阈值圆偏离，不能准确描述数据中心。C1 为经过 3σ 多层次筛选算法过滤后得到的 3σ 阈值范围中心，其不受离群点影响，具有较好的准确性和鲁棒性。

数据分析中发现，数值错误的数量级往往多个级别同时存在，因此通过简单的剔除最值方法，也不能去除不同数量级的错误数据。本节基于高斯分布建立多层次故障筛选算法，可以有效剔除不同数量级的错误数据，进而建立相对

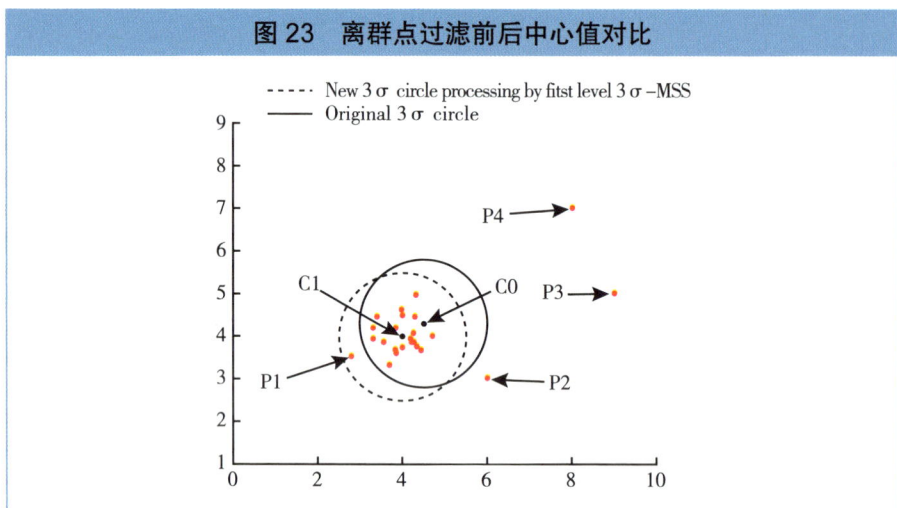

图 23　离群点过滤前后中心值对比

准确的集群中心。高斯分布又名正态分布，在自然世界中，很多随机变量的概率分布都可以用正态分布来近似拟合，随机误差就是其中一种，高斯分布公式如式下。

$$f(x) = \frac{1}{\sqrt{2\pi}\sigma}exp\left(-\frac{(x-\mu)^2}{2\sigma^2}\right) \tag{3}$$

$$U_t \sim (\mu_t, \sigma_t) \tag{4}$$

（2）电压离群点检测模型建立

动力电池电压故障大数据分析模型具体计算流程见图 24，图中圈 1 到圈 2 之间为核心计算模块，模型运行输入为多层次迭代次数 k 或者迭代出口阈值 δ。

（3）电压离群点检测模型在动力电池诊断中的应用

本节基于动力电池电压离群点检测算法，建立短时间和长时间维度故障诊断模型，用于研究在时间维度的动力电池电压离群故障频率变化。其中短时间维度以天为单位，按月统计；长时间维度以季节为单位，按年统计。

①短时间维度故障分析模型

短时间维度故障分析模型主要用来检测在局部时间范围内，动力电池电压

图24　电池单体电压离群点分析模型

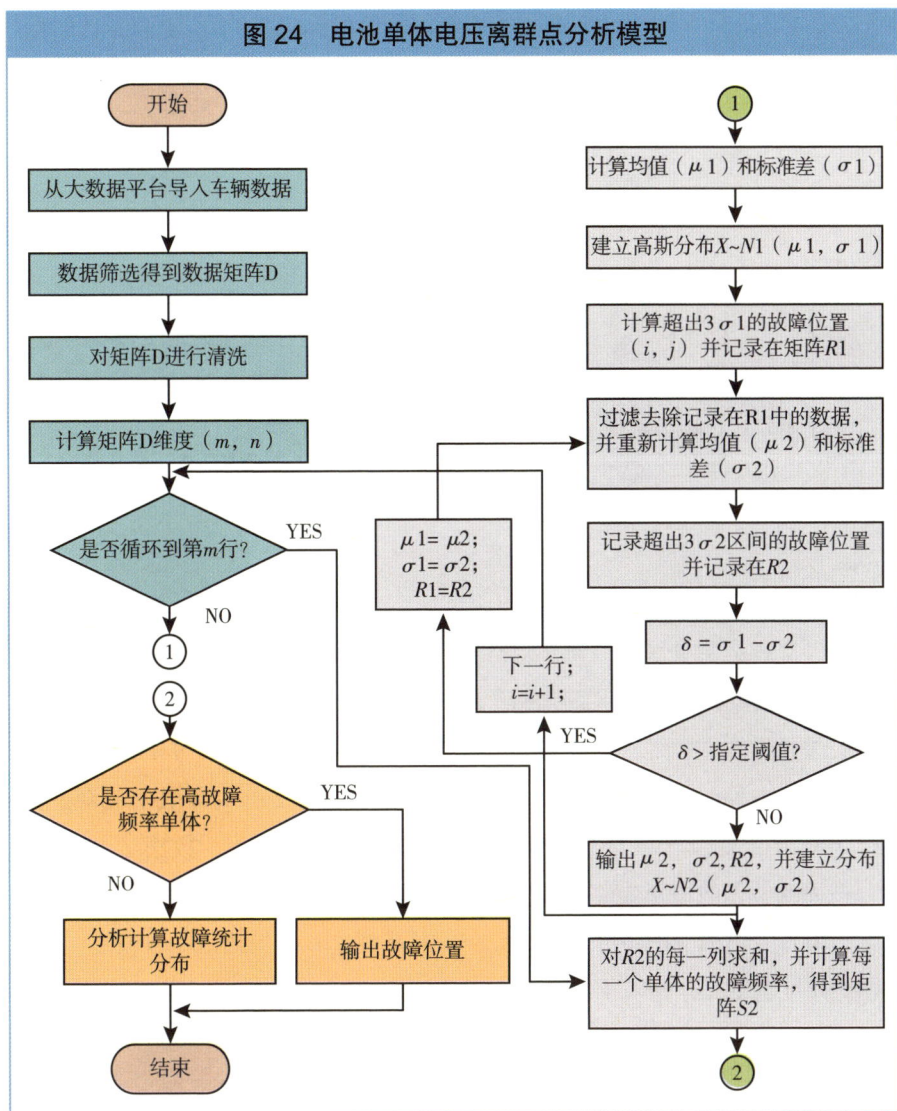

离群故障的波动情况。将大量数据输入短时间维度故障分析模型进行计算，得
到以天为单位的月故障频率矩阵，用三维可视化对数据结果进行展示，见图
25。由图中可以看出，在短时间内，电动汽车动力电池系统的电压离群故障特
性基本不变，其故障频率、故障位置均比较稳定。

②长时间维度故障分析模型

长时间维度故障分析模型以季节为单位，按年对动力电池单体电压离群故

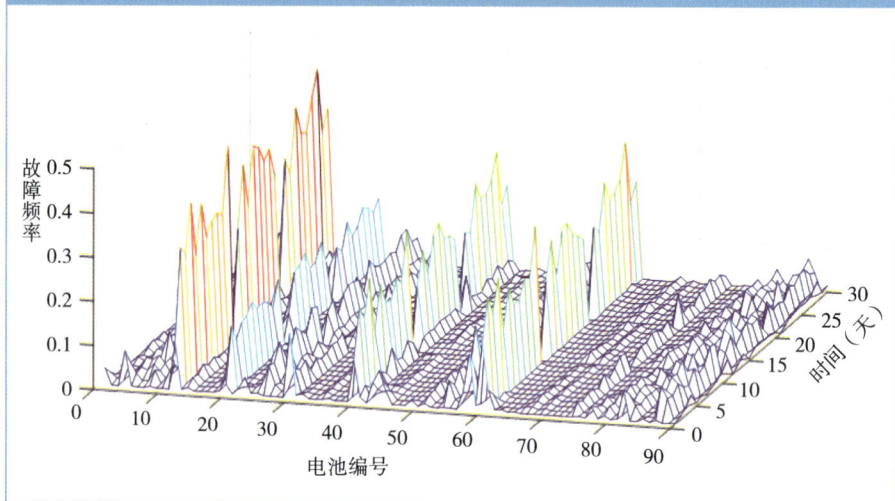

图 25　短时间维度故障频率对比

障进行计算，运用神经网络算法对故障向量进行拟合，得到在该车型动力电池在一年四季的动力电池电压离群故障频率分布。

经过大量数据训练计算，得到动力电池电压故障在一年四季的分布，见图26（图中 a、b、c、d 对应春、夏、秋、冬四季）。从图 26 可以看出，在春、夏、秋三个季节，高频故障的位置和对应的故障程度相差较小，数据结果较为稳定；然而在冬季故障率显著增加。经统计分析得到四个季节的故障平均值向量为 [0.0200，0.0191，0.0195，0.0384]，其中夏季故障率最低，冬季最高，且冬季故障率比其他三个季节平均高出 96%。

5. 基于香农熵的故障诊断模型

（1）香农熵故障诊断模型

纯电动汽车的运行状态分为行驶状态和充电状态，电动汽车无论处于任何一种状态，电池组中一致性较差的单体的电压/温度都较容易偏离整体电压/温度水平，出现过压/过温故障，但是在电动汽车行驶过程中，电压/温度也会在一定时间内瞬时增大，车辆大概处于制动能量回收状态，此时视作正常；若电流超过 100A 持续了 5s 及以上，视作异常。

图 26　四季动力电池电压故障分布

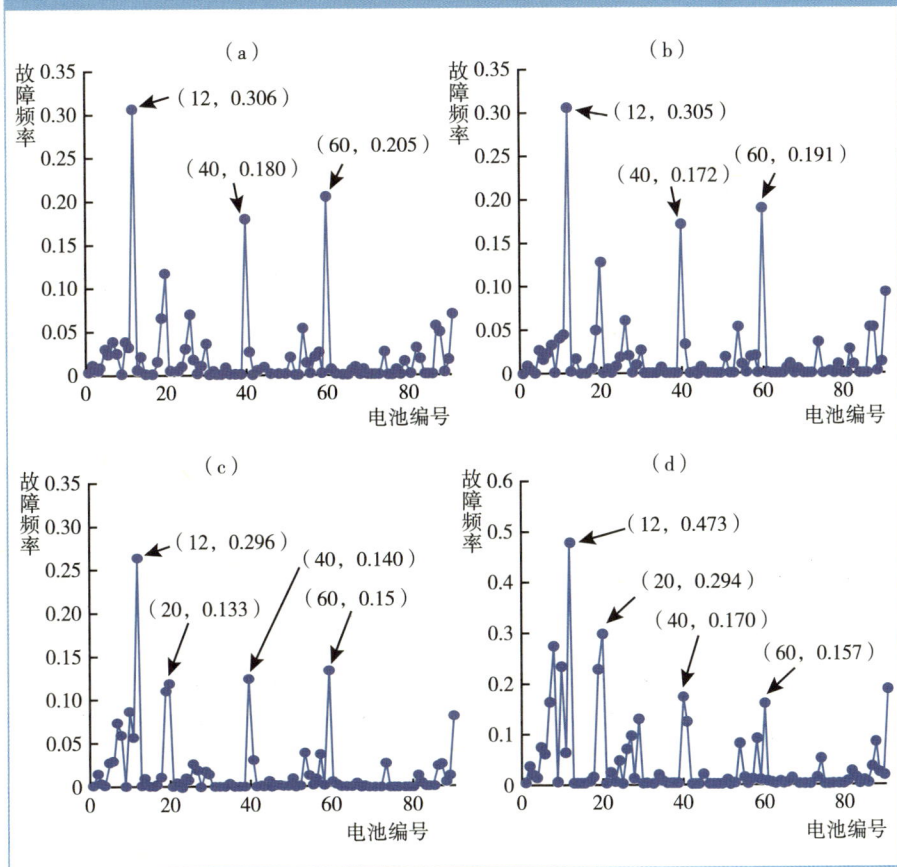

（2）香农熵故障诊断模型在动力电池电压诊断中的应用

车辆于 8 月 28 日在充电期间突然起火。根据事故现场和电池监控数据，进行了故障分析，确认为电池一致性问题导致的电池过充电，从而引发事故。发生故障前最后一帧数据显示，该车总里程为 7678.1km。

发生热失控约 10 个小时前（4000 帧数据）的香农熵和 Z 分数如图 27 和图 28 所示，从图中可以看出，126 号单体的香农熵曲线与其他单体明显不同，且 Z 分数多次超出 ±4 区间，因此通过香农熵算法可以提前诊断出热失控潜在单体。验证了模型的有效性和及时性。

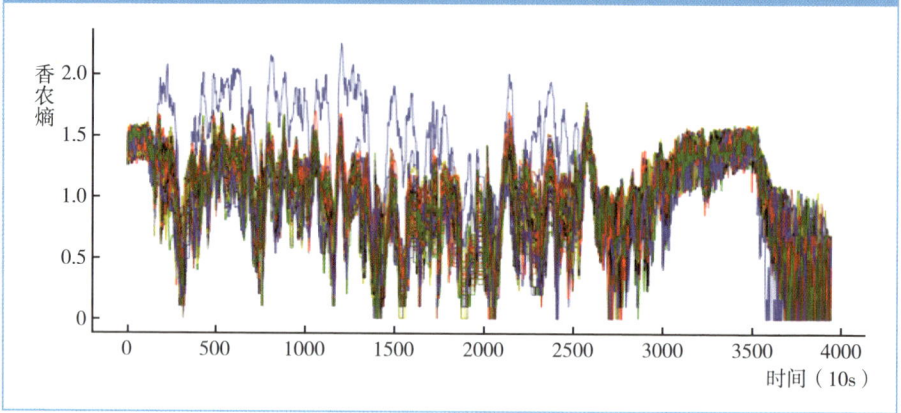

图 27　香农熵电压异常诊断结果

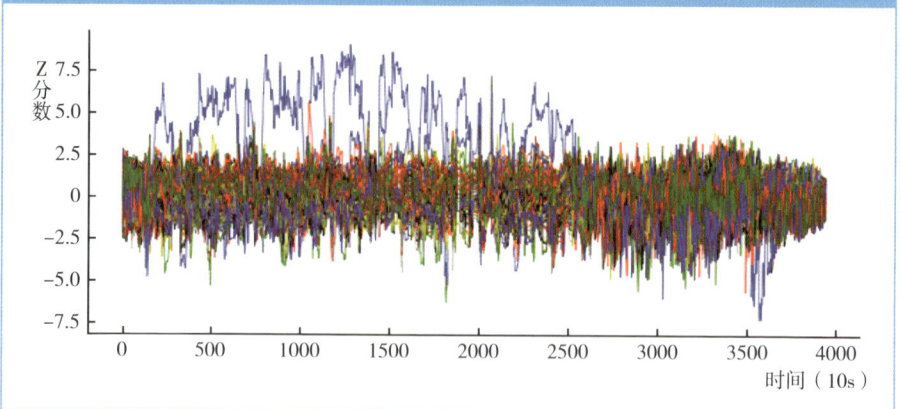

图 28　Z 分数结果

（3）香农熵故障诊断模型在动力电池温度诊断中的应用

图 29 显示了热失控前 6 小时车辆的异常系数。探针 1 和探针 9，尤其是探针 1 的异常系数明显比其他探针大。这证明了所提出的方法可以准确地识别异常温度的时间和位置。为了验证所提出方法的预后性能，在未触发超温的情况下，将前 3 小时作为计算单位。热失控前 3 小时车辆的异常系数见图 30，该图表明可以检测到温度异常的探头 1 和探头 9。因此，提出的方法可以准确预测过温故障。

图 29　热失控前 6 小时车辆的异常系数

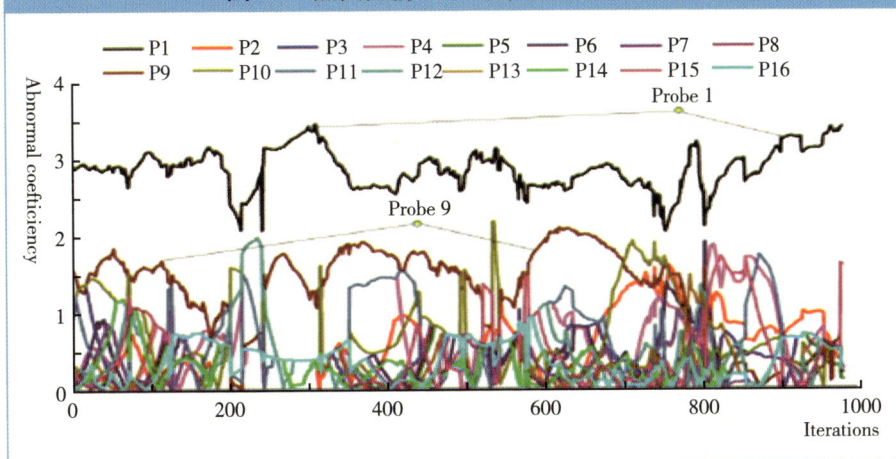

图 30　热失控前 3 小时车辆的异常系数

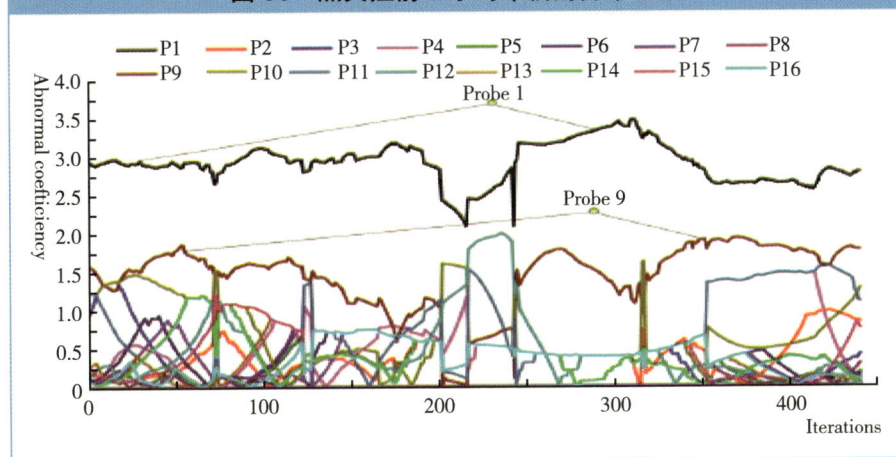

6.基于角度方差的电池单体异常程度评价

（1）基于角度方差的电池单体异常程度评价

提取每一时刻的单体电压标准差、单体电压极差、温度标准差，作为该时刻的不一致性评价指标，得到一致性评价指标矩阵，基于各时刻的一致性评价指标，采用信息熵的方法对各时刻一致性表现进行评分。分数越高则该时刻一致性表现越差。建立根据每个电池单体的特征向量将单体数据点映射到 *t* 维空间，计算电池单体与电池组内其他任意两电池单体形成夹角余弦值集合的方差，作为该电池单体的异常程度。

$$VOA_{score(A)} = VAR\left(\frac{<\vec{AB}, \vec{AC}>}{||\vec{AB}|| \cdot ||\vec{AC}||}\right) \qquad (5)$$

（2）基于角度方差算法在动力电池诊断中的应用

从平台中提取一辆车分别从四个季度中各提取一天的运行数据，通过对不同运行季度的数据采用本文的算法进行检测分析，具体见图 31，可以看出该车几个异常值较高的电池单体位置较为固定，同时也存在个别位置不固定的异常电池单体。后续内容将对算法的识别能力进行评价。

采用 VOA、Entropy-VOA 和 LOF 三种方法对同一电动汽车电池单体数据

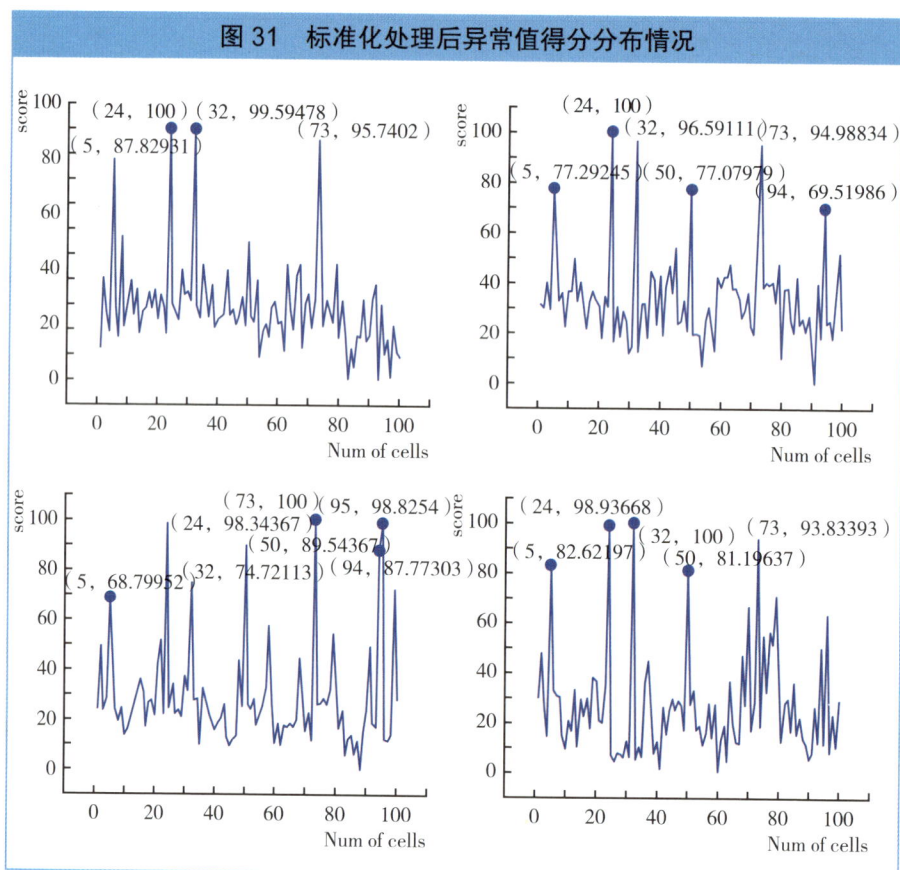

图 31　标准化处理后异常值得分分布情况

进行处理得到的结果见图 32，对三种算法的计算结果进行检验和比较。三种算法归一化处理后得到的折线图特征非常相似，但是 Entropy-VOA 算法在 50 号、94 号、95 号电池单体处的评价分数明显高于其余两种算法。

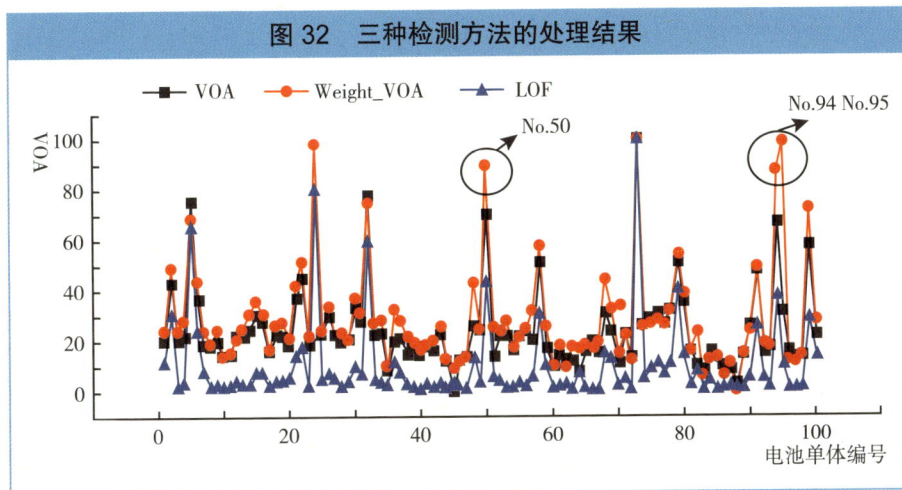

图 32　三种检测方法的处理结果

（三）故障与安全预警机制

1. 预警处理机制

新能源汽车国家大数据联盟发布了《新能源汽车国家监管平台大数据安全监管成果报告》，报告中的一系列数据，再次引发了公众关于新能源汽车的安全焦虑。报告显示：在安全事故中，乘用车事故车辆比例最大，高达 65%；专用车占比 28%；客车占比 7%。其中事故是由动力电池系统故障引起的占据绝大多数，因而针对动力电池故障的预警系统显得格外重要。

本预警系统模型的数据项均来源于《电动汽车远程服务与管理系统技术规范 第 3 部分：通信协议及数据格式》（GB/T 32960.3-2016），输入报文补传格式按照预警系统说明进行操作。该预警系统将从三个方面展开：参数大小阈值预警、参数变化率的阈值预警以及模型的预警，简称值－率－模型的预警机制。

参数大小阈值预警指的是电压、温度、SOC、绝缘阻值等关键参数报警阈值。例如磷酸铁锂电池组的单体电压大于 3.65V 报警。

参数变化率的阈值预警指的是由电压、温度、SOC、绝缘阻值等关键参数衍生出的参数变化率超过规定阈值报警。

模型的预警指的是借助算法的预警方式。

2. 值－率－模型的预警机制介绍

车辆在实际使用过程中，大多数故障在最终发生时，电压、温度、绝缘阻值等参数会有表征，如果在数据直接体现得很明显的状态，可以采用直接判断的方式。如果这些特征参数直接判断不出来，将从时间维度、单体一致性维度、短时瞬变性维度形成模型来评估电池单体的状态，并对模型赋不同权重，形成单体风险的概率给定预警结果。其中单车和车型的离群点概率分布将从充放电过程进行分析讨论。基于车辆上传的数据，形成诊断的数据流程，具体见图33。

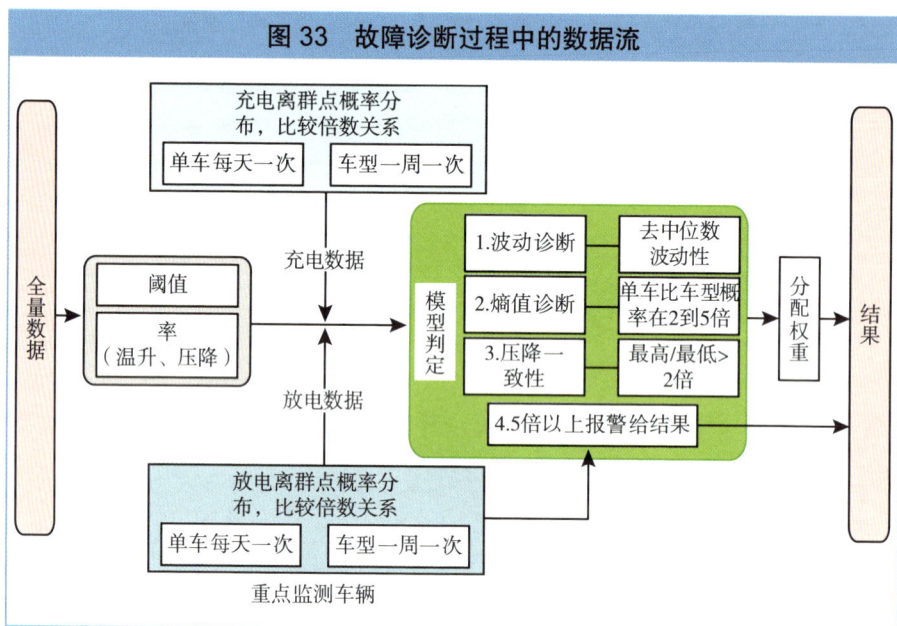

图 33 故障诊断过程中的数据流

（1）值和率

① 单车的阈值表

在值率判定过程中，如果直接超出设定的阈值表将不进行数据流下一步操作，该步操作需要借助关键参数的阈值表。本部分分两块内容，值关键参数大小的比较和关键参数变化率的比较。其中变化率的判断准则，所有参数考虑采样时间间隔，解决过程中没超过值参数阈值时的突变性问题。针对一次变化率出现问题，在实际应用过程中需要考虑两帧是否连续（即间隔），需采取连续帧校准的规则排除因数据传输异常引发的误报。

②车型阈值表

车型阈值表将从车型全量数据固有特性分析，形成不同里程条件下的车型离群点规律。单车里程与车型里程在同一区间的条件下，比较单车的离群点与车型离群点的差异化，辅以判定标准，进行电池单体的预警判定。

（2）模型

基于新能源汽车中关键参数中电压、温度、SOC 等，模型将主要基于时间维度、单体维度、短时瞬变性维度进行考虑。衡量时间维度的波动性，利用的是基于波动性检测故障诊断模型与熵值诊断模型；衡量单体维度的一致性，利用的是车型阈值表与单体阈值表数据分析模型、基于角度方差模型、基于统计学模型；衡量短时瞬变性，利用的是压降一致性判断模型；基于模型判断的结果目前将输出按照等权重赋权，给出单体的故障概率，提高给出结果的确定性，最终实现模型加权后的输出结果。

五　典型事故案例数据分析

结合前面新能源汽车的故障分类以及电池故障诊断和预警模型，对车端阈值超限报警、充电末端变化率、统计规律异常、熵值超限预警和速率超限报警四种典型事故案例进行分析。

（一）车端阈值超限报警

车端阈值超限报警是指当车载端某些参数没有处在所设置的正常阈值范围内时就会产生报警信息。根据绝缘故障报警阈值以及电池过温报警阈值，某乘用车在发生燃烧事故前三天发生了 1 条 3 级绝缘故障报警和 7 条 2 级绝缘故障报警，具体见表 8。在自燃发生当日，连续发生了 6 条 3 级电池高温报警，1 条 2 级绝缘故障报警，33 条 3 级电池高温报警，具体见表 9。

表 8　事故前三天故障数据

实时数据时间	最高报警等级	故障报警类型	相关参数
16：05：53	3	绝缘故障	绝缘电阻 34
16：05：54	2	绝缘故障	绝缘电阻 176
16：05：55	2	绝缘故障	绝缘电阻 171
16：05：56	2	绝缘故障	绝缘电阻 173
16：05：57	2	绝缘故障	绝缘电阻 176
16：05：58	2	绝缘故障	绝缘电阻 173
16：05：59	2	绝缘故障	绝缘电阻 174
16：06：00	2	绝缘故障	绝缘电阻 176
16：25：56	2	绝缘故障	绝缘电阻 174

表 9　事故当日故障数据

实时数据时间	最高报警等级	故障报警类型	相关参数
08：44：58	3	电池高温报警	最高温度值 75（3 号探针）
…	…	…	…
08：59：14	2	绝缘故障	绝缘电阻 183
09：14：19	3	电池高温报警	最高温度值 68（4 号探针）
…	…	…	…
09：23：48	3	电池高温报警	最高温度值 70（4 号探针）
…	…	…	…
09：24：03	3	电池高温报警	最高温度值 69（4 号探针）

（二）充电末端变化率

在新能源汽车充电末端动力电池的电压、电流以及温度发生剧烈变化时极易发生热失控。针对某正在充电的事故车辆，其发生燃烧事故前后即充电末端的动力电池系统的最高温度值、SOC、电池单体电压最高值等数据变化，具体数据值见表 10。分析可知，在事故时间段内，总电流有负的小电流，可以判断车辆处于浮充状态。同时电池处于 SOC=99%，最高温度由 27℃上升到 84℃，在 1 秒变化57℃，属于温度变化率过大。另外，单体电压最低值出现短时上升 0.804V，并维持 23s。而且单体电压最高值短时出现压降，然后瞬间变为 0。

表 10　某事故车辆充电末端具体数据					
时间	总电流（A）	SOC（%）	电池单体电压最高值（V）	电池单体电压最低值（V）	最高温度值（℃）
07：22：23	-0.3	99	4.141	4.1	27
07：22：24	-0.2	99	4.141	4.087	84
07：22：25	-0.2	99	4.945	4.087	84
07：22：26	-0.2	99	4.945	0.01	86
…	…	…	…	…	…
07：22：45	-0.2	99	4.998	0	102
07：22：46	-0.2	99	4.998	0	69
07：22：47	-0.2	99	4.998	0	28
07：22：48	-0.2	99	4.151	0	28
…	…	…	…	…	…
07：23：29	-0.2	99	4.145	0	28

（三）统计规律异常

统计规律异常是指某单车的异常单体统计与同一车型的异常单体统计规律结果不符，该单车中不同的异常单体会有很大的概率出现故障。统计某车型的295 辆共 581548 帧数据，异常单体占比规律见图 34，由图可知该车型 4 号、1号、39 号单体占比最大。隶属同一车型的某单车电压数据见图 35，可知 3 号单体与 2 号单体极差为 75mv，从数值上看，无故障风险。但是按照异常单体统计概率哈希表，3 号单体并未在高概率风险单体系列，据此可判断 3 号单体出现严重故障的概率极高。

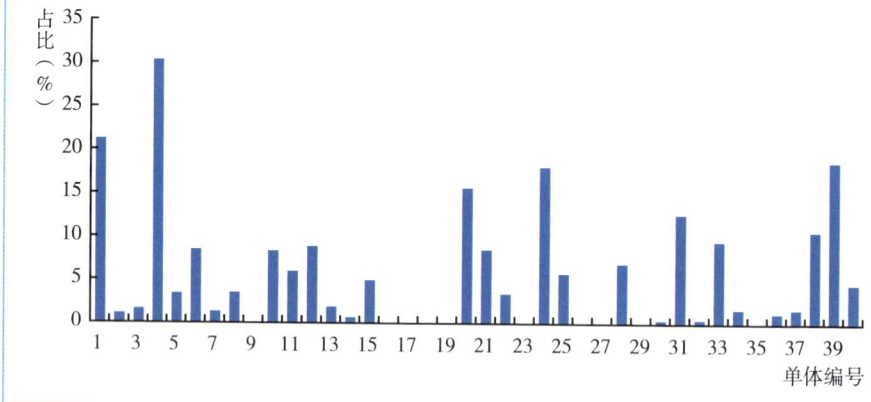

图34　异常单体在车型中占比

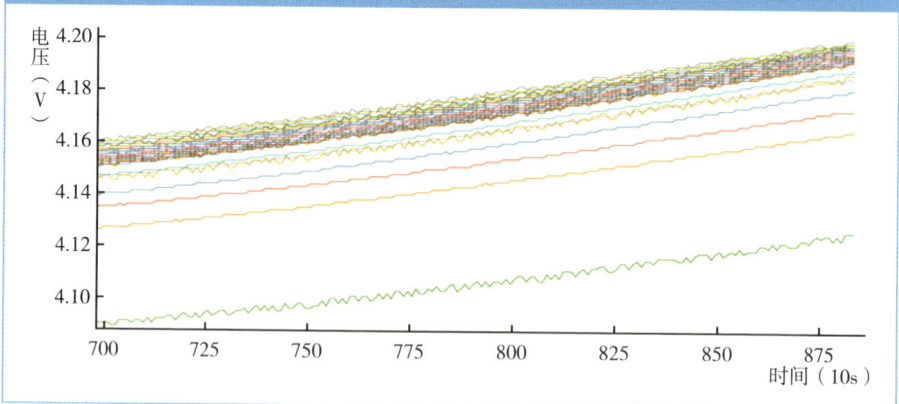

图35　某乘用车所有单体电压数据变化

（四）批次问题预警

　　动力电池的制造问题会影响电动汽车的动力性、经济性，由制造问题引发的潜在故障可能会导致热失控。针对某有批次问题的动力电池进行数据分析。首先进行极差统计分析，如图36所示，过火电池车辆极差大于100mv与200mv的占比远远高于同车型正常车辆。进行离群单体规律统计，如图37、图38所示。正常单体离散性规律性强，批次问题电池离散性规律性弱。采用统计学方法可以准确地检测电池批次问题，从而进行安全预警。

图 36　极差统计分析

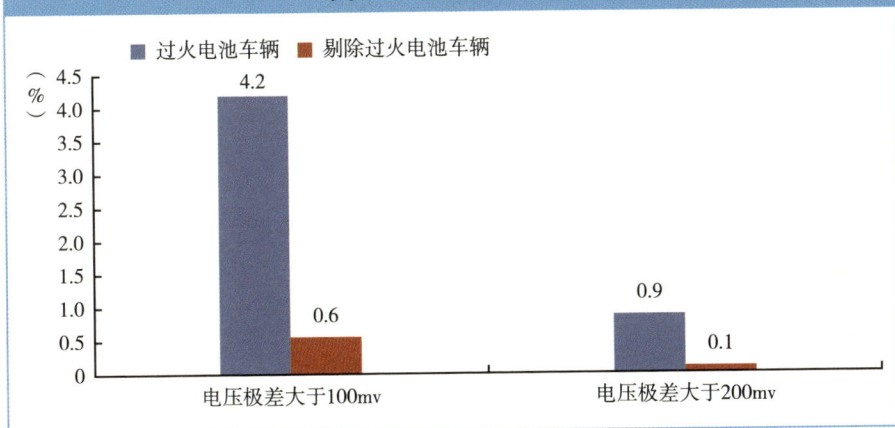

■ 过火电池车辆　■ 剔除过火电池车辆

图 37　正常单体离群规律示意

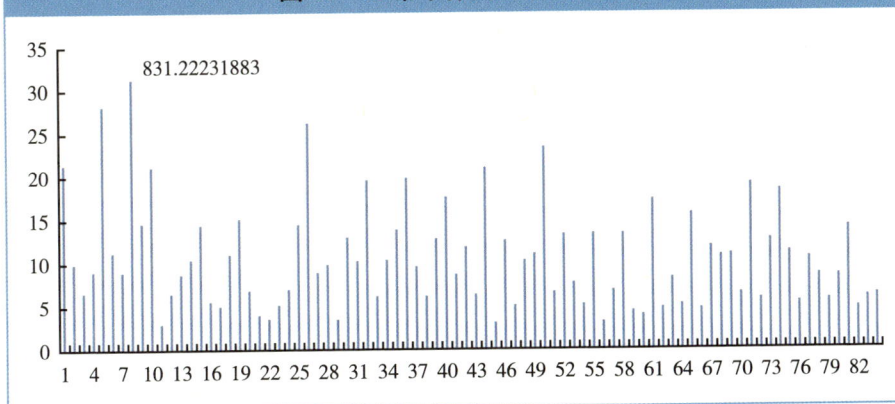

图 38　批次问题单体离群规律示意

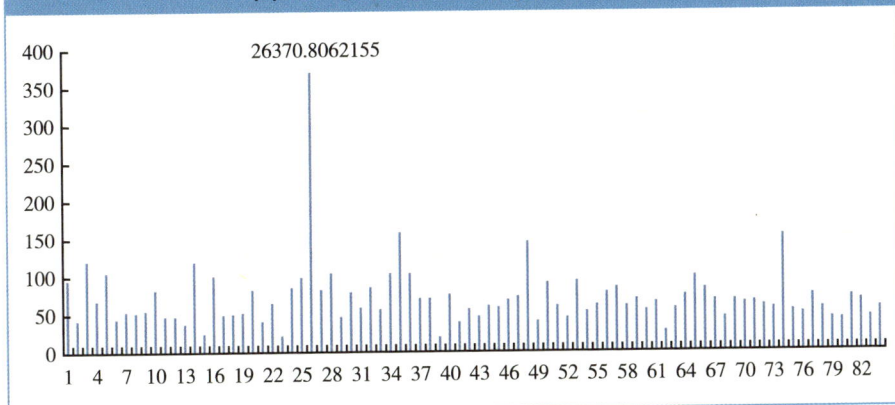

六 结论

为实现新能源汽车实时安全预警和潜在故障诊断，本文以电动汽车动力电池系统海量实车数据为研究对象，统计分析全国新能源车辆安全事故情况，研究故障树分析方法，并从时间维度、电池单体维度与短时瞬变性维度建立了基于熵值、角度方差、密度聚类的安全预警模型，同时建立了基于值－率－模多维度的安全预警机制，揭示了整车故障与电压、电流、温度的数理统计耦合关系，确立了不同故障典型参数表征阈值，建立了端云结合的故障分级报警策略，实现了车辆故障实时精准报警；建立了基于模糊理论和症状隶属函数的故障诊断方法，实现了从"阈值"超限到"参数变化率"异常报警。最后对典型事故案例的数据进行分析。

结合长时间尺度下纯电动汽车电池、电机等核心部件的电压、温度数据，提出了时间滑窗熵值算法，建立了基于 Z 分数方法的故障诊断灵敏度因子预测模型，实现了微小异常和故障的精准识别；提出了熵权重赋权方法，对电压标准差、电压极差、温度标准差等指标自动赋权，形成各时刻电池一致性评分与电压数据融合的特征向量，构建了基于角度方差的电池单体异常预测方法；提出了基于电压、温度参数和 3σ 多层次筛选算法的车型离群点概率分布描述方法，建立了正常与故障状态下离群点概率差异比对的故障诊断方法，实现电池异常单体筛选及预警。

参考文献

［1］Zhu J , Wang Z , Zhang L , et al. State and parameter estimation based on a modified particle filter for an in-wheel-motor-drive electric vehicle[J]. Mechanism & Machine Theory, 2019, 133:606-624.

［2］Zhang J , Zhang L , Sun F , et al. an overview on thermal safety issues of lithium-ion batteries for electric vehicle application[J]. IEEE Access, 2018, 6, 23848–23863.

［3］Wang Z , Ma J , Zhang L . State-of-health estimation for lithium-ion batteries based on the multi-island genetic algorithm and the gaussian process regression[J]. IEEE Access, 2017, 5: 21286–21295.

［4］Xiong R, Cao J.Y., Yu Q.Q., et al. Critical review on the battery state of charge estimation methods for electric vehicles[J]. IEEE Access 2017, 6: 1832–1843.

[5] Feng X , Ouyang M , Liu X , et al. Thermal runaway mechanism of lithium ion battery for electric vehicles: A review. Energy Storage Mater. 2018, 10: 246–267.

[6] Li D , Zhang Z , Liu P , et al. DBSCAN-Based Thermal Runaway Diagnosis of Battery Systems for Electric Vehicles[J]. Energies, 2019, 12.

[7] Koch S , Fill A , Birke K P . Comprehensive gas analysis on large scale automotive lithium-ion cells in thermal runaway[J]. Journal of Power Sources, 2018, 398(SEP.15):106-112.

[8] Sara A , Martin P , Amandine L , et al. Combined experimental and modeling approaches of the thermal runaway of fresh and aged lithium-ion batteries[J]. Journal of Power Sources, 2018, 399:264-273.

[9] Lu L , Han X , Li J , et al. A review on the key issues for lithium-ion battery management in electric vehicles[J]. Journal of Power Sources, 2013, 226(MAR.15):272-288.

[10] Xiong R , Yu Q Q , Wang L Y , Lin C . A novel method to obtain the open circuit voltage for the state of charge of lithium ion batteries in electric vehicles by using H infinity filter[J]. Applied Energy, 2017, 207: 341–348.

[11] Xiong R , Tian J P , Mu H , Wang C . A systematic model-based degradation behavior recognition and health monitor method of lithium-ion batteries[J]. Applied Energy, 2017, 207: 367–378.

[12] Xiong R , Cao J , Yu Q . Reinforcement learning-based real-time power management for hybrid energy storage system in the plug-in hybrid electric vehicle[J]. Applied Energy, 2018, 211(FEB.1):538-548.

[13] Sun Y , Jou H , Wu J . Diagnosis method for the degradation of lead-acid battery[J]. In Proceedings of the IEEE International Symposium on Industrial Electronics, Seoul, Korea, 5–8 July 2009, pp. 1397–1402.

[14] Liu Z , He H . Sensor fault detection and isolation for a lithium-ion battery pack in electric vehicles using adaptive extended Kalman filter[J]. Applied Energy, 2017, 185: 2033–2044.

[15] Chen Z , Xiong R , Tian J , et al. Model-based fault diagnosis approach on external short circuit of lithium-ion battery used in electric vehicles[J]. Applied Energy, 2016, 184:365-374.

[16] Kim I.-S. A technique for estimating the state of health of lithium batteries through a dual-sliding-mode observer[J]. IEEE Trans. Power Electron. 2010, 25: 1013–1022.

［17］Kim G H , Smith K , Ireland J , Pesaran A . Fail-safe design for large capacity lithium-ion battery systems. J. Power Sources 2012, 210: 243–253.

［18］Chen W , Chen W T , Saif M , et al. Simultaneous fault isolation and estimation of lithium-ion batteries via synthesized design of luenberger and learning observers[J]. IEEE Transactions on Control Systems Technology, 2014, 22(1):290-298.

［19］Hwang J C , Chen J C , Pan J S , Huang Y C . Measurement method for online battery early faults precaution in uninterrupted power supply system[J]. IET Electr. Power Appl. 2011, 5: 267–274.

［20］Chen C , Xiong R , Shen W . A Lithium-Ion Battery-in-the-Loop Approach to Test and Validate Multiscale Dual H Infinity Filters for State-of-Charge and Capacity Estimation[J]. IEEE Transactions on Power Electronics, 2017, 33(1):332-342.

［21］He H , Xiong R , Peng J . Real-time estimation of battery state-of-charge with unscented Kalman filter and RTOS COS-II platform[J]. Applied Energy, 2015, 162, 1410–1418.

［22］Panchal S , McGrory J , Kong J , et al. Cycling degradation testing and analysis of a LiFePO4 battery at actual conditions[J]. Int. J. Energy Res. 2017, 41: 2565–2575.

［23］Yang H , Hassan S G , Wang L , et al. Fault diagnosis method for water quality monitoring and control equipment in aquaculture based on multiple SVM combined with D-S evidence theory[J]. Computers and Electronics in Agriculture, 2017, 141:96-108.

［24］Liu X. Research and Application of Intelligent Battery Fault Diagnosis System[J]. Master's Thesis, Beijing University of Posts and Telecommunications, Beijing, China, 2010.

［25］He S , Xiao L , Wang Y , et al . A novel fault diagnosis method based on optimal relevance vector machine[J]. Neurocomputing, 2017, 267, 651–663.

［26］You G W , Park S , Oh D . Real-time state-of-health estimation for electric vehicle batteries: A data-driven approach[J]. Applied Energy, 2016, 176, 92–103.

［27］Sun Y , Jou H , Wu J . Auxiliary diagnosis method for lead-acid battery health based on sample entropy. Energy Convers[J]. Energy Conversion and Management, 2009, 50, 2250–2256.

［28］Widodo A , Shim M C , Caesarendra W , et al. Intelligent prognostics for battery health monitoring based on sample entropy[J]. Expert Systems with Applications An International Journal, 2011, 38(9):11763-11769.

［29］Yu H S , Hurng L J , Jinn C W . Novel auxiliary diagnosis method for state-of-health of lead-acid battery[C]// International Conference on Power Electronics & Drive Systems. IEEE, 2007.

预警安全篇 | 基于容量增量特性的锂离子电池健康状态诊断与安全预警策略研究

◎姜 研 姜久春 高 洋 柳 杨*

* 姜研，博士，欣旺达电子股份有限公司，主要研究方向为锂离子电池状态估计、故障诊断和梯次利用技术；姜久春，教授、博士，欣旺达电子股份有限公司，主要研究方向为电力电子技术、微网技术、电动汽车充电机设计与优化、电动汽车电池管理技术及动力电池成组应用技术；高洋，博士，欣旺达电子股份有限公司，主要研究方向为锂离子电池建模、衰退机理分析和寿命评估、状态估计、故障诊断与安全预警；柳杨，博士，北京交通大学国家能源主动配电网技术研发中心，主要研究方向为锂离子电池故障诊断。

摘　要: 近年来新能源汽车着火事故时有发生,锂离子电池的性能与安全问题越来越受到社会的关注。针对由电池老化带来的电池故障,本文开展了锂离子电池健康状态诊断和安全预警策略研究。基于容量增量分析法,分别评估了磷酸铁锂电池和三元电池老化过程中健康状态的变化规律并量化分析了电池老化机制。面对电池健康状态不一致和容量跳水两个问题,分别提出了基于离群点检测的安全预警方法和基于老化机制分析的电池容量跳水识别方法,保障了电池组的使用安全。

关键词: 锂离子电池　健康状态　容量增量　容量跳水　安全预警

一　引言

随着汽车保有量的持续增长，传统燃油车辆的大规模应用引发了石油危机和环境污染等一系列问题。推广与应用新能源汽车成为解决上述一系列问题的重要途径，近年来电动汽车产业在世界各国都受到了广泛关注。我国将新能源汽车行业的发展提升到战略高度并制定了一系列有利于行业发展的政策。2015年9月，国务院印发的《中国制造2025》明确指出将"节能与新能源汽车"作为重点发展领域。相关统计结果显示，近五年来，我国的新能源汽车产量呈现高速增长的态势，产量从2014年的不足10万辆增长至2018年的127万辆。受益于相关政策的支持，我国已成为新能源汽车产销量的第一大国。国际能源署于2017年10月发布报告称，中国将引领新能源汽车的普及，欧洲、日本、美国等紧跟其后，到2022年中国的新能源汽车预计将超过700万辆，而全球新能源汽车数量将达2500万辆。

锂离子电池具有高电压平台、高能量密度、高功率密度、高转换效率、长寿命以及无污染等优点，成为新一代新能源汽车包括纯电动汽车、混合动力汽车以及插电式混合动力汽车的主要动力源，是未来动力电池的发展方向。但随着新能源汽车数量快速增长和规模化推广应用，近年来新能源汽车着火与爆炸事故时有发生，新能源汽车动力电池的性能与安全问题越来越受到社会的关注。表1总结了近几年新能源汽车着火事件，虽然电池着火、爆炸事故发生的概率小于10^{-6}，但是对处于孵化期的电动汽车产业来说，具有极大的破坏性，严重影响了电动汽车的快速发展。因此，锂离子动力电池健康状态的准确评估和安全预警日益成为国内外学者和工业界关注的焦点。

表1　2016年和2017年电动汽车安全事故		
时间	事故	原因
2016年1月	美国Tesla在挪威超级充电站起火	充电
2016年10月	比亚迪"E6"纯电动乘用车在太原起火	自燃
2017年2月	ModelX纯电动乘用车在广州起火	碰撞

		续表
时间	事故	原因
2017 年 3 月	ModelS PE 纯电动乘用车在上海起火	自燃
2017 年 5 月	众泰"云 100"纯电动乘用车在长沙起火	充电
2017 年 6 月	ModelX 纯电动乘用车在日照起火	碰撞

（一）电池健康状态评估研究现状

锂离子电池在使用环境和使用工况的偶合作用下发生老化，而电池的老化将导致电池储存能量、提供瞬间动力的能力下降直至寿命终止或电池失效。图 1 总结了电池老化应力、老化机理与老化模式。电池老化应力可总结为温度、SOC、充放电倍率、机械应力等，在多种外部因素耦合作用下，电池内部发生固体电解质界面（Solid Electrolyte Interface，SEI）膜增长/分解、电解液分解、电极材料断裂和集流体腐蚀等反应。按照损失机制的类别，可以将上述的电池老化机理分为锂离子损失 (loss of lithium inventory, LLI)、活性材料损失 (loss of active material, LAM) 和阻抗增长，相关材料的损失最终导致电池的可用容量与

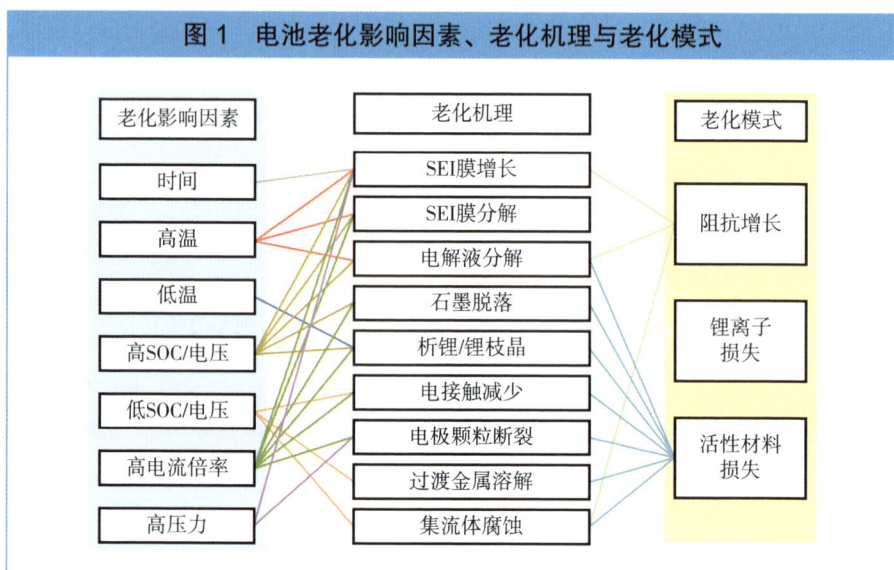

图 1　电池老化影响因素、老化机理与老化模式

功率的下降。

对于电池老化机制的分析，当前主要分为异位拆解和原位观测两大类。对电池进行物理拆解是分析电池老化机制的最直接、准确的方式，其中常用的对电池材料进行分析的设备有扫描电子显微镜、X 射线衍射仪、电感耦合等离子体发射光谱仪、射频辉光放电光谱仪和气相色谱仪等。Iturrondobeitia 等分析了三元（正极活性材料为镍钴锰三元材料，常缩写为 NCM）电池在 5℃、25℃、45℃和 60℃条件下的日历老化的老化机制，结果表明 NCM 电极的晶格参数发生了轻微的变化并发生了锂离子损失，与此同时，在石墨负极表面观察到金属锂析出，SEI 膜增厚。此外，研究还发现电池储存的温度与电池容量的衰减量表现出正相关关系。Rahe 等对比了 NCM 电池在循环老化前后正负极材料的变化。在正极一侧，观察到了正极材料颗粒断裂和正极集流体腐蚀；在负极一侧则发现 SEI 膜随着电池的老化不均匀增厚。Rauhala 等对比分析了磷酸铁锂电池低温与常温环境使用下老化机制的异同。在 25℃和 0℃下，由 SEI 膜增厚导致的锂离子损失是电池容量衰退的主要因素；而在 −18℃下，电池在 SEI 膜增厚的同时，负极出现了严重的析锂现象且部分负极材料的颗粒断裂。

虽然异位拆解法对电池老化机理的分析最直观、准确，但对电池的拆解分析将对电池造成不可修复的破坏，使得该方法只能在电池的老化过程中使用一次，并不能获得针对电池整个老化过程的连续性的分析结果。为了减少对电池的破坏，诸多学者采用了原位分析方法。

原位分析方法主要可分为基于电化学模型的分析法和基于开路电压（open circuit voltage, OCV）变化的分析法两类。锂离子电池的电化学模型是通过定量描述电池内部的电化学反应、离子的扩散和迁移、欧姆作用等物理化学过程，所建立用来描述电池外特性和电池内部参数之间相关关系的模型。由于电化学模型中模型参数具有实际的物理意义，因此在电池老化过程中通过分析模型参数的变化即可分析得出电池的老化机制。通常，与电池老化相关的电化学参数有嵌锂率、活性材料体积分数、正负极固相、液相扩散系数、SEI 膜阻和液相电导率等。20 世纪 90 年代中期，Doyle 等首先提出了锂离子电池的准二维机理模型（P2D 模型）。由于 P2D 模型形式复杂，诸多学者提出了 P2D 模型的简化方法。简化方法主要分为两类，第一类是忽略电池内部锂离子浓度分布和反映电流分布的不均匀性，简化得到锂离子电池的单粒子模型（single particle model,

SPM）；第二类是在某些特定条件下对模型中的偏微分方程进行降阶与重构。

在锂离子电池老化的过程中，电池容量衰减的同时也会造成电池开路电压的变化。基于此原理，Dubarry 和 Liaw 等人提出了基于容量增量分析法（Incremental Capacity Analysis，ICA）和差分电压分析法（Differential Voltage Analysis，DVA）的电池老化机理分析方法。ICA 和 DVA 的基本原理是锂离子电池的 SOC-OCV 曲线上的每一个电压平台都对应一个特定的电化学相变反应，将曲线进行微分后得到的容 IC 曲线（$dQ/dV\text{-}V$）和 DV 曲线（$dV/dQ\text{-}Q$），可以分别将平坦的电压平台转变为易辨识的 IC 曲线的峰和 DV 曲线的谷。电池老化后 OCV 的变化使得 IC 曲线上峰的高度、峰对应的面积和峰的位置等参数发生了改变，因此可通过分析曲线的变化规律来推断电池内部的老化机制。

（二）电池安全预警策略研究现状

目前，锂离子电池故障诊断与安全预警策略的相关研究主要分为基于模型和基于数据驱动两大类。

基于电池模型和实际测量数据的模型方法利用状态估计和参数估计方法来估计电池模型参数，从而实现故障的诊断和预警。Alavi 等人建立了关于锂离子电池内部锂离子传输速率的电化学模型，并采用粒子滤波算法来估计模型参数，通过将估计值与预先设定的边界条件相比较来判断电池内部是否发生了析锂。Feng 等人建立了关于电池内短路的电化学 - 热耦合模型，通过检测模型参数的变化对电池内部是否发生内短路进行诊断。Seo 等人则建立了关于电池内短路的等效电路模型，采用递归最小二乘法对模型中内短路电阻进行辨识，从而实现电池内短路的早期预警。针对并联电池模组常见的老化不一致故障和连接松动故障，Zhang 等人建立了并联电池等效电路模型，通过比较相邻并联电池模组的内阻值判断电池是否发生故障，进而通过计算电池在实际使用过程中波动的方差来分析并联电池模组内具体的故障模式。

使用基于数据驱动的电池故障诊断与安全预警方法，不需要建立准确的电池模型，而是通过直接分析电池管理系统测量到的数据对电池故障进行诊断并作出预警。对于正常的串联电池来说，其电流工况相同，因此电压的变化趋势是相似的。当个别电池内部发生内短路后，其电压曲线会与其余电池电压曲线的趋势不一致。基于此，Xia 等人提出了一种基于电压曲线相关性的电池内短路预警策略。电池发生内短路后，内部会出现微小的自放电现象，当自放电长时间积累后，会使电池的 SOC 产生差异。针对该过程，Kong 等人提出了一种电池内短路的诊断和定量分析方法。电池内短路后长时间的累积效应将反映在电池外特性参数的变化上。因此，Naha 等人提取了电池 SOC-OCV 曲线斜率、充放电能量差、内阻和恒压充电时间等参数作为评价电池故障的特征参数，通过比较特征参数测量值和预先设定的阈值，实现了电池内短路预警。电池发生热失控之前，其电压、温度和绝缘电阻等参数往往会表现出异常的波动。基于此，Wang 等人采用了熵的概念来描述电压和温度的波动特性，提出了基于近似熵和 Z-score 的电池安全预警策略，实现了电池热失控的提前预警。Hong 等人基于电动汽车向大数据平台上传的数据，建立了关于电池电压的长短时记忆神经网络模型，利用模型电压估计值和测量值的差异对电池是否发生故障进行判断。

（三）本文的主要研究内容

根据上述的研究现状可知，基于电池模型的方法虽然可以实现电池故障的精确诊断，但电池模型较为复杂，且故障诊断与安全预警策略的精度受模型精度影响；基于数据驱动的方法虽然能够识别出故障，但不能从机理上解释故障发生的原因。虽然国内外学者在电池安全预警策略方面做了大量的研究工作，但当前的研究对象多为人为制造故障的电池（如人为制造外短路等），而忽略了电池老化带来的潜在故障。因此，当前针对电池健康状态的评估和安全预警策略的研究普遍相对独立，健康状态的诊断不能为安全预警策略的制定提供有效指导。

为此，本文从电池健康状态诊断出发，分别研究了当前电动汽车上使用率较高的磷酸铁锂电池和三元电池在使用过程中健康状态的演变规律，基于健康状态变化的特点，分析电池老化带来的潜在的故障模式，进而提出相应的电池安全预警策略，以指导电池组的安全运行。

二 磷酸铁锂电池健康状态诊断

（一）容量增量分析法

容量增量 (incremental capacity, IC) 分析法作为一种原位非破坏性的分析方法，近年来被广泛地应用于锂离子电池老化的机理分析中。容量增量分析法的基本原理是将锂离子电池常用的端电压 (V)- 充放电容量 (Q) 曲线进行微分，来获得容量增量和端电压的关系。其定义可由 (1) 表示。

$$IC = \frac{\mathrm{d}Q}{\mathrm{d}V} \tag{1}$$

容量增量分析法最重要的一个优势就是将电池 V-Q 曲线上长且平坦的电压平台转变为易辨识的容量增量峰。因此，在容量增量曲线上可以观察到 V-Q 曲线的微小变化并有助于对电池老化机理的识别。

磷酸铁锂电池单体的充电曲线和 IC 曲线如图 2 所示。在磷酸铁锂电池整个充电过程中，在电池正极发生 $LiFePO_4$-$FePO_4$ 的相变反应。与此同时，在电池负极先后发生 5 个相变反应（⑤ - ①峰分别对应 C_6-LiC_{72}, LiC_{72}-LiC_{36}, LiC_{36}-

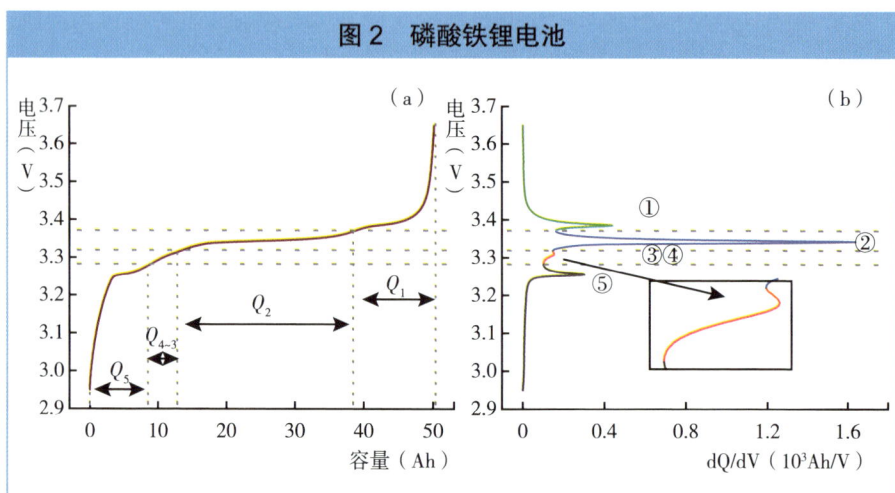

图 2 磷酸铁锂电池

注：(a) 充电曲线，(b) IC 曲线。

LiC$_{18}$, LiC$_{18}$-LiC$_{12}$ 和 LiC$_{12}$-LiC$_6$）。因此，在电池的充电曲线上显示出 5 个电压平台而在容量增量曲线中则显示出 5 个容量增量峰。由于④峰和③峰的强度较弱，只有当电流倍率较小时（1/20C）才能显示出来，在多数情况下，④峰和③峰重合在一起。在 IC 曲线上，由于每个峰都对应着不同的电化学反应，因此每个峰都有其特有的形状、高度和位置。

（二）实验设计

磷酸铁锂电池和三元电池相比，热稳定性高，发生故障甚至热失控的概率相对较小。而随着电池的老化，其热稳定性逐渐降低，内部发生故障的概率逐渐变大。为了探究磷酸铁锂电池可能发生的故障，本文选取了 6 块已经老化到一定程度的磷酸铁锂电池作为实验对象，设计并开展单体再循环测试。所测试的电池额定容量为 60Ah，6 块电池进行测试前的容量如表 2 所示。测试过程中将电池分为 3 组，每组 2 块电池（见表 3）。循环测试的 3 种工况的电压和电流相应曲线如图 3 所示，在工况 #1 和工况 #2 中，充电与放电过程的电流倍率较大，但在每次循环中，大电流倍率的充放电时间都很短。工况 #1 和工况 #2 相比较，有两点不同之处。第一，在工况 #1 中，最大充放电电流倍率达到 2C。而在工况 #2 中，为了避免大充放电倍率对电池造成的容量快速衰退，将最大充放电电流降为 1.5C。第二点，每个循环过程中充放电的持续时间。由于工况 #1 中充放电倍率较大，因此工况 #1 中单次循环的充放电时间均为 3 分钟，工况 #2 中充放电倍率较小，单次循环的充放电时间设定为 12 分钟。工况 #3 与前两种工况相比，其最大充放电倍率更低，但 SOC 区间更大，单次循环时间更长。在工况 #3 中，为了减小较大放电倍率对电池容量衰退的影响，放电倍率减为充电倍率的一半。三个工况的详细说明如表 3 所示。在工况 #1 和工况 #2 中，其 SOC 循环区间较窄，电池 SOC 的循环区间的中值约为 50%。而在工况 #3 中，其 SOC 循环区间为 30%~90%。6 块电池每循环 10 天进行一次性能测试。电池在循环测试中，若其电压达到电池单体电压的上下限（分别为 3.65V 和 2.5V），则认为电池已不能满足该工况的功率 / 能量需求，进而终止相对应工况的循环测试。

表2　所选择的6块电池单体再循环实验前容量　　单位：Ah

编号	B1	B2	B3	B4	B5	B6
容量	49.20	48.82	48.78	50.50	50.60	50.68

在6块电池进行再循环测试过程中，为了定量地掌握电池性能在电池循环过程中的变化情况，每隔10天对电池进行一次性能测试。性能测试包括电池的容量测试与内阻测试。其中，容量测试采用0.1C恒流充放电方式，对电池进行满充满放3个循环，将第三次充电过程的充电容量记为电池的可用容量。为了获得电池内阻的变化，以电池容量测试中第三次恒流放电的数据为基础，计算电池在100%SOC下放电内阻，电池的欧姆内阻和极化内阻分别如公式(2)和(3)所示，其中，U_{OCV}、U_{1s} 和 U_{10s} 分别表示电池的开路电压、放电1s和10s时刻的端电压。

$$R_o = \frac{U_{ocv} - U_{1s}}{I_d} \tag{2}$$

$$R_P = \frac{(U_{1s} - U_{10s})}{I_d} \tag{3}$$

表3　三种工况的详细说明

工况编号	#1	#2	#3
电池标号	B1, B2	B3, B4	B5, B6
SOC 循环区间	48.3%~55%	36.7%~60%	30%~90%
SOC 中值	51.65	48.35	60
充电倍率	1C/2C	1C/1.5C	0.5C
放电倍率	1C/2C	1C/1.5C	1C
每次循环时间	6 min	24 min	252 min
每次循环 Ah 吞吐量	6 Ah	21.46 Ah	134.4 Ah
性能测试周期	2400 循环(10天)	600 循环(10天)	60 循环(10.5天)

图 3　电压电流响应曲线

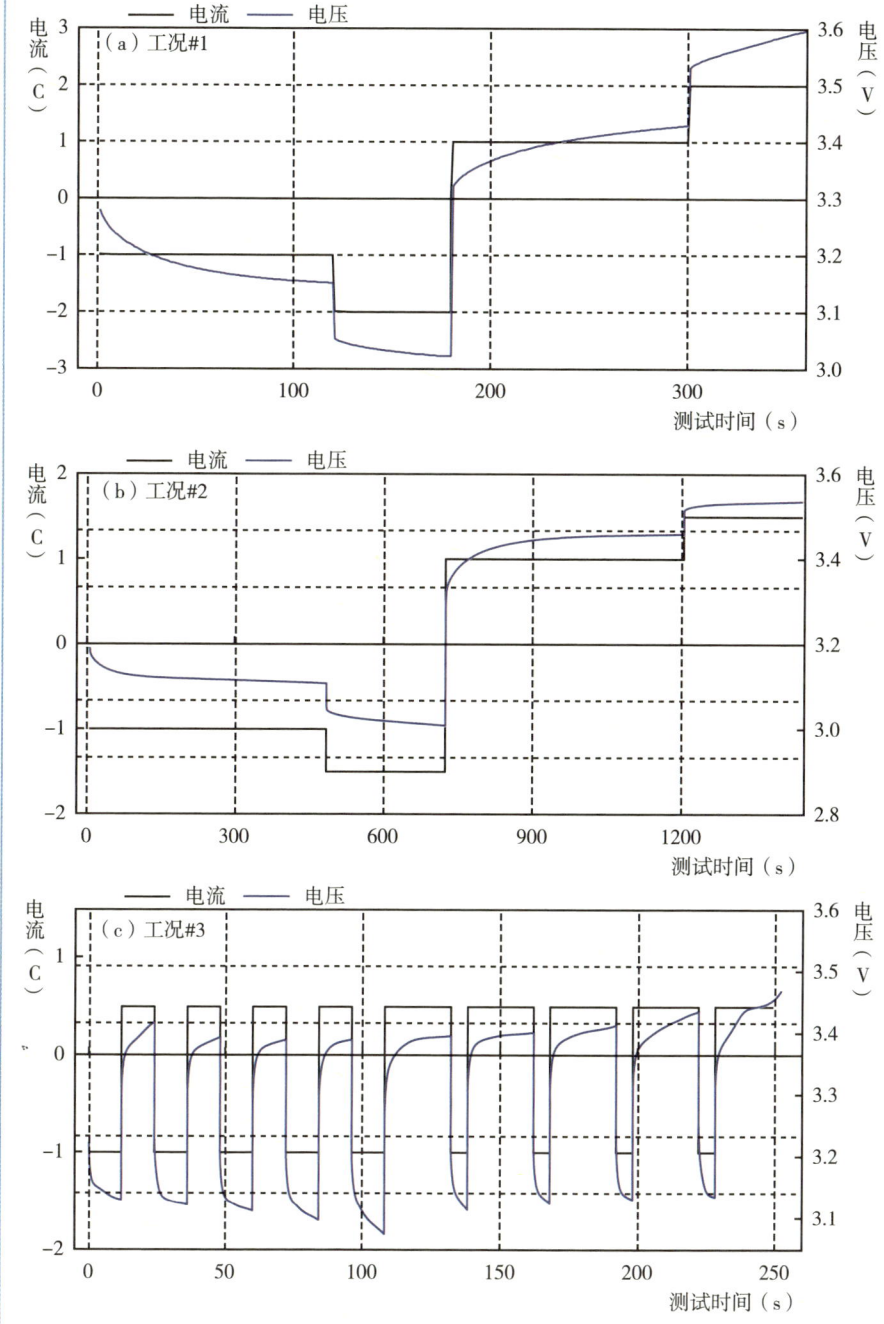

（三）测试结果分析

图 4 显示了 6 块电池在再循环测试中归一化容量随等效循环次数的演变规律。3 种工况下对应的电池分别进行了 670 次、2243 次和 1342 次等效循环。所有电池在循环过程中容量都近似呈现线性衰退，6 块电池的容量都已衰退到其额定容量的 70% 左右，仍未出现容量加速衰减的拐点，表明磷酸铁锂电池具有较好的循环寿命。对于同一工况下进行循环测试的两块电池，显示出了几乎相同的容量衰退速率（6 块电池的容量衰退速率分别为：1.00 Ah/100 次循环，0.99 Ah/100 次循环，0.41 Ah/100 次循环，0.38 Ah/100 次循环，0.60 Ah/100 次循环，0.59 Ah/100 次循环）。在工况 #1 下，电池 B1 和 B2 显示出较高的容量衰退速率，在经过 670 次循环后，电池的端电压在循环过程中达到电池单体电压的上下限，因此认为该电池已不能满足该工况的能量与功率需求，达到寿命终止的条件。

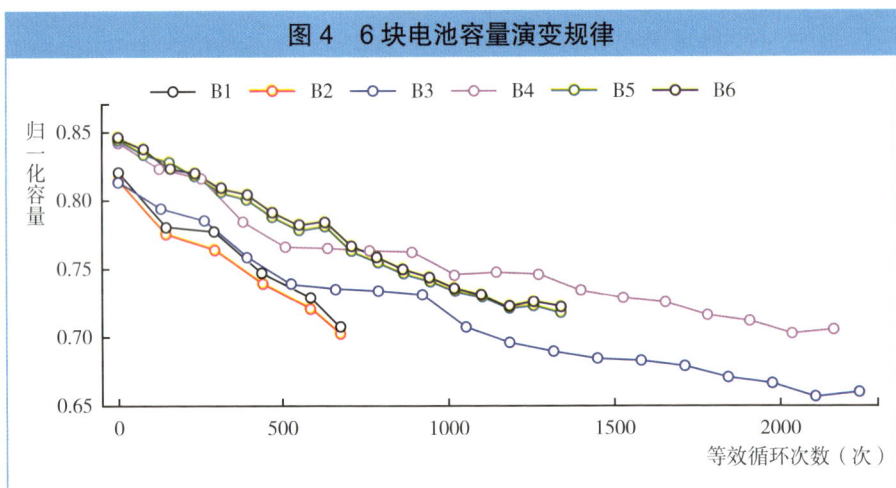

图 4　6 块电池容量演变规律

6 块电池在再循环过程中欧姆内阻 R_o、极化内阻 R_p 以及欧姆内阻与极化内阻之和 R_o+R_p 的演变规律分别如图 5 (a)~(f) 所示。对于所有电池，R_p 在整个循环测试过程中几乎没有变化，表明 R_p 受电池老化的影响较小。在每一个子图中，R_o 和 R_o+R_p 都具有相似的变化趋势，但在不同工况下进行循环测试的电池，

图 5　电池内阻在再循环过程中的演变规律

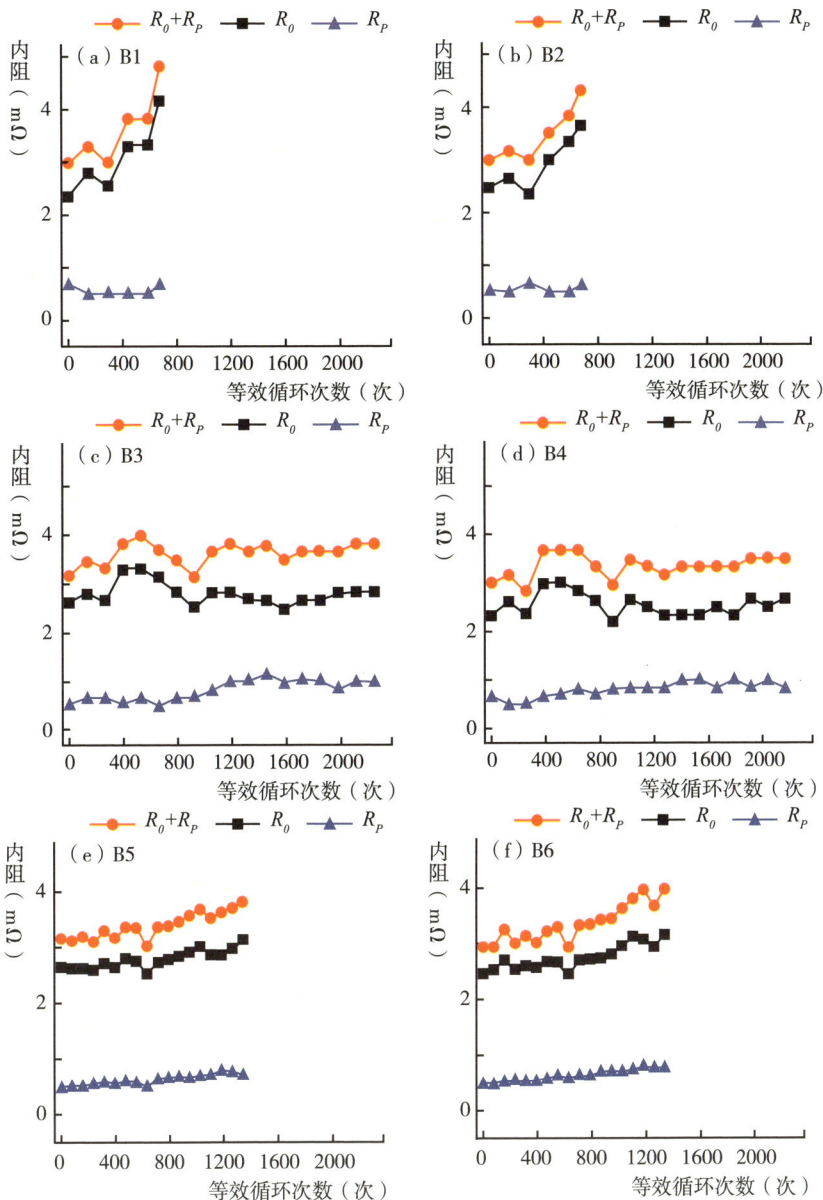

其展现出的规律有所不同。对于电池 B1 和 B2，其欧姆内阻 R_o 在不到 700 次循环的过程中增长了 60%（从 2.5 mΩ 增长为 4 mΩ）。对于电池 B3 和 B4，其欧姆内阻在整个循环测试中几乎没有变化。电池 B5 和 B6 的欧姆内阻在循环过程中也显示出一定的增长，但内阻增长速率较慢，在 1300 次的循环过程中，内阻增长约 20%（从 2.6 mΩ 增长至 3.1 mΩ）。

（四）容量增量曲线变化规律

图 6 显示了 6 块电池 IC 曲线在 0.1C 恒流充电条件下随电池老化的演变规律，其中黑色曲线为 6 块电池在循环测试前的 IC 曲线。6 块电池在再循环测试的过程中，在不同工况下测试的电池其容量增量曲线表现出来的规律有所不同。从容量增量曲线上的峰的高度和位置来看，电池 B1 和 B2 在整个循环过程中，⑤峰、②峰和①峰三个峰的高度同时降低，且峰的位置（对应的电压）逐渐向右移动。对于电池 B3 和 B4，在 Cycle 0-Cycle 923 的过程中，三个峰的高度同时降低，但峰的位置基本没有变化；在 Cycle 923-Cycle 2111 的过程中，三个峰的高度在降低的同时，峰的位置也向右移动。对于电池 B5 和 B6，在 Cycle 0-Cycle 631 的过程中，仅①峰的高度有所降低，而⑤峰和②峰的高度没有变化。此外，三个峰的位置没有向右偏移。在 Cycle 631- Cycle1183 的过程中，⑤峰、②峰和①峰三个峰的高度同时降低，且峰的位置向右移动。

6 块电池容量增量曲线上⑤峰、②峰、①峰以及⑤ ~ ②峰的峰面积分别用 Q_5、Q_2、Q_1 和 Q_{5-2} 表示，其在老化过程中的演变规律如图 7 所示。对于电池 B1 和 B2，各个峰面积随着循环次数的增加呈现近似线性衰减的趋势，且衰减速率几乎相同。对于电池 B3~B6，4 块电池的 Q_{5-2}、Q_2 和 Q_5 都随着循环次数的增加而降低，且 Q_{5-2} 和 Q_2 具有几乎相同的衰减速率。4 块电池容量增量曲线的①峰面积 Q_1 在所有曲线中显示出最快的衰退速率，但对于电池 B3 和 B4，Q_1 衰退到其循环前容量的 70%~80% 时，Q_1 便不再随着循环次数的增加而衰减。

图6　6块电池容量增量曲线在0.1C恒流充电条件下随电池老化的演变规律

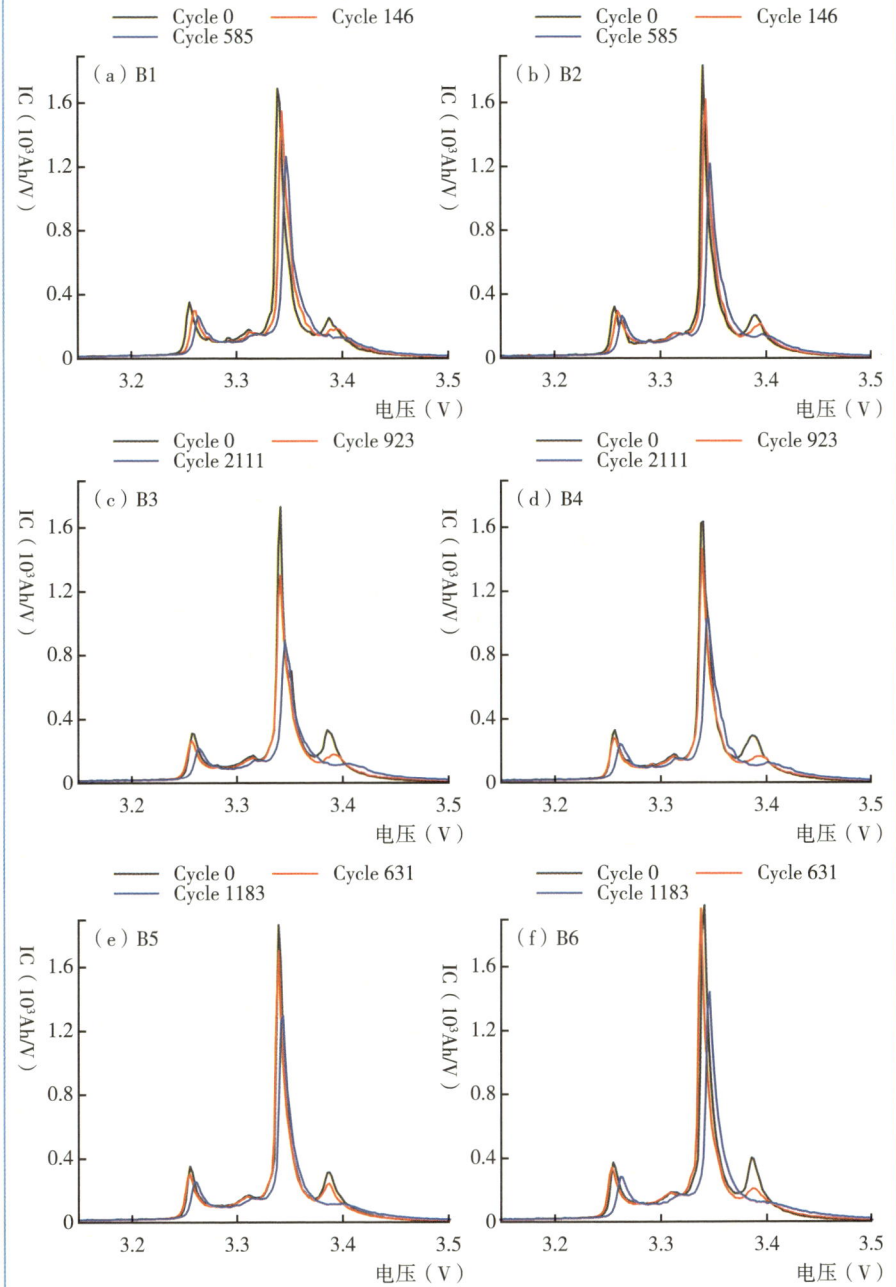

图7　6块电池容量增量曲线上的峰面积在0.1C恒流充电条件下随电池老化的演变规律

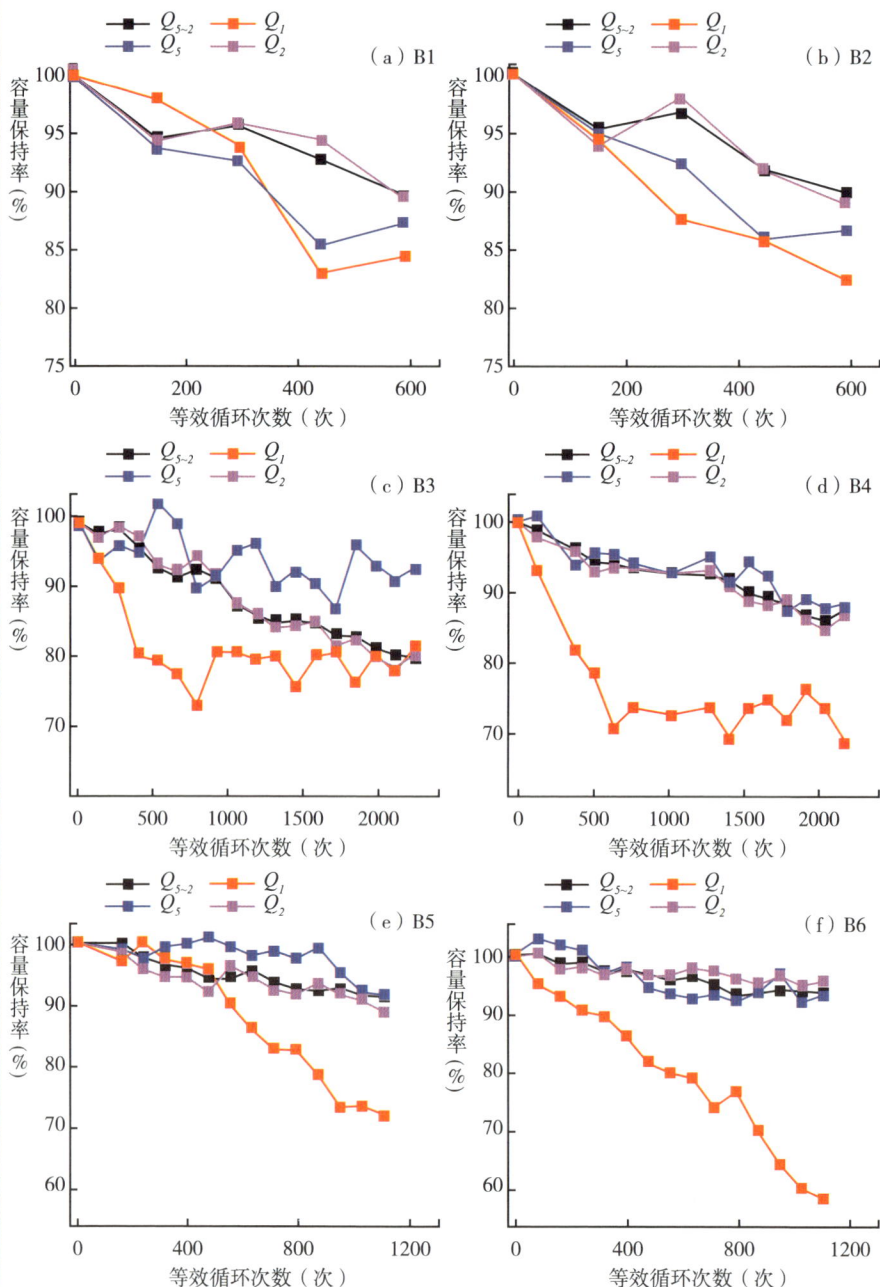

（五）不同老化模式对容量增量曲线的影响

根据大量文献的报道，尽管锂离子电池的材料体系可分为磷酸铁锂、锰酸锂、三元和钛酸锂等，但锂离子电池的容量衰退机理可分为两大类，即锂离子损失（Loss of Lithium Inventory, LLI）和活性材料损失（Loss of Active Material, LAM）。而根据活性材料发生时受影响的电极，活性材料损失又可以分为两类，即正极（Positive Electrode，PE）活性材料（LAM_{PE}）损失和负极（Negative Electrode, NE）活性材料损失（LAM_{NE}）。

上文所述的每一种磷酸铁锂电池的老化机理，都对电池有着特定的影响。为了分析不同老化机理对电池的影响，Dubarry 等人提出并建立了一种基于半电池曲线的锂离子电池健康状态诊断方法：将电池的全电池充电曲线转化为正极充电曲线与负极充电曲线的叠加，其表示方法如公式（4）所示。

$$V_{cell} = V_{PE} - V_{NE} \tag{4}$$

其中 V_{PE}、V_{NE} 和 V_{cell} 分别表示正极电势、负极电势和电池的开路电压。通过分析不同老化模式下正 / 负极充电曲线的变化，可实现电池在不同老化模式下充电曲线的模拟，进而实现电池健康状态的诊断。因此，本文借助文献中公开的磷酸铁锂电池半电池曲线数据，首先定性地分析不同老化机理对电池充电曲线的影响及其变化规律。在掌握充电曲线变化规律的基础上，结合本文中所述测试数据，分析和比较 6 块电池在不同循环工况下的老化机理及其差异性。

磷酸铁锂电池发生锂离子损失时正负极曲线的演变规律如图 8(a) 所示。在充电过程中，锂离子从正极迁移到负极并嵌入石墨当中。由于充电过程中正极释放锂离子，电池内部发生锂离子损失后，在充电过程结束时，正极的状态不发生改变。同样地，在放电过程中，锂离子从负极脱嵌并回到正极，放电过程结束时，负极的状态不发生改变。因此可循环锂离子的损失将会造成正极曲线与负极曲线间的偏移量增加，负极曲线向右偏移。在锂离子损失发生后，在充电结束时刻，更少的锂离子嵌入石墨当中，锂离子的不足导致嵌入石墨过程中的某些电化学反应不能完成或完成不彻底。从图 8(a) 中可以看出，随着锂离子

图8 磷酸铁锂电池发生 (a) 锂离子损失 (LLI) (b) 正极材料损失 (LAMPE) (c) 负极材料损失 (LAMNE) 时正负极曲线演变规律

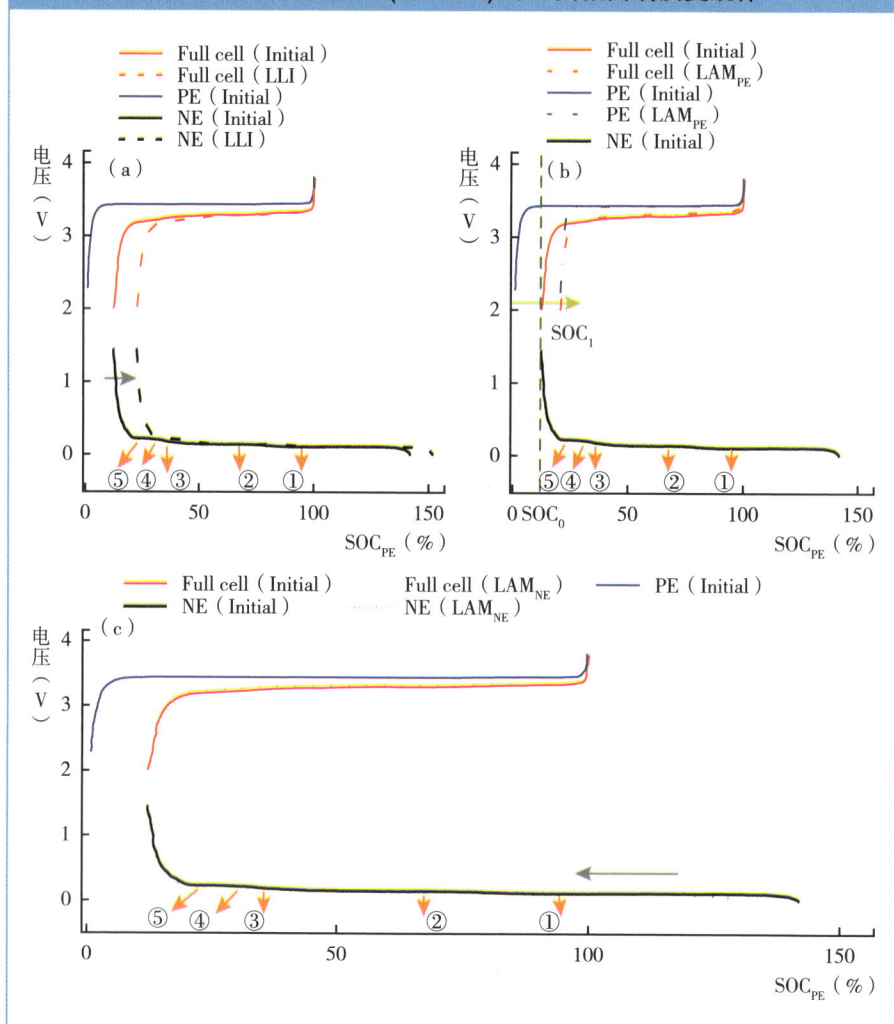

的损失，负极曲线相对于正极曲线逐渐向右移动。因此，当少量锂离子损失发生时，仅会导致①峰相对应的电化学反应 (LiC_{12}-LiC_6) 不能彻底完成，①峰峰值和峰面积逐渐降低，而⑤峰 - ②峰对应的电化学反应 (C_6-LiC_{12}) 则不受影响。当锂离子继续损失时，正负极曲线间的偏移量继续增大。而此时，锂离子的不足将导致无法彻底完成②峰对应的电化学反应 (LiC_{18}-LiC_{12})，导致②峰的面积及其峰值逐渐降低。由此可见，当发生锂离子损失时，①峰 - ⑤峰将依次受到影响。

磷酸铁锂电池发生正极活性材料损失时正负极曲线的演变规律如图 8(b) 所示。在充电结束时，正极处于完全脱锂的状态，此时正极的状态不会因发生正极活性材料的损失而改变。在放电结束时，正极处于完全嵌锂状态，由于正极活性材料的损失，正极 SOC 变高，且正负极曲线的偏移量发生变化。需要指出的是，随着正极活性材料损失的逐渐增多，正极活性材料损失对电池容量增量曲线的影响可以分为两个阶段。首先将负极曲线上在充电初始时刻对应的 SOC 表示为 SOC_0，正极曲线上在充电初始时刻对应的 SOC 表示为 SOC_1。在第一个阶段中，当 $SOC_1 < SOC_0$ 时，全电池曲线在充电初始时刻对应的 SOC 依然为 SOC_0，因此正负极曲线间偏移量的变化不会影响电池容量增量曲线的形状。而在第二个阶段中，当 $SOC_1 > SOC_0$ 时，全电池在充电初始时刻对应的 SOC 由 SOC_0 变为 SOC_1，而此时电池的容量增量曲线将受到影响。在正极充电初始时刻对应的 SOC 逐渐向右偏移的过程中，⑤峰首先受到影响，其峰对应的容量和峰值都逐渐降低，当⑤峰消失后，④峰 - ①峰对应的容量及峰值将依次逐渐降低。

磷酸铁锂电池负极发生活性材料损失时正负极曲线的演变规律如图 8(c) 所示。在充电过程结束时刻，正极处于完全脱锂状态，由于负极活性材料减少，但接受的锂离子数量不变，因此负极 SOC 会随着负极活性材料的损失而降低。而在放电结束时，负极处于完全脱锂状态，此时负极状态与负极活性材料损失前相同，因此，正负极曲线间的偏移量保持不变。需要指出的是，在锂离子电池中，负极容量与正极容量的配比往往远大于 1，因此当发生少量的负极材料损失时，电池的容量将保持不变。由上文的分析可知，⑤峰 - ②峰的整个过程对应的容量占负极可用容量的 50%，且每个峰都对应着一个特定的发生在电池内部的电化学反应，因此，当发生负极材料损失时，可参与发生⑤峰 - ②峰相对应的电化学反应的负极材料的数量减少，电池容量增量曲线上⑤峰 - ②峰的四个峰对应的容量及其峰值都将等比例地减小。但与此同时，由于电池的总容量不发生变化，将有更多的锂离子参与到与①峰相关的电化学反应当中，因此电池容量增量曲线上的①峰对应的峰值将会变大，且①峰对应峰面积增加量与⑤峰 - ②峰对应峰面积的减小量相等。

（六）电池老化机理分析及老化差异性比较

由上文的分析可知，只有电池内部发生锂离子损失时，容量增量曲线上①峰的面积才会降低。在图 7 中，除电池 B3 和 B4 外，4 块电池容量增量曲线上①峰的面积 Q_1 都随着等效循环次数的增加而降低，但与此同时，其余几个峰对应的面积也随着循环次数的增加而降低。因此，单纯锂离子的损失并不能解释容量增量曲线的变化。由上文的分析可知，正极材料的损失对电池容量增量曲线的影响可分为两个阶段。在第一个阶段中，容量增量曲线不发生任何变化，而当正极材料的损失处于第二个阶段中时，⑤峰 - ①峰依次受到影响，峰面积降低。当发生负极材料损失时，⑤峰 - ②峰对应的面积同时降低。因此仅从电池容量增量曲线上峰面积的变化趋势来看，电池的老化机理可能的组合为：'LLI+ LAM$_{NE}$' 或 'LLI+ LAM$_{NE}$+ LAM$_{PE}$'。若电池内部同时发生 LAM$_{PE}$ 和 LAM$_{NE}$，且 LAM$_{PE}$ 发生在如图 8(b) 所示的第二阶段，则 LAM$_{NE}$ 的发生将导致⑤ - ②峰对应的峰面积等比例下降，与此同时，LAM$_{PE}$ 的发生将单独导致⑤峰对应峰面积的降低。在两类老化机理的共同作用下，则⑤峰对应的峰面积降低的速率远大于④峰、③峰和②峰。但在图 7 (a)-(b)，(e)-(f) 中，Q_5，Q_2 与 Q_{5-2} 的变化速率几乎相同，特别是 Q_{5-2}、Q_2 两条曲线在变化趋势上保持高度的一致性，说明⑤峰和②峰对应的峰面积在等比例地下降，因此排除了 LAM$_{PE}$ 发生的可能性。若 LAM$_{PE}$ 发生在如图 8(b) 所示的第一阶段，则可从图 8(b) 中看出 LAM$_{PE}$ 的发生仅改变了正负极曲线间的偏移量，但全电池的曲线不受影响，也不会造成电池容量的损失。因此，从容量增量曲线的变化规律中只能分析出电池容量的损失不是由 LAM$_{PE}$ 导致的，但不能判断出在整个循环过程中是否发生了 LAM$_{PE}$。在 4 块电池老化的过程中，LLI 和 LAM$_{NE}$ 的比例可由容量增量曲线上各个峰面积的变化规律定量地计算得出。可用锂离子的损失直接导致了电池容量的衰减，因此，锂离子损失的数量即为电池容量的变化量。此外，由于 Q_{5-2} 占负极可用容量的 50%，电池在老化过程中的 LAM$_{NE}$ 可由 Q_{5-2} 的变化计算得到。以电池 B1 为例，整个循环过程中电池容量由 49.19Ah 减小至 43.71Ah，Q_{5-2} 由 40.64Ah 减小至 36.49Ah，由此可推算出负极材料的损失为 8.3Ah，锂离子损失为 5.48Ah。

对于电池 B3 和 B4 来说，在 700 次循环之前，其容量增量曲线中各个峰面积的变化规律与其余 4 个电池相同，因此可以认为这两块电池与其余四块电池具有相同的老化机理。在 700 次循环后，Q_1 不再随循环次数的增长而减小，说明此时电池内部没有足够的锂离子来完成①峰对应的电化学反应，电池内部锂离子的损失将开始影响容量增量曲线的②峰。图 9 显示了电池 B3 和 B4 容量增

图 9　电池 B3 和 B4 容量增量曲线上 Q1 和 Q2 随电池容量衰退的演变规律

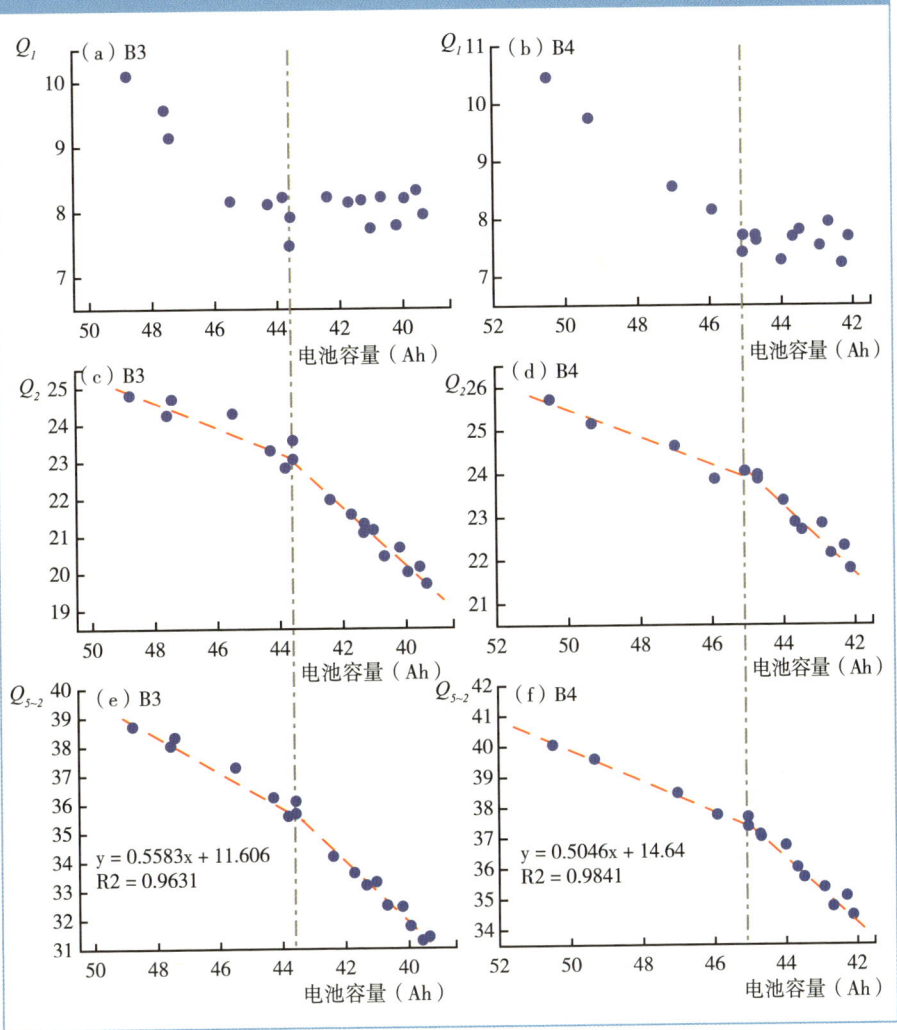

量曲线上 Q_1、Q_2 和 Q_{5-2} 随电池容量衰退的演变规律，可以看出当电池 B3 和 B4 的容量分别衰退到 43.5Ah 和 45Ah 之前，Q_1、Q_2 和 Q_{5-2} 都随着电池容量的衰减呈现线性衰减的规律。当 B3 和 B4 的容量分别小于 43.5Ah 和 45Ah 后，Q_1 不再随着容量的衰退而继续降低，而此时 Q_2 和 Q_{5-2} 的衰退速率加快。这是因为与 Q_2 降低相对应的电池的老化机理由 LLI 变为 "LLI + LAM$_{NE}$"，LLI 开始影响电池容量增量曲线的②峰，造成其对应面积加速衰退。因此，在这一情况下，Q_{5-2} 的变化不再适用于确定电池负极材料的损失。为了估计电池在整个循环过程中负极材料的损失，以 Q_{5-2} 加速衰退前的数据为基础，采用线性回归方法建立 Q_{5-2} 关于电池容量的衰退模型，可计算出整个循环过程中由 LAM_{NE} 导致的 Q_{5-2} 的变化，进而由 Q_{5-2} 与负极容量的对应关系，可推算出整个循环过程中的 LAM_{NE}。

表4 6块电池循环测试过程中 LLI 和 LAM_{NE} 的总结

电池编号	LLI (Ah)	LAM_{NE}(Ah)	LLI:LAM_{NE}
B1	5.48	8.30	0.66:1
B2	5.63	7.90	0.71:1
B3	9.21	10.28	0.90:1
B4	8.20	8.27	0.99:1
B5	6.41	6.94	0.92:1
B6	6.89	5.10	1.35:1

表4总结了6块电池循环测试过程中锂离子损失和负极材料损失。电池 B1 和 B2 具有最低的 LLI:LAM_{NE}，说明电池内部在发生锂离子损失的同时，伴随着高比例的负极材料损失的发生。结合电池容量衰退的演变规律，可以发现在工况 #1 下大倍率充放电电流的冲击不仅使电池容量衰退速率最快，也造成了负极材料损失的比例最高。与 B1 和 B2 相比，其余4块电池中负极材料损失的比例明显降低。对于电池 B5 和 B6，尽管两块电池的初始容量和容量损失速率相近，但两块电池的 LLI:LAM_{NE} 却显示出较大的差异，分别为 0.92:1 和 1.35:1。电池材料损失的差异可能是由电池在循环前本身的状态不同导致的。对同一工况下进行测试的两块电池进行对比可以发现，虽然电池经历的工况相同，但电池的老化机制却存在差异，电池的健康状态也不相同。因此，在电池成组使用过程中，需要注意电池老化机制不同带来的差异，以防止潜在故障的发生。

（七） 小结

本文针对磷酸铁锂电池开展了循环寿命测试，磷酸铁锂电池显示出较好的循环特性，其在老化过程中并未出现容量加速衰退的拐点。利用容量增量分析法分析了电池的老化机制并量化分析了老化过程中出现的锂离子损失和活性材料损失。结果表明电池 B1 和 B2 具有最低的 $LLI:LAM_{NE}$，说明电池内阻在发生锂离子损失的同时，伴随着高比例的负极材料损失的发生。结合电池容量衰退规律，表明电池 B1 和 B2 不仅容量衰退速率快，且负极材料损失的比例高。其余 4 块电池的 $LLI:LAM_{NE}$ 比例明显增大。电池 B3 和 B4 的 $LLI:LAM_{NE}$ 比例约为 1:1。而电池 B5 和 B6 的 $LLI:LAM_{NE}$ 比例出现较大的差异。磷酸铁锂电池的测试结果表明，在不同工况下电池的老化机制不一致，而经历相同工况的电池的老化机制也有所不同。因此，在电池组使用过程中，需注意由电池老化机制和健康状态不同可能带来的故障。

三　三元电池健康状态诊断

虽然新能源汽车发展前景广阔，但 2018 年全国新能源汽车保有量仅占汽车总量的 1.09%，推广新能源汽车仍然任重而道远。长期以来，相比于燃油汽车的长续驶里程和加油的便利性，里程焦虑和充电不便（包括充电桩较少和充电耗时过长）一直是阻碍消费者购买电动汽车的主要原因。科技部发布的《"新能源汽车"重点专项 2018 年度项目申报指南》中明确指出，新能源乘用车动力电池系统的比能量需大于等于 210Wh/kg，循环寿命大于等于 1200 次（80% 放电深度），快速充电至 80% 以上 SOC 所需时间小于等于 1h。面对市场对电动汽车高续驶里程的迫切需求，电池汽车生产厂商普遍采用三元电池作为车辆的动力来源，目前较成熟的方法是通过提高三元材料中的镍含量来提高其能量密度，但高镍含量势必会导致电池的安全性和稳定性下降，电池的循环寿命变差，使用过程中容量可能出现加速老化甚至断崖式下降，引发安全问题。面对上述问题，在期待进一步改进材料性能、提高电池生产制造工艺从而从本质上彻底解决这些问题的同时，对电池管理技术也提出了更高的要求，实现动力电池系统的耐久性管理迫在眉睫。因此，本文针对三元电池使用过程中可能出现的容量加速衰退现象，设计并开展了三元电池的老化实验，对三元电池容量加速衰退的机制进行分析。

（一）三元电池容量增量曲线

三元电池（LNMCO）单体的充电曲线和 IC 曲线如图 10 所示。在整个充电过程中，正极的反应过程主要为镍离子（Ni^+）由二价离子（Ni^{2+}）转化为三价离子（Ni^{3+}），和三价离子（Ni^{3+}）转化为四价离子（Ni^{4+}）这两个反应；而负极反应过程为石墨（碳）的五个状态之间的四次相变（C_6-LiC_{72}, LiC_{72}-LiC_{36}, LiC_{36}-LiC_{18}, LiC_{18}-LiC_{12} 和 LiC_{12}-LiC_6）。图 10（a）中多个电压平台的出现是电池正负极不同反应相互叠加的结果，而图 10（b）中每个 IC 峰分别对应了图 10（a）中不同的电压平台。

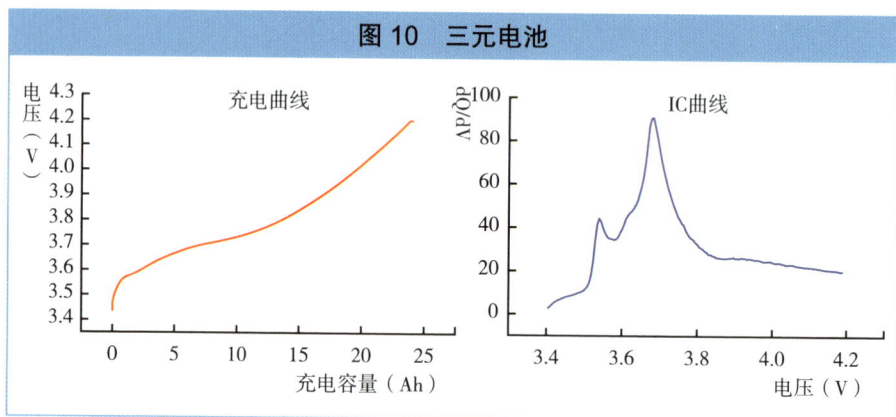

图 10　三元电池

（二）实验设计

首先，低温大电流倍率充电和过充电条件下，负极析锂导致电池容量急剧衰退，多篇文献对这一现象已经进行了详细描述。因此，本文在设计诱发电池容量跳水的充放电循环试验时，不再关注低温充电和过充电，而把研究目标聚焦于常规充放电条件下电池正常衰退一段时间后的突发容量跳水机制。为覆盖更多的容量跳水诱因，本文设计了 6 组不同充放电应力条件下的电池循环寿命测试，具体测试条件如表 5 所示。

循环条件 I 和 II 的温度和放电倍率一致，而充电倍率分别设置为 1C 和 0.5C，用于研究充电倍率对电池容量跳水的影响。循环条件 I、III、IV 的温度和充电倍率一致，但放电倍率分别设置为 1C、1.5C 和 2C，用于研究放电倍率对容量跳水的影响。循环条件 I、V、VI 的充电倍率和放电倍率都相等，但循环温度分别设置为 25℃、35℃和 45℃，用于研究温度对容量跳水的影响。本文的研究对象是额定容量为 36Ah 的能量型软包三元电池。生产厂家给出的电池可承受的最大充电倍率是 1C。在设计试验时，为了使电池尽可能早地出现容量跳水，5组循环条件的充电电流都设置为电池可承受的最大充电电流 1C，同时也设置了一组以 0.5C 为充电电流的对照实验。

表 5　电池容量跳水试验设计

循环条件	温度	充电倍率	放电倍率
I	25℃	1C	1C
II	25℃	0.5C	1C
III	25℃	1C	1.5C
IV	25℃	1C	2C
V	35℃	1C	1C
VI	45℃	1C	1C

每组循环条件测试 2 块样本电池，总共需要 12 块样本电池。在电池循环过程中，充电制式为恒流恒压充电，恒流充电截止电压为 4.2V，其后恒压充电过程充电电流降至 0.05C 后停止，放电制式为恒流放电，放电截止电压为 3V，此外，在充放电转换之间电池需静置 2 分钟。循环测试过程中电池放置于温箱中，以保证恒定的环境温度。

在进行充放电循环测试之前，需对同一批次电池进行初始性能测试，从中筛选出 12 个一致性较好的电池并随机分成六组以进行不同应力条件下的循环测试。当电池每完成 100 次循环后，需要对其进行性能标定实验。首先进行 3 次1/3C 倍率下的恒流充放电循环，以最后一次循环的放电容量作为电池的额定容量。1/3C 是本文所用电池的生产厂家推荐的额定容量测试时的标准电流倍率。接下来进行 0.05C 倍率下的恒流充放电测试，电池在 0.05C 下的容量近似认为是其最大可用容量，同时，电池在 0.05C 下的容量－电压曲线可以用于计算其OCV-SOC 曲线以及 IC 曲线，进而分析电池的老化机理。最后，以 1/3C 倍率把电池充电至 50% SOC 并静置 1 小时后，进行 HPPC 测试以获取电池的内阻信息。

性能测试全都是在 25℃ 的温箱中进行的，对于在 35℃ 和 45℃ 下进行循环的电池，在进行性能测试之前需要在 25℃ 的环境中进行长时间的静置以保证电池内外温度与环境温度保持一致。

（三）测试结果分析

图 11（a）和（b）比较了电池在不同温度下（25℃、35℃ 和 45℃）循环时的容量衰退曲线。电池的老化过程可以分为两个阶段，首先为容量正常衰退阶段，其次为容量跳水阶段。在正常衰退阶段，电池容量随着循环次数增加近似按照线性规律衰退。正常衰退阶段过后，电池进入容量跳水阶段，老化速度急剧加快，容量快速衰退到 80% 额定容量以下，达到寿命终止条件。对于此款三

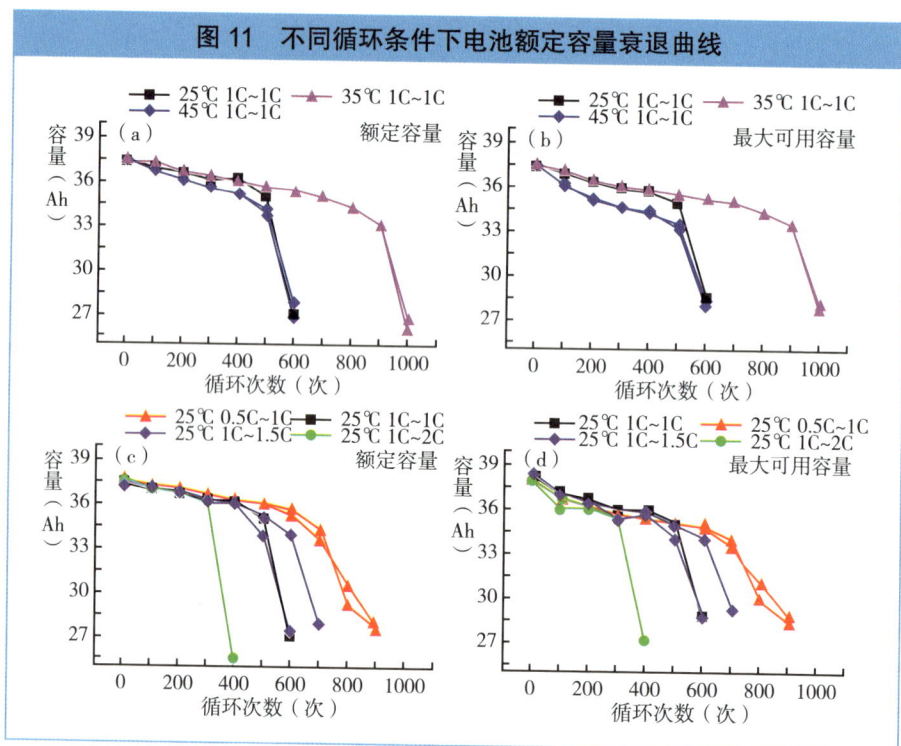

图 11　不同循环条件下电池额定容量衰退曲线

注：（a）循环温度，（c）电流倍率。不同循环条件下电池最大可用容量衰退曲线：（b）循环温度，（d）电流倍率。

元电池来说，在容量正常衰退阶段，35℃下电池的容量衰退速度相比于25℃未见明显增加。而循环温度进一步升高到45℃后，容量衰退速度出现明显加快。对于在25℃下循环的电池，其容量大约衰退至93%后（以最大可用容量作为标准计算）进入跳水阶段。而在35℃和45℃下循环时，电池容量衰退至89%后才会进入跳水阶段。上述结果表明提高循环温度，电池将会推迟进入容量跳水阶段。25℃电池在500次循环过后进入跳水阶段，而35℃电池跳水时经历的循环次数达到900次。虽然45℃电池跳水时的容量保持率低于25℃电池，但由于45℃电池在正常老化阶段的衰退速度更快，使其在500次循环过后就进入跳水阶段。

图11（c）和（d）为电池在25℃下以不同电流倍率循环时的容量衰退曲线。同样地，不同倍率循环下电池老化过程也可以划分为两个阶段。在电池正常衰退阶段，在一定倍率范围内不同的充电电流或放电电流不会使容量衰减速度出现显著差异，但会改变电池进入容量跳水阶段的时间。当电池以0.5C的充电倍率进行循环时，在其容量衰退至89.4%后进入跳水阶段，此时电池经历了约700次循环，这说明降低充电电流可以使电池容量跳水阶段推迟。同时，该条件下循环电池在跳水后的容量衰退速度也要明显小于1C条件下电池跳水后的衰退速度。当电池以1.5C的放电倍率进行循环时，其跳水时的容量保持率和经历的循环次数基本等于以1C放电倍率进行循环的电池，这说明在这两个循环条件下电池具有相似的跳水机制，在一定范围内提高放电倍率，并不会对电池何时进入跳水阶段造成影响。而进一步提高放电倍率至2C后，电池经历400次循环后就进入跳水阶段，此时的容量保持率为94%。这说明在2C的放电倍率下，电池容量跳水阶段提前到来。

综上所述，在一定的电流倍率范围内，充放电电流的大小对电池正常老化阶段的容量衰退速度影响较小，但决定了电池将在何时会进入容量跳水阶段。相比于1C充放电循环条件，降低充电电流能够延迟容量跳水，而提高放电电流至2C将会导致容量跳水阶段提前到来。至于温度对电池老化的影响，提高循环温度，将会加快电池的容量衰退速度，但温度升高后电池进入跳水阶段时对应的容量保持率将会显著降低，即升高循环温度将延迟电池容量跳水。在上述6个循环条件下，电池进入跳水阶段时的容量保持率大致可以分为3个等级，即25℃、1C充电，1C或1.5C放电条件下的93%，35℃和45℃循环条件下以及 25℃、0.5C 充电，1C 放电条件下的 89%，25℃、1C 充电、2C 放电条件下的 94%。电池跳水时的容量保持率的不同间接反映了不同的跳水机制，这将在下文中进行详细的分析。

（四）不同循环温度下锂离子电池的容量跳水机制

图 12 为电池在不同温度循环时正负极活性材料和可用锂离子总量随电池老化的衰减曲线。从图 12（a）和（b）可知，在电池容量正常衰退阶段，负极活性材料随电池老化的衰减较为缓慢，尤其对于 35℃下循环的电池，在容量正常衰退阶段基本未出现 LAM_{NE}。然而，当电池进入容量跳水阶段后，其遭受的 LAM_{NE} 急剧增加。在这 3 个循环温度下，电池容量跳水后的 LAM_{NE} 未见明显差异。

图 12（c）和（e）表明在电池正常衰退阶段，正极活性材料以及可用锂离子的总量随着循环次数的增加以稳定的速度持续衰减，且衰减速度大于负极活性材料。电池在 25℃和 35℃循环下遭受 LAM_{PE} 以及 LLI 的速度基本相等，而在循环温度提高到 45℃后，衰减速度将显著提高。在进入容量跳水阶段后，3 个循环温度条件下电池遭受的 LLI 都急剧增加，而对于正极活性材料，仅在 35℃和 45℃下出现了加速衰减。对于在 25℃下循环的电池，正极活性材料在容量跳水后的衰减速度未见明显增加。

从图 12（d）和（f）可知，在容量正常衰退阶段，3 个循环温度下电池的 LAM_{PE} 以及 LLI 随容量衰退的演变轨迹基本重合。而在容量跳水后，不同温度下电池的老化模式演变轨迹开始分离。45℃循环下 LAM_{PE} 随容量衰减的演变轨迹向上弯折，25℃循环下的轨迹向下弯折，而 35℃循环下演变轨迹的斜率在容量跳水前后基本不变。LLI 随容量衰减的演变轨迹在跳水后未出现明显弯折，但可以明显地看到跳水后的轨迹随循环温度增加也出现了略微升高。

上述分析说明在电池正常衰退阶段，LAM_{PE} 和 LLI 在电池老化中的占比基本不随循环温度的变化而改变，不同循环温度下电池将经历相似的老化模式，差异仅表现为不同温度将导致不同的衰减速度。当电池在高温循环时内部副反应的强度将会被加剧，从而导致高温循环下 LAM_{PE} 的速度也被加快。此外，在容量正常衰减阶段，LLI 主要是由电池老化过程中负极活性材料颗粒表面 SEI

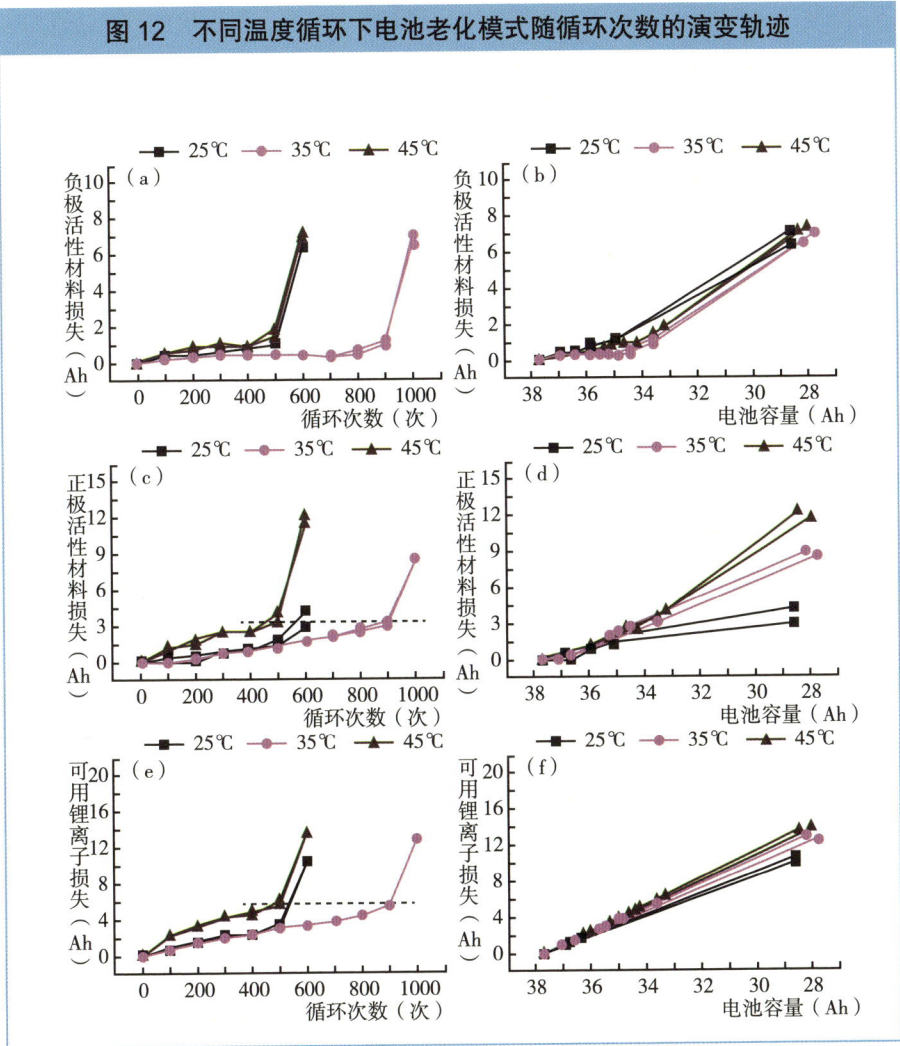

图 12　不同温度循环下电池老化模式随循环次数的演变轨迹

注：（a）LAM$_{NE}$，（c）LAM$_{PE}$。（e）LLI；电池老化模式随容量衰退的演变轨迹：（b）
LAM$_{NE}$，（d）LAM$_{PE}$，（f）LLI。

膜的生长变厚副反应持续消耗锂离子所导致，循环温度升高也将会加快该副反应的速度。

对于在25℃下循环的电池，从其老化模式演变曲线可以看出，进入容量跳水阶段后，LLI 的速度显著加快，而 LAM$_{PE}$ 的速度变化不大，这说明导致电池容量跳水的主要原因是充电过程中负极析锂。由于石墨负极的平衡电势在高SOC区接近于0V，当电池在低温或大电流倍率条件下进行充电时会在负极引起较大的极化过电势，从而使负极区域的固液相电势差达到析锂条件即固液相电势差小于0V，导致锂离子以金属锂的形式在负极颗粒表面析出。析锂副反应会急剧消耗电池内的可用锂离子。对于本文测试所用的高比能三元电池，1C是生产厂家推荐的电池可承受的最大充电电流倍率。在电池老化过程中，负极活性材料颗粒表面SEI膜持续的生长变厚将会消耗电解液，降低多孔电极的孔隙率（即液相体积分数），严重情况下甚至会阻塞负极颗粒间的空隙，这相应地会导致锂离子在负极区域扩散的动力学特性变差。因此，老化后电池的充电接受能力变弱，与新电池相比，相同的充电电流将会在负极引起更大的极化过电势。这就更容易使得充电过程中负极区域的固液相电势差低于0V从而诱发负极析锂。析出的金属锂将会附着在负极颗粒表面，并且极易与电解液发生反应从而生成新的SEI膜，使得负极表面的SEI膜进一步加厚，多孔电极的空隙率进一步降低，导致析锂副反应的触发条件更容易满足。因此，在25℃循环条件下，当电池老化到一定程度后，石墨负极在充电过程中出现析锂，由于析锂副反应是一个正反馈过程，即析锂一旦发生后其反应强度将会越来越剧烈，可用锂离子数量和电池容量在析锂后将会急剧衰减。

对于在35℃下循环的电池，容量正常衰退阶段各部分材料的损失速度及其在电池老化中的占比与25℃电池基本相等，但是35℃下电池推迟进入容量跳水阶段。这是因为电池的动力学性能随温度升高而变好，相同的充电电流在负极导致的极化过电势将随温度升高而有所降低，从而使析锂发生的条件变得更苛刻。因此在充电电流不变而提高循环温度的条件下，负极析锂发生时电池的衰退程度将会更深，容量保持率更低，即析锂导致的电池容量跳水将随温度的升高而推迟。

此外，35℃电池在进入跳水阶段后，除了大量的LLI之外，LAM_{PE}也突然加速。这是因为随着负极析锂的推迟，电池在容量跳水前将经历更多的充放电循环，而遭受频繁的锂离子嵌入和脱嵌冲击后正极活性材料的结构被进一步破坏，长时间的电化学腐蚀与分解也加大了正极材料的损伤。随着正极活性材料衰退的逐渐加深，其耐久性和稳定性也越来越差，最终导致正极活性材料突然崩溃，这就是电池高温循环时容量跳水的主导原因。同时，随着正极活性材料的崩溃，大量的金属阳离子（如锰离子Mn^+）被释放到电解液中并迁移到负极，这将会加快负极活性材料颗粒表面 SEI 膜的生长速度，进而加大充电过程中负极发生析锂的风险。综合以上各个因素，包括：大量的正极活性材料损失、SEI 膜生长速度加快、负极析锂等，35℃循环电池在容量跳水后，LLI 也将显著加快。如图 12 所示，对于 45℃循环电池，其正常衰退阶段的老化模式与 35℃循环电池相似，在进入跳水阶段时的容量保持率、LAM_{PE} 和 LLI 也与 35℃电池基本相等，且进入跳水阶段后，45℃电池的老化模式演变趋势也同样与 35℃电池一致，但其遭受了更多的 LAM_{PE}。考虑到 45℃下充电时析锂副反应的触发条件将更加难以满足，因此可以推测电池在 45℃循环时的容量跳水机制与 35℃相同，为正极活性材料崩溃及其所导致的一系列连锁反应。但是，由于 45℃电池在容量正常衰退阶段的老化速度大于 35℃电池，其在达到容量跳水条件时经历的循环次数显著小于 35℃电池。

对于负极活性材料，在容量跳水之前仅出现轻微损失。而在跳水后，三个循环温度下 LAM_{NE} 都急剧增加。这是因为容量跳水后，负极活性材料颗粒表面的 SEI 膜快速增厚，导致负极的孔隙率降低，严重情况下甚至部分材料颗粒间的孔隙堵塞，锂离子在负极区域的液相扩散性能迅速变差，此外，由于 SEI 膜增厚，其对锂离子的导通性也随之变差，在这些因素的综合作用下，部分负极活性材料颗粒可能会失去对锂离子的导通性从而不再参与锂离子嵌入和脱出反应中，这将造成较多的 LAM_{NE}。

（五）不同电流倍率下锂离子电池的容量跳水机制

图 13 为电池在 25℃下以不同电流倍率循环时正负极活性材料和可用锂离子的总量随电池老化的衰减曲线。在电池容量正常衰退阶段，LLI 和 LAM_{PE} 随循环次数的增长速度在不同电流倍率下基本相等，仅在 2C 放电倍率下，LLI 的增长速度略微大于其他倍率。如图 13（d）和（f）所示，在正常衰退阶段，不同电流倍率下 LLI 和 LAM_{PE} 随电池容量衰退的演变轨迹也基本重合，这表明了在正常衰退阶段 LLI 和 LAM_{PE} 在电池老化中的占比基本不随循环电流倍率的变化而改变。至于负极活性材料，如图 13（a）和（b）所示，与不同温度循环时的衰退结果类似，其在容量正常衰退阶段仅出现了略微衰减。上述结果说明在一定的电流倍率范围内，不同大小的充放电电流不会改变电池在正常衰退阶段

图 13　不同电流倍率循环下电池老化模式随循环次数的演变轨迹

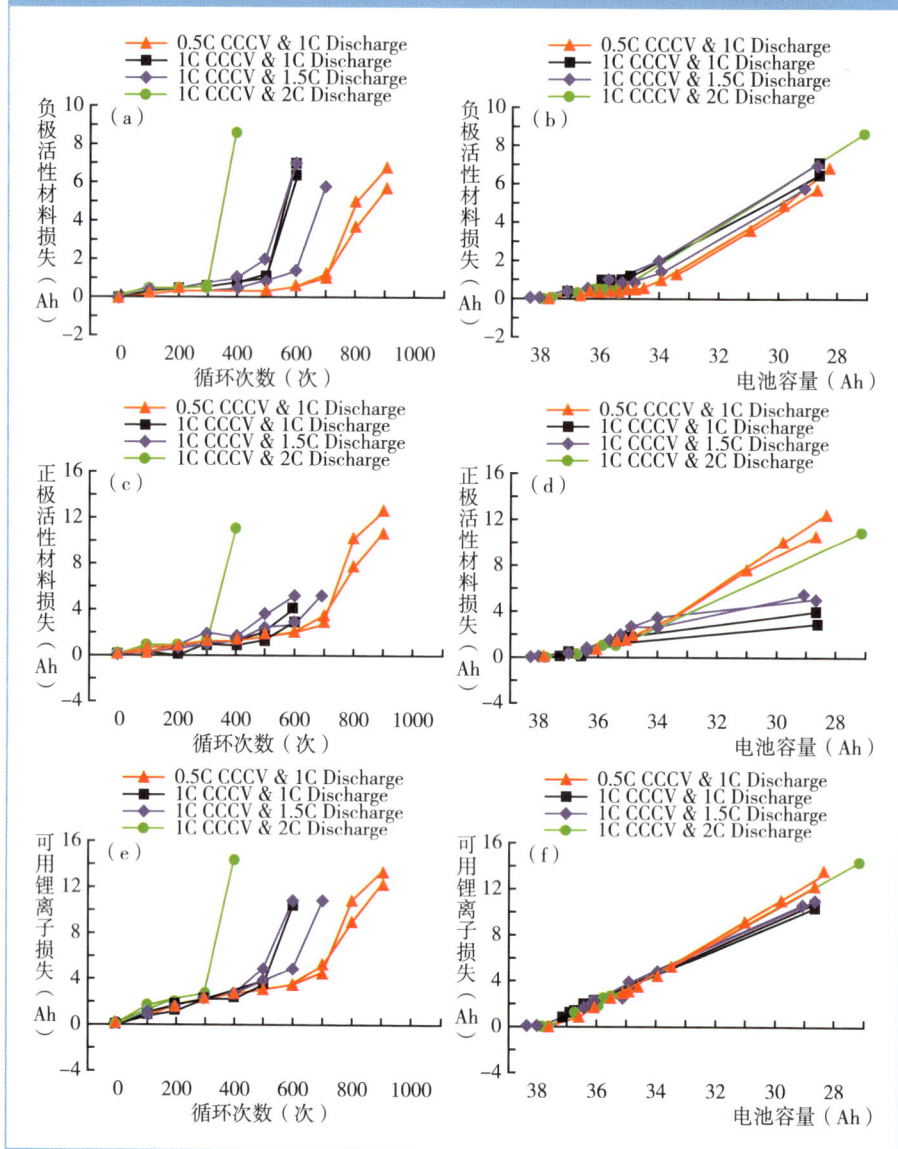

注：（a）LAM$_{NE}$，（c）LAM$_{PE}$，（e）LLI。电池老化模式随容量衰退的演变轨迹（b）LAM$_{NE}$，（d）LAM$_{PE}$，（f）LLI。

的老化模式。这与本文之前分析 18650 型锂离子电池在不同充电倍率下的老化模式所得结论基本一致。但不同的是，本文测试的 36Ah 软包三元电池在不同电流倍率下的衰退速度并未出现明显差异。在进入跳水阶段后，不同电流倍率下 LLI 随容量衰退的演变轨迹仍具有较高重合度，且与容量跳水之前的轨迹基本处于一条直线上。而 LAM_{PE} 随容量衰退的演变轨迹在跳水后出现了弯折，且不同循环条件下弯折的方向也并不相同。在 0.5C 充电和 2C 放电这两个循环条件下轨迹略向上弯折，而 1C 放电和 1.5C 放电条件下轨迹向下弯折。

在不同的充放电电流倍率下，电池跳水时的容量保持率不相等，且跳水后老化模式的演变特性也不一致，这意味着容量跳水的诱因并不完全相同。相比于 1C 充电、1C 放电循环，当充电电流降至 0.5C 时，电池容量跳水被推迟，跳水时电池的容量保持率降低。这是因为减小充电电流后，负极的极化过电势将变小，析锂副反应的发生条件将难以满足。此外，以 0.5C 充电的电池在跳水后，出现了大量的 LAM_{PE}，这是因为电池在容量跳水发生时经历了更多次数的充放电循环，加大了对正极活性材料的破坏，最终导致正极活性材料的突然崩溃。因此，电池在 0.5C 充电倍率下的容量跳水机制是正极活性材料的崩溃。而在放电倍率提高至 1.5C 后，电池跳水时的容量保持率以及经历的循环次数基本与 1C 放电电池相等，且跳水后 LLI 和 LAM_{PE} 的演变趋势与 1C 放电电池也接近。因此电池在充电倍率为 1C 而放电倍率分别为 1C 和 1.5C 的条件下进行循环时，具有相同的容量跳水机制，即电池老化后负极动力学性能变差导致充电过程中负极出现析锂。需要注意的是，在 1.5C 放电倍率下，电池跳水后 LAM_{PE} 相比于 1C 放电电池有所增加，但仍然明显小于其他循环条件下跳水电池的 LAM_{PE}。当充电倍率不变而放电倍率进一步提高到 2C 后，电池容量跳水出现了明显的提前，同时跳水后电池也遭受大量的 LAM_{PE}。这表明放电倍率提高至 2C 后，电池跳水的诱发机制从负极析锂变为正极活性材料崩溃。提高放电电流将会在锂离子嵌入正极活性材料颗粒的过程中造成更大的固相锂离子浓度梯度，增大材料颗粒所承受的机械应力，这将会加大对电极活性材料的破坏。

（六）小结

本文针对三元电池开展了循环寿命测试。与磷酸铁锂电池不同的是，本文所测试的三元电池在老化过程中出现了容量加速衰退现象。基于容量增量分析法，得到容量跳水的两种主导诱发机制，包括：①充电过程中负极析锂，②正极活性材料崩溃。当电池在 25℃ 下以 1C 充电、1C 放电或 1.5C 放电条件进行循环时，随着电池老化，负极材料颗粒表面的 SEI 膜逐渐增厚，降低多孔电极孔隙率，负极的锂离子液相扩散动力学特性变差，电池老化到一定程度后负极开始在充电过程中析锂，而析锂的正反馈特性导致电池容量快速跳水；当循环温度提高到 35℃ 和 45℃ 或充电电流降至 0.5C，析锂将变得更加难以发生，容量跳水将被推迟即跳水时电池的容量保持率变得更低，而由于此时对正极材料的破坏进一步加深，跳水的主导机制由负极析锂转为正极活性材料崩溃。而提高放电电流至 2C 会使容量跳水提前发生，跳水机制同样为正负活性材料崩溃。因此对于三元电池来说，在成组使用过程中，需要对潜在的容量跳水现象做出预警，以保证电池组的安全运行。

四　锂离子电池安全预警策略

根据磷酸铁锂电池和三元电池的循环寿命测试结果可知，由电池老化导致的电池故障主要为两点：①串联电池经历的电流工况相同，但电池的老化机制和健康状态不同，因此在后续使用过程中引发故障的风险也不同；②对于三元电池来说，其在老化过程中易发生容量跳水现象，直接影响了电池安全。

针对上述两种电池故障，本文在电池健康状态诊断的基础上，分别提出了基于离群点检测的安全预警方法和基于老化机制分析的电池容量跳水识别方法。

（一）基于离群点检测的安全预警方法

在多数情况下，电池的容量相同或相似，但电池的老化机制和健康状态不同。因此，离群点检测的目的是识别出健康状态异常的电池。图 14 显示了离群点检测的技术流程，其包括输入原始数据、特征提取、空间映射、算法检测和输出检测结果等 5 个步骤。

进行离群点检测之前，通常需要对电池的数据进行预处理。通常来说，BMS 能够记录得到的只有电池单体电压、温度和充/放电电量等参数。为了将

图 14　离群点检测技术流程

输入原始数据　充入电量、电压

特征提取　容量增量峰等参数

空间映射　参数维度应尽量高

算法检测　离群点检测算法

输出检测结果　离群点分析与分类

电池健康状态异常的电池辨识出来，首先需要将电池的 V-Q 曲线变换成 IC 曲线。根据第二部分的分析可知，电池 IC 曲线上的峰面积和峰高度等参数与电池的健康状态相关。因此，在进行离群点检测时，采用了峰面积、峰值和峰位置等参数作为电池健康状态的特征参数。

本文采用基于高斯分布的离群点检测算法对离群点进行检测。以一维高斯分布为例，概率密度函数可表示为：

$$f(x) = \frac{1}{\sqrt{2\pi}\sigma}\exp\left[-\frac{(x-\mu)^2}{2\sigma^2}\right] \tag{5}$$

其中 μ 和 σ^2 分别表示样本的均值和方差。根据概率密度函数可得，一次实验的 99.9% 的数据都分布在 $[\mu-3\sigma, \mu+3\sigma]$ 的范围内，因此异常数据通常采用平均值与标准差界定，即以 μ 为中心 3σ 外的数据即被认为异常。实际可根据设定置信区间（即阈值）来界定异常数据范围。

为了验证基于离群点检测的安全预警方法的有效性，本文对由 155 只磷酸铁锂电池串联组成的储能系统进行了测试。电池单体的容量测试结果如图 15 所示。容量测试结果表明电池单体容量衰退并未显示出明显的差异性。155 只电池中容量最大值和最小值分别为 237.9Ah 和 228.1Ah，极差和标准差分别为 9.8Ah 和 2.3Ah。

将电池单体的充电数据进行处理，得到电池的 IC 曲线，从 IC 曲线上提取电池健康状态特征参数进行离群点检测。图 16 画出了对①峰峰值和①峰对应容量两个特征参数进行离群点检测的结果，发现 140 号电池的两个特征参数都与

图 15　电池单体容量测试结果

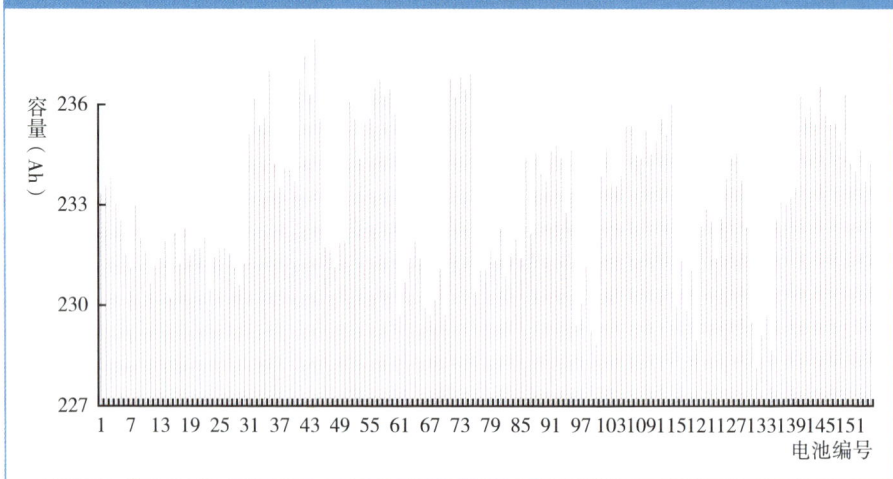

图 16　①峰峰值和①峰对应容量两个特征参数进行离群点检测的结果

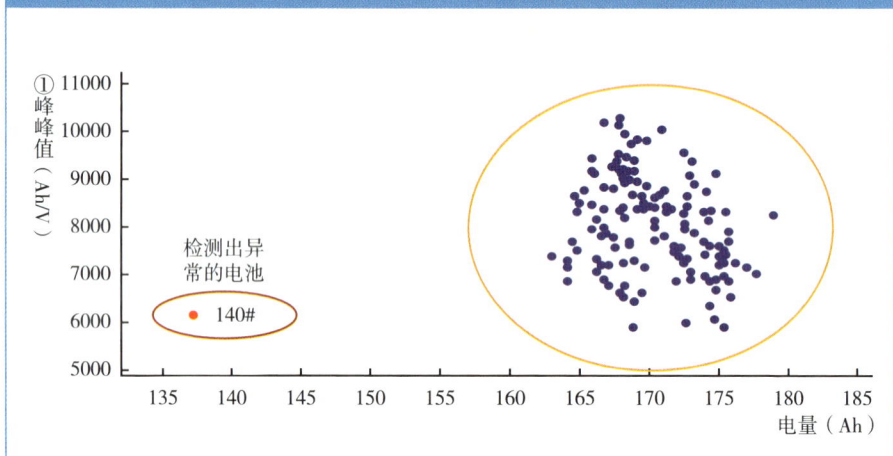

其他电池存在较大的差异，说明该电池的健康状态可能与其他电池不同。为了分析 140 号电池的健康状态，图 17 画出了 155 个电池在充电过程中的 IC 曲线。与其他电池的 IC 曲线相比较，140 号电池的 IC 曲线上在电压 3.55V 附近出现了一个峰，与文献报道的情况类似。位置在 3.55V 附近的峰的出现表明电池内部可能出现了较大的负极材料损失，若继续使用下去，电池可能会出现析锂现象，有引发内短路的风险。

図 17　电池 IC 曲线

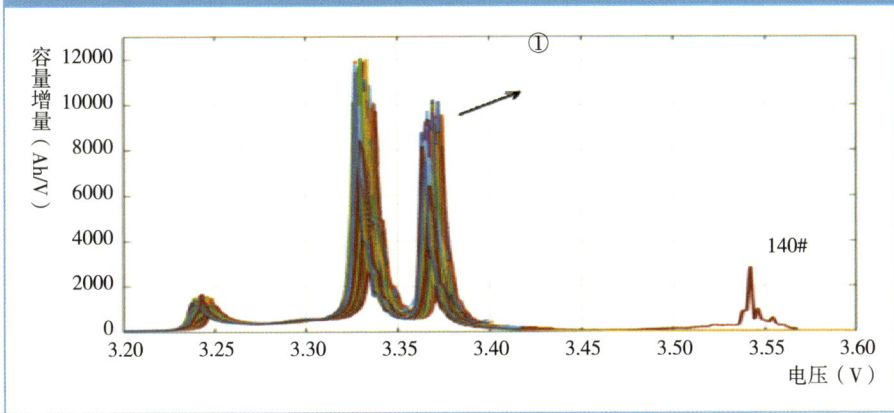

电池单体的容量测试结果表明，140 号电池的容量为 233.51Ah，与所有电池容量的平均值接近，并未表现出异常。但是通过提取健康状态表征参数并进行离群点检测，可有效识别出健康状态异常的电池并作出预警，从而保证电池组的使用安全。

（二）基于老化机制分析的电池容量跳水识别方法

根据上文对于三元电池容量跳水机制的分析可知，在第一种跳水机制下，电池跳水后会出现大量的 LLI 和 LAM_{NE}，而对 LAM_{PE} 影响不大。在第二种跳水机制下，电池跳水后 LLI、LAM_{PE} 和 LAM_{NE} 都急剧增加。两种跳水机制作用下电池老化的共性是跳水后都出现了大量 LLI 和 LAM_{NE}。

为了对电池容量跳水进行在线识别，首先将三元电池的 IC 曲线进行了划分，结果如图 18 所示。将曲线上两个易辨识的峰分别记为①峰和②峰。根据文献可知，②峰高度的衰减可以定性说明 LLI，②面积和①面积的衰减可以反映 LAM_{NE}。因此，可以将上述三个参数作为识别电池容量跳水的特征参数，通过分析特征参数的变化规律可以为判断电池是否发生容量跳水给出参考。

以②峰的高度为例，电池容量跳水识别方法如图 19 所示。虽然特征参数随着电池的老化整体呈现下降趋势，但是在几次相邻的循环内，特征参数会呈现一定的波动。基于此，在安全预警策略制定时，首先根据电池正常衰退阶段的

图 18　三元电池 IC 曲线划分

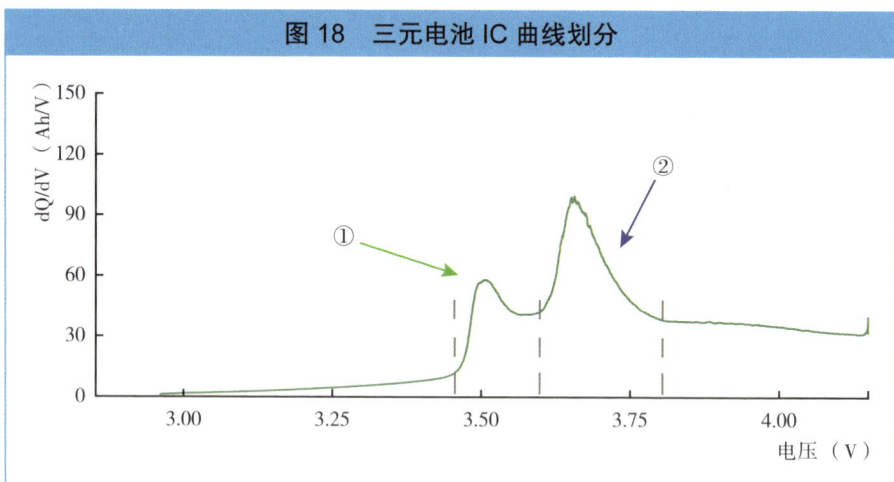

图 19　电池容量跳水识别方法示意

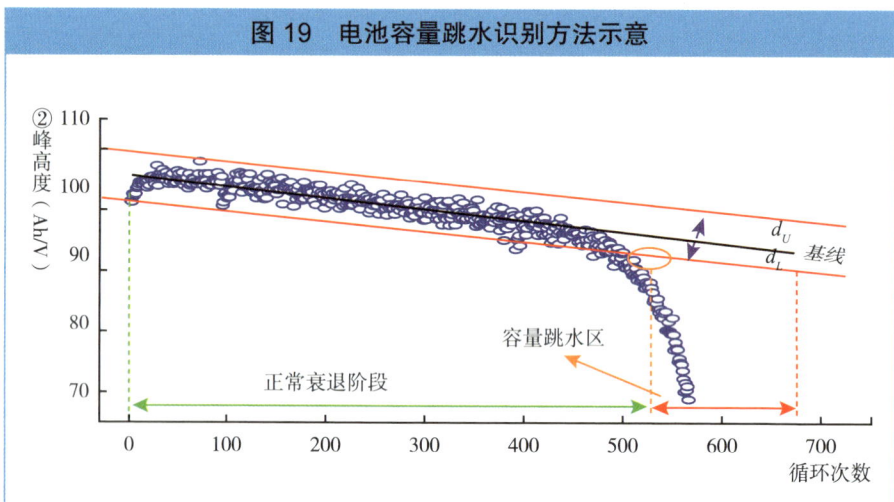

部分数据，回归出一条直线（即正常衰退阶段对应带状区域的基线），接下来分别把基线向上平移 d_U 距离和向下平移 d_L 距离，从而得到电池正常衰退阶段所对应带状区域的上下边界。随着电池老化，当容量跳水表征指标落在带状区域之外，即认为表征指标的衰减曲线到达了拐点，电池已经进入跳水阶段，其能量和功率性能即将不能满足使用需求，也容易引发安全问题。

线性回归的残差 r_i 可以通过式（6）计算。

$$r_i = y_i - kx_i - b \qquad (6)$$

式中，k 为回归基线的斜率，b 为回归基线的截距。

对于带状区域上下边界的选择，本文提出了一种新的带状区域确定方法。基于概率统计的思想，以电池正常衰退阶段对应的数据点 (x_i, y_i) 落在带状区域的概率达到 95% 为标准，通过对残差分布进行蒙特卡洛模拟计算概率，最终确定 d_U 和 d_L 的取值。由于从电池实际循环数据中提取的容量跳水表征指标易受异常值的影响，在对残差进行蒙特卡洛模拟之前，首先需要排除异常残差的影响。基于箱形图分析原理剔除异常值，满足式（7）的残差认为是正常取值，可以用于蒙特卡洛模拟。

$$Q_1 - 1.5 \times IQR \leqslant r_i \leqslant Q_3 + 1.5 \times IQR \qquad (7)$$

式中，r_i 是线性回归残差，Q_1 为残差分布的下四分位数，Q_3 为残差分布的上四分位数，IQR 为残差的四分位距，等于 $Q_3 - Q_1$。

在这种带状区域确定方法下，电池正常衰退阶段的容量跳水表征指标落在带状区域之外的概率为 5%。本文以连续 4 个点落在带状区域之外作为判断衰减拐点的依据，在电池正常衰退阶段出现这种情况的概率小于 0.01%，可以认为是小概率事件。如图 20 所示，分别为电池在 25℃、35℃ 和 45℃ 下以 1C 充电、1C 放电的条件进行循环时，容量跳水的识别结果。在 3 个循环温度条件下，辨识出容量跳水时电池经历的循环次数，结果分别是 487 次、774 次和 504 次，图 20 的直观显示表明本文提出的方法具有良好的效果，能够准确识别电池容量跳水拐点，且对不同的循环温度条件具有较强适应性。

（三）小结

针对电池组老化过程中可能出现的电池健康状态不一致和电池单体容量跳水两种故障，本文分别提出了基于离群点检测的安全预警方法和基于老化机制分析的电池容量跳水识别方法。通过提取电池 IC 曲线上的特征参数并进行离群点检测，可在电池容量出现异常之前有效识别出电池之间健康状态的差异并进

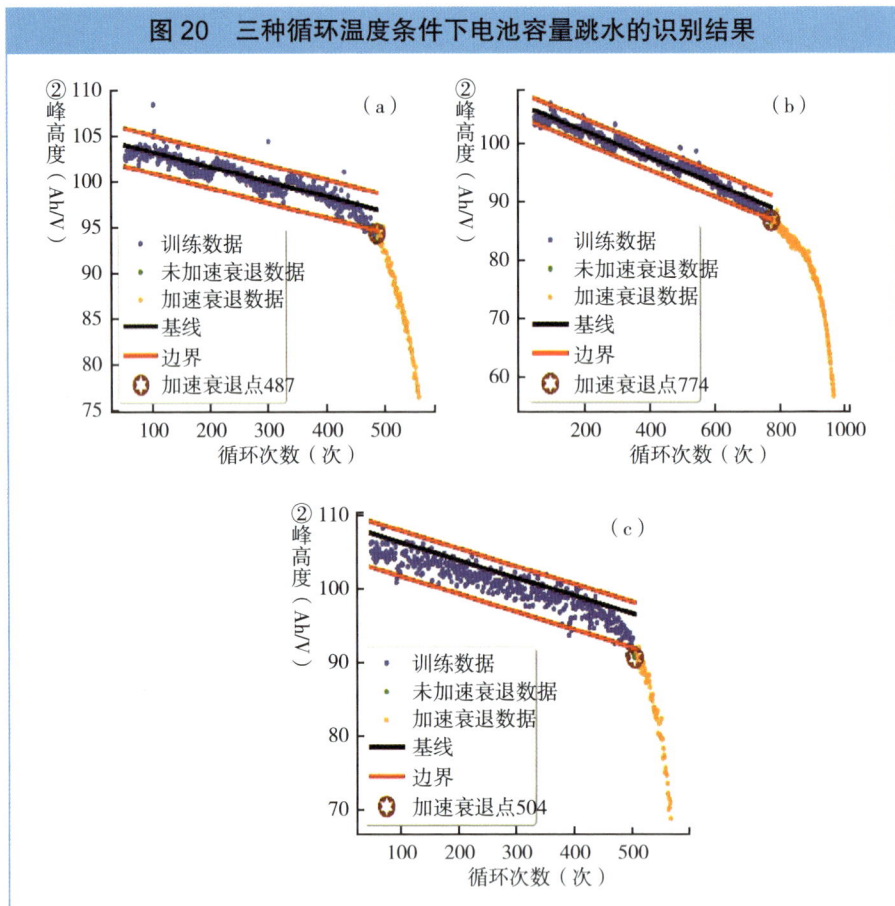

图 20　三种循环温度条件下电池容量跳水的识别结果

注：（a）25℃，1C-1C；（b）35℃，1C-1C；（c）45℃，1C-1C。

行预警，进而避免电池内短路的发生。同样地，基于电池容量跳水机制的分析，在电池 IC 曲线上提取了相应的特征参数，通过辨识其加速衰减拐点，实现了电池跳水的在线识别。

五　总结与展望

本文聚焦于锂离子电池的健康状态诊断和由电池老化带来的电池故障的安全预警方法研究。本文针对磷酸铁锂电池和三元电池开展了循环寿命测试，结合容量增量分析法，评估了电池老化过程中健康状态的变化并量化分析了电池的老化机制。对于磷酸铁锂电池来说，其循环特性较好，在测试过程中未出现容量加速衰退的拐点。对于同一测试工况下的两块电池，老化机制存在一定的差异，将会导致电池组中电池单体的健康状态不同。对于三元电池来说，其在循环过程中出现了容量跳水现象。针对上述两种电池老化过程中出现的故障，本文从电池健康状态诊断结果出发，分别提出了基于离群点检测的安全预警方法和基于老化机制分析的电池容量跳水识别方法。通过对电池健康状态特征参数进行离群点检测，可有效识别出电池之间健康状态的差异，并且能够在电池容量出现异常之前识别出电池异常并进行安全预警。针对三元电池出现的容量跳水现象，在电池 IC 曲线上提取了与容量跳水相关的特征参数，通过辨识其加速衰减拐点，实现了电池容量跳水的在线识别。本文所提出的安全预警策略可对由电池老化带来的故障进行有效预警，保证了电池组的使用安全。

参考文献

［1］JI B, SONG X G, CAO W P, et al. Active temperature control of Li-ion batteries in electric vehicles[C]// Hybrid & Electric Vehicles Conference. IET, 2013.

［2］ANGELES CABAÑERO M, ALTMANN J, GOLD L, et al. Investigation of the temperature dependence of lithium plating onset conditions in commercial Li-ion batteries[J]. Energy, 2019,171: 1217-1228.

［3］JIANG J, GAO Y, ZHANG C, et al. Lifetime Rapid Evaluation Method for Lithium-Ion Battery with Li(NiMnCo)O2 Cathode[J]. Journal of The Electrochemical Society, 2019,166(6): A1070-A1081.

［4］THOMAS E V, BLOOM I, CHRISTOPHERSEN J P, et al. Rate-based degradation modeling of lithium-ion cells[J]. Journal of Power Sources, 2012,206: 378-382.

［5］BIRKL C R, ROBERTS M R, MCTURK E, et al. Degradation diagnostics for lithium ion cells[J]. Journal of Power Sources, 2017,341: 373-386.

［6］LI Y, LIU K, FOLEY A M, et al. Data-driven health estimation and lifetime prediction of lithium-ion batteries: A review[J]. Renewable and Sustainable Energy Reviews, 2019,113: 109254.

［7］ITURRONDOBEITIA A, AGUESSE F, GENIES S, et al. Post-Mortem Analysis of

Calendar-Aged 16 Ah NMC/Graphite Pouch Cells for EV Application[J]. The Journal of Physical Chemistry C, 2017,121(40): 21865-21876.

[8] RAHE C, KELLY S T, RAD M N, et al. Nanoscale X-ray imaging of ageing in automotive lithium ion battery cells[J]. Journal of Power Sources, 2019,433.

[9] RAUHALA T, JALKANEN K, ROMANN T, et al. Low-temperature aging mechanisms of commercial graphite/LiFePO4 cells cycled with a simulated electric vehicle load profile-A post-mortem study[J]. Journal of Energy Storage, 2018,20: 344-356.

[10] 王天骄 . 锂离子电池容量损失预测及健康状态估计研究 [D]. 哈尔滨工业大学 , 2016.

[11] DOYLE M. Comparison of Modeling Predictions with Experimental Data from Plastic Lithium Ion Cells[J]. Journal of The Electrochemical Society, 1996,143(6): 1890.

[12] LI J, ADEWUYI K, LOTFI N, et al. A single particle model with chemical/mechanical degradation physics for lithium ion battery State of Health (SOH) estimation[J]. Applied Energy, 2018,212: 1178-1190.

[13] RAHIMIAN S K, RAYMAN S, WHITE R E. Comparison of single particle and equivalent circuit analog models for a lithium-ion cell[J]. Journal of Power Sources, 2011,196(20): 8450-8462.

[14] SUBRAMANIAN V R, BOOVARAGAVAN V, RAMADESIGAN V, et al. Mathematical Model Reformulation for Lithium-Ion Battery Simulations: Galvanostatic Boundary Conditions[J]. Journal of The Electrochemical Society, 2009,156(4): A260-A271.

[15] 姜久春 , 马泽宇 , 李雪 , 等 . 基于开路电压特性的动力电池健康状态诊断与估计 [J]. 北京交通大学学报 , 2016,40(04): 92-98.

[16] DUBARRY M, TRUCHOT C, LIAW B Y. Synthesize battery degradation modes via a diagnostic and prognostic model[J]. Journal of Power Sources, 2012,219: 204-216.

[17] ANSEÁN D, DUBARRY M, DEVIE A, et al. Operando lithium plating quantification and early detection of a commercial LiFePO4 cell cycled under dynamic driving schedule[J]. Journal of Power Sources, 2017,356: 36-46.

[18] ALAVI S M M, SAMADI M F, SAIF M. Plating Mechanism Detection in Lithium-ion batteries, by using a particle-filtering based estimation technique[C]. American Control Conference. IEEE, 2013.

[19] FENG X, WENG C, OUYANG M, et al. Online internal short circuit detection for a large

format lithium ion battery[J]. Applied Energy, 2016,161: 168-180.

［20］SEO M, GOH T, PARK M, et al. Detection of Internal Short Circuit in Lithium Ion Battery Using Model-Based Switching Model Method[J]. Energies, 2017,10(1): 76.

［21］ZHANG H, PEI L, SUN J, et al. Online Diagnosis for the Capacity Fade Fault of a Parallel-Connected Lithium Ion Battery Group[J]. Energies, 2016,9(5): 387.

［22］XIA B, SHANG Y, NGUYEN T, et al. A correlation based fault detection method for short circuits in battery packs[J]. Journal of Power Sources, 2017,337: 1-10.

［23］KONG X, ZHENG Y, OUYANG M, et al. Fault diagnosis and quantitative analysis of micro-short circuits for lithium-ion batteries in battery packs[J]. Journal of Power Sources, 2018,395: 358-368.

［24］NAHA A, KHANDELWAL A, HARIHARAN K S, et al. On-Board Short-Circuit Detection of Li-ion Batteries Undergoing Fixed Charging Profile as in Smartphone Applications[J]. IEEE Transactions on Industrial Electronics, 2019,66(11): 8782-8791.

［25］WANG Z, HONG J, LIU P, et al. Voltage fault diagnosis and prognosis of battery systems based on entropy and Z -score for electric vehicles[J]. Applied Energy, 2017,196: 289-302.

［26］HONG J, WANG Z, YAO Y. Fault prognosis of battery system based on accurate voltage abnormity prognosis using long short-term memory neural networks[J]. Applied Energy, 2019,251: 113381.

［27］GAO Y, JIANG J, ZHANG C, et al. Aging mechanisms under different state-of-charge ranges and the multi-indicators system of state-of-health for lithium-ion battery with Li(NiMnCo)O2 cathode[J]. Journal of Power Sources, 2018,400: 641-651.

预警安全篇 | 锂离子电池性能衰退机理与故障
预警策略研究[*]

◎杨世春 华 旸 周思达 周新岸^{**}

* 国家重点研发计划"新能源汽车"重点专项（2016YFB0100300）。
** 杨世春，北京航空航天大学，交通科学与工程学院院长，博士，教授，主
要研究方向为电动汽车能源动力系统优化与控制、智能无人驾驶等；华旸，博士，
北京航空航天大学，主要研究方向为电动汽车能源动力系统优化与控制等；周思
达，北京航空航天大学；周新岸，北京航空航天大学。

摘　要： 本文基于新能源汽车用锂离子动力电池在车载复杂工况下由于老化过程造成整车性能下降以及产生安全隐患的问题开展研究，首先分析锂离子电池老化机理，研究老化路径对衰减过程的影响；其次对当前常用的电池模型方法进行了总结，并着重介绍了动力电池电化学 - 热 - 机耦合仿真模型；再次分析了实际应用下锂离子电池伴随老化过程可能出现的风险，归纳了主要容量衰退分析方法；最后阐明了基于动力电池云端控制的故障预警方案将是动力电池整车应用未来的发展方向。

关键词： 锂离子电池　老化　SOH 估计　故障预警　云端控制

一　绪论

为了应对能源危机和环境污染的双重压力，电动汽车（EVs）已成为汽车工业发展的重要方向，锂离子电池（LIBs）是电动汽车最重要的储能系统之一。我国新能源汽车的产销量及动力电池装机量逐年大幅增长。然而，由于 LIBs 在运行和静置过程中会出现一定程度的老化，无法达到与整车同寿，锂离子电池的老化可能会导致车辆性能降低，并增加出现安全风险的可能性，这些问题成为电动汽车发展和普及的瓶颈。一般情况下，动力电池的老化、容量衰退与容量跳水等故障是制约动力电池使用过程性能及安全性能的核心问题。

目前，动力电池的容量衰退研究与故障诊断大多基于动力电池老化机理研究，结合机理建立的动力电池等效模型可以有效地在实验室环境下研究动力电池的老化。但考虑到动力电池实验室环境与实际使用工况的巨大差异，单一的机理模型难以完成高适应性下的动力电池容量衰退研究与预测及动力电池故障诊断过程。考虑到动力电池的实际运行数据体现了动力电池的实际状态与发展趋势，基于动力电池上传数据的云端控制方法，可有效改善经典机理模型在普适性等方面的表现。基于动力电池机理模型与数据挖掘相耦合的云端控制方法是未来有效提高动力电池管理能力、改善动力电池使用寿命、降低动力电池事故率的重要手段。

本文从动力电池老化机理及建模角度出发，探究了影响动力电池容量衰退及跳水的因素及反应机理，并着重介绍了动力电池电化学－热－机耦合模型及其应用场景，研究了影响动力电池容量衰退的实际运行工况环境，阐述了实际运行工况建模方法，并分析了云端控制环境下的动力电池容量衰退分析及故障预警方法，为未来行业发展及从业人员提供可行的研究方向。

二　锂离子电池老化机理研究

为实现动力电池容量衰退过程的准确预测及早期预警，研究锂离子电池的容量衰减过程具有重要意义。在通常情况下，动力电池的容量衰退过程与使用环境温度、电池组充放电倍率、充放电区间和循环次数等因素呈强相关。

（一）温度影响

1. 高温环境影响

受化学反应动力学因素影响，锂离子电池在高温环境下表现出较高的电化学反应活性，电化学反应速率上升，宏观表现为直流内阻下降且相对电池容量上升。但与此同时，高温环境会加剧电池内部副反应，引起电解液氧化和分解并促进负极 SEI 膜的生成，最终导致电池容量永久性衰退以及阻抗的增加。

Waldmann 等采用扫描电镜（SEM）、X 射线衍射（XRD）等方式对某款商业化 18650 锂离子电池进行了拆解及分析，研究认为高温条件下锰酸锂电池的主要衰减原因是正极材料分解和负极 SEI 膜增厚，正极材料分解后产生的锰离子会在负极析出。Feng 等研究发现，当温度达到 60℃时，锂离子电池负极 SEI 分解，电解液与负极加速反应并持续生热，容量损失且伴有热安全风险。吴正国等采用过容量增量法、电化学阻抗谱法和解体分析方法，研究了某款 18650 三元锂离子电池在不同温度下的老化机理，认为电池在中高温区域的老化机理为 SEI 膜的生长，高温区域容量衰减加速及内阻增加的原因在于高温时电解质副反应产物会沉积在电极表面以及电极表面有活性物质脱落。

2. 低温环境影响

一般情况下，低温环境会导致锂离子电池内部的电化学反应速率减慢，进而提高电解液阻抗，并降低电池的容量和功率特性。低温下电池容量会发生相对可逆的容量损失，而低温下充电则可能引起析锂、造成电池容量的不可逆下降，甚至引发安全风险。

Petzl 等通过实验结合 EIS 方法研究了某款 26650 商业化锂离子电池的低温循环特性，发现提高 SOC 或增加充电电流都会加速电池容量衰减，但低温老化后的电池在正常温度运行时会有少量的容量恢复，其原因可能是析出的锂以及部分失活石墨粒子在提高温度后可以恢复。Zhang 等通过实验及容量 - 内阻等方法比较了四种锂离子电池（正极材料、封装形式等差异）在 -10℃低温环境下的工作特性，认为软包电池与 18650 电池相比其低温循环时析锂更为严重，其原因可能是前者的内部温升较低；NCA 电池低温循环后的可用容量相比较 NCM

而言下降更为明显；能量型电池低温循环后的内阻上升相比较功率型电池更为明显。

（二）充放电倍率与循环次数

锂离子电池的充放电循环会导致电池容量衰减，Dubarry 等采用 C/25 到 5C 等多种充放电倍率对复合正极锂离子电池进行了老化实验，结果表明大倍率充放电会加速电池性能衰退，同时采用容量增量法对老化机理进行了研究，认为老化过程可分为两个阶段，第一个阶段容量损失来自活性锂离子损失（LLI），其原因为负极 SEI 膜的生成，第二个阶段来自电极活性材料损失。Cheng 等研究了 NCM 锂离子电池的老化特性，容量损失随循环次数增加而增大，老化过程中伴随有正极材料结构损伤及负极 SEI 膜生成。

（三）SOC 影响及放电区间

锂离子电池的 SOC 与放电区间是影响锂离子电池寿命的重要因素。无论在较低 SOC 状态或较高 SOC 状态下进行循环时，锂离子电池均会发生容量衰退问题，但其容量衰退速率不一。在较低 SOC 下循环时，锂离子电池的负极集流体易发生腐蚀现象；在对于较高 SOC 状态时，副反应的加剧则是影响容量衰退的主要因素。除了动力电池的使用循环外，动力电池的储存同样也会发生容量衰退。

Wang 等基于实验分析了锂离子电池基于倍率、温度和放电深度（DOD）的性能衰减过程，认为在较高温度时（60℃）较小的 DOD 对性能衰减影响相对较小，并建立了锂离子电池半经验寿命模型。Klett 等基于实验和拆解方法对比了某商业化磷酸铁锂电池不同工况下的老化特性，发现 90% 放电深度和较窄放电窗口相比，前者的老化更为明显；循环老化与日历老化后的电池相比，前者电极呈明显的不均匀性。Lei 等研究了 NCM 三元电池的老化特性，分析了不同 SOC 循环间隔对老化特性的影响，建立了基于 SOC 及充电倍率的电池容量衰减模型，并据此给出了容量衰减及能量损失最优的充电策略。

三　锂离子电池建模方法

（一）锂离子电池等效模型

锂离子电池模型对于动力电池车载应用及云端管理应用具有重要研究意义。适当的锂离子电池模型对于提高算法使用普适性、估计精度、降低计算复杂度等方面具有重要意义。动力电池等效模型众多，目前也存在多种分类方法。Dung 等认为电池模型可按照模型原理分为电化学模型、数学模型和等效电路模型；Xiong 和 Shen 则认为动力电池建模方法应按照数据来源分为电化学模型、黑箱模型以及等效电路模型。本文将常用的锂离子电池云端控制模型分为等效电路模型、数据驱动模型与电化学模型，并重点介绍精细电化学模型。

1.等效电路模型

等效电路模型是指使用电容、电阻、电压源等基础电器元件描述电池的动态输出特性。等效电路模型具有较少的模型参数且相对集中，参数辨识难度较低。等效电路模型状态方程大多可基于基尔霍夫电压定律与电流定律创建，在实时控制中具有较为广泛的应用。常用的锂离子电池等效电路模型包括 Rint 模型、多阶 RC 模型、PNGV 模型等。

（1）Rint 模型

Rint 模型是较为经典的等效电路模型，其使用理想电压源 Uoc 和与其串联的电阻元件 Ro 描述电池的输出特性。在 Rint 模型中，电压源描述了电池

图 1　锂离子电池内阻模型

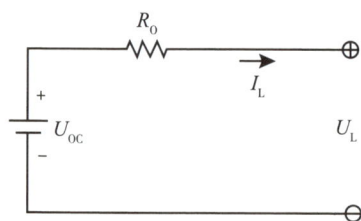

OCV，表征电池容量，而电阻元件 Ro 用于描述电池内阻。在通常情况下，考虑到动力电池特性的强耦合性，Uoc 和 Ro 都是 SOC、SOH 和温度的函数。Rint 模型仅使用直流电阻描绘动力电池的直流特性，而对于其固有的迟滞效应、极化效应等则无法描述。

（2）多阶 RC 模型

多阶 RC 模型是采用多个 RC 环境组成 RC 网络描述动力电池的动态特性，该模型在 Rint 模型的基础上进行改进，可有效描述动力电池的极化特性等。常见的 RC 模型包括 Thevenin 模型和 DP 模型，分别对应一阶 RC 模型与二阶 RC 模型。多阶 RC 模型中需辨识的参数与模型阶数有关，在通常意义下，每阶 RC 会增加两个需辨识的参数。

Thevenin 模型是使用一组并联的 RC 网络描述电池的极化特性。增加的一组并联 RC 网络（RTh 与 CTh），使得 Thevenin 模型相对于 Rint 模型能更好地描述电池动态特性。如图 2 所示，R_{Th} 为极化电阻，C_{Th} 为等效电容，用于描述充放电时的瞬态过程。

Thevenin 模型具有改善电池动态特性的能力，但该模型在充放电末端时具有较低的精度。因此，DP 模型采用两组并联的 RC 环境描述电池的动态特性，分别表征锂离子电池的浓差极化和电化学极化过程。该模型具有较好的应用效果。Rpa 用于描述电化学极化电阻，Rpc 用于描述浓差极化电阻，Cpa 和 Cpc 分别用于描述电化学极化和浓差极化动态过程。继续增加并联的 RC 环境虽可进一步加强模型精度，但随之产生的模型参数辨识难度与计算复杂度也会降低模型的适用性。多阶 RC 模型如图 2 所示。

图 2　Thevenin 模型与 n 阶 RC 模型结构

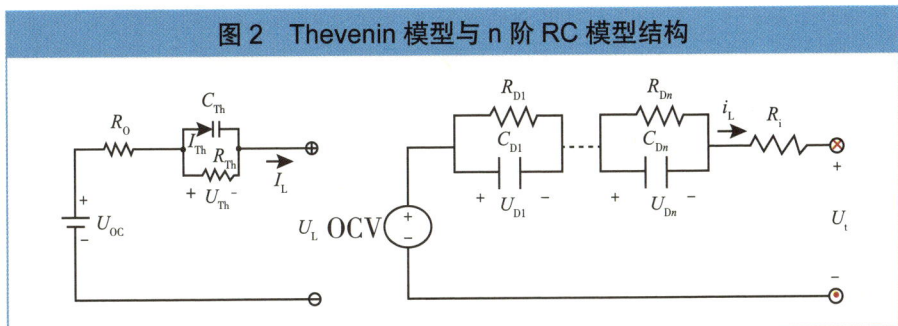

2. 数据驱动模型

数据驱动模型，或黑箱模型，是指通过数据挖掘算法，基于给定的输入 -
输出数据建立线性或非线性的映射关系用于描述电池特性。黑箱模型缺乏对电
池内部机理的描述，但黑箱模型经过充足数据的训练后在给定的数据集范围内
会具有较好的匹配效果。由于黑箱模型的性能及敏感度依赖于受训练数据，如
何依据数据获取高适应性的黑箱模型是其建模的难点，同时采用更充分的数据
集进行训练也可获得较为优异的效果。在通常情况下，黑箱模型包含神经网络
模型、机器学习中的支持向量机等。

（1）神经网络模型

神经网络模型采用多层隐藏的神经元网络描述输入与输出直接的强非线性
系统。动力电池建模是具有高度非线性的复杂模型，因此神经网络可通过训练
或学习获得电池特性信息。该算法精度依赖于模型的输入训练集与输出的监督。
神经网络通常由输入层、隐含层和输出层组成；每个神经元通过权重与上一层
的神经元相连，通过训练可自适应修改权重以产生期望输出；通过神经网络学
习 SOC 的示意如图 3 所示。

雷肖等设计了多层感知机（MLP）前馈神经网络结构，以 tansig 函数为隐

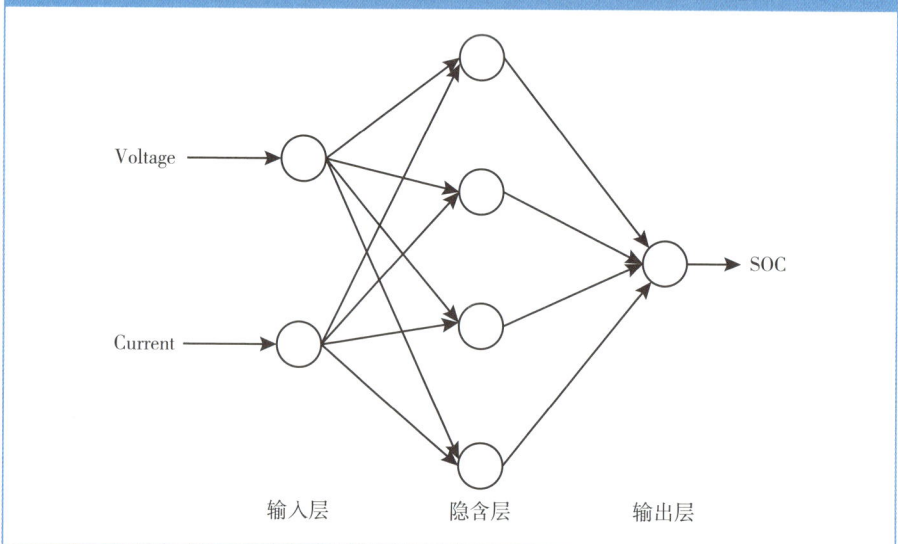

图 3　通过电压、电流估算 SOC 的神经网络结构示意

含层的传递函数，通过误差反向传播（back propagation，BP）实现参数学习，基于 ADVISOR 仿真软件进行了性能测试，考察了加性噪声对估计性能的影响。Kang 等应用了径向基函数神经网络（Radial Basis Function Neural Network，RBFNN）方法以估计 SOC，对不同温度和老化程度的电池基于 UDDS 和 ECE 循环工况进行了性能测试，与经典神经网络模型对比后认为 RBFNN 的精度和鲁棒性更好。Chemali 等基于深度神经网络（DNN）方法建立了锂离子模型用于 SOC 估计，其中输入层信号为 t 时刻的电压、温度、平均电压与平均电流（设定时间内的平均值），经数据训练后在环境温度为 -20~25℃时做了动态工况性能验证，其 DNN 框架如图 4 所示。

图 4　深度神经网络模型架构

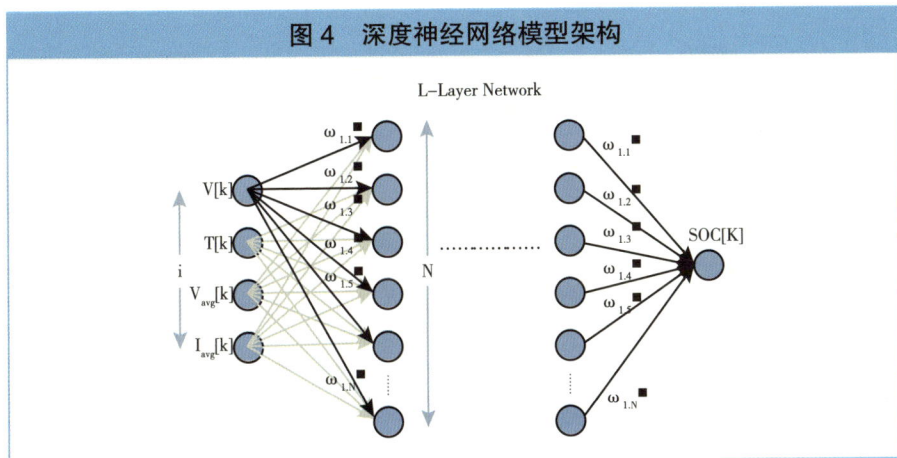

（2）支持向量机

支持向量机（SVM）是一种基于统计学习理论的典型分类学习方法，其算法本质上是寻找与样本数据距离最远的超平面，将模型在高维环境中完全分开。算法具有稀疏性和稳健性特点，并在电池组模型分布中具有重要的研究意义。

Wang 等将 SVM 模型应用于镍氢电池，充放电电流、温度和 SOC 作为模型输入，将电压作为模型输出，采用最小二乘支持向量机方法获取模型参数，并基于镍氢电池模组进行了验证。

Klass 等改进了原有 SVM 建模方法，其建模过程如图 5 所示，构建了两个 SVM 模型，SVM1 采用电池电流、温度和 SOC 作为输入；SVM2 采用电池电流、

图 5　两步 SVM 建模方法

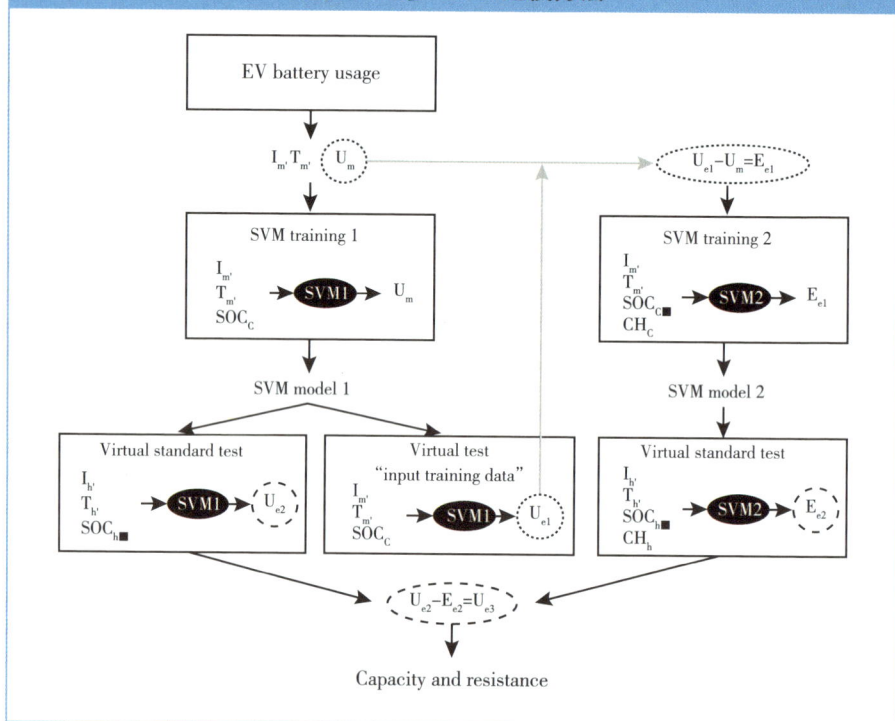

温度、SOC 和近期电流历史数据作为输入参数；两步电压估计方法能够更好地预测 SVM 模型，能够更好地反映电池电压动态特性及开路电压值。

3. 电化学模型

电化学模型是基于电池的化学／电化学动力学原理和传输方程构建，可以模拟锂离子电池的工作特性和反应过程，模型较为复杂但精度较高。电化学模型是从锂离子电池电化学反应的本质研究锂离子电池的综合特性，在锂离子电池建模过程中具有深刻的影响。熊瑞等基于电化学原理提出了简化的动力电池模型，并用于动力电池的在线状态估计。实验结果表明，基于极化特性的研究可有效提高模型精度。康鑫等研究了电化学模型的复杂性，并基于数学理论简化了模型中的偏微分方程，建立了新的电化学模型。电化学模型对参数精度具有较强的依赖性，因此实现高效的动力电池参数辨识方法具有重要的研究意义。目前最常用的电化学模型主要包括准二维模型（P2D）和单粒子模型（SPM）等。

（1）P2D 模型

P2D 模型源于 Doyle 和 Newman 等对多孔电极理论和浓溶液理论的研究。P2D 模型认为，简化的锂离子电池等效可以保护电极 (含集流体)、隔膜及电解液组成的三明治结构，如图 6 所示。在 P2D 模型中，其控制方程组分众多。电池动力学行为主要来自 x 方向的电化学反应动力学，同时正负电极被等效为电解液包围的球形颗粒，该过程可以解释锂离子在固相和液相的嵌入和脱出过程，并将锂离子电池划分为 x 方向（电极厚度方向）和球形颗粒的径向 r 方向；Fick 第二定律被用于描述锂离子在电极固相的扩散过程及固相颗粒内的浓度分布，而电解液内及隔膜内的锂离子浓度则采用电荷守恒及物质守恒计算，基于欧姆定律计算固相电势，基于 Kirchhoff 定律及欧姆定律计算电解液及隔膜内的液相电势，利用 Butler-Volmer 动力学公式计算电极反应动力学。P2D 模型的控制方程包含固相扩散方程、液相扩散方程、固相电势方程、液相电势方程、电荷守恒方程和 Butler-Volmer 动力学方程等，控制方程考虑了锂离子在粒子径向维度及时间维度的信息。

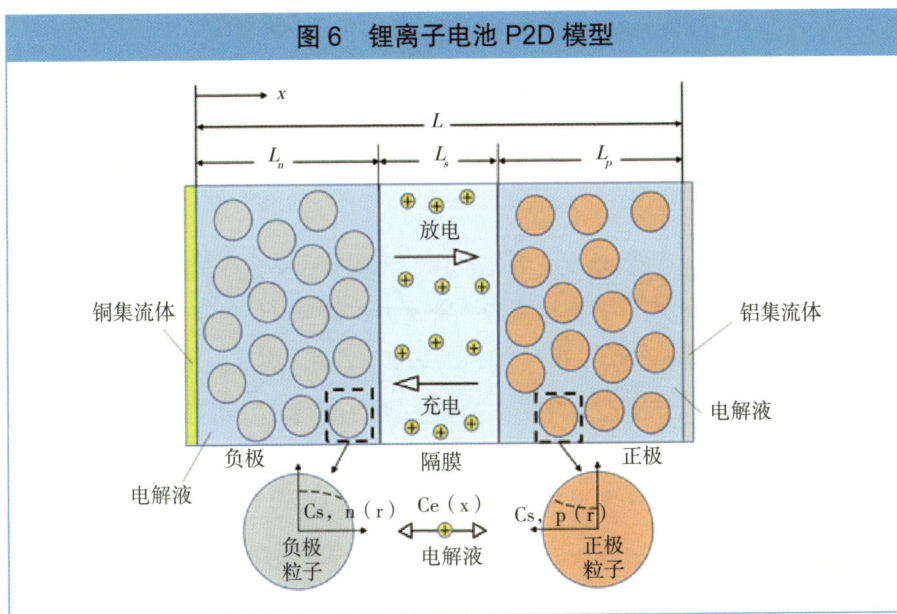

图 6　锂离子电池 P2D 模型

（2）单粒子模型

由于 P2D 模型包含多个互相耦合的偏微分方程，模型具有较高的计算复杂度及参数辨识难度，因此简化的单粒子模型则成为另一种重要的锂离子电池电化学模型。典型的单粒子模型的结构示意如图 7 所示。由 Ning 和 Pupov 提出的单粒子模型简化了多维耦合的偏微分方程，并可用于描述锂离子电池工作特性。在单粒子模型中，正负电极被等效为两个球形粒子，由于忽略了电极厚度方向的锂离子浓度差异以及固液相电势差异，单粒子模型所需的运算量相对较小，未来可适用于电池状态在线估计。为改善模型在大倍率工况下的性能，Farkhondeh 等将多粒子模型应用于磷酸铁锂电池的建模。

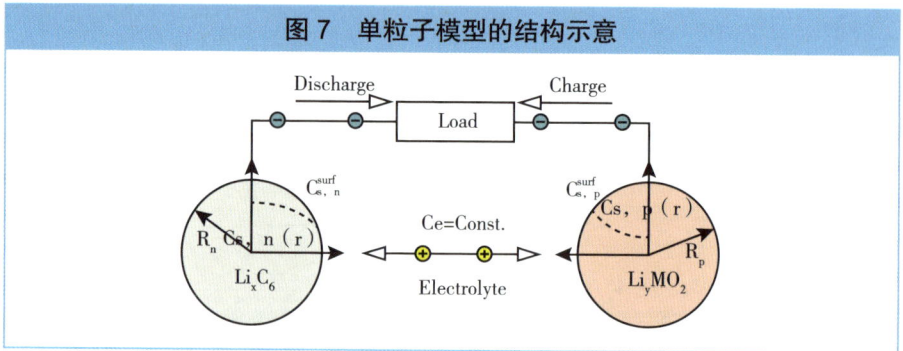

图 7　单粒子模型的结构示意

（二）电化学－热－机耦合模型在动力电池老化中的应用

由于动力电池特性受温度、老化条件、充放电倍率、正负极材料等多维强耦合因素影响，因此区分影响因素建立针对性的耦合模型是有效解决动力电池建模的方案之一。电化学－热－机模型是耦合了动力电池的电化学反应原理，同时结合电池产热、传热、散热方法，耦合动力电池老化倍率、内部应力等影响而提出的多维耦合模型，模型中包括考虑多种老化机理的电化学模型、热模型及机械模型，能够较为精确地描述电池的外部特性。

本文介绍的电化学－热－机耦合模型，其示意如图 8 所示。通过引入负极 SEI 膜生长和负极析锂两种老化形式建立 P2D 电化学模型；P2D 模型输出参数用于计算电池产热量及温度分布，基于热模型研究电池温度场，并将温度反馈给 P2D 模型用于模型参数矫正；建立机械模型，计算扩散诱导应力对正负极活性材料的损伤，并耦合 P2D 模型与热模型结果反馈获得当前的电极活性材料损失速率。三个模型间输出与输入相互耦合，进而实现模型的分工与合作，完成精细电化学模型构建。

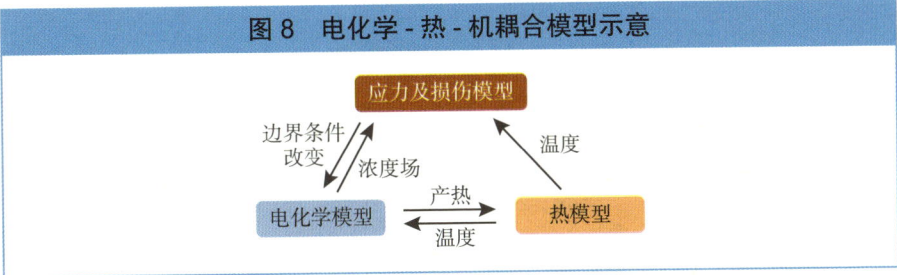

图 8 电化学 - 热 - 机耦合模型示意

1.P2D 模型

P2D 模型一般假设电极是多孔结构，电极活性材料可采用球形颗粒模拟，同时假设 Li⁺ 的嵌入和脱嵌过程是活性材料颗粒表面发生，传输过程单向。①基于 Fick 定律表示电极活性材料球形颗粒的固相 Li⁺ 浓度；②根据 Li⁺ 守恒得到电解质液相 Li⁺ 浓度；③根据欧姆定律推导出固相电势；④使用基尔霍夫定律和欧姆定律计算电解液和隔膜中的液相电势；⑤基于 Butler-Volmer 动力学方程描述电极中 Li⁺ 的脱 / 嵌量。锂离子电池的控制方程如表 1 所示。

表 1 锂离子电池的 P2D 模型相关方程

区域	控制方程	说明
正极	$\dfrac{\partial C_{s,p}(x,r,t)}{\partial t}=\dfrac{D_{s,p}}{r^2}\dfrac{\partial}{\partial r}(r^2\dfrac{\partial C_{s,p}(x,r,t)}{\partial r})$	Li⁺ 固相浓度
	$\varepsilon_p\dfrac{\partial C_{e,p}(x,t)}{\partial t}=\dfrac{\partial}{\partial x}\left(D_{eff,p}\dfrac{\partial C_{e,p}(x,t)}{\partial x}\right)+a_p(1-t_+)J_p(x,t)$	Li⁺ 液相浓度
	$\sigma_{eff,p}\dfrac{\partial^2\Phi_{s,p}(x,t)}{\partial x^2}=a_pFJ_p(x,t)$	电势方程
	$-\sigma_{eff,p}\dfrac{\partial\Phi_{s,p}(x,t)}{\partial x}-k_{eff,p}\dfrac{\partial\Phi_{e,p}(x,t)}{\partial x}+\dfrac{2k_{eff,p}RT}{F}(1+t_+)\dfrac{\partial \ln C_{e,p}}{\partial x}=I$	
	$J_p(x,t)=K_p(C_{s,p,max}-C_{s,p,surf})^{0.5}(C_{s,p,surf})^{0.5}C_{e,p}^{0.5}\times$ $\left[\exp(\dfrac{0.5F\mu_{s,p}(x,t)}{RT})-\exp(-\dfrac{0.5F\mu_{s,p}(x,t)}{RT})\right]$	B-V 方程
	$\mu_{s,p}(x,t)=\Phi_{s,p}(x,t)-\Phi_{e,p}(x,t)-U_p$	过电势
	$V_{cell}(t)=\Phi_{s,p}(0,t)-\Phi_{s,n}(L,t)$	端电压

区域	控制方程	续表 说明
隔膜	$\varepsilon \dfrac{\partial C_e(x,t)}{\partial t} = \dfrac{\partial}{\partial x}\left(D_{\mathrm{eff}}\dfrac{\partial C_e(x,t)}{\partial x}\right)$	Li$^+$ 液相浓度
	$-k_{\mathrm{eff}}\dfrac{\Phi_e(x,t)}{\partial x} + \dfrac{2k_{\mathrm{eff}}RT}{F}(1-t_+)\dfrac{\partial \ln C_e}{\partial x} = I$	电势方程
负极	$\dfrac{\partial C_{s,n}(x,r,t)}{\partial t} = \dfrac{D_{s,n}}{r^2}\dfrac{\partial}{\partial x}\left(r^2\dfrac{\partial C_{s,n}(x,r,t)}{\partial r}\right)$	Li$^+$ 固相浓度
	$\varepsilon_n \dfrac{\partial C_{e,n}(x,t)}{\partial t} = \dfrac{\partial}{\partial x}\left(D_{\mathrm{eff},n}\dfrac{\partial C_{e,n}(x,t)}{\partial x}\right) + a_n(1-t_+)J_n(x,t)$	Li$^+$ 液相浓度
	$\sigma_{\mathrm{eff},n}\dfrac{\partial^2 \Phi_{s,n}(x,t)}{\partial x^2} = a_n F J_n(x,t)$	电势方程
	$-\sigma_{\mathrm{eff},n}\dfrac{\partial \Phi_{s,n}(x,t)}{\partial x} - k_{\mathrm{eff},n}\dfrac{\partial \Phi_{e,n}(x,t)}{\partial x} + \dfrac{2\kappa_{\mathrm{eff},n}RT}{F}(1-t_+)\dfrac{\partial \ln C_{e,n}}{\partial x} = I$	
	$J_n(x,t) = K_n(c_{s,n,\max}-c_{s,n,\mathrm{surf}})^{0.5}(c_{s,n,\mathrm{surf}})^{0.5}c_{e,n}^{0.5}$ $\times\left[\exp\left(\dfrac{0.5F\mu_{s,n}(x,t)}{RT}\right) - \exp\left(-\dfrac{0.5F\mu_{s,n}(x,t)}{RT}\right)\right]$	B-V 方程
	$\mu_{s,n}(x,t) = \Phi_{s,n}(x,t) - \Phi_{e,n}(x,t) - U_n$	过电势
	$V_{\mathrm{cell}}(t) = \Phi_{s,p}(0,t) - \Phi_{s,n}(L,t)$	端电压

2. 热模型

考虑到动力电池电化学反应等过程与温度呈强相关关系，在建模过程中引入温度模型具有重要意义。在通常情况下，锂离子电池热模型包括生热模型与传热模型，前者依靠 P2D 模型计算输出当前电池的产热，后者则通过导热定律计算产热量导致的电池内部温度分布。

（1）生热模型

锂离子电池的生热主要分为可逆热与不可逆热，可逆热（也称为熵热）产生自可逆的电化学反应过程中的熵变，不可逆热则源于极化热、欧姆热、混合热和焓变热。目前，生热量的计算通常采用 Bernardi 提出的能量平衡方程进行计算，具体如式（1）所示。

$$q_{\mathrm{total}} = q_{\mathrm{irre}} + q_{\mathrm{re}} + mC_p\frac{\mathrm{d}T}{\mathrm{d}t} \tag{1}$$

其中，q_{irre} 表示不可逆热；q_{re} 表示可逆热；第三项则表示由于 LIBs 在充放电过程发生的温度变化而产生的热量。

对于不可逆热，主要考虑欧姆热 $q_{o,y}$ 和极化热 $q_{p,y}$ 的影响：

$$q_{o,y} = \kappa_{\text{eff},y} \left(\frac{\partial \phi_{e,y}}{\partial x} \right)^2 + \sigma_y^{\text{eff}} \left(\frac{\partial \phi_{s,y}}{\partial x} \right)^2 + \frac{\partial \ln c_{e,y}}{\partial x} \frac{\partial \phi_{e,y}}{\partial x} \frac{2RT\kappa_{\text{eff},y}}{F} (0_+ - 1) \left(1 + \frac{\mathrm{d}\ln f}{\mathrm{d}\ln c_{e,y}} \right) \tag{2}$$

$$q_{p,y} = \sum \left[j_{i,y} \left(\phi_{s,y} - \phi_{e,y} - \frac{j_y}{S_y} R_{f,y} - U_{i,y} \right) \right] \tag{3}$$

其中，$j_{i,y}$ 表示不同电化学反应在单位体积电极内产生的电流；U_i 表示各电化学反应的平衡电势。

对于可逆热，主要考虑 Li+ 在充放电过程的脱 / 嵌反应所产生的熵变 $q_{re,y}$：

$$q_{re,y} = -\frac{\partial U_y}{\partial T} T \dot{j}_{int,y} \tag{4}$$

其中，T 表示电池温度（K）；U_y 表示 Li+ 在电极中的脱嵌反应的平衡电势，（V）。

综上所述，电池的总生热量 q_{total} 可由下式计算得到。

$$q_{\text{total}} = S_{\text{all}} \int_0^L (q_o + q_p + q_{re}) \mathrm{d}x + mC_P \frac{\mathrm{d}T}{\mathrm{d}t} \tag{5}$$

其中，m 表示电池的质量（kg）；C_p 表示电池的比热容 [J/(kg · K)]。

（2）LIBs 传热模型

根据传热学原理，热传导、热对流、热辐射均会产生热量的传递，并影响电池散热过程。在这里，假设电池是一个内部温度均匀的物体，并采用空气冷却方法进行散热，忽略热传导逸散的热量，具体的传热量可由式（6）进行计算。

$$q_t = \varepsilon \sigma A (T^4 - T_{\text{amb}}^4) + h_s A (T_{\text{amb}} - T) \tag{6}$$

其中，h_s 表示对流换热系数 [W/(m^2 · K)]；A 表示电池的表面积（m^2）；σ 表示黑体辐射常数；ε 表示电池的发射率；T_{amb} 表示电池所处的环境温度（K）。

为了简化计算，可将辐射传热调整为类似于对流方程的牛顿冷却定律，即辐射传热系数可以定义为：

$$h_{\mathrm{rad}} = \frac{\varepsilon\sigma(T^4 - T_{\mathrm{amb}}^4)}{T_{\mathrm{amb}} - T} \approx 4\varepsilon\sigma T_{\mathrm{amb}} \tag{7}$$

因此，式 (6) 可转变成：

$$q_t = h_s A(T_{\mathrm{amb}} - T) + h_{\mathrm{rad}} A(T_{\mathrm{amb}} - T) = hA(T_{\mathrm{amb}} - T) \tag{8}$$

根据能量守恒定律，将式 (5) 和式 (8) 联立即可得到电池的温度变化速率，具体如式 (9) 所示。

$$\frac{\mathrm{d}T}{\mathrm{d}t} = \frac{S_{all}\int_0^L (q_o + q_p + q_{re})\,\mathrm{d}x + hA(T_{amb} - T)}{mC_p} \tag{9}$$

（3）P2D 模型参数修正

P2D 模型中固液相电导率、副反应速率常数等都会随着温度变化，因此需要对其进行温度修正。常用的关系式为阿伦尼乌斯公式，即

$$\theta = \theta_{ref}\exp\left[\frac{E_a(\theta)}{R}\left(\frac{1}{298.15} - \frac{1}{T}\right)\right] \tag{10}$$

其中，ref 表示该参数在 298.15K 下的值；E_a 表示该参数的活化能（J/mol）。

3. 机械模型

电极活性颗粒的大小、形态、形状和晶体结构影响锂离子电池性能。特别的，电极活性颗粒的尺寸具有更重要的意义，例如循环能力、容量保持率、插层动力学和功率容量。然而在电池运行过程中，锂离子从电极颗粒处嵌入和脱嵌时，会发生晶格膨胀和收缩并引发颗粒裂纹和破裂，从而导致可循环锂离子的数量减少，产生电池容量衰减。活性材料损失发生的主要原因是电池的扩散诱导应力（Diffusion-Induced Stresses，DIS）。目前也有许多学者研究了 DIS 对电极颗粒的影响。Zhao 等人利用断裂力学研究了快充状态下 Li_xCoO_2 颗粒的扩散诱导断裂情况。Lim 等人在恒电流条件下模拟了 Li_yCoO_2 颗粒中的扩散诱导应力，结果表明在 Li+ 嵌入过程中，电池的机械故障可能始于电极颗粒凹入区

域。因此机械模型的构建通常基于扩散诱导应力的研究，并通过式（11）进行计算应变能。

$$E_{\mathrm{T,y}} = 4\pi \int_0^{R_{r,y}} e_y(r_y) r_y^2 \mathrm{d}r_y \tag{11}$$

应变能的大小来表征电极的活性材料损失，即假设当 $E_{\mathrm{T,y}}$ 超过标准值（$E_{\mathrm{T,st,y}}$）时才会引起活性材料损失。对于上式来说，当电池充放电倍率足够低时，活性材料损失可能不会明显发生。但研究发现电池即使在储存状态下，正负极材料在一年内也会有较为明显的损失。因此，在低倍率下，电极材料的日历老化可能对电池的性能影响也较大，因此本文介绍的机械模型将综合考虑静置期间和循环期间的正负极 LAM，来获得不同老化程度下的电极 LAM 的变化规律。结合 P2D 模型中的参数，本文将用电极活性材料体积分数来表征电极 LAM，具体如式（12）所示。

$$\frac{\partial \varepsilon_{s,y}}{\partial t} = -(k_{y,c} a_y + k_{y,s}) \varepsilon_{s,y}^0 \tag{12}$$

其中，s,y 表示新电池的初始电极活性材料体积分数；$k_{y,c}$ 和 $k_{y,s}$ 分别表示电池基准工况循环期间和静置期间的电极 LAM 速率，它们都与温度呈正相关，因此本文假设其符合阿伦尼乌斯公式。

（三）仿真模型在大数据应用环境下的改进

由于云端具有强大的计算能力，电化学模型以及如电化学－热－机耦合模型等高模型精度可在云端环境下运行，对提升锂离子电池性能预测与故障预警具有重要的意义。但现有模型大多依赖于测试实验及拆解实验等，难以适用于云端控制环境下要求的强适应性、快速迭代特性与强耦合性等特点。因此，如何将大数据方法与现有模型相结合是目前云端控制研究的重点。表 2 横向对比分析了各动力电池等效模型方法。

目前，基于数据算法与模型结合的方式主要体现在利用数据挖掘算法实现模型参数辨识或特性提取，相关研究已取得部分进展。康鑫等采用自适应混沌

表 2 动力电池等效模型方法对比

模型分类	名称	模型复杂度	计算复杂度	模型精度	模型特征	模型缺陷	应用场景
等效电路模型	Rint模型	☆	☆	☆	采用一个直流电阻模拟直流特性	对于动态特性难以模拟	车载嵌入式系统
	多阶RC模型	☆☆	☆	☆☆	采用多阶RC模型模拟动态特性	在高、低SOC区间内动态特性较差	车载嵌入式系统
数据驱动模型	神经网络模型	☆☆☆	☆☆☆	☆☆☆	采用大量数据训练模型并获得较好精度	对超出训练集的内容具有较差的泛化性能	云端数据平台
	支持向量机	☆☆☆	☆	☆☆☆	对于模组内的电池分类有较好的表现	无法直观地用于表征电池参数	云端数据平台
电化学模型	P2D模型	☆☆☆☆	☆☆☆☆	☆☆☆☆	采用简化的电化学原理建立较精准的模型	计算量较大	云端数据平台
	单粒子模型	☆☆☆	☆☆☆	☆☆☆	模型参数相对较少	对电化学原理进行简化，模型精度降低	车载嵌入式系统
	电化学-热-机械耦合模型	☆☆☆☆☆	☆☆☆☆☆	☆☆☆☆☆	系统化描述动力电池内部反应原理，耦合多物理场分析模型内部反应过程	计算量较大	云端数据平台

粒子群算法对简化的锂离子电池电化学模型完成了参数辨识。研究结果表明，使用智能优化算法下的电化学模型参数辨识经过充分迭代优化后也可获得较精准的模型参数。徐兴等基于遗传算法对有限差分法简化的电化学模型进行了参数辨识。研究结果表明，算法辨识的参数可有效保证模型输出精度。Pang 等则使用遗传算法研究了单粒子模型的参数辨识，研究结果可用于锂离子电池 SOH 估计等问题。Li 等使用 D-Martov 机提取电池动态特性与模式识别，而 Li 等研究了多种模型参数辨识算法与 SOC 算法的结合应用。

但经典的智能优化算法仍难以发挥海量数据的优势，该类算法的迭代速度与优化方向较为随机，难以直接收敛至较精准的电池模型参数。因此，采用较为先进的大数据算法与经典模型结合可有效解决海量数据处理问题，并在未来的云端控制中具有较重要的地位及领域。目前，先进的大数据算法与模式识别及参数辨识的结合也已有进展。Guan 等研究了多种数据驱动算法及特征提取算法在原理上的对比，研究结果表明，二阶盲识别（SOBI）算法相对其他特征提取算法具有较高的精度。熊瑞等研究了数据驱动下的卡尔曼滤波算法在 SOC 估计上的应用，并提出了基于数据驱动的多尺度双卡尔曼滤波方法。Li 等基于概率有限状态机研究了 SOH 的在线估计，研究结果表明该方法可能是在紧张算力的电化学模型下的可行解。Cadini 等研究了数据挖掘与粒子滤波算法的结合，并用于锂离子电池剩余寿命预测及故障诊断应用。研究结果表明，该算法具有较好的应用结果，并且在算法适应性及故障敏感度等方面表现出色。

四　电池故障预警策略优化研究

（一）衰退引发的安全性风险

从已有的研究来看，锂离子电池的安全性能变化与电池老化和性能衰退有着直接的关系。针对电池老化引起的安全性分析，可以从单体和模组两个维度进行分析。从电池单体的维度上看，在电池的使用过程中，电池内部由于多种副反应的进行会发生不同程度的老化衰减，例如 SEI 膜生成，活性材料损失，负极析锂等，这些不仅影响电池的充放电能力，还会引起电池热稳定性的变化，加大出现热失控的可能性。从电池模组的维度上看，模组内不同电池单体的老化速率存在差异，容量衰退的程度也不尽相同，在使用过程中单体电池的不一致性逐渐扩大，导致某些单体电池性能加速衰减，最终引发电池模组的过早失效。

1. 热稳定性下降导致的风险

随着动力电池的老化，电池的热稳定性降低，那么引发热失控的温度点将会下降，在温度阈值方面加大引发热失控的风险。与此同时，老化使得电池内阻增大，在高温或常温的循环老化工况下，内阻上升导致电池的焦耳产热增加，这在生热产热方面进一步加大了电池发生热失控的风险。一旦发生热失控，可能会引起锂离子电池的起火与爆炸，威胁电动汽车内乘客和周围行人的安全。因此在进行动力电池的安全性分析时，热稳定性是其中重要的一部分。

Ren 等基于实验分析了 4 种老化模式对于 24Ah 商用锂离子电池的热稳定性的影响，实验结果表明不同老化模式对正极的热稳定性几乎没有影响，而负极和电解质组成的热力学系统的热稳定性出现了明显的变化，这使得电池更容易发生热失控。同时，实验进一步发现负极析锂是引起电池热稳定性下降的主要原因。

Liu 等基于增量容量分析和电化学阻抗谱，对锂离子电池在轻微的过度充电循环下的老化行为和机理进行了定性和定量研究。结果表明，由于活性材料的损失，轻微的过度充电会加速电池老化。此外，他们还使用加速量热仪研究了老化电池的热稳定性，发现老化电池的热稳定性会变差，而过充下的负极析锂反应在热稳定性变化中起到了关键作用。

Li 等使用差速扫描量热仪和加速绝热量热仪对不同充电状态的硅碳负极锂离子电池进行了详细的热稳定性分析，在电池 SOC 大于 55% 时首先观察到了硅碳材料的热稳定性突变情况。实验结果进一步表明，当电池处于不同的 SOC 时，自加热开始温度和热失控触发温度不会发生很大变化，而 NMC811/ 硅碳体系电池将在 60℃ 左右开始自热，在 150℃ 发生热失控。

从已有的研究成果来看，电池老化后主要由于负极的影响，热稳定性明显降低，而析锂副反应是负极热稳定性发生明显变化的主要影响因素。在电池的使用过程中，大倍率电流充电、低温充电或者过充都会造成负极析锂情况的发生，因此避免电池在上述工况下进行充电能够减缓电池的老化，有效降低由热稳定性下降而引起的热失控风险。

2. 容量不一致性导致的风险

容量的不一致性引发的最直接问题是电池模组的可用容量降低，对于串联电池组来说，根据"木桶效应"，电池模组中容量最小的电池决定了电池组的最大可用容量，因此随着电池老化程度的加深，容量不一致性的扩大，电池模组的可用容量将会远低于预期容量。另外，在相同的充放电条件下，由于单体之间存在容量差异，其充放电情况也会存在差异，容量较低的电池会有过充或过放的情况发生，会加速其老化甚至对其造成不可逆的损坏，在循环使用过程中严重影响电池模组的健康状况。而为了得到当前电池模组的容量不一致性信息，对电池组的单体容量和 SOC 进行准确估计尤为重要。

Yang 等提出了基于二阶等效电路模型的多时间尺度扩展卡尔曼滤波算法，以估计电池组中每个电池单体的 SOC 和容量，并在两个动态工况下验证了此算法针对老化电池组的估计精度。研究结果显示，在整个测试期间，电池组中每个电池单体的 SOC 估计误差在 5% 以内，在之后容量估计过程保持稳定时，SOC 的估计误差能减少到 3% 以内。另外，在容量估计过程的中间阶段，该算法还可以准确识别出具有最大和最小容量的电池单体的数量。

Zheng 等提出了一种基于均值差模型和扩展卡尔曼滤波器的电池组 SOC 不一致性估计方法。在该方法中，选择二阶 RC 模型作为电池均值模型，以表示电池组的整体性能；使用 Rint 模型作为电池单体差异模型，以估算 SOC 的差值；采用粒子群优化算法对均值差模型进行参数识别；随后使用扩展卡尔曼滤波器估计电池组平均 SOC 和电池单体 SOC 的差值。12 串小型电池模组的实验结果表明，估计的 SOC 差值能够快速收敛并跟踪实际值的变化。

针对容量不一致性带来的风险和危害，均衡管理系统可有效降低电池组间的不一致性，提高电池寿命，实现电池的安全、健康运行。基于电路拓扑结构，电池均衡技术可大体划分为被动均衡与主动均衡。被动均衡将电池组中高容量单体的一部分电能通过电阻释放，但无法为低容量的单体进行能量补充，因此多用于充电工况使电池组整体充入更多的电能；而主动均衡可实现单体之间的能量传递，将高容量单体的一部分电能转移至低容量的单体，可用于放电工况以防止某些单体容量衰减过快而发生过放等危险情况。目前应用较多的仍是被动均衡技术，主动均衡技术由于拓扑结构更为复杂尚未大范围应用，但也受到广泛关注和研究。

（二）容量衰退识别方法

锂离子电池使用过程必然会出现性能衰退，特别是在电动汽车应用场景下，工作环境相对而言较为恶劣，可能工作在高温或低温等极端温度条件下，在爬坡、急加速等工况下可能存在大倍率放电，在快充需求下可能会存在大倍率充电、温度快速上升，以及反复的深度放电，还可能会导致电池的加速老化。锂离子电池的性能衰退主要体现为可用容量的衰退，以及电池内阻的增加；这些老化都必然会影响整车的动力性以及续驶里程。此外，电池的衰减特性还是其是否退役的判断依据，因此动力电池的健康状态（SOH）估计和剩余可用寿命（RUL）预测对于了解车用锂离子动力电池的工作特性极为重要。

结合现有文献的研究成果，锂离子电池的 SOH 估计以 RUL 预测可大体分为两大类，即基于模型驱动的方法与基于数据驱动的方法。基于模型驱动的方法，主要包括经验模型、基于等效电路模型和基于电化学模型的方法等；基于数据驱动的方法主要包括高斯过程回归（GPR）、神经网络、支持向量机（SVM）等方法；近年来，研究领域也出现了将各种方法加以融合利用的混合驱动方法。

1. 基于模型驱动的方法

模型驱动方法种类众多，主要包括经验模型、基于等效电路模型和基于电化学模型方法。

（1）经验模型方法

经验模型多基于试验数据，采用数据拟合等方法提取统计规律，从而实现电池老化程度的评估及预测。

Wang 等基于实验研究了磷酸铁锂电池在温度、DOD 和放电倍率三个应力下的老化特性，测试矩阵包括温度（-30~60℃）、DOD（10%~90%）和放电倍率（C/2~10C）。实验结果表明，在低放电倍率情况下，容量损失主要受时间和温度的影响，受 DOD 影响较小；并据此建立了容量衰减模型，采用幂指数形式描述容量衰减过程，并引入阿伦尼乌斯公式进行温度修正。该模型与实验数据在一定范围内对应得较好，但未考虑电池容量跳水等过程。Petit 等基于实验研究了镍钴铝（NCA）电池和磷酸铁锂电池的日历老化特性和循环老化特性，采用 SOC 和温度两个影响因子构建日历老化模型，采用电流和温度两个影响因子构建循环老化模型；并针对 V2G 应用场景分别进行了两种电池的老化特性对比。Hoog 等基于测试研究了镍钴锰（NMC）电池在温度、DOD、SOC 和电流倍率应力下的老化特性，其测试矩阵包括温度（25~45℃）、放电深度（20%~100%）、SOC（20%~80%）和电流倍率（C/3~2C）。循环老化结果表明，循环时容量损失受 DOD 和温度的影响交大，而存储时主要受 SOC 和存储温度的影响。该结果与世界轻型车测试循环工况（WLTC）的结果得到了较好验证。吉林大学马彦等研究了锰酸锂电池在特定工况下的老化特性，基于指数拟合方法建立了容量衰减模型，并采用扩展 H_∞ 生成概率密度函数方法改善粒子滤波方法中的粒子匮乏问题，并结合试验进行了模型精度验证。仿真结果表明，这种改进方法比传统粒子滤波方法的估计精度更高，且仿真精度会随着实验数据量的增多而提高。但该模型未考虑温度对老化模型的影响。

经验模型方法的优点在于模型简单，计算量小，可直接用于车载应用。但经验模型对测试数据的质量和精度需求较高；另外，由于影响电池老化行为的因素众多且相互耦合，如工作温度、电流倍率、放电深度（DOD）等外界应力均会影响电池的老化特性，而建立经验模型时往往仅采用单个应力或部分应力，使得采用经验模型方法估计电池老化程度的精度难以保证。

（2）基于等效电路模型方法

等效电路模型方法是通过电压源、电感、电阻、电容等元件构建等效电路模型，从而描述锂离子电池老化特性的方法。

Roscher 等研究了磷酸铁锂电池的老化特性，并采用一阶等效电路模型来描述电池特性，通过实测电池端电压得到的 OCV 和模型估计的 OCV 的比较结果来表征电池老化状态，从而实现对电池容量损失的量化估计，但该参数对其他类型电池的适应性仍有待验证。Wassiliadis 等提出了基于二阶等效电路模型的双扩展卡尔曼滤波（DEKF）方法，来实现电池状态和参数的同时估计，并在不同工况和不同 SOH 阶段验证了方法的准确性。与传统的 EKF 方法相比，DEKF 在电池全生命周期提高了估算准确性，但电池严重老化后的参数估计值偏差将会增大。杨世春等提出了一种锂离子电池 SOC 及 SOH 多时间尺度联合估计方法，并在三元电池上进行了验证。该方法采用一阶等效电路模型构建状态方程，在 0℃、15℃、25℃和 45℃等温度下进行了实验测试，并基于最小二乘法进行了不同温度下的参数辨识，提取模型参数与 SOC 变化曲线。在此基础上，基于双拓展卡尔曼滤波（DEKF）方法实现了 SOC 和容量在不同时间尺度下的联合估计，并结合试验在动态工况下进行了准确性和精度验证。

由于其结构简单、计算量适中、无须深入研究电池相关机理，等效电路模型方法成为目前动力电池状态估计的主要分析方法之一，但其物理意义不够明确，在描述电池动态特性时精度有时无法满足需求。

（3）基于电化学模型方法

电化学模型方法通常基于多孔电极理论和浓溶液理论将电池内部的电化学反应动力学、传质等微观反应过程数值化来描述锂离子电池行为，在锂离子电池健康状态估计上面也有较为广泛的应用。

Li 等在传统单粒子模型基础上引入 SEI 膜生成及活性材料应力导致的老化模型，能够快速预测容量衰减和电压曲线随周期数和温度变化的过程，还能实现在线估计。但该模型没有考虑快充或低温充电等情况下可能产生析锂过程对容量衰减的影响。杨世春等基于电化学 - 热 - 机耦合模型方法对锂离子电池在不同老化应力下的衰减过程开展了研究。该模型主要研究了不同电流倍率和各种环境温度下，电池石墨负极发生的副反应以及正极活性材料损失的机理，以及动力电池外部的性能老化趋势，并结合试验方法进行了验证。结果表明，较高温度会加速 SEI 膜形成，而低温充电会导致严重的析锂，而极大倍率电流会造成正极活性材料的明显损耗。

2. 数据驱动方法

尽管对锂离子电池的老化机理已有了较为全面的分析，但锂离子电池高精确建模方法由于其运算量大和结构复杂，在容量衰减估计等方面有所不足。而数据驱动方法可直接基于历史数据实现电池的性能衰减预测，通过提取输入与输出间的潜在关联实现容量衰减预测，从而成为当前的研究热点。

Klass 等将基于统计的支持向量机（SVM）模型方法应用于车用锂离子电池的容量估计。该方法将典型的电动汽车工况曲线（包含电流、电压、温度和 SOC 等信息）数据作为训练集，将电流、温度和 SOC 等参数作为输入，将电压作为输出，经 SVM 训练后获得模型，并基于虚拟测试得到容量及内阻值。Richardson 等将高斯过程回归（GPR）用于锂离子电池的剩余容量估计及 RUL 预测。GPR 是一种非参数贝叶斯方法，可以处理预测目标变量的不确定性，并得到概率区间。该方法将 NASA 电池数据及文献数据作为训练集，基于循环次数对容量衰减做出预测，并进行了仿真验证。仿真结果显示，采用多输出 GPR 方法的预测性能优于单输出模型。

数据驱动方法具备较好的非线性拟合能力，在电池状态估计等场合下的应用前景较为广泛，但数据驱动方法对训练集的数据量及其质量有比较高的要求。

3. 联合驱动方法

针对不同辨识及预测方法的优势和不足，联合驱动或复合模型的方法被研究人员所引入。

Li 等将容量增量分析（ICA）方法与灰色关联分析方法相结合，采用插值方法获得增量容量（IC）曲线，然后提取健康指标以进行灰色关联分析，并基于熵权法（EWM）评估每个健康指标的重要性。通过计算参考序列和比较序列之间的灰色关联度来评估电池 SOH。实验结果验证了该方法的有效性。来鑫等提出了一种自适应容量估计方法，采用阿伦尼乌斯老化模型作为开环模型，结合充电曲线电压特征的容量在线辨识结果，采用增量式 PID 方法进行模型修正。经循环寿命验证，该自适应估计方法能够获得较好的容量估计结果。

表 3　容量衰退辨识方法对比			
方法名称	方法特征	方法弊端	结果评价
经验模型法	模型基于实验数据及人工经验，采用数据拟合等方法提取统计规律	方法依赖于充分的数据集，结果精度受数据集准确度和人工经验影响	☆
等效电路模型法	基于电压源、电感、电阻、电容等元件构建等效电路模型，通过拟合外特性描述电池容量及健康状态	模型本身参数难以直接体现健康状态，缺乏直观的物理意义	☆☆

续表

方法名称	方法特征	方法弊端	结果评价
电化学模型法	基于多孔电极理论和浓溶液理论将电池内部的电化学反应动力学、传质等微观反应过程数值化来描述锂离子电池行为	模型复杂度较高，且在模型的泛化性等方向存在缺陷，在电池种类、整车类型等存在特异性	☆☆☆
数据驱动法	数据驱动方法基于历史数据实现电池的性能衰减预测，通过提取输入与输出间的潜在关联实现容量衰减预测	缺乏针对电池内部反应机理或模型的研究，数据依赖于实验测试等	☆☆☆☆
联合驱动法	耦合其他模型方法的优势与缺陷，可有效降低其他方法不足	模型耦合时需要较强的数学原理推导，模型难以直接耦合	☆☆☆☆☆

（三）基于云端模型分析的故障预警方案

1.动力电池实际工况研究

动力电池的使用工况，对其容量衰退路径与故障预警具有非常重要的意义。影响动力电池寿命和故障率的温度、倍率、放电深度等因素均受到实际使用工况的限制。基于实际使用工况来研究动力电池的容量衰退预测与故障预警可有效提高其普适性，并对未来的云端控制策略提供前驱性研究。

动力电池的实际使用工况较为复杂，受整车使用的地域、时域、频域等多方面因素影响。目前评价动力电池使用实际工况的方法主要基于汽车行驶工况（Driving Cycle）。汽车行驶工况又称车辆测试循环，是描述汽车行驶在确定的时间片段内的速度–时间曲线，体现了汽车道路行驶的运动学特征，是汽车行业内用于车辆能耗/排放测试与标准指定的技术基础，也是汽车各项性能指标标定优化时的主要基准。汽车行驶工况描述了动力电池的功率需求，决定了当前条件下的电池输出功率，是影响动力电池容量衰退与故障发生的重要影响因素。目前，对于汽车行驶工况的研究主要分为两类。一类是由世界或国家主导，基于大量汽车采样数据抽象获得的汽车行驶工况，该类工况具有较普适意义的应用范围，主要包括新欧洲驾驶周期（New European Driving Cycle，NEDC），城市道路循环（Urban Dynamometer Driving Schedule，UDDS），中国汽车检测工况（China light-duty vehicle test cycle，CLTC）等。NEDC 与 UDDS 工况相对理想化，与国内汽车行驶工况具有较大差异。CLTC 工况是目前国内针对电动汽车总体行驶情况的针对性抽象，目前处于推广过程中。分析结果表明，该类测试工况具有较大的差异性，受当地的交通环境、出行条件等多因素影响。

另一类则是基于特定数据集，如包括某地区车辆采用数据，或某台车采样数据建立针对性的形式工况。该类工况在某一地域下具有较强的应用性，可以获得较好的评价结果。由于动力电池的容量衰退与故障预警具有特异性，即被研究的电池组之间使用工况并不一致，不同电池组间使用相同的测试工况会导致研究结果失真，建立具有针对性与适应性的电池测试工况具有重要应用意义。目前，针对特性环境下的行驶工况研究是目前针对电池测试环境的研究重点。

欧阳明高等提出进行动力电池容量衰退与故障预警研究时，可变工况具有较重要的应用意义。研究结果表明，动力电池的测试工况影响动力电池容量衰退机理与故障预警方法。孙逢春等建议在研究动力电池故障诊断及预警时，动力电池的动态负载值得加强研究。

2. 基于大数据的时变工况提取

目前，工况提取原理大多数基于原始的采样数据集降噪、去重、去误后的有效数据集获取。工况提取的核心目标是建立与有效数据集特征相匹配的典型循环工况，因此工况提取的方法主要集中在特征提取、特征分类与工况耦合等三个方面。特征提取是指从有效数据集中提取出与动力电池容量衰退及故障预警等可能相关的因素，主要包括：影响动力电池充放电倍率的电流数据，影响动力电池老化路径的温度数据，影响动力电池使用区间的 SOC、总电压、单体电压数据，影响动力电池一致性的最高 / 最低电压数据等。采用多方位、全面的特征量有助于更好地提取与描述有效数据集，但同时也会带来更多的计算量。为了处理由高额计算量引起的算法精度降低、收敛度下降等问题，以降维为核心思想的主成分分析及其他特征凝练算法是目前应用于特征提取的重要方法之一。

主成分分析法是统计学中常用的对数据降维方法之一，其核心在于通过正交变换，将其分量相关的原随机向量转化成其分向量不相关的新随机向量。该方法在代数上表现为将原数据矩阵的协方差阵变换成对角形阵，在几何上表现为将原坐标系变换成新的正交坐标系，使之指向样本点散布最大的正交方向，然后对多维变量系统进行降维处理，使之能以一个较高的精度转换成低维度变量系统。主成分分析法将原来众多的具有一定相关性的指标重新组合成一组较少个数的互不相关的综合指标来代替原来指标，从而不仅保留了原始变量的主要信息，彼此之间又不相关，更有助于抓主要矛盾，而且该方法在计算过程中无须人为干预，计算结果只与数据本身相关，不但能减少每组样本的特征个数，而且确保这些特征相互独立，使样本规律更清晰，便于回归模型的挑选，并加快算法速度。通常，作为数据集特征而获取的众多参数之间存在关联，例如速度与加速度、平均速度与平均行驶速度，因此，对组成的参数矩阵做正交变换以获取其特征值，从而获得占引领性的参数特征。在抛弃其他非重要特征参数后获取的精简参数矩阵，通常可保留较高水平的原数据集内容且具有较低的计算复杂度，也是典型的主成分分析结果。

特征分类是为了将提取到的精简参数矩阵按自身特征进行归类。分类的目的按相同的特征将参数分类。通常情况下，参数矩阵归类的本质可以描绘出动力电池的实际使用场景，表现为不同 SOC 区间下电池使用频率、不同温度环境下电池使用频率、不一致性演化趋势、动力电池充放电倍率分布等特性。这类特性均影响了动力电池的容量衰退与特征提取，进行有效的参数矩阵分类可以提高行驶工况的特异性与针对性，更好地模拟动力电池的实际使用工况。目前，特征分类的主要工具是大数据环境下的非监督学习，即聚类算法。该算法无须额外的人工标注，依靠数据集自身的特性实现归类，归类的依据是随机生成的聚类核心与相邻数据集的欧拉距离最短。最终的聚类结果是各聚类核心的间距最大（表明不同类的参数矩阵被完全的分隔开）同时各聚类内的欧拉距离最小（表明同类的参数矩阵尽可能地围绕核心）。通常情况下，聚类分析工具主要包括 K-means 聚类、K-medous 聚类等多类方法，同时也包括高斯回归分析等其他方法。

工况耦合是基于聚类的参数矩阵形成最终的具有代表性的实际运行工况的方法，其方法核心在于形成与原数据集特征高度匹配的工况用于分析动力电池的容量衰退及故障预警。工况耦合的难点在于将随机的工况生成方法与科学的仿真模拟方法结合，因此基于马尔科夫－蒙特卡洛法是目前用于工况耦合的核心方法。该方法采用统计抽样理论近似求解问题最优解，也可用于研究非概率问题。利用蒙特卡洛仿真求解问题是需建立与描述该问题有相似性的概率模型，利用相似性将概率模型的某些特征与问题求解联系起来，然后对模型进行随机模拟并寻找问题的近似最优解。因此基于蒙特卡洛仿真方法首先需寻找各聚类工况间的概率模型，随后基于概率模型组合行驶工况并通过大量的随机数仿真寻找最优解。

目前，基于大数据的实际工况提取已有众多进展。部分城市已建立自身的工况用于电动汽车或动力电池测试，包括北京、沈阳、西安、南京等。Quirama 等研究了动力电池工况对电池能耗等影响，而 Ma 等的研究结果表明，具有代表性的工况对于动力电池的能耗、排放等特性具有重要影响。Rechkemmer 等则研究了行驶工况对于动力电池老化路径等影响，研究结果表明，行驶工况对于动力电池的容量衰退、容量预测等具有重要影响。

3. 云端预警模型建立

基于动力电池精细电化学－热－机耦合模型的研究，与动力电池实际测试工况分析，结合动力电池容量衰退与故障预警方法调研，本文提出了一种基于云端控制模型分析的故障预警方案。方案基于车载 BMS 与 T-BOX 上传的动力电池采样数据，使用神经网络法辨识与修正云端动力电池模型参数，基于动力电池的历史数据在线辨识动力电池实际使用工况，结合数据挖掘的动力电池容量衰退预测方法分析动力电池剩余可用容量分布，生成动力电池容量衰退故障可能性分析结果。该方法有效实现了动力电池的经典物理－机理研究结果与先进大数据分析高度耦合，为未来的云端控制与预警研究提供可行方案。

考虑车载嵌入式系统计算能力限制，先进的动力电池容量衰退及预警模型难以在车端实现。因此采用云端分析方法与车端实时控制结合的方案可有效改善当前车端动力电池容量衰退预测及故障预警分析性能及效果，并在未来的大范围推广中获得明显的适应性优势。

由于在模型搭建过程中需综合考虑驾驶员的行为习惯与动力电池特性，因此模型建立所需的数据较为复杂。通常情况下，可包括：反映驾驶员行为信息的车辆速度、位置、整车信息及电池包信息等；反映动力电池特性的电压数据、电流数据、温度数据等；反映老化特征的一致性信息等。基于云端平台采样得到的整车数据库具有不良数据，难以直接用于数据挖掘过程，需要对数据库进行筛选、恢复，以得到可用的数据。由于汽车实际行驶过程中工况复杂，常会遇见高楼、立交桥等弱信号处，易造成采样数据丢失；同时也可能因故障等造成部分采样点丢失，因此，云端获取的采样数据常常包含多类不良数据值，需提前处理。通常情况下，需考虑的不良数据可能数据包丢失，数据片段丢失，数据集不连续，数据错误等方面。在综合考虑并结合了大数据方法与等效模型法的特点，吸取大数据方法在基于离散的采样数据获得较广泛适应性的通用模型优势，强化等效电路等机理模型在电池控制中的高精准性与鲁棒性，实现具有普适性的动力电池行驶容量衰退预测，进而基于预测值实现报警功能。考虑到目前动力电池实际使用过程中存在的故障等，在未来的模型强化过程中可将动力电池故障数据等上传至云端平台中实现故障分析。如基于动力电池一致性分析得到的故障电池分析可有效提高容量跳水电池鉴别；基于温度分布分析得到长期过温或欠温等故障电池分析，改善电池包结构及热管理方案设计等。

五　结论

　　动力电池容量衰退与故障预警是目前影响动力电池安全及应用的重要因素，高效的分析算法与模型可以有效提高动力电池老化程度预测准确度并提高故障预警精度。目前，容量衰退问题主要依靠锂离子电池的老化机理研究，通过建立高精度的机理模型实现容量预测。但该方法对实验数据有较高依赖性，且计算复杂度高，难以在动力电池控制中实时应用。而基于整车上传数据的数据驱动算法则可有效提高动力电池容量预测的普适性，并可降低车端对计算力的需求。但目前大数据算法多依赖于数据挖掘，与经典的锂离子电池容量衰退机理缺少关联性，难以利用经典的老化理论修正大数据模型以提高其先验的适应性与模型精度。有效结合动力电池的机理模型与大数据算法是未来重要的研究方向。

　　本文基于动力电池老化机理的研究建立了锂离子电池精细电化学－热－机耦合模型，并基于大数据算法研究了动力电池的实际运行工况提取方法，探究了基于耦合方法的动力电池容量衰退预测与故障预警方法。本文系统分析了目前动力电池容量衰退机理研究与动力电池故障预警方法，探究了结合大数据方法下的动力电池容量衰退与故障预警方案，为未来的动力电池云端管理技术提供重要思路。

参考文献

［1］Waldmann T, Wilka M, Kasper M, et al. Temperature dependent ageing mechanisms in Lithium-ion batteries – A Post-Mortem study[J]. Journal of Power Sources. 2014, 262: 129-135.

［2］Feng X, Fang M, He X, et al. Thermal runaway features of large format prismatic lithium ion battery using extended volume accelerating rate calorimetry[J]. Journal of Power Sources. 2014, 255.

［3］吴正国，张剑波，李哲，等 . 锂离子电池加速老化温度应力的滥用边界 [J]. 汽车安全与节能学报 . 2018, 9(01): 99-109.

［4］Petzl M, Kasper M, Danzer M A. Lithium plating in a commercial lithium-ion battery-A low-temperature aging study[J]. Journal of Power Sources. 2015, 275: 799-807.

［5］Zhang Y, Ge H, Huang J, et al. A comparative degradation study of commercial lithium-ion cells under low-temperature cycling[J]. RSC Advances. 2017.

［6］Dubarry M, Truchot C, Liaw B Y, et al. Evaluation of commercial lithium-ion cells based on composite positive electrode for plug-in hybrid electric vehicle applications. Part II. Degradation mechanism under 2C cycle aging[J]. Journal of Power Sources. 2011, 196(23): 10336-10343.

［7］Cheng J, Li X, Wang Z, et al. Mechanism for capacity fading of 18650 cylindrical lithium ion batteries[J]. Transactions of Nonferrous Metals Society of China. 2017, 27(7): 1602-1607.

［8］Wang J, Liu P, Hicks-Garner J, et al. Cycle-life model for graphite-LiFePO4 cells[J]. Journal of Power Sources. 2011, 196(8): 3942-3948.

［9］Klett M, Eriksson R, Groot J, et al. Non-uniform aging of cycled commercial LiFePO4// graphite cylindrical cells revealed by post-mortem analysis[J]. Journal of Power Sources. 2014, 257: 126-137.

［10］ Lei Y, Zhang C, Gao Y, et al. Charging optimization of lithium-ion batteries based on capacity degradation speed and energy loss[J]. Energy Procedia. 2018, 152: 544-549.

［11］ Dung L, Yuan H, Yen J, et al. A lithium-ion battery simulator based on a diffusion and switching overpotential hybrid model for dynamic discharging behavior and runtime predictions[J]. Energies. 2016, 9(1): 51.

［12］ Xiong R, Shen W. Advanced battery management technologies for electric vehicles[M]. Wiley, 2019.

［13］ He H, Xiong R, Fan J. Evaluation of lithium-ion battery equivalent circuit models for state of charge estimation by an experimental approach[J]. Energies. 2011, 4(4): 582-598.

［14］ 雷肖, 陈清泉, 刘开培, 等. 电动车蓄电池荷电状态估计的神经网络方法 [J]. 电工技术学报. 2007(08): 155-160.

［15］ Kang L, Zhao X, Ma J. A new neural network model for the state-of-charge estimation in the battery degradation process[J]. Applied Energy. 2014, 121: 20-27.

［16］ Chemali E, Kollmeyer P J, Preindl M, et al. State-of-charge estimation of Li-ion batteries using deep neural networks: A machine learning approach[J]. Journal of Power Sources. 2018, 400: 242-255.

［17］ Wang J, Chen Q, Cao B. Support vector machine based battery model for electric vehicles[J]. Energy Conversion and Management. 2006, 47(7): 858-864.

［18］ Klass V, Behm M, Lindbergh G. A support vector machine-based state-of-health estimation method for lithium-ion batteries under electric vehicle operation[J]. Journal of Power Sources. 2014, 270: 262-272.

［19］ 熊瑞, 何洪文, 许永莉, 等. 电动汽车用动力电池组建模和参数辨识方法 [J]. 吉林大学学报 (工学版). 2012, 42(04): 809-815.

［20］ 康鑫, 时玮, 陈洪涛. 基于锂离子电池简化电化学模型的参数辨识 [J]. 储能科学与技术 . 2020: 1-16.

［21］ Doyle M. Modeling of Galvanostatic Charge and Discharge of the Lithium/Polymer/Insertion Cell[J]. Journal of The Electrochemical Society. 1993, 140(6): 1526.

［22］ Ning G, Popov B N. Cycle life modeling of lithium-ion batteries[J]. Journal of The Electrochemical Society. 2004, 151(10): A1584.

［23］Farkhondeh M, Safari M, Pritzker M, et al. Full-range simulation of a commercial LiFePO4 electrode accounting for bulk and surface effects: a comparative analysis[J]. Journal of The Electrochemical Society. 2014, 161: A201-A212.

［24］庞辉 . 基于电化学模型的锂离子电池多尺度建模及其简化方法 [J]. 物理学报 . 2017, 66(23): 312-322.

［25］Bernardi D. A general energy balance for battery systems[J]. Journal of The Electrochemical Society. 1985, 132(1): 5.

［26］Zhao K, Pharr M, Vlassak J, et al. Fracture of electrodes in lithium-ion batteries caused by fast charging[J]. Journal of Applied Physics. 2010, 108: 73517.

［27］Lim C, Yan B, Yin L, et al. Simulation of diffusion-induced stress using reconstructed electrodes particle structures generated by micro/nano-CT[J]. Electrochimica Acta. 2012, 75: 279-287.

［28］Cheng Y, Verbruggeb M W. Evolution of stress within a spherical insertion electrode particle under potentiostatic and galvanostatic operation[J]. Jounal of Power Sources. 2009, 190: 453-460.

［29］徐兴 , 王位 , 陈龙 . 基于 GA 的车用锂离子电池电化学模型参数辨识 [J]. 汽车工程 . 2017, 39(07): 813-821.

［30］Pang H, Mou L, Guo L, et al. Parameter identification and systematic validation of an enhanced single-particle model with aging degradation physics for Li-ion batteries[J]. Electrochimica Acta. 2019, 307: 474-487.

［31］Li Y, Chattopadhyay P, Ray A. Dynamic data-driven identification of battery state-of-charge via symbolic analysis of input–output pairs[J]. Applied Energy. 2015, 155: 778-790.

［32］Li Y, Chen J, Lan F. Enhanced online model identification and state of charge estimation for lithium-ion battery under noise corrupted measurements by bias compensation recursive least squares[J]. Journal of Power Sources. 2020, 456: 227984.

［33］Guan W, Dong L L, Zhou J M, et al. Data-driven methods for operational modal parameters identification: A comparison and application[J]. Measurement. 2019, 132: 238-251.

［34］Xiong R, Sun F, Chen Z, et al. A data-driven multi-scale extended Kalman filtering based parameter and state estimation approach of lithium-ion polymer battery in electric vehicles[J]. Applied Energy. 2014, 113: 463-476.

［35］Li Y, Chattopadhyay P, Ray A, et al. Identification of the battery state-of-health parameter from input–output pairs of time series data[J]. Journal of Power Sources. 2015, 285: 235-246.

［36］Cadini F, Sbarufatti C, Cancelliere F, et al. State-of-life prognosis and diagnosis of lithium-ion batteries by data-driven particle filters[J]. Applied Energy. 2019, 235: 661-672.

［37］Ren D, Hsu H, Li R, et al. A comparative investigation of aging effects on thermal runaway behavior of lithium-ion batteries[J]. eTransportation. 2019, 2: 100034.

［38］Liu J, Duan Q, Ma M, et al. Aging mechanisms and thermal stability of aged commercial 18650 lithium ion battery induced by slight overcharging cycling[J]. Journal of Power Sources. 2020, 445: 227263.

［39］Li H, Kong X, Liu C, et al. Study on thermal stability of nickel-rich/silicon-graphite large capacity lithium ion battery[J]. Applied Thermal Engineering. 2019, 161: 114144.

［40］Yang C, Wang X, Fang Q, et al. An online SOC and capacity estimation method for aged lithium-ion battery pack considering cell inconsistency[J]. Journal of Energy Storage. 2020, 29: 101250.

［41］Zheng Y, Gao W, Ouyang M, et al. State-of-charge inconsistency estimation of lithium-ion battery pack using mean-difference model and extended Kalman filter[J]. Journal of Power Sources. 2018, 383: 50-58.

［42］Hu X, Xu L, Lin X, et al. Battery Lifetime Prognostics[J]. Joule. 2020, 4(2): 310-346.

［43］Han X, Lu L, Zheng Y, et al. A review on the key issues of the lithium ion battery degradation among the whole life cycle[J]. eTransportation. 2019, 1: 100005.

［44］姜久春, 高洋, 张彩萍, 等. 电动汽车锂离子动力电池健康状态在线诊断方法术 [J]. 机械工程学报. 2019, 55(20): 60-72.

［45］Wang J, Liu P, Hicks-Garner J, et al. Cycle-life model for graphite-LiFePO4 cells[J]. Journal of Power Sources. 2011, 196(8): 3942-3948.

［46］Petit M, Prada E, Sauvant-Moynot V. Development of an empirical aging model for Li-ion batteries and application to assess the impact of Vehicle-to-Grid strategies on battery lifetime[J]. Applied Energy. 2016, 172: 398-407.

［47］de Hoog J, Timmermans J, Ioan-Stroe D, et al. Combined cycling and calendar capacity fade modeling of a Nickel-Manganese-Cobalt Oxide Cell with real-life profile validation[J]. Applied Energy. 2017, 200: 47-61.

［48］马彦，陈阳，张帆，等．基于扩展 H_ ∞粒子滤波算法的动力电池寿命预测方法 [J]. 机械工程学报．2019, 55(20): 36-43.

［49］张雅琨，苏来锁，王彩娟，等．多应力作用下锂离子电池老化模型[J]. 电源技术． 2018, 42(01): 32-36.

［50］Roscher M A, Assfalg J, Bohlen O S. Detection of utilizable capacity deterioration in battery systems[J]. IEEE Transactions on Vehicular Technology. 2011, 60(1): 98-103.

［51］Wassiliadis N, Adermann J, Frericks A, et al. Revisiting the dual extended kalman filter for battery state-of-charge and state-of-health estimation: A use-case life cycle analysis[J]. Journal of Energy Storage. 2018, 19: 73-87.

［52］杨世春，顾启蒙，华旸，等．锂离子电池 SOC 及容量的多尺度联合估计 [J]. 北京航空航天大学学报．2019.

［53］林娅，陈则王．锂离子电池剩余寿命预测研究综述 [J]. 电子测量技术．2018, 41(4): 29-35.

［54］杨杰，王婷，杜春雨，等．锂离子电池模型研究综述 [J]. 储能科学与技术．2019, 8(01): 58-64.

［55］Li J, Adewuyi K, Lotfi N, et al. A single particle model with chemical/mechanical degradation physics for lithium ion battery State of Health (SOH) estimation[J]. Applied Energy. 2018, 212: 1178-1190.

［56］Yang S, Hua Y, Qiao D, et al. A coupled electrochemical-thermal-mechanical degradation modelling approach for lifetime assessment of lithium-ion batteries[J]. Electrochimica Acta. 2019, 326: 134928.

［57］Richardson R R, Osborne M A, Howey D A. Gaussian process regression for forecasting battery state of health[J]. Journal of Power Sources. 2017, 357: 209-219.

［58］来鑫，秦超，郑岳久，等．基于恒流充电曲线电压特征点的锂离子电池自适应容量估计方法 [J]. 汽车工程．2019, 41(01): 1-6.

［59］Ouyang M, Feng X, Han X, et al. A dynamic capacity degradation model and its applications considering varying load for a large format Li-ion battery[J]. Applied Energy. 2016, 165: 48-59.

［60］陈泽宇, 熊瑞, 孙逢春. 电动汽车电池安全事故分析与研究现状 [J]. 机械工程学报. 2019, 55(24): 93-104.

［61］Quirama L F, Giraldo M, Huertas J I, et al. Driving cycles that reproduce driving patterns, energy consumptions and tailpipe emissions[J]. Transportation Research Part D: Transport and Environment. 2020, 82: 102294.

［62］Ma R, He X, Zheng Y, et al. Real-world driving cycles and energy consumption informed by large-sized vehicle trajectory data[J]. Journal of Cleaner Production. 2019, 223: 564-574.

［63］Rechkemmer S K, Zang X, Zhang W, et al. Lifetime optimized charging strategy of Li-ion cells based on daily driving cycle of electric two-wheelers[J]. Applied Energy. 2019, 251: 113415.

测试评价篇 | 锂离子电池安全性能测试评价方法分析

◎许辉勇　张志萍　胡仁宗　姜久春*

*许辉勇，华南理工大学、深圳普瑞赛思检测有限公司，主要研究方向为锂离子电池热失控扩展及防控；张志萍，工程师，深圳普瑞赛思检测有限公司，主要研究方向为锂离子电池热失控扩展及防控；胡仁宗，华南理工大学教授，主要研究方向为锂离子电池材料及其失效机理、电子技术、微网技术、电动汽车充电机设计与优化、电动汽车电池管理技术及动力电池成组应用技术；姜久春，欣旺达电子股份有限公司，主要研究方向为电力电子技术、微网技术、电动汽车充电机设计与优化、电动汽车电池管理技术及动力电池成组应用技术。

摘　要： 伴随着新能源汽车的快速发展，新能源汽车的安全问题凸显。据不完全统计，自 2017 年新能源汽车被广泛应用开始，全球每年均有多达上百起的冒烟、起火等自燃事故，其中约有一半事故与电池系统有关。为了保障新能源汽车的安全运行，各个国家和地区都制定了相应的评价测试标准。本文将以中国的新能源汽车电池系统安全评价测试标准为基础，结合安全测试实例，对比分析现行世界各国的相关标准，并对未来新能源汽车电池系统的安全测试评价分析做出展望。

关键词： 新能源汽车　锂离子电池　安全测试

一　引言

中国是全球新能源汽车发展最为迅速的国家，截至 2019 年 6 月，中国新能源汽车保有量达到 344 万辆，超过全球总量的一半。伴随着新能源汽车的快速发展，新能源汽车用锂离子电池的安全问题凸显。为了保障新能源汽车行业的健康持续发展，各个国家和地区针对新能源汽车用锂离子电池都出台了相应的强制性标准和要求。2019 年，中国汽车标委会专家组在国标 GB/T 31485-2015 和 GB/T 31467.3-2015 的基础上，参照多个国家和地区现行标准，综合多方面意见完成了针对新能源汽车用的锂离子电池国标修订，形成了新的国家强制标准 GB 38031-2020。新国标取消了所有模组测试项目，删除了如单体电池针刺、电池包跌落等的部分单体、电池包或系统层级的安全测试项目，修改了单体过充电压上限等，同时增加了锂离子电池系统的热失控扩散测试部分，整车企业后续市场准入将参照新的国家强制标准执行。新的国家强制标准采用了更加符合新能源汽车实际运行情况的测试评价标准，其实施对新能源汽车用锂离子电池的生产厂家提出了新的技术要求。因此，为了更好地贯彻新的国家强制标准，在新的国家强制标准即将实施之际，本文将结合实际测试案例，对新的国家标准测试评价方法和技术进行详细分析和解读，以供相关企业参考新的测试评价标准，优化电池系统设计，保障新能源汽车锂离子电池系统的安全运行。

二　锂离子电池安全性能评价测试方法分析

全球各个国家和地区针对锂离子电池的性能、安全和环境可靠性都有相应的测试标准，例如美国的 UL 系列标准、日本的 JIS 标准（见表 1）、中国的 GB 强制标准和 GB/T 推荐标准等。其他没有独立制定标准的一般参照其他国家的标准来进行测试评价，如适用于加拿大地区的 C-UL 系列标准和同时适用于加拿大和美国的 C-UL US 系列标准，或者采用国际组织和协会的标准，例如国际电工委员会 IEC 系列标准，国际自动机工程师学会 SAE 系列标准，ISO 系列标准等。总体来看，这些国家标准和国际组织标准对涉及锂离子电池的各方面测试评价都进行了详细的规定，但由于锂离子电池的使用场景和用途不一样，因此，各个标准的测试评价也有不同的侧重点。例如，UL 2054 和 UL 1642 虽然都是针对电池的安全标准，但 UL2054 主要针对电池系统，而 UL 1642 则主要针对电池单体。为了综合分析各个标准之间的异同，本部分将对现行的主流标准进行对比分析和解读。

表 1 列出了当前除中国外其他国家和地区，相关国际协会和学会关于电池安全的测试标准。其中 UL 是美国保险商实验所（Underwriters Laboratories Inc.），IEC 是国际电工委员会 (International Electro technical Commission)，NEMA 是美国电气制造商协会 (National Electrical Manufacturers Association)，IEEE 是电气和电子工程师协会（Institute of Electrical and Electronics Engineers），JIS 是日本标准委员会（Japanese Industrial Standards Committee），BATSO 是电池安全组织（Battery Safety Organization），UN 是联合国（United Nations），SAE 是美国汽车工程师学会（Society of Automotive Engineers）。这些组织由于业务都与电池有关，因此都在自己协会和学会的电池用途的基础上发布了相应的测试标准，测试项目和测试方法各有侧重内容。详细的测试项目信息见表 1。

中国新的国家强制标准 GB 38031-2020《电动汽车用动力蓄电池安全要求》是基于 GB/T 31485-2015《电动汽车用动力蓄电池安全要求及试验方法》和 GB/T 31467.3-2015《电动汽车用锂离子动力蓄电池包和系统第 3 部分：安全性要求与测试方法》制定并升级为强制性标准。标准制定计划在 2016 年 9 月正式下达，计划编号 20160967-Q-339。2019 年 9 月，该标准正式完成了制定工作，并报请工信部审批。2020 年 5 月，该标准正式发布，并计划于 2021 年 1 月起正式实施。在《电动汽车用动力蓄电池安全要求》发布稿中可以看到，针对电池单体的试验项目共有 6 项，如表 2 所示。

表 1　现行主流的电池安全测试评价标准

测试项目	UL 1642	UL 2054	SU 2271	SU 2575	SU 2580	IEC 62133	IEC 62281	NEMA C182M, P12	IEEE 1625	IEEE 1725	JIS C8714	BATSO 01	UN Pt.III, S38.3	SAE J2464
外部短路	√	√	√	√	√	√	√	√	√	√	√		√	√
异常	√	√	√	√	√	√	√	√	√	√	√	√	√	√
强制放电	√	√	√	√	√	√	√	√	√	√	√	√	√	√
挤压	√	√	√	√	√	√		√	√	√		√		√
障碍物跌落	√	√	√		√		√	√	√				√	
机械冲击	√	√	√	√	√	√	√	√	√	√	√	√	√	√
振动	√	√	√	√	√	√	√	√	√	√	√	√	√	√
加热	√	√	√	√	√	√	√	√	√	√	√	√		√
温度循环	√	√	√	√	√	√	√	√	√	√	√	√	√	√
低气压	√	√	√	√	√	√	√	√	√	√	√	√	√	

续表

测试项目	UL 1642	UL 2054	SU 2271	SU 2575	SU 2580	IEC 62133	IEC 62281	NEMA C182M, P12	IEEE 1625	IEEE 1725	JIS C8714	BATSO 01	UN Pt.III, S38.3	SAE J2464
抛射	√	√	√						√	√		√		
跌落			√		√		√	√		√	√			
持续低倍率充电							√				√	√		
模拟铸造加热试验														
开路电压														
绝缘电阻					√									
反向充电					√									
针刺					√									
隔膜闭孔														
内短路					√									

表 2　电池单体试验项目

序号	试验项目	试验对象	试验方法章条号
1	过放电	电池单体	8.1.2
2	过充电	电池单体	8.1.3
3	外部短路	电池单体	8.1.4
4	加热	电池单体	8.1.5
5	温度循环	电池单体	8.1.6
6	挤压	电池单体	8.1.7

同时，GB 38031-2020《电动汽车用动力蓄电池安全要求》包含 16 项针对电池包或电池系统的测试项目，如表 3 所示。

对比可发现，GB 38031-2020《电动汽车用动力蓄电池安全要求》其中沿用 GB/T 31485-2015 和 GB/T 31467.3-2015 试验方法与要求的项目为：电池单体过放电、外部短路、加热、温度循环。取消了电池模组安全性、电池单体针刺、电池单体跌落和低气压、电池单体海水浸泡、电池包或系统电子装置振动、电池包或系统跌落、电池包或系统翻转等共 8 项试验项目。

表 3　电池包或电池系统试验项目

序号	试验项目	试验对象	试验方法章条号
1	振动	电池包或系统	8.2.1
2	机械冲击	电池包或系统	8.2.2
3	模拟碰撞	电池包或系统	8.2.3
4	挤压	电池包或系统	8.2.4
5	湿热循环	电池包或系统	8.2.5
6	浸水	电池包或系统	8.2.6
7	热稳定性之外部火烧	电池包或系统	8.2.7.1
8	热稳定性之热扩散	整车或电池包或系统	8.2.7.2
9	温度冲击	电池包或系统	8.2.8
10	盐雾	电池包或系统	8.2.9
11	高海拔	电池包或系统	8.2.10
12	过温保护	电池系统	8.2.11
13	过流保护	可由外部直流供电的电池系统	8.2.12
14	外部短路保护	电池系统	8.2.13
15	过充电保护	电池系统	8.2.14
16	过放电保护	电池系统	8.2.15

同时，新的强制标准基于 GB/T 31485-2015 和 GB/T 31467.3 -2015 修改了电池单体过充的截止条件、电池单体挤压、电池包或系统振动测试、电池包或系统机械冲击、电池包或系统模拟碰撞、电池包或系统挤压、电池包或系统浸水、电池包或系统湿热循环、温度冲击、电池包或系统热稳定性第一部分外部火烧、电池包或系统盐雾、电池包或系统高海拔、电池系统过温保护、外部短路保护、过充电保护、过放电保护等 16 项试验项目的测试方法。

此外，新的强制标准新增了电池包或系统热稳定性第二部分热扩散和电池系统过流保护两项试验项目。

综上来看，新的强制标准 GB 38031-2020《电动汽车用动力蓄电池安全要求》更偏重于电池系统整体层面的安全，特别是运行中的安全问题，因此测试项目和测试方法及通过标准均是基于人身和财产安全制定的。特别值得关注的试验项目是电池包或系统的热稳定性第二部分热扩散。由于此前并无任何机构和组织进行过该安全测试项目的系统性研究，因此虽然新的强制标准提出了此试验项目，但测试方法仍旧相对比较模糊，需要进一步规范。值得关注的是，ISO 6469-1（Electrically propelled road vehicles — Safety specifications — Part 1: Rechargeable energy storage system, RESS）正在研究和评估合适的热失控的触发方法，其研究成果将对 GB 38031-2020 的后续实施有重要参考价值。此外，由于电池包或系统的试验项目更偏重于整体层面的环境可靠性，这类研究需要较长的周期。因此，本文当前将仅针对电池单体的安全测试项目进行分析，电池包或电池系统的安全和环境可靠性测试项目和分析将在未来予以继续研究。

三 锂离子电池安全测试数据分析

电池的安全测试是为了模拟在实际使用过程中可能出现的滥用场景来验证在相应场景下的电池的安全性能，这种滥用场景可根据对电池造成的危害不同而分为两类：一类是机械滥用，主要模拟和验证电池受到外力作用时的安全特性，如挤压、针刺等；另一类是电滥用，即模拟电池在受到非正常预定电流或电压作用下的安全特性，如过充电、过放电、外部短路。由于单体电池针刺测试项目已经在新的国标中取消，对于包括挤压在内的机械因素对电池安全性能的影响将另外阐述，本文主要对电学因素部分进行综述，包括过充电、过放电、外部短路等。

（一）电池单体过充电试验

锂离子电池过充电通常发生在充电至上限截止电压时，通常是由充电器损坏、不匹配的电池管理系统（BMS）或不一致的电芯单体所致。电池发生过充电时，电压升高，极化增大，从而引起正、负极材料结构发生不可逆反应。电解液在高电压态分解，产热产气，电池温度逐渐上升，内压增大，严重时电池会发生热失控。引起锂离子电池爆炸的爆炸物为电解质、正负极材料，爆炸刺激源为过充电。

Qi 等人经分析，描述过充引发热失控过程如图 1 所示。按照电池热失控过程的温度变化，热失控可分为以下四个阶段。

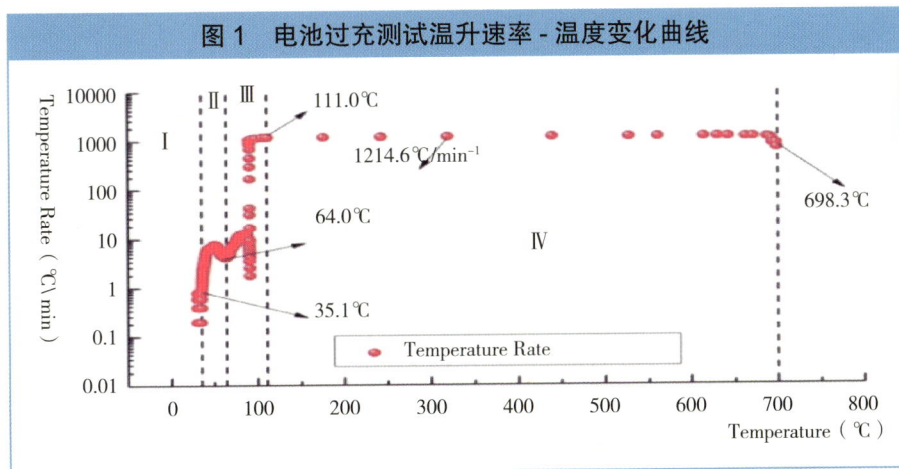

图 1　电池过充测试温升速率 - 温度变化曲线

阶段一：温度平稳区。锂离子从正极活性物质中脱出，通过电解质转移到负极。电池表面温度的微小上升主要来自电能的转化热和欧姆极化，电池内部没有明显的副反应。此时，自身的热生成速率与散热速率基本相当，最高温度约为 50℃，电池在这个阶段温度保持稳定。

阶段二：温度缓慢上升区。正极过度脱锂，电池内阻增大。锂金属不断沉积在负极表面，导致负电位向负极偏移，最终引起电压急剧增高。电解质和负极上的金属被氧化，形成固态电解质界面膜（SEI 膜）。此时负极 Li 消耗，导致电池电压下降。此阶段产热是焦耳效应和副反应（溶剂分解）产生的，温度上升平缓。

阶段三：反应加速区。锂镀层加厚，并不断形成锂枝晶，正极处于贫锂态，温度进一步升高。正极材料分解，释放活性氧，为溶剂氧化提供了条件，并且伴随 CO_2 大量增加，电池迅速膨胀。

阶段四：温度骤变区。包括两种情况：①当电池温度超过 $130℃$ 时，温度和电压下降，隔膜熔化闭孔，充电停止，电池温度下降。②过高的充电倍率引起锂枝晶迅速生长，刺穿隔膜，电池内短路，引发热失控。

假设在过充电过程中产生的热量（Q_{gen}）完全用于提高电池的温度，则：

$$Q_{gen} = \int \frac{dQ}{dt}\,dt = \int d\left(C_{p,cell}M_{cell}\frac{dT}{dt}\right)dt \qquad （1）$$

过充过程中产生的热量（Q_{gen}）主要由过电位热（Q_p）、可逆热（Q_{rev}）、副反应热（Q_h）组成：

$$Q_{gen}=Q_p+Q_{rev}+Q_h \qquad （2）$$

当温度超过临界点时，电极材料与电解质之间的副反应会迅速推进，产生大量热量，导致热失控。温度升高的热源是电池热失控前的蓄热。

1. 电池材料对过充电测试的影响

电池充电时，Li^+ 在电流作用下，从正极脱嵌经过隔膜嵌入负极材料间隙中。当过充电发生时，Li^+ 从正极材料过量脱嵌，导致正极结构不可逆受损，负极材料容纳不了过量的 Li^+，导致在负极材料表面形成锂金属枝晶或锂镀层，对电池安全造成巨大隐患。

$Li_4Ti_5O_{12}$ 作为负极材料，在过充电测试中展示出优秀的性能。$Li_4Ti_5O_{12}$ 材料的离子扩散速度高于碳材料一个数量级，Li^+ 扩散速度决定于晶体的内在特征和晶粒外部的离子扩散途径。石墨层平行于集流体，这种结构降低了 Li^+ 嵌入石墨层间的速度，导致 Li^+ 在石墨负极表面富集，提高锂枝晶的形成概率，造成电池热失控。而 $Li_4Ti_5O_{12}$ 是各维度量值较为均一的颗粒，这可以保证 Li^+ 的扩散速度。Cui 等人对 $Li_4Ti_5O_{12}$ 负极材料和石墨材料过充电性能进行研究表明，$LiFePO_4/Li_4Ti_5O_{12}$ 电池体系电池未冒烟、起火、爆炸，表现出了良好的抗过充性能。$LiFePO_4$/ 石墨电池相比之下达到温度峰值时间更短，温度峰值更高（190℃），电池抗过充能力明显低于 $LiFePO_4$/ $Li_4Ti_5O_{12}$ 电池。

$LiCoO_2$/ 石墨电池在过充电时，Co^{3+}、Li^+ 沉积在隔膜上，形成内短路通路，帮助电池分流过充电流，使部分 Li^+ 转移向正极，从而使电池通过热平衡进入安全状态。特别是高孔隙率的隔膜更有可能实现钴的局部沉积，降低过充风险。

2. 隔膜对过充电测试的影响

在过充电过程中，隔膜在高温下尺寸稳定性差可能导致电极的物理接触，导致热失控。因此，隔膜的孔隙结构在工作温度下应保持刚性。Wang 等人选取五种类型隔膜，研究不同的充电电流下，电池对热失控承受能力的大小，隔膜信息见表 4。1C 充电时，所有电池在 150%SOC 时都进入热失控状态，0.5C 充电时，只有使用 PE12 隔膜的电池发生了热失控。对隔膜的尺寸随温度的稳定性测试比较表明，PE12 在高温下的收缩幅度最大。

表 4　电池过充电测试结果

样品	充电倍率	失效电压（%）	失效 SOC(%)	热失控（Y/N）	峰值温度（℃）
PE12+4	0.5C	10	149	N	107.26
PP16	0.5C	10	152	N	102.67
PE16	0.5C	10	149	N	100.08
PE12	0.5C	4.79	147	Y	498.43
PE7	0.5C	10	153	N	74.07
PE12+4	1C	5.58	144	Y	95.16
PP16	1C	9.87	145	Y	415.37
PE16	1C	5.53	145	Y	621.72
PE12	1C	5.71	146	Y	367.22
PE7	1C	10	147	Y	未采集

3. 电池结构设计对过充电测试的影响

减压技术是对过充电热失控结果改善的有效结构设计之一。在这种情况下，溶剂的沸腾是在较低的温度下进行的，所有气体和高度易燃的物体都从电池中排出，可从电池中有效提取热量。袋状电池更容易在电池底部开口，可以手动减压。装有防爆阀的 18650 电池，气阀通常在相对较高的压力下开启，防止热量和压力积累，实现延迟失控时间的目的。Hofmann 等人证明了在热失控发生的瞬间应用减压技术可以防止火灾，特别是电解液引起的电池爆炸。该袋状电池配有一根管和一个控制阀，以确保真空泵或吸入装置可以立即打开。这些被改造的袋状电池被热胶紧紧封闭，并在短时间内被再次排出，以确保电池的正常状态。

此外，相变材料（PCM）的使用可以降低 LIB 运行过程中的安全风险。Huang 等人研究了 PCM 在过充电情况下对锂离子电池运行的冷却效果。采用集总模型分析了电池热性能、冷却效率、充电倍率、热接触电阻、PCM 的量和熔化温度的关系。结果表明，随着充电倍率的增加，冷却效果急剧下降；随着 PCM 厚度的增加，降温效率也会提高，当厚度超过 3mm 时，观察到的变化较小。以上研究结果有助于进一步了解 PCM 和锂离子电池在不同条件下过充电过程中的热性能。

4. 充电制度对过充电测试的影响

锂离子电池充电时，锂离子在充电电流的作用下，从正极结构中脱嵌，经过隔膜嵌入负极。当充电倍率过大时，由于电池负极石墨层平行于极片，来不及转移至负极的 Li^+ 及时嵌入，导致负极片表面析锂，形成锂枝晶，对电池安全造成隐患。同时，过大的电流也导致电池产生的焦耳热升高，温度升高速率加快。

Huang 等人研究显示：随着充电倍率增大，电压升高速率逐渐加快，锂枝晶快速形成，刺穿隔膜发生内短路，引发热失控。Wang 等人和 Ye 等人也得到同样结论，并进一步指出高的充电倍率对应热失控的起始温度更低，峰值温度越高。

Ouyang 等人对过充电性质进行系统研究，在不同充电倍率下过充电，电池达到的最高温度呈现梯度变化。1C 倍率下充电，电池最高温度是 4C 时约 2.4 倍。Zhu 等人在不同倍率下进行充电测试表明，充电倍率对爆炸程度无明显规律性影响。2C 和 1/5C 过充电的电池热失控后电池完好，1/3C、1/2C、1C 倍率下的过充电池反而受损严重。

Ye 等人对不同倍率过充电的电池进行拆解研究发现：0.1C 电流过充电，正极碎片中充满了团簇材料；1C 过充电时，正极原有结构坍塌，大量新粒子覆盖表面。过充后的石墨层状结构消失，但仍然能呈现一定的层状结构，负极的容量仍能保障锂离子的嵌入。

当电池以不同充电倍率的电流过充电时，随着充电倍率的增大，电压急剧升高，温度快速升高，过电位热 + 可逆热（Q_p+Q_{rev}）逐渐增大，副反应热 (Q_h) 降低明显，爆炸热量和体系总热量变化不大，总热量有降低趋势。

充电截止电压对电池性能的影响主要体现在循环寿命、直流内阻、交流阻抗、电池安全性能等方面。对充电截止电压的充分研究可实现电池 BMS 早期故障的预警和热失控风险预警。Kong 等人对容量为 3.27Ah 的 NCA/C 体系 18650 电池进行过充电测试，充电倍率为 0.5C，截止电压分别为 4.30V、4.50V、4.80V、5.00V。结果如表 5 所示，随着充电截止电压增大，电池循环后的容量损失率逐渐增大（充放电循环 15 次时，5.00V 是 4.5V 的 2.17 倍，是 4.2V 的 46.68 倍）。随着充电截止电压增大，电池内部正极材料发生相变和释氧，体系的电荷转移内阻增大，充电时电池产热增加，温度升高。截止电压为 5.0V 时，第 15 次过充电的电池温度是最初的 2 倍。

表 5　电池在不同截止电压下的容量损失率

上限截止电压（V）	4.2	4.3	4.5	4.8	5.0
首次放电容量（Ah）	3.26	3.27	3.45	3.69	3.87
循环 15 次后放电容量（Ah）	3.25	3.23	3.22	3.25	3.31
15 次循环后容量损失率（%）	0.31	1.22	6.67	11.92	14.47

5. 循环和存储老化对过充电测试的影响

电池循环次数对电池的过充电安全性具有明显影响。一定循环次数之前的锂离子电池再进行过充电可以通过测试，电池是安全的；一定循环次数之后则无法通过测试，电池是不安全的。新鲜电池安全性优于循环早期，更优于循环后期电池的安全性。大电流过充电会使电池老化更快，这对电池安全性的要求更高。

在常温 / 高温存储老化条件下，电池耐电滥用性能下降，其变化规律与材料体系、工艺水平相关。在低温循环老化条件下，影响安全性能的主要原因是负极析锂，其在较低的温度下与电解液反应，造成电池热失控引发温度（T_{onset}）降低和自产热速率剧增。此外，在常温/高温存储老化条件下，电池的耐电滥用性能也会降低，但由于负极的 SEI 膜在储存过程中稳定性提升，电池的热稳定性会得到提升，关于循环老化和存储老化的具体总结如表 6 和表 7 所示。

表 6　存储老化对电池安全性能的影响相关研究总结

电池型号	储存条件	安全性变化情况
NCM/MCM B-石墨；NCM/MAG-10-石-18650 型	25℃储存 6 个月；60℃下储存 11 天；70℃下储存 42 天	绝热热失控测试下，产热起始温度（T_{onset}）升高，自产热速率降低
$LiMn_2O_4$/石墨-软包（4.6 A·h）	100%SOC，55℃中搁置 10 天、20 天、40 天、68 天和 90 天	在绝热热失控测试下：T_{onset} 随着储存时间的增加，自产热起始温度而升高，且自产热速率随着储存时间的增加而降低，电池稳定性提高
NCM111-$LiMn_2O_4$/石墨-18650 型（2A·h）	100%SOC，60℃搁置 36 周	绝热热失控测试下，储存后 T_{onset} 降低，且材料的量热测试表明，负极与电解液的反应温度提前，反应产气增加
$LiFePO_4$/和石墨 26650 型（2.33A·h）	100%SOC，60℃搁置 12 周	绝热热失控测试下，储存后 T_{onset} 升高，稳定性提升

表 7　循环老化对电池安全性能的影响相关研究总结

电池型号	循环测试条件	容量衰减情况	安全性变化情况
NCM523/石墨-18650 型（2.2A·h）	20℃/45℃下，1C/-1C 放电（2.75～4.2V）	20℃下，400 次循环后衰减至初始容量的 70%；45℃，1100 次达到 70%	绝热热失控测试下，20℃循环的 T_{onset} 随着循环次数增加而降低 45℃循环的 T_{onset} 随着循环次数增加而增加，但衰减前后，电池的热失控温度变化不大

续表

电池型号	循环测试条件	容量衰减情况	安全性变化情况
NMC442/M CMB 体系软包（3.8 Ah·h）	20℃下，4C/-4C 放电（3.0～4.2V）	4000 次循环后衰减至初始容量的 70%	绝热热失控测试下，老化电池的自产热速率稍稍增加
三元高镍 18650 型	40℃、50℃、60℃下，分别以 80% SOC 为基础，进行 ΔSOC= 为 3%、6%、9% 的循环	衰减情况未知	绝热热失控测试下，衰减电池在 80℃以下的自产热速率降低；40℃下衰减的电池自产热速率一直低于新鲜电池，而 50℃和 60℃下衰减的电池产热速率在 120℃后明显高于新鲜电池
NCM523/石墨 -18650 型(2.2 A·h)	0℃下，1C/-1C 放电（2.75～4.2V）	50 次循环后衰减至初始容量的 70%	绝热热失控测试下，衰减电池的 Tonset 降低，在 30～100℃ 温度区间内自产热速率大幅增加，出现新的产热峰，且与 SOC 无关
Li CoO₂/石墨 -18650 型（2.95 A·h）	0℃下，1C/-1C 放电（2.75～4.35V）	15 次循环后衰减至初始容量的 70%	开放环境的针刺测试下，衰减前后，电池温度相应相差不大 绝热环境的针刺测试下，老化电池热失控时间提前，但衰减前后的电池的最高温度基本一致
NCA/石墨 -18650 型（3.25 A·h）	0℃下，0.5C/-0.5C 放电（2.5～4.2V）	18 次循环后衰减至初始容量的 80%	绝热热失控测试下，老化电池的 Tonset 降低，自产热速率大幅提升，触发时间急剧减少

（二）单体电池过放电试验

过放电是指电池在放电过程中，超过电池放电的终止电压值继续放电的现象。过放电可能造成电池内压升高、正负极活性物质的可逆性遭到损坏、电池的容量衰减。造成过放电的因素主要包括电池自放电、连接的电子线路影响、串联电芯一致性不好而未被监测到导致的部分电池强制被动放电。

过放电大致分为 3 个阶段（见图 2）。

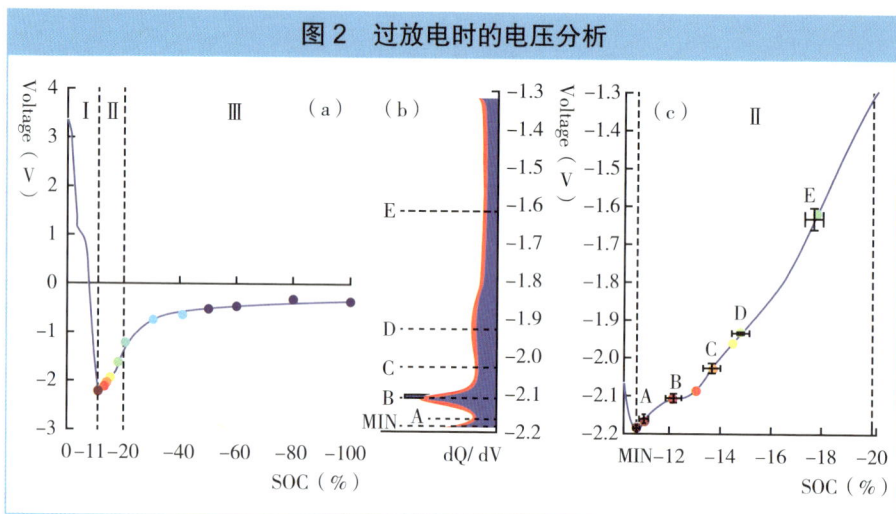

图 2　过放电时的电压分析

注：(a) 电池 2~16 过放电时的电压曲线和端子状态，点按 SOC 的降序排列；(b) 第二阶段的增量容量分析，标记出峰值和低谷；(c) 第二阶段的放大图，显示出带有误差条的拐点。

阶段一：初始阶段，施加在电极上的电压迫使 Li^+ 通过电解质从负极转移到正极，插入正极材料晶体间隙。

阶段二：当电池严重过放电，负极电位增加，铜箔被氧化为 Cu^+ 并继续被氧化成 Cu^{2+}，通过正负极间的浓度差扩散到正极侧，同时，金属锂沉积在正极表面。

阶段三：随着锂的不断沉积，正极表面出现镀锂现象，Cu^{2+} 转移到正极，还原为 Cu^+ 与铜金属形成金属枝晶，树突不断增长，最终隔膜被刺穿引起内部短路。图 3 展示了铜在过放电过程中的溶解过程以及过放电引起的内短路的形成过程。

欧阳等在过放电条件下研究了电池的容量退化、内阻增加和内部短路现象。Zhang 等人将电池放电至 100% SOC，研究了大尺寸锂离子电池的过放电机理，得到结论：铜电极在特殊电压平台上的溶解是造成内部短路的主要原因。Ye 等人利用电弧构建绝热环境，通过连接的循环器实现过充过程，研究了商用 LIBs

图 3　铜在过放电过程中的溶解和沉积以及内部短路的形成

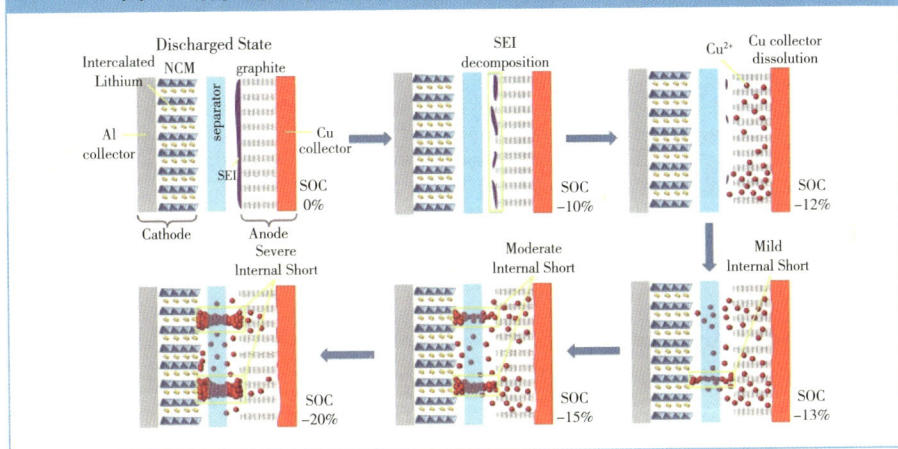

的蓄热和破坏机理。Wu 等人对过放电过程及后续循环进行研究发现，再次正常充电时，电池内部温度和交流阻抗立即异常升高。恢复后电池容量更小，直流电阻更大，老化速度更快。过放电可能不会像过充那样直接导致热失控，但它确实会导致不可逆的容量损失，并加速性能下降。

Guo 等人验证了过放电后极片表面形貌和结构及铜的存在。铜沉积形成铜枝晶，穿透两个极片间的隔膜。随着过放电时间的延长，铜单质进一步溶解并沉积在电极片表面，导致内短路加重，电压进一步降低。图 2（b-c) 采用增量容量曲线展示了第二阶段电压的变化及其对过放电的影响。

Fuentevilla 等人对过放电电池正负极片材料的元素状态及含量进行了研究，原子含量如表 8 所示。不同的是过度放电电极材料含有铜元素，而正常电池则没有。由于整体电压降低，铜集流体不再稳定，表面铜单质溶解并扩散到电解质中。Liu 等人对过放电电池的研究也支持了上述结论假定（见表 9）。

表 8　XPS 扫描显示的元素的原子百分比　　　单位：%

元素	Li	C	O	F	Na	P	Cu
正极	10.6	40.8	13.8	32.8	0.5	1.0	0.9
负极	9.7	38.0	25.7	19.7	1.0	2.7	3.2

表9 三元电池中负极材料中的元素含量　　　　　　单位：%

元素	C	Li	Cu	Ni	Mn	Co
正常	94.33	5.67	—	—	—	—
过充后	90.90	8.45 ↑	—	0.33 ↑	0.19 ↑	0.13 ↑
过放后	95.58	3.10 ↓	1.32 ↑	—	—	—

1. 正极材料对过充电测试的影响

电池正极材料体系对过放电结果有一定影响，NCM 及 NCA 三元电池体系过放电温升效果更明显，但一次的过放电并不足以导致电池热失控。Brand 等人研究表明，所有电池在放电深度（DOD）=1.05-1.15 时，可达到电池最低电压，随后电压逆转上升。每个电池达到的最低电压见表10，NMC/C 材料体系电池谷值电压最低，峰值温度最高，第二次电压下降的时间越早，输出的热量触发了第二次反应。

表10 电池过放电过程关键数据

电池类型	容量（Ah）	电压（V）	内阻（mΩ）	U_{min}（V）	$T_{max,casing}$（℃）	是否热失控
LFP/C-18650 型	1.1	3.2	17	-0.87	37.0	否
NMC/C-18650 型	1.5	3.65	12	-0.92	47.5	否
NMA/C-18650 型	1.5	3.6	24	-1.6	42.5	否

2. 过放电倍率对过放电测试的影响

锂离子电池放电时，施加在电极上的电压使 Li^+ 通过电解质从负极经过隔膜转移到正极，插入正极材料晶体间隙。适当的放电电流可降低放电制度对过放电的影响。当放电倍率过大时，Li^+ 从负极中快速脱嵌，导致正负极片结构不可逆损坏，电池容量下降，正极析出铜枝晶和锂枝晶，多次过放电循环后，对电池安全造成隐患。同时，过大的电流导致电池产生的焦耳热增大，电池表面升高。Matthieu 等人对不同放电倍率下的 NMC-LMO 体系 18650 电池进行放电实验，测试结果如图 4 所示：放电电流为 C/5 时，对应的放电平台电压最高，过放电至 2V 时的放电容量最高；放电电流为 5C 时，对应的放电平台电压最低，过放电至 2V 时的放电容量最低。且不同倍率电流过放电后，以 0.5C 电流充电，容量恢复能力差别不大。Ouyang 等人分别采用 1C、2C、3C、4C 的过放电电流对 NCM523/ 石墨 -18650 型锂离子电池进行过放电测试，随着放电电流倍率的增大，电池表面峰值温度从 1C 时的 30.7℃ 增加到 4C 时的 37.5℃。

图 4 不同放电倍率下，NMC-LMO 体系 18650 电池的电压 - 容量过放电曲线

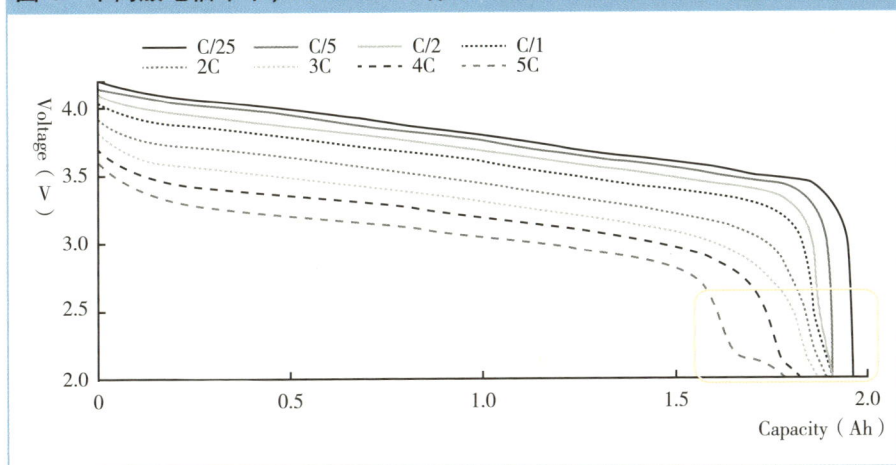

（三）电池单体外部短路试验

外部短路测试（ESC）在电池的负极和正极之间建立直接连接，通过开关将电池的正极和负极用导线（外电阻）连接起来进行试验。该测试可以确定电池在不引起爆炸或火灾的情况下承受最大电流流动条件的能力。Kriston 等人研究了复杂的外短路行为，并将性能划分为 3 个阶段（见图 5a）。

阶段一，电压骤降阶段，由于外短路电阻小，短路电流大，迅速放电。

阶段二，电压缓慢下降阶段，锂离子在电解液或活性物质间传递速度受限，电压下降速度减缓。

阶段三，电压骤降为零阶段，该阶段电池内部锂离子传输通道损坏或堵塞，电池表面温度升高，触发电池热失控。

在外部短路实验中，电流流过电池整个电极片表面，而不是通过局部区域

图 5　在不同短路电阻下（1.1、4.8、10、15 mΩ）
电池的电流和电池背面温度的变化

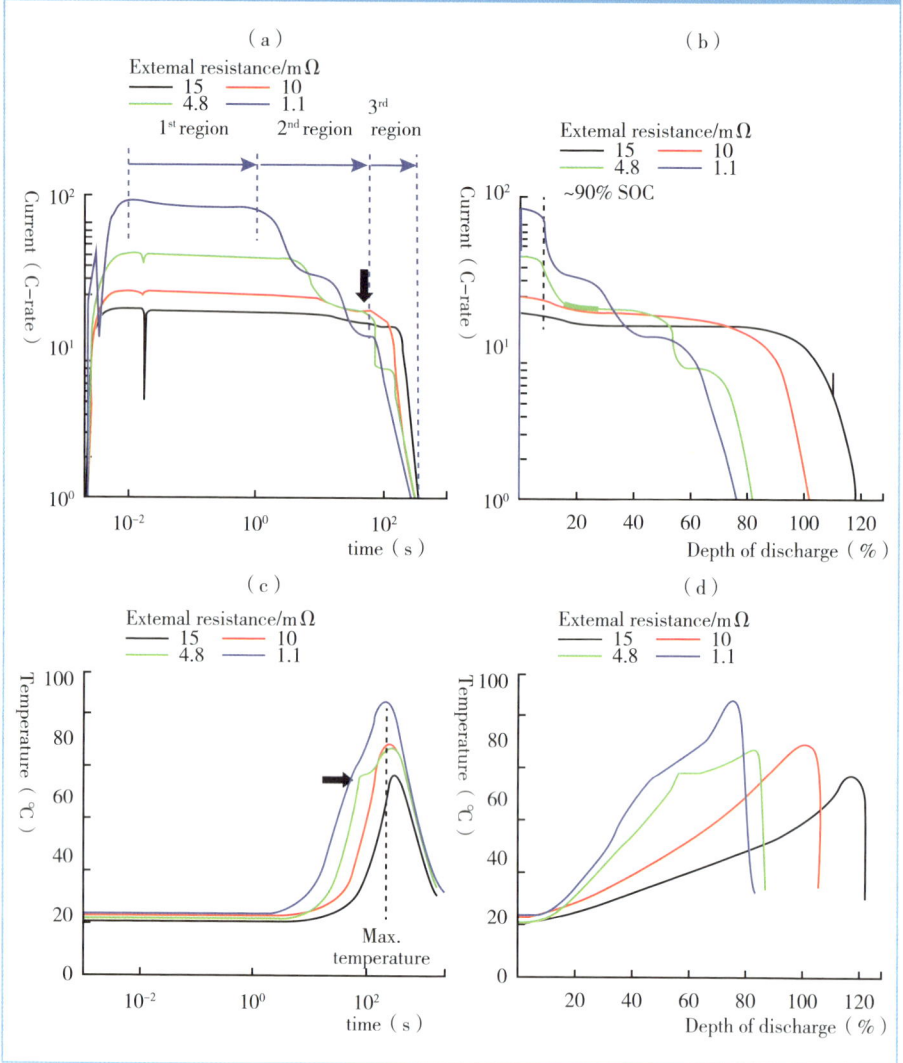

注:（a）（c）中箭头指示位置为电池防爆阀开启时的电流和温度。

（与针刺实验相比）。接触面积越大，电流密度越低，热量产生较少（与内短路
相比）。电压下降是外部短路实验的特征，图 6 结果显示两个电池分别为由外部
短路放电。在接近 0V 之前，高短路电流在 2s 内立即生成，达到 200A，相当于
40C，然后迅速减小，之后再次上升。

图 6　含 5% wt% FPPN 电解质（蓝色）和不含 FPPN（黑色）电解质的 5 Ah 电池外短路实验

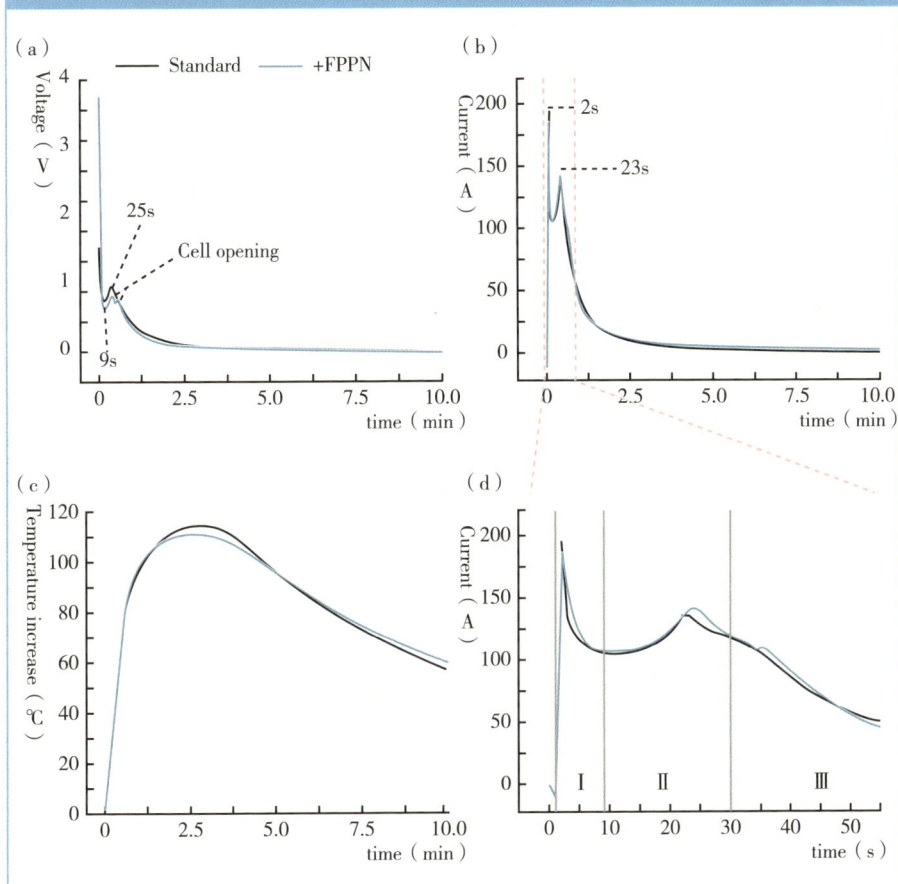

注：（a）电压，（b）电流和（c）温度（在位置 1）与时间的关系图。（d）显示图 b 第 1min 的放大图。

　　LiFeO₄/C 体系锂离子电池是被公认的高安全性电池体系，在外短路时，不易触发热失控。不同体系的锂离子电池在 8mΩ 的外短路内阻下，进行外短路性能评价，结果如表 11 所示。NCM/C-18650 型锂离子电池和 NCA/C-18650 型锂离子电池外短路时间明显缩短，峰值电流较 LiFeO₄/C 体系锂离子电池高很多。其中 NCA/C-18650 型锂离子电池峰值电流过低是由于温度升高、内部产气导致隔膜熔融或电流熔断装置（CID）翻转。

表 11   不同电池体系锂离子电池外短路情况

电池类型	容量（Ah）	电压（V）	内阻（mΩ）	外短路时间（s）	峰值电流（A）	$U_{起始}$（V）
LFP/C-18650 型	1.1	3.20	17	35	122	3.34
NMC/C-18650 型	1.5	3.65	12	23.5	176	4.0
NCA/C-18650 型	1.5	3.60	24	11.7	120	4.0
NCA/C-18650 型	2	3.60	35	—	75.3	—
LFP-18650 型	1.35	—	3.3		50	
LCO- 棱柱	1.15	—	0.6 和 5	—	40	

1. 隔膜对外短路测试的影响

隔膜良好的尺寸稳定性是保证外短路测试安全的重要保障。在 5mΩ 和 15mΩ 短路电阻作用下，采用 PE12+4、PP16、PE16 和 PE7 隔膜的电池在温度达到最高点后逐渐下降，使用 PE12 的电池在高温下保持了 2min，然后进入热失控状态（见表 12）。拆开未失控的 PP16 款电芯，发现隔膜未见收缩。可以确认在外部短路测试中，PP16 中有一个轻微的恶化，电池表现出"柔和短路"，尺寸稳定性较好。另外，空气渗透性和孔隙度会影响电池的内阻，间接引起外部短路危害。

表 12   关于锂离子电池 ESC 过程的研究工作

样品	短路电阻（mΩ）	是否热失控（Y/N）	峰值温度（℃）
PE12+4	5	N	109
PP16	5	N	102
PE16	5	N	111
PE12	5	Y	793
PE7	5	N	112
PE12+4	15	N	115
PP16	15	N	103
PE16	15	N	—
PE12	15	Y	788
PE7	15	N	100

2. 短路制度对外短路结果的影响

外短路制度主要指外短路电阻、外短路时间、环境温度的控制，是影响外短路测试结果的重要条件。外短路峰值温度 I 峰值的计算公式为：

$$I_{峰值}=U_{起始}/(R_{内阻}+R_{外短路})\tag{3}$$

电池内阻（R 内阻）假设不变，当外短路电阻足够小时，瞬间的短路电流极大，压降明显，温升速率快。因此，电池在外短路过程中，产热和内部温度变化均有很大差异。Dong 等人采用 2.75Ah 的 NCA/ 石墨体系 18650 圆柱电池进行外短路实验，对电池电行为和热行为做了分析研究。分别采用 4mΩ、8mΩ、15mΩ、30mΩ 的外短路电阻进行实验，研究结果如表 13 所示。随着外短路电阻的减小，温升速率加快，短路峰值电流增大，首个电压平台逐渐降低，放电时间依次减短，放电较少，电池的终止温度并不高。

表 13　100%SOC 锂离子电池在不同短路内阻下的电学 - 热力学性能				
外短路电阻（mΩ）	4	8	15	30
峰值电流（A）	90	80	67	56
放电时间（s）	15	22	25	70
首个压降平台（V）	0.7	0.6	0.9	1.9
峰值温度（℃）	105	115	110	120

外短路电阻与温度有关，电阻随温度上升不断增加，直到锂离子浓度在负极耗尽。因此，Li^+ 累积在正极活性物质颗粒表面，电动势减小，电流减小（第三阶段图 7d，≥ 30 s），同时温度进一步上升（图 7c，≤ 2.5 min），甚至达到电解液的沸腾温度。气体溢出导致机械应力和电极分层、电池膨胀，最终导致电池破裂。在快速放电过程中，短时间内释放出大量能量。

在初始 SOC 高时，一般具有较高的温升速率，放电容量较小。初始低 SOCs 态的电池可能会被外部短路操作过量放电。在低温（如 0℃）条件下，电

图 7　不同环境温度下电池外部短路时的电 – 热行为

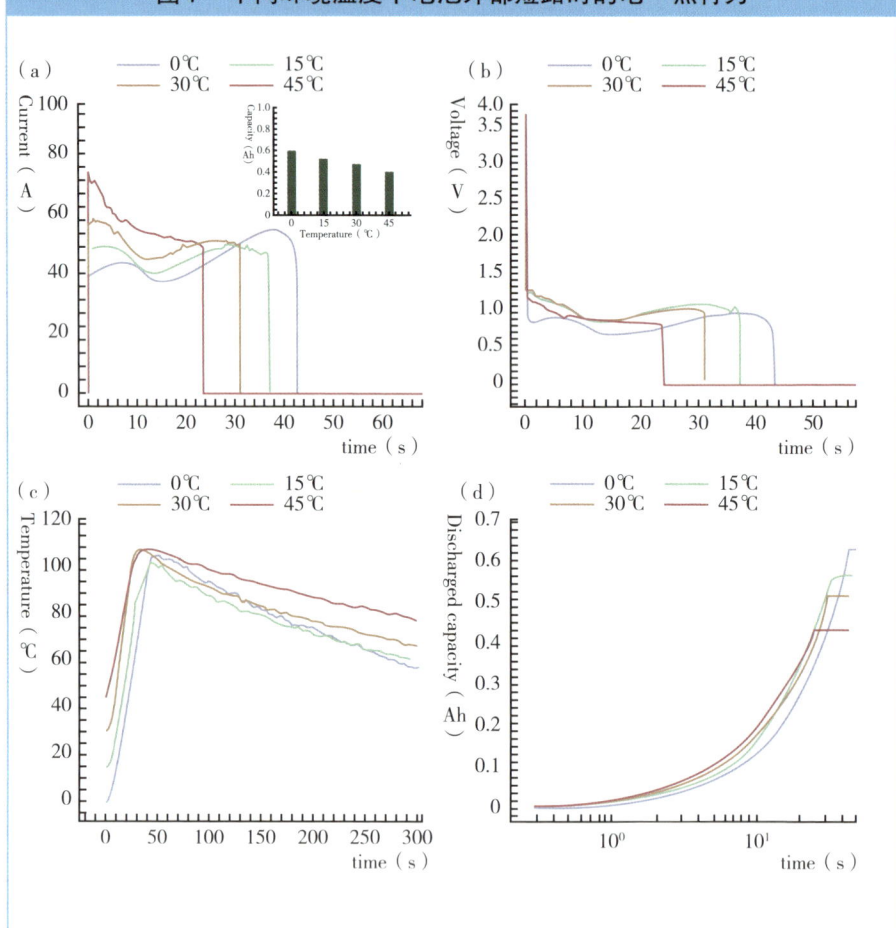

注：(a) 输出电流；(b) 电压；(c) 电池表面温度；(d) 最终放电容量（初始为满电状态，外部短路电阻为 15 mΩ）。

池外短路过程的放电量远远小于高温（如 30℃）条件下的放电量，初始低温对降低电池过热影响不大。

电池的热行为表现出滞后特性。对热产生的分析表明，外部短路测试会引起电池内部释放巨大热量，即不可逆反应热、可逆反应热和 SEI 膜分解反应热。不可逆热比其他两种热大得多，在外部短路测试结束后，通常会引起 SEI 被破坏并放热。表 14 为电池外短路研究现状。从调查结果来看，外短路多数会对电池安全性能造成不可逆创伤。

表 14　电池外短路研究现状

电池型号	正极材料	容量（Ah）	R_{esc}（mΩ）	T_{max}（℃）	I_{max}（A）	热失控	备注
棱柱 102	LCO	1.15	0.6 和 5	115	40	否	负极中的固体电解质间相 (SEI) 膜变得不均匀
软包 96	NCM	10	0.1–15	107	141.5	否	膨胀的，电极层弯折、分层，在 1.1 mΩ 外短路情况下破裂，并完全解体成粒子
18650103	NCM	2	25	120	75.3	否	稍有泄漏；升温具有滞后特性
18650100	LFP	1.35	3.3	110	50	否	电解液在高 SOC 情况下泄漏
1865099	NCA	2	35	117	~80	否	有泄漏；电流在测试过程中直接降到零

四　总结

本文基于新的国家强制标准（GB 38031-2020）即将正式实施的契机，对比分析了现行主要的国家或地区和各个专业协会对于电池安全的测试项目，并根据相关研究结果对电池单体的过充电、过放电和外部短路等三个主要测试项目的测试方法和测试结果之间的联系进行了分析讨论。深入研究这些试验项目的测试方法、测试技术和测试结果有助于更加合理地制定和实施有关行业标准，对电池的设计和生产提供参考，最重要的是通过合理化的行业标准和规范，正确地实施测试，得到准确的测试结果，保障使用者的人身和财产安全，保障新能源汽车行业的健康持续发展。

参考文献

［1］GB/T 31485. (2015). 电动汽车用动力蓄电池安全要求及实验方法 [S].

［2］GB/T 31467.3. (2015). 电动汽车用锂离子动力蓄电池包和系统 [S].

［3］Feng X , Ouyang M , Liu X , et al. Thermal runaway mechanism of lithium ion battery for electric vehicles: A review[J]. Energy Storage Materials, 2017:S2405829716303464.

［4］Ohsaki T , Kishi T , Kuboki T . Overcharge reaction of lithium-ion batteries[J]. Journal of Power Sources, 2005, 146(1/2):97-100.

［5］Qi C , Zhu Y L , Gao F , et al. Morphology, structure and thermal stability analysis of cathode and anode material under overcharge[J]. Journal of The Electrochemical Society, 2018, 165(16):A3985-A3992.

［6］Zhu, X., Wang, Z., Wang, C. & Huang, L. Overcharge investigation of large format lithium-ion pouch cells with li($Ni_{0.6}Co_{0.2}Mn_{0.2}$)O_2 cathode for electric vehicles: degradation and failure mechanisms[J]. Journal of The Electrochemical Society, 2018, 165.

［7］Dagger, T. et al. Safety performance of 5 Ah lithium ion battery cells containing the flame retardant electrolyte additive (Phenoxy) pentafluorocyclo triphosphazene[J]. Energy technology, 2018.

［8］Spotnitz R , Franklin J . Abuse behavior of high-power, lithium-ion cells[J]. Journal of Power Sources, 2003, 113(1):81-100.

［9］Zaghib K , Simoneau M , Armand M , et al. Electrochemical study of $Li_4Ti_5O_{12}$ as negative electrode for Li-ion polymer rechargeable batteries[J]. Journal of Power Sources, 1999, 81-82:300-305.

［10］Teyssot A , Rosso M , Bouchet R , et al. Evolution of the electrode–electrolyte interface in a lithium–polymer battery[J]. Solid State Ionics, 2006, 177(1-2):141-143.

［11］Rosso M , Brissot C , Teyssot A , et al. Dendrite short-circuit and fuse effect on Li/polymer/Li cells[J]. Electrochimica Acta, 2006, 51(25):5334-5340.

［12］Cui W , He Y B , Tang Z Y , et al. Improvement of overcharge performance using $Li_4Ti_5O_{12}$ as negative electrode for $LiFePO_4$ power battery[J]. Journal of Solid State

Electrochemistry, 2012, 16(1):265-271.

[13] Yao M D , Zhen M , Xiaona S , et al. From the charge conditions and internal short-circuit strategy to analyze and improve the overcharge safety of $LiCoO_2$ /graphite batteries[J]. Electrochimica Acta, 2018, 282:295-303.

[14] Wang E , Wu H P , Chiu C H , et al. The effect of battery separator properties on thermal ramp, overcharge and short circuiting of rechargeable li-Ion batteries[J]. Journal of the Electrochemical Society, 2019, 166(2):A125-A131.

[15] Brand, M. et al. In 2013 World electric vehicle symposium and exhibition (EVS27)[C]. 2013:1-9.

[16] Lei B X , Zhao W J , Ziebert C , et al. Experimental analysis of thermal runaway in 18650 cylindrical li-Ion cells using an accelerating rate calorimeter[J]. 2017, 3(2)

[17] Hofmann A , Uhlmann N , Ziebert C , et al. Preventing li-ion cell explosion during thermal runaway with reduced pressure[J]. Applied Thermal Engineering, 2017, 124:539-544.

[18] Huang, P. et al. Probing the cooling effectiveness of phase change materials on lithium-ion battery thermal response under overcharge condition[J]. Applied Thermal Engineering, 2018, 132:521-530.

[19] Ren D , Feng X , Lu L , et al. Overcharge behaviors and failure mechanism of lithium-ion batteries under different test conditions[J]. Applied Energy, 2019, 250(PT.1):323-332.

[20] Ye J , Chen H , Wang Q , et al. Thermal behavior and failure mechanism of lithium ion cells during overcharge under adiabatic conditions[J]. Applied Energy, 2016, 182(nov.15):464-474.

[21] Xiaoqing Zhu , Wang Z , Wang Y , et al. Overcharge investigation of large format lithium-ion pouch cells with $Li(Ni_{0.6}Co_{0.2}Mn_{0.2})O_2$ cathode for electric vehicles: Thermal runaway features and safety management method[J]. Energy, 2019, 169: 868-880 .

[22] Ouyang D , Chen M , Liu J , et al. Investigation of a commercial lithium-ion battery under overcharge/over-discharge failure conditions[J]. RSC Advances, 2018, 8(58):33414-33424.

[23] Kong D , Wen R , Ping P , et al. Study on degradation behavior of commercial 18650 $LiAlNiCoO_2$ cells in overcharge conditions[J]. International Journal of Energy Research,

2019, 43:552-567.

［24］李坤，王敬，王芳，等. 不同循环周期锂离子动力电池热失控特性分析 [J]. 电源技术，2017, 41(04):544-547.

［25］任东生，冯旭宁，韩雪冰，等. 锂离子电池全生命周期安全性演变研究进展 [J]. 储能科学与技术，2018, 7(06):957-966.

［26］Roth E P , Doughty D H . Thermal abuse performance of high-power 18650 Li-ion cells[J]. Journal of Power Sources, 2004, 128(2):308-318.

［27］Jianbo Z , Laisuo S , Zhe L , et al. The Evolution of Lithium-Ion Cell Thermal Safety with Aging Examined in a Battery Testing Calorimeter[J]. Batteries, 2016, 2(2):12.

［28］Röder, P. et al. The impact of calendar aging on the thermal stability of a $LiMn_2O_4$–$Li(Ni_{1/3}Mn_{1/3}Co_{1/3})O_2$/graphite lithium-ion cell[J]. Journal of Power Sources, 2014, 268: 315-325.

［29］Boerner M , Friesen A , Gruetzke M , et al. Correlation of aging and thermal stability of commercial 18650-type lithium ion batteries[J]. Journal of Power Sources, 2017, 342(FEB.28):382-392.

［30］Hildebrand, S. et al. Thermal Analysis of $LiNi_{0.4}Co_{0.2}Mn_{0.4}O_2$/Mesocarbon Microbeads Cells and Electrodes: State-of-Charge and State-of-Health Influences on Reaction Kinetics[J]. Journal of the Electrochemical Society, 2018, 165: A104-A117.

［31］Friesen A , Horsthemke F , Monnighoff X , et al. Impact of cycling at low temperatures on the safety behavior of 18650-type lithium ion cells: Combined study of mechanical and thermal abuse testing accompanied by post-mortem analysis[J]. Journal of Power Sources, 2016, 334(Dec.1):1-11.

［32］Friesen A , Hildebrand S , Horsthemke F , et al. Al2O3 coating on anode surface in lithium ion batteries: Impact on low temperature cycling and safety behavior[J]. Journal of Power Sources, 2017, 363(sep.30):70-77.

［33］Waldmann T , Wohlfahrt-Mehrens M . Effects of rest time after Li plating on safety behavior—ARC tests with commercial high-energy 18650 Li-ion cells[J]. Electrochimica Acta, 2017, 230:454-460.

［34］Ma, S. et al. Temperature effect and thermal impact in lithium-ion batteries: A review[J]. Progress in Natural Science: Materials International, 2018: 28, 653-666.

［35］ Guo R, Lu L, Ouyang M, et al. Mechanism of the entire overdischarge process and overdischarge-induced internal short circuit in lithium-ion batteries.[J]. Scientific reports, 2016,6.

［36］ Xin Lai, Zheng Y , Zhou L , et al. Electrical behavior of overdischarge-induced internal short circuit in lithium-ion cells[J]. Electrochimica Acta, 2018, 278:245-254.

［37］ Ouyang, M. et al. Overcharge-induced capacity fading analysis for large format lithium-ion batteries with LiyNi$_{1/3}$Co$_{1/3}$Mn$_{1/3}$O$_2$+LiyMn$_2$O$_4$ composite cathode[J]. Journal of Power Sources, 2015, 279: 626-635.

［38］ Zhang J , Zhang L , Sun F , et al. An Overview on Thermal Safety Issues of Lithium-ion Batteries for Electric Vehicle Application[J]. IEEE Access, 2018, 6: 23848-23863.

［39］ Wu, C., Sun, J., Zhu, C., Ge, Y. & Zhao, Y. in 2015 IEEE Vehicle Power and Propulsion Conference (VPPC)[C]. 2015:1-6.

［40］ 罗庆凯，王志荣，刘婧婧，薛云龙 . 18650 型锂离子电池热失控影响因素 [J]. 电源技术 , 2016, 40(02):277-279+376.

［41］ Fuentevilla D , Hendricks C , Mansour A . Quantifying the Impact of Overdischarge on Large Format Lithium-Ion Cells[J]. ECS Transactions, 2015, 69(20):1-4.

［42］ Qi, C., Zhu, Y., Gao, F., Yang, K. & Jiao, Q. Mathematical model for thermal behavior of lithium ion battery pack under overcharge[J]. International Journal of Heat and Mass Transfer, 2018, 124:552-563.

［43］ Ren, X. et al. The discharge performance of Li$_2$MoO$_4$/LiNO$_3$-KNO$_3$/Li-Mg-B alloy cell as a novel high-temperature lithium battery system[J]. Ionics, 2019, 25: 5353-5360.

［44］ Panchal S , Dincer I , Agelin-Chaab M , et al. Thermal modeling and validation of temperature distributions in a prismatic lithium-ion battery at different discharge rates and varying boundary conditions[J]. Applied Thermal Engineering, 2016, 96: 190-199.

［45］ Dong T , Peng P , Jiang F . Numerical modeling and analysis of the thermal behavior of NCM lithium-ion batteries subjected to very high C-rate discharge/charge operations[J]. International Journal of Heat and Mass Transfer, 2018, 117(feb.):261-272.

［46］ Dubarry M , Truchot C , Liaw B Y , et al. Evaluation of commercial lithium-ion cells based on composite positive electrode for plug-in hybrid electric vehicle applications. Part II. Degradation mechanism under 2C cycle aging[J]. Journal of Power Sources,

2011, 196(23):10336-10343.

［47］ Kriston, A. et al. External short circuit performance of Graphite-LiNi$_{1/3}$CO$_{1/3}$Mn$_{1/3}$O$_2$ and Graphite-LiNi$_{0.3}$Co$_{0.15}$Al$_{0.05}$O$_2$ cells at different external resistances[J]. Journal of Power Sources, 2017, 361: 170-181.

［48］ Dong T , Wang Y , Peng P , et al. Electrical-thermal behaviors of a cylindrical graphite-NCA Li-ion battery responding to external short circuit operation[J]. International Journal of Energy Research, 2019, 43:1444-1459.

［49］ Chen Z , Xiong R , Lu J , et al. Temperature rise prediction of lithium-ion battery suffering external short circuit for all-climate electric vehicles application[J]. Applied Energy, 2018, 213(mar.1):375-383.

［50］ Bing, X., Zheng, C., Chris, M. & Brian, R. in 2014 IEEE Transportation Electrification Conference and Expo (ITEC)[C]. 2014:1-7.

［51］ Dagger, T. et al. Safety Performance of 5 Ah Lithium Ion Battery Cells Containing the Flame Retardant Electrolyte Additive (Phenoxy) Pentafluorocyclotriphosphazene[J]. Energy Technology, 2018, 6: 2001-2010.

［52］ GB 38031. (2020). 电动汽车用动力蓄电池安全要求 [S].

［53］ Society of Automotive Engineers. Electric and hybrid electric vehicle rechargeable energy storage system (RESS) safety and abuse testing：SAE J2464. (2019).

［54］ Underwriters Laboratories Inc. Standard for safety lithium battery：UL 1642. (2012).

［55］ Underwriters Laboratories Inc. Standard for household and commercial batteries: UL 2054. (2011).

［56］ Underwriters Laboratories Inc. Standard for safety batteries for use in light electric vehicle (LEV) applications: UL 2271. (2013).

［57］ Underwriters Laboratories Inc. Standard for safety batteries for use in electric vehicle UL 2580. (2013).

［58］ International Electro technical Commission. Secondary cells and batteries containing alkaline or other non-acid electrolytes - Safety requirements for portable sealed secondary lithium cells, and for batteries made from them, for use in portable applications - Part 2: Lithium systems: IEC 62133-2. (2017).

［59］ International Electro technical Commission. Safety of primary and secondary lithium cells and batteries during transport：IEC62281.（2016）.

［60］National Electrical Manufacturers Association, Standard test method for thermal conductivity of insulating firebrick：NEMA C182M, P12. (2019).

［61］Institute of Electrical and Electronics Engineers. IEEE standard for rechargeable batteries for muti-cell mobile computing devices：IEEE 1625. (2016).

［62］Institute of Electrical and Electronics Engineers. IEEE Standard for Rechargeable Batteries for Cellular Telephones：IEEE 1725. (2011).

［63］Japanese Industrial Standards Committee. Safety tests for portable lithium ion secondary cells and batteries for use in portable electronic applications：JIS C8714. (2017).

［64］Battery Safety Organization. Manual for evaluation of energy systems for light electric vehicle(LEV)-secondary lithium batteries：BATSO01. (2008).

［65］United nations. Transport of dangerous goods manual of tests and criteria：UN 38.3. (2011).

［66］Underwriters Laboratories Inc. Lithium ion battery systems for use in electric power tool and motor operated, heating and lighting appliances: UL 2575. (2012).

［67］International Organization for Standardization. Electrically propelled road vehicles — Safety specifications — Part 1: Rechargeable energy storage system (RESS)：ISO 6469-1. (2019).

［68］ZHANG L, CHENG X, MA Y, et al. Effect of short time externat short circuiting on the capacity fading mechanism during long-term cycling of $LiCoO_2$/mesocarbon microbeads battery[J]. Jaurnal of Power Sources, 2016, 318:154-162.

［69］CHEN Z. XIONG R. TIAN J, et al. Model-based fault diagnosis approach on external short circuit of lithium-ion battery used in electric vehicles[J]. Applied energy, 2016, 184:365-374.

测试评价篇 | CEVE 安全评价方法及结果分析

◎杨 勇 黄沛丰 周晶晶 李 琼 朱小松 *

　　* 杨勇，中国汽车工程研究院股份有限公司，高级工程师，主要研究方向为整车高压安全设计研究；黄沛丰，湖南大学助理教授，主要研究方向为新能源汽车安全、电池系统热管理；周晶晶，中国汽车工程研究院股份有限公司，新能源测试高级工程师，主要研究方向为新能源汽车、动力电池安全；李琼，中国汽车工程研究院股份有限公司，新能源开发工程师，主要研究方向为车身电子电气安全；朱小松，中国汽车工程研究院股份有限公司，新能源开发工程师，主要研究方向为新能源整车高压安全。

摘　要：安全是中国新能源汽车评价规程（CEVE）三个维度之一，同时安全也是新能源汽车最关键最重要的指标。本文基于消费者使用场景，通过对整车使用安全及其安全处理机制、电池包 IPX9 防水、电池包底部球击安全、电池包高低温充电安全等方面开展测试评价方法的研究，评估车辆在耐环境性、误操作防护和事故中对乘员的保护能力；同时对车辆安全核心部件动力电池包在机械滥用、电滥用和热滥用三个角度进行全方位的测评研究，评估动力电池包的安全性。测评研究结果以直观量化形式发布，为消费者提供参考，引导企业对产品进行优化升级，促进新能源汽车更安全、更高效的发展。

关键词：CEVE　安全机制　耐环境性　电滥用

一　中国新能源汽车评价体系概述

（一）新能源汽车评价体系现状

在国家产业发展规划中，电动汽车等新能源汽车占据了非常重要的地位。在《汽车产业中长期发展规划》以及《中国制造 2025》的指引下，我国新能源汽车战略发展规划也日臻完善，这将是我国未来汽车产业发展的重要方向。新能源汽车测试评价作为产品研发的一种方式，是新能源汽车产业发展过程中不可或缺的重要一环。第一，通过对数据的挖掘和分析，探索标杆、竞品车型的设计理念和技术亮点，为企业产品的研发提供重要的数据支撑；第二，通过测试评价数据的沉淀和积累来真实反映车辆性能、策略、功能表现，为消费者选车用车提供科学的信息参考；第三，通过对不同车型控制策略与功能定义的合理性判断，确定技术整改和优化方向，突破行业技术难点和重点，助推新能源汽车产业发展。

国内外在新能源汽车测试评价方面的工作开展由来已久。美国以阿岗实验室为例，在美国能源部的支持下，制订了 AVTA 计划，即对全球所有先进的电动汽车进行测试评价并形成一个全行业数据的共享平台。欧洲很多测试机构包括宝马在内的汽车公司以及日本本田和丰田公司也同样开展了很多测试评价工作。在国内，目前针对新能源汽车测试评价的体系主要分为 3 类：企业开发级测试评价、第三方机构测试评价、媒体端测试评价。其中，企业开发级测试评价主要针对开发过程，其专业性、复杂性较强，指标的设置主要反映产品开发过程中的关注点；第三方机构测试评价一般基于国家标准，属于若干国家标准的集合，反映的试验条件与实车运行环境有一定的差距；而媒体端测试评价主要针对消费者端，但由于专业性问题，更倾向于主观评价，缺乏客观性和一致性。

（二）背景

目前，伴随着新能源汽车补贴退坡，国家对法规和政策导向不断加严，新能源汽车产业的政策导向转变为市场导向，在以市场为导向的新态势下，提高产品竞争力和满足消费市场需求将成为影响新能源汽车产业发展的关键因素。

政策、市场和用户环境的日趋成熟使社会对新能源汽车的定位不再仅限于一个清洁的交通代步工具，而是在保证产品功能完善的前提下越来越重视其能耗、安全和体验。目前新能源汽车产品设计与消费者需求之间还存在诸多问题。第一，消费者作为最具发言权的用户终端，并未参与到良性的反馈机制中，提供用户的关注点以供行业参考；第二，我国新能源汽车企业众多但技术水平参差不齐，现有标准法规仅能从产品准入角度进行约束，使产品合格但不够优秀；第三，消费者与行业之间缺乏沟通的桥梁和纽带，媒体宣传缺乏专业性和针对性，使得产品开发导向和用户需求之间存在一定的断层。

针对上述存在的问题，我们需要一套评价体系，将消费者主观需求与产品开发过程的一系列客观指标对应起来，将主观问题客观化，来量化消费需求的同时服务产品开发。该体系作为一把标尺，应该关注用户体验和产品表现，能够衡量产品的优良中差，能够筛选优质产品供消费者选择，为消费者提供一个透明、公正、理性的消费环境；为车企优化产品设计提供有效的输入。

（三）意义

CEVE（中国新能源汽车评价规程）应运而生。CEVE 由中国汽车工程研究院股份有限公司、北京理工大学电动车辆国家工程实验室、清华大学电池安全实验室、新能源汽车国家大数据联盟 4 家单位联合发起，在大量研究国内外测试评价方法和体系的基础上，经过反复地需求调研和技术论证，建立了面向消费者关切的"能耗、安全、体验"多维度评价体系。

CEVE 规程通过"能耗、安全、体验"3 个维度 10 个二级指标的设计，以消费者实际用车过程的使用场景为出发点，重点反映社会热点和消费者的关注点，关注产品薄弱项和公告未测试的内容。

二　基于整车安全评价体系研究

（一）研究背景及意义

国内外法规标准在电动汽车整车及零部件的高压安全方面制定了大量的设计、测试规范和要求，这一系列的标准从整车层级的接触安全、使用安全、安全报警机制和核心零部件级电池包安全、驱动电机性能等方面分别进行了测试约束。然而，仍然没有一个面向消费者层级的测评规范来对纯电动汽车进行多维度、权威的测试评价。中国新能源汽车评价规程便是在此大背景下孕育而生的。中国新能源汽车评价规程通过对纯电动汽车单车测试的研究结合大数据的分析，从车辆的使用安全和安全保护机制两个维度开展，基于车辆防水涉水测试、人员触电防护、失效防护机制、车辆过放电滥用保护以及核心部件过温保护报警机制等多角度进行了研究测试，以全面评估纯电动汽车的安全等级。

（二）评价方法

1. 纯电动汽车使用安全测试研究

在使用安全维度，针对消费者在电动汽车的使用环境方面进行防水涉水和触电防护测试方法研究。

（1）纯电动汽车防水涉水测试研究

区别于传统的燃油汽车，消费者对电动汽车在雨天的使用环境尤为关注。暴雨过后电动汽车行驶在积水深浅不一的路面上时，车辆电池是否会漏电、电子部件是否会短路等重大隐患成为消费者最为关切的安全问题。虽然目前《汽车蓄电池行业规范》对动力电池的安全级别提出明确标准要求，主流电动汽车的防尘防水标准已达到 IP67，但大众对电动汽车在积水区的行驶安全性仍然心存顾虑。现行国标 GB/T18384.3-2015《电动汽车安全要求第 3 部分人体触电防护》和上海市地标中的防水涉水测试要求研究显示，国标在车辆涉水深度和车速要求方面较为宽泛，而上海市地标对车辆在 300mm 深度涉水测试中对车辆车速的要求 "≥ 5km/h" 在实际测试中存在不容易统一的问题，如表 1 所示。

表 1 防水涉水测试标准对比

标准	100mm 涉水要求	150mm 涉水要求	300mm 涉水要求
GB/T18384.3-2015《电动汽车安全要求第3部分人员触电防护》	20km/h 安全行驶500m（约1.5分钟）	无要求	无要求
DB31T634-2012 电动乘用车运行安全和维护保障技术规范（上海市地方标注）	无要求	30km/h 安全行驶10分钟	≥5km/h 安全行驶10分钟

另外，结合消费者在雨天实际使用的环境和场景，在积水较浅路面车辆一般会以较快速度快速通过，而在积水较深路面车辆大多会以较低的车速慢慢试探性地开过积水区。因此，中国新能源汽车评价规程设计了车辆在 150mm 和 300mm 两种深度和不同车速的条件下的涉水测试。测试研究定义 150mm 水深对应的涉水车速为 30km/h，该测试条件下会产生较大的浪涌，主要评估车辆机舱进水后的部件防水性能；300mm 水深对应的涉水车速为 8km/h，并通过前进挡和倒行挡来回行驶，考察置于车辆底部的电池包以及高压部件在高压下的密封性能。

（2）纯电动汽车人员触电防护测试研究

人员触电防护测试研究方面，电动汽车以电能驱动车辆行驶，因此用电安全显得尤为重要。国家相关法规规定了人体接触的安全电压为 36V，而电动汽车的电压平台远远高于 36V。中国新能源汽车评价规程从人员触电防护的角度出发，通过对车辆高压部件是否粘贴有高压警告标记来评估车辆对于人员的接触触电有足够的提示警告；同时针对过高电压的线缆颜色进行约束以警示人员的接触。

2. 纯电动汽车安全保护机制测试研究

来自新能源汽车国家监管平台的数据统计显示，电动汽车自燃事故以机械滥用、电滥用和热滥用为主要原因。针对电动汽车的热滥用和电滥用方面，中国新能源汽车测试评价规程设计了车辆冷却系统单点失效故障和过放电滥用充电场景下的测试研究。

（1）纯电动汽车单点失效测试研究

电动汽车在复杂多变的环境条件下长时间工作潜在的热故障或隐患是消费者的长期安全忧虑。来自 2019 年 6 月一起某品牌电动汽车在行驶过程中的自燃事故调查显示：该车辆在极端环境（夏季高温）和工况下，车辆因热管理系统出现故障导致自燃起火。

电动汽车动力电池和动力系统的冷却系统至关关键，通过对车辆的行驶工况和环境进行严苛的约束，当车辆处于高温环境爬坡工况时，对动力电池或动力系统进行冷却尤为重要和突出。试验研究设计在测试前将车辆动力电池或电机的冷却系统失效，车辆在高温 35℃、全油门、12% 的坡度上行驶，模拟车辆在这种严苛条件下的安全故障处理机制，验证车辆是否有足够的处理机制应对这种严苛使用的场景。

（2）纯电动汽车过放电滥用测试研究

在电动汽车的电滥用方面，随着电动汽车近几年在能耗方面的改善和电池包能量密度的提升，电动汽车已经不仅仅局限于城市内的通勤。越来越多的消费者开始驾驶电动汽车穿梭于城市间的高速路上，或是加入近郊短途的自驾游大军中。基于这种实际使用场景，过放滥用充电测试设计对车辆分别进行两个阶段放电：第一阶段放电为车辆以 30 分钟最高车速的 50% 匀速对动力电池进行放电，当车速不能维持 30 分钟最高车速的 45% 时则第一阶段放电结束。第二阶段放电为车辆以 20km/h 的车速匀速行驶进行小电流放电，直至车辆停车，重新启动上电继续以 20km/h 的车速匀速行驶至第二次停车，车辆重启无法继续行驶则第二阶段放电结束。过放测试结束后，车辆用大电流快充半个小时，记录过放后快充半小时电量。试验设计模拟了车辆正常中高速行驶过程出现馈电后，继续以较低的速度寻找充电桩后立即进行大电流快充的使用场景，用来评估车辆过放滥用场景下的安全处理机制。

（三）评价结果

根据电动汽车销量、市场关注度以及大数据车型累计数量，选择了 7 款纯电动车型，包含 4 款轿车和 3 款 SUV 开展了使用安全和安全保护机制两个维度的防水涉水测试、人员触电防护、失效防护机制、过放电滥用充电等 4 项指标测试评价。上述 7 款车型中,其公告续驶里程均在 300km 以上,最高车速均高于 120km/h,整备质量在 1400~2200kg,均是两驱车型,涵盖了部分主流的纯电动汽车。7 款车型涉及国产车、合资车以及全进口车型。

1. 使用安全评价结果

在车辆防水涉水方面,6 款车辆通过涉水绝缘测试,其中 1 款车辆未通过300mm 深度的涉水测试。车辆存在漏水和报故障的问题。其中 86% 的车辆涉水后乘员舱出现不同程度的漏水情况,其中 43% 的车辆在 300mm 深度的涉水后出现严重的积水现象。29% 的车辆在 300mm 涉水后出现故障。结果如表 2 所示。

表 2 防水涉水测试结果

工况	水渍	积水	故障	干燥
150mm 涉水	3 款	0 款	1 款	3 款
300mm 涉水	1 款	3 款	2 款	1 款

由此,当前电动汽车在 300mm 涉水能力有待提升,建议加强对乘员舱密封性和高低压插件的密封性工艺,以减少漏水和报故障的情况。

在人员触电防护测试方面,86% 的车型针对高压部件均粘贴有高压警告标记,所有车型针对高压线缆均采用橙色加以区分。其中进口车型在高压部件的警告标识方面完全缺失,有待完善。

2. 安全保护机制评价结果

冷却系统失效测试结果显示:7 款车型均能够识别到车辆的故障状态,同时在严苛工况下均对车辆的动力输出进行了限制,冷却系统经受住了高温环境下的考验。

为了模拟消费者在车辆出现馈电提示信息后继续行驶寻找充电桩并快速充电的场景,对车辆进行了过度放电测试,从结果可以看出,车辆对此项滥用情况表现较好。测评结果从"持续报警""再充电不跳枪""馈电后可低速行驶""再充电功率不受限""表显剩余电量或里程"5 个方面对试验现象进行呈现,可以看出:14% 的车辆过度放电后再充电出现跳枪;86% 的车辆馈电后无法继续低速行驶；14% 的车辆再充电功率受限；43% 的车辆在低电量阶段不显示剩余电量或里程，结果如表 3 所示。

<table>
<tr><th colspan="8">表 3　过放充电滥用测试结果</th></tr>
<tr><th></th><th>车型 A</th><th>车型 B</th><th>车型 C</th><th>车型 D</th><th>车型 E</th><th>车型 F</th><th>车型 G</th></tr>
<tr><td>持续报警</td><td>OK</td><td>OK</td><td>OK</td><td>OK</td><td>OK</td><td>OK</td><td>OK</td></tr>
<tr><td>再充电不跳枪</td><td>OK</td><td>OK</td><td>NO</td><td>OK</td><td>OK</td><td>OK</td><td>OK</td></tr>
<tr><td>馈电后可低速行驶</td><td>NO</td><td>OK</td><td>NO</td><td>NO</td><td>NO</td><td>NO</td><td>NO</td></tr>
<tr><td>再充电功率不受限</td><td>OK</td><td>OK</td><td>NO</td><td>OK</td><td>OK</td><td>OK</td><td>OK</td></tr>
<tr><td>表显剩余电量或里程</td><td>OK</td><td>NO</td><td>OK</td><td>OK</td><td>NO</td><td>NO</td><td>NO</td></tr>
</table>

综上测试结果，上述 5 个方面可能会引起消费者的抱怨。

三　一种针对电池包 IPX9 防水的测评方法

（一）研究背景及意义

动力电池是电动汽车最重要的零部件之一，其安全性直接影响到电动汽车的使用性能。GB/T 31467.3-2015 将电池包的 16 项安全性测试纳入强制检测范围。电池包的防水要求是其中的重要内容。一般来说，纯电动汽车的电池组、电机等核心部件 IP 等级都可以达到 IP67，对应的防水等级则是防止短时间（至少 30 min）1 m 水深的浸泡。但在实际车辆的驾驶过程中，电动汽车的使用情况复杂得多。尤其我国幅员辽阔，南方沿海乃至全国夏季暴雨天气频繁，电动汽车面临夏季高温高压强降雨的考验。

动力电池包通过安装面间的弹性单元压缩固定配合，达到防水防尘的要求。而密封圈失效主要原因来自水压大于发泡硅胶的压缩应力，以及水对泡棉的压力大于发泡硅胶与箱体的摩擦力。为进一步探索纯电动汽车在积水路段和遭遇高温高压外部水流冲击之后的安全问题，CEVE 电池安全工作组开展了电池包 IPX9 防水能力的测评研究。

（二）评价方法

CEVE 动力电池包防水测试规程模拟了纯电动车经过服役工况（路面振动和冲击）后导致外壳的密封性损坏，评估在雨天、涉水或洗车等情况下电池包进水导致短路的安全风险。本规程测试对象为动力电池包或系统，包括实车状态的维修开关、高压和低压线束等配件。

试验先在 20T 振动台上按照新国标 GB《电动汽车用动力蓄电池安全要求》进行振动和机械冲击测试（见图 1a），以模拟电动车辆遭受路面振动和冲击后的状态。然后将电池包置于在 IPX9 试验台上进行防水性能测试（见图 1b），IPX9 测试方法如下。

（1）对于大型外壳（样品最大尺寸 ≥ 250 mm），应保证外壳的全部外表面都会被喷射。

（2）喷射方向：喷射角度应垂直于喷射表面。

（3）试验条件下喷嘴和被测样品间的距离为 (175 ± 25) mm。

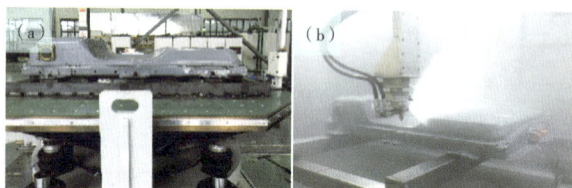

图 1 （a）振动测试（b）IPX9 防水等级测试

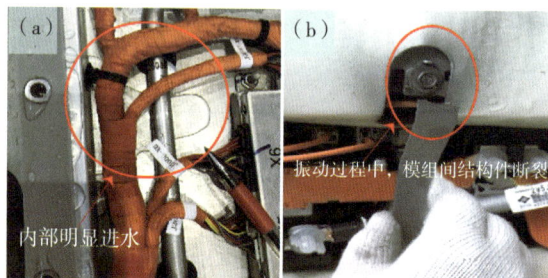

图 2 （a）电池包内部进水（b）结构断裂现象

（4）按外壳可计算面积算（包括任何安装表面），试验的持续时间为 1 min/m²，最少 3min。

试验结束后需要继续观察 2 小时确定是否有冒烟、着火、爆炸等现象。

观察结束后，电池包若未出现异常并达到安全稳定状态后，检测样品内部进水情况，以及是否存在电解液和冷却液泄漏，并测试样品的总正与外壳和总负与外壳的绝缘电阻值。为验证试验规程的合理性，CEVE 电池安全工作组选择了 3 款典型纯电动汽车的电池包进行测试，其中部分电池包样品内出现明显进水、结构件损伤断裂等情形。

（三）评价结果

试验结果表明，安全性和绝缘性 100% 通过，防水性 37% 通过，结构完整性 67% 通过。根据对试验结果的分析和评估，CEVE 工作组研究制定了一系列评分标准评估车用电池包的防水性能，包括电池包内部有无明显的电解液或冷却液泄漏，绝缘电阻值，是否出现外壳破裂、起火、爆炸等指标，样品测评结果见表 4。测试样品 IPX9 防水性能差异较大，测评丢分项为在内部结构件断裂和内部进水。

从样品测试结果中分析，得出电池包防水性能影响因素包括以下几点。

（1）泄压阀的防水能力。

（2）上下盖之间的密封设计和材质。

（3）电池包内部结构设计。

电池包防水性能一直是行业内研究的重要课题，在电池密封设计中不仅需要匹配合适的材料，也要搭配合适的结构设计，才能达到可靠的防水性。

表 4　纯电动汽车电池包样品 IPX9 测评结果

指标名称	评价方法	得分	样品 1	样品 2	样品 3
防水测试否决项	振动、冲击和 IPX9 试验过程中及试验后 2 小时内，发生以下任一现象：电池包外壳破裂、起火或爆炸	0	—	—	—

续表

指标名称	评价方法	得分	样品1	样品2	样品3
防水测试 得分项	IPX9测试完成后，电池包内部完整、无零部件松动和断裂	30	30	30	0
	振动、冲击和IPX9试验过程中及试验后2小时内，无冒烟现象	10	10	10	10
	IPX9测试完成后，电池包内部无明显的电解液或冷却液泄漏	10	10	10	10
	IPX9测试完成后，电池包外部无明显的冷却液泄漏	10	10	10	10
	IPX9测试完成后，电池包内部无明显的进水现象	20	0	20	0
	IPX9测试完成后，电池包的绝缘电阻≥ 100 Ω/V	20	20	20	20
总分			80	100	50

四 一种针对电池包底部球击安全的检测方法

（一）研究背景及意义

美国当地时间2013年10月1日，一辆行驶在美国西雅图南部的高速公路上的Model S汽车撞上了一大块金属物体，导致电池包起火，汽车大面积烧毁。由事故现场推测，车辆行驶过程中掉落下的弯曲面板刺穿了Model S车身，破坏了原有的模组结构，从而导致了某几节电池单体由于机械结构破损发生内短路，进而引发热失控。

纯电动汽车的动力电池系统为高能化学电源，在发生托底事故时，电池芯体和高压器件持续处于挤压状态，电池包极有可能在一段时间后发生自燃。即使有些托底事故未发生短路起火，但电池包已经严重变形。同时，托底事故造成的损伤在电池底部，不易察觉，具有隐蔽性。因此，研究托底对电池安全的影响显得十分迫切。CEVE电池安全工作组模拟了车辆底部动力电池包在托底过程中受到挤压产生形变的场景（见图3），用以评估车辆动力电池包底部受到异物球击场景下的安全风险。

图 3　场景模拟

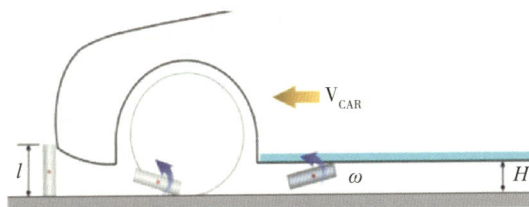

（二）评价方法

采用底部球击的方式模拟电池包受到底部挤压造成的破坏。动力电池底面受到向上的挤压或撞击，载荷以垂直方向为主，通常会造成电池底壳垂向变形，严重时会将电池底壳顶穿后进而刺破内部芯体。在 CEVE 动力电池包底部球击测试规程中，规定试验电池包的荷电状态（SOC）不低于 50%，并按照实车安装状态将电池包样品安装、固定在底部球击设备上。

如图 4a 所示，使用直径 150 mm 的金属球击头（材质：45# 钢，HRC60~65），在动力电池包底部中心位置以 (1 ± 0.2) mm/s 的球击速度沿车辆的 Z 方向（汽车行驶方向为 X 轴，垂直于行驶方向的水平方向为 Y 轴，垂直于 X 轴和 Y 轴确定的平面为 Z 轴）以动力电池包整车安装点的几何中心为原点，在半径为 150 mm 的圆弧上选定一点进行球击，并且 X 轴和 Y 轴上的点不能作为

图 4　（a）底部球击测试；（b）底部球击力 / 形变量 - 时间曲线

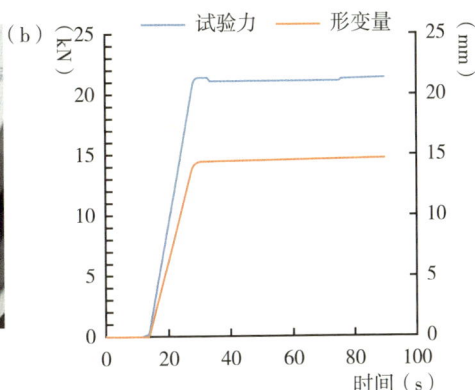

球击点。最大球击力为车辆铭牌上的"最大允许总质量"的110%，并持续加载60s，电池包受到静压力挤压头挤压变形后典型的力/形变量-时间曲线如图5b。电池包球击试验后的照片如图5所示。

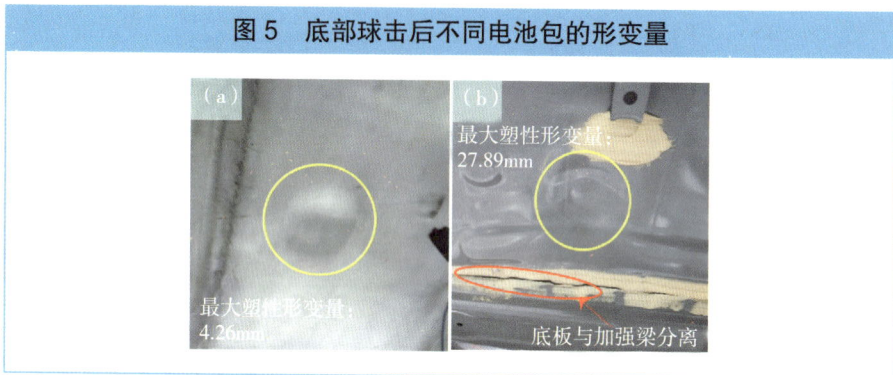

图5　底部球击后不同电池包的形变量

对于底部球击工况，应实现试验后动力电池都能保证功能正常，且无安全隐患。基于以上考虑，CEVE工作组将球击工况的考察指标设定如下。

球击位置电池包的最大塑性形变量X。

电池包电池绝缘电阻。

电池包内外部有无明显的电解液或冷却液泄漏。

电池包是否出现着火或爆炸。

（三）评价结果

CEVE工作组分析了底部球击试验过程的载荷曲线，并对试验后电池包的安全性、绝缘性、形变量进行了统计，样品测评结果见表5。所有电池包样品在底部球击安全性方面得分差异并不明显，防护水平比较高。

对测评样品结构做进一步的分析后发现，底部壳体强度高、模组与底部预留安全间隙的电池包安全性较高。对于挤压铝、钢板或者铝板材质的下壳体，在大载荷下容易发生较大变形，需考虑增加电池包防护梁和电池包底护板。

表 5　纯电动汽车电池包样品底部球击测评结果

指标名称	评价方法	得分（分）	样品 1（分）	样品 2（分）	样品 3（分）
球击测试否决项	测试开始至球击完成 5 分钟之内，电池包出现着火或爆炸	0			
球击测试得分项	测试开始至球击完成 5 分钟之内，无冒烟现象	20	20	20	20
	测试完成后，电池包内部无明显的电解液或冷却液泄漏	20	20	20	20
	测试完成后，电池包外部无明显的冷却液泄漏	10	10	10	10
	电池包电池绝缘电阻 $\geq 100\ \Omega/V$	20	20	20	20
球击测试得分项	球击位置电池包的最大塑性形变量 X	30：$0 \leqslant X \leqslant 3mm$； 27：$3 < X \leqslant 6mm$； 24：$6 < X \leqslant 9mm$； 21：$9 < X \leqslant 12mm$； 18：$12 < X \leqslant 15mm$； 15：$15 < X \leqslant 18mm$； 12：$18 < X \leqslant 21mm$； 9：$21 < X \leqslant 24mm$； 6：$24 < X \leqslant 27mm$； 3：$27 < X \leqslant 30mm$； 0：$X > 30mm$	27	27	3
总分			97	97	73

五 一种针对电池包高低温充电安全的测评方法

（一）研究背景及意义

　　新能源汽车安全一直以来是车企和消费者关注的重点和亟须控制和解决的难点。自 2015 年以来，电动汽车事故数与销量的增加呈现正相关的关系。如图 6 所示，2015 年电动汽车销量为 33.1 万辆，当年媒体报道发生的事故数量为 20 起左右。2019 年电动汽车销量为 120.6 万辆，而据不完全统计，我国 2019 年 1~10 月相关媒体报道发生的事故数增加至 58 起。而《新能源汽车国家监管平台大数据安全监管成果报告》显示，仅 2019 年 5 月到 8 月中旬，新能源汽车国家监管平台就发现了 79 起安全事故。在已查明的着火原因中，电池引发的着火事故占比 58%。

图 6　中国新能源汽车销量与事故数量统计

　　如图 7 所示，根据事故调查和媒体报道，对这些事故的发生场景进行统计，其中停放自燃、行驶自燃和充电自燃所占的比例最高，而直接由充电引发的事故占所有事故的 25%。

　　充电是电动汽车全寿命周期中最重要的环节之一，动力电池的充电安全直接影响着电动汽车的使用寿命及安全运行。充电过程可能会出现电池温升过高、电池系统温差过大、过充、快充或者低温析锂引发的微短路等现象。而这些现象会造成电池发生不可逆损伤甚至失控，比如过高的温升可能会引发电池内部

图 7 事故场景统计

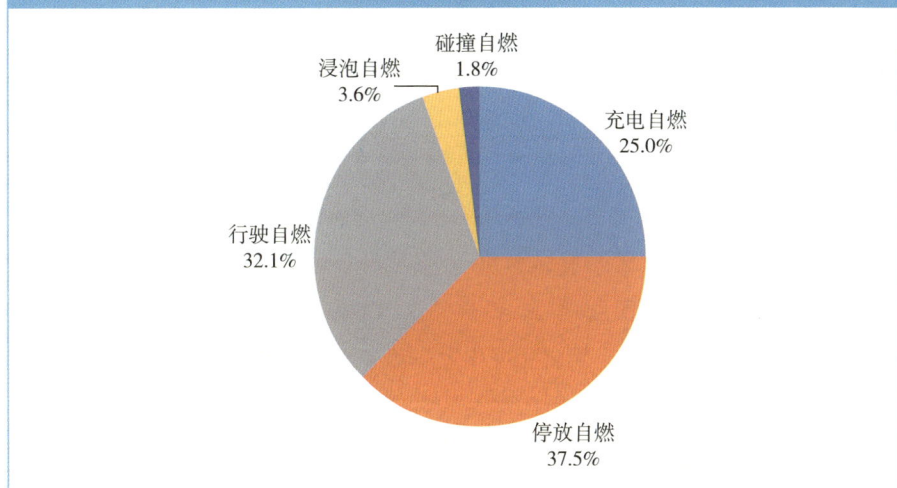

固态电解质膜的分解，电解液与内嵌锂或者沉积锂的反应等；温差过大会增加电池系统的不一致性，影响电池的使用寿命，降低电池系统安全性；而低温析锂同样也会降低电池的本质安全，并缩短电池寿命，存在引发电池内短路的风险。为保障电动汽车充电过程及充电过后的安全，急需一种评估手段对新能源汽车充电过程中电池系统本质安全、热管理及充电策略进行评价。

相比于常温充电，极限环境如高温、低温条件下充电对电池造成的影响更大。我国地域辽阔，南北温度差异巨大。北方漠河地区，最低温度能达到零下20℃以下，而南方最高温度能达到40℃以上。保障在中国大部分地区安全运行，电动汽车必须要采取合适的策略和热管理系统使车辆在不同高低温环境下进行充电。本测评方法主要从电池热管理和充电效率两方面对电动汽车高低温充电进行评价，该方法可以从安全和性能的角度来对不同车型的热管理系统、充电策略及电池性能进行综合评价。

（二）测试与评价规程

1. 测试规程

通过对全国大部分地区的温度特征进行统计，我们决定采用（39±2）℃和（-11±2）℃作为本规程高温和低温的测试温度。为模拟电动汽车充电时安全系数最低的充电方式，本测试规程采用其用时最短的充电策略进行充电。充电桩采用充电功率为 120kW 的特来电充电桩，该功率范围满足目前几乎所有电动汽车需求的充电功率。为保证测评的标准一致，被测车辆需从最低荷电状态开始进行充电测试。根据国标 GB/T 18386-2017《电动汽车能量消耗率和续驶里程实验方法》中 4.4.4.2 对电池放至最低荷电状态的实验方法：将试验车辆在室温条件下（20~30℃）以 30 分钟最高车速的 70%±5% 的稳定车速行驶，使车辆的动力蓄电池放电，当车速不能达到 30 分钟最高车速的 65% 时结束。本测试规程可以参照该方法通过底盘测功机将被测车辆放电至最低荷电状态。在充电过程中，首先需要将整车置于测试环境中浸车不少于 12 小时。充分浸车后，将充电桩连接整车进行充电，当满足条件之一时停止充电：

充电车辆自动终止充电；

充电车辆未自动终止充电，试验对象温度超过电池系统制造商定义的最高工作温度 10℃ 以上；

充电车辆未自动终止充电，电池荷电状态超过 100%SOC；

在充电结束阶段，电动汽车处于末端充电状态（不低于 97%）超过 30 分钟。

充电过程中记录通信报文，并通过报文根据 GB/T34658-2017 对相关数据进行解析。

2. 评价规程

针对高低温下电池温度管理能力和充电能力，本评价规程主要从充电热管理和充电效率两个层面进行综合评价。其中充电热管理分为最高温度和平均温差，充电效率分为充电速率、充电电量比和充电经济性。这五个分指标分别给予最高温度 40%、平均温差 10%、充电速率 40%、充电电量比 6%、充电经济性 4% 的权重分配。高温测试和低温测试权重分别为 60% 和 40%。

（三）结果与讨论

本次分别对 3 款样车进行了测试和打分。根据总得分，整车在高低温环境下充电的评级可划分为 4 个等级，其中 90~100 分为 G，80~90 分为 A，70~80 分为 M，70 分以下为 P。表 6 列出了样车信息。

表 6　样车基本信息

	样车 1	样车 2	样车 3
车型	国产	国产	合资
冷却系统	液冷	液冷	风冷
额定容量（Ah）	147	100	100

计算结果如表 7 所示。

表 7　样车评级结果

车型	评级
样车 1	M
样车 2	G
样车 3	P

本高低温充电测试与评价规程提出了一种通过在（39±2）℃高温条件和（-11±2）℃低温条件下的充电测试。从测评结果可以看出，本测评规程能很好地对不同车型在高低温环境下充电进行评价，且评测数据直接通过截取通信报文来进行评价，无须车企参与评测，具有很好的普适性和公正性。

六　总结

本文基于安全事故场景的溯源，针对新能源汽车的机械滥用、电滥用、热滥用问题，依据新能源汽车的特征，从正常使用、滥用误操作、碰撞等三个方面，设计了过放电、冷却系统失效、高低温充电、底部球击、防水涉水等测试评价方案，并围绕若干台典型的新能源汽车开展了面向消费端的评价工作，系统分析了新能源汽车在使用过程中的耐环境性和绝缘保护能力、误操作防护和容错能力、机械冲击类事故中对电池热失控的抑制能力等。通过测评可以发现，目前新能源汽车在安全方面的表现总体较好，但是整车和电池包防水能力、电池包耐机械冲击能力仍有待提升。

未来，CEVE 规程将持续关注消费者对新能源汽车的切实需求，以国内市场主流销售车型作为评测对象，不断完善新能源汽车的测试和评价方法，向社会提供全方位测评数据，引导消费者透明消费，反馈消费者需求给全行业，加快新能源汽车提质增效转型升级，促进我国新能源汽车产业长期可持续健康发展。

参考文献

［1］GB/T 31467.3-2015. 电动汽车用锂离子动力蓄电池包和系统第 3 部分：安全性要求与测试方法 [S].

［2］罗龙，刘九庆，欧阳志军等. 动力电池包的密封设计要求及失效性的研究分析 [J]. 时代汽车，2019, (14):98-99,102.

［3］中国汽车技术研究中心. 中国新能源汽车产业发展报告 (2018) [M]. 北京：社会科学文献出版社，2018:28-29.

［4］周飞. 纯电动汽车电池包托底分析及改善 [J]. 北京汽车，2019, (5):15-17.

［5］电动邦. 新能源汽车大数据联盟发布安全报告 [R]. 汽车行驶时起火概率最高. 2019.

［6］Li Z, Huang J, Yann Liaw B, Metzler V, Zhang J. A review of lithium deposition in lithium-ion and lithium metal secondary batteries[J]. J Power Sources. 2014, 254:168-82.

［7］Huang P, Wang Q, Li K, Ping P, Sun J. The combustion behavior of large scale lithium titanate battery[J], Scientific reports. 2015, 5:7788.

［8］Gachot G, Grugeon S, Armand M, Pilard S, Guenot P, Tarascon J M, et al. Deciphering the multi-step degradation mechanisms of carbonate-based electrolyte in Li batteries[J]. Journal of Power Sources. 2008, 178(1):409-21.

［9］Feng XN, Xu CS, He XM, Wang L, Zhang G, Ouyang MG. Mechanisms for the evolution of cell variations within a LiNixCoyMnzO2/graphite lithium-ion battery pack caused by temperature non-uniformity[J]. Journal of Cleaner Production, 2018, 205(PT.1-1162):447-462.

［10］Nagasubramanian G. Electrical characteristics of 18650 Li-ion cells at low temperatures[J]. Journal of applied electrochemistry, 2001, 31(1): 99-104.

测试评价篇 | 新能源汽车在用车测试研究报告

◎张成林　马国胜　张　宇＊

＊张成林，中国汽车工程研究院股份有限公司，主要研究方向为数据分析、数据挖掘；马国胜，中国汽车工程研究院股份有限公司，主要研究方向为数据分析、数据挖掘；张宇，中国汽车工程研究院股份有限公司，高级咨询师，科技部青年专家，新能源汽车补贴核查专家组成员，目前主要从事新能源在用车检测数据研究。

摘 要: 针对不同车企动力电池衰减及充电策略, 中国汽研北京分院利用自研 BDS 测试设备, 开展系统性测试分析研究, 旨在为新能源汽车动力电池开发提供有价值的设计参考, 为用户选车、购车提供借鉴。研究发现, 动力电池可用容量随着行驶里程的增大而减小, 大致呈现线性关系, 并且可用容量与出厂值偏差基本处于 5%~20%。电池初始温度直接影响初始充电电流大小, 热车初始电流高于冷车, 电池温度达到一定值后, 充电加热功能停止; 在热车充电全过程中, 电流变化范围会比冷车要小, 长期使用过程中有利于延长动力电池使用寿命。

关键词: 在用车测试 BDS 测试仪 电池衰减 充电策略

一　研究背景及意义

（一）研究背景

近年来，我国新能源汽车市场发展迅速，越来越多的汽车企业投入新能源汽车的研发生产和销售中，越来越多的消费者选择了新能源汽车。而充电性能和动力电池衰减则是用户在选车、购车和使用过程中的关注重点。

动力电池衰减是由电池本身的特性导致的，随着时间的增长，充放电次数的增加，充电不规范等一系列因素造成电池性能衰减。此外，锂离子动力电池的特性受环境温度影响较显著，在低温环境中，其可用能量和功率衰减比较严重，且长期低温环境使用会加速动力电池老化，缩短使用寿命。动力电池是电动汽车的动力之源，衰减后，动力电池的存电量和充电效率都会受到直接影响，表现在电动汽车身上就是续驶里程下降，充电速度变慢，电动汽车的正常使用将受到很大影响。

（二）研究意义

中国汽车工程研究院股份有限公司北京分院（简称"中国汽研北京分院"）开展了新能源在用车高低温充电特性、电池衰减状况测试研究工作，引导新能源汽车用户对充电性能、电池衰减情况有更加清晰的认识；促使新能源整车和电池企业加快提升产品性能，并为后续新能源汽车相关政策制定等提供支持。

此外，科学全面了解新能源车辆信息对补贴清算工作至关重要。相比查验铭牌等传统核查手段，新能源汽车电池电量测试可在不拆解车辆的前提下快速获得更多实际信息，为补贴清算现场核查工作的顺利开展提供技术支持。

二　测试设备介绍

为了便于开展充电性能、动力电池衰减测试及研究工作，中国汽研北京分院研发了一款便携式测试设备，即 BDS 电池 PACK 在线测试仪，如图 1 所示。

图 1　BDS 连接示意

（一）BDS 在线测试仪产品参数

BDS 在线测试仪产品参数如表 1 所示。

表 1　BDS 产品参数

产品参数	指标
供电	9-36V
实时电压	±0.1%
实时电流	±0.1%
系统总能量	1%
运行环境温度	-10~40℃
运行环境湿度	10~90% RH
上位机软件	TAS
尺寸（W×D×H）	300mm×200mm×200mm

（二）BDS 在线测试仪功能

（1）充电桩充电数据实时监测。

（2）充电电压实时监测。

（3）充电电流实时监测。

（4）实时充电容量监测。

（5）整车绝缘性能监测。

（6）OBD 整车信息及故障监测。

（7）测试数据保存及导入。

（8）WiFi 连接。

（三）BDS 在线测试仪特点

（1）OBD 诊断功能、功能可扩展。

（2）电压电流实时采集，电池容量实时计算。

（3）过温保护功能，环境适应性强。

（4）软件操作简单，设备携带方便。

（5）WiFi 数据传输，数据实时存储。

（6）无须外接电源，无须内置电池。

利用 BDS 在线测试仪开展新能源在用车整车充电性能测试，对不同企业车型充电策略进行分析；开展电池电量衰减测试工作，对比电池数量、当前容量等实际测试数值并与车辆公告值进行逐一对比，从安全性和一致性角度出发，快速识别问题车辆，科学评定核查车辆电池是否满足要求。

三　动力电池衰减测试分析

（一）测试概况

为了核查动力电池实际容量与标称容量差异，分析动力电池衰减情况，北京分院采用自研便携式 BDS 测试仪，通过区间测试法对不同车企不同行驶里程的电动车电池容量进行测试，测试采用新能源在用车车主招募形式开展。

依据随机抽样的原则，对车辆品牌及车辆进行随机抽检，共抽检 5 家企业 7 个车型 20 辆车，其中国产乘用车 16 辆、进口乘用车 4 辆，被测车辆出厂时间范围为 2012 年 9 月至 2017 年 6 月，累计行驶里程范围为 20000km 至 170000km，满足被测车辆应覆盖不同运营里程、不同使用年限的要求，使用类型均为私人非营运车辆。测试车辆信息汇总如表 2 所示。

表 2 测试车辆信息汇总

序号	企业	车辆型号	使用领域	测试数量（辆）
1	A	a-1	非营运	3
2	B	b-1/b-2/b3	非营运	5
3	C	c-1	非营运	4
4	D	d-1	非营运	4
5	E	e-1	非营运	4

注：品牌及车型信息均已脱敏。

（二）测试方法

利用标称容量、电流积分（It）与 $\triangle$ SOC(充电后 SOC 充电前 SOC 值之差 - 通过整车总线信息读取）对应关系，通过将车辆送至附近充电站进行实际充电。在测试过程中，实时采集并保存充电电流、电压、SOC 值等数据，通过充电电流计算电池的容量，并与公告值进行比较，最终计算实际值与公告值的差值百分比，误差 =[（It/ $\triangle$ SOC）/ 标称容量] × 100%，测试误差为 ±0.5%，误差主要是电流积分计算导致的。

测试中，均选取部分区间进行测试，测试结果如图 2 所示。

图 2 测试结果分析

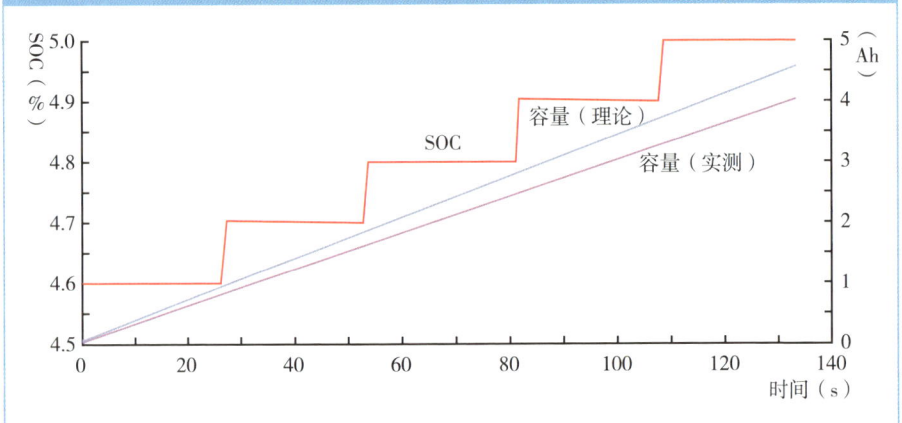

（三）测试数据分析

1.A 企业电动车电池衰减测试分析

实测电量与公告数据差值的平均值为 -13.207%（-13.716% ~ -12.946%），如图 3 所示。3 辆样品车的实测电量与公告数据差值绝对值均在 10%~15%。

图3　A 企业测试结果汇总

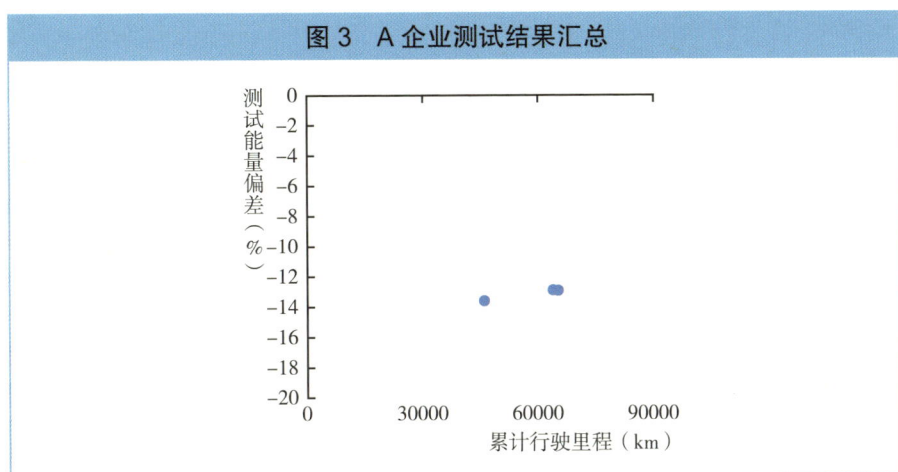

表 3　测试车辆信息

被测车型	a-1
系统总能量 (kWh)	23.22
系统电压 (V)	313.9
电池容量 (Ah)	74
被测车辆行驶里程 (km)	46000 ~ 65200

2.B 企业电动车电池衰减测试分析

实测电量与公告数据差值的平均值为 -5.819%（-8.37% ~ -0.002%）。实测电量与公告数据差值绝对值在 0 ~ 5% 的车辆为 1 辆，占总检测车辆的 20%；5% ~ 10% 的车辆为 4 辆，占总检测车辆的 80%。

图 4　B 企业测试结果汇总

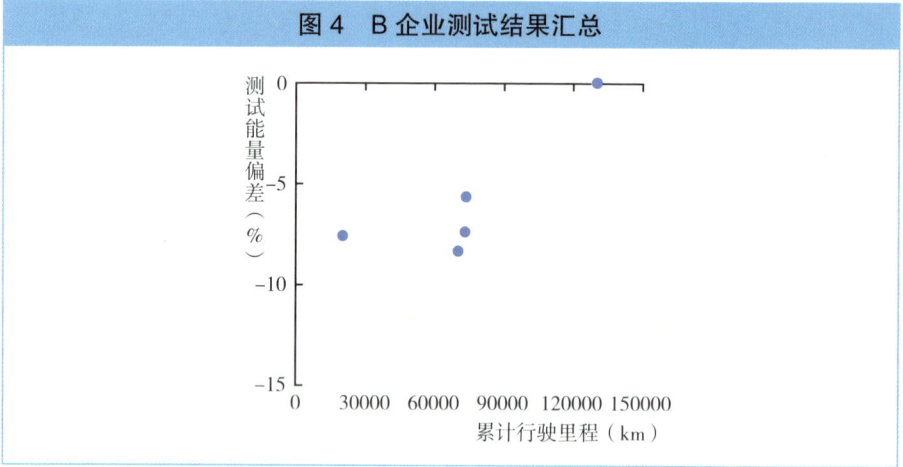

被测车型	b-1/b-2/b3
系统总能量 (kWh)	47.50/63.360/45.6
系统电压 (V)	316.8/ 359.66/ 633.6
电池容量 (Ah)	200/74/75
被测车辆行驶里程 (km)	20000 ~ 130000

表 4　测试车辆信息

　　重点车型分析：B 企业动力电池测试结果较好，测试电量偏差普遍优于其他车型。与该企业工程师沟通后，总结原因包括如下几点。

　　（1）电芯设计优先保证安全性和寿命，相应的在电芯能量密度方面偏弱，但是通过轻量化的设计，提高电池包的成组率，同样也保证了电池包优秀的能量密度。

　　（2）电池包使用了 600V 的高电压平台，在相同的电量和功率下，充放电电流只有 300V 电压平台的一半，因此电池发热量只有 300V 电压平台的 1/4 左右，所以电池的温度更低，寿命更好。电压平台提升到 600V，会导致车辆无法与市场上 500V 的直流充电桩兼容，因此 B 企业增加了直流充电升压 DC，当充电桩电压不够时，通过升压 DC 将充电电压升高，保证车辆直流充电的兼容性。

3.C 企业电动车电池衰减测试分析

实测电量与公告数据差值的平均值为 -10.536%（-11.598% ~ -9.556%）。实测电量与公告数据差值绝对值在 5% ~ 10% 的车辆为 2 辆，占总检测车辆的 50%；10% ~ 15% 的车辆为 2 辆，占总检测车辆的 50%。

图 5　C 企业测试结果汇总

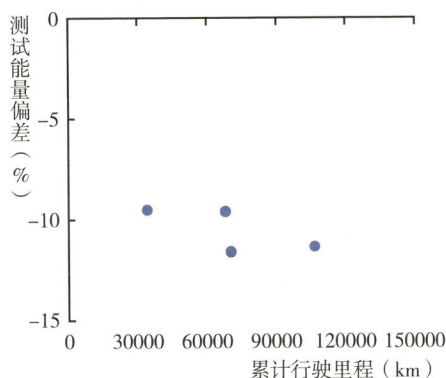

表 5　测试车辆信息

被测车型	c-1
系统总能量 (kWh)	45.30
系统电压 (V)	359.66
电池容量 (Ah)	126
被测车辆行驶里程 (km)	38728 ~ 120000

4.D 企业电动车电池衰减测试分析

实测电量与公告数据差值的平均值为 -10.818%（-20.143% ~ -5.26%）。实测电量与公告数据差值绝对值在 5% ~ 10% 的车辆为 3 辆，占总检测车辆的 75%；20% ~ 25% 的车辆为 1 辆，占总检测车辆的 25%。

图 6　D 企业测试结果汇总

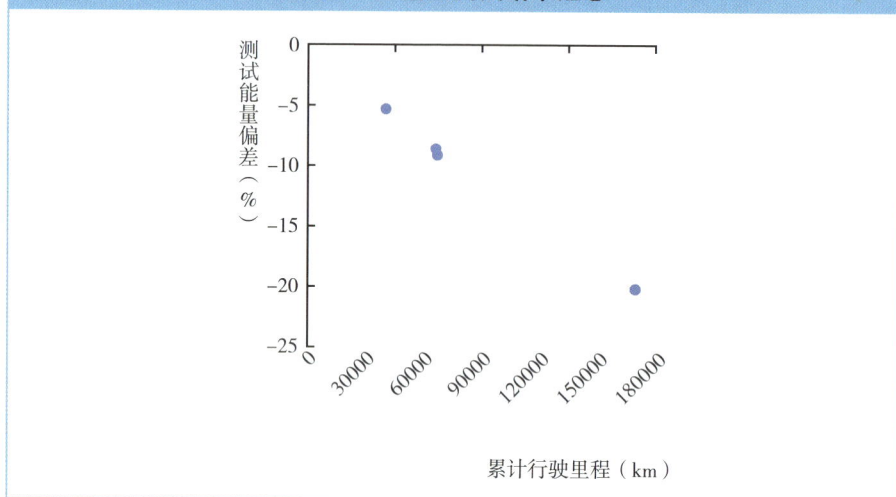

表 6　测试车辆信息

被测车型	d-1
系统总能量 (kWh)	22.38
系统电压 (V)	310.8
电池容量 (Ah)	126
被测车辆行驶里程 (km)	40000~67000

5.E 企业电动车电池衰减测试分析

实测电量与公告数据差值的平均值为 -18.631%（-26.106% ~ -13.21%）。实测电量与公告数据差值绝对值在 15% ~ 20% 的车辆为 2 辆，占总检测车辆的 50%；20% ~ 25% 的车辆为 2 辆，占总检测车辆的 50%。

重点车型分析：E 企业动力电池可用容量测试结果与出厂值偏差较大，两辆偏差高于 20%，其中一辆仅行驶里程 3 万公里，测试电量偏差 20.499%。通过在测试现场与车主沟通，普遍存在 e-1 车型实际续驶里程无法达到标称里程。其原因可能是 E 企业 e-1 车型充电模式有普通模式和长途模式两种，普通模式的最大充电量会限制在 80%，该充电策略主要可降低充电时长，并且可提高充电过程中的安全性。另外据 Cnet 报道，该企业决定将其超级充电站的最大充电量设定在 80%，以减少车主充电的等候时间。有车主表示，如果 e-1 经常选用超级充电桩充电，OTA 会自动将动力电池充电量锁定在 80% 左右，所以出现 e-1 行驶 3 万公里，动力电池可用容量为 79.501%。

图 7　E 企业测试结果汇总

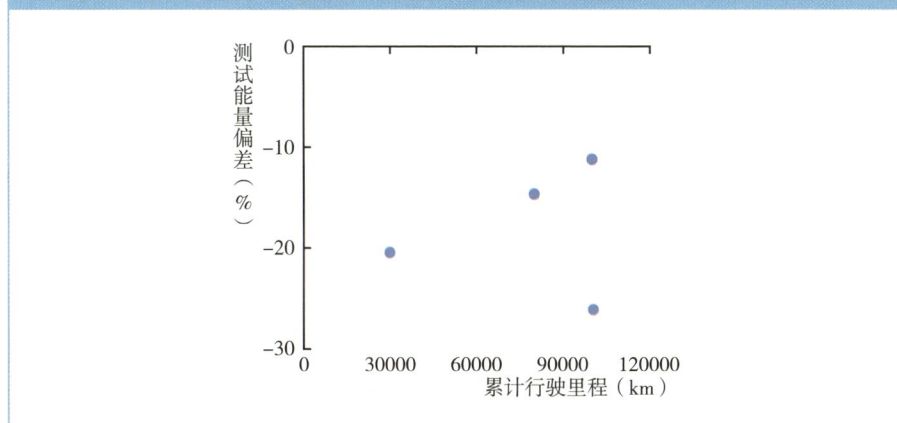

表 7　测试车辆信息

被测车型	e-1
系统总能量 (kWh)	70/75/85.75
系统电压 (V)	310/350
电池容量 (Ah)	245
被测车辆行驶里程 (km)	30000 ～ 10100

（四）小结

实测电量与公告数据差值的平均值为 -11.334%（-26.106% ～ -0.002%）。实测电量与公告数据差值绝对值在 0 ～ 5% 的车辆为 1 辆，占总检测车辆的 5%；5% ～ 10% 的车辆为 9 辆，占总检测车辆的 45%；10% ～ 15% 的车辆为 7 辆，占总检测车辆的 35%；15% ～ 20% 的车辆为 3 辆，占总检测车辆的 15%。

从整体测试结果可以看出，动力电池整体呈现趋势是可用容量随着行驶里程的增大而减小，大致呈现线性关系，如图9所示，并且可用容量与出厂值偏差基本处于 5%~20%。动力电池可用容量降低是由动力电池特性导致的，是不可避免的。根据国家相关规定，纯电动汽车行驶 5 年或 12 万公里，动力电池电量偏差要求在 20% 以内。

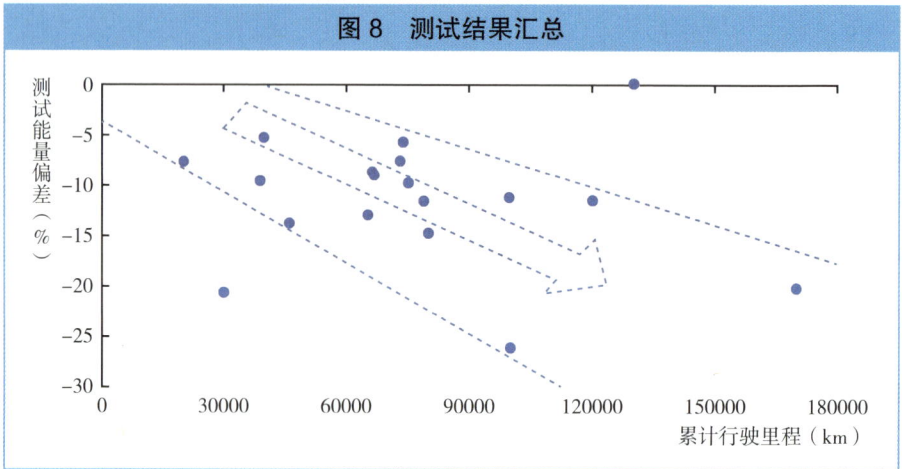

图 8　测试结果汇总

1. 动力电池衰减原因分析

正负极活性物质在反复充放电后的结构产生了变化，从而造成容量的损失；电池在反复使用中会不断发生副反应并消耗电解液，如果副反应发生的速度过快，电解液就会被很快消耗完并造成电池电量的急剧衰减；电池组在反复使用过程中，各个电芯容量、内阻等的不一致性会逐步加剧，当不一致性累积到一定程度时，虽然每个电芯的性能还都是合格的，但是会显著降低整体电池包的电量；加工过程中的问题，如水分含量的控制、金属杂质的控制等因素，也会造成电池包容量的异常快速衰减。

2. 动力电池衰减改善建议

整车企业应从以下角度改善动力电池衰减性能。选取循环寿命及一致性好的电芯；依据整车应用情况，选取充放电倍率适合的电池；优化电池组系统 Pack 结构设计及配置热管理系统，确保电池在合适的温度区间工作；设置合理的 BMS 保护策略，避免电池极端滥用的情况出现；对车辆使用者培训充电知识，督促其按规定充电。

动力电池企业应在电池制造技术上做好优化。要选择质量更有保证的原材料；在材料认证时，要注意正极、负极和电解液之间性能的匹配，每一款主材性能的充分发挥，都是建立在与其性能匹配的其他主材基础上的；控制好整车不同电芯之间的一致性，让单体电芯的性能可在整车中充分发挥。

四　动力电池充电策略分析

（一）测试概况

为全面摸排在用新能源汽车动力电池技术、使用现状，中国汽研北京分院研究组计划针对不同在用新能源车型开展长期跟踪测试。选取国内外典型、热门车型，开展不同环境温度、不同使用状况、不同行驶里程下同款车型表现和相同条件下不同车型对比表现分析。

新能源汽车动力电池性能与使用环境、使用状况、行驶里程等密切相关，不同的电池性能及控制策略直接影响其动力性能、行驶里程及安全性能等。中国汽研北京分院利用自主研发的一款便携式测试设备 BDS 电池 PACK 在线测试仪，可检测充电过程中充电桩与新能源汽车动力电池相关数据，获取实时信息。通过实验数据分析，了解当前电动车不同使用环境下充电过程的动态特性。

（二）测试参数

BDS 便携式在线测试仪采集参数有电压输出值、电流输出值、累计充电时间，解析后的参数包括充电电压测量值、充电电流测量值、当前荷电状态、最低及最高动力蓄电池温度、动力蓄电池单体最低及最高电压，计算值包括实时充电容量、实时充电能量、充电功率，测试参数如表 8 所示。

表 8　测试参数

设备采集	解析报文	计算值
电压输出值（V） 电流输出值（A） 累计充电时间（min）	充电电压测量值（V） 充电电流测量值（A） 当前荷电状态 SOC（%） 最低动力蓄电池温度（℃） 最高动力蓄电池温度（℃） 单体动力蓄电池最高允许充电电压（V） 动力蓄电池标称总能量 最高允许充电总电压（V） 最高允许充电电流（A） 最高允许温度（℃） 整车动力蓄电池荷电状态 整车动力蓄电池当前电池电压（V） 中止荷电状态 SOC（%） 动力蓄电池单体最低电压（V） 动力蓄电池单体最高电压（V）	实时充电容量（Ah） 实时充电能量（kWh） 充电功率（kW）

（三）测试基本信息

1. 测试条件

充电性能测试时间为 2019 年 12 月，测试车型全部为纯电动汽车，车型包括车型 F、车型 G、车型 H、车型 J、车型 K、车型 M，测试分为冷车测试和热车测试，其中车型 F、车型 G 只进行了冷车测试，其余 4 款车进行了冷车及热车测试，充电过程中对电池组电流、电压、当前荷电状态及电池组升温情况等进行分析。测试条件如表 9 所示。

表 9　充电性能测试条件

测试车型	车型 F	车型 G	车型 H	车型 J	车型 K	车型 M
测试条件	①冷车充电测试：将车辆在低温环境下（约 -10℃）静置一晚，次日凌晨进行充电测试，监测充电过程中电池组电流、电池容量、充电功率及电池组温升变化等		（1）冷车充电测试：同① （2）热车充电测试：车辆行驶距离超过 200km 后，立即进行充电，监测充电过程电池组电流、电池容量、充电功率及电池组温升变化等			

						续表
测试车型	车型 F	车型 G	车型 H	车型 J	车型 K	车型 M
测试时间	2019 年 12 月凌晨 4 点（冷车）、14 点（热车）					
测试环境温度	-10℃		-10℃、0℃			

2. 车型选择原则

测试车型选择时兼顾国内、国外纯电动车型，动力电池类型均为三元锂离子电池，且均具备低温充电加热功能，车型基本参数如表 10 所示。

表 10　测试车型基本参数

测试车型	车型参数				
	系统总能量（kWh）	系统电压（V）	电池容量（Ah）	被测车辆行驶里程（km）	起始 SOC（%）
车型 F	81	360	225	7294	30
车型 G	81.198	347	234	5617	30
车型 H	60.2	401.5	150	5237	23、24
车型 J	52.5	350	150	505	31、27
车型 K	69	389.5	177	4641	39、37
车型 M	62	350	177	2852	39、34

（四）充电策略分析

1. 车型 F 与车型 G 冷车充电策略分析

定义充电桩输出电流为 I1，动力电池充电电流为 I2，充电桩输出容量为 Ah1，动力电池充入容量为 Ah2。

车型 F SOC30%~96%，动力电池充入容量占充电桩总输出容量的 90.75%，剩余 9.25% 的充电桩输出容量用于动力电池系统加热等。在充电过程中，起始充电电流在 500s 内基本恒定，500~3000s 电流有所上升，随后进入基本恒压充电状态，电流线性下降，6000s 后充电电流出现振荡，直至充电结束，充电参数变化如图 9 所示，充电数据记录如表 11 所示。

图 9   充电参数变化曲线

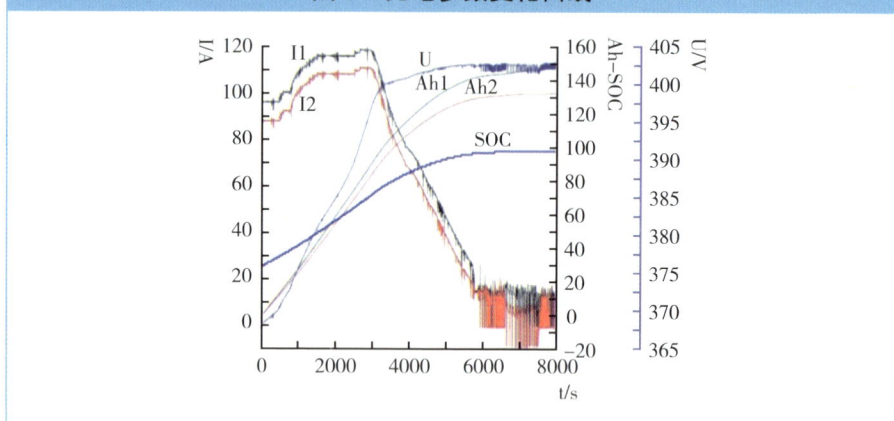

表 11   充电数据记录

充电起始 SOC（%）	30
充电结束 SOC（%）	98
充电时长（s）	7920
充电桩输出容量（Ah）	147.463
动力电池充入容量（Ah）	133.820
充入容量与公告值对比（%）	87.5

车型 G SOC30%~100%，动力电池充入容量占充电桩总输出容量的 93.35%，剩余 6.65% 的充电桩输出容量用于动力电池系统加热等。SOC30%~40%，充电桩输出电流阶梯式上升，SOC40%~85%，充电桩输出电流保持稳定，SOC 大于 85%，充电桩输出电流几乎垂直急速降低，之后阶梯式降低直至充电停止。动力电池加热装置启动后，电池温度逐步升高，最高加热至 28℃，后期停止电池加热，温度稍有下降，充电结束时温度为 20℃。充电参数变化如图 10 所示，充电数据记录如表 12 所示。

图10　冷车充电参数变化曲线

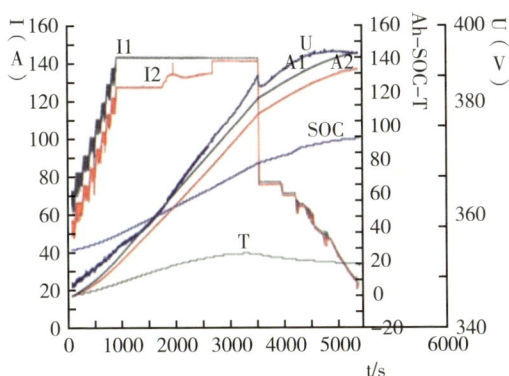

表12　冷车充电数据记录

充电起始 SOC（%）	30
充电结束 SOC（%）	100
充电时长（s）	5190
充电桩输出容量（Ah）	153.567
动力电池充入容量（Ah）	143.359
充入容量与公告值对比（%）	87.6

（1）充电电流与充电电压分析

在车型 F 充电过程中，充电桩输出电流始终大于当前充电电流，充电加热伴随始终。充电后期，两条电流曲线波动明显，即进入涓流充电。

车型 G 在 SOC70% 前，充电桩输出电流大于当前充电电流，充电加热启动SOC 达到 70% 后，电流曲线重合停止充电加热，且并未出现明显电流波动，充电电流变化如图 11 所示。

初始充电时，车型 F 的充电电流较高，从 SOC 值为 34% 时开始，车型 G 的充电电流高于车型 F，直到充电完成。车型 F 充电电压较高，全程充电过程中，车型 F 的充电电压一直高于车型 G，充电电流及电压对比如图 12 所示。

图 11　充电桩输出电流与当前充电电流对比

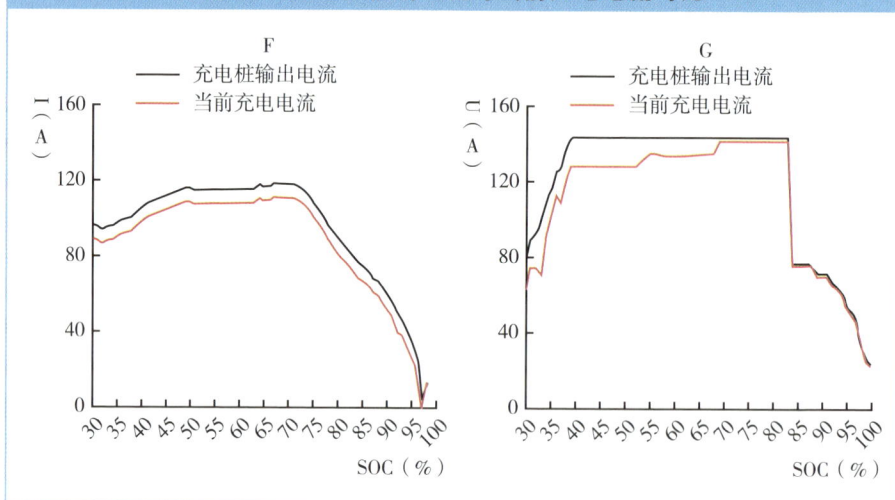

图 12　充电电流与充电电压对比

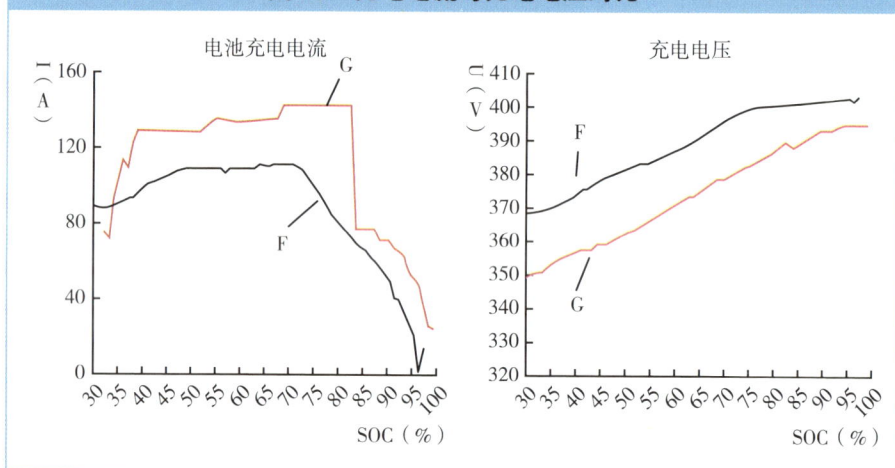

（2）充电功率分析

充电功率通过选取当前充电电流和当前充电电压计算得出。对比充电功率，车型 G 要明显高于车型 F，即达到充满状态时，车型 G 耗时更少，对比车型 G 充电功率和电池温度变化，二者趋势相同，存在相关性，充电功率及电池温度变化如图 13 所示。

图 13　充电功率及电池温度变化曲线

充电功率

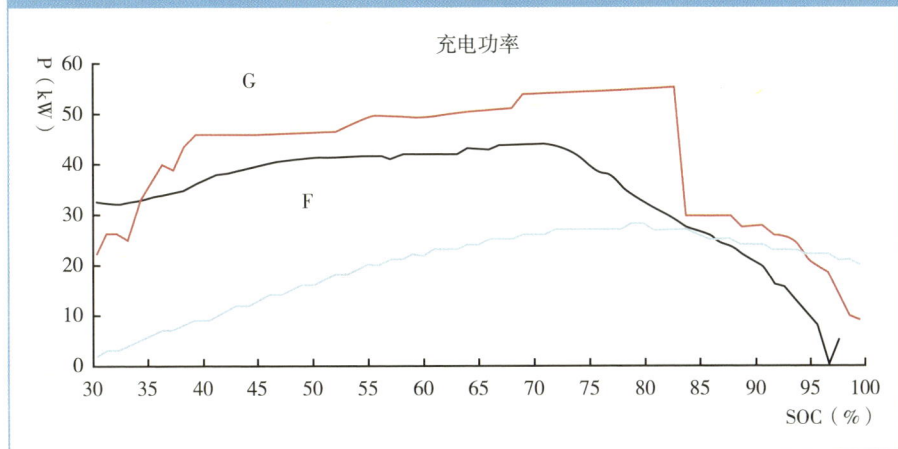

（3）充电容量分析

当前充电容量是指当前动力电池充入的电池容量，由当前充电电流和时间积分得出。充电前期车型 F 和车型 G 当前充电容量基本重合，车型 G 略高于车型 F，这与各自电池容量相关。Δ SOC=1% 时，电池实时充入的电池容量车型 F 整体变化较平稳，在 SOC67% 之前，车型 G 的实时充电容量基本不变，67% 之后波动较大，充电容量变化如图 14 所示。

图 14　充电容量变化曲线

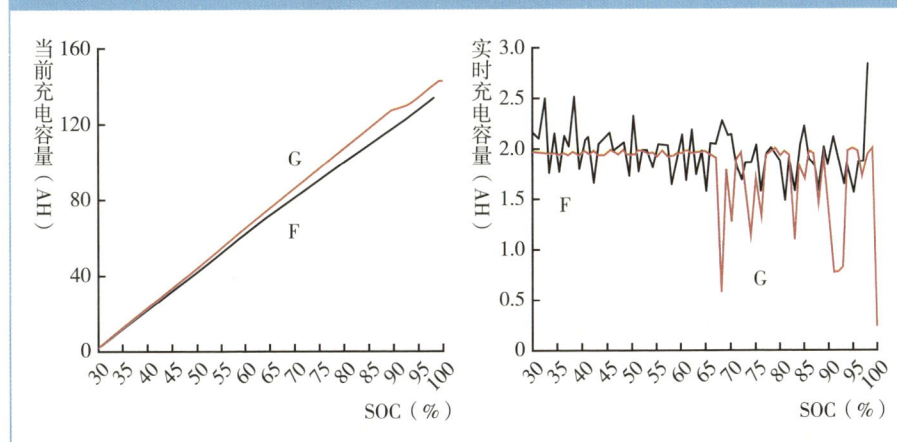

（4）充电耗时分析

在电池充入容量稍多的情况下，车型 G 所用充电时间少于车型 F，其充电速度相对较快。

在低温环境下，采取充电加热措施保护电池，在保证充电性能和效率的同时，提高电池安全性和使用寿命。在低温环境充电过程中，车型 F 和车型 G 均采取充电加热措施，车型 F 为全程充电加热，车型 G 在电池温度达到某一阈值后停止加热，通过充电产生的热量维持电池温度基本不变。

车型 G 前期充电电流较大，充电速度较快，SOC 达到一定值后出现突然下降；车型 F 充电电压较高，实时充电电流平稳，SOC 达到一定值后下降相对平缓。

充电功率方面，大部分时间车型 G 明显高于车型 F，故同等条件下，达到充满状态时，车型 G 充电耗时更少。

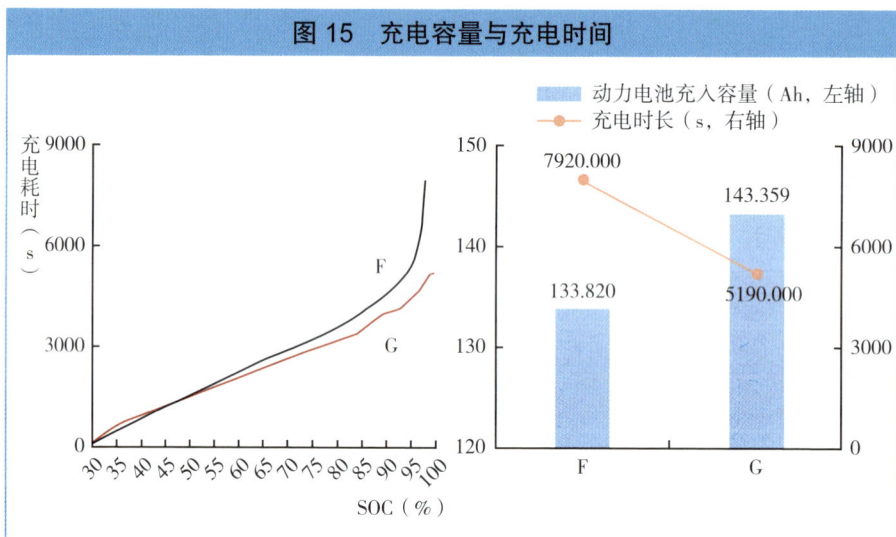

图 15　充电容量与充电时间

2. 车型 H 充电策略分析

车型 H 在冷车及热车条件下分别对充电策略进行了分析。冷车时，车型 HSOC 23%~100%，动力电池充入容量占充电桩总输出容量的 96.07%，剩余 3.93% 的充电桩输出容量用于动力电池系统加热等。充电过程中电流变化趋势为恒流小电流缓升、恒流大电流、降电流（恒流）。动力电池从初始温度 -2℃，随着充电桩输出电流的提升而升高，直到峰值电流 165A 后，电池温度也达到最高温度 32℃，充电后期，电流值较小，电池温度降至 23℃。电压整体是升高趋势，局部变化同电流一致。冷车充电参数变化如图 16 所示，充电数据记录如表 13 所示。

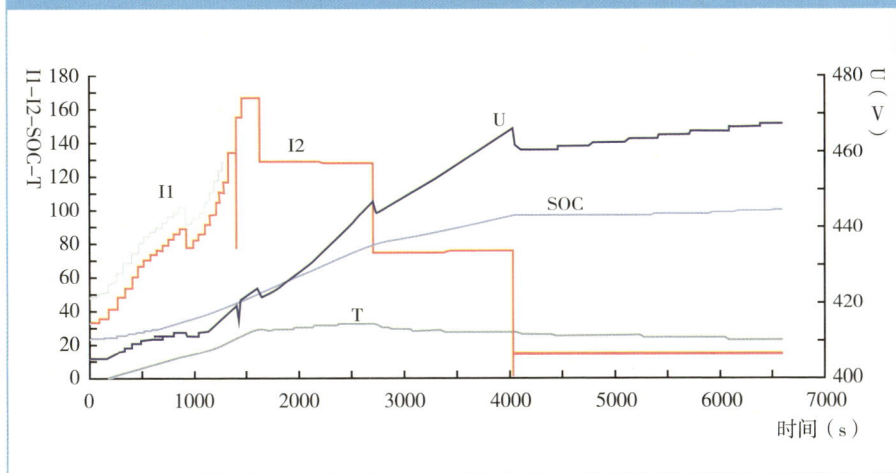

图 16　冷车充电参数变化曲线

表 13　冷车充电数据记录

充电起始 SOC（%）	23
充电结束 SOC（%）	100
初始温度（℃）	-2
充电时长（s）	6613
充电桩输出容量（Ah）	119.6
动力电池充入容量（Ah）	114.9
充入容量与公告值对比（%）	98.2

　　热车充电过程中，SOC24%~100%，动力电池充入容量占充电桩总输出容量的 96.93%，剩余 3.07% 的充电桩输出容量用于动力电池系统加热等。在充电过程中，电流总体变化趋势同冷车充电过程类似，但热车降电流的时间节点要明显早于冷车。

同时，热车充电得益于动力电池初始温度较高，在开始充电时，充电桩就可以输出较大电流，同时启动充电加热装置，从而使电池温度较快提升。当电池温度上升到一定值后，充电加热功能关闭，电池温度逐步下降，直至充电结束。热车充电参数变化如图17所示，充电数据记录如表14所示。

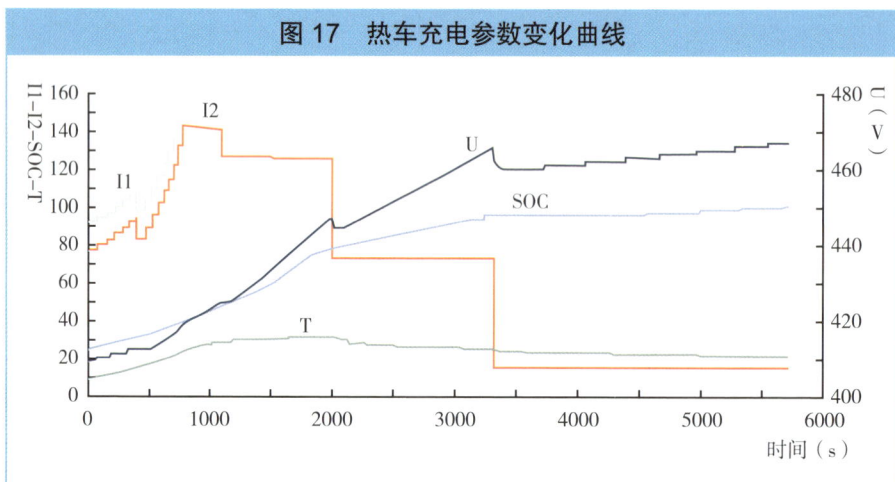

图 17　热车充电参数变化曲线

表 14　热车充电数据记录

充电起始 SOC（%）	24
充电结束 SOC（%）	100
初始温度（℃）	9
充电时长（s）	5717
充电桩输出容量（Ah）	104.2
动力电池充入容量（Ah）	101
充入容量与公告值对比（%）	87.4

（1）充电电流与电压分析

冷车充电电池起始温度为 -2℃，热车充电为 9℃。冷车 SOC42%（热车 SOC38%）前，保持充电加热，随着电池温度升高，达到阈值（约 21℃），充电加热停止。电池初始温度直接影响到 BMS 请求充电桩输出电流的大小，即决

定初始充电电流大小。整个充电过程电流先升高，再恒流平稳降低，充电后期
涓流补充。充电电流及电池温度变化如图 18 所示。

图 18　充电电流及电池温度变化曲线

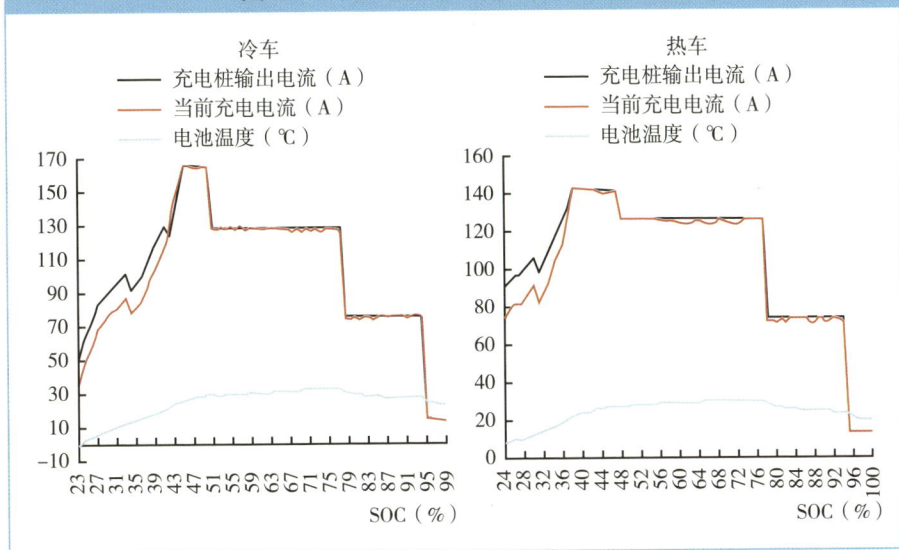

受电池初始温度影响，充电时热车初始电流明显高于冷车，且热车峰值电
流也比冷车峰值电流低，综合来看，在热车充电过程中，电流变化范围会比冷
车要小，长久使用过程中有利于延长动力电池使用寿命，当前充电电压基本持
续上升。充电电流及电压变化如图 19 所示。

图 19　当前充电电流及电压变化曲线

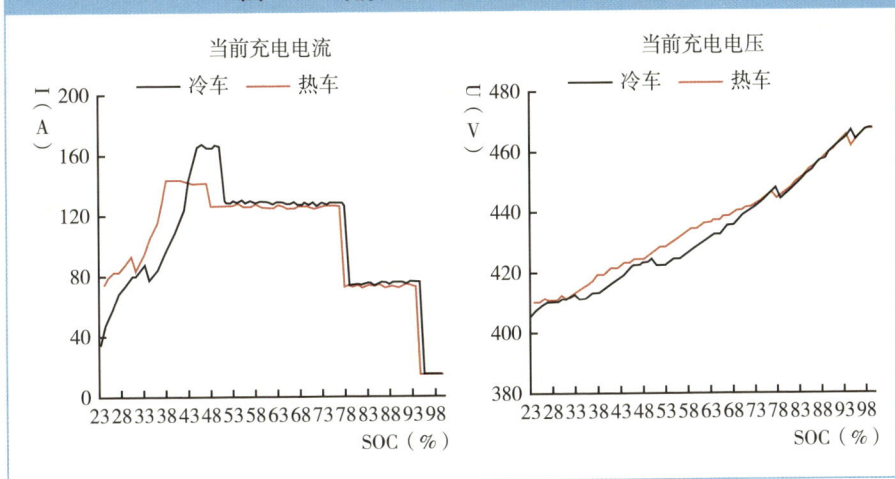

（2）充电功率分析

充电功率通过选取当前充电电流和当前充电电压计算得出，充电功率变化与充电电流相似，热车充电首先达到峰值温度。充电功率及电池温度变化如图20所示。

图20　充电功率及电池温度变化曲线

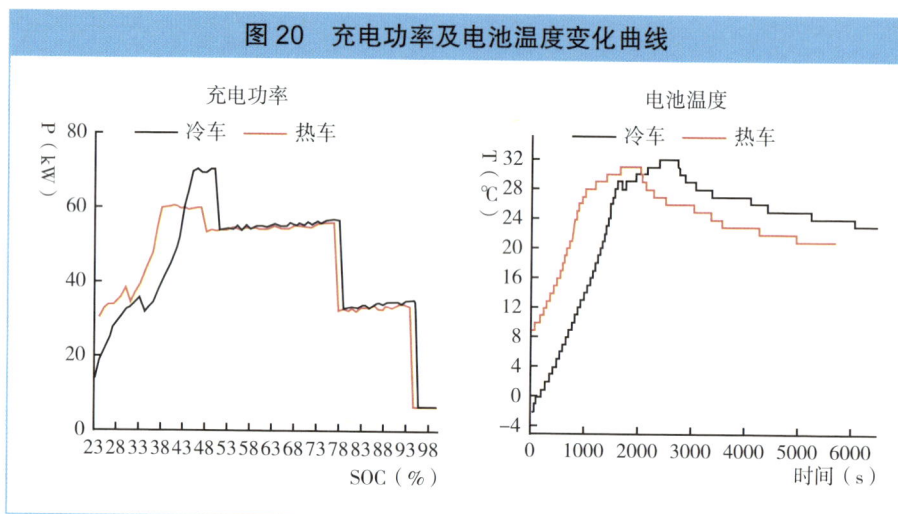

（3）充电容量分析

当前充电容量是指当前动力电池充进去的电池容量，由当前充电电流和时间积分得出。$\Delta SOC=1\%$ 时，电池实时充入的电池容量，电池容量之差与动力电池初始温度无关，SOC 为 57%~75%，热车的实时充电容量略低。充电容量变化如图21所示。

图21　充电容量变化曲线

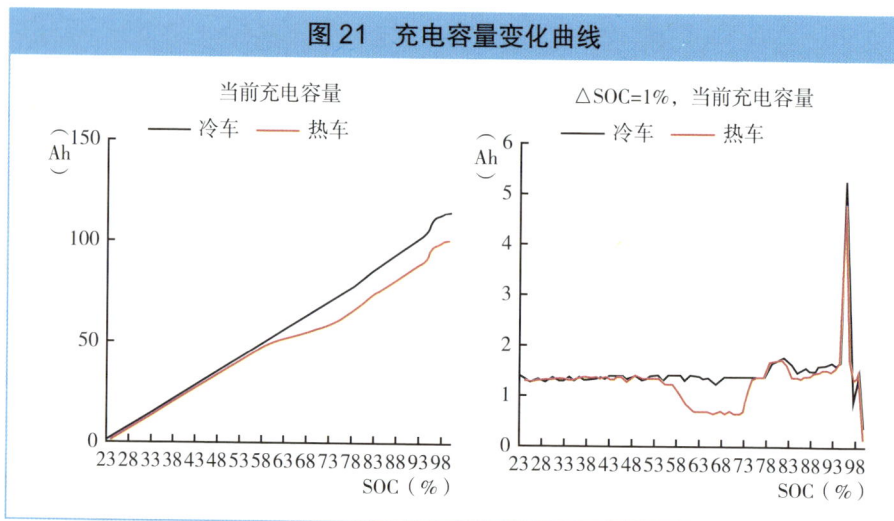

（4）充电耗时分析

同一辆车，冷热车状态下充电耗时与充入容量有关。充电耗时如图22所示。

电池初始温度直接影响初始充电电流大小，热车初始电流高于冷车，电池温度达到一定值后，充电加热功能停止。

在热车充电全过程中，电流变化范围会比冷车要小，长期使用过程中有利于延长动力电池使用寿命。

SOC为57%~75%，选取冷热车ΔSOC=1%区间比较，充电容量差距较大。

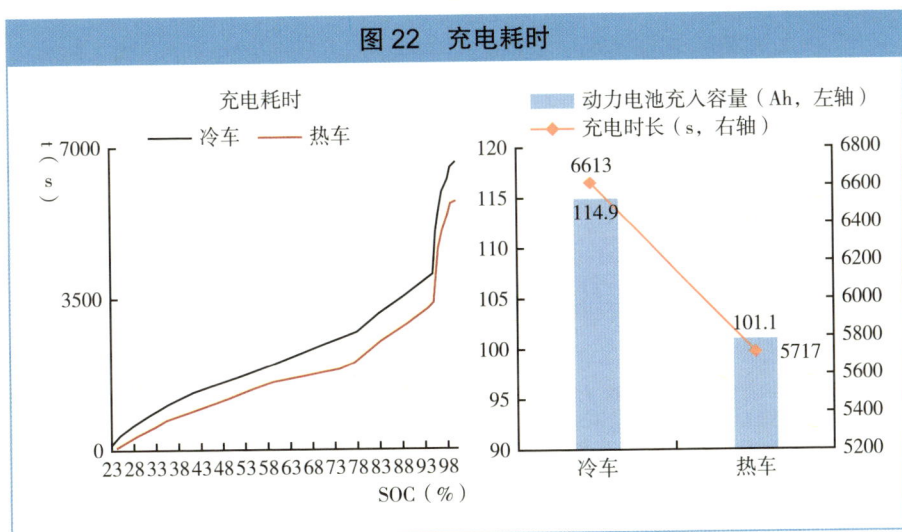

图22　充电耗时

3. 车型J充电策略分析

动力电池常见充电方法有恒流、恒压、分段式恒流恒压充电等。充电初期，电流呈上升趋势，后又慢慢降低－升高－降低。随着SOC到达一定值后，当前充电电流迅速降低－逐渐降低－涓流。

表15　冷车充电数据记录

充电起始SOC（%）	31
充电结束SOC（%）	100
初始温度（℃）	-2

	续表
充电时长（s）	6958
充电桩输出容量（Ah）	106.2
动力电池充入容量（Ah）	103.4
充入容量与公告值对比（%）	98.5

（1）充电电流分析

冷车充电初始电池温度为 -2℃，热车充电为 8℃。从设备采集报文数据分析来看，冷车数据较完整，热车数据部分失真，故未采纳。受电池初始温度影响，充电时热车初始电流明显高于冷车，且热车充电电流整体比冷车高。由于充电电流，热车充电电压整体比冷车时要高。

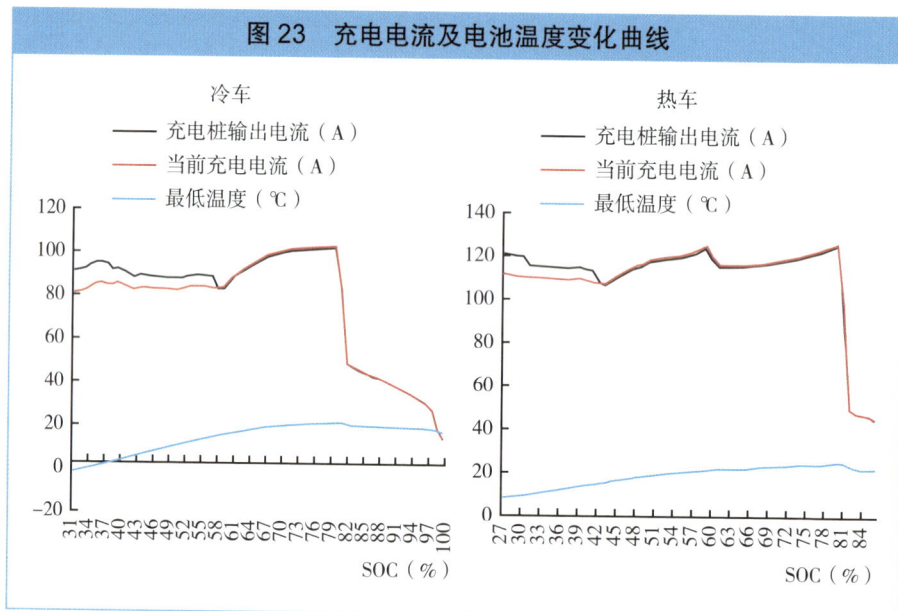

图23　充电电流及电池温度变化曲线

（2）充电功率分析

充电功率通过选取当前充电电流和当前充电电压计算得出，充电功率变化趋势与充电电流相似。充电功率及电池温度变化如图 24 所示。

图 24　充电功率及电池温度变化曲线

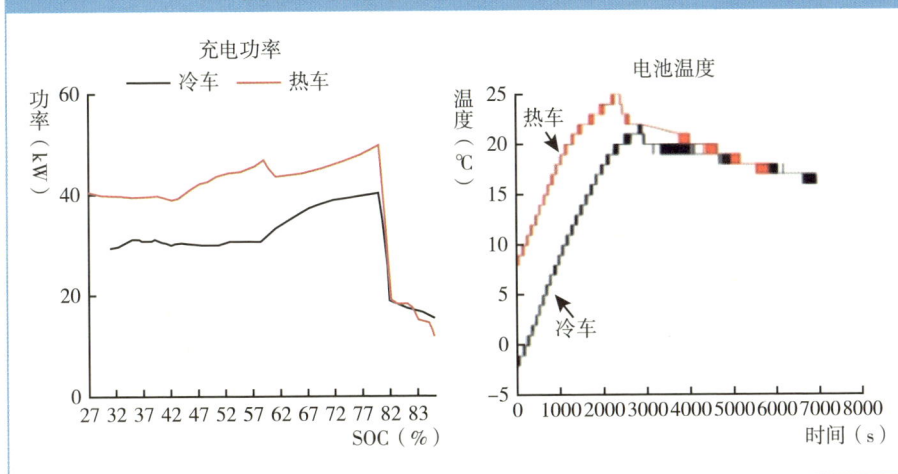

（3）充电容量分析

电池初始温度直接影响初始充电电流大小，热车充电各项数据都高于冷车，包括充电电流、充电电压、充电功率、充电容量和电池温度。

图 25　充电容量变化曲线

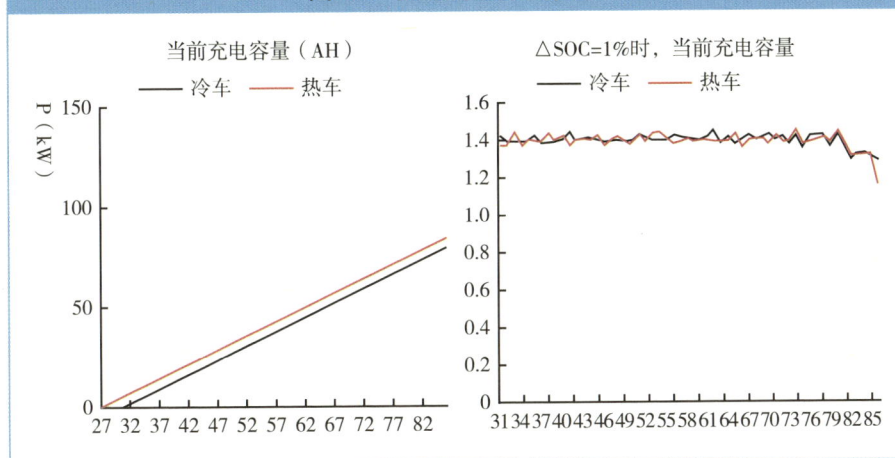

4. 车型 K 充电策略分析

车型 K 冷车充电 SOC39%~99%，动力电池充入容量占充电桩总输出容量的 99.04%，充电起始即采用恒流充电，后期逐步降电流，直至充电停止，充电

汽车大数据应用研究报告
——新能源汽车安全篇

参数变化如图 26 所示。从官网得知，该车采用冬季续航增程系统，配备外部热源，实现全车热管理。

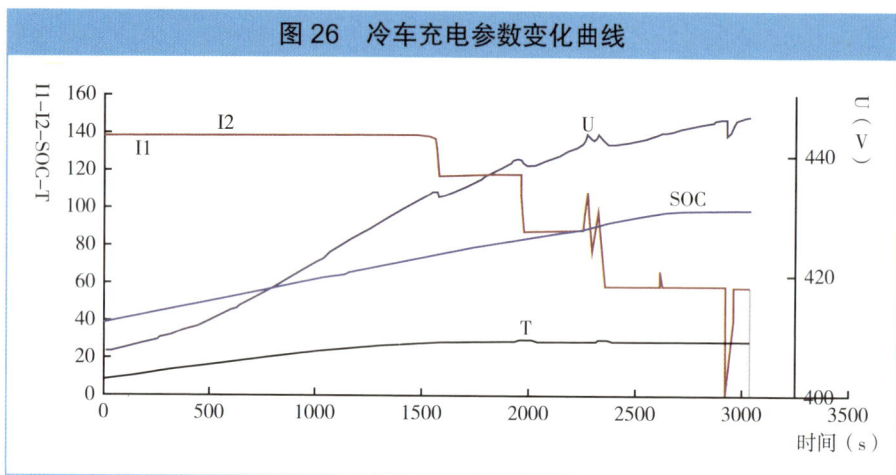

图 26　冷车充电参数变化曲线

（1）充电电流与电压分析

冷车充电电池起始温度为 8℃，根据设备采集报文数据分析，充电桩输出电流与当前充电电流曲线基本重合，证实官网提到的外部热源支持加热电池包，充电电流变化如图 27 所示。

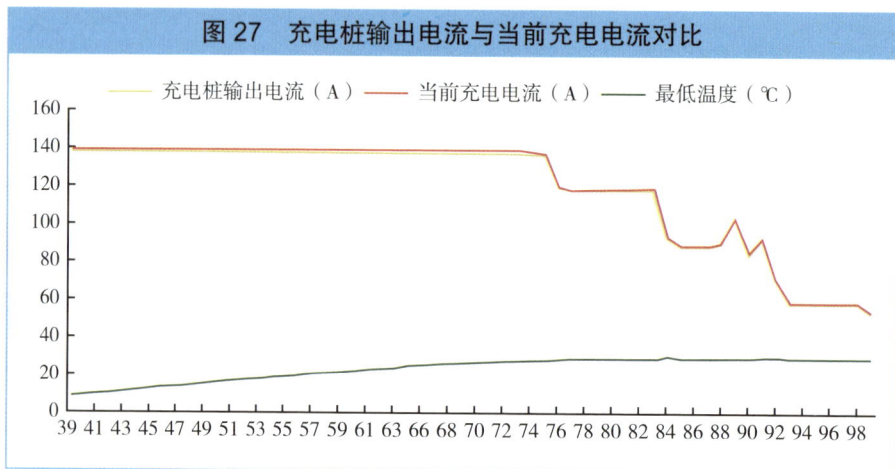

图 27　充电桩输出电流与当前充电电流对比

充电起始时，电流保持恒定，属于典型的恒流式快充策略，待接近充满时，电流总体呈下降趋势，充电电压自始至终都是稳步提升的趋势，直到充电结束，充电电流与电压变化如图 28 所示。

图 28 充电电流与电压变化曲线

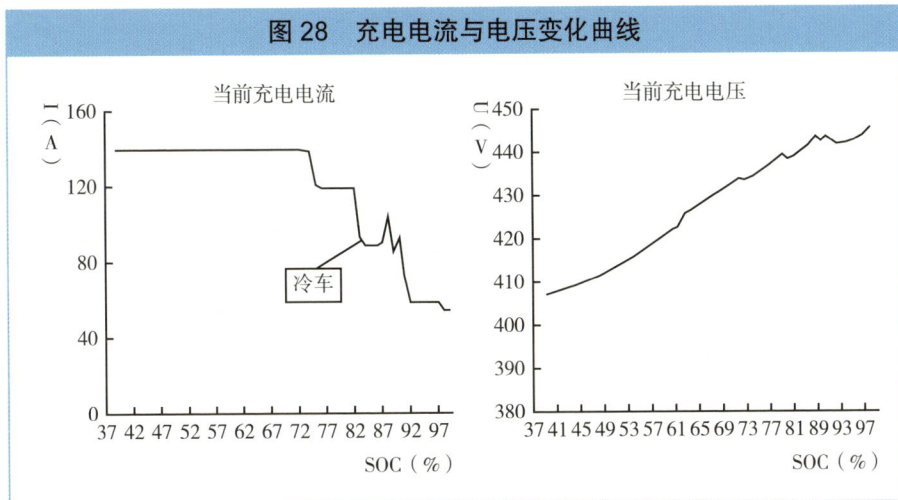

（2）充电功率分析

充电功率通过选取当前充电电流和当前充电电压计算得到，可以明显看出电池温度变化趋势不同于充电功率，进一步验证该车型使用外部热源加热电池包，充电桩输出电流最大限度用于动力电池充电，充电功率及电池温度变化如图 29 所示。

图 29 充电功率及电池温度变化曲线

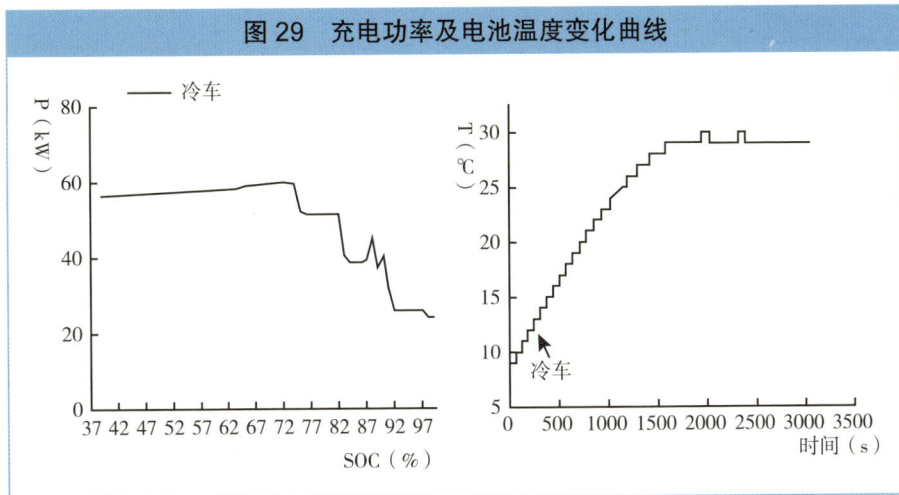

（3）充电容量分析

通过数据分析，验证该车型使用外部热源加热电池包，充电桩输出电流最大限度用于动力电池充电。

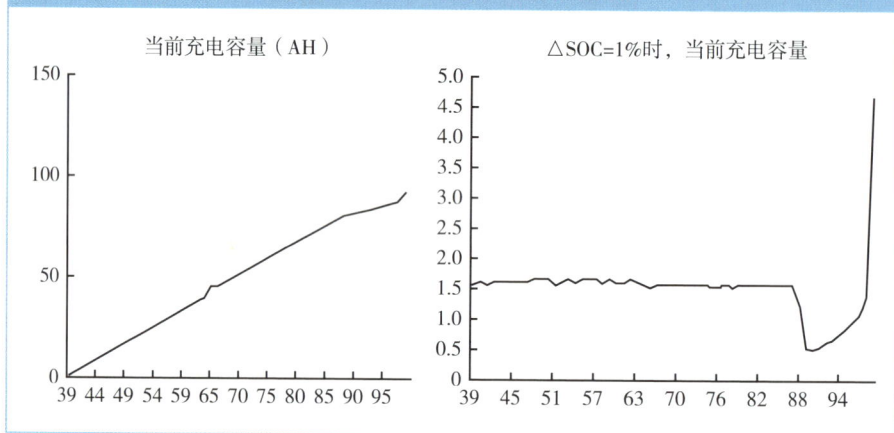

图 30　冷车充电容量变化曲线

5.车型 M 充电策略分析

在冷车及热车条件下分别对车型 M 充电策略进行分析。冷车充电SOC39%~100%，动力电池充入容量占充电桩总输出容量的97.72%，其余2.28%用于动力电池系统加热等。在充电过程中，随温度变化，充电策略不同。充电起始，随温度升高，采用非恒流恒压式，电流阶梯式升高，在此过程中，充电桩输出电流与当前充电电流间的差值，主要用于动力电池系统加热，即表现为电池温度升高。温度达到阈值后，采用恒流式，电池温度基本不变，而电流阶梯式降低，直到充电停止，充电过程数据记录如表 16 所示。

表 16　冷车充电数据记录

充电起始 SOC（%）	39
充电结束 SOC（%）	100
初始温度（℃）	8
充电时长（s）	6642
充电桩输出容量（Ah）	105.3

续表

动力电池充入容量（Ah）	102.9
充入容量与公告值对比（%）	93.8

热车充电 SOC34%~88% 期间，动力电池充入容量占充电桩总输出容量的100.22%，超出部分系测试误差。从充电过程可以看出，与冷车充电相比，热车充电电池温度达到系统阈值，充电起始即采用恒流充电，直到充电停止，充电过程数据记录如表 17 所示。

表 17　热车充电数据记录

充电起始 SOC（%）	34
充电结束 SOC（%）	88
初始温度（℃）	21
充电时长（s）	2844
充电桩输出容量（Ah）	88.8
动力电池充入容量（Ah）	89.0
充入容量与公告值对比（%）	91.%

（1）充电电流与电压分析

冷车充电电池初始温度为 8℃，热车充电电池初始温度为 21℃。电池温度达到系统设定阈值后，充电桩输出电流同当前充电电流一致，且电池温度基本保持不变，直到充电停止，在此之前，充电桩输出电流与当前充电电流间的差值，主要用于动力电池系统加热，即表现为电池温度上升，充电电流及温度变化如图 31 所示。

从当前充电电流整体来看，冷车充电起始时，充电电流呈现阶梯式上升，达到系统设定阈值后稳定不变，然后阶梯式下降，直到充电停止。热车充电起始时，充电电流小幅度上升，而后阶梯式下降，直到充电停止。

从当前充电电压整体来看，冷车、热车充电起始到充电停止，充电电压呈现持续上升态势，随着充电功率下降，充电电压及充电电流均出现小幅下降，冷车、热车充电电流及电压对比如图 32 所示。

图 31　冷车、热车充电电流变化曲线

充电桩输出电流（A）　　当前充电电流（A）　　最低温度（℃）

充电桩输出电流（A）　　当前充电电流（A）　　最低温度（℃）

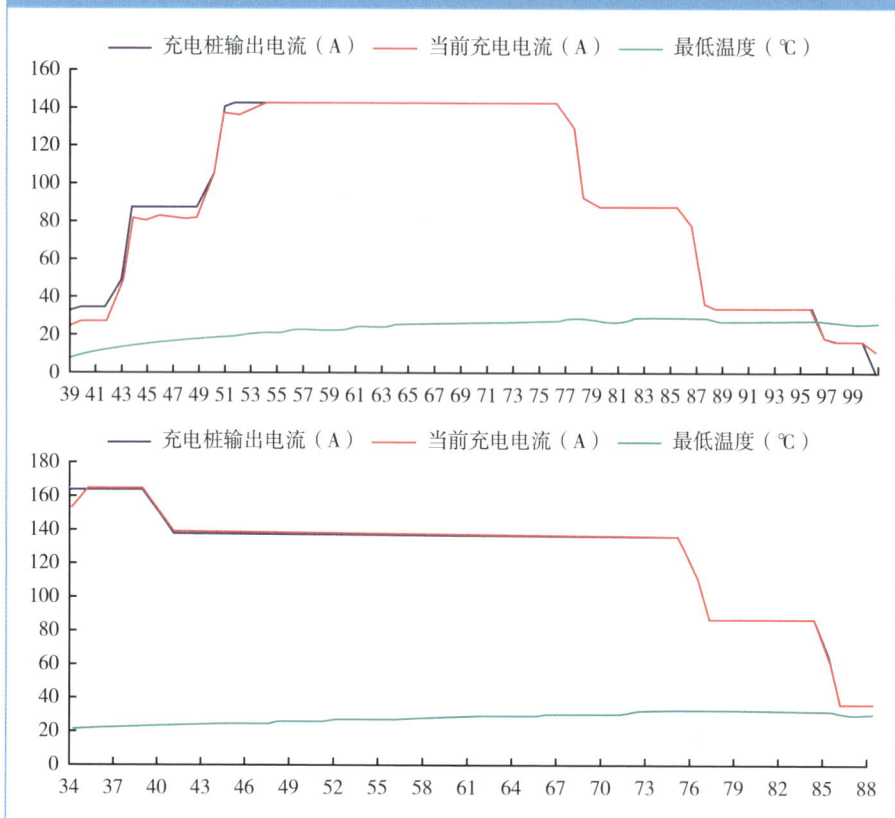

图 32　冷车、热车充电电流及电压变化曲线

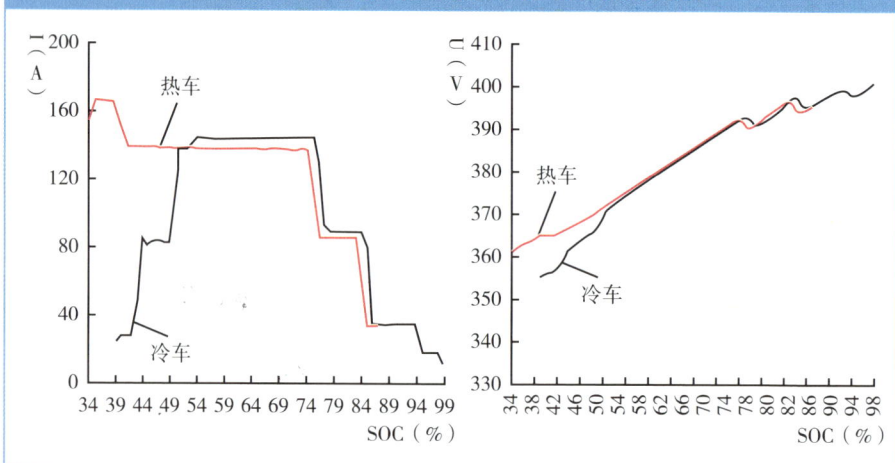

热车

冷车

SOC（%）

热车

冷车

SOC（%）

（2）充电功率分析

充电功率通过选取当前充电电流和当前充电电压计算得出，总体变化趋势与充电电压、电流变化趋势一致，充电功率与充电过程电池温度变化如图33所示。

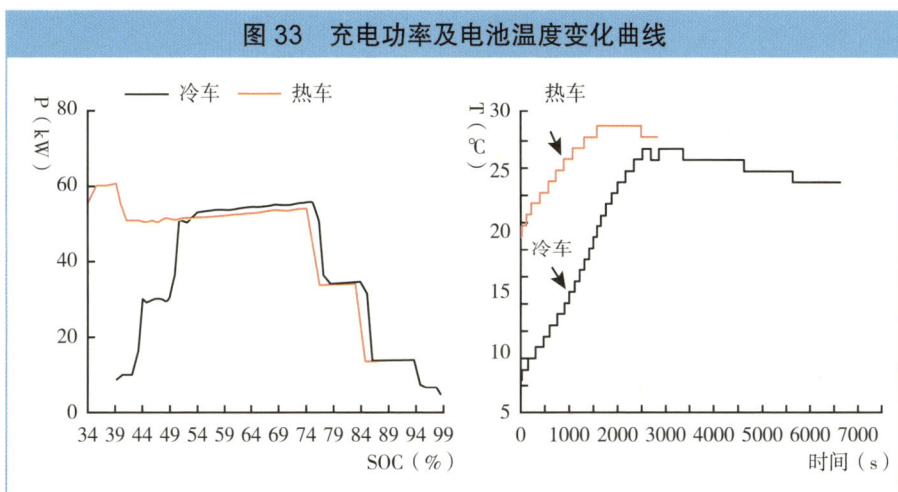

图33　充电功率及电池温度变化曲线

（3）充电容量分析

ΔSOC=1%时，电池实时充入的电池容量之差与动力电池初始温度无关，热车的实时充电容量略低，充电容量变化如图34所示。

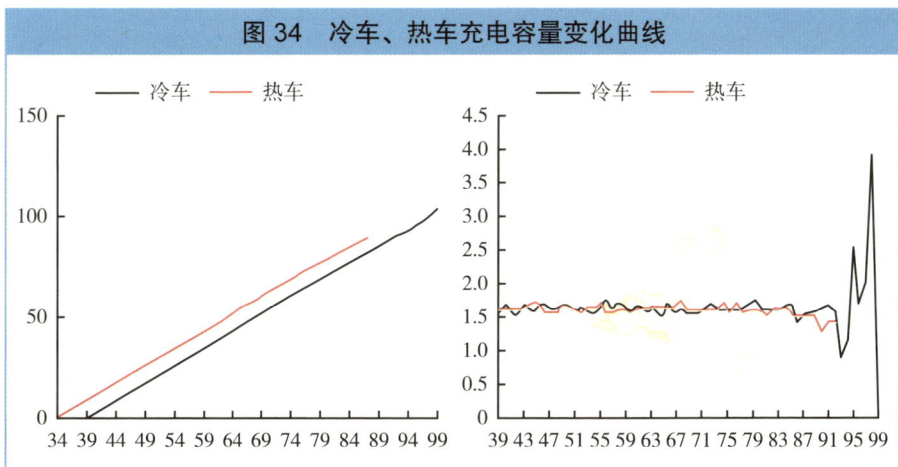

图34　冷车、热车充电容量变化曲线

五 结论

（一）动力电池衰减测试分析结论

通过测试研究发现，新能源在用车整体运行良好，但也存在部分车辆由于使用习惯、不同类型电池等，电池衰减过快，可能会带来较大的安全隐患，建议继续加强新能源车辆的后期安全监管，同时，生产企业需加强对新能源车辆的维护和管理。受客观条件影响，在研究过程中还存在一些不足之处。

（1）抽检样本数量过少，测试结果只可反映被测车辆的整体情况，不足以推断我国新能源汽车行业在用车辆动力电池衰减整体情况。

（2）因被测车辆为随机抽取，生产企业被测车辆数、车辆出厂时间、累计行驶里程等影响因子的分布未得到最佳分配。

建议后续增加测试样本数量，覆盖不同品牌、不同行驶里程、不同使用年限的车型，更好地反映新能源在用车电池衰减情况。

（二）动力电池充电策略分析结论

锂离子动力电池的特性受环境温度影响较显著，在低温环境中，其可用能量和功率衰减比较严重，且长期低温环境使用会加速动力电池老化，缩短使用寿命。

电池初始温度直接影响初始充电电流大小，热车初始电流高于冷车，电池温度达到一定值后，充电加热功能停止；在热车充电全过程中，电流变化范围会比冷车要小，长期使用过程汇总有利于延长动力电池使用寿命。

综合应用篇 | 车联网安全技术研究

◎金 暐 吴 昊 赵怀瑾 李承泽 冀浩然 *

* 金暐，博士，国家计算机网络与信息安全管理中心，高级工程师，主要研究方向为网络信息安全；吴昊，博士，国家计算机网络与信息安全管理中心，高级工程师，主要研究方向为网络信息安全；赵怀瑾，国家计算机网络与信息安全管理中心，主要研究方向为网络信息安全；李承泽，博士，国家计算机网络与信息安全管理中心，中级工程师，主要研究方向为网络信息安全；冀浩然，北京清华亚迅电子信息研究所，主要研究方向为无线电安全攻防技术。

摘　要: 本文首先介绍了车联网的发展现状，其次介绍了车联网面临的安全威胁与挑战，围绕恶意控制、关键基础设施攻击与信息泄露等可能影响我国车联网发展的安全问题开展分析。最后，从整车安全检测、车联网安全监测和车联网安全攻防三方面介绍了一些典型的车联网安全技术。

关键词: 车联网　安全问题　安全技术

一　引言

　　习近平总书记指出："没有网络安全，就没有国家安全。"在当前高度发达的信息社会背景下，网络信息安全已成为国家安全重要组成部分之一。随着《国家安全法》的修订与《网络安全法》的施行，网络空间已成为海、陆、空、天之外的第五维空间。车联网作为我国"十三五"重点项目中的一项，对我国智能交通、自动驾驶、5G 通信、人工智能等新领域的发展均具有重要的推动意义。

　　车联网作为物联网在交通领域的重要应用，是未来智能交通系统的重要组成部分，并将成为 5G 时代一个大规模发展的应用模式。车联网将成为继内燃机革命、高速公路网络之后，交通发展的一个重大阶段性变革。世界各国均将车联网视为抢占汽车行业革命的先机、塑造未来竞争新优势的重要手段，并纷纷出台战略或推出有针对性的支持保障措施。在全球范围内，车联网关键技术不断突破，基础支撑日益完善，融合应用逐渐丰富，产业生态日趋成熟。党中央、国务院亦高度重视发展车联网，习近平总书记指示"要推动互联网、大数据、人工智能和实体经济深度融合，加快制造业、农业、服务业数字化、网络化、智能化"。以上可以看到党中央面向未来车联网交通领域高瞻远瞩做出的重大战略部署。

　　但是，车联网作为"互联网 +"时代网络空间重要延伸，也面临重大的网络信息安全风险，包括大规模车辆恶意控制、交通关键信息基础设施破坏、交通战略信息泄露及有害信息大范围传播等恶性事件，将会对我国国家安全构成新的巨大威胁，给我国网络空间安全治理带来严峻的挑战。

　　面对这样的形势，迫切需要构建我国车联网网络空间安全产业结构，逐步开展制定车联网安全空间治理的标准与体系，形成自主可控的车联网安全关键核心技术创新体系，建立健全我国车联网安全体系，保障我国关键信息基础设施安全，构筑我国国家安全新屏障。

二　车联网发展现状

　　车联网是指利用车载电子传感装置，通过移动通信技术、汽车导航系统、智能终端设备与信息网络平台，实现车与路、车与车、车与城市之间信息互联互通，从而对车、人、物、路等进行有效的智能监控、调度、管理与服务。车联网实现了云计算、大数据、物联网、5G 通信、移动应用、人工智能等新一代技术的深度融合，是传统互联网向"互联网 +"时代网络空间的重要延伸。车联网的发展对于我国实施创新驱动发展战略具有重要的意义。近年来，随着我国高新技术产业的快速发展，以美国为首的发达国家对我国持续实施科技封锁，5G 通信、车路协同及无人驾驶已成为我国与欧美发达国家进行国际竞争的重要战略要地。因此，尽快建立成熟、完整、先进的车联网体系，是实现我国核心科技自主可控、深入实施创新驱动发展战略的重要手段，对我国推动制造强国和网络强国建设、实现高质量发展具有重要意义。同时，车联网的发展将大大改善我国在汽车生产、运行、维护等方面的能力，提高交通运行效率，减少安全事故，实现绿色环保的交通环境，对贯彻落实创新、协调、绿色、开放、共享发展理念具有良好的示范引领作用。

（一）技术研究现状

近年来，安全威胁识别、脆弱性分析研究已经是信息系统领域研究的重点内容之一，在智能网联汽车、车联网、智慧交通等异构网络安全威胁识别、脆弱性分析及信息安全防护技术研究方面，国内外已经开始进行深入的研究。在异构网络安全威胁识别、脆弱性分析方面，车联网和智慧交通网络通信架构以"两端一云"为主体、以路基设施为补充，包括智能网联汽车、移动智能终端、车联网服务平台等对象，涉及车 – 云通信、车 – 车通信、车 – 人通信、车 – 路通信、车内通信五个通信场景，其业务形态主要体现为"云 – 管 – 端"三个方面，基于此业务形态，智能网联汽车的安全威胁风险主要分为云平台安全威胁（云）、网络传输安全威胁（管）和终端安全威胁（端）三个方面。随着互联网、V2X 和 5G 通信技术的发展，车联网网络的异构化越来越复杂，各种网络安全设备越来越多地投入使用到网络中，入侵检测技术是网络安全防御的关键技术。网络安全管理从最初的独立检测逐渐向多设备协同、多事件融合的方向发展，网络攻击入侵检测、网络安全态势分析和预测、安全事件溯源等成为网络安全领域研究中的热点内容。

近年来，研究者在入侵检测模型和算法方面取得一定研究成果，但随着网络技术越发复杂化，各种自动化攻击入侵手段不断出现，入侵检测技术从理论研究到实际应用都存在一些问题。其一，大数据网络环境导致的性能提高问题，在大数据环境下网络数据量不断增大，如何快速准确地检测出网络入侵的具体类别，解决好检测速度和检测准确性的矛盾；其二，主动防御能力不足的问题，多数入侵检测系统以检测漏洞为主，难以发现新的攻击方式，对网络攻击和异常无法做到提前预防；其三，分布式攻击导致的问题，随着网络攻击手段向分布式方向发展，攻击的破坏性和隐蔽性也越来越强。集中式的 IDS 体系结构不能适应分布式攻击的检测，由于分布式攻击是多对一的攻击，多个行为之间很难直接关联，且完成一次攻击比单机时间更短，现有的检测方法无法做出及时响应。

在网络安全态势分析与预测方面的研究，国内外已经形成了一定研究成果和应用。常用的网络态势预测和预警方法目前有很多，例如，基于时间序列、基于 Kalman 算法、基于神经网络的方法、灰色理论预测等。基于数据融合的下一代分布式入侵检测的网络安全态势评估模型，提出了融合大量的来自异构分布式网络中采集到的数据，通过推理的方式识别入侵的状况，从而评估网络空间的安全态势；相关文献根据纵深防御的思想，综合多种现有网络攻击检测技术，提出了技术无关的基于模块化的态势评估框架结构；随后，现有研究集成了现有的网络安全系统，开发了一个用于识别和抵御攻击的网络安全框架，采用可视化的方式来反映网络的安全状态。与此同时，国外的许多研究机构也对网络安全态势评估和预测进行了大量的研究，研制出一些比较有代表性的系统和工具，例如，美国 NERSC（国家能源研究安全系统研究中心）研制的系统"The spinning cube of potential doom"，此系统用点在三维空间中表示网络流量的信息，大大提升了网络安全态势分析的能力。卡内基梅隆大学软件工程学院所领导的 CERT/NetSA 开发的 SIlK，该系统把现有的 Netflow 工具集成在一起，提供整个网络的态势感知，适用于大规模网络安全的态势分析。在国内，对网络安全态势分析方面的研究起步较晚，但 2020 年来也取得了一定的成果，在贾焰等提出的模型和系统中，将态势感知过程分为数据采集、数据集成、关联分析、安全指标体系及态势展示、态势预测等部分，该系统能够对网络安全的整体态势进行感知，对提高网络的主动防御能力和应急响应起着重要的作用，具有很好的理论和实用价值。但是，现有的安全态势感知系统比较着重于宏观感知，即某一地点某一时段发生攻击总数是多少；某一行业某一时段受到攻击主要来源于哪个国家等，这些预测本身主要是从攻击数据的表象出发，而没有深入地分析网络攻击者的深层次动机，进而只能对宏观态势进行预测，却无法预测攻击者的下一步具体行动。

（二）标准研究现状

2015 年，国务院印发的《国务院关于积极推进"互联网＋"行动的指导意见》中明确要求要积极推动车联网智能技术应用，加快互联网与交通运输领域的深度融合，促进"互联网＋"便捷交通与"互联网＋"高效物流创新体系建设。为响应指导意见号召，交通运输部、工信部等相关部门相继颁布一系列政策规划，大力推动车联网相关标准、技术、产品、应用等的快速发展。2016年，交通运输部《交通运输科技"十三五"发展规划》和《交通运输信息化"十三五"发展规划》表示将加快构建车联网，不断提升交通运输信息化智能化发展水平，促进交通运输新模式、新业态、新动能持续产生。2017 年，工信部《促进新一代人工智能产业发展三年行动计划（2018-2020 年）》表示，到 2020年，建立智能网联汽车智能化平台用于支撑高度自动驾驶，加快车联网建设。2018 年，工信部《车联网（智能网联汽车）产业发展行动计划》表明，至 2020年，推动车联网产业实现跨越发展，技术创新、标准体系、基础设施、应用服务和安全保障体系全面建成，高级别自动驾驶功能的智能网联汽车和 5G-V2X逐步实现规模化商业应用，"人 - 车 - 路 - 云"实现高度协同。2018 年 3 月，交通运输部办公厅发布《关于加快推进新一代国家交通控制网和智慧公路试点的通知》，决定在 9 省市加速智慧公路试点，其中建设重点包括利用 5G 技术实现公路自动驾驶。

当前，全球联网汽车数量约为 9000 万辆，预计到 2020 年将增至 3 亿辆左右，到 2025 年则将突破 10 亿辆。2017 年中国车联网用户规模达到 1780 万人，根据中国联通数据，预计 2020 年，全球 V2X 市场将突破 6500 亿元，中国 V2X用户将超过 6000 万，市场规模超过 2000 亿元，成为全球最重要的车联网市场。工信部《车联网（智能网联汽车）产业发展行动计划》规划目标为，至 2020 年后，我国车联网用户渗透率达到 30% 以上，新车驾驶辅助系统（L2）搭载率达到 30% 以上，联网车载信息服务终端的新车装配率达到 60% 以上。

车联网安全作为传统网络安全与汽车领域的跨学科专业，引起社会的一定关注。目前国际国内相关团队关于车联网安全攻防与检测技术已有一些成果。相比传统网络安全，车联网由于其行业特殊性，带来了许多新的技术难题。首先，车联网是一个网络、系统、控制、机械深度融合的复杂系统，这给网络安全攻防与检测分析带来巨大的困难。比如，攻击者可通过车联网一个小的攻击点渗透至汽车机械控制，因此需要从整体上系统化考虑车联网安全问题。其次，车联网安全脆弱点多样，不论雷达、传感器，还是信息系统、无线网络，以及移动应用、平台均可作为攻击入口对汽车产生威胁，这需要不同专业的研究者共同完成攻防与检测研究。最后，虽然车联网有部分传统网络特性，可以利用传统网络安全手段解决安全攻防与检测，但为了发现对汽车产生重要威胁的攻击手段，还需要建立新的目标函数，启用新的技术手段来解决车联网安全问题。

在国际方面，各国高度重视车联网产业信息安全发展，将其视为战略性新兴产业，积极研究出台车联网网络安全相关法律政策，引导车联网产业在网络安全方面加大保障投入，营造良好的发展环境。同时，网络安全厂商、互联网企业、通信技术企业、整车厂商等加快车联网信息安全发展布局和跨界深度合作，积极推进车联网安全防护关键技术和创新产品研发。

1. 国际组织

世界车辆法规协调论坛 (UN/WP.29) 在其原有的智能交通 ITS 非正式工作组的基础上成立了智能交通与自动驾驶非正式工作组 ITS/AD，并将汽车信息安全标准纳入协调范围。并提出了关于网络安全和信息保护措施的指南草案。

3GPP（通信第三代合作伙伴工作组）对 V2X（车联网）的技术建立了信息安全技术要求，以保障通信层面的安全。

2. 美国

美国在汽车网联化技术、智能化技术和芯片技术方面优势明显，提倡汽车从全生命周期各个流程考虑信息安全因素，主张标准和技术规范先行。

2016 年 10 月，美国交通部道路交通安全管理局 (NHTSA) 发布了《现代汽车信息安全最佳实践》，针对快速发展的智能网联汽车信息安全及隐私保护等问题推出了最佳实践框架结构。

美国在《联邦自动驾驶系统指南：安全愿景 2.0》中，明确要求汽车厂商采取措施应对网络威胁和漏洞，对车辆辅助系统进行网络安全评估。2017 年 9 月，美国众议院批准《自动驾驶法案（提案）》，赋予 NHTSA 专职负责自动驾驶网络安全的权力，要求其在法律出台的 180 天内制定自动驾驶网络安全细则。

3. 欧洲

欧洲拥有强大的整车及零部件企业，侧重于交通一体化建设，在信息安全方面更多关注车内关键零部件安全、智能交通安全和 V2X 通信安全，在车联网信息安全关键技术上加大经费支持力度，加快相关产品研发和技术推广应用。

欧盟委员会分别开展了 EVITA、OVERSEE、PRESERVE 等项目，从汽车硬件安全、车辆通信系统架构、V2X 通信安全等方面提出了解决方案和技术规范，部分技术成果已实现产业化应用。欧洲电信标准协会（ETSI）制定了一系列与信息安全有关的标准，涉及通信安全体系架构与安全管理、证书、安全服务和体系架构、机密服务、可信和隐私管理、TVRA（威胁、漏洞和风险分析）等方面的内容。

2017 年，欧洲网络信息安全局（ENISA）发布了《智能汽车网络安全最佳实践研究报告》，对智能汽车安全架构、当前面临的威胁（攻击面和场景模式）进行了深入研究，并从政策和标准、组织方法、技术三个层面给出了智能汽车网络安全的最佳实践建议。

2017 年 8 月，英国政府发布《智能网联汽车网络安全关键原则》，提出包括顶层设计、风险管理与评估、产品售后服务与应急响应机制、整体安全性要求、系统设计、软件安全管理、数据安全、弹性设计在内的 8 大方面关键原则，将网络安全责任拓展到供应链的每个参与主体，要求将网络安全议题考虑在汽车全生命周期内，即使遭受网络攻击，也要保证汽车安全运行的基本功能。

4. 日本

日本信息处理推进机构 IPA 早在 2013 年根据国内汽车行业调研情况推出信息安全指南，从汽车可靠性角度出发，通过对汽车安全的攻击方式和途径分析定义了汽车信息安全模型 IPA Car，并提出汽车生命周期安全保护措施。

日本汽车制造商协会正在筹备日本汽车厂商互助工作组，加快识别相关安全威胁、相互交流信息安全与数据防护等相关信息，并期望在 2020 年追上美国与欧洲的水平。同时，日本与欧洲将共同拟定"自动驾驶汽车网络安全纲领"。

三　车联网安全形势

车联网系统包括"云、管、端"三个层面，在车端、车联网 TSP 平台、移动应用三者之间通过蜂窝网络实现通信。接入车联网网络的车辆会利用车载设备与 TSP 平台之间通过特定的通信协议进行实时数据传输，以实现对当前车辆状态信息的实时上报。TSP 平台则会分析车辆状态，向车端发送控制指令或推送多媒体信息。许多车辆制造企业为提升车辆运营管理效率、提升车联网业务服务水平，还会建立具备车辆运营管理、远程控制车辆功能的 TSP 平台，实现更为深度与定制化的车联网服务。然而，近年来也发生了多起黑客远程入侵车联网服务平台，对车辆进行定位、追踪、解锁、远程启动等非授权操作的车辆安全事件。这表明，车联网技术在提高交通运营效率、提高大众出行体验的同时，还引发了很多安全隐患。降低车联网安全风险，对维护行业安全、保障交通领域健康发展均具有至关重要的作用。

安全是一切事物发展的首要目标，离开可靠的安全保障，任何事物的可持续发展均无从谈起。车联网实现了传统封闭的汽车世界与互联网空间的深度耦合，车、路、人的各类信息通过车联网接入互联网空间，同时，借助互联网对汽车的远程调度、控制、更新等功能也已成为未来重要趋势。然而，车联网网络空间也面临着重大的安全风险，对我国的国家安全、产业安全和人民生命财产安全都构成了巨大威胁，形成了众多新的风险源。

（一）车联网大规模恶意控制风险

当前的车联网系统正逐渐部署对汽车的远程调度、控制、更新等功能，如智能交通里的调度指令下发，基于信息平台的车辆远程控制，汽车控制器的软件远程升级，汽车发动机参数的远程调节等。在此过程中，如果恶意攻击者获取了信息平台权限或者劫持了通信链路，则会对大规模车辆同时实施恶意控制，造成难以想象的巨大灾难。检测发现，我国智能网联汽车几乎均存在较为严重的信息安全漏洞，部分大型车联网系统存在大规模恶意控制风险。

（二）车联网关键信息基础设施瘫痪风险

车联网作为交通关键信息基础设施中的神经中枢，如果受到恶意攻击，则会导致交通设施各环节被隔离成信息孤岛，甚至造成大范围功能瘫痪，极大地破坏交通关键信息基础设施正常运行。近年来国内外发生了多起关键信息基础设施被恶意攻击的案例，如乌克兰电力系统被恶意代码攻击造成大范围停电事件，美国物联网被僵尸网络控制造成根服务器瘫痪事件，全球暴发的勒索病毒造成制造行业大量信息系统被劫持事件等。车联网所面临的安全风险同样会对交通关键信息基础设施带来难以估量的危害。

（三）车联网战略敏感信息泄露风险

车联网作为国家交通信息的收集者、传递者与承载者，面临严峻的数据安全风险。车联网数据既包括车辆与设备的产品数据、运行数据、通信数据，还包括交通管理平台、信息服务平台、网络运营平台等涉及的交通战略敏感信息、用户隐私信息、企业内部信息。因此，车联网信息泄露将严重危害国家、个人、企业数据安全。

近年来，国际国内爆发了多起引发广泛关注的车联网攻击事件。2015 年是智能网联汽车网络信息安全的元年，黑客通过入侵克莱斯勒公司 Uconnect 车载系统，以远程指令方式"劫持"正在行驶中的 Jeep 自由光，对其进行控制并导致其"翻车"。这一安全事件导致克莱斯勒汽车公司美国大规模召回 140 万辆Jeep；通过入侵宝马 ConnectedDrive 数字服务系统，黑客能够利用该漏洞以远程无线的方式侵入车辆内部，并打开车门；研究人员利用比亚迪云平台实现了远程开锁、鸣笛、闪灯等；研究人员通过 Model S 存在的漏洞打开车门并开走，同时还能向 Model S 发送"自杀"命令，在车辆正常行驶中突然关闭系统引擎。此外，奥迪、保时捷、宾利和兰博基尼等大众旗下品牌的 MegamosCrypto 防护系统也遭到攻破；2016 年切诺基吉普车再度被攻破，攻击者通过 OBD 接口注入指令，控制了车辆的动力系统，实现了对方向盘和刹车系统的操控。这一系列的智能网联汽车攻击破解事件，为我们敲响了智能网联汽车信息安全的警钟。一旦别有用心的人攻击了私人车辆，不仅仅会造成经济损失，更重要的是会威胁到用户的人身安全。2017年，荷兰电子工业设计师在多款斯巴鲁汽车的钥匙系统里发现了严重的安全设计缺陷，将会导致斯巴鲁汽车被劫持；福特、宝马、英菲尼迪和日产汽车的远程信息处理控制单元存在漏洞，可被远程利用。2018年，包含大众、特斯拉、丰田、福特、通用等在内的百余家汽车厂商机密文件被曝光，随后，特斯拉 AWS 服务器惨遭挖坑黑客毒手，其无钥匙进入机制被爆出 CVE 漏洞，腾讯科恩实验室发现宝马电子控制单元的14个漏洞，斯巴鲁升级机制爆出持久 root 授权，荷兰 Computers 公司研究员则发现大众、奥迪 IVI 系统存在远程利用漏洞，黑客可通过 WiFi 入侵，控制中控屏幕等。

车联网安全风险由于会对大规模高速移动车辆、正在运行的交通关键信息基础设施造成损害，其带来的安全威胁相比传统网络安全更加严重，影响范围也更加深远。并且，车联网利用了大量传统互联网技术，因此传统网络安全风险在车联网网络空间依旧存在，更为重要的是，由于与汽车终端、交通设施深度融合，其风险渗透性更强，破坏力更大。此外，由于目前尚没有统一的标准体系，车联网异构性较强，由此车联网安全风险种类繁多、千变万化。随着5G与车联网的不断融合、汽车电子电器架构的不断更新、自动驾驶新场景的不断应用，新的车联网安全风险也必将持续发生，严重威胁我国交通关键信息基础设施健康发展与稳定运行，也对人民生命财产安全构成严峻的挑战。

四 车联网安全挑战

面对车联网带来的严峻安全形势，国内外相关部门、组织、团体近年来开始对车联网安全进行尝试性探索，并积累了一定的成果。但总体而言，目前车联网安全标准体系尚没有建立，车联网安全众多核心技术尚待研发，车联网安全监管机制及技术支撑体系尚不明晰，车联网安全整体产业基本处于萌芽阶段。相较国外，我国对车联网安全关注度较低，关注时间较晚，在标准研制、技术研究、产业布局等方面尚处于跟随状态，完全不足以满足我国对车联网安全紧迫的国家需求，更不符合我国自主可控创新驱动发展战略，亟须从国家层面开展车联网安全整体规划与系统建设，保障车联网安全、有序、健康发展。具体来讲，我国车联网安全保障目前主要有以下不足。

（一）缺乏明确的发展方向

车联网所构建的新型网络空间行业背景性强、问题复杂度高，传统的信息安全方法无法全面解决车联网所面临的信息安全问题。车联网信息安全给国家安全监管、传统互联网安全、汽车制造、网络运营等提出了新的挑战。目前车联网安全目标方向尚不明确，从国家安全的角度形成顶层设计，构建国家车联网安全总体治理战略是需要重点解决的首要问题。

（二）缺乏有效的监管手段

安全如果脱离监管，则会形同虚设。建立有效的监管手机制是保障安全的必然要求。目前，尚没有建立科学的车联网安全监管机制，大量车联网安全高危风险仍处于"不可知、不可见、不可控"状态。监管机制的缺乏将带来巨大的国家安全风险隐患，也会造成车联网行业无序发展。从国家层面建立车联网安全监管机制、构建车联网安全风险管控能力是国家安全监管的紧迫需求。

（三）缺乏强大的专业能力

我国在传统互联网安全、汽车制造及交通领域多年来均落后于国外发达国家，对国外的高度依赖性造成针对车联网的安全能力建设进展较为缓慢。目前虽然我国车联网发展较为快速，但整体安全保护水平却较为落后。同时，互联网与汽车专业的高壁垒也给车联网安全保护带来一定的难题。另外，我国车联网安全整体社会意识仍处于较低状态，相关人才队伍十分缺乏。因此，构建我国自主可控的车联网安全创新体系、建设世界一流的车联网安全创新能力，是一项影响我国创新发展战略的重要问题。

（四）缺乏严密的组织机制

车联网安全治理不能仅依靠某单一领域的资源力量，而需要整合信息安全、移动通信、汽车制造、交通运输等多领域资源，充分融合相关部门传统优势，进一步形成高度凝聚的专业力量。然而，我国针对车联网安全的单位团体较为分散，且专业背景较为单一，虽基于各自经验形成了一定成果，但"孤岛式"的分布现状致使专业交叉性不足、技术融合度不够。因此，统筹各方力量，形成高效、协同、共享的国家车联网安全组织管理体系同样是亟须解决的重要问题。

总之，我国车联网安全仍处于初级发展阶段，既缺乏全局层面的国家总体安全战略规划设计，也缺乏相应的核心技术能力支撑，无法满足车联网面临的国家安全、行业安全、基础设施安全需求。从国家安全的角度形成顶层设计，形成车联网安全总体治理方向，研发一系列重大平台支撑安全治理，进一步制定政策标准规范，引导行业开展自主可控的车联网安全创新研发，凝聚社会力量，实现资源优势互补，培育车联网安全国家智库，形成车联网安全人才队伍对未来工作提出艰巨的挑战。

五　车联网安全研究现状

车联网安全作为传统网络安全与汽车领域的跨学科专业，引起了社会的一定关注。目前国际国内相关团队关于车联网安全攻防与检测技术已有一些成果。相比于传统网络安全，车联网由于其行业特殊性，带来了许多新的技术难题。首先，车联网是一个网络、系统、控制、机械深度融合的复杂系统，这给网络安全攻防与检测分析带来巨大的困难。比如，攻击者可通过车联网一个小的攻击点渗透至汽车机械控制，因此需要从整体上系统化考虑车联网安全问题。其次，车联网安全脆弱点多样，不论雷达、传感器，还是信息系统、无线网络，以及移动应用、平台均可作为攻击入口对汽车产生威胁，这需要不同专业的研究者共同完成攻防与检测研究。最后，虽然车联网有部分传统网络特性，可以利用传统网络安全手段解决安全攻防与检测问题，但为了发现对汽车产生重要威胁的攻击手段，还需要建立新的目标函数，启用新的技术手段来解决车联网安全问题。

世界各国积极研究出台车联网网络安全相关法律政策，引导车联网产业在网络安全方面加大保障投入，营造良好的发展环境。同时，网络安全厂商、互联网企业、通信技术企业、整车厂商等加快车联网信息安全发展布局和跨界深度合作，积极推进车联网安全防护关键技术和创新产品研发。

我国车联网安全目前仍处于初步发展阶段。面对车联网带来的严峻安全形势，国内相关部门、组织、团体近年来开始对车联网安全进行尝试性探索，并积累了一定的成果。但总体而言，目前车联网安全标准体系尚没有建立，车联网安全众多核心技术尚待研发，车联网安全监管机制及技术支撑体系尚不明晰，车联网安全整体产业基本处于萌芽阶段。相较国外，欧美等发达国家在车联网及安全方面研究起步较早，在车联网发展之初即开展了深入的战略规划制定与核心技术研发，而我国在该方面起步较晚，更多的是跟随欧美发达国家的步伐较晚介入，致使目前相关安全技术整体较为落后，在标准研制、技术研究、产业布局等方面尚处于跟随状态。同时，车联网作为汽车制造与互联网方向的交叉领域，行业壁垒较高，各汽车制造商出于自身保护等建立各自的技术力量，产品融合度低，互联网技术的融入更进一步加大了壁垒，增加了成果转化与产业化难度。另外，车联网安全属于汽车行业和网络安全行业的融合方向，既需要汽车制造、交通设计等行业知识背景，还需要人工智能、网络通信、大数据分析等信息技术知识背景，传统的网络安全人才在解决车联网安全问题时存在知识背景不足、行业壁垒性大等挑战，亟须培养涵盖汽车、交通、通信、安全等方向的交叉型人才队伍，支撑车联网安全成果转化与产业化发展。总之，我国当前的车联网安全发展现状完全不足以满足我国对车联网安全紧迫的国家需求，更不符合我国自主可控创新驱动发展战略，亟须从国家层面开展车联网安全整体规划与系统建设，保障车联网安全、有序、健康发展。

目前，车联网的安全保障手段极其匮乏，安全技术能力十分不足，部分重要场景甚至为空白，所面临的安全风险已成为威胁国家安全的重要因素。第一，车联网面临大规模网络恶意控制风险。当前的车联网系统正逐渐部署对汽车的远程调度、控制、更新等功能，在此过程中，大量存在恶意攻击者获取信息平台权限或者劫持了通信链路，进一步对大规模车辆同时实施网络恶意控制的风险，造成难以想象的巨大灾难。第二，交通关键信息基础设施面临大规模瘫痪风险。车联网作为交通关键信息基础设施中的神经中枢，如果受到恶意攻击，则会导致交通设施大范围功能瘫痪，极大地破坏交通关键信息基础设施正常运行。近年来国内外发生了多起关键信息基础设施被恶意攻击的案例，车联网所面临的安全风险同样会对交通关键信息基础设施带来难以估量的危害。第三，车联网面临敏感信息泄露风险。车联网作为国家交通信息的收集者、传递者与承载者，面临严峻的数据安全风险。车联网信息泄露将严重危害国家、个人、企业数据安全，特别是涉及国家交通设施的战略敏感数据和重要人物数据，如果被恶意势力获得，将造成严重的后果。车联网安全风险会导致对大规模高速移动车辆、正在运行的交通关键信息基础设施造成损害，因此其带来的安全威胁相比传统网络安全更加严重，影响范围也更加深远。随着5G与车联网的不断融合、汽车电子电器架构的不断更新、自动驾驶新场景的不断应用，新的车联网安全风险也必将持续发生，严重威胁我国交通关键信息基础设施健康发展与稳定运行，威胁我国政治安全、社会安全与人民生命财产安全，是维护我国国家安全所必须面对的严峻现实。

六　车联网安全防护技术

车联网的发展在智慧交通、智能制造、5G通信、自动驾驶等经济转型战略中意义重大，已成为当前各地数字经济发展的重要方向。网络与信息安全问题已成为制约车联网产业发展的关键因素，引起了国家和社会高度关注。然而，目前国内尚没有形成一整套成熟的车联网安全体系，相关平台、技术与产业仍较为薄弱。因此，车联网安全必将成为国家战略发展的重要方向。为实现车联网网络与信息安全，需要持续开展车联网安全攻防技术与车联网安全检测技术的攻关、相关产品的研发及对外服务的开展，才能为我国车联网产业提供完整的网络与信息安全防护解决方案，促进产业发展。为解决车联网安全方面的问题，需要针对车联网新技术、新业务建立车联网攻防与检测核心技术问题开展研究，建立准确、完整的车联网安全数据获取、态势分析、漏洞检测等能力。下面从整车安全检测、车联网安全监测与车联网安全攻防三方面介绍一些典型的车联网安全防护技术。

（一）整车安全检测技术

车联网安全风险的根源来自车联网内部，只有通过深入全面的安全检测才能在根本上排除隐患，杜绝安全或缺陷导致的风险发生。车联网安全风险覆盖面广、涉及因素多、关联因素复杂，安全检测既涉及车辆零部件、总线，又涉及无线通信、软件，还包括交通路侧设备、云管理平台、物联网终端等。同时，异构单元之间相关链接，不同安全风险相互作用、扩散、演化，给车联网系统化安全检测带来较大的困难。因此，研究车联网全方位的安全检测技术，研制智能化的检测工具，搭建灵活的安全检测平台，研究车联网安全量化评估方法，构建车联网安全国漏洞库及漏洞共享机制，形成车联网安全重要的战略资源，将有助于我国车联网安全、健康、有序发展，从根本上排除网络安全带来的风险隐患。

车联网安全检测技术的范围涵盖了车联网"云-管-端"完整生态体系安全检测，具体包括总线安全检测、无线电安全分析、车载终端信息安全检测、车辆 TSP 平台漏洞检测、车联网应用漏洞检测、路侧单元安全检测等。

1. 总线安全检测

总线安全检测技术主要通过连接车辆 OBD 或与车辆总线进行直接连接，检测车辆总线网络中 ECU 和网关的安全性，其基本技术包括协议解析、异常检测、风险评估等。首先，通过自动或手动设置被检测设备接入波特率，快速连接总线设备，结合总线数据特征，对总线数据对应的功能进行初步的预判，结合人工观察车辆状态变化，快速定位引发车辆变化的总线数据。针对检测到的总线数据，可以生成对应 ECU 异常检测规则，并根据自定义规则以及检测功能需要，对总线数据进行过滤。针对总线网关设备以及 ECU 设备，可以通过构造畸形数据包对 ECU 软件稳定性进行测试，以及结合多路总线接入技术，对车辆各个数据域进行总线数据接入安全测试，检测是否存在总线逻辑设计缺陷以及安全漏洞。同时针对正常数据利用高频发送数据等手段，检测网关对异常行为数据的抵抗能力。最终，根据检测结果，可以结合不同的评估指标，形成针对各领域的安全威胁评估报告。

2. 无线电安全分析

高频无线电安全扫描测试是针对高频无线电开展的安全扫码测试，其基本技术主要包括 WiFi 握手包嗅探、WiFi 密码爆破、BLE 握手包嗅探、控制指令分析与指令重放、信号解析录制重放破解、GPS 信号欺骗、移动网络流量分析等。在实施时，嗅探 WiFi 信号环境，在 WiFi 热点完成握手交互会话时监听到 WiFi 握手包，并根据 WiFi 握手包，对其中关键的密码字段进行遍历，爆破 WiFi 连接密码。同时，还可嗅探低功耗蓝牙信号环境，在有设备接入时监听到蓝牙握手包，分析蓝牙控制指令。针对 GPS 模块，攻击者可以仿照 GPS 信号格式，构造虚假 GPS 信号覆盖真实 GPS 卫星信号，使车辆 GPS 模块产生错误定位。针对移动网络，攻击者截获移动网络通信流量，分析通信逻辑、业务逻辑及数据安全情况，任意阻断、重放、修改移动网络所有数据包。

低频无线通信是无线通信的典型应用场景，其研究对象通常是一些成对出现的小型智能设备，其中包含刷卡认证系统及身份卡、汽车 PKE 系统及车钥匙等，针对低频无线通信典型场景 RFID 的安全性分析包括身份卡信息读取、编码方式分析、加密安全性检测等技术。同时，针对低频无线通信设备唤醒的安全性分析还包括信号中继、远程信号桥接、信号放大唤醒、唤醒流程安全性检测等技术。

3. 车载终端信息安全检测

智能汽车领域的娱乐系统是用户与传统汽车关联的枢纽，具备非常高的访问和执行权限，娱乐系统的安全性分析对于保证用户网络信息安全具有重要意义。针对智能汽车娱乐系统的安全测试主要通过二进制程序的静态和动态分析，对智能娱乐系统中存在的安全漏洞、智能娱乐系统中预置和外嵌程序中存在的恶意代码，以及智能娱乐系统中存在的隐私窃取等敏感行为和敏感内容进行分析。其中，安全漏洞不仅局限于操作系统、集成库中存在的固有漏洞，而且包含软件设计缺陷、漏洞，恶意代码主要包含计算机病毒、木马、蠕虫等，敏感行为、敏感内容分析主要包含不应存在的敏感行为、敏感内容获取等。

4. 车辆 TSP 平台漏洞检测

车辆 TSP 平台作为一类网络服务，越来越为车企和用户所青睐，但是与传统的网络服务一样，TSP 平台也存在大量的漏洞可供攻击者利用。车联网 Web 漏洞检测主要是针对 TSP 服务器管理 Web 系统漏洞进行检测，包括 XSS、SQL 注入、Web shell 等涉及越权访问以及信息窃取漏洞、TSP 服务器中缓冲区溢出、软件后门漏洞等渗透型攻击漏洞，以及车联网业务漏洞等。通过结合车联网网络数据协议，包括标准协议、标准变种协议以及私有协议，可以对特定数据进行针对构造，检测车联网系统在畸形数据包攻击的模式下，是否存在业务缺陷漏洞，包括服务终止、数据混乱、逻辑混乱等。还可以利用 ping、端口检测以及数据包响应等方法检测目标 TSP 服务器状态。

5. 车联网应用漏洞检测

针对车联网应用的漏洞，可以采取静态检测与动态检测相结合的方式进行检测。静态检测包括对 App 进行静态分析，识别 App 软件中恶意行为、SQL 注入风险、WebView 系列、文件模式配置错误、HTTPS 证书无校验、database 配置错误等。动态检测包括采用真机动态运行软件方式，对 App 进行动态检测。包含拒绝服务攻击、文件目录遍历漏洞、FILE 跨域访问等。同时针对车联网远程控制指令特征进行动态识别，构建攻击脚本，通过响应自动识别车联网业务漏洞。此外，由于车联网应用的复杂性，还需要利用人工检测对车联网 App 中的远程控制漏洞、信息验证缺失漏洞等安全漏洞进行检测。

6. 路侧单元安全检测

交通环境的复杂性是目前路侧设施和信息安全技术发展的最大制约条件，在进行路侧单元测试时必须考虑场景的多样性，考虑到路侧单元中存在的各种传感器和基础设施、通信方式等，在此基础上进一步研究针对不同传感器和基础设施、通信方式等的信息安全测试技术，用于对路侧各种设施的安全性进行分析。

（二）车联网安全监测技术

车辆状态实时上报是车联网领域重要功能之一，车辆制造企业、车联网服务商根据车辆上报状态实现车辆运营管理，而车辆的行为分析对交通规划、指挥有着重要的作用。目前国家分别于 2011 年、2016 年发布 JT/T808《道路运输车辆卫星定位系统终端通信协议及数据格式》协议、GB/T32960《电动汽车远程服务与管理系统技术规范》协议，协议中规定"两客一危"车辆、新能源汽车须依照规定格式上传车辆状态信息至运管平台；其中车辆所上报状态信息根据车型、通信协议、车辆状态等的不同而有所不同，主要包括车辆基本信息如车架号与车机编号，车辆实时状态如车速、电量、水温等，车辆定位信息，以及车辆告警信息和客货运车辆驾驶员信息等。

车联网安全监测主要用于对已有的车联网数据进行采集，并通过大数据分析系统进行分析，形成监测报告，及时发现车联网安全隐患，其主要技术包括车联网数据提取、车联网数据分析、车联网入侵监测等。

1. 车联网数据提取

车联网数据提取技术是为了从采集到的车联网数据中提取有效的数据信息，主要包括协议数据提取、协议数据解析以及数据格式化等相关技术。通过对车辆与 TSP 平台间的通信协议进行分析或逆向可以实现对其通信数据格式的解析，借助该解析能力，对网络流量数据进行分析和提取，可以实现从中实时提取车辆的状态信息。针对不同的协议类型，需要选取不同的提取规则，对数据中的协议字段内容进行提取，对已经提取的协议数据需要进行进一步的解码和解析，从编码数据中还原出原始数据内容，然后将数据信息进行统一编码，以备后续存储和处理。

2. 车联网数据分析

针对采集到的车联网数据，可以根据需求开展不同的数据分析。如根据数据日志中的相关字段与行业备案数据关联，可识别企业的标识。对数据日志中对应字段进行统计，可以识别每个企业的终端总数、企业在各省分布终端数。通过分析联网车辆的速度、温度、电压、电流等信息，还可以及时对车辆的超速、温度过高、电流过大、电压过高等异常行为进行预警。

3. 车联网入侵检测

针对特定的车联网 Web 服务和 TSP 平台，可以通过对目标 TSP 服务器或

Web 平台的通信流量进行镜像或分光等形式进行接入，在不对原有服务器业务产生任何影响时开展入侵检测，主要包括服务器入侵检测、Web 平台入侵检测、入侵结果分析与溯源等技术。

服务器入侵检测主要是对车联网网络中 TSP 平台服务器开展入侵检测，通过对其网络流量进行实时监控和分析，及时发现针对 TSP 服务器所进行的攻击，对可疑行为进行记录和报警，形成攻击行为日志，用于入侵溯源分析，主要检测机制包括入侵特征模式匹配、网络流量统计分析、恶意代码监测等。

部分车联网网络中存在 Web 平台为管理员或用户提供 Web 服务，便于用户开展基于 Web 的管理与操作，方便用户开展基于 Web 的管理与操作，但 Web 平台存在极大的安全隐患，可能造成用户隐私泄露、平台服务中断等严重后果，Web 平台入侵检测技术不同于服务器攻击检测，它工作在应用层，可以对专门针对 Web 平台攻击实现检测，包括协议异常检测、增强的输入验证、基于规则的保护和基于异常的保护、用户操作状态监测等。

当然，服务器入侵检查与 Web 平台攻击检测所记录的攻击行为有可能只是尝试性的攻击，为保证对攻击结果的可靠性验证，还需要对攻击行为的结果、环境、场景进行综合分析，以确定其是否为有效攻击。

（三）车联网安全攻防技术

攻防技术是信息安全的关键技术，攻防互为博弈、相互促进，只有深刻掌握攻防原理才能从根本上获得对车联网安全的主动权。攻是指从入侵者的角度研究车联网安全攻击技术，这有助于我们从对手的角度分析车联网系统面临的安全威胁，为进一步制定防护策略提供重要的实践基础；防是指从防护者的角度研究车联网安全保护技术，针对潜在的风险做有针对性的安全保护架构设计及软硬件实现。因此，研究车联网安全大规模网络攻击渗透技术，对我国掌握车联网网络空间安全核心技术、构建国家网络安全能力有重要支撑作用，研究基于车联网安全攻防靶场的攻防演练技术，形成攻防对抗技术能力，将为未来开展车联网安全相关工作储备关键的技术实力。

车联网攻防技术主要包括车辆总线攻防技术、车载终端攻防技术、车联网网络攻防技术、车联网云服务系统攻防技术等，从硬件到软件，从底层到上层协议。

为研究车联网攻防技术，需要构建车联网在线测试靶场，能够支持车辆的远程接入，满足多用户独立测试并全程记录测试过程与结果。作为一个典型的车联网攻防靶场，应当可以创建和管理测试项目，安排测试人员参与远程测试，发现车联网相关漏洞，总结和积累测试经验，提高软件安全测评业务的工作效率。主要系统模块包括用户管理、项目管理、漏洞管理、环境管理、奖励管理、社区管理和系统管理等。

1. 用户管理

通过用户管理模块，能够有效地管理入驻平台的测试人员相关信息。实现其个人身份实名认证审核、测试人员个人基本信息管理、测试人员团队的管理、测试人员和团队整体情况的统计分析等。

2. 项目管理

通过项目管理模块，可以对测试项目的全生命周期进行管理。主要包括项目展示、项目发布、项目申请、项目受理、项目变更、自主项目管理以及项目成果展示等。

3. 漏洞管理

通过漏洞管理模块，主要可以对车联网安全漏洞的全生命周期进行明确管理。一般需要包括如下子功能。

（1）漏洞详情。包括漏洞名称、漏洞类别、漏洞细节、威胁等级、评分参数（与CVSS对应）、漏洞POC、修复建议、其他用于漏洞去重和自动验证的细节参数。

（2）漏洞提交。漏洞提交表单需支持漏洞详情中所有字段，并支持非项目提交和项目提交两种形式，提供提交表单的打分机制，鼓励测试人员提交高质量的漏洞信息，修复建议等字段，并提供模板化的参考信息。

（3）漏洞去重。漏洞审核员能够对于疑似重复的漏洞给出判定并反馈给测试人员对于部分类别的漏洞，系统能够自动给出存在疑似重复漏洞的相关信息，并对审核员进行提示。

（4）漏洞协同验证。项目负责人初审，由各联盟平台选派的漏洞审核员组成审核委员会通过对于漏洞进行协同验证，给出各自的判定意见并反馈给流程中的测试人员和所有参与的审核员，根据平台制定的审核规则给出最终结果。对于部分类别的漏洞，能够自动验证漏洞，并对审核员进行提示，提高审核效率。

（5）漏洞申诉。经过审核存在异议的漏洞，包括重复与无法验证的，被返回给测试人员的，测试人员可以通过申诉进行二次提交。

（6）漏洞确认。经过漏洞审核员审核通过的漏洞，进入项目整体漏洞报告，再经项目需求方整体审核完成后，进入漏洞评分和奖励发放环节。

（7）修复建议。针对确认的漏洞可自动生成模板化的修复建议。

（8）漏洞报告。根据漏洞实时信息自动生成动态漏洞报告，并在项目结束时生成正式总体报告，并支持自定义模板。

（9）统计分析。根据漏洞所属项目、漏洞类型、威胁等级、时间段、被测对象等进行分类统计展示，各种分类方法支持态势变化展示。

4. 环境管理

通过环境管理模块，可以针对在线攻防靶场构建和对接测试场内的网络与设备，并为测试人员实际测试提供个人环境，同时能够为测试人员的实际测试提供个人环境，便于加强测试人员行为管理。主要包括虚拟机管理、工具管理、网络管理、行为采集与监控等功能。

5. 奖励管理

通过奖励管理模块，可以在漏洞确认后，对测试人员进行奖励，主要包括经费管理、漏洞评分、漏洞证书等。

6. 社区管理

通过社区管理模块，可以建设和平台共享登录的安全测试社区，加强测试人员、测试人员团队、合作伙伴、需求方等的互动交流。

7. 系统管理

通过系统管理模块，可以对平台系统本身的账户角色进行管理，包括测试人员、测试人员团队、合作伙伴、需求方、项目管理员、漏洞审核员、系统管理员等，并可以对系统各模块的运行日志进行管理与分析。

七　总结

综观我国车联网网络空间安全治理的现状，一直存在各自为战、体系松散的问题，导致大量的资源配置浪费，也难以形成面向国际的强大竞争力。相较于针对传统网络安全问题的反复对抗性思维，共同体思维才是车联网网络空间安全治理发展的终极之道。无论政府监管部门、汽车制造企业、零配件供应商、电信运营商，还是车联网服务商、网络安全厂商、高校科研院所等企事业单位，有效的治理需要利益相关方共同参与。

主权与政治的重要性使国家主体必然发挥重要作用，但车联网网络空间内涵丰富，涉及面广，产业链庞大，在车联网安全产业的发展中，资源共享、交流互鉴及开放合作应当成为新时代车联网网络空间安全治理的主旋律。面对新威胁和新挑战，车联网网络空间覆盖的各行各业应采取积极的态度，建立统一的车联网安全应急响应体系，将各自为战转向统一防御、统一规划、统一部署、协同联动，形成紧密耦合的应急工作机制，从而构建整体防御能力。

车联网网络空间安全涉及"云、管、端"多级架构，覆盖整车制造、通信链路、传感器、云平台、交通运输网络等众多领域，是汽车行业和网络安全行业的融合方向，技术壁垒高。因而，更需要构建跨行业、跨领域的技术合作创新体系，汇聚汽车与网络安全人才，共同针对车联网特性展开安全攻防、检测、仿真技术与全生命周期安全解决方案的研究，形成共享的车联网网络空间安全治理产品体系，共建车联网网络空间安全治理系统平台，通过技术合作创新体系的运作不断迭代升级，应对随时出现的新风险，打造车联网网络空间安全治理可持续的核心竞争力。

当前，车联网网络空间安全产业尚未成形，除了起步较早的机构之外，车联网网络空间安全的参与者多为从事传统网络安全的企业，缺乏具有融合产业背景的专业团队，产业链的上下游渠道并未打通。面对日益严峻的安全形势和即将井喷的车联网市场，构建车联网网络空间安全产业促进体系极为必要。在主管部门的指导下，网络安全机构、汽车制造企业、电信运营商等应携起手来，积极培育车联网安全的完整产业链，加大宣传培训力度，扶持创新实体，真正打造支撑车联网产业健康发展的安全生态圈，形成我国车联网网络空间安全总体治理体系。在方法上，以法律为依准、以政策为引导、以标准为方向，全面建立我国车联网网络空间安全治理战略体系；在实施上，建设相关平台，对涉及危害我国车联网网络空间安全的攻击行为、不良事件形成监测、预警与应急管控能力，对风险做到实时"可见，可控，可管"；在技术上，形成我国自主可控的关键核心技术能力体系，进一步加大信息安全与交通运输领域的交叉融合，建立世界一流的车联网安全攻防技术体系；在产业上，统筹社会各方力量，发挥各方传统优势，形成我国车联网网络空间安全高效的协同联动组织机制，培育人才队伍，实现国家安全与产业发展的相互促进、相互协调、相互依赖。

参考文献

[1] 中国信通院 .《车联网网络安全白皮书》[EB/OL]. 北京 : 2017.

[2] Gui Haixia. Research of the intrusion detection system based on data mining[C]. IEEE, 2011.

[3] Boyun Zhang, Chen Zhigang, Tang Wensheng, et al. Network security situation assessment based on stochastic game model[C]. Springer, 2011.

[4] Giovanni Acampora. Exploiting timed automata based fuzzy controllers for designing adaptive intrusion detection systems[J]. Soft Computing, 2012, 16(7): 1183-1196.

[5] Xiao-Yan Li, Wang Qing-Xian, Yang Lin. Research of network security situation index system and visualization technology[J]. Journal of China Institute of Communications, 2011, 32(11).

[6] Neminath Hubballi, Biswas Santosh, Nandi Sukumar. Network specific false alarm reduction in intrusion detection system[J]. Security and Communication Networks, 2011, 4(11): 1339-1349.

[7] Modi C , Patel D , Borisaniya B , et al. A survey of intrusion detection techniques in Cloud[J]. Journal of Network & Computer Applications, 2013, 36(1):42-57.

[8] Leandros A. Maglaras, Jiang Jianmin. OCSVM model combined with K-means recursive

clustering for intrusion detection in SCADA systems[C]. 2014.

［9］梅海彬，龚俭，张明华. 基于警报序列聚类的多步攻击模式发现研究 [J]. 通信学报，2011, 32(5): 63-69.

［10］白媛. 分布式网络入侵检测防御关键技术的研究 [D]. 北京邮电大学，2010.

［11］周德懋，李舟军，康荣雷. 基于时间序列分析的网络流量预测模型研究 [J]. 现代电子技术，2009, 32(8):115-117.

［12］向西西，黄宏光，李予东. 基于 Kalman 算法的网络安全态势预测方法 [J]. 计算机仿真，2010, 27(12):113-116.

［13］司加全. 网络安全态势感知技术研究 [D]. 哈尔滨工程大学，2009.

［14］张勇. 网络安全态势感知模型研究与系统实现 [D]. 中国科学技术大学，2010.

［15］汪渊，齐善明，杨槐. 基于数据融合模型的网络安全量化评估系统设计与实现 [J]. 计算机科学，2010, 37(10):127-129.

［16］Bhushan B , Singh M , Hage Y . Identification and control using MLP, Elman, NARXSP and radial basis function networks: a comparative analysis[J]. Artificial Intelligence Review, 2012, 37(2):133-156.

［17］Ronald W. Ritchey, Ammann Paul. Using model checking to analyze network vulnerabilities[C]. 2000.

［18］Ahmed M S , Al-Shaer E , Taibah M , et al. Objective risk evaluation for automated security management[J]. Journal of Network & Systems Management, 2011, 19(3):343-366.

［19］贾焰，王晓伟，韩伟红，李爱平，程文聪. YHSSAS：面向大规模网络的安全态势感知系统 [J]. 计算机科学，2011, 38(2):4-8.

综合应用篇 | **基于交通管理大数据的对外服务平台研发及应用**

◎魏 凤 李 贝 钟 达 张世建

王 桦 吕 明 印鲜刚*

* 魏凤，重庆中交通信信息技术有限公司总经理，重庆市车联网工程技术研究中心主任，高级工程师，主要从事智慧交通、车联网、交通大数据应用研究；李贝，重庆中交通信信息技术有限公司科技发展部副经理，重庆市车联网工程技术研究中心研究员，工程师，主要从事车联网、交通大数据应用研究和智慧交通解决方案研究；钟达，重庆中交通信信息技术有限公司科技发展部规划研究员，重庆市车联网工程技术研究中心研究员，高级工程师，主要从事车联网、交通大数据应用研究和智慧交通解决方案研究；张世建，重庆中交通信信息技术有限公司总经理助理兼数据应用事业部总经理，重庆市车联网工程技术研究中心研究员，主要从事车联网、交通大数据应用研究和智慧交通解决方案研究；王桦，重庆中交通信信息技术有限公司总经理助理，主要从事交通大数据应用商业模式研究及应用推广；吕明，重庆中交通信信息技术有限公司数据应用事业部副总经理，重庆市车联网工程技术研究中心研究员，副高级工程师，主要从事车联网交通大数据应用研究和智慧交通解决方案研究及研发工作；印鲜刚，重庆中交通信信息技术有限公司副总工程师，重庆市车联网工程技术研究中心研究员，主要从事交通信息化平台体系架构研究及设计。

　　摘　要: 本文针对大数据资产价值转化,从大数据应用商业模式分析出发,围绕交通管理大数据应用现状,亟待解决的问题论述建设基于交通管理大数据对外服务平台的重要性,并从基于交通管理大数据对外服务平台的需求、架构和本研究团队的成果阐释了交通管理大数据对外服务平台实现大数据资产价值转化的发展路径。

　　关键词: 大数据　交通管理　对外服务平台　创新应用

一 绪论

随着信息技术和人类生产生活交汇融合，互联网快速普及，全球数据呈现爆发增长、海量集聚的特点，对经济发展、社会治理、国家管理、人民生活都产生了重大影响。世界各国都把推进经济数字化作为实现创新发展的重要动能，在前沿技术研发、数据开放共享、隐私安全保护、人才培养等方面做了前瞻性布局。以大数据、人工智能、云计算、物联网等新技术为代表的新一轮科技革命进行得如火如荼，大数据是当前最热门的研究领域之一，得到全世界的广泛关注。大数据，是指无法在一定时间范围内用常规软件工具进行捕捉、管理和处理的数据集合，是需要新处理模式才能具有更强的决策力、洞察发现力和流程优化能力的海量、高增长率和多样化的信息资产。目前不同的研究、应用对象对大数据的定义存在不同的认知，但综合来看，大数据具有容量大、速度快、种类全、真实性强、易变性和可视性的特点，依靠强大的处理方法可实现其价值的转化。目前，我国正在实施以大数据智能化为引领的创新驱动发展战略，主要通过大数据产业技术创新、构建以数据为关键要素的数字经济、运用大数据提升国家治理现代化水平、运用大数据促进保障和改善民生。为促进交通大数据创新发展，交通运输部发布《数字交通发展规划纲要》《推进综合交通运输大数据发展行动纲要（2020—2025年）》，强调要以数据为关键要素、赋能交通运输及关联产业，推动模式、业态、产品、服务等联动创新，让数字红利惠及人民，增强人民获得感。"十三五"以来，大数据作为一种新的资产，特别是通过大数据实现商业化应用，为社会、政府、企业创造更便捷的服务，已成为越来越多的企业实现创新发展的核心要素及新的经济增长点。因此，研究大数据应用模式，实现大数据资产价值转化是当前企业的重要目标。本文从大数据应用商业模式分析出发，围绕交通管理大数据应用现状、亟待解决的问题论述建设基于交通管理大数据对外服务平台的重要性，并从基于交通管理大数据对外服务平台的需求、架构和本研究团队的成果阐释了交通管理大数据对外服务平台实现大数据资产价值转化的发展路径。

二 大数据应用商业模式分析

大数据将各行各业的用户、方案提供商、服务商、运营商以及整个生态链上下游厂商，融入一个大的环境中，政府、企业、个人都与大数据存在千丝万缕的联系。大数据资产价值转化需要在充分认识大数据产业链和其业务模式的基础上，进行商业模式创新，通过充分挖掘实现大数据带来的潜在价值。

（一）大数据产业链

大数据产业链的构成简单形容就是从数据产生到数据应用价值转换中间所需要的各种要素的配置，其价值体现是由产业链多个板块共同实现的。即从数据采集，到数据的存储分析，再到数据的加工应用，具体而言，大数据产业链主要包括数据采集、数据存储、数据处理、数据分析及数据应用等。

图 1 大数据产业链各环节

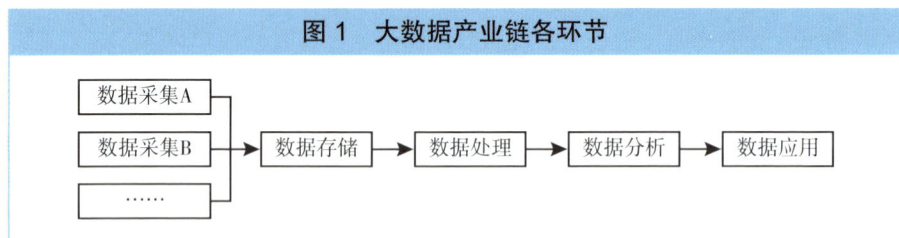

1. 数据采集

数据采集指的是企业在经营中收集整合其所产生的用于管理、服务或决策的数据。该环节是大数据产业链最基础的环节，没有数据的采集及整合，大数据产业就无法形成。

2. 数据存储

数据存储指的是企业在经营中所收集到的数据进行记录，并在一段时间内保持数据的完整及可查找，以便于数据输出。该过程就像利用账本对资产进行记录或者用仓库进行存储的过程，该仓库的大小决定了数据量的大小，只有存储量更大、更稳定，才能为数据的分析提供更好的服务。

3. 数据处理

数据处理指的是对上一环节所采集的结构化、非结构化数据进行清洗、格式整理、分类、抽取、合并等，使数据更具有可计算性。该过程是大数据产业链中的核心环节，决定了下一步数据分析的价值体现。没有好的处理思路及方法，大数据的分析应用就无从谈起。

4. 数据分析

数据分析指通过分类、聚类、关联和预测等方法，重点寻找数据模式及规律，面向不同的场景通过数据报表、可视化图形或数据产品等方法为不同对象提供运营决策支撑，提高运营效率。该环节是大数据产业链的最末端，也是大数据价值体现所在。

（二）大数据业务模式

大数据业务模式即从数据出发，面向大数据产业链所涉及的采集、存储、处理、分析及应用环节，以专业化面向市场提供服务输出，实现价值转化。

1. 数据交易变现模式

数据交易变现模式即将企业广泛收集、整合的数据销售给产业链其他需要数据支撑的企业来获取报酬的方式。该模式需要企业具备强大的收集数据和整合萃取信息的能力，以此形成数据采集、信息萃取、价值传递的完整链条。数据交易变现模式，实现了数据的增值，使数据成为可供交易的商品，对于拥有海量数据的企业来说，具有天然的优势，只需要简单加工处理，就有获得较大的数据变现收益。

2. 数据外包模式

数据外包模式是指企业将数据收集、数据处理等业务环节剥离出来，外包给专业公司，通过优化资源配置，降低成本，增强核心竞争力。数据外包模式主要包括决策外包和技术外包。这种模式要求专业公司拥有一定的知识背景、先进的大数据技术和卓越的分析应变能力，能够游刃有余地解决各种类型企业的决策问题和技术问题。这种商业模式适用于经验型企业，它的优势不仅在于帮助企业缩短决策周期、缩减业务流程，更重要的是降低运营成本，可以使企业集中精力做核心业务，不断增强其核心竞争力。该模式在社会服务型企业较为常见，即企业将在业务过程中收集的数据共享给专业性公司或高校，通过对数据的挖掘分析，发现在服务中存在的问题及规律，更好地对外提供服务。

3. 数据整合模式

数据整合模式指通过整合所有类型的数据来为企业提供决策支持，从而获得利润。帮助数据资源型企业快速地获取数据价值，为企业运营提供决策支撑。这种业务模式通常需要具备强大的数据资源整合能力及高素质的分析人才，以为企业提供分析性报告和决策支持为目的，从而帮助企业实现智能化改进业务流程和监视时间、成本、质量和控制。这种商业模式适用于技术型咨询企业，帮助用户快速做出正确的决策，实现投资回报率的最大化。

4. 数据众包模式

数据众包模式是从大数据的角度出发，企业从创新设计领域切入，将产品设计转向用户，通过搜集消费者涉及的海量数据，进行数据测评，找到最佳的产品设计，同时借助社会资源提升自身的创新与研发实力。这要求企业拥有一定的创新能力和研发技术。这种商业模式适用于创新驱动型企业，其核心是用户创造数据，优势在于强调了社会的差异性、多元性带来的创新潜力。因其倚重"草根阶层"，大大降低了企业运营成本，还能使产品更具创造力和适应性。

5. 数据自营模式

数据自营模式指自身拥有海量数据和大数据技术，同时具备一定的分析能力，能够根据数据分析结果改进现有产品或预测未来，从而使企业获得利润。但不是所有的企业都适应这一商业模式，这种商业模式的成功运行建立在4个条件之上。首先，数据来自公司内部，可以是生产经营信息数据或管理信息数据；其次，拥有先进的大数据技术，能够对信息进行充分的挖掘和提炼；再次，具备高效的分析能力，能够对数据分析结果进行准确评价；最后，具备数据决策能力。企业数据自运营模式的最大价值在于能根据分析结果进行商业决策，通过不断改进原有产品、推出新产品以及预测企业的发展方向使企业持续获得利润。但是这种业务模式只适用于一部分企业，并不适用于所有的企业。

6. 数据平台模式

数据平台模式指通过建立平台，实现数据的分析、分享和交易等功能，为用户提供方便快捷的个性化平台服务来获取利润。数据平台模式主要包括数据分析平台模式、数据共享平台模式和数据交易平台模式。数据分析平台模式是指通过灵活租赁的方式为用户提供数据存储、数据运算和数据分析的平台服务。数据共享平台模式是指平台服务商凭借其拥有的数据资产，为用户提供云数据库、数据推送、数据集成等服务，同时开放数据接口、提供开发环境，供开发者进行基于数据的应用开发从而获取利润分成。数据交易平台模式是指第三方平台提供商为数据所有者和需求者提供数据交换、交易的服务平台。数据分析平台模式要求用户掌握一定的数据分析技能，用户只需将数据上传到平台上，便可使用平台上面的分析工具进行数据分析。

三　交通管理大数据应用现状

大数据技术在汽车领域展现出良好的应用前景，汽车和大数据的融合是未来大趋势，也是我们国家汽车行业转型升级的战略重点方向。2019 年末全国民用汽车保有量 2.6 亿辆，相比 2018 年增长了 8.83%，其中私人汽车保有量 1.3 亿辆，全国汽车驾驶人已经达到 3.97 亿人，与汽车相关的海量数据可以与其他数据相融合，并在车辆监管、智慧交通、便民服务、数字生活等领域产生重要应用价值。与汽车创新应用相关的数据包括用户数据、车辆数据、环境数据和城市与交通数据。其中用户数据包括车上或车内的传感器对用户进行生理监测所得到的数据、生物识别数据、驾驶行为数据、车内行为数据、用户档案数据；车辆数据包括车辆的基本信息数据、车辆各部件状态数据、车身硬件状态数据、车辆路线数据；环境数据包括自然环境数据、道路环境数据、用户偏好数据；城市与交通数据包括交通状态数据和城市运行各方面基础数据等。

交通管理数据作为汽车大数据中的一种，由于其涉及面极广、参与者极多，其基础数据中所包含的各种交通行为和交通管理手段体现出极高的数据应用价值。

（一）交通管理大数据的概念与内涵

交通管理大数据指交通管理部门通过物联网、智能化技术实现对交通设施、运输装备、服务对象等交通要素进行管理过程中所产生的数据。按其类别可分为交通管理政务数据、运营数据及物联网感知数据。

1. 政务数据

按照交通管理单位和公安交通管理单位工作职能，政府数据主要包含：一是产生自交通委或者交通局的信息化系统，包括客运数据、货运数据、物流数据、公交数据、轨道数据、交通枢纽数据、出租车数据、公路数据、桥隧数据、养护数据、维修数据等；二是公安交通管理数据，主要产生自公安交警信息化系统，包括车辆管理、驾驶人管理、交通违法、交通事故等业务数据。

2. 运营数据

运营数据是指经国家授权经营的企业在运营生产中所产生的数据，主要包含公、铁、水、航等领域运营企业在日常生产经营中所产生的数据，包括用户数据、购票数据、车次数据、客流数据等。

3. 物联网感知数据

物联网感知数据是指政府投资建设或授权建设的交通感知数据。一是交通流量流据，包括主动感知检测技术的微波检测、超声波检测及被动感知检测技术的视频检测、线圈检测、地磁检测等；二是车联网数据，包括出租车数据、渣土车数据、公交运行数据、重型卡车货运数据、客运数据等；三是道路环境监测数据，包括结冰、积水、能见度、温度等；四是机动车号牌监测数据，即卡口数据，包括过往车辆的号牌、车型、显色等数据；五是交通视频监控数据，包括路口、路段、高空的交通监控信息。

　　所有这些交通管理数据犹如一座数据宝库，指引我们建立有针对性的模型、优选科学的算法，打造数据应用服务平台，探索全新的交通管理技术体系，进一步减缓交通拥堵、提升交通安全、造福人民生活。

（二）交通管理大数据应用现状分析

　　伴随我国交通基础设施的飞速发展，在较完善的交通基础设施之上，通过多种设备、技术产生了海量交通管理数据。交通运输部数据显示，截至 2019 年底，全国公路总里程 501 万公里，高速公路 14.96 万公里。公安部数据显示，截至 2019 年底，我国机动车保有量达 3.48 亿辆，同比增长 2098 万辆；全国机动车驾驶人 4.35 亿人，同比增长 2637 万人；全国 ETC 用户达 1.92 亿。

　　由于交通运输管理部门及公安交通管理之间、交通运输管理部门与交通运输企业之间受管理体制影响，交通管理数据存在数据杂、数据多、数据散的特点。目前交通管理大数据的应用主要为各自职能管理、自身企业运营及对公众提供社会服务，数据并没有形成有效的共享及挖掘应用。交通管理大数据以满足政府监管及公众服务应用需求为主，并集中在以下几个方面：一是通过基于车辆基础信息及区域卡口信息，进行套牌车分析、流量预测、失驾驾驶员分析，为路面监管、执法、治安、刑侦、情报等提供服务；二是通过对业务系统数据综合分析，结合交通运载工具当前所在地、运营区域、运行轨迹等数据分析，识别机动车违规年检等重点违规业务；三是通过交通事故的多发点段，包括管制信息、轨迹信息等与互联网公司交通拥堵信息交换，实现信息共享，在节假日期间分享路况信息，制定预案措施，为公众提供更为便捷的出行服务；四是基于前端感知设备，精准快速地识别交通运输异常事件，判别事件原因及预测事件走势，通过数据共享，实现快速调度及救援。

（三）交通管理大数据应用亟待解决的难题

1. 交通管理大数据共享机制亟待解决

交通管理主要有交通运输部门、公安交通管理及城市管理等部门参与，但由于交通管理存在"平台杂、孤岛多"问题，且缺乏统一的任务与数据治理体系，政府部门与政府部门、政府与企业之间没有标准的共享与交换机制，因此在交通、公安、城管等交通管理数据整合方面仍存在数据壁垒。

2. 交通管理大数据处理能力需要提升

交通管理大数据的处理应用需要以高效率、高带宽的硬件及网络设备为支撑，但目前交通管理部门存在设备老旧、网络带宽低、低效的数据计算资源等问题，造成交通管理大数据处理能力低下，没有实现数据的自动采集、自动清洗和自动分析。

3. 大数据智能化创新应用水平有待提升

交通管理大数据的创新应用需要构建"三融"（技术融合、业务融合、数据融合）、"五跨"（跨层级、跨地域、跨系统、跨部门、跨业务）的协同管理和服务体系，目前大数据智能化应用还局限于政府或单位某一较小的业务领域，数据融合性及应用水平不高。

4. 交通管理大数据安全需要守牢

交通管理数据涉及驾驶人、车辆等隐私数据。虽然国家将公民信息保护纳入刑法范围，但公民个人信息经常被明码标价公开出售，并且形成了一个"灰色产业"，诈骗电话、骚扰电话、推销电话在破坏整个社会的信用体系和公民的安全感，因此如何保障交通管理数据的安全应用也是必须考虑的重要内容。

（四）交通管理大数据应用建议

1. 推动数据开放及多源数据链条融合

真实、有效的数据资源是大数据开发和应用的基础，数据收集是否准确、及时、全面，对大数据应用的成败至关重要。在交通管理数据里，管理部门不统一，数据类型丰富多样，既有文本等结构化数据，也有视频、图片、语音等非结构化数据。交通管理大数据的应用需要大量链条完备、数据完整、可靠的数据，但我国在交通管理数据的开放力度不大。因此，需要建立相关的数据应用开放规范和标准，成立相关的大数据应用管理机构，建设交通大数据共享交换平台，形成统一管理、开放及应用。

2. 形成面向行业的应用标准体系

实现不同交通管理数据的共享和融合应用，需要制定统一的数据标准体系及应用体系。在编制过程中，应严格按照国家、地方和行业标准，总体上把握数据标准和应用标准体系的合理性和科学性，对交通管理信息化发展中可能出现的问题要制定切实可行的解决方案，同时关注现行标准与国际标准之间的相互衔接。

3. 规范数据安全保障机制

交通管理数据中包含驾驶人身份证、车辆、动态轨迹等个人隐私信息数据。这些数据信息可合理化应用于政府，但是随着大数据技术的发展，为了实现更专业化、精细化的用户服务，数据的共享开放是必然趋势，但这个过程一定要避免个人隐私信息的非法泄露。因此，建议交通管理部门一方面加强内部安全教育，另一方面要通过技术方式监控数据流向，并出台严格的规范和标准，在除非征求个人授权同意的前提下，对泄露数据的企业或个人给予法律惩治。

4. 形成数据共享对外服务平台

在交通管理大数据应用服务中，建立平台数据交易及共享服务模式。如在平台数据交易中，数据平台交易的不是底层的基础数据，而是通过清洗建模出来的数据结果，所有卖方、买方都要实名认证，建立诚信档案机制并与国家信用体系打通；建立数据共享对外服务平台，即对数据进行分类，并以下载方式或标准化接口提供可读数据，并同时配备专业的数据分析工具，供用户根据自身需求进行算法设计及演练，进而催生更多的数据商业化应用产品。

四　交通管理大数据对外服务平台构建研究

在大数据应用商业模式、交通管理大数据应用现状和应用建议基础上，推动交通管理数据开放及多源数据链条融合，在应用标准体系和数据安全保障机制下构建基于交通管理的大数据对外服务平台，形成数据共享对外服务平台，充分发挥大数据的价值，为政府行业和社会提供及时、准确、优质的服务。

（一）交通管理大数据信息化平台国内外发展现状和存在的问题

交通管理大数据是汽车大数据中的一种，其广义范围属于交通大数据，相关信息技术的交通政策和服务则是现代化城市交通的重要标志。交通管理大数据的价值之一在于政府能够通过分析海量的数据资源，发掘事件的发展规律，从而达到有效预防预警、降低风险或损失的目的，进而在全社会范围内降低政府的施政成本，带来更多的公众福利。国内外政府早有利用交通管理大数据构建信息化平台解决交通问题或提供决策支持的先例，其中欧美国家最具代表性，中国也处于探索实践过程中。

美国于1966年遵循"循数管理"的理念利用大数据提升交通安全水平并开发了"交通事故死亡分析报告系统"，其后逐渐演变为向社会开放的在线查询分析系统，公众可以通过该系统查询事故原因分析，其实施效果较为显著。该系统通过功能改进和完善，后续还可以为驾驶者提供智能车载服务信息，对外在复杂的交通环境中进行风险预判，对内则对驾驶员身体、精神状态进行监测，如其避免疲劳驾驶、醉酒驾驶等，从而提升驾驶安全。2016年5月美国发布了《联邦大数据研究与开发战略计划》，将交通领域大数据作为国家战略的一部分。政府不仅将交通大数据向公众开放，还积极促进相关部门和高新技术企业对"大数据技术"进行研究应用，极大地提升了数据资源的价值。

欧洲利用交通管理大数据信息服务平台提升交通运行效率：爱尔兰政府通过政企合作的形式与IBM公司的合作建设基于公交车和城市交通控制站实时定位数据的信息化平台。管理者可立即将交通路网中潜在的异常可视化，实现优化交通秩序和节约行政资源的目的。在法国，IBM曾为里昂开发的系统名为"决策支持系统优化器"(Decision Support System Optimizer)，基于实时交通报告来侦测和预测拥堵。当交管人员发现某地即将发生交通拥堵，可以及时调整信号灯让车流以最高效率运行。这个系统对于突发事件也很有用，例如，帮助救护车尽快到达医院。而且随着运行时间的积累，这套系统还能够"学习"过去的成功处置方案，并运用到未来预测中。

目前国内交通管理部门也形成了比较多的交通管理信息化平台，如在交通运输管理方面，已建成全国道路运政系统、全国重点营运车辆动态信息公共交换平台、全国道路货运车辆公共监管与服务平台、全国网约车监管平台、全国驾驶培训公共服务平台、国家交通运输物流公共信息平台、ETC 全国联网平台等；在公安交通管理方面，如以机动车驾驶员为核心的信息化管理平台、基于全国主干公路网交通指挥平台及互联网交通安全服务平台（手机 12123App）等已建成应用。通过平台的建设，交通管理部门实现了机动车、驾驶人、交通事故、违法信息、营运车辆动态信息识别等海量交通管理数据的汇聚。上海通过引入"大数据智能识别系统"抓拍各种交通违法和自动提取比对车辆信息，在交通违法整治中发挥了巨大威力。广东深圳将搭建"大数据应用云平台"作为"1 号工程"，建立"系统融合、数据分析、信息研判、指导实战"运作模型，有效解决了以往"人海战术""经验模式"带来的警力浪费、精确度和效率不高等弊端。贵州开发了"公安交通管理大数据统计研判平台"，实现了省、市、县三级公安交通管理部门业务数据的集聚、融通、共享，实现主要业务统计分析的"一网通"，同时建立了科学的大数据考核考评体系，对全省交通管理部门大数据建设推进及应用情况进行强力推进。交通管理大数据服务平台在交通管理的缓堵疏流、查缉布控、信息发布、便民服务等方面已经发挥了巨大的作用。

现有的国内外交通管理大数据信息化平台主要存在以下问题。

1. 缺乏统一标准

在数据融合共享、数据挖掘方面，根据不同的数据存储、挖掘、分析目标，需要设定统一标准的数据存储、数据模型、网络和硬件进行支撑，在数据应用层面，也需要统一标准应用服务标准，保障服务高效、稳定、安全开展。

2. 数据壁垒

在政府部门、行业企业间仍然存在数据壁垒，紧靠交通管理大数据难以进行关联因果分析，需要各部门数据融合共享。

3. 大数据分析能力不足

大数据海量、高速和异质性特征，对于政府与分析者提出了新的分析范式要求，包括数据捕获、语义调和、聚合和关联，技术挑战包括数据源集成、数据清洗、非结构化的数据如何转化和读取等问题。而大数据在交通系统中的应用则对网络通信效率、计算能力、存储能力都构成了挑战。

4. 数据安全

交通管理数据既涉及个人隐私问题也涉及国家信息安全。交通管理大数据的体量巨大、处理快速、模态多样等特征对现有的数据存储条件和安防措施提出了挑战，一旦存储条件优化速度与数据增长速度不相匹配，或是数据加密、访问控制等措施不够严谨，便可能产生安防漏洞，泄露涉及国家安全的有价值的数据。

综上所述，建立统一的交通管理大数据对外服务平台的需求非常迫切。

（二）交通管理大数据对外服务平台需求分析

1. 功能需求分析

根据交通管理大数据对外服务平台的功能定位，交通管理大数据对外服务平台面向政府、企业、居民提供海量的数据采集、存储、计算、分析、安全、产品、应用服务接口、展现等基础性支撑功能，相应的需求主要体现在如下方面。

（1）数据采集方面

平台的数据资源中心能够提供强大的数据采集、融合、加载和转换能力，应用于多源异构数据的采集并支持多种采集策略，同时能够对采集过程进行监控和详细的日志记录。

（2）数据存储方面

提供低成本、高扩展性的数据存储，支持结构化数据、非结构化数据、半结构化数据等存储和低时延查询需求，同时能够可视化监控数据存储状态。

（3）数据计算方面

由于交通管理数据呈现随时间发展变化大、区域关联性强的特点，需要根据实时的流数据及时全面采集、处理、分析等，因此需要平台能够承受计算时的负载时变性高、波动大的特点，提供海量异构数据实时、批量处理分析，构建在线监测、在线分析和在线计算等功能。同时需要结合大数据的批量计算、内存计算等技术，实现海量数据的离线分析与处理能力。

（4）数据分析方面

面向不同的服务领域和应用对象可提供跨业务的分析模型和数据挖掘算法，设计大数据关联分析模型库和算法库，对于常用的数据分析算法实现并行化，提升数据分析性能。

（5）数据安全方面

可实现对不同访问对象、业务功能进行数据敏感度和权限智能分级，确保数据的授权访问安全，保护数据隐私。

（6）数据产品方面

在开放性、易用性系统之间可实现数据共享、服务集成，相应的数据服务产品可通过开放账号和密码形式进行访问。

（7）应用服务接口方面

应实现对大数据应用提供数据共享服务、数据计算服务、数据分析挖掘服务、数据可视化服务等，提供统一的应用服务接口（Application Programming Interface，API）。

（8）数据展现方面

支持灵活可定制的可视化展现，通过多种展示工具实现数据可视化及分析可视化，同时能够支持在移动终端（如智能手机、平板电脑等终端上以App、微信公众号、小程序等）、电脑桌面终端、监控大屏等多种终端展示。

2. 非功能需求分析

交通管理大数据对外服务平台是以交通管理数据为主融合其他汽车相关交通大数据的共享平台，同时也是支持在车辆监管、旅游、保险等领域大数据分析和应用服务的运行支撑平台，因此平台在安全性、稳定性、可扩展性、响应及时性等非功能需求方面都有较高要求。其中安全性主要针对数据的保障措施，保证敏感信息不泄露；稳定性主要指保证较长时间的稳定运行；可扩展性指各类数据采集集群、计算集群、任务调度集群等可以在线灵活扩展，并结合大数据应用需求进行平台资源按需动态扩展；响应及时性涉及简单查询响应时间秒级。此外，平台对于用户和后台开发人员需要有良好的易用性，对用户的易用性应该考虑界面美观、设计友好、功能结构清晰，方便用户使用。对后期开发人员的易用性体现在平台错误和未正确完成用户请求的日志记录，并与后续功能开发和完善。

（三）交通管理大数据对外服务平台架构

为了解决交通管理大数据对外服务平台的需求，平台架构应具有数据集中管理、统一分发调度、大规模并行处理、高性能、低延迟分析、快速响应、复杂查询与深度分析、实时分析结果、高度可扩展性的特性，研究团队基于此提出 4 层架构模式。

1. 数据融合层

数据融合层的任务是进行数据采集和存储，完成交通管理大数据对外服务平台数据的集中管理。采集过程为：①确定与大数据平台对接的数据源；②明确数据采用哪种采集技术；③根据数据源特点，制定采集方案。所采集的数据能够参与深度挖掘、大数据分析、计算等过程，数据类型既包括结构化的数据库表、数据文件，也包括非结构化的视频、图像、文本等。

数据存储包括关系数据库和大规模并行处理架构模式的数据仓库，其中关系数据库可以存储实时性要求较高、经常需要进行写入的数据，适用于响应速度快、准确性较高、规模较小的数据，方便随时调用。在大规模并行处理架构模式的数据仓库中，每个节点都有独立的存储系统和内存系统，业务数据根据数据模型和应用特点划分到各个节点上，彼此协同计算，作为整体提供数据库服务，用来存放较大量结构化历史数据。

2. 调度分发层

调度分发层对数据进行预处理，其中先将数据归类为结构化数据与非结构化数据，结构化数据进行数据 ETL（Extract-Transform-Load）、数据抽取（extract）、交互转换（transform）、加载（load），去掉空数据、重复数据和错误数据，去掉与数据分析、挖掘无关的数据，调整数据格式，对数据进行转换和加载等工作，提高数据的正确性和有效性；对非结构化数据进行归类、结构化等工作。然后进行数据建模，将数据进行细粒度划分，减少数据冗余。

3. 数据挖掘分析层

大数据挖掘分析的核心就是数据挖掘算法和预测分析模型，其中挖掘算法包括数据多维分析算法、决策树算法和聚类分析算法等法，数据分析预测模型是在数据挖掘过程中发现数据特点和规律，通过将用户数据带入模型，对未来结果进行预测分析。

4. 数据应用服务层

数据应用服务层根据不同的应用场景，将数据挖掘分析层的结果以服务的形式提供给用户，数据应用服务可以是完成的成套的数据应用产品服务，可以是 API 数据接口服务，也可以是可视化分析服务，通过灵活的产品形式满足用户的需求，提高用户黏性。

（四）基于四层架构的交通管理大数据对外服务平台构建

研发团队基于前述交通管理大数据对外服务平台存在的问题、需求和架构形式提出一种新型的交通管理大数据对外服务平台。平台包括数据融合层、调度分发层、挖掘分析层和应用服务层 4 层架构。该平台汇聚研发团队共享的政府、企业的交通管理数据资源以及重点营运车辆动静态数据、出租车动静态数据等交通大数据资源，实现数据资源中心的构建。研发团队通过交通管理大数据对外服务平台关键技术的突破，在高可用智能分析平台和服务平台的基础上，结合交通管理大数据应用商业模式，以统一标准在交通、公安、管理、旅游、保险等行业开展具体应用服务。

1. 数据融合层（多源数据监管服务平台）

丰富、完整、准确的大数据资源是进行大数据平台分析和数据应用的基础，交通管理大数据对外服务平台底层架构为数据融合层，数据融合层具体以多源

图 2　交通管理大数据对外服务平台架构

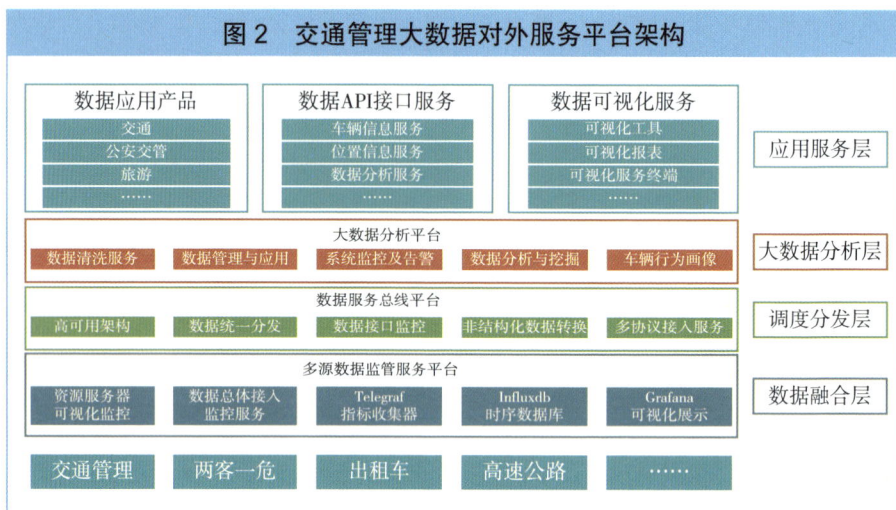

数据监管服务平台的形式进行服务，其解决以交通管理数据为主的多种数据源的接入共享，数据冷备存储，数据交换，服务器及相关应用指标的收集与监控等功能，为交通管理大数据对外服务平台数据业务提供数据支撑。

目前，多源数据监管服务平台已汇集交通管理数据资源、重点营运车辆、出租车等交通大数据资源，通过数据采集适配器，借助文件接口、数据库接口、消息接口等方式获取数据并冷备存储，实现数据资源中心的构建。

多源数据监管服务平台通过 Telegraf+Influxdb+Grafana 开源软件方案实现服务器及相关应用指标的收集与监控，以 Telegraf 开源软件实现指标收集器（收集包括硬件指标、操作系统指标、核心服务指标、数据库指标等各项指标）；以 Influxdb 开源软件实现时序数据库，主要存储指标收集器收集的指标数据，以 Grafana 开源软件实现可视化展示工具。

图 3　多源数据监管服务平台技术架构

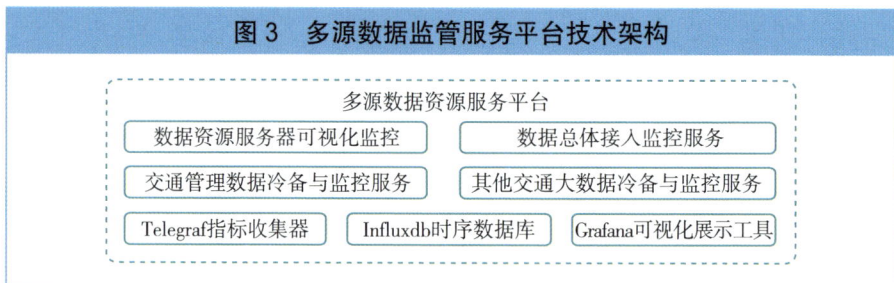

2. 调度分发层（数据服务总线平台）

调度分发层通过对各业务板块的数据资源采集、转换、管理、发布，促进数据资源进一步汇集和整合，形成更丰富、全面的资源中心，为服务的生产和能力开放提供更有力的资源支持。交通管理数据对外服务平台的调度分发层主要以数据服务总线平台实现。数据服务总线平台通过统一的标准规范实现的功能如下。

①数据格式转换。将数据资源中心的多种协议、多种格式（支持如 JMS，File/FTP/SFTP, TCP/IP, SMTP, HTTP 等）的多源异构数据抽取到临时中间层后进行清洗、转换、集成，最后加载到数据仓库中，为后续的数据分析挖掘提供基础。

②数据接入分发。支持数据统一接入、订阅分发。

③高数据传输效率。通过高可用服务集群，基础应用平台，配置多应用集群，消除单点故障，提升数据传输效率，实现高并发业务的处理，大数据下数据传输达到毫秒级。

④数据服务管控。对接入数据服务实现监控、管理并对运行数据实现统计和分析。

3. 大数据分析层（数据挖掘与分析）

数据分析负责实时流数据处理、非实时/离线数据批处理，支持结构化和非结构化处理，支持 PB 级数据量的分布式并行处理，因此，基于大规模并行处理架构建设数据资源中心，通过列存储、粗粒度索引等多项大数据处理技术，结合大规模并行处理架构高效的分布式计算模式，完成对分析类应用的支撑，在分析算法上，支持 Apache Mahout、Mllib 等机器学习算法库，把业务应用中具有共性的大数据分析，按照不同业务专题或相关实体进行分类开发，综合运用统计学和数据挖掘技术，采用多元化方法来对大规模数据构建特征库、批处理模型库、实时处理模型库。

数据挖掘建模是指为特定的交通管理数据挖掘目的，做出一些重要简化和假设，运用适当的数据挖掘工具获得模型，然后利用该模型来解释特定现象的现实形态，并预测对象的未来状况，提供处理对象的优化决策和控制。数据挖掘的过程是一个不断探索数据特征、建立和检验模型、利用适合的模型来解决实际问题的连续过程。建模是数据挖掘工作的核心环节，数据挖掘中具体使用哪一种算法建模，取决于数据资源中心的特征和需要实现的目标，在应用中，往往是对多种建模方法的比较和综合。以复杂交通营运环境和营运车辆复杂形态与行为为例，采用机器学习算法模块 MLlib，构建不同识别率下交通安全态势评估算法模型；对基于最小粒度汇总运动状态、实时速度、驻留时长、驾驶时长、联系驾驶 5 个状态判断指标数据和当前累计车流量、进域车次、出域车次、去重和不去重、区域车辆（快照）5 个流量分析指标结合超速、疲劳驾驶、异常停靠、夜间行驶 4 类异常状态指标，提供所需的分析维度，兼顾数据存储和不同粒度和维度的分析需求；实现统计分布、假设检验、时间分布、条件筛选、地区分布、组合规则、关联分布、机器学习和数据降维的通用分析模型。

数据挖掘与分析的数据管理和应用流程如下。

①数据导入。实时地把数据从 ESB 保存到 Kafka 中。

②数据结构解析。保存到 HDFS 上的数据可以通过可视化操作对数据结构进行解析，包括数据字段分割符、换行符、字段类型、字段名。

③可视化数据分析。允许用户在可视化界面上进行数据分析，包括编写 spark 代码、执行 sql 语句，可以使用饼图、柱状图、折线图等对数据分析结构进行可视化展示。

④任务调度算法库。为解决 spark 多任务并行时运行效率较低的问题，平台综合考虑用户、资源等多方面信息，重新实现更高效的任务调度系统，使多任务并行时的表现大幅提升，使系统资源的利用率达到最大化。

⑤文件与共享。文件与共享系统将数据分成文件，通过文件管理的形式管理数据，同时可以将文件分享给其他用户。

⑥数据调用接口。用户通过接口可以获取各个维度的数据。

4. 应用服务层

交通管理大数据对外服务平台应用服务层以数据产品运营为理念，面向交通、公安交通管理、旅游、保险等行业，以重点车辆安全监管、出行数据服务、公安交通管理便民服务的具体应用需求为导向，利用大数据、人工智能、平台集成与应用技术等技术手段及资源研发具体的互联网运营平台。应用服务层提供的形式有面向政府监管部门、企业和公众提供数据应用产品、数据 API 接口和可视化服务。

①在数据应用产品中，以现有数据资源可以开展的数据应用包括交通、公安交通管理、旅游、保险 4 类核心服务。

表 1　数据应用产品

类别	产品形式	产品主要功能点
交通	重点营运车辆监管服务	对重点营运车辆进行实时动态监管，包括车辆查询、重点区域路线监管、电子围栏、车辆统计、疲劳驾驶、超速行驶、禁行时段告警等
	营运车辆隐患分析服务	对营运所属车辆企业、车辆、驾驶人员监管及可能存在的安全隐患排查提供数据分析服务
公安交通管理	公安交通管理便民服务	为广大车主、驾驶人、企业等提供一站式交通管理服务
	道路交通安全源头监管服务	为营运企业提供车辆隐患识别、隐患分析、风险防控决策等服务
旅游	旅游车辆数据分析服务	面向政府监管及旅游景点提供旅游车辆安全监管、景区流量分析、预警等服务
保险	基于交通大数据的保险自主定价服务	为保险公司提供驾驶人行为画像、车辆运营特性分析等支撑服务

②数据 API 接口服务中包含交通大数据、公安交通管理大数据外标准化接口服务。

表 2　数据 API 接口服务

数据 API 接口服务类别	科目
交通大数据	车辆驾驶行为、行驶轨迹、区域监控分析等
公安交通管理大数据	车辆画像、驾驶人行为画像等分析数据

③数据可视化服务主要包含可视化工具、报表、实现形式 3 类可视化服务。

表 3　数据可视化服务

类别	服务内容
可视化工具	时间轴图表、太阳辐射图、仪表盘、3D 图表、箱线图、热力图等
报表	固定分析报表、动态分析报表、多维分析报表
实现形式	Web 网页端、手机 App、微信公众号或小程序

基于四层架构的交通管理大数据对外服务平台构建意义包括以下几点。

①进一步打破行业间数据资源壁垒，实现数据资源共享。

通过对交通管理数据与重点营运车辆、出租车等交通大数据的融合共享，打造数据资源中心，能够破除行业壁垒，缓解长期以来的数据孤岛难题，实现汽车大数据的资源共享。

②以统一标准对大数据进行配置管理、处理和分析，提升协同管理和公共服务能力。通过制定统一标准，实现多源异构数据的转换、分发和整合，为数据高并发挖掘和分析提供更有力的资源支持。通过智能分析和处理，实现利用数据资源中心开展交通管理基础数据服务和个性化增值服务等，提升协同管理和公共服务能力。

③以对外服务平台形式形成互联网运营服务，释放交通管理大数据资源价值。

在高可用智能分析平台和服务平台的基础上探索在交通、公安管理、旅游、保险等行业的具体应用服务，逐步发展形成交通管理大数据新产业、新业态，通过互联网运营服务实现对外服务能力的发展与开放，释放交通管理大数据资源价值。

五　结语

大数据是信息化发展的新阶段，交通管理大数据的应用研究本质就是在运用大数据提升政府社会治理水平、提供更为便捷的社会公共服务的同时，发挥数据的基础资源作用和创新引擎作用，形成以创新为主要引领和支撑的数字经济。

　　目前大数据的应用还处在初级发展阶段，大数据应用所带来的价值红利已经被政府和企业高度重视。交通大数据的应用水平高低，直接关系着大众出行基本需求及与出行相关的服务质量的好坏。本文以部分交通管理数据资源及应用尝试为案例，一是通过创新模式，实现对政府、行业、企业、车辆、个人各方数据充分共享和应用，打破行业壁垒，缓解数据孤岛难题。二是通过构建可实现对交通管理综合数据进行高效挖掘、应用统一分发及数据分析和算法支撑平台建设，提高交管大数据应用能力，通过对交通管理大数据的应用现状分析，打造基于四层架构的交通管理大数据对外服务平台，初步实现了交通大数据产业链的融合及对外服务能力的发展与开放。最后以交通及相关行业的精细化、个性化需求为导向，以对应平台提供具体业务，实现运营服务的落地。

　　本文重点对交通管理大数据应用商业模式及对外服务平台构建进行分析研究，为数据价值变现提供了较为可行的解决思路。

参考文献

［1］Mergel Ines, Rethemeyer R. Karl, Isett Kimberley. Big Data in Public Affairs Education[J]. Journal of Public Affairs Education, 2016, 22(2): 231-248.

［2］张倩文，李璟璐，孙效华. 基于车联网的汽车大数据创新应用路径研究 [J]. 包装工程，2017, 38(20):67-73.

［3］林涛. 基于大数据的交通规划技术创新应用实践——以深圳市为例 [J]. 城市交通，2017, 15(01):43-53.

［4］艾小燕. 武汉市智慧交通管理中的大数据应用研究 [D]. 华中科技大学，2018.

［5］任凯. 以大数据为基础构建智慧交通管理的思考 [J]. 道路交通管理，2017, 03:35-36.

［6］罗波，王媛媛. 公安交通管理"大数据"建设及运用中存在的问题及对策研究 [C]//2019 第八届深圳国际智能交通与卫星导航位置服务展览会，深圳，2019.6.20-6.22.

［7］朱朝阳，王继业，邓春宇. 电力大数据平台研究与设计 [J]. 电力信息与通信技术，2015, 13(6):1-7.

［8］董亚博. 汽车行业大数据分析系统设计与实现 [D]. 北京交通大学，2019.

综合应用篇 | 大数据平台在新能源汽车安全领域的应用

◎李宗华 翟 钧 王贤军 张 敏*

* 李宗华，新能源汽车大三电、智能化领域资深专家，重庆长安新能源汽车科技有限公司，整车开发部副总经理，分管新能源动力系统、大数据及智能化的研究工作；翟钧，重庆长安新能源汽车科技有限公司，整车控制系统开发经理，负责新能源整车功能特性设计、整车功能逻辑开发及功能分配、整车电子电气平台开发、功能安全及诊断、车联网及信息安全、整车功能集成测试、大数据平台应用开发、远程技术支持等工作；王贤军，重庆长安新能源汽车科技有限公司，大数据开发主管，参与 GB/T32960 的制定，主导新能源 DCF 平台的开发，拥有多年互联网车载终端产品管理以及大数据应用分析经验；张敏，重庆长安新能源汽车科技有限公司，大数据开发工程师，主要从事新能源汽车车联网大数据应用研究、模型研究、用户行为研究及数字大屏开发。

摘　要： 本文通过利用行业内主流的大数据技术搭建新能源大数据平台，重点对新能源汽车车联网大数据进行算法研究、建模分析，分别从故障远程在线诊断、车联网大数据指标分析、车联网大数据算法模型等方面对新能源汽车故障、驾驶行为、充电行为等进行深入研究，以保障新能源汽车车辆安全。

关键词： 车联网　算法模型　车辆安全　大数据平台

一 新能源汽车大数据平台概述

（一）公司介绍

长安汽车是一家集汽车研发、制造、销售和服务于一体的专业汽车公司，多年来一直位居全国工业企业 500 强、中国制造企业 100 强、中国上市公司 20 强之列，中国汽车行业前四位，重庆市工业企业 50 强之首，并致力于用科技驱动产业和谐发展，为全球消费者提供节能、安全、环保、高品质的产品。

长安汽车自 2001 年进入新能源领域，经历技术研究、产业化推广和市场化运行三个阶段。2017 年 10 月 19 日，北京国家会议中心，长安汽车总裁朱华荣发布长安汽车新能源战略——"香格里拉"计划。"香格里拉"计划确定了两个目标：第一个目标，长安汽车将在 2020 年完成三大新能源专用平台的打造；第二个目标，到 2025 年前将全面停售传统意义的燃油车，实现全谱系产品的电动化。"香格里拉"计划的发布，标志着长安汽车在新能源领域进入全新阶段。

为高效践行"香格里拉"计划，长安汽车 2018 年成立长安新能源汽车科技有限公司。长安新能源汽车科技有限公司秉承"引领绿色出行，共享智慧生活"的使命及"成为世界一流的新能源汽车科创企业"的愿景，致力于通过科技创新，秉承智、净、蓝天的绿色发展理念，为用户提供极致体验的产品和服务。为加速"香格里拉"计划的布局落地实施，实现公司长远发展目标的需要，2019 年公司增资引入优质社会资本，旨在建立符合市场需求的法人治理机制、经营管理体制和运营机制，增强新能源科技公司核心竞争力，助推新能源汽车业务加速发展。

近年来，随着国家、地方政府政策鼓励，企业持续投入，技术不断发展，基础设施配套不断完善，新能源汽车逐步被社会大众认可，销量呈现爆发式增长态势。新能源汽车从研发到采购，再到生产、物流，最后到营销、服务以及后市场，所涉及的数据信息量极为巨大。大数据技术应用于新能源汽车全价值链体系，能够改善客户体验、提高产品质量、改进生产、简化业务流程、改进业务模式、提升效益等。

根据重庆长安新能源汽车科技有限公司的发展规划，将构建具有长安新能源鲜明特色的开放的数据生态系统，为业务发展提供持续的数据驱动力，并不断引入不同领域的优质合作伙伴，实现资源、能力共建共享、合作共赢。长安车联网大数据平台计划依托重庆长安新能源汽车科技有限公司各业务领域的数据、第三方数据、爬虫数据等不同渠道、不同结构的海量数据，构建一个开放的新能源数据生态系统，并根据不同业务需求和使用场景，对数据湖中的数据进行分析挖掘，以支撑各领域的需求，实现数据集中、资源共享、业务协同。

（二）车联网大数据平台介绍

1. 平台建设背景

中国消费端的数字化已经走在了世界前列，各种消费场景都在享受数字化带来的便利和高效，而消费端用户的数字化需求也在倒逼供给端数字化加速和全面升级。在更加成熟的汽车消费观下，消费者减少了对于品牌的盲从，更会从"工具车型"逐渐扩展到"享乐型车型"；此外，"90后""95后"后汽车消费群体崛起，更提升了对个性、科技车型的偏好。

汽车企业从IT信息化开始向更新型的数字化方向侧重，在技术上体现为对云、车联网、大数据及中台等新型数字基础设施的接纳和建设。这是目前大部分主机厂在数字化转型中所关注的重点，也与国家政策层面的新基建引导方向不谋而合。5G基站建设、大数据中心、工业互联网等七大领域体现出加快推进产业高端化发展的大趋势，这也意味着车企在当下数字化转型的重要阶段，将更快推进新型数字基础设施进入快速"安装"期。

在大数据时代，数据成为企业的核心资产。车联网产生TB级甚至PB级的海量数据，数据资源巨大，其中蕴含的数据亟须挖掘。同时，为了响应"香格里拉"计划中智能化、网联化的要求，打造个性智能的极致产品，亟须建立新能源大数据平台，以充分挖掘数据资源的巨大潜在价值，为用户提供增值服务，为企业提供研发支撑。

2. 平台简介

新能源科技公司先后启动了大数据平台开发一期项目（2018年7~12月）和二期项目（2018年12月至2019年12月），依托股份公司智云平台、DCS系统等各业务领域内不同渠道、不同结构的海量数据，构建了一个开放的新能源数据生态系统（下文称"DCF平台"），并根据不同业务需求和使用场景，对数据湖中的数据进行分析挖掘，实现了远程诊断、实时监控、智能推送及研发大数据等九大功能应用，实现数据集中、资源共享、业务协同。

（1）功能应用一：远程诊断

基于车联网、DCS等多源数据，开发了远程诊断功能应用，包含实时故障监控、实时故障数据分析、离线故障数据分析、CAN信号诊断等功能，实现了针对车辆故障数据的PC端可视化查询、数据下载、智能推送等功能。

（2）功能应用二：实时监控

基于实时的车联网数据及车辆实施监控的业务需求，开发了车辆数据实时查询、自定义规则报警、全屏地图监控、单车监控、车辆历史轨迹回放等功能，实现了针对公司新能源车辆数据的实时查询及监控。

（3）功能应用三：智能推送

智能推送分为企业侧推送、客户侧推送。

其中，企业侧推送具备将分析指标、故障监控等结果通过企业微信、ichangan、短信等方式自动或半自动地实时推送给公司指定人员的功能；客户侧推送具备将驾驶行为数据及出行报告等以手机通知栏消息、短信的形式推送至客户手机等功能，有效提升了消息触达率。

（4）功能应用四：研发大数据

研发大数据面向电池、电机等研发部门的业务需求，完成了电池的热管理、安全、运营等15个小专题不低于60个指标的开发，实现了电池、电机数据的可视化分析查询及结果展示，支撑了电池、电机等研发领域的数据分析需求。

（5）功能应用五：用户大数据

用户大数据面对总体技术、产策、系统的数据分析需求，完成了包括用户驾驶习惯、出行习惯等在内的10个专题不低于45个指标的开发，实现了用户数据的可视化分析查询及结果展示，支撑了总体技术、产策、系统业务领域的数据分析需求。

（6）功能应用六：数字大屏

大屏展示针对新能源科技公司对外展示科技形象及接待活动的需求，开发了智慧能源、动态监测、共享关怀、预约驾乘等七大专题，共计117个分析指标，支撑了作战指挥中心的运营。

（7）功能应用七：知音伙伴

知音伙伴针对营销、售后等数据进行了分析，完成了不低于 30 个指标的开发，支撑了营销售后的数据分析需求。

（8）功能应用八：单车档案

单车档案建立了单车从生产、销售到售后等全生命周期的档案，可查询单车的全生命周期的关键数据及分析指标，完成单车指标开发不低于 80 个。

（9）功能应用九：数据中台

数据中台是新能源车联网数据资产的管理中心及平台运营管理中心，集成了系统管理、数据资产管理、数据共享消费、信息维护、开发工具及运维工具等，有效支撑了基于平台进行功能应用的快速开发及迭代。

3. 平台架构

DCF 平台采用 Hadoop2.X 搭建了大数据平台集群架构，可兼容市场上主流的大数据服务组件（spark、Strom、flink、pig、hive、sqoop、Hbase、Tez……）；目前引入 flume、sqoop、kettle 等 ETL 工具，部署了 hive、flink、Tez 大数据计算引擎，可对离线数据和实时数据进行分布式计算处理，搭载了 Hbase、Tidb 分布式数据库和传统 Mysql 数据库，通过 zookeeper、ambari、azkaban 实现平台各组件服务的高可用、任务调度、集群管理。

Hadoop 是一个能够让用户轻松架构和使用的分布式计算平台，Hadoop 得

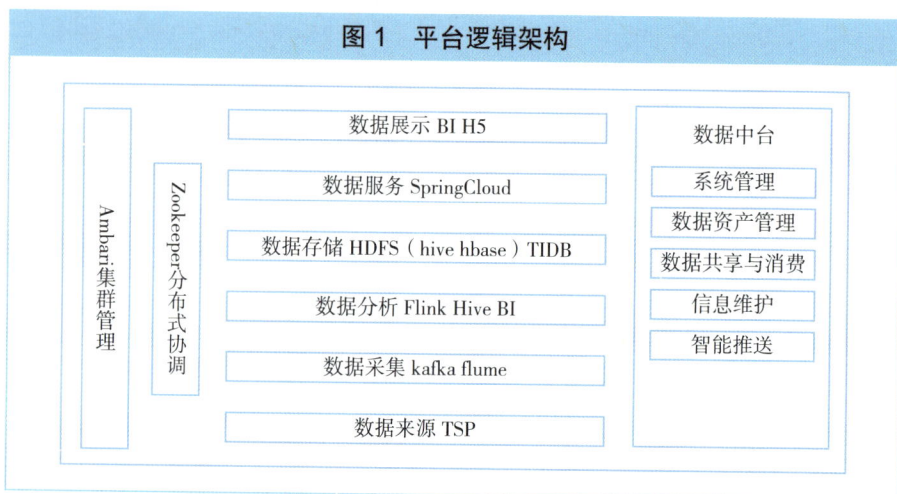

图 1　平台逻辑架构

以在大数据处理应用中广泛应用得益于其自身在数据提取、转换和加载 (ETL) 方面上的天然优势。Hadoop 的分布式架构，将大数据处理引擎尽可能地靠近存储，对像 ETL 这样的批处理操作相对合适，因为类似这样操作的批处理结果可以直接走向存储。

Hadoop 由许多元素构成。其最底部是 Hadoop Distributed File System（HDFS），它存储 Hadoop 集群中所有存储节点上的文件。HDFS 的上一层是 MapReduce 引擎，该引擎由 JobTrackers 和 TaskTrackers 组成。Hadoop 分布式计算平台最核心的分布式文件系统 HDFS、MapReduce 处理过程，以及数据仓库工具 Hive 和分布式数据库 Hbase，还有 yarn 资源调度，涵盖了 Hadoop 分布式平台的所有技术核心。

Hadoop 的 MapReduce 功能实现了将单个任务打碎，并将碎片任务 (Map) 发送到多个节点上，之后再以单个数据集的形式加载 (Reduce) 到数据仓库里。

YARN 的基本思想是将 JobTracker 的两个主要功能（资源管理和作业调度 / 监控）分离，主要方法是创建一个全局的 Resource Manager（RM）和若干个针对应用程序的 Application Master（AM）。

平台数据接入层接入的数据源包括车辆运行数据、车辆 DCS 系统相关数据、电池溯源系统相关数据、车辆 sim 卡数据；车辆实时的运行数据分为国标和企标，数据均采用 json 格式进行传输，源端系统将数据实时的逐条写入 Kafka 消息队列指定的 topic，大数据平台通过 flume 将数据实时消费到集群自身的 kafka 队列中，然后通过 flink 把对应 topic 中的数据进行流处理，最终数据会存入 hdfs 和 myslq 中。整个数据接入流程主要通过 kafka+flume+flink 技术路线实现数据的无缝对接，保障平台对高并发数据处理的稳定性，同时降低了数据处理的延迟性，提高了系统对乱序数据的容错性能。

针对非实时性数据，采用 kettle 技术实现数据的同步更新；kettle 支持连接 myslq、orcle、DB2、mongdb 等多类数据库，支持转换 XML、Json、txt 文本、csv、xls 等多种数据格式，同时 kettle 具备流程控制，可以设定自动执行时间。

平台数据存储层对接入数据的存储方式为 HDFS 存储和传统数据库存储，大幅降低了数据在磁盘上丢失的风险；车辆实时的运行数据由 Flink 流处理直接写入 Hadoop 集群的 HDFS，并通过 Hive、hbase 技术实现对历史数据的挖掘分析，与此同时，Flink 还会根据实时指标展示需求，将计算后的数据同步到 Tidb

或者 Mysql 数据库中，用于 BI 对数据的即时查询和可视化展示；平台同时搭建了 mysql、tidb 数据库用于接收并存储非实时性数据和指标分析的结果数据，Tidb 为分布式集群部署，完全兼容 Mysql 数据库，提高了数据读写性能。

平台存储采用分层逻辑架构，原始数据层为 ods，数据仓库层为 dw，数据集市层为 dm，原始数据层是存储所有未清洗的数据，数据仓库层是按照业务需求增加清洗规则后的中间数据，数据集市层的数据为具体指标实现可视化的支撑数据；为了合理利用平台磁盘存储空间，大数据平台对接入的原始数据会进行压缩存储，压缩比可达到 8:1，在节省磁盘空间的同时还提高了集群 MR 计算速度。针对原始数据、中间数据、结果数据均设定了存储时长，定期删除冗余数据，每天合并 hdfs 上小文件。

平台应用层采用 SpringCloud 微服务架构，实现服务发现注册、配置中心、消息总线、负载均衡、数据监控等，通过 SpringBoot 可做到一键启动和部署；通过数据中台对高层应用、系统权限、数据资产、信息维护等板块进行综合管理。

平台数据可视化集成了专业 BI 工具，可查询 Tidb 和 myqsl 中的结果数据，并生成多样化、可视化的图标，最终展示在 Web 客户端，实现了用户对指标数据的交互查询，通过 BI 工具还可对数据进行灵活的自主分析和二次挖掘。

二 新能源汽车大数据应用

（一）远程在线诊断 i-Doctor

远程在线诊断功能是运用车联网大数据技术，远程采集车辆数据，辅助专家团队快速分析定位故障原因，达到车辆与专家团队的分离，实现远程诊断功能。专家团队以远程采集的整车数据为有效依据，诊断故障发生的原因，并远程提供解决方案。远程诊断功能极大地提高了故障解决的效率、故障定位的精准度，降低故障维修的成本。

远程诊断是通过智能车载终端（如 RMU/TBOX）采集数据，通过 4G/3G 等无线网络，上传数据到长安车联网数据云平台，对车联网大数据进行解析、转换、清洗、存储，供需求方使用。远程诊断功能就是调用云平台数据，供专家团队消费数据。

1. 国标远程诊断

国标远程诊断是在新能源汽车国家监控平台要求 (GB/T 32960) 的基础上，构建长安新能源自有的车联网大数据平台，实现故障远程诊断、分析功能。国标远程诊断重点关注国家平台要求的通用的 19 个故障报警，如温度差异报警、电池高温报警、车载储能装置类型过压报警等。除此之外，国标远程诊断也采集了其他国标信号，如车速、车辆状态、充电状态、档位等。国标远程诊断功能实现了长安新能源汽车的全车型覆盖，包括长安逸动系列、奔奔系列、CS75等。国标远程诊断主要实现了车辆故障的实时统计、分析、数据下载、单车监控等功能。

2. 企标远程诊断

企标远程诊断是在国标远程诊断的基础上迭代开发，是在新能源汽车国家监控平台要求的整车数据基础上，拓展企业自定义的整车数据，包括各个控制器以及智能车载终端等多方面的数据。企标数据所涉及的范围更广，采集了整车控制器所有信号；数据采集频率更高，根据不同的需求有不同采集频率，不再是按国标的要求每 10s 采集一次。企标远程诊断实现了国标远程诊断的全部功能，并新增了两个重点功能。

（1）新增了高精度的原始报文数据下载功能，可下载故障前后整车 CAN 报文的高精度数据，有效地辅助故障分析，快速地实现故障定位。

（2）基于海量的故障实例数据、专家团队经验以及大数据模型算法，构建了故障知识图谱、故障树。故障知识图谱以及故障树是研究故障与故障之间的相关性、故障与信号之间的相关性，预测故障发生的概率的算法。可设定发生概率的阈值，满足条件后即可推送预警信息到相关单位，实现故障的实时预警，在故障预警方面又迈进了一步。

3. 运营车远程诊断

运营车远程诊断重点关注长安新能源网约车、出租车等运营车辆的运行情况，监控运营车的情况，保证运营车的正常运营。运营车诊断的数据包括国标数据、企标数据。运营车远程诊断功能也涵盖了国标远程诊断全部功能，并开发了车辆用途识别模型，能有效识别车辆是运营车还是私家车，完善了用户画像体系。

基于国标远程诊断、企标远程诊断、运营车远程诊断，长安新能源搭建了作战指挥中心，向客户以及 4S 店等提供主动维修服务，提升客户体验。

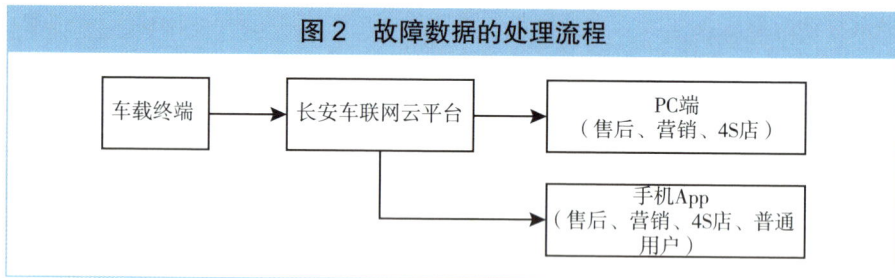

图 2　故障数据的处理流程

在远程在线诊断方面，长安新能源还有很远的路要走，要不断积累、沉淀、丰富专家团队的知识，形成专家知识库以及针对不同故障有专业的解决方案。远程诊断功能还需要借助机器学习、AI、5G 等新技术，不断改进优化故障在线诊断功能。

（二）大数据分析指标

近年来，锂电池在电动车动力电池方面安全事故频发，新能源汽车的安全性成为普通消费者最为关注的问题之一，如何更好地预防锂电池安全事故产生一直是业内较为关注的一个点。为进一步研究此痛点问题，长安新能源数创平台接入 CAN 数据，基于电池的温度、电流、电压、容量等电池相关数据开发设计电池温度、充电行为、电池一致性的多维度分析指标，深入剖析车辆锂电池的使用状态，有利于提高车辆运行的安全性。

1. 电池温度分析

锂电池的温度显示了电池的热状态，其存在的本质是锂电池产热和传热的结果。一般来说，当电池温度升高到一定程度，电池就会自产热，我们把这个温度叫 T1，产热发生到一定程度无法抑制，热失控触发，叫 T2，最后温度上升到最高点我们叫 T3。热失控机理不清楚的主要是发生在 t2 到 t3 阶段。而电池热失控应该说是电动汽车事故的主要原因之一。因而长安新能源数创平台对电池在充／放电过程中的极高温、温升、温差进行了数据分析。

①充电（放电）过程中极高温分布：气泡图，横坐标是极高温区间，纵坐标是温度采集点编号，气泡大小为该模组对应的最高温出现次数／总充电（放电）次数。

②充电（放电）过程中最大温差分布：折线图，横坐标是最大温差区间，纵坐标是充电（放电）次数占比。

③充电（放电）过程中最高温温升分布：气泡图，横坐标是最高温温升区间，纵坐标是温度采集点编号，气泡图大小为该模组与对应的最高温升出现的次数／总充电（放电）次数。

2. 充电行为分析

中国科学院院士欧阳明高曾表示近年发生的动力电池方面安全事故中因充电失火而导致的事故占比比较大。一般来说，电池如果放电到一定深度之后不会热失控，热失控一般都是在满电状态。充电的时候，电池与充电系统连在一起，是热失控最容易发生的时候，同时还有高压电器的短路等，都容易引起事故。因而对充电开始 SOC、结束 SOC、充电时长、充电结束原因等充电数据进行分析，可为电池管理系统控制提供数据支持。

①充电开始（结束）SOC 分布：柱状图，横坐标是充电开始（结束）SOC 区间，纵坐标是充电次数占比。

②快充（慢充）时长分布：柱状图，横坐标是充电时长区间，纵坐标是充电次数占比。

③充电结束原因分布：柱状图，横坐标是充电结束原因，纵坐标是对应原因的次数。

3. 电池一致性分析

电池在逐渐老化后，它的不一致性会扩大，即电池循环次数增加导致不一致性变大。而随着容量一致性变差，电池管理的精确性也随之变差。为进一步保障长安新能源车辆的安全，长安新能源数创平台从容量一致性、SOC 一致性、电压一致性、内阻一致性共计四个方面对电池进行综合分析。

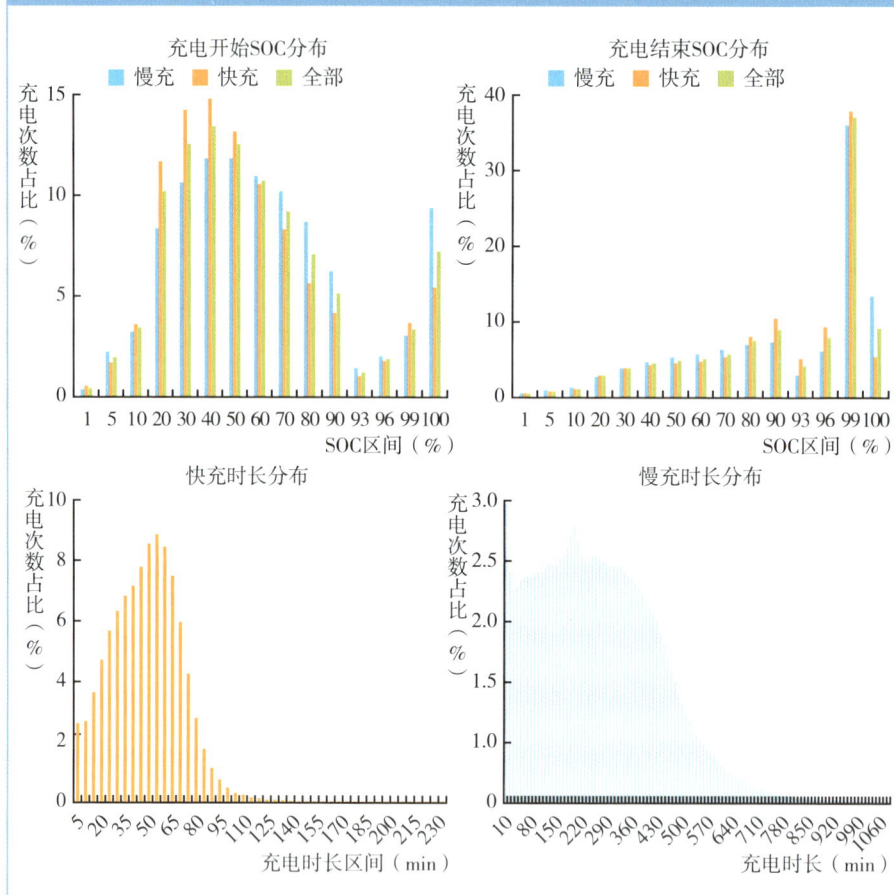

图3　充电行为指标

时间-容量极差分布：气泡图，横坐标是周，① 纵坐标是容量极差，气泡大小为车辆数占比。

时间-单体容量最小值分布：气泡图，横坐标是周，纵坐标是单体容量最小值，气泡大小为车辆数占比。

里程-容量极差分布：气泡图，横坐标是里程（周对应的里程），纵坐标是容量极差，气泡大小为车辆数占比。

里程-单体容量最小值分布：气泡图，横坐标是周（周对应的里程），纵

① 本小节中的周指满足条件的每周最后一条数据上传时间减去实销上报日期除以7。

坐标是单体容量最小值，气泡大小为车辆数占比。

静态 SOC 标准差随时间的分布：气泡图，横坐标是周，纵坐标是静态 SOC 差的标准差，气泡大小为车辆数占比。

静态 SOC 极差随时间的分布：气泡图，横坐标是周，纵坐标是静态 SOC 差的极差，气泡大小为车辆数占比。

静态 SOC 标准差随里程的分布：气泡图，横坐标是里程（周对应的里程），纵坐标是静态 SOC 差的标准差，气泡大小为车辆数占比。

静态 SOC 极差随里程的分布：气泡图，横坐标是里程（周对应的里程），纵坐标是静态 SOC 差的极差，气泡大小为车辆数占比。

单体电压极差随时间分布：气泡图，横坐标是周，纵坐标是静态电压的极差，气泡大小为车辆数占比。

单体电压标准差随时间分布：气泡图，横坐标是周，纵坐标是静态电压的标准，气泡大小为车辆数占比。

单体电压极差随里程分布：气泡图，横坐标是里程（周对应的里程），纵坐标是静态电压的极差，气泡大小为车辆数占比。

单体电压标准差随里程分布：气泡图，横坐标是里程（周对应的里程），纵坐标是静态电压的标准差，气泡大小为车辆数占比。

时间 – 内阻极差分布：气泡图，横坐标是周，纵坐标是内阻差最大值，气泡大小为车辆数占比。

时间 – 单体内阻最大值分布：气泡图，横坐标是周，纵坐标是单体内阻最大值，气泡大小为车辆数占比。

里程 – 内阻极差分布：气泡图，横坐标是里程（周对应里程），纵坐标是内阻差最大值，气泡大小为车辆数占比。

里程 – 单体内阻最大值分布：气泡图，横坐标是里程（周对应里程），纵坐标是单体内阻最大值，气泡大小为车辆数占比。

（三）预警模式

1. 自定义预警

长安新能源自定义预警是实现车辆故障事前预警、实时报警的重要功能。

自定义预警可以基于车辆上传的符合国标 GB32960 要求的数据实现自定义算法的预警功能，以及定制化的电池过热风险预警功能。

自定义预警可以实现实时预警或报警，基于整车控制系统、电池专业的算法输入，保证预警的准确性。

自定义报警监控目前覆盖所有的国标数据，包含整车基本信息、电池电压列表、电池温度探针信息、国标故障数据等，针对这些数据，工程师可以自定义算法、阈值等进行预警或报警。

自定义预警可以实现基于电池电压、电池温度、电池 SOC、电池电流、电池压差等的自定义预警或报警功能，且支持算法可编辑、阈值可调等功能。自定义预警目前覆盖了长安新能源全部车型、全国地区的车辆，覆盖率达100%。

自定义预警算法的实现主要依赖于基于 Hadoop 集群之上的 Flink 框架。Flink 通过 Google Dataflow 流式计算模型实现了高吞吐、低延迟、高性能实时流式计算框架，是目前开源社区中唯一集高吞吐、低延迟、高性能三者于一身的分布式流式数据处理框架；Flink 支持高度容错的状态管理，防止数据在计算过程中因为系统异常而丢失，Flink 周期性地通过分布式快照技术 Checkpoints 实现状态的持久化维护，使得即使在系统停机或者异常情况下都能计算出正确的结果。

此外，Flink 还具有以下优点。

（1）支持事件时间（Event Time）概念

在流式计算领域中，窗口计算的地位举足轻重，但目前大多数框架窗口计算采用的都是系统时间（Process Time），也是事件传输到计算框架处理时，系统主机的当前时间。

Flink 能够支持基于事件时间语义进行窗口计算，这种基于事件驱动的机制使事件即使乱序到达，流系统也能够计算出精确的结果，保持了事件原本产生时的时序性，尽可能避免网络传输或硬件系统的影响。

（2）支持状态计算

所谓状态就是在流式计算过程中将算子的中间结果保存在内存或者文件系统中，等下一个事件进入算子后可以从之前的状态中获取中间结果，计算当前的结果，从而无须每次都基于全部的原始数据来统计结果，极大地提升了系统性能。

（3）支持高度灵活的窗口（Window）操作

Flink 将窗口划分为基于 Time 、Count 、Session 以及 Data-Driven 等类型的窗口操作，窗口可以用灵活的触发条件定制化来达到对复杂的流传输模式的支持，用户可以定义不同的窗口触发机制来满足不同的需求。

（4）基于轻量级分布式快照（Snapshot）实现的容错

Flink 能够分布运行在上千个节点上，通过基于分布式快照技术的 Checkpoints，将执行过程中的状态信息进行持久化存储，一旦任务出现异常停止，Flink 能够从 Checkpoints 中进行任务的自动恢复，以确保数据在处理过程中的一致性。

（5）基于 JVM 实现独立的内存管理

Flink 实现了自身管理内存的机制，尽可能减少 JVM GC 对系统的影响。

通过序列化 / 反序列化机制将所有的数据对象转换成二进制在内存中存储，在降低数据存储大小的同时，更加有效地利用空间，降低 GC 带来的性能下降或任务异常的风险。

（6）Save Points 保存点

对于 7 × 24 小时运行的流式应用，数据源源不断地流入，在一段时间内应用的终止有可能导致数据的丢失或者计算结果的不准确。比如，集群版本的升级，停机运维操作等。Flink 通过 Save Points 技术将任务执行的快照保存在存储介质上，当任务重启时，可以从事先保存的 Save Points 恢复原有的计算状态，使任务继续按照停机之前的状态运行。

总之，自定义算法的研究除了考虑到整车、电池等专业领域的需求外，还要考虑到其实现的框架，算法与实现方式两者结合才能实现真正意义上的自定义算法，才能真正实现自定义预警和报警。

2. 用户触达机制

车联网大数据平台触达用户的机制采用了多渠道、多途径，包含移动消息推送、短信、企业微信等方式，保证了消息推送的多样性、消息推送的及时性，以及可以满足不同场景下的个性化推送需求。推送系统的建设，主要有三个子块——前端、后台、推送系统，要实现智能推送缺一不可。长安新能源的推送主要分为企业侧（To B）、客户侧（To C），下面分别详细介绍。

（1）企业侧推送（To B）

企业侧推送，主要是针对企业内部的消息推送需求，根据公司的业务需求开发推送需求。包含故障类推送设置、预警类推送、报告类推送、运维类推送、其他推送等推送任务设置，充分满足了消息触达终端的多样化需求。

企业侧推送的渠道也是多样的。推送渠道包含短信、企业微信、Ichangan消息推送，可以满足不同的时效需求。企业侧推送支持的消息内容也是多样的，包含文本消息、图片消息、分析报告、卡片消息、回执消息、视频消息、语音消息等。

（2）客户侧推送（To C）

客户侧推送，主要为长安新能源 Incall-EV 提供了多种形式的移动消息推送服务。已经开发并上线运行的有运行消息类推送、报告类推送、故障消息推送。采用的主要方式为移动消息推送，移动消息推送又可以实现以下两种形式的消息推送。

①通知栏消息

常见于活动运营、功能性的消息触达，通过有个性和针对性的推送通知，将通知实时触达移动应用受众，提高活动效果，完善产品体验闭环，最终将用户带回您的应用，提升用户活跃度和留存率。

②应用内消息

常见于个性化推荐、精细运营资源位，通过应用内消息透传，在应用的特定界面展示富媒体内容或推荐不同内容；同时提供透传消息的点击效果统计，通过对比测试精细化完成产品运营，促进业务和用户的增长。

智能推送还可以为不同的用户贴上个性化的标签，实现精准用户分群。通过精细化的用户标签体系，快速圈定贴合公司业务的用户群体，帮助提高用户运营效率，高效促进用户活跃。

客户侧推送具有以下优势。

（1）性能指标卓越可靠

客户侧推送可以实现最高每秒 30 万推送处理能力，支持海量推送，系统、SDK 稳定性经历过大量的 App 考验。

（2）强保活力确保高抵达率

确保稳定长连接，同时也带来高保活率及 99.9% 的在线设备高抵达率，同时支持小米、华为、魅族、OPPO、vivo 厂商通道，可根据手机品牌，智能选择下发通道，实现在厂商手机上系统级的推送，有效提高推送抵达率。

（3）实时推送效果分析

客户侧推送提供推送效果的实时分析。实时统计推送的抵达、展示、点击效果等数据口径，并将以上数据在管理台可视化地展现出来，助力实时监控推送效果。

三　总结与展望

当前长安车联网大数据平台已基于车联网数据，对单车及所有车型在充放电过程中电池的温度、温升、温差、电流、电压等设计相关指标，构建电池健康度影响因素、电池健康度预测等算法模型，涵盖远程诊断、实时监控、营销与售后、研发大数据、用户行为等多个专题分析，为各业务领域提供持续的数据驱动力。

未来，长安车联网大数据平台将立足行业现状，顺应智能化、网联化的发展趋势，精心投入车联网建设与数据分析应用，致力于以安全监控、数据挖掘应用和优质服务为核心，增强海量整车数据、道路交通数据、运营企业数据和配套服务设施等融合应用，全方位监管新能源车辆的全生命周期，为客户提供更安全、更舒适的优质服务。

车联网产业是汽车、电子、信息通信、道路交通运输等行业深度融合的新型产业，是全球创新热点和未来发展制高点，是汽车实现价值提升的重要途径。虽然长安新能源车联网的发展应用还处于初级阶段，但长安新能源已与腾讯、华为、阿里等多家云服务商进行跨域深度合作，充分发挥双方优势，为行业、产业互联的发展做出贡献。

参考文献

［1］Benjamin Bengfort, Jenny Kim. Hadoop 数据分析 [M]. 北京：人民邮电出版社，2018.

［2］张利兵 . Flink 原理、实战与性能优化 [M]. 北京：机械工业出版社，2019.

［3］翟钧，王贤军，刁冠通 . 长安新能源汽车大数据平台的研究与应用 [EB/OL].https://
doc88.com/P-9072562313830.html, 2018.

综合应用篇 | **新能源乘用车大数据系统的开发及应用**

◎詹俊杰　向　洋＊

＊詹俊杰，重庆力帆乘用车有限公司总工，主要研究方向为传统车整车集成、电子及网络架构、新能源电动汽车、氢燃料发动机汽车、自动驾驶、智能网联；向洋，重庆力帆乘用车有限公司所长，主要研究方向为传统车整车集成、电子及网络架构、新能源电动汽车等领域。

摘　要：近年来，大数据应用在许多行业的发展创新中，也给各行各业的发展创造了一个新的思路。本文从新能源车的设计开发出手，对关键的几个核心部分使用了大数据进行开发应用。整个平台的搭建都是在大数据的应用基础上实现的，从整个系统架构到数据结构平台，从服务应用的远程监控到车辆运行管理和故障预警，以及电池充放电、驾驶行为分析、后续 OTA 及其他服务，都体现了大数据系统服务的作用。

关键词：大数据　车联网　OTA　系统数据架构

一　前言

新能源汽车的发展仍是政策关注重点，2019 年两会政府工作报告多次提到了新能源汽车，包括持续推动新能源汽车以及新材料的产业发展，将新能源汽车车辆购置税优惠政策再延长三年等。

我国已连续多年成为全球汽车产销第一大国，随着汽车越来越多地走入寻常百姓家，我国将逐渐进入汽车社会。作为世界人口第一大国和最大发展中国家，大力发展新能源汽车产业是我国在实体经济领域锐意进取、发展先进制造业的战略选择，也是贯彻新发展理念、推动高质量发展的应有之义。

随着新能源汽车的不断发展和创新，智能化、网联化将成为新能源汽车发展的趋势。车辆的智能化、网联化将通过车联网系统产生海量的车辆实时数据，而如何对这些数据进行分析，挖掘数据的商业价值，为研发、营销、运营的决策制定提供强有力的数据支撑，为用户提供体验更好的汽车产品及出行服务是当下亟须解决的问题。力帆乘用车开展了面向新能源汽车的大数据分析平台的研究、开发与应用。

二　大数据平台开发

（一）技术路径

力帆大数据系统立足于现有的车联网基础，以数据采集、数据传送及数据存储和数据分析为基础，进行更深入的研究，提升数据建模和数据分析的技术水平，更有效、更精确地分析新能源汽车的运行数据，为新能源车的设计、使用、售后维修提供建设性意见。大数据系统技术框架如图 1 所示。

1. 数据采集

数据采集由车载终端 ICU、电源管理系统 BMS 和电机控制器 MCU 完成，BMS 和 MCU 分别读取电池和电机的数据并送到 CAN 总线上，汽车工作状态的数据也由传感器送到总线上，车载终端 ICU 从 CAN 总线读取所有数据，再

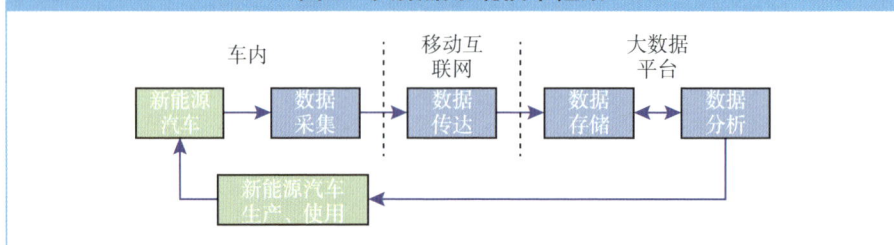

图 1　大数据系统技术框架

向外连接到移动互联网中。数据采集涉及 BMS 技术、CAN 总线技术、SOC 技术以及无线绿洲独有的车联网专用无线通信技术、多址技术、定位技术、三维加速度测试技术。

2. 数据传送

数据传送由 ICU 完成，ICU 将 CAN 总线的数据接入移动互联网，通过移动互联网接入大数据平台。数据传送涉及移动通信技术（2G、4G）、通信网关技术。

3. 数据存储

数据存储由数据库服务器完成，新能源汽车大数据经移动互联网传送到数据存储模组，数据存储服务器储存数据，并与数据分析模组进行交互传递。数据存储涉及 HDFS 技术、数据自动重构技术、断点续传技术、异步数据复制技术。

4. 数据分析

数据分析由数据分析平台担任，硬件是平台服务器，主要是软件实现，用适当的统计分析方法对收集来的大量新能源网联汽车数据进行分析，提取有用信息和形成结论。数据分析涉及数学建模技术、信度分析技术、EM 算法。

（二）平台主要功能

新能源网联汽车大数据系统承担力帆集团新能源网联汽车大数据平台的职责，服务集团开拓新能源网联汽车及配件的设计、生产、维修等业务，支撑新能源网联汽车租赁业务。系统技术框架如图 2 所示。

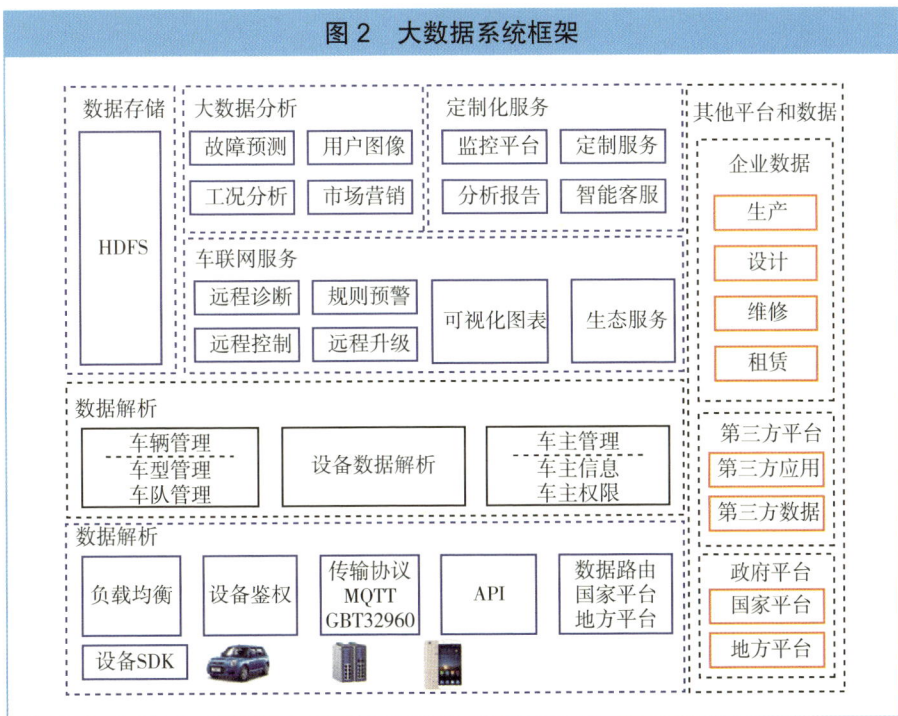

图 2 大数据系统框架

数据接入单元包括数据采集和数据传输模组，新能源网联汽车运行状态数据、配套设备（动力电池、充电机、配送车辆等）的运行数据经过数据采集和数据传送存储到数据存储单元。

为保证数据接入的正确性和有效性，系统要按照正规标准提供负载均衡、设备鉴权、传输协议、API（Application Programming Interface, 应用程序接口）、数据路由等功能。

数据存储单元采用 HDFS 分布式存储技术，保证数据存储的方便性、安全性和适用性。

数据存储单元提供数据供数据分析单元解析。数据单元基于原始数据，按照大数据分析（故障预测、用户图像、工况分析、市场营销）的要求，车联网服务（远程诊断、远程控制、规划预警、远程升级、可视化图表、生态服务等）以及定制化服务（监控平台、分析报告、定制服务、智能客服）的要求，进行相应的数据解析，其解析结果可供集团企业、第三方作为新能源汽车的生产经营活动参考和使用。

系统提供与其他平台（企业数据、第三方平台、政府平台）的适应性与一致性接口，实现集团企业的研发生产信息化，开展第三方平台的商定数据业务，并保证与政府平台（国家平台、地方平台）的规范连接，实现政府对新能源网联汽车的监督。

系统具备驾驶习惯统计分析功能，由于系统数据较完备，可以统计某个人、某群人、某类人的驾驶习惯，对于其事故概率进行预测，可以为保险公司提供决策依据。

系统具备车辆工作数据统计分析功能，依据系统积累的车辆工作状态数据，分析电池、电机、电控、转向系统、车身系统等的寿命、故障概率、相互匹配程度，给出车辆设计、维修和改进的建议。

系统具备电池全生命周期管理的功能，利用车联网的优势，监控系统内管理的每块电池的工作状态，依据系统数据分析根据，实时给出电池故障预警，给出电池梯次利用建议，给出电池均衡建议，给出电池报废建议，有效降低电池使用成本，有效延长电池使用寿命，实现电池全生命周期管理。

三 大数据平台的应用

（一）基于大数据的远程监控平台

BMS 远程监控是基于云计算的 SAAS 服务应用系统，主要面向力帆汽车内部部门和外部企业提供基础监控和数据展示服务。数据中心提供的数据展示为三阶，一阶为基础数据统计展示，二阶为相同数据对比分析，三阶为应用数据输出分析。

1. 车辆监控

目前共享的汽车平台盼达用车可通过车联网系统对车辆进行远程监控，可监控内容包括车辆实时位置、实时仪表数据，以及可通过更高管理权限对车辆进行远程控制，可控制车辆车锁、电池上下电（熄火状态）、功率/速度限制等。

BMS 的车辆数据来自不同的主体，包括力帆汽车销售的乘用车、运营的共享汽车、第三方租赁平台的车辆、商用车等。车辆监控是对复杂车辆进行统一管理。

　　现阶段车辆监控页面可实时查看全国以及各个省区市的车辆分布情况、车辆基本信息，按车队归属、车型、车辆状态、形式状态、车牌、VIN 码等字段进行筛选。

　　平台支持设定的车辆电子围栏，当车辆超过设置的电子围栏范围，将会通过站内消息的形式告知车队管理员及该车辆用户。

2. 车辆轨迹管理与监控

　　利用一定的匹配算法，将采集的原始车辆 GPS 轨迹点进行校正，并将其精确定位到数字地图的实际路段上，以此显示车辆的历史轨迹。另外，平台归纳了车辆的 3 种通行状态——整车行驶、停泊、超速，通过分析这 3 种状态下运行车辆的速度特征，评估车辆通行状态和地理位置关系，以实现车辆监控。

　　车辆轨迹的管理有多种应用。比如，根据车辆轨迹数据对一条城市道路的流通特性进行具体分析，给出道路车辆流量、速度、密度的变化，以及三者关系，并对比工作日和非工作日交通流特性的变化，以及早晚高峰对交通流特性的影响，可进行拥堵情况和车辆供需情况分析，对共享汽车运营提供支持。车联网系统对车辆实时数据进行采集并存储，可通过车联网大数据系统对车辆轨迹与行为进行专项分析，数据结果可应用于基于 LBS 的精准广告投放、出行热力分析、路况分析等。

3. 智能预警与分析

　　通过对整车运行数据进行实时监测、分析、判断及时准确地显示整车故障信息，完成整车故障定位。RMS 可实时显示整车故障状态，一旦故障出现，系统将立即显示，即车辆故障预警。系统根据故障类型和故障等级，判断整车当前状态，并及时反馈车辆问题，同时将历史故障信息进行保存，方便整车实验维护和售后服务。目前故障预警类型主要有电池管理系统故障预警、整车控制器故障预警、通用报警等模块。

　　除了车辆故障预警外，智能预警还包括超速行驶等危险行为的危险驾驶预警、疲劳驾驶预警、停车长时间未熄火预警、防盗报警、电量不足预警等。通过对车辆实时数据的监控，可根据运营需求设置不同的预警机制，如超速预警、碰撞预警、低续航预警等，上述预警机制目前已经应用于盼达用车，如图 3 所示。

图 3 后台数据预警

上报时间	最高温度值包序号	最高温度值单体序号	最高温度值	最低温度值包序号	最低温度值单体序号	最低温度值
2019-06-10 11：44：05	1	11	69	1	12	0
2019-06-10 11：43：40	1	11	69	1	12	0
2019-06-10 11：43：15	1	12	68	1	1	38
2019-06-10 11：42：50	1	5	44	1	1	38
2019-06-10 11：42：25	1	5	44	1	1	38
2019-06-10 11：42：00	1	5	44	1	1	38
2019-06-10 11：41：35	1	5	44	1	1	38
2019-06-10 11：41：10	1	5	44	1	1	38
2019-06-10 11：40：45	1	5	44	1	1	38
2019-06-10 11：40：20	1	5	44	1	2	38
2019-06-10 11：39：55	1	5	44	1	1	38
2019-06-10 11：39：30	1	5	44	1	1	38
2019-06-10 11：39：06	1	5	44	1	1	38
2019-06-10 11：38：40	1	5	44	1	1	38
2019-06-10 11：38：15	1	3	43	1	1	38
2019-06-10 11：37：50	1	3	43	1	1	38
2019-06-10 11：37：25	1	3	43	1	1	38
2019-06-10 11：37：00	1	3	43	1	1	38
2019-06-10 11：36：35	1	4	43	1	1	38

根据图 3 数据，可以明确看出电池的最高温度已经超过报警阈值，车辆正处在故障状态，应停车立即检查。且根据温度异常值及异常序号可以更好地确认故障原因及故障点。

（二）基于大数据的共享汽车运营平台

基于大数据技术、车联网技术、数字钥匙技术打造的智能化共享汽车运营平台，可以支持 B2C、P2P 等模式的共享汽车运营服务以及第三方运营平台合作。共享汽车运营主要通过数字钥匙的应用来实现，通过车主与亲友之间分享、陌生人之间共享数字钥匙，打通了手机和车机、人与人之间的连接通道。另外，平台针对共享汽车运营中遇到的实际问题，研究总结了多种运营优化策略，如智能调度、用户激励策略、动态定价策略等。

1. 数字钥匙

数字钥匙是指通过低功耗蓝牙技术和非对称加密的通信网络，将远距离车辆操控和复杂环境下家庭与共享汽车租赁钥匙共享权限管理结合起来的体系，满足有网环境和无网环境对车辆操控安全性、便捷性的要求。

车辆的拥有者即车主通过数字钥匙的共享和回收实现车辆使用权的管理。在租赁模式下，车主将车辆挂到共享汽车运营平台，通过平台共享给陌生人使用可以赚取租金，同样支持设置用车权限。

通过车联网系统可实现远程的车辆车锁控制以及钥匙芯片认证，将控制权限由车联网系统对接至运营平台即可实现手机应用替代实体钥匙，实现共享汽车的用车流程全智能化。

2. 智能调度策略

在共享汽车运营中，策略调度效率是衡量运营效率的重要指标。车辆调度的需求主要用于以下几个方面：①供需不平衡，由于潮汐和业态等因素影响，有些时刻有些区域的车辆需求多，有些区域的还车需求多；②补能需求，新能源汽车需要补能，且补能场地也有约束。随着车辆和订单数据的增加，原始的基于人工设计的调度方式已经无法满足调度需求，因此本文提出来智能调度。

通过大数据对历史出行数据，结合实时天气、道路状态、出行热力等因素，可形成车辆高效分布的方案，然后匹配运营平台实时资源（车位、人力、能源）等信息，最终形成车辆调度的执行方案，帮助运营平台高效、合理地对车辆调度进行安排。

智能调度是基于对历史数据的统计，结合实时订单数据，对不同区域的供需进行预测，给出城市范围内的订单密度区域分布。另外根据实时车辆状态数据，能够看到车辆的运行轨迹、剩余行驶里程、停车时长、停车费用等信息，以此优化调度，如通过实时数据采集分析，可以筛选超过停车时长的车辆，综合考虑停车费用、总时长等因素给出车辆调度优先，根据优先级将已产生较高停车费用的车辆或者预计会产生较高停车费用的车辆调到其他区域。

（三）大数据分析应用

1. 充电行为分析

从车端和充电端都有必要进行大数据应用的研发和应用。作为车厂，力帆仅仅对充电行为进行一系列的分析研究和开发。

（1）环境和设备的分析

新能源汽车在每次充电过程中，均会对电池全面的数据进行上传，再由云端的车联网系统通过大量的充电行为数据进行充电行为分析，形成不同的充电环境、充电设备对电池的储能影响，可帮助车企以及运营平台制定更完善的电池电控程序，便于提高新能源汽车的稳定性以及安全保障。

（2）充电状况和使用

选取车联网数据，对充电数据进行循环片段提取，依次对用户的充电时间分布、充电位置分布、充电 SOC 分布、周充电次数分布、周行驶公里数分布等方面进行分析。图 4 表示重庆市部分用户充电行为分布，其中纵轴表示开始充电 SOC，横轴表示结束充电 SOC。

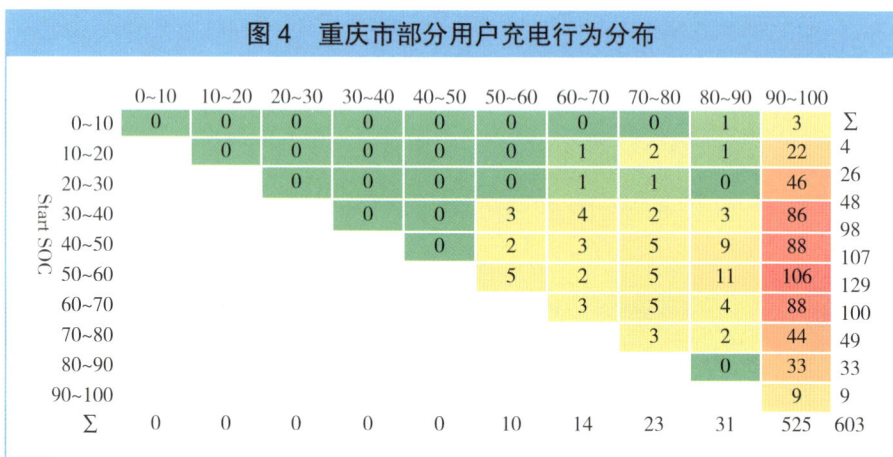

图 4　重庆市部分用户充电行为分布

Start SOC	0~10	10~20	20~30	30~40	40~50	50~60	60~70	70~80	80~90	90~100	Σ
0~10	0	0	0	0	0	0	0	0	1	3	4
10~20		0	0	0	0	0	1	2	1	22	26
20~30			0	0	0	0	1	1	0	46	48
30~40				0	0	3	4	2	3	86	98
40~50					0	2	3	5	9	88	107
50~60						5	2	5	11	106	129
60~70							3	5	4	88	100
70~80								3	2	44	49
80~90									0	33	33
90~100										9	9
Σ	0	0	0	0	0	10	14	23	31	525	603

2. 用户驾驶行为分析

运营平台通过对用户驾驶期间的车辆行为监控分析，可对用户的驾驶习惯以及驾驶水平进行综合评估，从而生成不同用户的驾驶风险等级。针对不同风险等级的用户可实施不同的定价策略、不同的驾驶引导等，同时相关数据结果也可反馈至保险行业，提供不同的保险产品，给予运营平台车辆以及平台用户更完善的保障制度。

选取车联网数据，对用户驾驶行为进行分析，包括用户出行时间分布、出行速度分析、出行里程分布等。图5表示重庆市和昆明市部分车型的出行速度分布，图6表示重庆市和昆明市部分车型的出行时间和充电时间分布。

图5　重庆市和昆明市部分车型车速分布

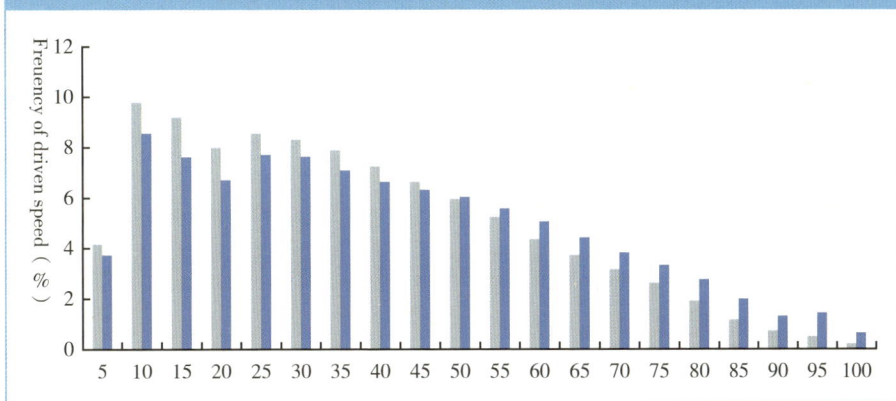

图6　重庆市和昆明市部分车型出行时间和充电时间分布

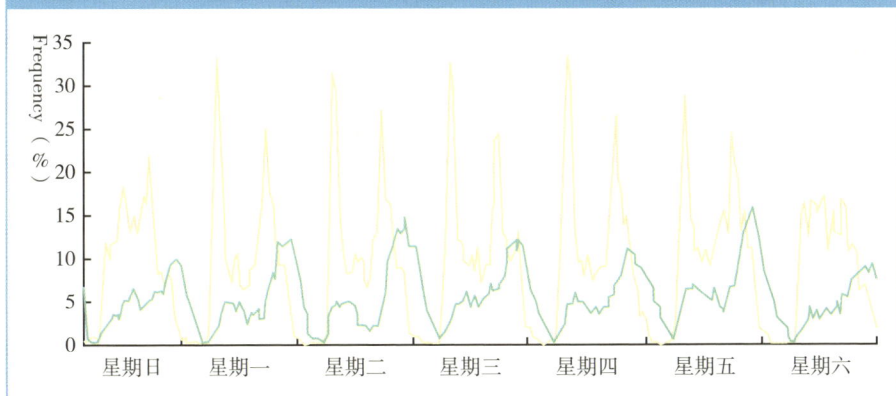

3. 车辆状况分析

车辆工况包含很多方面，从NEDC测试就知道，驾驶特征和表现尤其是功能特征和经济指标至关重要；同时，性价比及实用性、舒适性对广大用户至关重要。

（1）车辆性能特征

车辆的启停、怠速、上下坡、加减速、均速跑、载重平衡、续航、舒适性、互联网、智能驾驶等都可以应用大数据来进行最佳的设计开发。性价比和特征限制可以把不同类型的用户区分开来从而开发出更加贴合实际的车型。

（2）大数据在开发中的应用

通过车辆怠速持续时间、运动持续时间、运动平均速度分区、直方图统计，可间接分析车辆工况所处信息。图7表示重庆市部分车型怠速时间概率分布，图8表示重庆市部分车型运动时间概率分布，图9表示重庆市部分车型平均速度分布。

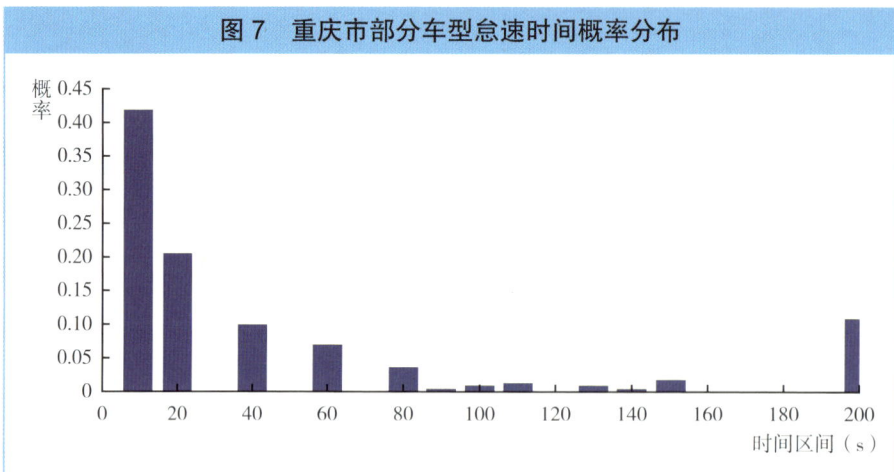

图7　重庆市部分车型怠速时间概率分布

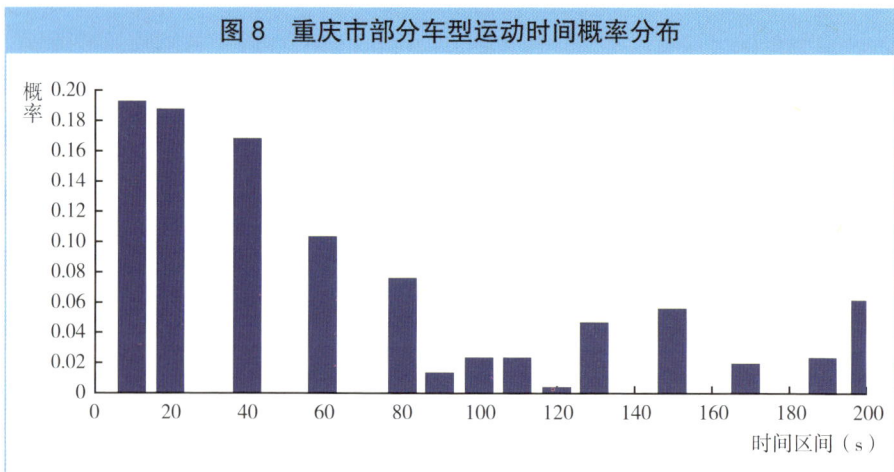

图8　重庆市部分车型运动时间概率分布

图 9　重庆市部分车型平均速度分布

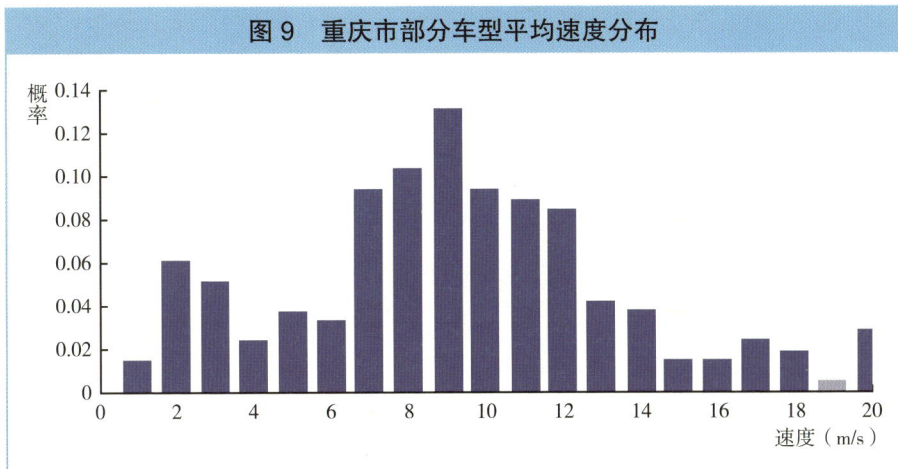

4.续航里程预测分析

纯电动车续航里程是客户购买车辆的重要指标之一，在使用过程中车辆剩余续航里程是用户出行的重要参考因素，然而在车辆实际运行过程中，电池续航里程会受到各种因素的影响，以至于在同样初始电量的情况下，最终能够行驶的里程会不一样，客户感知到的剩余续航里程与实际行驶里程有较大的误差，在很大程度上会影响客户的驾驶体验，甚至会影响对车型的最终选择。

力帆乘用车采用大数据挖掘技术，分析当前车辆实际行驶数据中实际里程和续航里程的偏差，并提取了影响里程的多个重要指标，构建了基于线性回归和神经网络的续航里程预测模型，减小当前续航里程与实际行驶里程的偏差，定制开发基于 Web 端续航里程系统界面，支持不同车型续航里程评级查询和模型修正后的续航里程效果验证查询。

四　OTA 远程升级

由于电动汽车中的电子部件占总部件比例越来越高，其在汽车运行中已经起到了核心作用。然而在软件编写过程中，由于设计人员考虑不周全，测试不完备，电子部件的软件在运行过程中会出现异常情况，存在安全隐患。当下电动汽车在国家的要求下均已联入车联网平台，充分利用车联网平台，及时进行远程修复车辆软件的功能性错误，避免大规模召回，提高车辆安全等级，减少车辆运营成本是整车厂的迫切要求。

力帆乘用车提出了一种针对于电动汽车软件 OTA 升级设计方案，利用原有的车联网平台的数据交互通道，既避免了在原有车联网业务平台上增加升级模块所导致的软件系统规模过大、设计过于复杂的问题，同时也可以对升级过程进行单独的安全性设计，进一步增强了电动汽车软件升级过程的安全性保证。

（一）OTA 升级流程

1. 升级流程

①按模块升级，当所有模块升级都完成时，进入②。建议若其中任意模块出现烧写不成功（N 次）时，判定相关联模块并一起退回至上一版本。具体车辆烧写流程参考《电控单元 (ECU) CAN 烧写规范》。

②清除故障码，清除次数 <5 次时判定清除成功。否则，记录故障码，返回故障码至多媒体。

③车载终端标记已完成升级，终止 OTA 流程，整车断电至 OFF。在下次上电时多媒体显示升级结果。

2.OTA 升级流程图如图 10 所示

（二）数据下载

1. 正常数据下载流程

①上电时车载终端收集整车控制器版本信息（通过诊断服务，读取控制器内部存储信息，信息内容应含：DID=0xF194,DID=0xF195，DID=0xF180，DID=0xF193），并上传至服务器。

②服务器端对比车载终端提供的车辆控制器版本信息与服务器端记录的最新版本根据升级方案，确认是否需要升级。若有升级需求，则将升级包打包并添加下载包标签。

③车载终端根据收到的标签判定是否已下载数据包。

图 10 OTA 升级流程

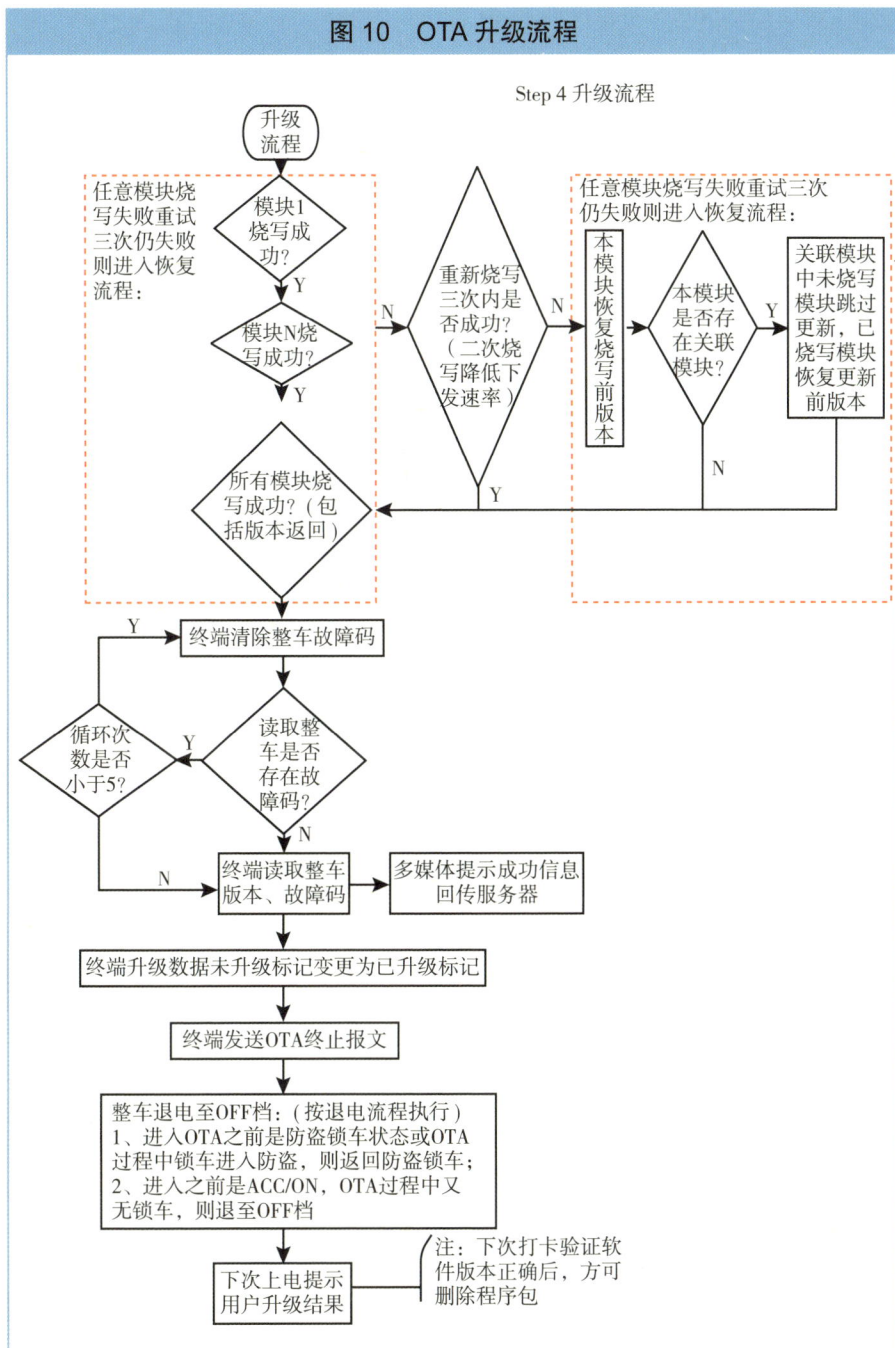

ⅰ如果已经下载，直接跳转至④；

ⅱ如果未下载，终端请求服务器数据下载并检验数据完整性。若数据下载校验三次未成功，则结束请求并标记标签为已请求下载但下载不成功；若数据下载校验成功，则标记已请求下载、下载成功、未升级。跳转至④。

④下载完成后，删除之前对应模块数据包。

2. 日常签到

车载终端每日需定时向服务器询问是否有强制升级的数据包，若有则下载，下载流程按照数据下载步骤执行。

（三）用户选择

（1）车载终端发现有未升级的数据包，发送升级信息到多媒体显示界面，多媒体进行 OTA 升级提示。

（2）用户选择

ⅰ选择不升级时，保持升级提示，等待用户选择 OTA 升级。

ⅱ选择升级时，进入（3）。

（3）进入相应的安装流程。

（四）整车状态判断

（1）判断电源档位是否处于 ON 档或 ACC 档。

（2）整车其余条件判断。

①电源处于 ON 档

ⅰ车载终端判定是否满足 OTA 条件，条件应包含但不限于车速 =0、手刹或 EPB 处于拉起状态、SOC 值 >20%、整车挡位 P 挡、发动机未启动或车辆未处于 Ready 状态。若满足条件，则跳转至ⅱ）。若不满足，车载终端发送弹窗需求并发送 OTA 终止报文，多媒体提示不满足升级条件原因且保持升级图标提示。

ⅱ判定车辆是否处于充电状态，若是，则车载终端请求退出充电。

ⅲ车载终端发送 OTA 退电请求（时间报文、需校验）/ 周期性 OTA 状态标志位。多媒体收到退电请求后显示倒计时（5s），电源控制模块收到后延时 5.5s 后退电，EPB 收到后不再响应用户操作，各电气模块进入低功耗状态。

ⅳ 车载终端收到退电标志后 5s，发送 OTA 上电请求（校验），电源控制模块控制整车电源继电器，电源状态进入 OTA_ON 状态。

ⅴ 车载终端判断是否处于 OTA_ON 状态。若处于 OTA_ON 状态，跳转至 ⅵ）。若不满足 OTA_ON 状态，车载终端发送弹窗需求并发送 OTA 终止报文，多媒体提示不满足升级条件原因且保持升级图标提示。

ⅵ 进入升级流程。

②电源处于 ACC 档

ⅰ 车载终端发送 OTA 退电请求（时间报文、需校验）/ 周期性 OTA 状态标志位。多媒体收到退电请求后显示倒计时（5s），电源控制模块收到后延时 5.5s 后退电，EPB 收到后不再响应用户操作，各电气模块进入低功耗状态，各电气模块进入 OTA 状态。

ⅱ 车载端收到退电标志后 5s，发送 OTA 上电请求（校验），BCM 控制整车电源继电器，电源状态进入 OTA_ON 状态，控制器进入 OTA 状态。

ⅲ 车载终端判定是否满足 OTA 条件，条件应包含但不限于车速 =0、手刹或 EPB 处于拉起状态、SOC 值 >20%、整车挡位 P 挡、发动机未启动或车辆未处于 Ready 状态。若满足条件，则跳转至 ⅴ）。若不满足，车载终端发送弹窗需求并发送 OTA 终止报文，多媒体提示不满足升级条件原因且保持升级图标提示。

ⅳ 车载终端判断车辆是否处于充电，若是则请求退出充电。

ⅴ 车载终端判断是否处于 OTA_ON 状态。若处于 OTA_ON 状态，跳转至 ⅵ）。若不满足 OTA_ON 状态，车载终端发送弹窗需求并发送 OTA 终止报文，多媒体提示不满足升级条件原因且保持升级图标提示。

ⅵ 进入升级流程。

五　后续规划

算法组件不断运营平台通过对用户驾驶期间的车辆行为监控分析，可对用户的驾驶习惯以及驾驶水平进行综合评估，从而生成不同用户的驾驶风险等级。针对不同风险等级的用户可实施不同的定价策略、不同的驾驶引导等，同时相关数据结果也可反馈至保险行业，提供不同的保险产品，给予运营平台车辆以及平台用户更完善的保障制度。

目前，力帆新能源汽车大数据分析平台已经建立，并具备一定的大数据分析能力，后续仍须做一些改进工作，主要体现在以下几个方面。

1. 算法组件不断完善和扩展

①针对定向案例的分析算法组件，需将实际情况和专业知识相融合，反馈调整参数的设置，不断训练模型，使算法模块更精确。

②针对机器学习算法库，适当补充其他算法，完善大数据分析平台机器学习功能。

2. 案例积累

①联合电池专家、车辆专家完善已有的车联网大数据研发案例，使其应用场景更广泛，结果更合理。

②整合多元化数据，提高数据可用性，为数据分析提供可靠基础。

③根据需求研发新课题，扩宽大数据分析平台的应用领域。

3. 平台完善——增加、丰富可视化组件

在现有基础上，不断改进已有组件功能，并补充其他组件，来丰富平台，尤其是可视化板块，应逐渐加入可视化分析方法。

综合应用篇 | 出行公司车辆数据运营管理

◎唐 宇 王 雷 赵大雷 张显涛 左 凯*

* 唐宇，南京领行科技股份有限公司（T3出行）大数据产品总监；王雷、赵大雷、张显涛、左凯，南京领行科技股份有限公司（T3出行）。

摘　要： 本文以出行公司大数据产品及技术为核心，充分发挥大数据在出行公司的车辆运营及管理等方面的优势，实现出行公司车辆运营管理数据化、数字化、自动化、智能化。从出行公司数据来源、数据传输、数据存储、数据处理和数据应用几个层面，对出行公司在车辆安全管理的大数据应用情况进行介绍，分析大数据在出行公司车辆管理的应用价值和意义，并对大数据在未来出行行业的发展和应用进行展望。

关键词： 大数据　数据传输　数据存储　数据处理　数据应用

一　前言

中国在 2010 年发布《国务院关于加快培育和发展战略性新兴产业的决定》，将新能源汽车列为七大战略性新兴产业之一。受国家政策的支持和引导，中国在 2013~2018 年连续成为世界新能源汽车产销量第一大国。2014 年 3 月，大数据首次写入政府工作报告；2015 年 10 月，党的十八届五中全会正式提出"实施国家大数据战略，推进数据资源开放共享"。这表明中国已将大数据视作战略资源并上升为国家战略，期望运用大数据推动经济发展、完善社会治理、提升政府服务和监管能力。大数据技术在新能源汽车领域展现出良好的应用前景，新能源汽车和大数据的融合是未来大趋势，也是我们国家汽车行业转型升级的战略重点方向。当前出行行业，主要采用"乘客呼叫司机"的模式，T3 出行打破传统，采用"乘客呼叫车"的模式，新模式优势在于当无人驾驶技术成熟后，可以无缝对接。在财新传媒和滴滴出行主办的"2017 大数据智慧城市论坛"上，第一财经新媒体科技有限公司总经理黄磊表示，在做大数据研究的过程中，最难的其实不是围绕现成数据去做挖掘和研究，最难的是数据源的获取。数据源的获取是所有数据研究的第一步，是最难跨越的一个鸿沟。T3 出行目前所做的事情就是通过大量车辆出行数据，获取出行车辆数据源，为无人驾驶打下基础。因为在原始数据里面影响驾驶的因素非常多，像移动车辆、天气、人的心情等。本文基于出行公司的新能源汽车大数据，根据分析技术的应用与发展情况，描述了大数据平台数据采集、数据传输、数据存储、数据处理及数据应用，分析大数据在出行公司车辆管理的应用价值和意义，并对大数据在未来出行行业的发展和应用进行展望。

二　出行公司大数据来源

目前 T3 出行车辆大数据来源主要分为整车数据、智能硬件数据和车辆保险及维保数据三个方面。本文主要从这三个方面介绍出行车辆数据来源。

（一）整车数据

1. 整车 CAN 数据

整车 CAN 数据包含各类车辆安全相关数据，比如急减速、急加速、急转弯、危险跟车、碰撞、左转向灯、右转向灯、前雾灯、后雾灯、电池高温、DC-DC 温度报警、转向系统故障、气囊系统故障、制动系统故障、驱动电机温度故障等方面。

2. 车况数据说明

对于新能源汽车，车况数据说明累计包含 100 多项、包括累计里程、气囊系统故障、危险警报灯状态、全景视频采集 AVM 故障、动力电池可用容量、动力电池可用能量、电池冷却控制器故障、动力电池外部总电压、绝缘电阻、后雾灯工作状态、前雾灯工作状态、电池管理系统（BMS）故障、充电机输出端电流、充电机输出端电压、车载充电机温度、充电模式（快充／慢充）、充电状态、12V 充电系统故障、碰撞信号（气囊弹出）、空调消耗功率、空调开启状态、空调工作模式、空调系统故障、电机控制器直流母线电流、电机控制器输入电压、总电流、DC-DC 状态、直流变换器 DC-DC 故障、车头夹角、电子换挡故障、续航里程、引擎盖子、电子驻车制动系统（EPB）故障、电子驻车制动系统当前状态、电子转向控制器（EPS）故障、电子转向锁（ESCL 故障）、电子稳定控制系统（ESC）故障、ESP 开关状态、远光灯工作状态、近光灯工作状态、快充枪连接确认状态、慢充枪连接确认状态、挡位、车身防盗状态、动力加热状态、多媒体显示控制器 HU 故障、集成式车身控制器 IBCM 故障、车内温度、智能仪表 IP 故障、电机控制器（IPU）故障、车门状态、胎压状态、车窗状态、转向灯状态、示廓灯状态、前排安全带未系提醒、低速报警故障、允许最大充电电流、允许最高充电端电压、当前状态允许最大放电功率、驱动电机直流母线电压、驱动电机实时驱动扭矩、驱动电机个数、驱动电机控制器温度、驱动电机序号、驱动电机转速、驱动电机状态、驱动电机温度、驱动电机转矩、充电机控制器 OBC 故障、车外环境温度、驻车制动状态、无钥匙系统 PEPS 故障、动力中断故障、运行模式、SOC、SOH 动力电池（健康度）、车速、车辆状态、方向盘信息、转向系统故障、整车控制器 VCU 故障、整车电源状态、总电压、最高温度值、最低温度子系统号、最低温度探针序号、SOC低报警、单体电池过压报警、单体电池欠压报警、SOC过高报警、电池单体一致性差报警、绝缘报警、DC-DC温度报警、制动系统报警等。

（二）智能硬件数据

智能硬件数据有设备状态信息和图像信息两方面。

1. 设备状态信息

设备状态信息主要监控车辆运营状态，比如：钥匙控制、人脸控制、防拆卸、闪灯鸣笛落锁、禁止/允许发动机启动等。通过设备的心跳报文不仅可以实时监控设备的运行状态，而且可以了解车辆的运行情况，比如实时车速、车辆位置、车辆续驶里程等。此外，通过设备可以控制车辆的启动方式，有传统钥匙启动，也有人脸启动。这样只有固定认证的工作人员才可以通过人脸识别并将车辆启动，目的是增加车辆与司机的安全系数，保护司乘安全。

2. 图像信息

图像信息主要是司机驾驶行为识别和车辆行驶安全识别两部分。司机驾驶行为识别包括通过DMS对司机的状态进行监控，例如抽烟、打电话和疲劳驾驶等。车辆行驶安全识别通过DVR对车内、ADAS对车内外的状况进行监控。例如，车内的人数、乘客状态、是否遮挡镜头、车辆是否频繁变道、车辆是否跟车距离过近等。通过对司机驾驶行为和车辆运行状态的监控保障运营车辆的安全。

（三）车辆保险及维保数据

1. 新能源车保险及理赔数据

汽车保险数据包括险种、车型、保费、保险起期、保险金额、车龄、保险公司、车架号、发动机号、出险次数、违章次数等方面。理赔数据主要涉及车型、保险公司、车架号、发动机号、理赔次数、涉及险种、涉及车型、车龄、理赔金额、出险地点、是否涉及人伤、驾驶员是否违规等。

2.新能源车维保数据

新能源车辆维保数据主要分为：①驱动电机、电机控制器的维保；②控制与仪表类的维保；③车体与结构的维保；④变速器的维保；⑤电路线路的维保；⑥刹车系统的维保；⑦轮胎的维保；⑧新能源电池的维保等。

三　出行公司大数据传输

随着电子技术的迅速发展和在汽车上的广泛应用，汽车电气化程度越来越高。从发动系统到传动系统，从行驶、制动、转向系统控制到安全保证系统及仪表报警系统，还有电子系统等，这些系统除了各自的电源线外，还需要互相通信，若采用传统的点对点布线方式，那么整个汽车的布线将会如一团麻线。因此，越来越多的人使用 CAN（Controller Area Network）即控制器局域网。目前，车辆车载终端（又称卫星定位智能车载终端）结合了 GPS 技术、里程定位技术及汽车黑匣子技术，能用于对运输车辆的现代化管理，包括行车安全监控管理、运营管理、服务质量管理、智能集中调度管理、电子站牌控制管理等。

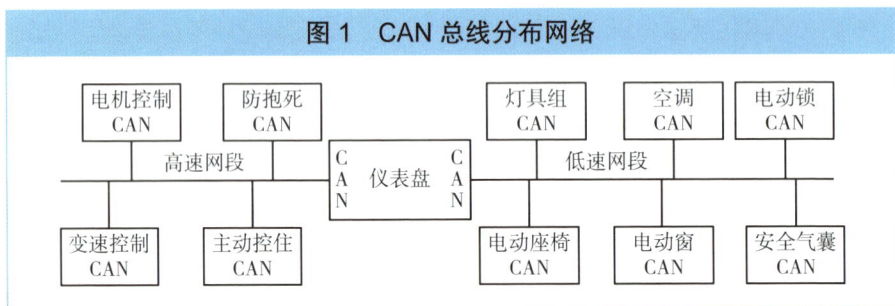

图 1　CAN 总线分布网络

（一）整车数据传输

CAN（Controller Area Network）即控制器局域网，可以归属于工业现场总线的范畴，通常称为 CAN bus，即 CAN 总线，是目前国际上应用最广泛的开放式现场总线之一。最终把车辆各个部位数据采集成多个 CAN 矩阵数据，并且根据车厂、车型、车辆部位不同分布在多个矩阵部位。

T3 Internet of Vehicle 系统（以下简称 IOV 系统）通过一个通用的适配算法和处理逻辑，将所有 CAN 采集数据，放到服务云端上进行计算，减少客户端解析 CAN 具体数值；减少单个设备计算消耗。

1. 整车数据与 IOV 交互流程

如图 2 所示，整车数据与 IOV 交互流程即设备通过 MQTT 登录 Broker，然后再跟公司的 TSP 平台去连接的整个过程。

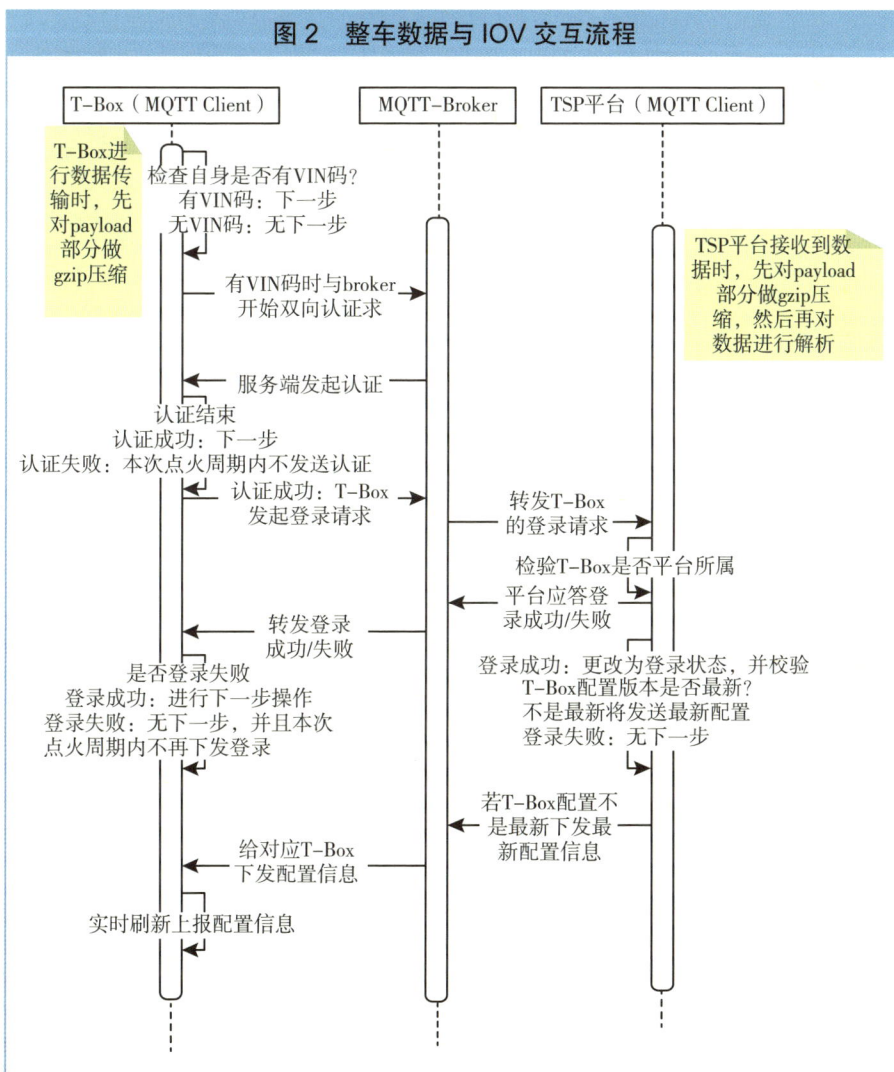

图 2　整车数据与 IOV 交互流程

2. 整车数据解析说明

整车数据解析分为 16 个步骤。①预置车型和车厂信息；②根据车型录入对应的解析矩阵；③根据车型录入对应的解析协议，默认采用：SAE-J1939 协议［美国汽车工程协会（SAE）的推荐标准］；④根据 CAN 报文的设备信息获取对应的车型；⑤根据车型获取解析协议；⑥根据车型获取解析矩阵；⑦根据解析协议将 CAN 数据转化为 64 位的二进制字符串；⑧按照规定的协议进行重新排列组合，按照 0~63 的顺序重排；⑨根据解析矩阵获取指定起始位和长度的字符串；⑩将字符串转换为十进制数；⑪ 如果解析矩阵中有偏移量，计算偏移量；⑫ 计算是否为在矩阵预置的取值范围内，不是则设置为默认值；⑬ 计算是否为非法值，是则设置为默认值；⑭ 判断矩阵中是否需要进行数据清洗；⑮ 按照规则将原始数据清洗为标准数据；⑯ 将数据计算的标准化结果上传到中央数据中心。

（二）智能硬件数据传输

目前，智能硬件数据传输只有 MQTT 一种传输协议。MQTT 全称为 Message Queuing Telemetry Transport（消息队列遥测传输），是一种基于发布 / 订阅范式的"轻量级"消息协议，由 IBM 发布。

MQTT 传输协议是指所有设备间包括跟后台的数据交互都是通过 MQTT 协议实现的。MQTT 可以被解释为一种低开销、低带宽占用的即时通信协议，可以用极少的代码和带宽为连接远程设备提供实时可靠的消息服务，它适用于硬件性能低下的远程设备以及网络状况糟糕的环境下，因此 MQTT 协议在 IoT（Internet of things，物联网）、小型设备应用、移动应用等方面有较广泛的应用。IoT 设备要运作，就必须连接到互联网，设备才能相互协作，以及与后端服务协同工作。而互联网的基础网络协议是 TCP/IP，MQTT 协议是基于 TCP/IP 协议栈而构建的，因此它已经慢慢地成为 IoT 通信的标准。

此外，MQTT 是一种发布 / 订阅传输协议，基本原理和实现如下：MQTT 协议提供一对多的消息发布，可以解除应用程序耦合，信息冗余小。该协议需要客户端和服务端，而协议中主要有三种身份：发布者（Publisher）、代理

（Broker，服务器）、订阅者（Subscriber）。其中，消息的发布者和订阅者都是客户端，消息代理是服务器，而消息发布者可以同时是订阅者，实现了生产者与消费者的脱耦。

MQTT 是一种连接协议，它指定了如何组织数据字节并通过 TCP/IP 网络传输它们。使用 TCP/IP 提供网络连接，是提供有序、无损、双向连接。设备联网，也需要连接到互联网中，在大万维的世界中，TCP 如同汽车，有轮子就能用来运输数据，MQTT 就像是交通规则。在网络模型中，TCP 是传输层协议，而 MQTT 是在应用层，在 TCP 的上层，因此 MQTT 也是基于这个而构建的，提高了可靠性。

对负载内容屏蔽的消息传输是指可以对消息订阅者所接受到的内容有所屏蔽。具体有三种消息发布的服务质量。①最多一次，消息发布完全依赖底层 TCP/IP 网络。会发生消息丢失或重复。这一级别可用于如下情况，环境传感器数据，丢失一次读记录无所谓，因为不久后还会有第二次发送。②至少一次，确保消息到达，但消息重复可能会发生。③只有一次，确保消息到达一次。这一级别可用于如下情况，在计费系统中，消息重复或丢失会导致不正确的结果。

整体上协议可拆分为固定头部 + 可变头部 + 消息体，这就是为什么说它非常适合"在物联网领域，传感器与服务器的通信，信息的收集"。

四　出行公司大数据存储

大数据通常是指那些数量巨大且难以收集、处理、分析的数据，是需要新处理模式才能具有更强决策力、洞察发现力和流程优化能力来适应海量、高增长率和多样化的信息资产。随着大数据应用的爆发性增长，它已经衍生出自己独特的架构，而且也直接推动了存储、网络以及后期处理技术的发展。下面通过车辆存储方案、技术框架和业务框架来介绍出行公司大数据存储的流程。

（一）大数据存储方案

为了满足出行数据化的需求，急需新型大数据存储方案来支撑。除了具备高可靠、高冗余、绿色节能之外，新型的大数据存储方案还需具备虚拟化、模块化、弹性扩展、自动化等一系列特征，才能满足具备大数据特征的出行应用需求。这些史无前例的需求，让存储系统的架构和功能都发生了前所未有的变化。存储系统作为数据中心最核心的数据基础，不再仅是传统分散的、单一的底层设备。

出行公司是车联网应用成功场景，不仅有整车数据，还有智能硬件图像数据，对图像信息进行高清化和网络化处理，存储和管理的视频数据量已有海量之势，出行公司运用云存储技术是突破 IP 高清监控存储瓶颈的重要手段。与传统存储设备不同，云存储不仅是一个硬件，还是一个由网络设备、存储设备、服务器、软件、接入网络、用户访问接口以及客户端程序等多个部分构成的复杂系统。该系统以存储设备为核心，通过应用层软件对外提供数据存储和业务服务。

云计算存储方案业务框架一般分为存储层、基础管理层、应用接口层以及访问层。存储层是存储系统的基础，由存储设备（满足 FC 协议、iSCSI 协议、NAS 协议等）构成。基础管理层是云存储系统的核心，其担负着存储设备间协同工作，数据加密，分发以及容灾备份等工作。应用接口层是系统中根据用户需求来开发的部分，根据不同的业务类型，可以开发出不同的应用服务接口。访问层指授权用户通过应用接口来登录、享受云服务。

云存储系统主要优势在于：硬件冗余、节能环保、系统升级不会影响存储服务、海量并行扩容、强大的负载均衡功能、统一管理、统一向外提供服务，管理效率高，云存储系统从系统架构、文件结构、高速缓存等方面入手，针对监控应用进行了优化设计。数据传输可采用流方式，底层采用突破传统文件系统限制的流媒体数据结构，大幅提高了系统性能。但是云存储系统在平台对接整合、业务流程梳理、视频数据智能分析深度挖掘及成本方面都面临很多挑战。因此，承建大型系统、构建云存储的商业模式也亟待创新。

（二）存储方案技术框架

基于出行数据的特征，技术框架方案支撑结构化、非结构化、半结构化的数据存储。SQL 数据库和 NoSQL 数据库分为四大类——键值存储数据库、文档型数据库、列存储数据库和图形数据库，其中每一种类型的数据库都能够解决关系型数据不能解决的问题。存储层技术中主要的数据库有 Mysql、Hbase、Redis、OSS 等。

Mysql 是一种关系型数据库管理系统，关系数据库将数据保存在不同的表

图3　存储方案技术框架					
资源管理层	资源管理框架		分布式调度引擎		
存储层	HDFS	HBASE	REDIS	MYSQL	对象存储OSS ……
数据接入	整车数据	设备数据	运营数据	日志数据	消息数据　文本文件

中，而不是将所有数据放在一个大仓库内，这样就增加了速度并提高了灵活性。Mysql 的优点在于：①自动将表分片（或分区）到不同节点上，使数据库可以在低成本的商用硬件上横向扩展，同时保持对应用程序完全应用透明。②凭借其分布式、无共享架构，可提供高可用性，确保较强的故障恢复能力和在不停机的情况下执行预定维护的能力。③让用户可以在解决方案中整合关系数据库技术和 NoSQL 技术中的最佳部分，从而降低成本、风险和复杂性。④提供实时的响应时间和吞吐量，能满足最苛刻的 Web、电信及企业应用程序的需求。⑤跨地域复制使多个集群可以分布在不同的地点，从而提高了灾难恢复能力和全球 Web 服务的扩展能力。⑥允许向正在运行的数据库模式中联机添加节点和更新内容，支持快速变化和高度动态的负载。Mysql 的缺点有：①随数据库容量增加，每个数据节点需要添加更多的内存，增加使用成本。②牺牲部分 SQL 语言特性。

HBase 是 Hadoop 数据库，一个分布式、可伸缩的大数据存储，是 Apache Hadoop 中的一个子项目，属于 bigtable 的开源版本，所实现的语言为 Java（故依赖 Java SDK）。HBase 的优点有：①存储容量大，一个表可以容纳上亿行，上百万列。②可通过版本进行检索，能搜到所需的历史版本数据。③负载高时，可通过简单的添加机器来实现水平切分扩展，跟 Hadoop 的无缝集成保障了其数据可靠性（HDFS）和海量数据分析的高性能（MapReduce）。④在第 3 点的基础上可有效避免单点故障的发生。HBase 的缺点有：①基于 Java 语言实现及 Hadoop 架构意味着其 API 更适用于 Java 项目；② node 开发环境下所需依赖项较多、配置麻烦（或不知如何配置，如持久化配置），缺乏文档；占用内存很大，且鉴于建立在为批量分析而优化的 HDFS 上，导致读取性能不高。API 相比其他 NoSql 相对笨拙。

　　Redis 是一个开源的内存键值数据库，相比 Memcache，支持丰富的数据结构，是一个开源的使用 ANSI C 语言编写、支持网络、可基于内存亦可持久化的日志型、Key-Value 数据库，并提供多种语言的 API。Redis 的优势有：①非常丰富的数据结构。② Redis 提供了事务的功能，可以保证一串命令的原子性，中间不会被任何操作打断。③数据存在内存中，读写非常高速，可以达到 10w/s 的频率。Redis 的缺点在于：① Redis3.0 后才出来官方的集群方案，但仍存在一些架构上的问题。②持久化功能体验不佳——通过快照方法实现的话，需要每隔一段时间将整个数据库的数据写到磁盘上，代价非常高；而 aof 方法只追踪变化的数据，类似于 Mysql 的 binlog 方法，但追加 log 可能过大，同时所有操作均要重新执行一遍，恢复速度慢。③由于是内存数据库，所以以单台机器存储的数据量，跟机器本身的内存大小有关。虽然 redis 本身有 key 过期策略，但还是需要提前预估和节约内存。④如果内存增长过快，需要定期删除数据。

　　MongoDB 是一个高性能、开源、无模式的文档型数据库，开发语言是 C++。它在许多场景下可用于替代传统的关系型数据库或键/值存储方式。MongoDB 的优点有：①更高的写负载，MongoDB 拥有更高的插入速度。②处理很大的规模的单表，当数据表太大的时候可以很容易地分割表。③高可用性，设置 M-S 不仅方便而且很快，MongoDB 还可以快速、安全及自动化实现节点（数据中心）故障转移。④快速查询特点，MongoDB 支持二维空间索引，比如管道，因此可以快速及精确地从指定位置获取数据。MongoDB 在启动后会将数据库中的数据以文件映射的方式加载到内存中。如果内存资源相当丰富的话，这将极大地提高数据库的查询速度。⑤非结构化数据的爆发增长，增加列在有些情况下可能锁定整个数据库，或者增加负载从而导致性能下降，由于 MongoDB 的弱数据结构模式，添加 1 个新字段不会对旧表格有任何影响，整个过程会非常快速。MongoDB 的缺点有：①不支持事务。② MongoDB 占用空间过大。③ MongoDB 没有成熟的维护工具。

　　对象存储 OSS:OSS 提供存储数据处理服务（如图片处理服务等）。在当今的云计算世界中，对象存储是一种使用 HTTPAPI 存储和检索非结构化数据和元数据对象的工具。这样的服务不是将文件分成块并使用文件系统将它们存储在磁盘上，而是与存储在网络上的整个对象一起工作。这些对象可以是图像文件、日志、HTML 文件或任何自主字节块。它们是非结构化的，因为它们没有必须响应的特定方案或格式。对象存储的优点在于：①简单的 HTTP API，包含所有主要操作系统和编程语言的客户端。②对发布静态资产的内置支持允许使用更少的服务器。③一些对象存储提供内置的 CDN 集成，可以缓存资产以加快页面加载速度。④可选的版本控制允许检索旧版本的对象以从意外数据覆盖中恢复。⑤可以轻松扩展对象存储服务，而无须额外的资源或体系结构更改。⑥使用数据对象存储元数据片段的能力将简化应用程序体系结构。对象存储的缺点有：①此类存储库将无法维护传统数据库。②对象存储不允许按片段更改数据。只能修改整个对象，这会影响性能。例如，在文件系统中，可以轻松地在日志末尾添加一行。在对象存储系统中，为此需要还原对象，添加新行并将整个对象写回。因此，这种存储不适用于数据经常变化的应用。③操作系统无法像常规磁盘一样安装对象存储。有几个客户端和适配器，但一般来说，使用和浏览对象存储并不像在文件浏览器中使用目录那么容易。

（三）存储方案业务框架

云技术的存储方案是一种计算模型，它将计算任务分布在大量计算机构成的资源池，使用户能都按照自己的需要获取计算、存储等服务。云计算实现了通过网络提供可伸缩的、廉价的分布式计算能力，用户只需要具备网络接入条件的地方，就可以获取所需要的资源，支持业务查询、冷热存储和快速扩张等。

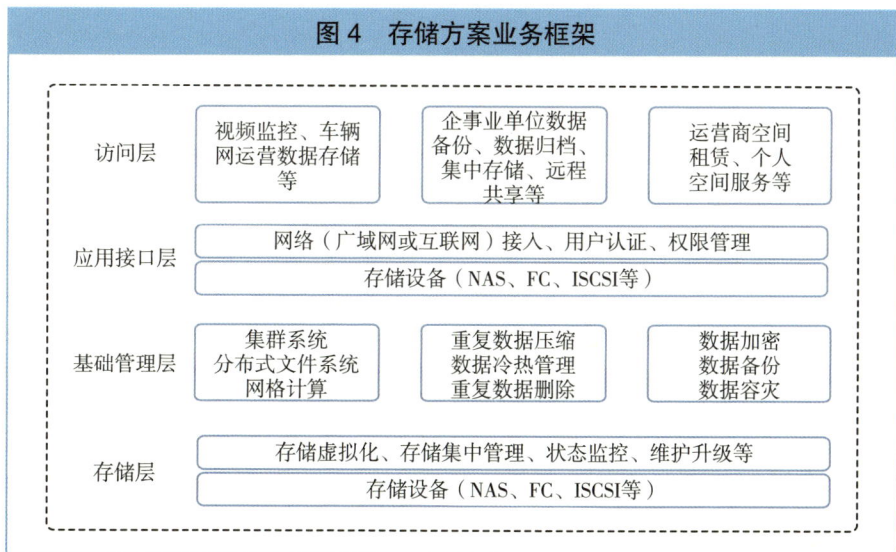

图 4　存储方案业务框架

五　出行公司大数据处理

出行公司在数据收集阶段，有两点需要注意。①数据挖掘的数据源具有广义的特征。在数据收集阶段应尽量发散思维，尽量寻找与业务关联的数据，这样至少能保证数据的全面性。②收集数据的过程也伴随数据的抽样。如果对数据的质量不够了解，最简单直接的方法就是先把这些数据全部拿过来，随后随着项目的深入，再逐渐通过抽样来缩减。

数据处理是数据准备的重点和主要工作，实践中没有任何一个数据挖掘的项目是完美的，总是有这样或那样的问题，因此数据处理工作是必不可少的。在实践中，数据处理的过程非常灵活，项目之间的数据处理过程也可以借鉴，但是不会完全相同，所以数据处理本身也是一种可以与艺术相结合的过程。下面通过数据处理的定义、目标、技术框架和方式等方面来介绍数据处理。

（一）数据处理的定义和目标

出行公司的大数据处理平台是一种控制手段，可确保团队成员使用数据符合严格的标准，比如业务规则、数据定义和数据模型中的完整性约束等。数据处理是一组过程，确保重要的数据资产在整个企业中得到正式的管理，也为公

图 5　数据处理步骤

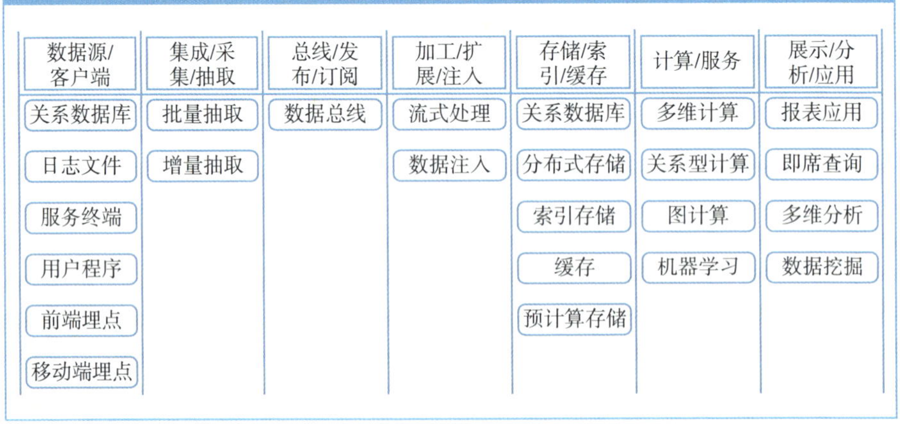

数据源/客户端	集成/采集/抽取	总线/发布/订阅	加工/扩展/注入	存储/索引/缓存	计算/服务	展示/分析/应用
关系数据库	批量抽取	数据总线	流式处理	关系数据库	多维计算	报表应用
日志文件	增量抽取		数据注入	分布式存储	关系型计算	即席查询
服务终端				索引存储	图计算	多维分析
用户程序				缓存	机器学习	数据挖掘
前端埋点				预计算存储		
移动端埋点						

司提供了正确的控制和充分的信任数据。

对数据处理的全流程要认识清晰，通过解析数据流处理流程图，分模块处理，为后续方便优化处理全链路打好基础。因此数据处理过程分为从数据源或客户端生产数据、对数据进行采集和抽取、数据总线、流式处理、对数据进行存储、计算和服务、数据展示和开发，在数据处理平台上支撑应用，进行数据运算、机器学习、算法应用等。

数据处理的目标有：①统一的采集，减少繁重的维护成本。②统一的总线，统一的数据总线，减少各系统组件的维护成本。③统一的计算，统一数据格式，通用的 ETL 组件接入。

（二）数据处理的技术框架

数据处理平台的技术构成分为统一实时接入平台、全生命周期的平台化建设、大数据套件首页三部分。

实时数据统一接入平台是支持低延迟、高灵活、高吞吐、高可用的实时数据 Pipeline。既可以支持不同数据源的全量抽取，也可以支持增强抽取。平台对抽取的数据进行统一处理，然后以统一格式发布到数据总线上。平台标准化统一消息格式 UMS（Unified Message Schema）作为统一的数据协议，以方便统一流式计算平台的数据处理，如图 6 所示。

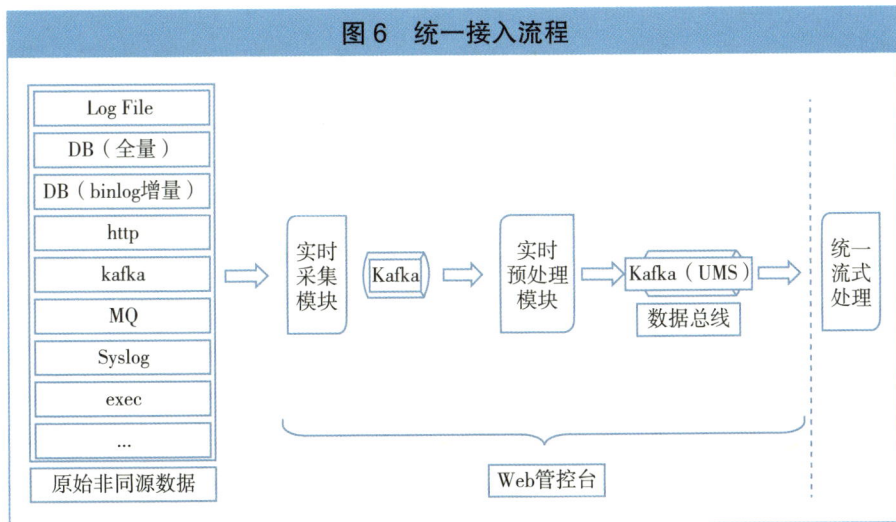

图 6 统一接入流程

汽车大数据应用研究报告
——新能源汽车安全篇

全生命周期的平台化建设由三部分组成——统一入口、统一计算、统一出口，如图 7 所示。

图 7　数据处理生命周期平台

统一入口	统一计算	统一出口
统一实时接入平台 →	统一开发平台 →	统一查询分析平台

大数据套件具备数据管理、作业调度、资源管理、集群管理、监控管理的功能，如图 8 所示。

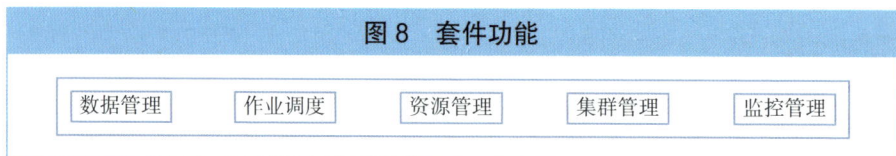

图 8　套件功能

数据管理	作业调度	资源管理	集群管理	监控管理

数据管理的主要目标是标准化企业内部的元数据定义。而随着数据依存度逐年增加，追踪数据流动、了解数据含义和血缘关系越发困难。对主题、维度、指标进行一致性定义和管理解决了数据生产过程中的质量问题保证企业的元数据标准。

作业调度的主要功能是根据作业控制块中的信息，审查系统能否满足用户作业的资源需求，以及按照一定的算法，从外存的后备队列中选取某些作业调入内存，并为它们创建进程、分配必要的资源。然后再将新创建的进程插入就绪队列，准备执行。因此，有时也把作业调度称为接纳调度。常用的作业调度算法有先来先服务、短作业优先、响应比高优先、优先级调度算法和均衡调度算法。调度算法应该做到：①在单位时间内运行尽可能多的作业；②使处理机保持忙碌的状态；③使 I/O 设备得以充分利用；④对所有作业公平合理。

资源管理是针对集群系统资源节点数较多、安装配置工作繁杂及个别计算节点死机难以检测的情况，采用管理作业的调度、监控集群资源的使用，解决集群面临的管理和资源合理利用问题，大大地减轻了集群管理员的负担，使集群最大限度地发挥其计算优势。

集群管理是随着车联网的数据快速发展，基于数据密集型应用的集群计算框架不断涌现，并且这些计算框架都只面向某一类特定领域的应用。基于这一特点，出行公司往往需要部署和运行多个计算框架，从而为每个应用选择最优的计算框架。因此，集群管理提出来，如何管理集群计算资源和不同计算框架间的资源公平分配成为关键技术难点。不同计算框架的作业是异构的，如何在不同框架间进行作业调度，以充分利用集群资源和提高系统吞吐量。

监控管理是全维度监控指标，覆盖业务系统和大数据平台（Hadoop/HBase/Kakfa 等）到代码级别；基于 HBase 的海量数据存储架构，可快速读写大量监控指标，满足真实的生产环境；清新简约的 Web 界面，功能强大但简单易用；多渠道、可自定义的通知方式（微信 / 邮件 /Slack/API 等）；可分组聚合的告警信息，避免海量数据监控场景下的告警风暴。

（三）数据处理的方式

数据处理贯穿出行全过程。数据处理技术的发展及其应用的广度和深度，极大地影响了人类出行发展的进程。

根据处理设备的结构方式、工作方式，以及数据的时间空间分布方式的不同，数据处理有不同的方式。不同的处理方式要求不同的硬件和软件支持。每种处理方式都有自己的特点，应当根据应用问题的实际环境选择合适的处理方式。目前，数据处理主要有三种分类方式。①根据处理设备的结构方式区分，有联机处理方式和脱机处理方式。②根据数据处理时间的分配方式区分，有批处理方式、分时处理方式、实时处理方式和图像处理方式。③根据数据处理空间的分布方式区分，有集中式处理方式和分布式处理方式。

机器学习是集合多领域交叉学科，涉及概率论、统计学、逼近论、凸分析、算法复杂度理论等多门学科。专门研究计算机怎样模拟或实现人类的学习行为，以获取新的知识或技能，重新组织已有的知识结构使之不断改善自身的性能，随着出行产业的发展，大数据时代的到来，对数据的转换、数据的处理、数据的存储等带来了更好的技术支持，产业升级和新产业诞生形成了一种推动力量。机器学习的成熟理论和现有出行大数据处理能力组合，让大数据能够针对可发现事物的程序进行自动规划，实现人类用户与计算机信息之间的协调。

大数据时代出行行业对数据分析需求的持续增加，通过机器学习高效地获取知识，已逐渐成为机器学习技术推动出行行业发展。大数据时代的机器学习更强调"学习本身是手段"，机器学习成为一种支持和服务技术。如何基于机器学习对复杂多样的数据进行深层次的分析，更高效地利用信息成为当前出行大数据环境下机器学习研究的主要方向。机器学习越来越朝着智能数据分析的方向发展，并已成为智能数据分析技术的一个重要源泉。

随着 5G 时代和大数据时代的到来，数据产生的速度持续加快，数据的体量有了前所未有的增长，而需要分析的新的数据种类也在不断涌现，如文本的理解、文本情感的分析、图像的检索和理解、图形和网络数据的分析等，使得大数据机器学习和数据挖掘等智能计算技术在大数据智能化分析处理应用中具有极其重要的作用。

现有的许多机器学习方法是建立在内存理论基础上的。采用分布式和并行计算的方式进行分治策略的实施，可以规避掉噪声数据和冗余带来的干扰，降低存储耗费，同时提高学习算法的运行效率。算法应用也面临挑战，在大数据还无法装载进计算机内存的情况下，是无法进行诸多算法的处理的，因此应提出新的机器学习算法，以适应大数据处理的需要。

无人驾驶汽车是未来发展趋势，它是通过车载传感系统感知道路环境、自动规划行车路线并控制车辆到达预定目标的智能汽车，实现这样的过程，需要利用车载传感器来感知车辆周围环境，并根据感知所获得的道路、车辆位置和障碍物信息，控制车辆的转向和速度，从而使车辆能够安全、可靠地在道路上行驶，而这个全过程也需要算法的应用和数据处理；算法应用还和边缘计算紧密结合，边缘计算是指在靠近物或数据源头的一侧，集网络、计算、存储、应用核心能力于一体的开放平台，就近提供最近端服务。其应用程序在边缘侧发起，产生更快的网络服务响应，满足行业在实时业务、应用智能、安全与隐私保护等方面的基本需求。边缘计算处于物理实体和工业连接之间，或处于物理实体的顶端。而云平台计算处理仍然可以访问边缘计算的历史数据。对未来出行而言，边缘计算技术取得突破，意味着许多控制将通过本地设备实现而无须交由云端，处理过程将在本地边缘计算层完成，将大大提升处理效率，减轻云端的负荷，这个过程算法应用也要发挥重要作用。由于出行行业更加靠近用户，还可为用户提供更快的响应，无人驾驶的算法需求在边缘端解决，仍然需要数据的处理支撑的能力。

六　出行公司大数据应用

T3 出行大数据应用主要涉及智能硬件系统、车联网运营平台、安全监控大屏、运营车辆电池安全及应用以及车辆保险及维保数据应用等方面。本文主要从这五个方面展开介绍。

（一）智能硬件系统

T-BOX（智能远程控制终端）和 AI-BOX（人工智能感知终端）。T-BOX 是整套系统的大脑，提供通话、4G 网络、高精度定位等功能，而且 T-BOX 接入整车 CAN 系统，实现了对车辆的监测和控制，AI-BOX 则负责所有的图像和音视频的处理。

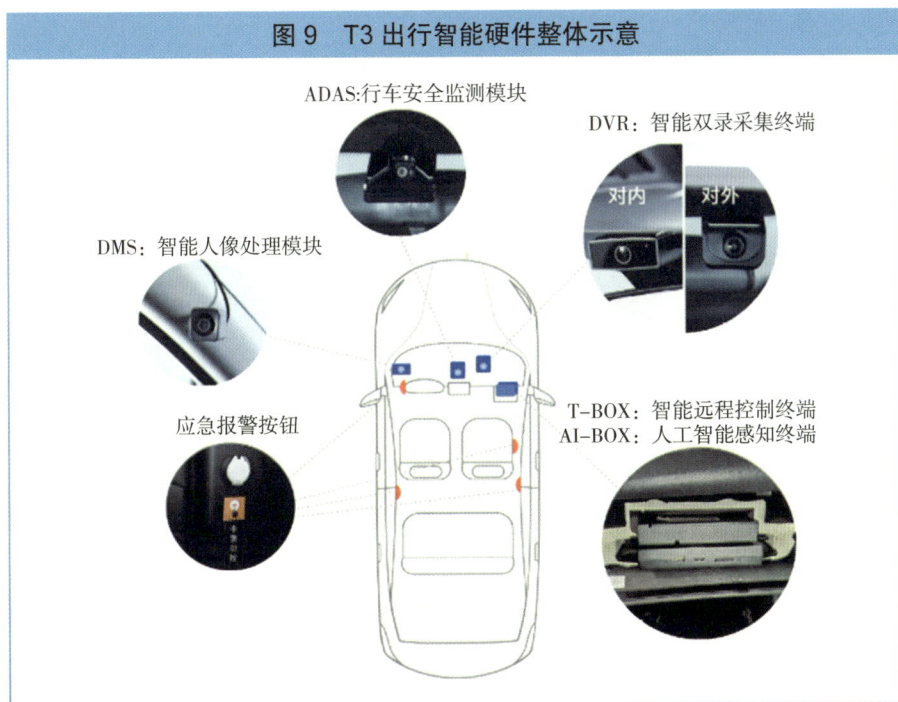

图9　T3 出行智能硬件整体示意

1.T-BOX 系统

T-BOX 主要的功能有数据采集、远程控制、4G 上网 / 通话、亚米级定位、AI-BOX 休眠、一键报警、防拆卸、启动控制、OTA 升级等。

T-BOX 中集成了高精度的定位模块，可以把这些信息整理成报文通过 MQTT 协议上传给服务器，用作给网约车派单的依据来进行统一处理。其他定位功能上文已经讲解，在此不再赘述。

T-BOX 接入整车 CAN 通信里，可以获取到很多有用的整车信息，比如电动汽车的续航里程、总里程、电池剩余电量等。也因为 T-BOX 接入整车 CAN 通信里，所以实现了 T-BOX 对整车进行一些控制。发生意外情况时，服务器可以向 T-BOX 发送指令，T-BOX 让整车不断闪灯鸣笛来引起注意。

T-BOX 还有防拆卸功能，需要整车配合达成，当启动车辆时如果整车未检测到 T-BOX 在线就不允许车辆启动。这样就能保证车辆始终在监控之中。T-BOX 还在实时监测整套系统的工作，也属于防拆卸功能。防拆卸不仅仅是针对 T-BOX 的本身，还在于系统中的其他模块，比如 DVR、ADAS、DMS 或者 AI-BOX 任意一终端出现了脱线，T-BOX 通过 AI-BOX 反馈的信息来向服务器发送相关终端的脱线报警。

T-BOX 中还集成了 4G 通信模块，不仅可以给整个系统提供高速稳定的网络，还可以配合集成在车机大屏中的网约车 App 与乘客进行通话来确定上车点等信息，支持虚拟号，保护乘客的隐私。

T3 出行智能硬件 T400 通过一系列功能和措施来解决当今网约车司乘安全这一痛点，并且也让网约车的服务质量有了保障。所有监控到的问题都会纳入司机的行车日报中，来提醒并改掉不良的驾驶习惯。功能丰富、全面的系统也为网约车的运营保驾护航。

2.AI-BOX 系统

首先是 AI-BOX 部分，有三个图像采集模块与 AI-BOX 相连，分别是 DMS（智能人像处理模块）、ADAS（行车安全监测模块）和 DVR（智能双录采集终端）。三大图像采集模块实时录制的视频图像信息全部发送给 AI-BOX 进行处理。

其中 DMS 安装在驾驶员侧的 A 柱上，负责实时采集驾驶员的图像信息，支持对车内进行 1080P 的黑白图像采集，摄像头周围集成了 6 个小的红外灯，用于保证在光照条件不足的情况下的司机图像采集。AI-BOX 将 DMS 采集到的信息进行分析处理，不仅可以进行人脸识别，也可进行抽烟、打电话、疲劳驾驶等行为的识别。如果识别到相应的行为，将司机的违规或者危险的驾驶行为上报到服务器，并记录在司机的行车日报中，利用一些奖惩制度来保证司机的行车安全，提高网约车服务质量。

在本方案中，服务器会将指定驾驶员的图像照片下发给 AI-BOX，AI-BOX 通过 DMS 采集来的实时图像信息与指定驾驶员的图像信息通过深度学习算法进行特征码比对。如果比对通过了，将人脸识别的结果分别发送给车机端的 App 和 T-BOX。第一个，将结果发送给 T-BOX，T-BOX 如果收到了人脸识别成功的结果，就会通过 CAN 通信向整车发送允许车辆启动的指令，反之发送禁止车辆启动，从而实现了通过人脸开车的功能。保证只有指定的驾驶员才可以启动车辆，如此一来既能保证车辆的状态，也能对乘客有很好的安全保障。第二路处理方是车载屏幕中集成的专业网约车 App，App 在收到人脸识别成功的结果后，才会允许司机进行登录，然后才能上线接单。这个在上文已经详细介绍过。

第二个与 AI-BOX 相连的是 ADAS，安装在中央后视镜的下方，支持对车外进行 720P 的彩色图像采集。支持的功能有跟车距离的检测，变道的识别和红绿灯、斑马线和限速标志的识别等。跟车距离检测是 AI-BOX 实时分析 ADAS 采集的图像，根据深度学习算法识别出前车并计算出与前车的距离。然后 T-BOX 可以通过 CAN 将实时的车速从整车拿到并传给 AI-BOX，根据实时车速计算出安全的跟车距离。若实际跟车距离小于安全跟车距离，则判定司机存在危险驾驶的行为并上报给服务器，做记录处理并对司机进行相应奖惩措施。变道的识别是 AI-BOX 实时分析 ADAS 采集的图像，根据深度学习算法识别出车道线，并计算出车辆与车道线的距离，当距离为零时就认定进行了变道，而 T-BOX 可以通过 CAN 通信实时的从整车获取到转向灯的状态并发送给 AI-BOX，如果发现在变道时司机未打转向灯的话，就认证为危险的驾驶行为，后续处理方式同"跟车距离"。红绿灯、斑马线和限速标志的识别也是由 AI-BOX 进行相应的识别并且如果出现了闯红灯（信号灯为红色，车速不为 0）、踩斑马线（车轮与斑马线的距离为 0）和超速等行为，处理方式都同上。

第三个与 AI-BOX 相连的是 DVR，安装在中央后视镜的侧边，支持对车外进行 720P 的彩色图像采集和对内 1080P 的彩色图像采集，设备上还集成了喇叭和麦克风。当设备运行后，DVR 会一直录制车内外的音视频情况并保存到 AI-BOX 的 SD 卡中。目前设备支持车外 50 小时和车内 100 小时的时长录制。也就是说，可以满足录制至少最近一周的车辆运营情况。DVR 不仅可以本地保存音视频信息，在有需要的情况下，后台可以请求 DVR 通过 T-BOX 的 4G 网络去实时上传车内外的音视频，并且可以进行 SIP 通话。在可能存在危险的情况下，让后台客服人员与车内建立强制沟通，既能看到车内外的情况，也可以进行沟通，第一时间去规避或控制所有可能发生的危险情况。服务器也可以请求 AI-BOX 上传录制好的一个时间段的视频给到服务器，来协助处理某些情况。

综上所述，AI-BOX 的所有功能都是围绕着音视频的处理，从这些出发去保障司乘安全。

（二）车联网运营平台

车联网运营平台承载了车载智能硬件的运行状态监控、网络情况监控、亚米级定位的千寻服务状态监控。平台已完成的功能主要分为两个大模块——智能硬件和网络。

1. 智能硬件模块

车联网运营平台将智能硬件模块功能分为三大部分，第一，硬件告警页面；第二，硬件信息页面；第三，告警类型配置页面。

硬件告警是根据车载智能硬件上报的报文进行数据处理，结合设备端边缘计算和云端计算，形成智能硬件运转过程中的异常报警的功能页面。报警的当前种类分为实时同步告警、里程告警、T-BOX 告警、GPS 告警等 23 个。

上述报警通过地图汇总信息和记录列表两方面呈现告警信息，同时提供告警上发时和实时相关的硬件及工作状态信息。硬件运维人员可以通过告警及告警相关联信息监控所有车辆后装的智能硬件工作异常情况，平台也提供远程操作手段用于在线恢复其中部分的硬件异常信息，以保障车辆智能硬件处于可运营状态。

硬件信息是提供所有智能硬件信息及其装载的车辆信息查看的功能页面，其中包括 T-BOX 信息、AI-BOX 信息以及车辆的一些基础数据。此外，运维人员还可以通过客服接收车辆运营异常数据，然后在此页面上查询车辆硬件的所有详细信息以及车辆上报报文日志情况，后通过远程操作进行远程恢复，或者通过查询司管司机信息，电话远程指导消除车辆异常情况。

告警类型配置是提供告警的级别配置、远程操作手段配置、延迟生效阈值配置（应对车辆颠动导致车载硬件短时间内连续上报告警和告警恢复情况）的功能页面。运维人员可在此页面上配置告警的级别、部分告警的延迟生效阈值以及每个告警可允许的远程操作选项等。

2. 网络模块

车联网运营平台将网络硬件模块功能分为两个部分，第一，SIM 卡页面；第二,千寻服务页面。

SIM 卡是提供物联网卡的信号强度监控、异常离线监控、所有物联网卡信息查看功能的页面。运维人员监控物联网卡的信号强度，发现信号强度较差或者异常离线的车辆，及时介入查看是否因为硬件本身问题导致的车辆网络异常，进而进行远程处理或者电话联系司机指导处理，消除影响车辆运营的异常情况。

千寻服务是提供亚米级定位的千寻服务异常监控、计费监控、千寻服务信息查功能的页面。运维人员可有效筛选当前车辆硬件千寻服务状态，对未开通千寻服务的车辆及时定位并快速开通千寻服务，同时监控千寻服务的资费状况，对快到期的账号及时续费。

车联网运营平台未来规划，首先，通过实际硬件运营过程中发现的问题，不断完善运营平台硬件告警类别，覆盖出行车辆可能出现的所有问题，谨防出现人身安全及财产损失等问题。此外，还要完善告警远程处理方法，积累优秀的处理方法，逐步向自动化告警处理方法转变。其次，不断补充、更新规则，对不符合条件硬件问题进行告警，并采用自动远程处理，减少人工流程，节约成本。再次，对硬件回传的数据进行分析，输出分析报告，发现问题，提出建议并改进硬件回传的数据质量。最后，基于联合设备端和云端的数据计算结果，提供智能硬件检修功能。

（三）安全监控大屏

安全监控大屏基于 4G 网络的车联网云的基础上，用以数据采集、图像识别、实现安全策略的整车控制、采集车内外的图像视频信息、识别车辆行为和车辆行驶动态等功能的页面，为网约车运营和司乘安全提供最优、最强大的后勤保障支持。依托地图服务、LBS、天气预测、热力预测等功能，获取范围内的车辆跟乘客的距离以及司机接驾时间，进行实时监测。最终通过大数据平台所收集的海量实时数，进行区域内的供需差预测，以便实现人为调度，将供大于需的区域内司机调往供小于需的区域，最大限度地提升匹配率和成交率，从而提升平台的调度效率。后期，运营调度能力将从人为调度逐步转向人工智能调度，智能调度的核心思想是"激活闲置资源、中心调度、高效匹配"。下面通过车辆监控能力和处理流程来介绍安全监控大屏的功能及应用。

1. 车辆监控能力

监控大屏涉及紧急救援、事故预警、行程停留、路线偏航、异常订单、危险驾驶、异常行为、车辆异动、车内冲突、运力差预测、车况预警等 11 个维度共计 200 余项数据监测。

2. 监控能力的应用

监控大屏结合车联网能够将车辆本身信息、车辆位置信息、驾驶员信息、天气情况、交通状况等数据搜集起来，通过大数据分析，能够获取深层次的洞察，例如，对驾驶员驾驶习惯和出行模式的理解，对车辆故障识别和预警。

为了提高城市街道的运行效率、提高车主或用户的驾驶体验，车联网在移动管理的实时监测方面大有可为，具体的内容会包括现在比较成熟的实时导航、未来基于消费者的驾驶行为习惯、制定的节油管理系统等。

车辆管理包括车队管理与车辆信息管理两个方面。车队管理在商用车领域已经相对比较成熟，尤其在欧美市场，现在逐渐应用到乘用车领域，包括租车公司、滴滴打车等；车辆信息管理主要是用户使用的管理，基于收集用户数据所带来一些新兴的服务，可以实时监测司机使用车辆的习惯，推行定制化的服务。

安全相关监控包括疲劳驾驶提醒、利用可穿戴式设备以及监测人的心脏和脉搏动向等。通过互联网云端服务器，发现驾驶人员的身体状况不佳时，会进行紧急的处置，系统会自动报警至安全专家并通知他们的家人，同时让汽车减速停靠路边并开启双闪，通知附近巡游车辆前往支援。

（四）运营车辆电池安全及应用

随着新能源汽车产业的高速发展，纯电动车的安全问题和质量问题已经成为人们关心的热点话题。动力电池系统作为纯电动汽车的核心能源存储装置，在其运营过程中发挥着重要的作用。近年来，频发的动力电池系统危险故障加剧消费者对电动汽车产业的担忧，因此加快动力电池系统的安全监控和系统故障诊断势在必行。下面主要介绍电池安全监控和电池热失控预警的应用。

1.运营车辆电池安全监控

动力电池工作后必然是要发热的，常态下是可控的，但是非常态下会失控。如果失控，就会发生火灾，所以必须对失控原因进行分析。归纳起来，失控原因有内和外两个方面，外因是过充电触发热失控、外力导致热失控、过热触发热失控；而内因是电池内部短路触发热失控。其中，电池不一致性是影响电池系统性能的主要因素之一，也是诱发电池故障的重要原因。电池的不一致性是指同一规格、同一型号的电池，其电压、内阻、容量等方面参数的差别。许多相关研究表明电池不一致性与动力电池组使用寿命有关。因此，电压不一致性也作为电池故障诊断的重要指标之一。相关研究学家提出通过扩展卡尔曼滤波的方法来获得电池系统故障表征参数，以此来判断电池故障发生率。车辆碰撞或电池过充后，容易引发电池热失控、起火爆炸等严重事故，所以电池安全监控非常重要。此外，相关专家还提出了一种电池热失控诊断方法。该方法实现了热失控的预测和诊断，能精确预报电池包热失控发生的时间和热失控单体位置。

2.运营车辆电池热失控预警

针对电池热失控事件，可以从两个方面进行安全保障。首先，通过动力电池热失控预警系统监测电池箱内部类 CO 气体、烟雾、温度、火焰各探测点的实时参数及其变化值，使用数据监测模型对参数变化进行动态分析处理，智能判断是否存在热失控火情风险，如有危险，及时预警并进行人为干预；其次，如果预警系统失效，那么电池热失控后会发生火灾，此时就必须及时采取灭火行为，对于车载灭火设备的安全性和有效期进行数据监控和管理，对于过期灭火设备进行提前预警和更换就显得尤为必要。以上两个方面都做到的话，那么电池热失控就能得到有效保障。

3. 未来电池失控处理展望

希望将人工灭火转化为自动灭火，车辆电池自带灭火功能。热失控预警和自动灭火功能成为一体，当动力电池出现故障并开始泄压、发热等时，预警系统可探测到异常变化，将火情发生的潜在阶段、发烟阶段、高温阶段及明火阶段通过 CAN 总线或线束向驾驶员或运维人员发出预警信号，实现分级预警及控制启动灭火装置，系统可以智能判断并自动启动灭火装置以防止火情恶化，也可在紧急状态下由人工启动灭火装置。灭火装置通过高效灭火剂在数秒内控制火情，最大限度地保护电池组、电动汽车及司乘人员安全。

（五）车辆保险及维保数据应用

新能源汽车中的电动汽车由于技术原因，其故障率高于传统汽车。而且像电池这样的核心部件，一旦出现自燃或破损，很难修复，只能更换，电池置换价格又非常高，便宜的也超过万元（目前电动汽车电池的造价是电动汽车成本的 30% 以上，甚至达到一半）。相比传统汽车的维修成本，新能源汽车的配件更换费用更高，维修时长也更长，保险公司又面临技术障碍难以实质性管控费用，这些因素都推升了成本。

车辆保险及维保数据应用主要基于内部业务需求，依托公司强大的资源渠道、服务整合能力，切入维保市场，用我们的优势赋利、赋能维保门店，深度合作，提高维保门店收入，提升司机维保服务体验。以维保服务为基点，以二手车与保险业务为抓手，触达汽车后服务市场，深入车联网服务应用，打造"互联网 + 车联网 + 汽车后市场"服务全新生态链。通过车辆维保系统对车辆保险数据和维保数据进行统计研究，用于发现流程环节中的问题，提升维保及保险处理效率，以便进行更为合理的优化，保证问题车辆快进快出，降低运营成本。此外，通过维保数据生成车辆画像，将车辆分类管理，预判车辆问题。主要内容包括：①维保流程线上化，提效降本，满足保养、维修、事故、易损件 / 换胎及高频洗车的等服务；②维保服务开放化，面向平台用户，支持钱包结算，资金沉淀；③维保服务产品化，面向社会用户，建立养车生态，赚取利润；④养车生态产品化，触达汽车后市场服务。

七　总结

在未来的交通出行中，汽车仍将是主要的交通工具，但"互联网"的思想将重新定义现有汽车行业的模式，汽车行业将发生巨大的变化，而大数据技术则是推动这一变化的主要力量。本文综述了出行公司新能源汽车车辆数据运营管理采用的大数据技术以及应用现状。针对大数据分析技术在新能源汽车中的应用，展示了出行公司车辆为保障运营车辆安全在相关的各个领域的技术应用。T3 出行通过智能硬件系统、车联网运营平台、安全监控大屏、车辆电池安全、车辆保险及维保等功能监控及采集车辆信息、运营信息、安全信息、电池安全、保险及维保信息等不断优化完善各个功能，最大限度保证出行安全。

参考文献

［1］刘雷，杜鹏程，贺俊铭，孔庆春，张莉莉. 大数据存储技术 [J/OL]. 清华大学，https://
　　wenku.baidu.com/view/8ab144bc6294dd88d0d26bbf.html，2014.

［2］国家智能计算机研究开发中心. 互联网海量数据存储及处理调研综述 [J/OL]，https://
　　www.doc88.com/p-171613030550.html，2012.

［3］王震坡，刘鹏，张照生. 新能源汽车大数据分析及应用技术 [M]. 北京：机械工业出版
　　社，2018.06.

图书在版编目（CIP）数据

汽车大数据应用研究报告 . 新能源汽车安全篇 / 国
际欧亚科学院中国科学中心，中国汽车工程研究院股份有
限公司，汽车大数据应用联合研究中心主编 . -- 北京：
社会科学文献出版社，2020.10
　　ISBN 978-7-5201-7073-4

　　Ⅰ . ①汽… 　Ⅱ . ①国… ②中… ③汽… 　Ⅲ . ①新能源
- 汽车工业 - 工业安全 - 研究报告 - 中国 　Ⅳ .
① F426.471

　　中国版本图书馆 CIP 数据核字（2020）第 146914 号

汽车大数据应用研究报告
——新能源汽车安全篇

主　　编 / 国际欧亚科学院中国科学中心
　　　　　中国汽车工程研究院股份有限公司
　　　　　汽车大数据应用联合研究中心

出 版 人 / 谢寿光
责任编辑 / 宋　静

出　　版 / 社会科学文献出版社·皮书出版分社（010）59367127
　　　　　地址：北京市北三环中路甲29号院华龙大厦　邮编：100029
　　　　　网址：www.ssap.com.cn
发　　行 / 市场营销中心（010）59367081　59367083
印　　装 / 三河市东方印刷有限公司

规　　格 / 开　本：787mm×1092mm　1/16
　　　　　印　张：39.5　字　数：661千字
版　　次 / 2020年10月第1版　2020年10月第1次印刷
书　　号 / ISBN 978-7-5201-7073-4
定　　价 / 298.00元

本书如有印装质量问题，请与读者服务中心（010-59367028）联系